평양감사 1054일 I

제18대 평남지사 도정일지
(2019. 8. 26 - 2022. 7. 14)

목 차

1. 평양감사 일지를 펴내며 ··· 5

2. 평남지사 지명을 통보받다 ·· 9

3. 2019년 도정일지 (2019. 8. 26 – 2019. 12. 31) ············ 16

4. 2020년 도정일지 (2020. 1. 1 – 2020. 12. 31) ············ 156

5. 발간 축하 메시지 ··· 510

평양감사 일지를 펴내며

2019년 8월 26일 자로 정부의 부름을 받아 제18대 평안남도지사로 임명되었다. 정무직 차관급 자리이니 나 개인을 물론 가문의 영광이 아닐 수 없었다. 첫 출근을 하던 날 도지사로서 앞으로 내가 해야 할 일과 자세에 대해 깊이 생각해보았다. 다음 날 감격스런 도지사 취임식이 있었다. 그날 저녁 취임식 날의 감격을 글로 정리하면서 앞으로 매일 매일 하루의 일과를 정리하며 일기를 써야겠다는 생각을 하게 되었다.

나는 온천으로 유명한 평남 양덕에서 태어났다. 내 나이 한 살 되던 해인 1948년 겨울에 어머님 등에 업혀 부모님과 형님과 함께 네 식구가 남쪽을 내려왔다. 그러나 부모님과 형님은 그렇게 그리던 고향 땅을 밟아보지 못하고 세상을 떠나 나 혼자 남게 되었다. 평남지사로 임명될 것이라는 소식을 모처로부터 통보받은 날 아내의 손을 잡고 기쁨에 넘쳐 감격했던 기억이 생생하다. 그날 하늘에 계신 부모님을 생각하며 도지사에 취임한 소식을 전하였다.

지사로 취임한 후 날마다 잠자리에 들기 전에 그날의 일들을 회상하며 하루의 일과를 정리하는 기분으로 일기를 썼다. 그날에 처리한 도정업무, 대내외 공식행사에 참석하여 이야기했던 말과 느낌, 도민들을 만나며 나누었던 이야기 그리고 때로는 그날에 특별히 느꼈던 나의 생각과 느낌을 일기장에 적기 시작했다. 2019년 8월 26일에 평남지사에 취임하여 2022년 7월 14일까지 봉직하였으니 도지사 재임 기간이 1054일이나 되었다. 짧지 않은 기간이었지만 하루하루 일기가 모여 1000여 쪽에 이르는 기록이 되었다. 도지사 퇴임 후에 그동안 써왔던 일기 내용을 정리하고 다듬어 책으로 내야겠다는 생각을 하게 되었다. 일기 내용 중 대외비를 요하는 사항이나 타인의 명예에 관한 사항 그리고 지극히 개인적인 사항은 다듬고 정리하였다.

3년간 도지사로 재임하는 동안 나름 열심히 일했고 보람도 느꼈다. 나는 역대 평남지사 중에 공직 경험이 없는 최초의 도지사였다. 역대 지사님들 모두 고위공직자 출신들이었다. 공직 경험이 없는 나로서는 역대 훌륭한 도지사님들에 누가 되지 않도록 열심히 그리고 온 정성을 다하여 일해야 하겠다고 마음속으로 굳게 다짐하고 최선을 다하여 일했다. 도지사 재임 3년 동안 바르고 공정하게 공무를 수행하려고 했고 새로운 일을 찾아 열심히 일했다. 사전에 잘 준비를 하였고 기획한 일은 기쁜 마음으로 열정을 가지고 추진하였다. 무엇보다도 겸손하고 열린 마음으로 도민들에 가까이 다가가 그분들의 이야기를 듣고 도정에 반영하도록 노력하였다. 그 결과 나름 적지 않은 성과도 있었고 도민사회에서 인정도 받았던 것 같다.

도지사로 취임한 다음 해인 2020년에는 평남지사인 내가 이북5도지사를 대표하는 이북5도위원장을 맡게 되었다. 그해 2월부터 시작된 코로나19사태에도 불구하고 이북5도위원장으로서 나름 의미있는 성과를 거두기도 했다. 이북도민부녀회원들과 함께 '사랑의 마스크 만들기' 운동을 전개하여 어르신들과 어려운 이북도민들에게 마스크를 전달한 것을 비롯하여 이북도민 상담센터 개설, 이북5도위원회 홈페이지 개편 그리고 홍범도 장군의 봉오동·청산리 전투 승전 100주년을 맞이하여 봉오동·청산리 전투 관련 희귀사진을 수집 정리하여 도록을 제작하였다. 이어 서울과 전주시, 세종시, 속초시 등 전국을 순회하며 전시회를 개최하여 북간도를 중심으로 한 독립운동과 독립군의 활동을 재조명하고 널리 알리는 일을 하였다.

평남지사로서는 후세들에게 귀감이 될 수 있는 훌륭한 평남 출신 인물 90인을 선정하여 그분들의 생애를 정리하여 『평남을 빛낸 인물』 I, II 권을 발간하였고, 실향민 1세 어르신 96분을 대상으로 직접 인터뷰하여 『두고 온 고향 남기고 싶은 이야기』 책자를 발간한 것도 보람 있는 일이었다. 또한 대외 언론기관과 여덟 번의 인터뷰를 통하여 이북5도위원회의 역할과 활동에 대해 홍보하였고 조선일보 등 일간지에 기고하여 이북5도위원회와 이북5도지사의 역할에 대해 널리 알리는 일도 하였다.

그러나 무엇보다도 이북도민의 정신적인 지주로서 그분들과 기쁨과 슬픔을 함께하며 통일이 되어 고향에 함께 가는 그날까지 자유 평화통일이 앞당겨지도록 함께 노력하기도 하였다. 특히 후계세대 육성에 지대한 관심을 갖고 이북도민 3, 4세대를 대상으로 평남인의 정체성과 자유 평화통일 방안에 대한 교육을 실시하기도 했다. 또한 이북에서는 사라져가는 고향의 전통무형문화재를 발굴하고 계승 발전시키는 일에 관심과 노력을 기울인 것도 큰 보람이었다.

도정일기를 책자로 발간하며 제목은 『평양감사 1054일』로 정하였다. 평남지사가 조선시대의 관직명으로는 평안감사이다. 그러나 평안감사의 감영이 평양에 있었기에 사람들은 평안감사를 '평양감사'라고도 불렀다. 평양사투리로는 '피양감사'라 했다. 나에게도 평양감사란 말이 더 친숙하다.

이제 세상에 내놓으려고 하는 『평양감사 1054일』이 이북5도와 평남도정을 좀 더 이해하는 데 도움이 되었으면 하는 바램이 있다. 또한 먼 훗날 후세들에게 행정안전부 이북5도위원회 평안남도의 2019년 8월부터 2022년 7월까지 도정 역사의 기록으로 남을 수 있다면 더 바랄 것이 없을 것이다.

2024. 02. 22
제18대 평안남도 지사 **이 명 우**

〈혜촌 김학수 화백 '모란봉 대동강도'〉

평남지사 지명을 통보받다

2019년 8월 16일 금요일 날씨: 맑음

2019. 8. 16 아침이었다. 평소에 잘 아는 분으로부터 전화가 왔다. "이번에 평남지사로 내정되신 것 같습니다. 축하합니다" 전달하는 말은 짧고 간결했지만 듣는 나는 무척이나 떨렸고 가슴이 뛰었다. 기쁘다는 생각보다는 이게 정말일까 하는 생각이 들었다. 신뢰할 수 있는 분한테서 온 연락이라 틀림은 없으리라 생각했으나 좀처럼 믿어지지 않았다. 유력하게 경합 중이라는 소리는 이달 초에 간접적으로 들었으나 그것이 사실이 되리라고는 정말 생각하지도 못했다. 내가 알고 있는 다른 경쟁 후보들의 경력이 나와는 비교가 안 될 정도로 공직경력이 뛰어난 분들이다.

유력한 후보로 거론되었던 사람들이 전직 차관급 고위직을 지내신 분들이었다. 17대까지의 역대 평남지사들의 면면을 보더라도 거의 대부분 차관급의 고위공직자 출신들이셨다. 공직경력이랄 것이 별로 없었고 굳이 있다고 한다면 명지전문대학교 경영과 교수 8년을 한 것이 나로서는 공적인 경력의 전부였다. 과거에 임명된 도지사들의 경력과 견주어 보아도 내게 도지사직의 기회가 올리라고는 생각도 할 수 없었던 것이 사실이었다. 후보추천이 되었다는 말을 들었을 때도 들러리라고 생각하며 담담한 마음으로 인사검증에 임했었다.

그러나 생각해보면 결코 불가능한 일도 아니지 않는가? 하고 자문해 보았다.

전화를 받고 "감사합니다. 앞으로 열심히 하겠습니다." 겨우 그 소리밖에 할 수가 없었다. 옆에서 전화를 듣고 있던 아내도 눈치를 챘는지 좀처럼 흥분하지 않는 차분한 성격의 사람인데도 이 소식에는 기뻐서 어찌할 줄 몰라 하였다. 우리는 서로 얼싸안고 "감사합니다. 감사합니다"를 연발하였다. 공식 인사 채널을 통하여 전해준 소식도 아니고 아직은 안심할 단계가 아니어서 우선은 보안에 신경 쓰기로 하였다.

주말을 어떻게 보냈는지 모르겠다. 빨리 시간이 지나 확정된 소식을 듣고 싶었다. 주말 내내 궁금하기도 하고 불안하기도 하고 온갖 생각이 다 들었다. 이러다가 잘못되어 혹시 뒤바뀌는 것은 아닐까 온갖 상념에 잠겼다.

2019년 8월 19일 월요일 날씨: 맑음

평소와 같이 회사에 출근하여 별일 없는 듯이 표정 관리를 하였다. 그러나 마음속으로는 안절부절 이었다. 11시쯤 되어 평안남도 사무국장으로부터 "도지사님 축하드립니다."라는 전화를 받았다. 정식 라인을 통하여 내가 도지사로 내정되었다는 첫 번째 통보를 받았다. 박종배 사무국장 말로는 일정상으로는 이번 주 대통령의 재가가 나고 도지사 이취임식을 할 수도 있을 것 같다고 하였다. 그제야 조금은 안심이 되어 사무실 직원들에게도 이야기하였다. 모두 들 축하해주며 자기 일처럼 기뻐하였다. 집사람과 가족들에게 그리고 가까운 친지들 몇 사람에게도 기쁜 소식을 알려주었다. 모두 기뻐하며 축하해주었다.

2019년 8월 20일 화요일 날씨: 맑음

평남도민회 유지 친목 야유회가 있는 날이다. 날씨가 맑고 더웠다. 산정호수 부근에 있는 수정갈비집으로 80여 명 정도의 평남 유지 분들이 야유회 겸 지도자 수련대회를 하는 날이었다. 지하철 3호선을 타고 구파발역에서 내려 대기하고 있는 버스를 타고 수정갈비집에 도착하였다. 작년에 양덕군 유지모임인 야유회를 했던 곳이라 낯이 익었다.

유지분들과 인사를 나누고 나니 수련회 행사가 진행되었다. 조성원 중앙도민회장과 김중양 도지사 그리고 원로 유지분들의 인사말에 이어 주위 분들은 맛있는 갈비구이를 소주와 곁들어 먹기 시작하였다. 옆에 사

2. 평남지사 지명을 통보받다

람들은 맛있게 식사를 하고들 있는데 나는 그분들처럼 잘 먹을 수가 없었다. 나의 도지사 임명 소식을 어느 정도 사람까지 알고 있을까 궁금하기도 하고 은근히 불안하기도 하였다.

김중양 도지사님한테 가서 술 한잔을 따라드렸다. 그제서야 김 지사님 말씀이 "차기 도지사에 당신으로 결정되었다."라며 축하한다고 하였다. 정중렬 전 지사님, 백남진 전 지사님 모두 조용한 목소리도 축하의 말씀을 해 주셨다. 그러나 다른 유지 어르신들은 아직도 모르는 것 같았다. 계속 표정 관리를 할 수밖에 없었다. 전임 지사님들은 평안남도 사무국에서 미리 도지사 내정 사실을 귀띔해준 것 같았다. 아직도 실감이 나지 않았다.

주위에서 권하는 술을 평소와는 달리 사양을 하지 않고 받아 마시다 보니 숨이 좀 가빠지고 몸을 제대로 가눌 수 없을 정도로 취한 것 같았다. 모임이 거의 끝날 때쯤 먼저 나와 밖에 벤치에 앉아 술을 깨려고 바람을 쐬고 있었다. 지나가며 나를 알아보는 사람마다 반갑게 인사를 건네어 속으로 저분들도 혹시 나의 도지사 임명 소식을 미리 알고 계신 건가 하는 그런 착각을 하였다. 박지환 고문님이 다가와서 나의 성품과 인격이 참 마음에 든다고 덕담을 하여 주셔서 고맙게 생각했다. 앞으로 도지사에 취임하면 지금처럼 늘 겸손하게 선배 어르신들의 말씀을 경청하고 존경하며 도민의 의견을 수렴하여 도민과 화합하는 도정을 이끌어야겠다고 마음속으로 다짐하였다.

초심을 잃지 않을 것이다. 그리고 언제나 겸손하고 진실하게 그리고 진정성 있게 열과 성의를 다해야겠다고 마음속으로 다짐하고 또 다짐하였다.

2019년 8월 21일 수요일 날씨: 맑음

아침에 양재동 사무실에 출근하여 평안남도 사무국으로부터 별도의 소식이 오나 기다려졌다. 오후에 이북5도위원회 총무과장으로부터 전화가 왔다. 도지사 임명절차에 대해 현재의 진행 상황을 조심스럽게 물어

보니 국무총리 결재는 났고 현재 대통령 재가를 기다리는 중이라고 했다. 대통령 재가 예정일은 8월 23일쯤이라고 하였다. 갑자기 불안한 생각이 들었다. 그사이 다른 변수가 생기지나 않을까 하는 불안한 생각이 들었다. 위원회 총무과장 말로는 8월 23일 재가가 나면 다음 주쯤 취임식을 할 수 있을지도 모르겠다고 말하였다.

고위 공직 경험이 있는 우리 회사 이병길 부회장이 대통령의 재가가 아직 나지 않은 상태라면 변수가 있을 수도 있고 아직은 100% 안심할 단계가 아니라고 말하니 더욱 불안해졌다. 마음을 가라앉히며, 그래 무슨 일이 생기더라도 차관급 도지사에 1차까지는 합격한 셈이니 "그것이라도 얼마나 영광이며 행운이란 말인가?" 하고 스스로 마음을 달래 보았다.

2019년 8월 23일 금요일 날씨: 맑음

평안남도 박종배 사무국장으로부터 기쁜 소식을 전달받았다. 오늘 일자로 문재인 대통령의 재가가 났다는 통보를 받았다. 박 국장이 나에게 정식으로 "축하드립니다."라고 말하였다. 정말로 기뻤지만 긴장이 풀린 탓인지 갑자기 온몸에 힘이 쭉 빠지는 것 같은 느낌이 들었다. "대한민국 만세다, 우리 가족 만세다, 이명우 만세다." 나는 속으로 만세삼창을 하고 말았다. 박 국장이 전하는 말로는 도지사 임명 일자는 8월 26일자이며 김중양 현 도지사와 협의한 결과 8.27 일자로 이취임식을 하자고 협의가 되어 그렇게 진행할 예정이라고 말하였다.

내가 평안남도지사로 가는 길은 정말로 긴장되고 긴박하고 가슴 졸이는 긴 여정이었다. 그러나 드라마틱하며 스릴이 있었다.

2019년 8월 25일 일요일 날씨: 맑음

아침 미사에 참석하고 하나님께 진심으로 감사기도를 드렸다. 열심히 평남 도지사직을 수행하려고 하니 늘 지켜봐 주시고 현명한 판단을 할 수 있게 지혜와 용기를 주시라고 간절히 기도를 드렸다. 하나님과 예수님

2. 평남지사 지명을 통보받다

께서 나의 기도에 대해 응답하실 것으로 확신하였다. 첫 출근 하는 다음 주 월요일이 무척이나 기다려졌다.

평양감사일지 작성 계획

2019. 8. 26 일자로 도지사에 임명되면 그날부터 평안남도 도지사 업무일지를 매일 쓰려고 한다. 공적 업무를 중심으로 기록하려고 한다. 도지사 재임 3년간 약 1천일에 해당하는 업무일지는 내 개인의 기록이라기보다는 평안남도 지사의 공적인 기록이므로 우리 평안남도 도정에 대한 공식적인 기록이 될 수 있을 것이다. 또한 후임 도지사들에게는 도정을 운영하는 데 있어 참고 자료로도 활용할 수도 있으리라 생각된다. 따라서 가능하면 개인적인 일은 공무와 어느 정도 연관이 있는 것만 기록하려고 한다. 간혹 도정을 운영하면서 느끼는 단상도 적어보려고 한다.

도지사 임기를 마치는 때에는 이렇게 쓴 일지를 한 번 정리하여 사적인 내용이나 개인적인 단상 그리고 오해의 소지가 있는 부분은 정리하여 공적인 평양감사일지를 만들어 보려 한다. 일지 작성에 앞서 일지의 이름을 평남도지사 일지로 하지 않고 〈평양감사일지〉라고 잠정적으로 정하였다. 그렇게 정한 평양감사의 유래와 평안남도의 역사에 대해 간략하게 정리해 보고자 한다.

1. 평양감사란?

'감사(監司)'란 오늘날의 도지사를 말하는 조선 시대에 관직이다. 종2품에 해당하는 조선 8도 각도에 파견된 최고 지방행정관으로 관찰사라고도 하였다. 이북에는 황해도, 평안도, 함경도가 있었으며 갑오경장 이전에는 평안도가 남. 북도로 분할되지 않았었다. 평안도의 관영은 평양에 있어 평안감사를 평양감사라고노 불렀고 세간에는 평양감사가 일반적으로는 더 잘 알려져 있지만 원래는 **평안감사가 맞는 관직명이다.**

옛날부터 "평양감사도 저 싫으면 그만"이라는 말이 있다.

이는 평양감사가 중앙과 멀리 떨어져 있어 별로 중앙에 신경을 쓰지 않아도 되고 자유롭고 호사스러운 생활을 할 수 있어서 빚 대어 나온 속담이라고 한다. 조선시대에는 청나라와 교역이 성하였고 평양이 외교 사신의 통로였기에 청나라의 문물이 가장 빨리 들어왔던 곳이었다. 특히 평안도에는 미인이 많이 나는 곳으로 알려져 있어 인물이 뛰어난 관기들이 평양 감영에 많았다고 한다. 그래서 한양 선비들은 평양(평안)감사를 선호했다고 한다.

2. 이북5도위원회와 평안남도

이북5도위원회는 [이북5도 등에 관한 특별조치법]에 의거 설치된 행정기구다.

1) 이북5도 위원회

수복되지 않은 이북5도의 행정에 관한 특별조치를 규정하기 위하여 1962년 1월 법률 제987호로 제정, 공포된 [이북5도에 관한 특별조치법-약칭 이북5도법이라 한다]에 이북5도의 관장사무와 행정기구의 근거를 정하고 있으며, 이 법을 근거로 하여 이북5도의 행정기구를 정하기 위하여 1970년 6월 이북오도직제(以北五道職制)가 제정 공포되었다. 여기서 이북5도라 함은 1945년 8월 15일 현재 행정구역상의 도로서, 아직 수복되지 않은 황해도·평안남도·평안북도· 함경남도. 함경북도를 말한다.

[이북5도에 관한 특별조치법]이 제정, 공포되기 이전에도 상징적으로 이북5도가 존립하고 있었다. 즉, 1949년 2월 15일 정부는 이북5도지사를 임명하고, 같은 해 5월 23일에는 서울특별시 중구 북창동 137(구 서울시 경찰국 청사)에서 당시의 이범석(李範奭) 국무총리의 임석 하에 '이북5도청'의 현판을 걸고 개청하였다. 이북5도에 도지사를 두고, 도지사는 행정안전부 장관의 제청으로 국무총리를 경유하여 대통령이 임명하되, 정무직 공무원으로 보한다. 또한, 도에는 사무국과 비서실을 두어 도의 사무를 처리하고 있다. 미수복지구의 시·군에 명예시장·군수를 두며, 읍·면에 명예읍·면장을 둘 수 있다. 이후 [이북5도에 관한 특별조치법]은 이북5도위원회의 관할 지역을 미수복 경기도와 미수복 강원도를 포함하기 위하여 2017년 7월 26일자로 법률 제14839호 그 명칭을 [이북5도 등에 관한 특별조치법]으로 변경하여 오늘에 이르렀다.

[이북5도 등에 관한 특별조치법]에 규정된 이북5도의 기능은, 첫째, 이북5도의 각 분야에 걸친 조사·연구 및 이북5도를 수복할 경우에 실시할 제반 정책의 연구, 둘째, 이북5도민 및 미수복 시·군의 주민의 지원 및 관리, 셋째, 이산가족 상봉 관련 업무 지원, 넷째, 이북5도 등 향토문화의 계승 및 발전, 다섯째, 이북도민 관련 단체의 지도 및 지원, 여섯째, 자유민주주의 함양 및 안보의식 고취, 일곱째, 이북도민에 대한 각종 증명 발급업무, 여덟째, 그 밖에 이북5도

2. 평남지사 지명을 통보받다

등 및 이북도민과 관련된 사업 등이다. 명예시장·군수의 기능은 주로 이북5도와 미수복지 시·군민 간의 연락·조정 사무와 자체 행사라고 할 수 있다. 현재 이북5도의 청사는 서울특별시 종로구 구기동에 위치하고 있다.

2) 평안남도의 주요 연혁

1. BC 2333년 단군왕검이 아사달(지금의 평양)에 도읍을 정했다.
2. AD 313년 고구려(미천왕 14)가 낙랑군을 멸망시키고 427년 평양에 도읍을 정함으로써 고구려의 중심지에 속하여 240년간 전성시대를 누렸다.
3. 668년 고구려가 멸망한 후 당의 안동도호부에 속했다가 676년 통일신라의 변방으로 수복되었으며, 918년 고려 건국과 함께 서경에 속하여 북방진출의 요지가 되었다. 고려 성종 때 이 지역을 서패도라고 부르고 현종 이후에는 서북면이라고 했다. (함경도는 동북면이라고 했다)
4. 조선 초 1413년(태종 13) 전국을 8도로 나눌 때 평안도로 개칭되었다.
5. 1896년 전국을 13개 도로 나눌 때 평안북도와 갈라져 평안남도로 개편되었다. 8·15해방 당시 행정구역은 평양시· 진남포시와 대동군,·강동군·중화군·강서군·평원군·용강군·순천군·안주군·개천군·성천군·덕천군·영원군·맹산군·양덕군 등 2개 시 14개 군이었다.
6. 1946년 평양시가 특별시로 승격되어 평안남도에서 분리되었으며, 1952년 북한 행정구역 개편 때 13개 군을 신설하여 27개 군이 되었다. 진남포시가 남포시로 되고 일부 군이 시로 승격되고 타 도로 편입되어 현재는 5개 시 1지구 14군으로 편성되어 있다.
7. 현재 북한체제 하에서의 행정구역은 관서지방의 남부지역에 해당한다. 동쪽은 함경남도·강원도, 남쪽은 평양직할시·남포특별시를 둘러싸고 황해북도와 접해 있으며, 북쪽은 자강도·평안북도, 서쪽은 서해에 면해 있다. 행정구역은 평성시·개천시·덕천시·슈천시·안주시 등 5개시와 영원군·대동군·대흥군·맹산군·문덕군·북창군·성천군·숙천군·신양군·양덕군·온천군·은산군·증산군·평원군·회창군 등 15개군, 청남구 1개 구, 운곡지구 1개 지구로 구성되어 있다. 평남 도청 소재지는 2003년 이후 평성시이다. 면적은 11,890.6㎢이며 인구는 2008년 기준으로 4,051,696명이다.

평양감사 1054일 Ⅰ

2019년 도정일지

평양감사 첫해

〈구기동 이북5도청 전경〉

2019년 8월 26일에 행정안전부 이북5도위원회 평안남도 지사로 임명되어 이튿날 평남도민과 내외귀빈으로 모시고 이북5도청 중강당에서 제18대 평남지사 취임식이 있었다. 취임식에서 나는 〈도민 중심의 도정〉을 이끌어 나가겠다고 천명하였다. 도민과 호흡을 같이하며 도민의 좋은 생각과 건전한 요구를 도정에 반영하고 도정의 방향과 목표를 도민에게 이해시켜 협조를 얻어내는 쌍방향의 협력체제를 구축하여 도정을 운영하려고 하였다. 이북5도지사의 주요 관장업무를 숙지하기 위하여 관련 법령과 규정을 숙지하였다. 평남의 큰 인물인 도산 안창호 선생과 고당 조만식 선생을 참배하였고 이어 평남의 큰 어른들을 찾아뵙고 취임 인사를 드렸다.

8월 30일에는 충주에서 개최된 2019년도 세계무예마스터십대회 개막식에 참여하였다. 도지사로 취임한 후 첫 공식적인 대외행사였다. 행사

3. 2019년 도정일지

귀빈으로 초대되어 개막식에 참석하고 도지사로서 VIP 의전을 받고 지사직의 무게를 느끼기도 했다. 8월 31일에는 평남도민 전.현직 시장·군수로 구성된 대동회 40주년 행사에 참석하여 축사를 했다. 도지사에 취임한 후 첫 공식행사이었다. 9월 4일 오후 2시에 정부 제2 종합청사에서 이낙연 총리께서 수여하는 도지사 임명장을 받았다. 평남중앙도민회와 평남 16개 시도민회 각종 행사에 참석하여 축하와 격려를 했다. 도민회 행사에 참석하여 함께하는 것은 도지사의 주요 업무 중에 하나다. 나와 함께 평안남도 도정을 이끌어 갈 제21대 평남 명예시장군수 임명식이 있었고 이북도민사회에 연중 가장 큰 행사인 대통령기 이북도민체육대회에서 평남이 우승을 차지했다. 제60회 대한민국 민속예술대전에서 우리 평남 대표로 참가한 평남무형문화재 제2호인 '향두계놀이'가 3위인 문화관광부 장관상을 수상하였다. 공연도 뛰어났지만 100여 명의 평남도민이 열심히 응원한 덕분이기도 했다. 평남지사에 취임한 첫해 도지사의 역할을 숙지하고 중앙도민회와 협력하며 많은 1세 어르신들과 2, 3세 청년 후계세대들을 만나고 이야기를 나누며 도민사회 발전과 활성화를 위해 노력한 첫해였다.

- 2019년도 주요행사 기념사진 -

도지사 취임식('19.8.27)

지사 임명장수여('19.9.4)

백선엽 장군 예방('19.9.9)

제21대 시장·군수 위촉식

제60회 전국민속경연대회

대통령기 이북도민체육대회

평안남도지사로 출근하여 집무를 시작하다

2019년 8월 26일 월요일 날씨: 아주 맑고 쾌청함

오늘은 내가 평남지사로 첫 출근 하는 역사적인 날이다. 나로서는 인생에 있어서 공직자로서는 처음으로 출근하는 날이다. 그것도 조선 시대로 말하면 종2품에 해당하는 정무직 차관급이다. 내 개인의 영광이며 가문의 영광이라고 아니할 수 없다. 무엇보다도 아내 임희정 님에게 기쁨을 안겨준 것 같아서 나 자신이 대견하게 생각되었다.

이번 일로 아내로부터 후한 점수를 받을 수 있었으면 하는 바람이다. 사랑하는 내 두 딸에게도 아빠로서 체면이 서는 것 같아 마음속으로 흐뭇한 생각이 들었다. 윤 주무관이 아침 7시 정각에 집 앞에 차를 대기하고 있었다. 관용차를 타고 출근하면서 지난 온 나의 직장생활과 사회생활이 주마등처럼 스쳐 지나갔다. 1984년 10월 약관 34살의 나이로 산업리이스 광주지점장으로 발령을 받아 운전기사가 출퇴근시켜주던 생각이 갑자기 떠올랐다. 그때 갑자기 신분이 급상승되는 묘한 기분을 느꼈었던 기억이 있다. 그러나 이번에는 그때와는 또 다른 무게감을 느꼈다.

이북5도 청사에 도착하여 2층에 있는 평안남도지사 사무실에 도착하여 도지사 집무실로 들어가는 데 힘이 솟아오름을 느꼈다. 그래, 나에게 주어진 이런 중요한 직책과 기회를 헛되이 보내지 말고 나름 좋은 업적을 남겨야 하지 않겠나 하고 마음속으로 다짐하고 각오를 새롭게 했다.

도지사실 소파에 앉으니 도지사로 취임한 것이 비로써 실감이 나는 것 같았다.

　조금 지나니 박종배 평안남도 사무국장을 비롯하여 김한상 계장, 김윤미 주임, 강대석 실장, 이은주 비서가 지사실로 들어와 정식 인사를 하고 각자 자기소개와 함께 담당업무에 대해 이야기 했다. 드디어 도지사가 되었다는 실감이 났다. 앞으로 이 사람들과 서로 존중하고 신뢰하며 열심히 근무하여 맡은 바 책임을 다해야겠다고 마음속으로 다짐하였다. 오늘은 평안남도 행정을 책임지고 180만 평안남도 도민을 대표하는 평안남도 지사로서 공식적으로 집무를 하는 첫날이다. 책임이 막중함을 느꼈고 마음속으로 잘 해보리라 결의를 다졌다.

　사무국 직원들과 첫 대면을 하고 업무브리핑을 받은 후에 도지사 집무 책상에 앉았다. 정면을 바라보니 붓글씨로 쓴 액자가 좌우 양쪽으로 하나씩 걸려있었다. 그동안 평남 행정자문위원으로서 여러 번 도지사실을 방문하였으나 눈에 띄게 보이지 않았던 액자의 내용이 오늘따라 뚜렷하게 내 눈에 들어왔다. 왼쪽 액자의 글은 도산 안창호 선생의 좌우명인 '務實力行(무실역행) 忠義勇氣(충의용기)' 중에 하나인 '務實力行(무실역행)'이란 네 글자였다. 오른쪽 액자의 내용은 고당 조만식 선생의 말씀인 '基仁爲寶(기인위보)'였다. 일제강점기 시절 민족의 지도자이셨던 고향 큰 어른이신 두 분에 대해 평남의 후배인 도지사들이 꼭 가슴에 새겨 두어야 할 귀중한 말씀이라고 생각했다. 두 분 큰 어르신들의 사상과 애국애족 활동에 대해 우리 후세들이 잘 이해하고 이를 후계세대에 제대로 알려야 되겠다는 사명감이 들었다.

　도지사로서 도정을 수행하기 위하여 관련 법령을 다시 검토해보았다. "이북5도 등에 관한 특별조치법"과 이북5도 행정에 관련된 법령과 규정들을 살펴보았다. 이북5도 등에 관한 특별조치법 제4조에 규정된 도지사의 관장업무는 다음과 같다.

이북5도 등에 관한 특별조치법 제4조(관장업무)

1. 조사연구업무
   가. 이북5도 등의 정치, 경제, 사회, 문화, 교육 등 각 분야에 걸친 정보의 수집·분석
   나. 이북5도 등을 수복할 경우에 시행할 각종 정책의 연구
2. 월남(越南) 이북5도민 및 미수복 시·군의 주민(이하 '이북도민'이라 한다)의 지원 및 관리
   가. 이북도민의 실태조사 및 생활안정 지원
   나. 북한 이탈주민과 이북도민의 교류사업 지원
   다. 이북도민의 후세대 육성 및 지원
3. 이산가족 상봉 관련 업무 지원
4. 이북5도 등 향토문화의 계승 및 발전
5. 이북도민 관련 단체의 지도 및 지원
6. 자유민주주의 함양 및 안보의식 고취
7. 이북도민에 대한 각종 증명 발급업무
8. 그 밖에 이북5도 등 및 이북도민과 관련된 사업으로서 대통령령으로 정하는 사업

상기 관장업무를 정확히 숙지하여 도지사 업무를 잘 해 나갈 것을 다짐하였다.

2019년 8월 27일 화요일 날씨: 맑음

드디어 오늘이 도지사 취임식이 있는 날이다. 집사람과 같이 이북오도청사로 관용차를 함께 타고 출근하였다. 집사람과 함께 차를 타고 청사로 가면서 만감이 교차되었다. 오전 10시 30분부터 축하객들이 몰려오기 시작하여 행사 시작할 때쯤 되니 400여 명의 축하객이 이북5도청사 5층에 있는 중강당을 가득 메웠다. 많은 분들이 참석하여 주셨다. 대성황이었다. 김중양 지사님의 이임사에 이어 나의 약력이 간단히 소개되고 이어 나는 단상에 올라 취임사를 하였다. 취임사가 끝난 후에 평안남도기를 전임 지사로부터 인수받아 내빈들을 바라보며 힘차게 휘날렸다.

⟨2019년 8월 27일 취임식⟩

이취임식이 끝난 후에 대강당으로 옮겨 축하객들과 점심을 함께하며 자축하였다. 오늘 점심 식사비용은 김건철 행정자문위원장께서 흔쾌히 부담하여 주셨다. 영원히 잊을 수 없는 취임식이었다. 점심식사를 한 후 지사 집무실에 들어오니 평남중앙도민회 상임고문님들과 유지 선배님들이 축하 인사차 내방하여 담소를 나누었다. 나의 취임식을 축하하기 위해 처가 집 식구들이 세종시에서 먼 길을 마다하지 않고 와주었다. 고맙고 감사한 일이다. 축화 화분이 40여 개나 들어 왔다. 주위에 언제나 변함없이 나를 생각하고 아껴주시는 분들이 많아 인복은 타고 난 것이 아닌가, 그런 생각이 들었다.

다음은 평안남도지사 취임사이다.

존경하는 평안남도 도민 여러분!

그리고 공사다망하심에도 불구하고 이 자리에 참석하여 함께 해주신 내빈 여러분께 먼저 감사의 말씀을 드립니다. 8월 26일 자로 정부의 부름을 받고 제18대 평안남도 도지사라는 막중한 직책을 맡게 되니 어깨가 무겁습니다.

우선 지난 3년 동안 풍부한 행정 경험과 훌륭하신 인품으로 탁월한 업적을 세우시고 오늘 이임하시는 김중양 도지사님께 깊은 경의와 함께 감사의 말씀을 드립니다. 바쁘신 중에도 저의 도지사 취임을 축하하고 격려해주시기 위해 참석하여 주신 조성원 중앙도민회장님과 역대 도민회장님들, 역대 평남지사님들, 박성재 황해도지사 겸 이북5도위원장님, 오영찬 평안북도지사님, 한정길 함경남도 지사님, 김재홍 함경북도 지사님, 김한극 황해도 도민회장 겸 이북도민연합회 회장님을 비롯한 각 도민회장님, 김건철 행정자문위원장님을 비롯한 행정자문위원님, 김원진 회장님을 비롯한 중앙도민회 상임고문님 등 내외귀빈 여러분께 각별한 감사의 말씀을 드립니다.

존경하는 도민 여러분, 그리고 이 자리에 함께하신 내빈 여러분!

최근 한반도의 정세는 북한의 탄도미사일 발사, 미·중의 무역갈등, 일본의 경제보복 등으로 혼미를 거듭하며 어려운 상황에 직면해 있습니다. 이러한 때에 우리는 감정적인 대응보다는 냉정하고 근본적인 대책을 마련해야 할 때입니다. 이를 위해 무엇보다도 평남도민은 물론 850만 이북도민 전체가 힘을 하나로 모아 자유민주주의와 시장경제체제를 굳건히 지켜나가겠습니다.

존경하는 도민 여러분! 그리고 내외 귀빈 여러분

여러모로 부족한 제가 평남지사라는 막중한 직책을 맡게 되어 무거운 마음이 앞섭니다.

그러나 우리에게는 도민사회의 선배님들께서 이루어 놓으신 굳건한 토대와 훌륭한 전통이 있습니다. 또한 전임 김중양 지사님께서 이루어 놓으신 도정기반 위에 열과 성의를 다한다면 지사직을 충실히 수행해나 갈 수 있으리라 확신합니다.

앞으로 저는 지사직을 수행하면서 도정운영의 기본 방향을 다음과 같이 설정하여 운영하려고 합니다. 첫째 도민 중심의 도정을 이끌어나 가도록 하겠습니다. 도민과 호흡을 같이하며 도민의 좋은 생각과 건전한 요구를 도정에 반영하고 도정의 방향과 목표를 도민에게 이해시켜 협조를 얻어내는 쌍방향의 협력체제를 구축하여 도정을 운영하도록 하겠습니다. 이를 위해 적어도 분기별로 1회 이상은 평남중앙도민회장님과 정책간담회를 개최하도록 하겠습니다. 또한 지사실은 항상 개방하여 도민 누구라도 언제든지 쉽게 찾아와 상담하고 의견을 나눌 수 있는 열린 지사실로 운영하겠습니다.

둘째 통일 역량의 배양과 연구조사 업무에 역점을 두고자 합니다. 돌이켜보면 그간 우리 1세대 어르신들은 투철한 반공정신과 통일에 대한 일념으로 엄청난 노력과 헌신을 하셨습니다. 이제 세월의 흐름 속에 1세대 어르신들은 연로해지시고 해를 거듭할수록 그 숫자도 감소해 가고 있습니다. 이러한 때에 2-3세대인 청장년층을 적극적으로 육성해야 할 필요성이 절실합니다. 청장년들이 도정에 적극적으로 참여하고 도민회를 이끌어가는 지도자로 육성하여 활력이 넘치는 도민사회를 만들어 나가야 되겠습니다. 이를 위해 도민회와 협력하여 2, 3세 지도자 육성프로그램을 개발하고 도민회에서 주관하는 통일아카데미와 같은 통일교육 프로그램을 적극적으로 지원하도록 하겠습니다. 이러한 통일교육 프로그램을 통하여 도민들의 통일역량을 함양하여 향후 통일에 대비하여야 할 것입니다. 또한 통일 관련 연구 조사업무를 강화하여 북한체제와

평양감사 1054일 I

제도 및 문화 등을 연구하여 통일사업의 기초가 되도록 하겠습니다.

셋째 북한 이탈주민과 더불어 살아가는 사회 분위기 조성에도 힘쓰겠습니다.

북한 이탈주민은 70년이 넘도록 단절된 집단 체제하에 살아왔기에 문화와 의식이 우리와는 전혀 다릅니다. 따라서 대한민국에 동화되어 살아가기란 쉽지 않을 것입니다. 그들이 우리 사회에 건강하게 뿌리내리도록 도와주어야 합니다. 대한민국에 하루빨리 정착되어 자유민주주의 체제의 자유와 풍요로움을 느낄 수 있게 해주어야 할 것입니다. 최근 북한 이탈주민 모자가 주위의 무관심으로 아사했다는 기사를 접하고 얼마나 가슴이 아팠는지 모릅니다. 평안남도 출신의 북한 이탈주민은 결코 이러한 일이 생기지 않도록 철저히 관리하도록 하겠습니다.

앞으로 저는 도민복지향상과 향토문화의 계승·발전을 위한 노력도 적극적으로 추진해 나가겠습니다. 아울러 세계의 평화와 번영을 위한 정부의 한반도 평화프로세스가 성공할 수 있도록 적극적으로 노력하겠습니다. 저에게 도지사의 직책이 주어진 것은 고향과 나라를 위해 마지막으로 봉사하라는 하늘의 뜻으로 알고 혼신의 힘을 다하여 봉사하겠습니다. 도민 여러분들의 아낌없는 지도와 성원을 기대합니다.

끝으로 오늘 이임하시는 김중양 지사님, 그리고 오늘 참석해주신 모든 분의 가정에 늘 건강과 행복이 함께 하시길 기원합니다.

2019년 8월 28일 수요일 날씨: 맑음

아침에 출근하자마자 비서실장으로부터 오늘 일정에 대한 보고를 받았다. 오전 10시쯤 평북지사로 취임한 평북지사님의 예방을 받았다. 연세대학교 동문이며 같은 학번으로 친근함을 느꼈다. 선친이 그 유명하신 반공검사였던 오제도 검사였다. 오전 업무를 간단히 마치고 한미지오텍 건설에 갔다. 임직원들이 점심을 같이하며 나의 평양감사 임명과정에 대해 궁금하게 물어봐 그냥 관운이 좋았던 탓이라고 웃으며 이야기하였다. 도지사 임기를 성공적으로 마친 후에는 편안한 마음으로 이야기해주어야겠다고 생각했다. 나의 평양감사로에 입성은 정말로 하늘이 도운 천운이었다.

2019년 8월 29일 목요일 날씨: 오전에 비옴, 오후 2시에 갬 그리고 맑음

축하 화분을 보내준 분들에게 일일이 감사 전화를 드렸다. 책상에 앉아 정면을 바라보니 좌우에 걸려있는 액자 속에 글자가 다시 새롭게 내 눈에 들어왔다. 액자에 적혀 있는 글자들을 한 자 한 자 자세히 음미하며 읽어보았다.

도산 안창호 선생의 '무실역행', 고당 조만식 선생의 '기인위보'. 항상 두 액자의 글귀를 음미하며 두 분의 가르침을 잘 새기어 도정을 성공적으로 이끌어야겠다고 다짐하였다. 두 분 어르신 다 평남이 배출한 일제강점기 시대에 우리 민족의 큰 어른이시며 독립운동의 지도자이셨다. 도산 선생님은 옥고를 치르시고 해방을 맞이하지 못하신 채 세상을 떠나셨고, 고당 선생은 해방 정국에 북조선에서 민족진영의 지도자로서 자유민주주의 국가를 건설하기 위해 싸우신 철저한 자유민주의 신봉자이시며 반공주의자이셨다.

생각이 갑자기 들어 두 주먹을 불끈 지며 다짐하였다. 그렇다! 이 두 분의 정신과 생애를 우리 평남인이라면 반드시 알고 실천해야 할 의무가 있는 것이다. 생각이 여기에 미치자 오늘 두 어른을 찾아봐야겠다고 생각했다. 조성원 중앙도민회장에게 내 생각을 말하니 흔쾌히 응답하고 같이 가기로 하였다. 오후 2시에 현충원에 있는 고당 조만식 선생의 묘소를 참배하고 이어 강우규 선생, 박정희 대통령, 김대중 대통령 그리고 이승만 대통령 묘소를 차례로 참배하였다.

이어 도산 안창호 선생기념관으로 갔다. 도산 안창호 선생기념관에서 기념사업회 이사장이신 김재실 이사장을 뵙고 도산 선생의 정신과 기념관 건립 역사에 대해 설명을 들을 후 선생의 묘소를 참배하였다. 김재실 이사장은 마침 산업은행 이사를 역임하고 산은캐피탈 사장을 역임한 분이라 무척 반가웠다. 나도 젊은 시절 한때 산은캐피탈의 전신인 산업리이스에서 근무한 적이 있었다. 1981년부터 3년간 광주지점 개설지점장으로 근무하며 낙후된 호남지역 산업발전에 기여한 바 있다. 내가 한때 몸담았던 직장에 사장을 역임하셨다니 서로 친근감이 들어 지난 금융기관 시절 이야기를 하며 가까운 정을 느꼈다. 앞으로 우리 평안남도에서도 도산 안창호 선생의 유업과 정신을 계승 발전시켜나가는 데 일조하겠다고 말씀을 드렸다.

2019년 8월 30일 금요일 날씨: 맑음

오늘 중요 일정은 충주에서 개최되는 2019년도 세계무예마스터쉽 대회 개막식 참관이다. 집에서 오후 3시에 출발하기로 하였다. 오전에 개인적인 일을 보고 오후 3시에 운중동 집에서 대회장인 충주공설운동장으로 향했다. 2시간 30분 정도 걸릴 것으로 예상되었다.

개막식에 참석하기 전에 충북에 거주하는 이북오도 유지분들이 저녁을 대접하겠다고 하여 한일정이라는 장어구이 집으로 갔다. 충북지역 이북5도민회 고문으로 계시는 한장훈 고문께서 우리 이북5도지사들을 초대하여 김관국 이북5도민 충북지구 회장을 비롯하여 10여 분의 유지 어르신들과 함께 저녁을 같이하며 담소를 나누었다.

저녁 7시에 대회장에 도착하여 안내자의 안내를 받아 귀빈석 D-3구역에 앉았다. 충북 부지사가 우리를 영접하였다. 난생처음으로 정부 행사에 VIP 안내를 받았다. 개막식 식전 행사로 세계 각국의 무술 시현이 있었다. 이어 선수들이 입장한 후 충주시장의 개회선언으로 대회가 시작되었다. 충북지사의 환영사, 이낙연 총리의 축사와 반기문 대회장의 축사에 이어 IOC 부위원장의 축사가 시작되는 것을 보면서 귀가 시간을 고려하여 다른 도지사님들과 함께 일찍 나와 집으로 왔다.

3. 2019년 도정일지

2019년 8월 31일 금요일 날씨: 맑음

오늘은 평남지사 취임 후 첫 공식행사에 참석하였다. 평남도민 전.현직 군수로 구성된 대동회의 40주년 행사가 있는 날이다. 대동회 40주년을 진심으로 축하한다는 말과 함께 대동회는 서경회와 함께 평남도민회의 양대 축이며 도민회 발전에 중추적인 역할을 하는 전통이 있는 모임이기에 그 역할이 무엇보다도 중요함을 강조하고 함께 도민회와 도정 발전에 기여하여 줄 것을 당부하였다. 공식행사가 끝난 후에 참석한 대동회 회원들과 점심을 함께하였다.

2019년 9월 1일 일요일 날씨: 여전히 맑음

8. 26일 평남지사로서 발령받고 첫 출근을 한 후 지난 일주일이 어떻게 지나갔는지 모르겠다. 첫 출근 후 직원들과의 인사, 이북5도지사님들과 이북7도민 유지들과 인사를 하고 27일에 취임식, 왈우 강우규 의사와 역대 대통령에 대한 참배, 도산 안창호 선생기념관을 방문하여 묘소에 참배하고, 8월 30일에는 충주 무예마스터대회 참관, 이어 평남지사로서 첫 도민회 공식행사인 대동회 40주년 기념식에 참석하여 축사를 하며 숨 가쁘게 지난 일주일을 보낸 것 같다.

내가 평남지사가 되리라고는 두 달 전까지만 해도 상상을 하지 못했던 일이었다. 성실하고 진솔하게 살아온 나의 인생에 대한 하느님의 은혜와 축복이라고 생각한다. 오늘은 정장을 하고 집사람과 함께 아침 미사에 참석했다. 약소하지만 약간의 감사헌금을 하고 하느님께 감사를 드렸다. 첫 월급을 받으면 좀 더 감사헌금을 하겠다고 마음먹었다.

2019년 9월 2일 월요일 날씨: 맑음

오늘 9시 30분에 진영 행정안전부 장관님과 정부 제2 종합청사에서 상견례 겸 티 미팅이 예정되어 있는 날이다. 조금 서둘러 나오려고 했는데 추석 명절 선물전달자 명단을 작성하다 보니 10분 정도 예정보다 늦게 출발했다. 오늘이 월요일이라 그런지 청계산 길에서 무척이나 막혔다. 잘 못하다 가는 약속시간에 맞춰 가지 못할 것 같았다. 다행히 남산순환 도로부터는 교통정체가 풀려 9시 정각에 정부청사 입구에 도착했다.

사무실 출입통제실에서 평북지사와 함북지사를 만나 오늘 장관님과 미팅에서 어느 정도 이야기할 것 인가에 대해서 의견을 나누었다. 처음 만나는 자리니만큼 덕담을 주로 나누는 것이 어떤지 내 의견을 말하니 평북지사는 몇 가지 메모해 갖고 온 내용을 말씀하시며 우리의 의견을 전달하는 것이 좋겠다고 하였다. 상황을 보아가며 우리의 의견을 전달하기로 하였다.

진영 장관님이 보고를 받느라고 늦어져서 10여 분 정도 기다렸다. 부드러운 미소를 띠면서 장관님이 접견실로 들어오셨다. 서로 반갑게 인사를 나누고 자리에 앉자 장관님께서 우리에게 도지사 취임을 축하한다는 말씀에 이에 북한 이탈주민 관리 문제에 대해서 새로 취임한 지사님들께서 관심을 가져달라고 말씀하셨다. 우리가 준비한 주제이기로 하여 자연스럽게 내가 대표로 축하 말씀에 감사하다는 답례에 이어 우리 이북5도에서도 북한 이탈주민에 지대한 관심을 갖고 이를 체계적으로 관리하려고 하나 통일부에서 일체 북한 이탈주민에 대한 기초자료도 제공하지 않고 협조가 되지 않아 못하고 있다는 실정에 대해 말씀드렸다. 그리고 앞으로 북한 이탈주민을 이북5도 위원회가 관리할 수 있도록 법적 제도를 강구 해주십사 하고 말씀드렸다. 이어 10월 20일에 있을 대통령기 이북도민 체육대회에 문재인 대통령의 참석과 예산지원을 요청하였고, 연구조사업무를 이북5도 위원회 업무에서 배제하려는 입법 움직임에 대해 결연히 반대하며 이에 대한 대책을 부탁하였다. 이어 이북5도위원회 예산증액 요청, 훈포장 축소에 대해 3년간 유예해주실 것도 정식으로 요청하였다.

오전 11시에는 이북5도청 중 강당에서 평남 덕천군이 낳은 애국지사 왈우 강우규 의사의 의거 100주년 기념식에 참석하였다. 참석하기 전에 이북5도위원회 회의실에서 박삼득 보훈처장과, 서울 지방보훈처장, 김중위 초대 환경부 장관을 이북오도 지사들과 함께 접견하고 담소를 나누었다. 행사는 격조 있고 차분하게 잘 진행되었다. 남대문 역에서 새로 부임하는 제3대 총독 사이토 마코토에 폭탄을 투척하였던 기백과 독립투쟁 의지를 다시 한번 마음속에 새기는 기념식이 되었다. 후반부에 가면무와 왈우 선생의 투쟁기를 남녀 배우가 낭송할 때는 분위기가 숙연해지며 다시 한번 선생의 우국충정과 나라 사랑의 정신을 느낄 수가 있었다. 왈우 강우규 선생 기념식을 총괄 기획하고 준비한 기념사업회 장원호 회장의 능력과 품격이 묻어나는 기념식 행사였다.

기념식이 끝나고 참석한 300여 분이 모두 대강당에 준비한 음식과 다과를 들면서 담소를 나누며 왈우 선생을 추모하였다.

〈강우규 의사 의거 100주년 기념식〉

오후 2시 30분에 사무국 직원들과 업무회의를 가졌다. 업무회의 중 오늘 행정안전부 장관과의 상견례 미팅 결과를 직원들에 설명하고 내용을 공유하였다. 또한 주간 주요 일정 설명, 훈포장 진행 과정에 대한 설명을 듣고 주간 업무계획에 대해 의견을 나누었다. 대통령 표창에 있어서 1차 공적심사에 다소 문제가 있는 점에 대해서 의견을 교환하였으며 바로 잡을 수 있는 방안에 대해서 생각해보기로 했다.

2019년 9월 3일 화요일 날씨: 약간 흐림

아침에 출근하자마자 비서실장으로부터 일정 보고가 있었다. 오전 11시에 이북5도지사 주간회의가 있었다. 위원회 사무국장으로부터 주요 업무보고가 있었고 이에 박성재 위원장의 인사말에 이에 내가 어제 진영 행정안전부 장관과 상견례 겸 대화를 나눈 내용에 대해서 설명하였다. 평남, 평북, 함북 3개도 지사들이 행정안전부 장관과 처음 대면하는 자리이므로 주로 덕담을 나누는 자리로 하려고 하였으나 장관님께서 먼저 북한 이탈주민의 관리를 이북 5도 지사님들이 관심을 갖고 해달라는 요청의 말씀하였기에 이에 화답하였다는 말과 우리가 장관님께 건의하였던 내용에 대해서도 설명하였다.

평남지사인 내가 대표로 북한 이탈주민 관리 문제와 10월 20일에 개최될 예정인 대통령기 이북도민 체육대회에 대통령께서 참석해주십사 하는 요청을 드렸다는 말과 이어 행사 예산 증액요청, 이북5도 등 위원회 관련 법 개정문제, 예산증액 문제, 훈포장 삭감문제 유예 등에 대해서 건의하였던 것에 대해서도 보고하였다. 회의가 끝난 후에 평창동 칼국수집에 가서 5도 지사들과 이북5도위원회 사무국 직원들과 함께 식사했다.

오후 2시에 대학 후배인 김상진 사장이 인사하러 사무실에 들렀다. 오후 4시에 정문교 사장이 왔다. 도지사 취임 축하 인사를 받고 한미지오텍건설에 대한 향후 문제에 대해 서로 갖고 있는 생각에 대해 이야기 했다. 앞으로 3년간 내가 공직생활을 하는 동안 회사를 잘 경영해달라는 부탁을 하였다.

2019년 9월 4일 수요일 날씨: 흐리고 비가 옴

아침 출근 시간이 약 1시간 20분 정도 걸렸다. 한 일주일 정도 집에서 사무실까지 출근해보니 보통 출근 시 1시간 30분, 퇴근 시도 1시간 30분 정도 걸린다. 출퇴근 소요시간을 줄이기 위해서라도 아침에는 종전과 같은 시간인 7시 20분에 출발하고 조금 일찍 퇴근하는 것이 좋을 것 같다.

3. 2019년 도정일지

　오늘 점심은 조성원 중앙도민회장 초청으로 중앙도민회 사무국 직원과 평안남도 사무국 직원들과 함께 점심을 하게 되었다. 도정과 도민사회 간의 원활한 협력 관계의 수립을 위한 첫 출발인 셈이다. 상호 우호적인 협력 관계를 수립하기 위해서라도 정기적인 점심 모임이 필요할 것 같다. 다음에는 도지사가 초청하는 것으로 정례화하기로 하였다. 매월 1회씩 하는 것으로 내가 제안하였으나 분기별로 1회 정도하는 것이 적당할 것 같다.

　오후 2시에는 도청 스타렉스를 타고 정부 제2 종합청사로 도지사 임명장을 받으러 갔다. 오후 2시 30분에 도착하여 대기실에서 잠시 대기하였다. 대기실에 대기하는 중에 민주평통 이승환 사무처장, 광주교육대학교 최도성 총장, 서울특별시 강태웅 행정 제1 부시장, 기획재정부 김용범 제1차관, 김형종 외교안보원장들과 함께 인사를 나누고 가볍게 이야기를 나누었다. 조금 있으니 행사 담당관이 와서 오늘 임명식 진행순서에 대해서 설명해주고 임명장 수여하는 장소로 이전하여 예행연습을 하였다.

　정부 의전행사에는 난생처음으로 참석하는 것이라 긴장도 되었지만 호기심도 발동하여 임명장 수여식의 절차와 진행을 눈여겨보았다. 오늘 차관급 8명에 대한 임명식 진행순서를 요약하면 다음과 같다.

[도지사 임명장 진행순서]
1. 임명대상자 8명이 대기실에서 오전 9:30분까지 대기하였다. 대기 중에 서로 수인사를 하였다.
2. 임명자 전원이 참석하자 인사혁신처 담당관과 국무총리 의전 담당관이 와서 오늘 임명식 행사 진행 요령을 간략히 설명하였다.
3. 간단한 설명이 끝난 후 임명장을 수여하는 옆 방으로 옮겨 임명식 리허설을 하였다.
4. 리허설은 아래와 같았다.
　　1) 우선 임명장 수령자들의 위치를 확인해준다. 위치는 색 테이프로 표

평양감사 1054일 I

시되어 있었다. 위치는 우로부터 부처 건재 순으로 도열한다. 서열순은 정부 직제순이었다. 그러나 국립대학교 총장은 부처 서열순위와는 별도로 제일 우선한다고 한다. 따라서 오늘 임명장 받는 분들의 도열 순서는 최도성 총장, 김용범 차관, 이승환 사무처장, 김형종 원장, 이명우 평남지사, 오영찬 평북지사, 김재홍 함북지사, 강태웅 서울시 부시장 순으로 도열한다.

2) 임명장 수령을 받으러 총리 앞에 서는 자리와 총리의 위치가 색 테이프로 표시되어 있었다.

3) 총리께서 입장하신다는 말을 사회자가 하면 모두 그쪽을 바라보고 있다 들어오시면 가볍게 목례를 한다.

4) 사회자가 임명장 수여식을 한다고 말하고 도열 순서에 따라 한 사람씩 총리 앞에 서서 가볍게 목례를 하면 사회자가 임명장을 대독하고 대독이 끝나면 총리께서 임명장을 한 사람씩 수여하게 된다. 수여자는 가볍게 인사하면서 임명장을 받은 후 왼쪽 손으로 잡아 옆구리에 낀 채 총리와 악수를 한 후 제자리로 돌아간다. 모든 사람이 임명장을 받은 후에 모두 일렬로 옆으로 도열한 후에 한 사람씩 총리와 기념촬영을 한다. 위치는 총리의 왼쪽에 서고 촬영을 끝난 후에는 반드시 총리가 서 계시는 뒤로해서 제자리로 간다.

5) 개인별 기념촬영이 끝나면 수여자 모두 함께 총리와 기념촬영을 하였다.
위치는 총리를 가운데로 하여 왼쪽부터 첫 번째가 1위, 그다음 총리 오른쪽 첫 번째가 2위 그런 식으로 위치를 잡아 단체 촬영을 한다.

6) 임명장 수여식이 끝나면 옆방에 있는 총리 접견실로 옮겨 차를 마시며 담소하는 시간을 갖는다. 담소 시간은 약 30분 정도로 예정되어 있다.

상기와 같은 예행연습을 한 후 오전 10시쯤 총리께서 행사장에 입장하신 후 위와 같은 절차에 따라 임명장 수여식이 진행되었다.

수여식이 끝난 후에 접견실로 들어가 총리와 담소를 나누었다. 좌석

배치도 총리를 중심으로 좌우로 임명장 수여 건재 순으로 배치가 되어 지정된 자리에 앉았다.

모두 착석한 후 총리께서 모두에게 취임을 축하한다는 말씀을 하신 후 서열순에 따라 한 사람에 5분 내외씩 대화를 하였다. 주로 질문하시고 이에 대한 답변 형식으로 진행되었고 나중에는 종합적으로 총리께서 요즘 시국에 대한 말씀도 하시며 열심히 하시라는 당부의 말씀을 하셨다.

〈이낙연 총리로부터 이북5도위원회 평안남도지사 임명장을 수여받다〉

총리께서는 나에게는 "이 지사님은 먼저 언제 남한에 내려오셨나요?"라고 물어보셨다.

이에 나는 1947년에 평남 양덕군에 출생하여 1948년 남한에 내려왔다고 말씀을 드리고 이어 양덕군에 대한 간단한 설명을 드렸다. 양덕군은 평양과 원산 사이 증간에 있으며 산림이 울창하여 임업이 발달하였고 특히 온천으로 유명한 곳이라고 설명드렸다. 최근에는 김정은이 온천 휴양지 개발을 현지 지도하기도 하였다고 말씀드렸다.

이어 총리께서는 이북에서 내려오신 분들이 유난히 북한을 싫어하는 이유를 물어보시어 이북사람들 중 남한에 내려온 사람들은 지주계급, 기독교인 등 공산주의에 반대하여 내려온 분들이 대부분이어서 공산주의를 태생적으로 혐오하고 반대하며 특히 공산주의의 잔혹성과 폭정을 몸으로 체험한 분들이라 그렇다고 말씀을 드렸다.

이어 이북사람들은 주로 어디 가서 평양냉면을 먹는지를 물어보셨다. 이에 나는 장충동에 있는 평양냉면이나 을지로3가에 있는 평래옥에 자주 간다고 말씀을 드리고 총리님께 냉면을 드실 때는 간단한 팁 하나 말씀을 드리겠다고 하면서 냉면을 드실 때는 면을 잘라서 드시지 마시라고 말씀을 드렸다. 만약 그 냉면집 주인이 평남 출신이면 진짜 냉면을 드실 줄 아는 분이라고 알아보고는 냉면 한 그릇을 더 줄 거라고 우스개소리로 말씀을 드렸다. 이낙연 총리께서는 "그렇게 먹었는데 더 주지 않더군요" 해서 모두 웃었다. 딱딱한 분위기가 다소 부드러워졌다.

이어 오영찬 평북지사의 순서가 되자 오 지사께서 북한 이탈주민 관리 문제가 이북오도 지사들의 관장업무이며 관심사인데 법적으로 제약조건이 많아 관리할 수 없는 현실을 말씀을 드리고 통일부의 북한 이탈주민 관리업무를 하나원 교육 이수 후에는 이북5도위원회에서 관리할 수 있도록 하면 좋겠다고 건의하였다. 총리께서도 이에 공감하시고 관련 부처에 이북5도위원회와 협의를 하라고 지시하셨다. 생각지도 않았는데 대박을 터뜨린 셈이었다. 오 지사의 순발력과 뚝심이 대단한 것 같았다.

이어서 김재홍 함북지사께서 함북 출신이 북한 이탈주민의 상당한 비율을 차지하고 있다고 실상을 말하고 이북5도민을 대상으로 만주 등 이북 접경지대에 항일 독립유적지를 탐방하는 교육프로그램을 추진하고 싶다는 계획을 말하였다. 예정된 담화시간이 되어 총리께서 다시 한번 축하한다는 말씀과 함께 소관 업무를 잘 수행해 줄 것을 당부하며 총리와의 담화시간을 마쳤다.

이낙연 총리님의 인상은 우선 자세가 바르고 온화한 인상이었다. 나는 개인적으로 직접 뵌 것은 오늘 임명식장에서 처음이다. 물론 유명한 정치인이었기에 매스컴을 통해서는 자주 볼 기회가 있어 어느 정도 친근감을 느낄 수 있는 얼굴이었으나 오늘처럼 가까이에서 뵙고 말씀을 나눈 것은 처음이다. 말씀도 조용하면서도 차분하게 조리 있게 말씀하셨다. 기자 출신이어서 그런지 언어 구사력이 뛰어났고 상대방에게 편하게 질문하여 대답을 끌어내는 탁월한 능력이 있으신 분이란 인상이 들었다.

2019년 9월 5일 목요일 날씨: 태풍 링링 영향으로 비옴, 오후에 약간 갬

오늘은 평남 상임고문님들을 초대하여 점심을 대접하는 날이다. 도지사 취임 후 제일 먼저 평남 도정에 가장 중요한 분들을 초청하여 점심을 함께하며 인사 겸 감사의 말씀을 드리고 상임고문님들의 좋은 말씀을 듣는 날이다. 모임 장소인 충무로 2가에 있는 중식당 동보성으로 10시 30분 쯤 출발하였다. 11시쯤 동보성 2층 예약한 룸에 도착하니 상임고문협의회 회장이신 김원진 고문과 협의회 간사이신 박지환 고문께서 이미 나와 계셨다.

반갑게 인사를 나눈 후에 좌석 배치를 보니 나를 도지사로서 예우한다고 제일 상석으로 배치하였다. 강대석 실장에게 지시하여 비서실에서 생각한 좌석 배치도에 따라 다시 좌석을 배치하였다. 두 분과 인사를 나누고 커피를 한잔하였다. 이어 문 앞에서 오시는 상임고문님들을 한 분 한 분씩 영접하였다.

평남 상임고문협의회는 평남지사의 도정에 대하여 조언하여 주는 평남 원로들의 모임으로 구성원은 주로 전임 중앙도민회 회장, 전임 지사들로 구성되어 있다. 모임 시작 시각인 11:30분이 되어 박용옥 전임 지사께서 원거리로 조금 늦으신다는 전언이 와 김원진 고문께서 개회를 선언하고 신임지사인 나에 대해 지혜와 훌륭한 인품을 가진 지사가 새로이 평남 도정을 맡은 것을 축하한다는 덕담의 인사말을 하셨다.

이어 내가 여러 원로 상임고문님을 한자리에 뵙게 되어 기쁘고 감사하다는 말씀을 드렸다. 취임사에서 말씀을 드린 바와 같이 평남지사라는 막중한 책임을 지게 되어 어깨가 무겁게 느껴지지만 평남 도정과 도민사회발전을 위하여 헌신하신 원로 어르신들의 지도편달이 있으면 가능할 것이라고 말씀을 드리고 앞으로 도정 발전에 아낌없는 조언을 부탁을 드렸다.

이어 고문님들 간에 정담을 나누며 모임을 마쳤다. 오늘 모임에는 중앙도민회장을 역임하셨던 역대 회장님들 중 최고령 원로이신 이근태 고문과 김건철 고문, 김원진 고문, 우윤근 고문, 이춘화 고문, 이명걸 고문, 박지환 고문, 장원호 고문님들과 현 중앙도민회 회장이신 조성원 회장 그리고 전직 평남도지사이셨던 김인선 고문, 정중열 고문, 박용옥 고문, 백남진 고문, 김중양 고문이 참석하셨다. 그리고 강대석 비서실장과 평남민보에 김현균 차장이 배석하였다.

2019년 9월 6일 금요일 날씨: 약간 흐렸다 갬. 태풍 링링 북상으로 구름 약간 낌

모처럼 일정이 없는 날이었다. 오늘 점심은 처음으로 지하 1층에 있는 구내식당으로 가 이은주 비서와 윤종인 주무관과 함께 가서 먹었다. 식당 크기가 생각했던 것보다는 컸으나 아늑하다는 느낌이 들지 않았다. 한 끼 4,500원이며 네 가지 반찬에 국 한 그릇이 나왔다. 메뉴는 매일 거의 같으나 반찬 한두 개가 바뀐다고 한다. 오늘은 깍두기, 해초나물, 가지찜 그리고 닭볶음이 나왔고 국으로는 어묵국이 나왔다. 누룽지도 있어 누룽지 한 그릇도 곁들여 먹었다.

오후에 평안남도중앙부녀회장이신 송경복 회장께서 내방하여 주셨다. 평소에 나를 조카처럼 생각하여 가깝게 대해주셨던 분이다. 추석을 맞이하여 선물을 준비하였다고 하시며 전해드리겠다고 말씀하셨다. 정중히 사양하고 마음만 받겠다고 하였다. 부녀회 활동에 감사드리고 앞으로도 열심히 도정 발전에 힘이 되어주십사 하고 부탁을 드렸다.

한정길 함남지사로부터 수상시집 한 권을 전해 받았다. 원가관리협회 회장으로 6년간 재직하시면서 회원지에 기고한 글과 간간이 써오셨던 시를 모아 엮은 수상록 겸 시집이었다. 무뚝뚝해 보이던 한정길 지사님이 달리 보였다. 나도 가끔 시심이 동하여 시를 쓰고 싶은 생각이 있었는데 앞으로 시간이 나면 시작 공부를 좀 해봐야겠다. 한 지사님의 시 중에서 써프라이즈(놀람)란 시는 어쩌면 나의 심정과 똑같은 표현이었다.

그 시의 한 귀절이다.

3. 2019년 도정일지

"나는 지사가 되는 날
제일 먼저
엄마를 놀라게 하고 싶었는데…
엄마가 계시지 않다.
아내와 자식들은 별로
기뻐하는 것 같지도 않다.

엄마가 하늘나라에서라도
놀랐으면 좋겠다…"

갑자기 하늘나라에 계신 울 엄마 생각이 났다. 잠시 눈가에 눈시울이 뜨거워졌다. 어머니는 둘째 아들인 나를 무척이나 자랑스러워하셨다. 어디를 가나 우리 명우, 우리 명우 하며 공부 잘하는 자식 자랑을 그렇게 하셨다고 한다. 살아 계셨다면 평남지사를 하게 되었으니 얼마나 기뻐하실까 상상해보았다. 아마도 덩실덩실 춤을 추시며 좋아하셨을 것이다. 나는 어머님 살아생전 효도다운 효도 한 번 제대로 해보지 못한 못난 불효자였다. 오늘따라 어머니 생각에 가슴이 아팠다.

오후에 신상인 박사로부터 축하 겸 안부 전화가 왔다. 요즘 도지사 일과에 대해서 궁금해하여 와 이런저런 일을 한다고 이야기해주었다. 도지사 취임을 축하하면서 축하란을 보내주신 분 중에 아직 감사 전화를 못 드린 분들에게 전화를 드려 감사 인사를 드렸다. 향두계놀이 전승자이신 유시숙 녕장과 심백몽 줌 전수자이신 안병주 교수님께 전화하여 감사 인사를 드리고 도지사로서 앞으로 향토문화예술 발전에 관심을 갖고 적극적으로 지원하겠다고 말씀을 드렸다.

평남 사무국장과 행정자문위원 인선 문제에 대하여 의견을 교환하였다. 참고로 비서실장의 의견도 들어보았다. 내가 생각하는 기준은 나이는 60대 후반에서 70대 전반으로 앞으로 평남도민회 발전에 기여할 수 있는 가능성이 있는 평남 출신 2세로서 사회적으로 의미 있는 일을 하셨거나 하시는 분들을 모셔 그분들에게 도민사회에서 활동공간을 줌으로써 도정과 도민사회발전에 기여할 수 있는 분이면 좋겠다고 생각하였다.

마침 장원호 전 중앙도민회 회장께서 훌륭하신 한 분을 소개해주셨다. 서울대학교 화공과를 졸업하고 미국대학교에서 박사학위를 받았으며 2003년도에 과학기술부 장관을 역임한 박호군 박사이다. 선대가 계속 평양시에서 거주하셨던 월남 2세이다. 박호군 박사께 전화를 걸어 정중하게 행정자문위원을 맡아주실 것을 부탁을 드리니 흔쾌히 수락하셨다. 일간 일정을 잡아 장원호 회장과 함께 뵙기로 했다.

2019년 9월 9일 월요일 날씨: 흐림

오늘은 집사람의 생일날이다. 진심으로 축하하여 주었다. 아침 10시에 사무국 직원들과 주간 업무회의를 하였다. 도 사무국장과 비서실장과 함께 행정자문위원 인선 문제를 협의하였다. 내가 갖고 있는 생각에 공감하였다.

오전 11시에 주간 이북5도위원회 회의를 하였다. 위원회 사무국장이 현안문제에 대한 보고가 있었다. 보고사항은 이북5도위원회 관련법 개정 발의에 대한 정의화 국회의원의 법안 개정안에 대한 것이었다. 법안개정의 주요 내용은 이북5도위원회의 주요 업무내용 상에 조사연구 연구업무의 삭제와 기타 업무에 대한 보고 의무 조항 신설에 관한 것이었다. 이에 대해 사무국에서는 조사업무의 내용을 이북5도위원회의 현실과 능력에 맞게 조정하고 보고의무는 이미 행정안전부에 제도적으로 매년 보고하도록 되어 있는 관계로 법안수정의 필요가 없다는 취지로 의견을 제출하겠다고 하였다. 두 번째 보고 안은 상훈 수여자 수 조정 문제였다. 전체적으로 훈포장 등 상훈 수여 수가 줄어들어 각도별로 조정하는 문제를 협의하였다.

회의가 끝나고 5도 지사님들과 오찬을 함께하기로 되어있었으나 경남산청에서 모처럼 서울로 올라온 정규일 사장과 월셔회원들과의 점심 약속으로 부득이 식사 중에 양해를 구하고 먼저 일어났다. 월셔회원들과 예약된 북악정에서 정규일 사장 그리고 이창섭 회장과 함께 점심을 했다. 지사 취임을 진심으로 축하해주는 월셔 회원들의 마음에 감사를 드리고 오후 2시에 약속된 백선엽 장군님 예방으로 먼저 자리에서 일어나 용산에 있는 전쟁기념관으로 향했다.

백선엽 장군님은 생존해 계시는 평남 출신 유지, 원로 중에 한 분이다. 6.25 전쟁 영웅인 맥아더 장군도 백선엽 장군님의 무공에 대해 칭송과 존경을 마지않았다고 한다. 6.25 전쟁 발발 시 대령으로 제1사단장을 맡아 최초로 평양에 진입하였으며 중공군에 의해 공산군에게 다시 점령되었던 서울을 제일 먼저 재탈환한 부대도 장군님이 지휘하였던 제1사단이었다고 한다. 한국군의 상징이시며 6.25 전쟁의 영웅이신 자랑스런 평남 출신 장군님을 만난다는 데 가슴이 설레기도 하였다. 장군님은 현재 대한민국 육군협회 명예회장으로 계시며 전쟁기념관 429호실에 마련된 명예회장실에 거의 매일 나오신다고 하신다.

장군님을 뵙고 도지사 취임 인사를 정식으로 드렸다. 입가에 웃음을 띠시며 따뜻하게 맞이해주셨다. 정중히 인사드리고 평안남도 도지사로 새로 취임한 이명우 지사라고 또렷하게 말씀을 드렸다. 내 이름을 두서너 번 반복해서 물어보셨다. 아마도 귀가 잘 들리지 않으시는 모양이었다.

장군님께서는 6.25 전쟁의 비화를 천천히 또렷한 목소리로 말씀해주셨다. 제1사단장으로 평양 시내를 최초로 탈환하셨다는 이야기, 서울 재탈환한 이야기이며 박정희 대통령이 한국군 내부에 남로당 사건으로 사형이 선고되어 죽음의 위기에 있었을 때 구명하여 주셨다는 말씀도 하셨다. 한국군의 상징이시며 전쟁의 영웅이신 평남인의 자랑인 장군님을 뵙고 30여 분 동안 이야기를 나누었다. 면담이 끝날 무렵 장군님께 도지사가 아니라 예비역 육군 병장 이명우가 예비역 육군 대장 백선엽 장군님께 군인의 예를 갖추어 인사를 드렸다. 사병 시절을 생각하며 절도 있게 거수경례로 인사를 드렸다. 장군님께서는 웃으시면서 거수로 인사를 받으셨다. 장군님께서는 직접 저술하신 6.25 전쟁 비사인 3권으로 된 〈6.25 전쟁 징비록〉을 직접 서명하셔서 나에게 주셨다. 백선엽 장군님께서 건강하게 오래오래 사시기를 180만 도민과 함께 기원드린다는 말씀을 드리고 아쉬운 작별인사를 하였다.

2019년 9월 10일 화요일 날씨: 흐리고 비음

오전 11시에 양덕군민회 2019년 3/4분기 이사회가 3층 회의실에서 개최되었다. 오늘 군민회장 자격으로는 마지막으로 회의를 주재하게 되었다. 지난 5월 20일 자로 제33대 양덕군민회 회장으로 취임하여 4개월 만에 도지사 취임으로 회장직을 그만둘 수밖에 없게 되었다. 오늘 주요 상정안건은 나의 후임 군민회장 선임 안이고 다른 하나는 양덕군민회 회칙 개정안이다. 두 안건 다 지난 회장단 회의에서 충분히 검토하고 결론을 낸 바 있어 원안대로 통과되었다.

나의 후임 군민회장은 전임 명예군수인 윤종관 회장이 맡아주시기로 하였다. 두 번이나 군민회장을 맡아 봉사하신 분이라 또다시 부담을 드리는 것이 죄송스럽기는 하였으나 군민회의 사정을 고려하여 기꺼이 맡으시겠다고 말씀하시어 고마운 마음으로 모두 찬성하였다. 저녁은 진도울돌목에서 아내 사촌 자매들 내외와 도지사 취임 축하 겸 저녁을 함께했다.

3. 2019년 도정일지

2019년 9월 11일 수요일 날씨: 맑음

평남에는 훌륭한 분들이 많이 태어났다. 특히 일제강점기로부터 해방 이후 대한민국의 건국과정에서 정치, 경제, 사회, 문화 등 모든 분야에서 크게 공헌하신 분들이 많다. 이렇게 평남을 빛낸 인물 중 대표적인 인물 10분을 내 나름대로 선정하여 보았다.

지난달 인사차 황해도 지사실과 평북 도지사실을 가 보았더니 도지사실에 해당도 출신 분 중에 도를 빛내신 분들의 사진이 걸려있는 것을 보고 좋아 보였다. 그러나 평남 도지사실에는 평남을 빛낸 분들에 대한 인물 사진이 없음에 조금은 미안하고 부끄러운 생각이 들었다. 평남 출신으로 독립과 건국에 크게 기여하셨고 나라와 겨레에 큰 가르침을 주신 훌륭한 분이 많은데 후손인 우리들이 그분들의 뜻과 업적을 기리는 것에 대해 너무 소홀히 하지는 않았는지 죄송스러운 생각까지 들었다.

10여 일간 자료도 찾고 내 나름대로 연구도 하여 우선 열 분을 선정해 보았다. 선정기준은 대한제국과 일제강점시대 그리고 대한민국 건국 이후 활동하셨던 분 중에 작고하신 분들로 국가와 민족을 위해 독립 및 건국 활동, 정치, 경제, 교육, 문화예술 등 모든 분야에 걸쳐 큰 족적을 남기신 분으로 한정하였다.

평남을 빛낸 인물 10인 선정(생년월일 순)
1. 왈우 강우규 의사
2. 홍범도 장군
3. 도산 안창호
4. 고당 조만식
5. 효봉 큰스님(속명 이찬형)
6. 한경직 목사
7. 오천석 박사
8. 정일형 박사
9. 김동진 작곡가
10. 김옥길 총장

오후 2시에 김동길 선생님께 취임 인사를 드리러 갔다. 연세대학교 동문 근처에 김옥길 선생기념관 옆에 아담한 2층 양옥집에 평생을 기거하시는 곳이다. 홍 실장의 안내를 받아 서너 평 정도 되는 작은 응접실에 들어섰다. 조금 기다리니 옆방에서 쉬고 계시던 선생님께서 홍 실장의 부축을 받으시면서 나오셨다.

다리를 다치셨는지 발등에 부기가 있어 보였다. 정중히 인사를 드리고 "이번 8월 26일자로 새로이 평남지사로 취임한 이명우입니다."라고 말씀을 드렸다. 아울러 연세대학교 상경대학 67학번이라고 말씀을 드렸더니 반기시며 자리에 앉으라고 권하셨다. 자리에 앉으니 신임도지사로서 지켜야 할 좋은 말씀을 주셨다. 무엇보다도 평남지사에 취임한 것을 축하해주셨다. 축하의 말씀과 함께 도백은 도 행정의 최고 책임자이니 도백의 역할을 충실하게 함은 물론 현 정부의 고위 관리이니 모든 언행에 신중하고 정부정책을 도정에 잘 반영하라는 말씀을 주셨다. 특히 정부정책과 현 정부의 일부 통일정책과 뜻에 찬성하지 못하는 부분이 내면에 있다 하더라도 정부의 뜻과 정책을 잘 이해하고 받아드려 이를 도정에 합리적으로 잘 반영될 수 있도록 하라는 말씀을 해주셨다.

참으로 의외의 말씀을 주셨다. 현 정부의 각종 정책에 대해 특히 안보와 외교정책에 대해서는 상당히 비판적인 입장을 갖고 계시는 선생님께서 이와 같은 말씀을 하시니 처음에는 의아하게 생각하지 않을 수 없었다. 선생님께서는 말씀하시기를 당신은 자유로운 몸이니 현 정부에 대해 입바른 소리를 할 수 있지만 도백은 정부의 녹을 먹는 공직자이니 매사 언행에 신중하고 정부 정책을 잘 받들어야 한다는 말씀을 다시 한번 강조해서 말씀하시는 것이었다. 아마도 이북도민사회가 상당히 보수적이며 투철한 반공정신으로 무장된 사람들이 많은 것을 잘 아시기 때문에 혹여 사랑하는 후배가 이에 심정적으로 너무 동조하여 발언을 신중하게 하지 않아 혹시 어려움을 겪지나 않을까 하는 우려에서 말씀해주시는 애정 어린 충고가 아닐까 생각해보았다. 선생님께서는 요즘 강연도 안 하시고 신문에 기고도 하지 않고 오로지 유튜브를 통하여 선생님의 생각을 대중에게 알리고 있으시다고 말씀하셨다. 내가 앉아 있는 자리가 바로 유튜브 방송하실 때 앉아서 방송하시는 곳이라고 말씀하셨다.

이어 내가 정리한 평남을 빛낸 인물 10인에 대해 선생님의 의견을 여쭤보았더니 한참을 보시더니 아주 잘 선정되었노라고 말씀하셨다. 선생님은 시국에 대한 여러 가지 문제에 대해 우려와 걱정의 말씀을 하셨고 이러한 때에 평남인의 역할이 중요하고 특히 도백의 역할이 중요함을 강조하셨다. 그리고 당신께서 오랫동안 많은 사람들을 보아왔고 교류하여왔기에 관상을 조금 볼 줄 알고 사람의 됨됨이를 알 수 있는데 새로운 도지사께서는 아주 관상이 좋아 훌륭한 도백이 될 것이라는 말씀도 주셨다. 너무 과분한 말씀이라 '감사합니다'라는 말도 제대로 하지 못했다. 사랑하는 후배를 격려하기 위하여 하신 덕담이라고 생각했다. 선생님께서 오래오래 건강하게 지내시어 대한민국 국민들과 평남도민들에게 좋은 가르침을 계속 주실 수 있기 소망한다고 말씀을 드렸다.

끝으로 선생님 댁에 냉면과 빈대떡이 그렇게 유명하다고 소문이 자자한데 우리 평남 후배들에게 한 번 선생님 댁에서 냉면과 빈대떡을 맛볼 수 있는 기회를 주시기를 부탁드렸더니 흔쾌히 초대하시겠다고 하셨다. 마침 오는 10월 2일이 선생님의 91회 생신이시라고 홍 사무국장이 말하여 그날 10여 분 정도 평남유지분들과 함께 선생님 댁을 방문하기로 하였다. 선생님의 배웅을 받으며 선생님 댁을 나오면서 선생님의 만수무강을 마음속으로 다시 한번 빌었다.

2019년 9월 12일 목요일 날씨: 흐림

한가위 3일간의 연휴가 시작되는 날이다. 오늘은 운중천 뚝방길을 집사람과 걷고 집에서 푹 쉬었다. 도지사에 취임한 지 3주가 지났다. 이제 조금 자리가 잡히는 것 같다. 하루빨리 도정업무와 근무 분위기를 잘 파악하고 내적으로나 외적으로 도지사로서의 품위를 유지하며 맡은 바 책무를 잘 수행해나가도록 노력해야겠다.

📝 평양감사 1054일 I

2019년 9월 13일 금요일 날씨: 아주 맑음

　오늘은 제50회 통일경모대회가 문산 임진각에 있는 망배단에서 거행되는 날이다. 통일경모회(회장 김용하)에서 주최하고 통일부, 이북도민중앙연합회, 이북5도위원회, 대한적십자사 그리고 경기도에서 후원하여 매년 추석 당일에 재북 부조님들에 대해 제례를 드리는 행사이다. 통일부 예산으로 진행되는 행사로서 이북5도위원장은 항상 참석하여왔다고 한다. 위원장 이외의 도지사들은 참석 의무를 없으나 나는 내년도 이북5도위원회 위원장을 맡기로 되어있어 사전에 행사 진행 과정에 대해 미리 알아 두고 싶어 참석하기로 하였다.
　공식행사 시각은 오전 11시 20분이나 운중동 집에서 임진각 망배단까지 거리가 약 80Km 쯤 되는 것 같아 1시간 40분 정도는 소요될 것으로 예상이 되었지만 추석 당일이라 성묘객들이 많으면 늦을까 염려되어 조금 서둘러 아침 6시 50분쯤 출발하였다. 다행히 통일로 길이 생각했던 것보다 밀리지 않아 9시쯤 행사장에 도착하였다. 망배단 행사장에 도착하니 김지환 강원도중앙도민회장이 미리 나와 행사 준비를 하고 있었다. 김지환 회장은 통일경모회의 부이사장으로 행사를 총괄 지휘하는 입장인 것 같았다. 조금 있으니 송병수 평북 중앙도민회 회장과, 염승화 함남 중앙도민회장이 도착하여 같이 커피숍에 가서 차를 마셨다. 10시 40분쯤에 김연철 통일부 장관께서 도착하신다고 하여 임진각 통일관 접견실에서 박성재 이북5도위원장과 함께 차를 마시며 앉아 있었다. 11시쯤 되니 대한적십자사 박경서 총재께서 들어오셨고 11시 10분쯤에 김연철 장관이 오셨다. 이어 손학규 미래당 대표도 오셨다. 약 10분 정도 차를 마시며 환담을 나눴다, 11시 15분쯤에 행사장으로 가서 지정된 좌석에 앉아 행사에 참여했다.
　내년부터 이 행사에 이북5도를 대표하여 평남지사가 참석하게 되어있어 진행순서와 의식에 대해서 주의 깊게 보고 관찰하였다. 망배단 참례 순서는 김용하 통일경모회 이사장, 김연철 통일부장관, 대한적십자사 박경서 총재, 손학규 대표, 이북중앙도민회 연합회 김한극 회장 그리고 이북5도위원회 박성재 위원장 순서로 진행되었으며 이후 내가 평남도지사의 자격으로 참배하였다.

김한극 회장과 박성재 이북5도위원장의 추도사 중에 오늘이 이곳 망배단에서 거행되는 마지막 통일 경모대회이기를 간절히 기원한다는 말에 공감이 갔다. 공식행사가 끝나자 참석했던 일반 실향민들이 차례로 헌화하고 재북 부조님들에 대한 추모의 예를 올렸다. 점심은 통일부 장관의 초대로 부근에 유명한 장어구이집 반구정 나루터에서 150여 명 정도 함께하였다.

2019년 9월 16일 월요일 날씨: 맑음 아침저녁으로 선선한 가을바람이 붐
도 사무국 직원들과 주간 업무회의를 하였다. 일주일간 업무계획을 협의하였고 행정자문회의 일자는 10월 10일이나 11일 중에 하기로 하였다. 대통령 표창 대상자 관련하여 협의하였다. 염승화 이북중앙도민회 회장께서 동화경모공원이 경기도에 질의한 자금 운용 문제에 대한 경기도의 답변서 내용에 대해 설명해주었다.

2019년 9월 17일 화요일 날씨: 맑음
이북5도위원회 주간 업무회의 있는 날이다. 주간회의 협의 안건은 아래와 같다.

1. 2019년 가을 대통령기 이북도민체육대회 준비
2. 9월 26일 서 호 통일부 차관 면담 시 건의할 사항에 대한 협의
   (내주 주간회의 시 각 도지사들의 의견서 1쪽짜리로 작성하여 제출하기로 함)
3. 2019년도 이북도민 체육대회 시 청년회에 수여할 훈포장 및 표창 수여에 대한 협의

(내일(수) 14:00에 외부 심사위원 5분에 각 도지사 5인 도합 10인의 심사위원회를 구성하여 공적 심사하기로 함)

이북5도위원회 주간회의가 끝나고 5도 지사와 북악정에서 식사를 함께하며 내일에 있을 훈포장 및 표창 후보자에 대한 공적심사 건에 대해서 의견을 나누었다. 지사들 간에 의견을 공유하기로 하였다. 오후 3시경에 경기지구 사무소장인 홍민철 소장이 업무보고차 방문하였다. 경기지구 사무소의 주요업무 내용과 연간 예산 내역에 대해 개괄적인 설명을 들었다. 9월 평남유지모임에 참석하기 위하여 보고를 다 마치지 못하고 미진한 부분은 추후 보고 받기로 하였다.

오후 4시 40분쯤 평남유지친목회 모임 장소인 충무로 2가에 있는 중식당 동보성에 도착하였다. 도지사 취임 이후 처음 갖는 유지모임이기 때문에 조성원 회장과 함께 리셉션 라인에 서서 유지분들을 한 분 한 분 영접하였다. 처음으로 유지모임에서 다 아래와 같은 인사말을 하였다.

[유지모임 인사말]

존경하는 평안남도 유지 여러분!

민족의 명절 한가위 편안하게 보내셨는지요? 올해도 귀향 행렬을 보면서 북에 고향을 둔 우리 이산가족들은 마음 한 자락 고향에 대한 향수와 그리움에 목이 멥니다. 앞으로 추석에는 고향 땅에서 친지들과 함께 정을 나눌 수 있는 날이 하루빨리 오기를 간절히 기원합니다.

지난 8월 27일 도지사 취임식에 많은 도민 유지분들께서 참석해주시고 축하해주셨습니다. 다시 한번 이 자리를 빌려 감사의 인사를 드립니다. 도지사라는 직분을 맡게 되어 무거운 마음이 앞서지만 평남 유지 여러분의 성원과 협조 속에 열과 성을 다해 지사직을 충실히 수행해나가겠습니다.

취임사에서도 밝혔듯이 도정운영의 기본자세를 "도민 중심의 도정"으로 삼아 도민의 뜻과 생각을 담아서 일해 나가도록 하겠습니다. 조성원

도민회장님과 한마음 한뜻으로 평안남도의 발전을 위해 최선의 노력을 다하겠습니다. 저는 취임 후 먼저 평안남도의 큰 인물이고 자랑인 도산 안창호 선생님, 고당 조만식 선생님, 왈우 강우규 의사님의 묘소를 참배하고 기념사업회를 예방하였습니다. 우리 고향 평남이 배출한 민족의 큰 어른이신 분들에 대해 그분들의 생애와 정신을 계승하여 후계세대에 전승하는 일은 우리의 사명이며 의무라고 생각합니다. 이는 후계세대 지도자 양성에도 꼭 필요한 사업이며 평남도민의 정체성을 확립하고 정서적 일체감을 형성하는 데도 꼭 필요한 일이라 생각합니다. 앞으로 저는 중앙도민회장과 함께 이러한 작업을 지속적으로 그리고 체계적으로 해 나가도록 하겠습니다.

지난 9. 4일에 임명장 수여식에서 이낙연 국무총리님과 환담을 하시는 시간을 가졌습니다. 이 자리에서 북한 이탈주민에 대한 관리의 필요성을 말씀을 드리고 이에 총리께서도 공감하시어 통일부에 특별히 지시하시어 오는 9월 26일에 이북5도지사들과 서 호 통일부 차관과의 간담회를 갖게 되었습니다. 이북도민사회가 이북이탈주민 관리를 보다 체계적이고 조직적으로 할 수 있는 계기가 될 것으로 생각됩니다.

오는 10월 20일 개최되는 제37회 대통령기 이북도민체육대회가 성공적으로 개최될 수 있도록 많은 도민 여러분이 참석해주시고 열렬히 응원해주시기 바랍니다. 평남청년회에서 각 종목별로 열심히 준비하고 있는 것으로 알고 있습니다. 최선을 다해 좋은 성적과 결과가 있기를 바랍니다. 도민 유지 여러분께서도 관심과 응원을 부탁을 드립니다.

오늘 강사이신 박정이 장군님의 강연을 통해 한미동맹과 안보에 대한 이해할 수 있는 좋은 시간이 되기를 바랍니다.

존경하는 평남 유지 여러분!

아침저녁으로 제법 쌀쌀한 바람이 불고 있습니다. 이러한 때에 도민 유지 여러분의 건강과 행복을 기원하며 인사말에 대하고자 합니다. 감사합니다.

2019년 9월 18일 수요일 날씨: 전형적인 가을 날씨임

오전에 평남 사무국장과 비서실장과 함께 훈포장 및 표창 대상자에 대한 의견을 나 누었다. 평남 공적 심사위원회에서 결정된 내용 중 대통령 수상 대상자에 대한 평가가 잘못된 부분이 있었다. 객관적으로 잘못된 것이 확실하므로 수여대상자를 조정하기로 하였다. 청년회 대상으로 한 후보자 중에 국무총리상 수상 대상자는 평남도민회 회장의 의견을 수용하여 조정하기로 하였다.

박명호 회장이 사무실을 방문하여 북악정에서 갈비정식으로 점심을 함께하였다. 대학 동기 친구인 최해돈과 점심을 같이하기로 하였으나 잘못 알아듣고 양재동 한미지오텍건설 사무실로 잘못 갔다 오느라고 1시 50분쯤 사무실에 도착하였다.

오후 2시에 공적 심사위원회 회의가 있어서 내 집무실에서 3시 30분까지 기다렸다.

늦게 도착하는 바람에 식사를 함께 못하여 아쉬웠다. 공적심사는 사무국 직원들과 협의한 내용대로 반영하여 원만하게 결정하였다.

2019년 9월 19일 목요일 날씨: 맑음

오늘은 평남산악회 월례모임이 있는 날이다. 아침 9시 20분에 과천 서울대공원으로 향했다. 평남산악회는 20여 년 전에 창립되어 하절기 7, 8월과 동절기 1, 2월을 제외하고 매월 3째 목요일에 산악회 회원 50여 명이 가벼운 산행을 하는 모임이다. 창립 당시는 500여 명이 참여하여 활발히 활동하였으나 활동하시던 1세 어르신들이 차츰 연로해지시면서 현재는 50여 명쯤 나오신다고 한다. 오늘은 3개 군이 자체 행사가 있는 관계로 여느 때보다도 적게 나오셨다. 30여 분 정도 나오셔서 10시 30분에 이성삼 사무국장의 개회사에 이어 조성원 회장의 인사말, 도지사인 나의 인사말 그리고 원로 고문이신 김원철 고문의 덕담에 이에 장미공원을 지나 호숫가 공터에서 자리를 깔고 모여 앉아 함께 점심을 하였다.

12시쯤 나는 다른 행사에 있어 양해를 구하고 자리를 떴다.

오늘은 연상 동기 모임인 연목회가 서초동 순두부기와집에 있는 날이다. 연목회는 30여 년 전에 상학과 동기 중에 강남에 직장을 둔 친구들이 매월 3번째 목요일에 점심을 같이하는 모임이다. 내가 67 상학과 동기회 총무로 활동할 때, 태평로 매월 2번째 목요일에 만나는 태평회와, 매월 1번째 목요일에 여의도와 영등포 부근에서 근무하는 친구들의 모임인 연영회와 함께 만든 동기들의 점심 모임이다. 연영회는 주로 증권회사와 금융기관 친구들이 만나 점심 모임을 하는 모임이다. IMF 이후에는 친구들이 거의 직장을 나온 상태라 자연스럽게 만나지 않게 되었으나 태평회는 3개 모임 중에 처음 만들어진 모임이고 또한 창립에 일등공신인 이재찬 친구의 열성으로 모두 태평로 부근에 있던 직장을 떠난 친구들이지만 여전히 10여명의 친구들이 변함없이 만나고 있다.

2019년 9월 20일 금요일 날씨: 맑음

국민리스에서 같이 근무했던 우영제 사장과 정봉성 부사장이 인사차 사무실을 방문했다. 이북5도와 평안남도에 대해 설명을 하고 도지사의 역할에 대해 말해주었다. 12시 20분에 북악정에 가서 점심을 같이하였다. 도지사에 취임한 것에 대해 진심으로 축하해주었다.

오후 2시쯤 평북지사가 내 방으로 오셔서 이북5도위원회 규정개정(안)에 대한 설명과 협조의 말씀이 있었다. 규정개정안 중에 행정자문위원 해촉에 대한 규정은 오 지사 본인의 뜻이 아니라고 하여 이해하였다. 다만 읍.면장 위촉에 대해서는 군수의 추천권을 도지사가 행사해주는 것으로 개정하고자 하는 의지가 매우 강하여 수용하기로 하였다.

오후 5시 30분에 을지로 4가에 있는 횟집에서 중고등학교 친구들 모임인 이금회에 참석하였다. 11명이 모였다. 내가 도지사에 취임한 이후 처음 만나는 모임이어서 모두 축하해주며 동기 중에 고위공직자가 나온 것에 대해 모두 자랑스럽게 생각해주었다.

저녁 7시 30분에 선릉 부근에 있는 국가민속문화전수관에서 서도 명창 박정욱과 그의 문하생들이 공연하는 "기성예가(箕城藝歌)" 공연에 참석하여 관람하였다. 경상도 출신 소리꾼이 서도소리를 서도창 명인 김정연 선생과 이은관 선생으로부터 전수받아 올곧이 서도창의 명맥을 이어 오는 정신과 노력에 감동을 받았다. 북한 정권 수립 이후 이북에서는 서도창이 사라졌다고 하는데 남한에서 평남 출신도 아닌 박정욱 명창이 힘들게 그 명맥을 이어오는 것에 대해 평남지사로서 고맙고 감사한 마음이 드는 한편 평남도청이나 평남도민회에서 관심과 지원이 미미했던 점에 대해 미안한 마음이 들었다. 앞으로 어떻게 지원하고 후원해야 될 것인지에 대해 중앙도민회장과 협의해 나가기로 하였다.

오늘이 첫 월급을 받는 날이다. 실수령액이 얼마나 될지 궁금하였다. 아내가 정말 좋아할 것 같다.

2019년 9월 21일 토요일 날씨: 흐리고 비옴

아침 9시 20분 SRT편으로 대구로 갔다. 오늘 11시에 대구지구 평남도민회 창립 63주년 기념식이 있어 격려사를 하기로 되어있기 때문이다. 전국 이북5도민회를 지역별로 각 도 지사들이 나누어 담당하기로 되어있다. 평남지사가 담당하는 지역은 경기지구, 대구지구 그리고 광주지구다. 대구지구도민회는 평남지사 담당 지역일 뿐만 아니라 대구지구 평남도민회이기 때문에 대구지구 행사에 평남지사가 꼭 참석하여 격려사를 하고 유공 도민 표창도 수여하게 되어있다.

조성원 평남 중앙도민회장도 KTX 편을 이용하여 대구에 내려왔다. 조성원 회장을 동대구역에서 만나 함께 행사장인 덕양치과병원 건물로 갔다. 박현도 평남도민회장과 김원일 수석부회장의 영접을 받았다. 시간이 한 20분쯤 여유가 있어 커피숍에서 차를 마셨다. 7층 행사장에 도착하여 도민들의 환영을 받고 원로 어르신들과 일일이 인사를 나누었다. 식순에 따라 다음과 같은 격려사를 하고 유공자 두 분에게 도지사 표창장을 수여하였다. 공식행사가 끝나고 식사를 한 후 여흥시간을 가졌다. 여흥시간에는 북한 이탈주민 출신 가수들이 나와 노래를 불러주어 모두 흥겹게 따라 부르며 즐거운 시간을 가졌다. 오후 2시 20분 SRT 편으로 서울로 올라왔다.

2019년 9월 23일 월요일 날씨: 맑음

평안남도지사에 취임하여 공무를 담당한 지도 벌써 한 달 가까이 되어간다. 정말 바쁘게 보냈다. 공사다망하다는 말이 실감이 난다. 도지사의 일과가 어떤 것인지 오늘은 나의 하루일과를 기준으로 시간대별로 정리하여 보았다.

시간대별 오늘 하루의 일과

아침 5시에 기상해서 간단히 얼굴을 닦고 5시 30분쯤 뒷산을 올랐다. 요즘 해가 뜨는 시간이 점점 늦어져 5시 20분이면 주위가 깜깜하다. 경비실에서 손전등을 빌려 매일 오르는 코스로 향했다. 집에서 약 700미터쯤 떨어진 곳에 커다란 오동나무 한 그루가 있다. 그곳까지 3번 왔다 갔다 하면 약 5천 보 정도 되는 거리다. 소요시간 약 40분 정도로 나에게는 적당한 아침 운동이다. 이렇게 아침마다 걷기 시작한 지도 어느덧 햇수로 3, 4년은 되는 것 같다. 6시 20분 정도에 집에 도착해서 샤워하고 아침 먹을 준비를 했다. 6시 40분쯤 아침 식사를 아내와 같이했다. 토마토스프, 삶은 달걀 1개, 고구마 2쪽, 우유 한잔, 견과류 약간 그리고 사과 한 쪽이면 아침 식사로는 부족함이 없다. 모두 건강에 좋은 식단이다. 아침 식사를 마치고 양치질을 하고 비타민 등 약을 챙겨 먹었다. 사무실 출근 준비를 10분 동안에 마치고 7시 10분 정도에 집을 나왔다. 오늘은 윤 주임이 휴무라 내가 직접 운전하고 출근하였다. 지하실 차고에 가서 차에 올라타니 출발 시각이 정확하게 7시 16분이었다.

사무실 가는 코스를 윤종인 주임의 다니는 코스와 동일하게 하였다.

📖 평양감사 1054일 I

서판교 IC에서 용인-수서 간 고속도로로 진입하여 금토 IC에서 빠져나가 경부고속도로로 진입하여 한남대로 쪽으로 향했다. 달래내부터 차가 밀리기 시작하여 반포IC까지 서행이었다. 항상 가장 밀리는 구간이다. 집에서 반포 IC까지 오는데 무려 40분 정도 소요되었다. 반포 IC 부근 버스 전용 구간을 벗어나면 주행속도가 제법 빨라진다. 한남대교를 지나 장충동 쪽으로 가서 옛 타워호텔 직전 로타리에서 U턴하여 남산순환도로 접어들었다. 이 길은 내가 참 좋아하는 길이다. 예전에 태평로에 있는 국민리스에 다닐 때 대치동 집에서 사무실로 출퇴근하며 주로 이용했던 길이다. 계절마다 운치가 있다. 봄에 노란 개나리와 흐드러지게 피는 벚꽃, 여름의 짙은 녹음, 가을의 형용 색색의 단풍잎, 겨울에 눈 꽃송이로 순백의 남산 길은 어느 것 하나 아름답지 않은 것이 없는 곳이다.

　남산에서 남대문으로 향하여 광화문 길로 접어들어 광화문을 보면서 좌회전하자마자 우회전하여 청와대 담벽을 끼고 돌아 부암동 뒷길로 가는 길은 한산하면서도 운치도 있어 드라이브하기에 참 좋은 곳이다. 부암동 고개에서 평창동으로 내려가면서 성심여대를 바라보고 우회전하여 500미터쯤 가다가 좌회전하고 1킬로미터쯤 가면 오른쪽 구기동 이북 5도 청사 가는 길로 접어들면 약 500미터 전방에 꽤 큰 5층 건물인 이북5도청사가 나온다. 청사에 들어서서 지정된 주차 장소에 주차하고 나니 오전 8시 40분 정도 되었다. 오늘 아침에는 집에서 이곳까지 오는데 약 1시간 25분쯤 소요되었다.

　8시 40분쯤 이북5도청사에 도착하여 사무실에 들어서니 8시 45분쯤 되었다. 강대석 비서실장과 이은주 비서가 반갑게 아침 인사를 하며 맞아 주었다. 옆방에 있는 세면장에 가서 손을 씻고 앉으니 8시 50분이 되었다. 책상에 있는 조선일보를 펼쳐 읽기 시작했다. 한 5분쯤 지나 이은주 비서가 따뜻한 녹차와 물 한잔을 갖고 와 책상에 놓아 주었다. 녹차를 마시며 신문을 보면서 오늘 하루의 일과를 생각해보았다. 9시 10분쯤 강대석 실장이 와서 오늘의 일정에 대해 설명하였다. 오늘은 사무국 직원들과 주간 업무회의를 오전 10시에 하고 낮 12시에는 서울벤처대학원대학교 박호군 총장님과 점심을 하기로 되어있고, 오후 6시에는 사무국 직원들과 비서실 직원들과 함께 저녁을 하는 일정이 계획되어있다. 오전 10시에 사무국 직원들과 주간 업무회의를 하였다. 회의 참석인원은 도 사무국장, 도 담당 계장, 주무관 그리고 비서실장이 참석하였다.

오전 11시에는 5층 대강에서 향두계놀이 연습이 있다고 하여 평남중앙도민회장과 함께 참관하였다. 열심히 연습하는 모습을 흥미롭게 지켜보았다. 특히 유지숙 명창이 지도하는 모습으로 보고 깊은 감명을 받았다. 나는 남자나 여자나 가장 멋지게 보일 때가 자기 일에 몰두하고 열정적으로 일할 때의 모습이라고 생각한다. 그때가 가장 보기가 좋고 아름답다. 오늘 향두계놀이는 우리 평안남도지정 제2호 무형문화재로서 평안도 지방에서 농사를 하기 위한 마을 협동체인 두레행사를 서도소리 가락의 노동요와 사설을 추임새로 넣어 놀이극 형태로 만들었다. 농사 절기마다 농사일에 따라 노동요를 부르며 흥겨운 분위기를 조성하여 노동의 고단함을 잊고 마을 사람들과 서로 협동하는 내용을 담은 행위예술이다. 각 장면마다 서도소리의 음률을 바탕으로 한 흥겨운 노래를 선창과 후창 그리고 합창으로 엮었다. 이번 제60회 전국 민속 경연대회에서 우승하기를 180만 도민과 함께 기원한다. 향두계놀이는 몇 년 전 백남진 지사 시절에 전국민속예술경연대회에서 대통령상을 받은 수준 높은 평남이 자랑하는 무형문화재이다.

〈향두계 놀이 공연단원들과 함께〉 〈무형문화재 단원들과의 간담회〉

낮 12시에 점심 약속이 있어 11시 30분쯤에 단원들을 격려하고 자리를 떴다. 강대석 실장에게 단원들에게 점심식사를 제공하도록 조치하였다. 11시 40분에 점심 약속장소인 석파랑으로 갔다. 낮 12시에 석파랑에서 박호군 총장님과 장원호 회장님과 점심을 같이 하며 이야기를 나누었다. 박호군 총장님은 나와는 동년배로 서울공대 화공과를 나오신 후에 미국에서 학위를 받으시고 한국과학기술원장을 비롯하여 과기처 장관을 역임하신 한국 과학교육계에 훌륭한 지도자이시다. 이런 분을 평남 행정자문위원으로 모시게 된 것은 정말 영광이며 평남 도정 발전에 크게 기여할 것으로 판단되었다. 2시간 정도 이런저런 이야기로 즐거운 시간을 가졌다.

오후 2시쯤 사무실에 들어오니 평북지사가 내 방으로 찾아와 내일 이북5도 위원회 회의 의제인 행정자문위원회 규정과 시장. 군수 추천규정에 대한 개정안에 대해 협의하였다. 행정자문위원회 규정개정은 문제가 있으니 재고해주었으면 좋겠다고 하여 오 지사가 이해하고 철회하겠다고 하였다. 그러나 시장. 군수 위촉문제는 평북지사가 워낙 강력하게 개정의 필요성을 주장하여 오 지사의 뜻을 반영하되 문구나 법 규정의 형식상에 문제가 없도록 검토해보기로 하였다.

오후 3시쯤 진남포 시 원로이신 이명걸 고문한테서 전화가 왔다. 최근 두 번이나 찾아오셨는데 내가 자리에 없어 만나지 못했다고 하였다. 긴히 하실 말씀이 있는 것 같았다. 추측하건데 훈. 포장문제인 것 같았다. 오후 3시 30분에 올해 전국민속예술경연대회에 참가하는 향두계놀이 지원문제에 대해서 원로 유지 몇 분에게 협조를 요청하였다.

충북지구 평남도민회 회장이신 김관국 어른께서 전화를 주셨다. 통일부 차관과의 간담회에서 우리 이북5도가 제안할 사항에 대해서 생각해 보았다. 간담회 개최 동기가 된 북한 이탈주민 관리에 대해 이북5도위원회의 역할 확대와 이북5도위원회의 주요 관장업무인 조사연구 업무에 대해 우리 이북5도위원회가 실질적으로 일을 할 수 있도록 하기 위하여 통일부와 국가정보원의 북한 관련 자료 접근 방법과 우리의 역할 확대에 대해 제안하기로 하였다.

오후 4시경에 일천만이산가족위원회 사무국장이 제100회 전국체전 성화봉송대회에 참석하고 그 결과를 이야기하러 찾아왔다. 일천만 이산가족의 역할과 활동에 대해 공감하고 우리 평남 도정에서도 많은 관심을 갖겠다고 하였다.

오후 4시 30분쯤에 한미지오텍건설 사무실로 갔다. 5시 20분에 사무실에 도착하니 이병길 부회장과 한병학 고문이 기다리고 있었다. 저녁 6시에 토사회 월례모임이 있었다. 제주흑다돈에서 10명의 친구들이 모여 나의 도지사 취임을 축하해주었다. 정용택 친구가 불원복(不遠復)이란 글자로 된 액자를 선물로 주었다. 멀지 않은 장래에 꼭 통일이 되라는 기원의 글이었다. 달필이었고 글귀도 나의 직책과 연관이 되어 감사히 받았다. 식사 중 반주는 한병학 친구가 준 한산 소곡주로 하였다. 오후 8시쯤 모임을 끝내고 귀가하였다.

저녁 9시쯤 집에 들어와 샤워를 하고 잠시 뉴스를 보았다. 온통 조국 장관 뉴스였다. 안보와 경제가 더욱 어려워지는 시국에 장관인사문제로 좌우 두 진영으로 갈라져 국론이 분열되어가고 있는 현실이 안타까웠다. 9시 30분쯤 서재에 들어가 메일을 검색하고 이어 유튜브를 통한 영어학습을 20분간 했다.

오늘 하루 일정 시간대별 정리

1. 5시 기상, 세면 및 양치질, 등산준비
2. 5시 30분 - 6시 20분 뒷산 오름 반환목표지점인 오동나무까지 3번 왕복
3. 6시 20분 - 6시 40분 : 샤워, 아침 식사 준비
4. 6시 40분 - 7시 정각 : 아침 식사
5. 7시 정각 - 7시 10분 : 출근 준비

6. 7시 10분 - 8시 40분 : 오도청사 도착
7. 8시 45분 - 9시 10분 : 사무실 도착, 집무 준비, 조간신문 주요기사 살펴 봄
8. 9시 10분 - 9시 20분 : 비서실장 1일 업무 일정 설명
9. 10시 정각 - 10시 30분 : 박종배 국장을 비롯한 도 사무국 직원들과 주간 업무회의
10. 10시 30분 - 11시 정각 : 오늘 일정 점검 및 주간 주요일정에 대한 구상
11. 11시 정각 - 11시 30분 : 향두계놀이 연습 참석
12. 12시 정각 - 13시 30분 : 박호군 총장, 장원호 회장과 오찬 박호군 총장님께 행정자문위원을 맡아달라고 부탁하였음
13. 14시 정각 : 오영찬 지사와 오도위원회 규정 개정문제 협의
14. 15시쯤 : 이명걸 고문의 전화를 받다
15. 16시 : 일천만이산가족위원회 박정희 사무국장이 인사차 찾아옴
16. 16시 30분 - 17시 20분 : 한미지오텍건설 사무실로 감
17. 17시 20분 - 18시 : 사무실에 도착 토사회 친구들을 기다림
18. 18시-20시 : 흑다돈 분점 2층에서 친구 10명이 모여 토사회 9월 월례모임을 함.
19. 21시에 집에 도착 9시 뉴스를 봄
20. 21시 30분 - 22시 30분 : 이메일 체크, 하루 일과를 정리하고 평양감사일기 씀, 유튜브로 영어학습, 조갑제 유튜브 시청
21. 22시 30분 : 잠자리에 듬

하루의 일정을 시간대별로 정리하고 나니 결코 만만치 않은 일정이다. 바쁘고 일정이 많고 정말로 공사다망하다.

2019년 9월 24일 화요일 날씨: 맑음

오전 11시에 이북5도위원회 주간 간담회가 있었다. 회의 참석자는 이북5도지사들과 이북5도위원회 사무국장, 위원회 총무과장 그리고 주무관

2명이 배석하였다. 이북5도위원회 사무국에서 준비한 간담회 안건을 위원회 사무국장이 설명하고 이에 대해 각 도 지사들의 의견을 개진하고 결정할 사안에 대해서 합의로 결정하되 이견이 있을 시는 표결에 의해 다수결로 결정하는 것이 관행으로 되어있다. 오늘 협의한 것과 보고 안건은 이북5도위원회 규정 중 명예시장군수 위촉에 대한 규정개정안과 행정자문위원회 규정개정안 그리고 2019년도 예산안에 대한 설명이다.

2019년 9월 25일 수요일 날씨: 맑음

오늘의 주요 일정은 경기 지구 북한 이탈주민 결연 가족 문화행사에 참여하는 일이다. 오전 9시 30분에 수원 북문에서 버스로 출발하여 청남대로 향했다. 오늘 행사는 이북5도 위원회가 주관하고 경기지역 이북도민 사무소에 홍민철 소장이 행사를 진행하는 것으로 되어있다. 이북5도 위원회에서는 총무과장과 주무관이 지원 요원으로 참여하였다. 참가자는 평남 결연 가족 여섯 가족과 황해도, 함북 결연 가족 열 가족으로 총 열여섯 가족과 그 후원자들이 참여하였다.

청남대에 가기 전에 청주 시내에 있는 고등어 구이집에서 보리굴비로 점심식사를 하고 청남대로 가서 시설 등을 보고 주위를 산책하였다. 북한 이탈주민의 정착으로 돕기 위해 이북도민과의 가족결연사업은 효과적인 사업으로 생각되었다. 북한 이탈주민에 대한 정착지원과 생활안정을 위해 이북5도 위원회가 최선을 다하고 있음을 이야기하고 탈북주민들이 남한 사회에 성공적으로 정착하기를 기원한다는 격려사를 하였다. 행사를 잘 마치고 오후 3시 30분쯤에 청남대를 출발하여 수원 북문에 오후 6시 가까이 되어 도착하였다.

강서군민회 김석환 회장과 강대석 실장, 홍민철 경기지구 사무소장, 그리고 이북5도 주무관과 함께 수원의 유명한 갈비집에서 저녁을 함께 하였다. 오늘 16개 시도 명예시장. 군수들에게 10월 2일에 있을 제60회 전국민속예술제 경연대회에 평남 대표로 출전하는 향두계놀이에 대한 적극적인 참여와 관심을 부탁하는 다음과 같은 메시지를 보냈다.

[명예시장, 군수님들에게 보낸 협조 메시지]

존경하는 21대 명예시장군수님들!

안녕하세요, 평안남도지사 이명우입니다. 아직 시장 군수로 정식임명 전입니다만 메시지로 인사 겸 축하의 말씀 미리 드립니다. 아마도 10월 초에는 임명절차가 진행되리라 생각합니다. 정식임명을 받게 되면 도정 운영과 시장 군수 업무에 관련하여 이야기 나눌 수 있는 전체 회의를 갖는 자리를 마련하도록 하겠습니다.

시장군수들께서도 앞으로 시장 군수 직무수행에 대한 나름 준비와 마음의 다짐을 가져주시길 바랍니다. 아시는 바와 같이 우리 도정에 중요한 관장업무 중에 하나가 평안남도의 전통 무형문화예술에 대한 발굴과 지원사업입니다. 현재 평안남도에서는 네 가지 평안남도지정 무형문화재가 있습니다. 그중에 평남무형문화재 2호로 지정된 향두계놀이가 이번 제60회 대한민국 무형문화예술제 경연대회에 평남 대표로 참가합니다. 그동안 경연대회에서 대상을 받은 팀만 출연하는 민속무형문화재 왕중왕전이라 할 수 있습니다. 오는 10월 2일 오후 3시 20분에 잠실운동장에서 개막됩니다. 응원점수가 30 프로 배점된다고 합니다. 평안남도와 중앙도민회에서는 150명 정도의 응원단을 구성하여 적극적으로 참여하려고 합니다.

각 시군별로 최소 10여 명 정도의 인원은 응원단으로 참여하여야 할 것 같습니다. 응원석은 별도로 마련될 예정이며 응원단의 티셔츠와 전문 치어리더도 준비할 예정이라고 합니다. 중앙도민회에서도 이미 각 시.군민회장님들께 협조 요청을 한 것으로 알고 있습니다. 명예시장 군수님들께서도 각별한 관심을 가지시고 시. 군민회장님들과 협력하여 소기의 성과를 이룰 수 있도록 협력하여 주시기 바랍니다. 우리 평남의 전통무형문화재인 향두계놀이가 이번 민속무형문화재 경연대회에서 대상을 받을 수 있도록 우리 다 함께 힘을 모아 봅시다. 감사합니다.

3. 2019년 도정일지

2019. 9. 26 목요일 날씨: 맑음

오늘 아침 출근 시간은 차가 평소보다는 밀리는 것 같지 않았다. 평소보다는 약 15분 정도 빨리 사무실에 도착했다. 9시 30분쯤 강대석 실장이 오늘 주요 일정에 대해 설명하였다. 오늘은 12시 30분에 통일부 서호 차관과 이북5도 각 지사들과 함께 점심을 겸한 오찬 간담회가 세종문화회관 지하 1층에 있는 설가온이란 한식당에서 있는 날이다.

오전 10시쯤 박성재 이북5도 위원장 주재로 함남 지사실에서 서 호 차관과의 간담회 시에 우리가 제안할 내용에 대해 의견을 나누었다. 회의를 가지게 된 동기가 이낙연 총리의 지시에 의한 것이기에 북한 이탈주민을 우리 이북5도위원회에서 효과적으로 관리할 수 있는 제도적, 법적 장치를 해달라는 것이기에 이북 이탈주민 문제를 중점적으로 이야기하기로 하였다. 아울러 조사연구업무에 대한 지원 및 협조 사항에 대해서도 건의하기로 의견을 모았다. 이어 김재홍 함북지사의 1945년부터 1954년까지의 희귀한 북한 자료 전시회에 대한 지원방안도 건의하기로 하였다.

낮 12시 정각에 스타렉스를 타고 간담회 장소인 설가온 식당으로 갔다. 12시 15분경에 설가온에 도착하니 통일부 인도협력국에 서정배 국장과 한영숙 과장이 미리 도착하여 룸으로 안내하였다. 12시 25분쯤 서 호 차관이 도착하여 인사를 나누고 식사 전에 간담회를 하기로 하였다. 서호 차관의 인사말과 함께 통일부의 북한 이탈주민 관련 업무에 대해 전반적인 이야기를 하였다. 이에 박성재 이북5도 위원장께서 바쁘신 가운데에도 시간을 내주어 감사하다는 답사를 하고 우리가 준비한 제안 사항에 대해 이야기했다.

평북지사가 미리 준비한 자료를 가지고 북한 이탈주민 관리에 대한 이북5도의 참여 문제, 이북5도 무형문화재 지원문제, 하나원 교육에 이북5도 방문프로그램 포함 제안과 탈북민과 관련하여 탈북민에 대한 정보 접근 문제, 각 지역별 이북5도 사무소의 북한 이탈주민 관리 및 지원문제 등에 대해 폭넓게 문제를 제기하고 이북5도가 할 수 있는 방안을 제시하였다.
　나도 이북5도 위원회의 주요 관장업무인 조사연구가 미흡한 점을 지적하고 정보수집에 필요한 통일부와 안보 관련 부서의 협조 방안에 대해 이야기하고 이북무형문화재 발굴 및 지원에 따른 예산확대의 필요성에 대해 건의하였다. 오후 3시에는 이북5도 역사박물관 추진계획에 대한 브리핑이 예정되어 있었으나 인천지방법원에 일이 있어 부득이 참석하지 못하고 인천지방법원에 다녀왔다. 저녁 6시에 서초동 울돌목에서 연대 쿠사 동기들과 부부 모임으로 저녁을 함께했다.

2019년 9월 27일 금요일 날씨: 맑음

　내일 대구지구 이북도민 연합 모임에 담당 도지사인 평남지사가 참석하여 축사를 하기로 되어있다. 그러나 내일 평남도민회의 중요한 행사인 제37회 대통령기 이북도민 체육대회 선수단 발대식 행사가 예정되어 있어 부득이 평북지사에게 대신 참석을 부탁했다. 흔쾌히 수락하여 주어 여간 고맙지 않았다. 다음에 평북지사께서 부탁하는 일은 내가 들어주기로 했다.
　오전 10시쯤 김중양 전 지사께 전화를 해 행정자문위원 위촉에 대해 양해를 구하였다. 김 전지사께서 훈.포장수여 결정에 대해 물어보셔서 내용을 말씀드렸다. 관심을 가지시는 훈장 수여자에 대해서는 잘 결정되었다고 말씀을 드리고 대통령 표창에 대해서도 말씀을 드렸다. 훈포장 문제같이 도민들이 깊은 관심을 가지는 문제에 대해서는 앞으로 각별하게 신경을 쓰고 말해야 할 것 같다.
　오늘은 평남의 원로 어르신들을 모시고 지사 취임 인사 겸 점심을 모시기로 한 날이다. 11시 30분 정도에 점심 약속장소인 동보성에 도착하였다. 오늘 모시는 분들은 건설부 장관을 역임하신 박기석 장관님, 강인덕 전 통일부 장관님, 김건철 행정자문위원장님, 김인선 전 도지사님 그리고 백남진 전 도지사님이다.

　박기석 장관님은 처음 뵙는 분이었으나 1928년생이신데도 자세도 곧 곧하시고 말씀도 아주 또렷하게 잘하셨다. 들던 바대로 아주 인품이 훌륭하신 분이셨다. 나의 이력에 대해서 알고 계신 듯 당신도 연세대학교 경영대학원 석사 1기생이라고 말씀하시며 친근감을 나타내주셨다. 군 생활과 공직생활 그리고 삼성건설에서 회장과 고문으로 계셨을 때 이야기를 하시며 즐겁게 식사를 하며 시간 보냈다. 강인덕 장관께서도 최근 정국 현황과 안보위기에 대해 말씀을 많이 하셨다. 참석하신 모든 분이 나의 취임을 축하하여 주셨고 도지사로서 지켜야 될 좋은 말씀을 하여 주셨다. 박기석 장관님은 도지사가 이렇게 초대해 준 것이 처음이라며 매우 기뻐하셨다.

　오후 3시쯤에 평남중앙도민회 조성원 회장이 찾아왔다. 군부대자매결연문제에 대해 말씀이 있었다. 저녁 6시 30분에는 충무로에 있는 송원이라는 고기집에서 평남중앙청년회 임원들을 격려하기 위한 저녁 모임이 있었다. 차정렬 회장을 비롯하여 중앙청년회 임원 10명이 참석하여 격려하고 내일 발대식에 줄 격려금을 주었다. 모두 기뻐하며 열심히 준비하여 이번 대통령기 체육대회에서는 기필코 우승을 차지하겠다고 각오를 다졌다.

2019년 9월 28일 토요일 날씨: 맑음

　오늘 11시에 우신고등학교 운동장에서 제37회 대통령기 이북도민체육대회 선수단 발대식이 있는 날이다. 10시 20분 도착하여 차정렬 평남중앙청년회 회장의 영접을 받아 본부석에 앉았다. 조성원 중앙도민회장을 비롯한 유지분들이 오셔서 반갑게 인사를 나누었다. 행사 진행하기 전에 모래주머니 던지는 선수들의 연습장에 가서 선수들을 격려하고 모래주머니 넣기를 해보았다. 4개 중 2개가 바구니 속으로 들어갔다. 처음 해보는 것 치고는 아주 성적이 좋은 편이라고 구경하던 모든 사람이 환호성이 대단했다. 모래주머니 경기종목의 선수단장인 이영일 중앙도민회 부회장은 긴급 상황이 발생하면 나를 선수로 차출하겠다고 하여 모두 웃었다.

축사를 하고 선수들과 일일이 악수를 한 뒤에 기념촬영을 하고 양해를 구하고 11시 40분쯤에 자리를 떴다. 12시 30분에 남영동 원할머니 보쌈집에서 양덕군 유지모임인 양우회에 참석하기 위해서다. 12시 50분쯤에 양우회 모임 장소에 도착하여 양우회 회장으로서 개회 인사를 하고 양우회 모임을 주재하였다. 금년 내로 양우회 회장을 다른 분에게 넘겨야 할 것 같다.

2019년 9월 29일 일요일 날씨: 맑음

새벽에 일어나 뒷산에 가서 밤을 줍다. 해마다 굵은 밤이 열리는 밤나무 주위를 한 10분 정도 살피면 하루에 20, 30개는 수월히 줍는다. 오늘도 도랑까지 내려가 한 30개 정도 주웠다. 아침 미사를 가는데 현서한테서 엄마 아빠 결혼기념일 축하한다고 메시지가 왔다. 생각해보니 오늘이 결혼 43주년이다. 요즘 일상생활이 완전히 바뀌고 워낙 공적인 일정이 바쁘다 보니 오늘이 결혼기념일이란 것을 깜박했다. 집사람한테 미안한 생각이 들었다. 주보를 보니 내가 감사 헌금한 사실이 공지되었다. 하나님께 다시 한번 감사를 드렸다.

오후 1시 10분에 오진식 씨 아들 결혼식이 있어 조금 일찍 집을 나와 회사 사무실에 들려 우편물 정리 좀 하다가 회사 주차장에 차를 주차하고 결혼식에 갔다. 경우회 친구들이 많이 왔다. 재찬, 규현이의 축하금도 전달하고 친구들과 식사를 하고 오진식씨를 만나 축하의 뜻을 전하였다. 오후 3시 30분에 집으로 들어와 집사람 보고 쇼핑을 가자고 했더니 별생각이 없다고 하며 정 뭘 사주고 싶으면 돈으로 달라고 하였다. 미안한 생각에, 마침 지갑에 들어있는 돈을 모두 아내에게 주었다. 조금은 미안한 생각이 사라졌다.

저녁에 성남지구 평남 청장년 모임이 있는 정자동 평가옥 별관으로 갔다. 10명 정도 나왔다. 조성원 중앙도민회장도 참석했다. 김석환 회장의 인사말에 이어 축사를 했다. 내가 도지사에 취임한 것을 모두 축하해주었고 특히 성남지구 청장년회 출신으로 중앙도민회장과 도지사가 나온 것에 대해 자랑스러워한다고 모두들 이야기하였다. 홍민철 경기지구 사무소장은 우리 성남지구 모임을 모델로 하여 경기지구 서너 곳에 청장년 모임을 내년 사업년도에 결성할 계획이라고 말했다. 평남도민회 활성화에 크게 도움이 되리라고 생각한다.

2019년 9월 30일 월요일 날씨: 맑음

아침 10시에 도 사무국 직원들과 주간회의를 했다. 한 주간 처리할 업무에 대해 보고받고 잘 준비하여 처리하도록 지시하였다. 10월 1일 국군의 날 행사 참여, 10월 2일 김동길 선생님 생신 축하 모임 준비와 제60회 대한민국민속축제 경연대회에 나가는 향두계놀이 지원 및 응원문제, 행정자문위원 위촉문제 등에 대해 의견을 나누었다. 오전 11시쯤에 평북지사가 내 방으로 오셨다. 지난주 토요일에 대구지구 이북도민 연합회 행사에 나 대신 참석하고 오시고 행사 내용에 대해서 설명해 주셨. 점심은 비서실장과 비서와 함께 독립문 근처 대성집에 가서 도가니탕을 함께 먹었다. 모두 몸에 좋을 것 같다고 하며 맛있게 먹었다. 오후 4시쯤 비로봉 길을 조금 올랐다. 금선사 앞까지 걷고 왔다. 청사 정문을 들어오는데 향두계놀이 연습 소리가 났다. 5층 대강당으로 올라가 보니 한 40여 명 정도가 임웅수 연출가의 지도를 받으며 열심히 연습을 하고 있었다. 조금 보다가 사무실로 들어왔다. 한 30분쯤 지나니 유지숙 선생이 임웅수 연출가를 모시고 내 방으로 왔다. 반갑게 인사하고 차를 나누며 향두계놀이의 내용과 서도창에 대한 이야기를 나누었다. 도지사를 모시고 실제 경연대회와 같이 향두계놀이를 연습해보겠다고 하여 한 20분 후쯤 강 실장과 함께 연습장으로 올라갔다. 기구를 사용하여 경연대회

나갈 때와 같이 연습하는 것이라 하였다.

향두계놀이는 유지숙 선생이 서도소리 명창 김정연 선생과 오복녀 선생으로부터 전수받은 정통 서도소리류의 소리가 많이 나온다. 1996년에 처음으로 전국민속예술경연대회에 출품하였고 제54회 한국민속예술축제에 대통령상을 받은 평안남도의 대표적인 민속무형문화재라고 하였다. 2009년에 우리 평안남도 제2호 무형문화재로 지정되어 평안남도의 예술문화를 널리 알리고 있다. 이번 10월 2일에 제60회 한국민속예술제에 평남 대표로 출전하는 향두계놀이 팀이 우승의 영예를 차지하기를 180만 도민과 함께 열심히 응원하고 지원하여야 할 것 같다.

2019년 10월 1일 화요일 날씨: 맑음

오늘은 대구 공군비행장에서 국군의 날 행사에 참석하기로 되어있다. 오전 7시에 서울공항에 도착하여 보안 검색을 마친 후 8시에 공군 수송기를 타고 대구공군비행장(K2 공군기지)으로 갔다. 비행시간 40분 정도 걸렸다. 공군 작전용 수송기라 좌석이 불편했다. 좌석은 약 40개 정도 설치되어 있었다. 비행 도중 엔진 소리가 크게 나 귀마개를 하고 갔다.

오늘 행사에는 문재인 대통령 내외가 참석하기로 되어있다. 9시 30분부터 식전행사가 진행되었고 10시 30분에 대통령 내외분이 입장하였다. 대통령 입장과 동시에 제71주년 국군의 날 행사가 있었다. 국군의 날 제정은 71년 전 6.25 전쟁 당시 처음으로 38선을 넘어 북진한 날을 기념한 데서 비롯되었다고 한다. 오늘 국군의 날에 처음 공개된 최신예 전투기인 F-35A 기 3대가 출격하여 기념식 내내 동서 남해 영공을 수호하는 임무를 수행하였다.

11시 30분에 다과 행사장으로 자리를 옮겨 1번 테이블에 배정받아 대통령 내외분이 입장하기를 기다렸다. 대통령 내외분의 입장 동선이 1번 테이블을 지나게 되어있어 자연스럽게 대통령 내외분과 악수를 했다. 대통령보다는 김정숙 여사와의 악수가 인상적이었다. 요즘 국내외 정세가 안 좋아서인지 많이 긴장하고 편안해 보이지 않는 모습이었다. 상대방을 좀 집중해서 보는 편이었다. 마침내 테이블에는 국군정보지원 사령관인 전재용 중장과 함께했다. 마침 공군 출신이라 나의 경영대학원 동창인 남궁 혁 소장에 대해 물어보니 잘 아는 선배라고 하여 이야기가 자연스럽게 오고 갔다. 육군 출신이 아니어서 그런지 과거 기무사령부나 보안사령부 시절에 서슬이 퍼렇던 사령관의 풍모와는 조금 다르게 보였다.

오후 1시 10분에 서울공항으로 가는 공군 수송기에 탑승하여 서울로 귀환했다. 비행 도중 기상상태가 안 좋아 오후 2시 40분에야 성남에 있는 서울공항에 도착하였다. 무려 1시간 30분 정도 걸렸다. 조금은 불안했다.

2019년 10월 2일 수요일 날씨: 흐리고 비가 옴

아침에 출근하니 어제 성우지오텍건설에 정덕교 회장님과 주식회사 어반에 김광덕 회장께서 보내준 취임 축하란이 사무실에 놓여 있었다. 지사 취임한 지 한 달이 넘었는데도 보내주니 감사히 받았다. 두 분께 감사 전화를 걸었다. 12시에는 김동길 선생님 생신을 축하하러 전임 지사 몇 분하고 중앙도민회 임원들 10여 명함께 선생님 댁으로 가 선생님을 뵈었다.

일전에 취임 인사차 방문하고 선생님 댁에 냉면과 빈대떡을 먹어야 한국의 유명인사 반열에 오를 수 있다는 말이 있다고 너스레를 떨었더니 생신 모임에 고향 후배들을 초대해 주시어 찾아뵙게 된 것이다. 어제 화사한 양란을 보내드리고 오늘 아침에 3단짜리 생신 축하 케이크를 전해드렸다. 댁에 도착하니 유명인사들이 다수 왔다.

〈김동길 선생님 생신 잔치에 초대받아 도민들과 함께〉

　　나경원 자유한국당 대표는 미리 뵙고 가는 중이었고 김문수 전 경기지사, 김동건 아나운서와 선생님을 아는 많은 사람들이 오셨다. 밖에 간이 천막을 두 개를 치고 식탁과 의자를 놓고 자리가 나는 대로 앉아서 평양냉면이 준비되는 대로 편하게 빈대떡을 곁들여 먹고 있었다. 축하객은 200여 명은 넘는 것 같았다. 오늘 하루 종일 축하객들을 받으면 아마도 천여 명쯤은 족히 되리라고 생각되었다. 선생님께 생신 축하 인사를 드리니 도지사 일행과 고향 후배들이 왔다고 반기셨다.

　　우리 일행도 적당히 자리를 잡고 빈대떡에 냉면을 맛있게 먹었다. 식사를 마치고 나오며 우리 일행은 선생님과 기념촬영을 하였다. 선생님의 만수무강을 다시 한번 기원하였다.

　　선생님 축하연 장소에서 나와 주위 커피숍에 다 함께 가서 차를 마시며 담소하다가 제60회 한국민속예술제 행사가 있는 송파동 잠실 서울놀이마당으로 향하였다. 오늘 태풍이 북상 중이어서 비가 오는 바람에 당초 예정되었던 공연장소인 서울 운동장 야외무대에서 이곳 서울놀이마당으로 변경되었다. 공연장에 들어서니 이미 50여 명쯤 되는 도민응원단이 옅은 파란색 응원단복을 입고 스탠드 관중석에 앉아 있었다. 도민들과 인사를 하고 나도 단복을 입고 앞자리에 앉았다. 3시쯤 되니 우리 응원단원이 100여 명쯤 모였다. 우리 앞 팀인 강원도 팀의 답교놀이를 관람하였다. 우승 후보라는 말이 있는 팀이었으나 내가 보기에는 우승 후보감은 아닌 것 같았다.

오후 3시 30분에 드디어 우리 평남의 향두계놀이팀이 입장하였다. 우리 응원석에서 함성과 요란한 박수 소리가 났다. 연습한 대로 서도명창의 소리에 맞춰 동작 하나하나가 예술성이 있었고 전달력도 뛰어난 것 같았다. 스토리 내용을 이미 잘 알아서 인지 전달이 잘 되는 것 같았다. 우리 응원단의 환호성과 격려의 박수 소리에 다른 관객들도 따라서 환호하였다. 25분간의 공연이 대단한 성공이었다. 단원들과 우리 응원단이 한데 어울려 한 판 신나게 놀은 것 같았다. 대상을 기대해 볼 만도 하였다.

공연이 끝나고 유지숙 명창을 모시고 도민들과 기념촬영을 했다. 공연이 성공적이었다고 축하해주고 최선을 다했으니 결과에 연연하지 말고 기다리자고 했다. 다음 공연이 마침 함경남도의 북청사자놀이이어서 우리 도민응원단도 끝까지 지켜보았다. 유명한 무형문화재인데도 관객의 호응을 우리처럼 받지 못했다. 내일 결과가 기다려졌다.

2019년 10월 3일 목요일 날씨: 흐리다 맑음

오늘은 공식행사가 4개가 예정되어 있다. 오전 10시에 세종문화회관에서 단기 4351주년 개천절 행사에 참석하였다. 오늘은 이낙연 국무총리가 참석하여 축사를 하셨다. 축사 내용도 좋았고 음성도 또렷하고 좋았으며 전달력이 탁월하셨다. 내가 요즘 목소리가 갈라지고 쉰 목소리라 이낙연 총리의 목소리가 여간 부럽지 않았다.

오전 11시쯤 끝난 후에 곧바로 명동 부근에서 거행되는 제57회 강동군민회 정기총회에 참석하여 축사를 하고 이어 12시에 거행되는 이북5

도청 5층 대강당에서 거행되는 제61회 대동군민회 정기총회에 참석하여 축하의 말을 하였다. 두 곳 다 원고를 보지 않고 메모지만 보고 축사를 하였다. 다소 어조가 안정감이 부족한 것을 느꼈다. 더 준비하고 연습해야 할 것 같다.

축사를 끝내고 미리 나오는 것에 대해 양해를 구하고 파주시 동화경모공원에서 거행되는 양덕군민회 망향제에 참석하기 위하여 자리를 떴다. 거의 2시쯤에 동화경모공원에 도착하니 망향제 행사는 끝나고 식당에서 군민들이 모여 점심식사 중이었다. 식당에 도착하여 군민들에게 인사를 하고 같이 식사를 하였다.

오후 4시쯤에 비서실장으로부터 전화가 왔다. 유지숙 명창으로부터 한국민속예술제 경연대회에서 3위인 문화관광부장관상을 수상하였다고 연락이 왔다고 하였다. 정말 기뻤다. 무엇보다도 내가 평남지사에 취임한 후 최초로 이룬 업적이라고 볼 수 있다. 우리 모두 내심 1위인 대통령상을 기대하였지만 3위의 성적도 대단한 것이었다. 왕중왕전이었고 참가 팀 모두 역대 대통령 수상 팀이 아니던가. 18개 팀 중에 3위를 한 것만도 대성공이었다.

유지숙 명창의 말로는 심사위원 모두 우리 팀이 예술성이나 관객의 호응도에서 가장 뛰어났었다는 평을 받았다고 한다. 오늘 공연한 전라도 2개 팀에 1위와 2위의 영예가 돌아갔으나 정책적인 배려가 있었던 것 같다고 하였다. 향두계놀이 팀의 3위 입상 소식을 카톡으로 도민들에게 보냈다. 모두 기뻐하며 자축하였다.

[축하 카톡 메시지]

존경하는 평남도민! 여러분 기쁜 소식 전합니다.
어제 잠실 서울놀이마당에서 거행된 제60회 대한민국민속예술대전에서 우리 평남 대표로 참가한 평남무형문화재 제2호인 '향두계놀이'가 3위인 문화관광부장관상을 수상하였습니다. 평남도민의 자랑이며 기쁨입니다. 그동안 열심히 연습하고 멋진 공연을 해주신 우리 향두계놀이 보존회 팀들에게 축하와 함께 그 노고를 180만 평남도민과 함께 치하합니다.

이번 공연에서는 서도 명창이신 유지숙 명창께서 직접 서도창을 부르셨고 임웅수 경기도민속문화예술협회 이사장님의 뛰어난 연출이 큰 몫을 하였습니다. 우리 평남도민 100여 분들도 공연장에 함께하여 뜨거운 응원전으로 힘을 보탰습니다.

심사위원님들의 한결같은 평은 우리 향두계놀이 팀이 예술성과 향토성이 가장 뛰어난 팀이라는 평가가 있었다고 합니다. 특히 응원과 관객의 호응도가 가장 좋았던 팀이라는 평가를 받았다고 합니다. 다시 한번 향두계놀이 단원들의 노고를 치하하며 평안남도 파이팅입니다.

〈제60회 한국민속예술제 경연대회에서 향두계놀이가 문화관광부장관상 수상〉

2019년 10월 4일 목요일 날씨: 맑음

아침 출근하면서 조성원 평남중앙도민회장께 전화를 했다. 오늘 오전 9시쯤 향두계놀이 유지숙 선생께서 금상 수상 소식을 전하러 오시겠다고 하니 같이 보자고 하였다. 오전 9시경에 유지숙 선생이 향두계놀이보존회 사무국장과 제자와 함께 사무실로 왔다. 금상 수상을 축하하고 그동안 열심히 연습하고 훌륭한 연기를 보여준 것에 대해 감사의 말과 함께 노고를 치하하였다.

점심에는 구자형 윌셔모임 총무가 방문하여 점심을 같이했다. 윌셔모임은 1990년에 국내 리스업계 부장급 간부들이 미국 LA에 있는 윌셔브르바드 호텔에서 3주간의 미국리스 실무 연수를 받으러 간 사람들이 미국 연수를 끝내고 귀국하여 결성한 친목 모임이다.

오후 5시 30분쯤에 잠실종합운동장에 도착했다. 오늘 제100회 전국체전개막식 행사에 참석하기 위해서다. 저녁 6시부터 잠실올림픽종합운동장에서 거행되는 제100회 전국체전개막식 행사에 참석하였다. 문재인 대통령의 자리 바로 두 번째 줄 뒤쪽에 이북5도위원회 자리가 배정되었다. 전국체전개막식 행사이어서 전국 광역 지방자치 단체장들에게 VIP 좌석이 배정되는 것 같았다. 생애 처음으로 대통령이 임석한 가운데 전국체전개막식에 참석했다. 도지사의 직책에 대한 긍지와 자랑이 느껴졌다. 선수단 입장식에서 맨 마지막 팀인 서울팀 바로 전에 우리 이북5도 선수임원단 80여 명 정도가 입장하였다. 단상 앞으로 나가 선수단을 열렬히 환영하였다.

2019년 10월 5일 금요일 날씨: 아침에 흐리고 조금 비가 옴, 오후에는 갬

오늘 9시 20분에 SRT를 타고 강대석 실장과 함께 대구로 내려갔다. 오늘 12시에 대구지구 이북도민 합동망향제에 참석하기 위해서다.

1993년도에 실향민의 망향의 아픔을 달래고 북에 두고 온 부조님들에게 추석을 맞이하여 합동으로 망향제를 지내는 행사를 하기 위해 오봉산공원에 조성된 망배단에서 해마다 대구지구 이북도민 연합회 주체로 망향제를 열고 있다고 한다. 대구지구 이북도민과 북한 이탈주민 200여 명이 참배하였고 대구광역시 이상길 행정부시장과 민주평통 대구지역회의 부의장을 비롯한 외빈이 참석하였다. 나는 이북5도 위원회에서 대구지구를 담당하는 도지사로서 추념사를 하기 위하여 참석하였다.

〈이북5도 대구지구 망향제〉 〈이북5도 대구지구 망향제〉

헌화한 후에 추념사를 하였다. 9월 21일에 대구지역 도민 행사에 참석하고 10월 1일에는 국군의 날 행사 그리고 오늘 망향제 행사까지 하면 한 달 사이에 이곳 대구에 세 번이나 내려온 셈이다. 내달에 북한 이탈주민과의 가족결연식에 참석하는 것까지 하면 올해 들어 네 번이나 대구에 내려오는 셈이다. 내달에는 광주지구도 한 번 내려가 봐야 할 것 같다.

2019년 10월 6일 일요일 날씨: 맑음

오전 9시 20분에 종로구 피카디리 극장에서 상영하는 '장사리 전투'를 새마을 평남지부 주관으로 단체로 관람하기로 되어있다. 을지로 3가에 가니 전국체전 관계로 차량통행을 제한하고 있었다. 할 수 없이 종로 3가에서 내려 걸어서 피카디리 극장으로 갔다. 극장에 도착하니 새마을 회원과 청년회원들이 많이 나와 있었다. 비서실장과 이은주 비서의 안내를 받아 지정 좌석에 앉아 영화를 관람했다.

'장사리전투'를 감독한 곽경택 감독은 평남 진남포 출신 2세다. 그리고 극 중에 유격대 분대장으로 분한 가수 겸 배우인 샤이니 최민호가 분한 최상필 분대장은 진남포 출신 정미소의 아들로 나온다. 극 중에 유격대 대장이 고향이 어디냐고 물으니 최민호가 '진남포입니다'라고 대답하는 말에 모두 숙연해지는 표정이었다. 평남도민과 함께 영화를 보면서 평남인으로서 자긍심과 애잔한 마음이 교차 되었다. 곽경택 감독은 진남포 출신 월남 이북도민 2세라는 것을 언제나 가슴 속에 품고 있었으리라.

극중 주연 인물을 진남포 출신으로 선정한 것은 아마도 평생 고향을 그리워하며 그리운 고향 땅으로 가고 싶어 했었던 돌아가신 아버님에 대한 선물이었을 것이다.

> **聲東擊西(성동격서) - 인천상륙작전 하루 전인 1950. 9.15일**
>
> 인천 해안의 정반대 경북 영덕군 장사리에 이영민 대위(김영민 분)가 인솔하는 722명의 유격대원들이 상륙작전을 벌이는 전투 이야기이다. 2주간의 군사훈련을 마친 평균 연령 17세인 학도병으로 구성된 유격대는 북괴군을 격퇴하겠다는 애국심 하나로 무모하리만큼 용감하게 상륙작전을 시도하다가 작전에 실패하고 180여 명의 전사자를 내고 대부분 유격대원들이 생포되는 비극적인 상륙작전이었다. 설상가상으로 LST로 사용했던 민간 상선인 문산호도 장사리 해안에 침몰되었으나 태풍이 몰아치는 악천후에도 용감히 상륙하여 임무를 수행한 유격대원들의 용맹은 우리 후손들에게 큰 교훈과 감동을 주는 영화였다.
> 실패한 작전이어서 군에서도 그동안 극비로 취급하였다고 한다. 그런데 맥아더 장군의 자서전에서 나와 있는 내용이 최근에야 세상에 알려져 유격대원들의 전공을 알게 되었다고 한다.

2019년 10월 7일 월요일 날씨: 비옴

오전 9시 30분에 박종배 국장이 주간업무 계획에 대해 보고를 하였다. 9시 50분쯤에 미국 시카코 지역 한인회 현 회장과 전 회장이 방문하여 환담하였다. 10시 10분에 동화경모공원을 5도 지사님들과 방문하였다. 동화경모공원장으로 부터 동화경모공원의 운영에 관한 브리핑을 들었다. 나는 이북5도지사들이 이북도민지원과 관리 및 이북도민 유관단체에 대한 지도 업무가 주요한 관장업무인 점을 들어 동화경모공원의 합리적인 경영에 대한 의견을 제시할 수 있다고 말하고 앞으로는 공인회계사의 감사를 꼭 받도록 건의하였다. 반구정나루터 장어집에서 점심을 함께 하고 돌아왔다.

오후 3시 30분쯤에 민주평통 이북지역회의 배도웅 부의장과 차세훈 간사가 방문하였다. 평남 대표운영위원 선정문제에 대해 절차상 부족한 점이 있었다고 말하며 양해를 구하기에 이에 이북5도지사들의 기본 입장을 이야기하고 서로 이해하고 협조하기로 하였다. 박지환 고문을 평남 대표운영위원으로 추천하는 것에 대한 의견을 묻는 공문을 정식으로 제출하기에 검토한 후 회신하겠다고 답변하였다. 도 사무국장을 불러 추천 요청문에 대한 회신을 하도록 지시하였다. 대표위원으로 추천 박지환 고문은 내가 잘 아는 분이고 인품도 훌륭하신 분이라 그나마 다행이라 생각하였다.

퇴근하면서 서울대학교병원에 장례식장에 빈소가 차려진 김중양 전 지사님의 상가에 가서 조문하였다. 많은 이북도민들이 문상을 왔다. 문상 중 평양검무 전수자이신 임영순 선생과 한자리에 앉게 되어 평양검무에 대해 이야기를 나누었다. 문상을 마치고 오는 길에 오장동 함흥냉면 집에 들러 윤 주무관과 함흥냉면으로 저녁을 먹었다.

2019년 10월 8일 화요일 날씨: 흐리고 비옴

오전 10시에 민주평통 이북5도위원회 지역회의 제19기 발대식이 있었다. 발대식에 앞서 민주평통 정세현 수석부의장과 이북5도지사 그리고 각도 중앙연합회 회장들과 간담회를 가졌다. 중강당에서 민주평통 발대식을 하고 이어 이북5도위원회 회의를 했다. 주요안건인 시장.군수 위촉에 관한 규정을 평북지사의 뜻을 반영하여 개정하였다

점심에는 울돌목에 가서 고경회 회원들과 점심을 같이 하고 도지사 취임 신고를 하였다. 극우 보수자인 회원 한 분이 내가 진보정권하에서 도지사에 취임한 것에 대해 조금은 의아해하는 것 같았다. 마치 내가 진보정권 사람들하고 특별한 관계를 유지하였던 것은 아닌가 하고 의심하는 눈치였다.

민주평통 발대식에서 각도 대표자문위원 임명식에 앞서 평남에서는

대표위원 임명절차에 흠결이 있다고 이의를 제기하여 평남만 제외하고 나머지 6개 도의 대표자문위원을 임명하였다고 한다. 평남의 경우 별도로 자문위원들 간에 회의를 하여 이북5도 지역회의에서 추천한 박지환 자문위원에 대해 찬성하는 것으로 의견을 모으는 것으로 결정하였다 한다.

2019년 10월 9일 수요일 날씨: 맑음 아침에는 쌀쌀함

오전 9시 30분에 광화문 광장에 설치된 제573회 한글날 경축행사장에 도착했다. 10시 5분 전에 이낙연 총리를 비롯한 VIP들이 입장하자 10시부터 한글날 행사가 진행되었다. 경축 행사 끝부분에 축하 공연도 있었다. 10시 45분쯤에 행사가 종료되어 바로 행사장을 나와 이북5도청으로 갔다. 11시에 청사 5층 대강당으로 올라가 제67회 강서군민대회에 참석하여 축사를 하고 군민들을 격려하였다.

2019년 10월 10일 목요일 날씨: 맑음

낮 12시에 대학 동기 모임인 태평회 모임에 갔다. 오늘따라 많은 친구들이 왔다. 친구들에게 취임 신고를 했다. 모두 축하해주며 기뻐했다. 저녁 7시에 중구문화회관에서 개강하는 제3회 평남 리더십아카데미 개강식에 참석하여 격려사를 했다. 가는 길에 귤 50여 개를 사가고 가 학우들에게 나눠주었다. 제1강은 평남 행정자문위원인 정경조 장군이 통일방안에 대한 강의를 하였다. 정 장군의 강의 내용이 아주 좋았다.

2019년 10월 11일 금요일 날씨: 맑음

오전 11시에 3/4분기 평남 행정자문회의를 개최하였다. 전과 달리 회의 주재를 행정자문위회 위원장이 맡아서 진행하도록 하였다. 김건철 위원장께서 해외여행 중이어서 부위원장인 박지환 자문위원이 사회를 보았다. 회의 개회 전에 새로 행정자문위원으로 위촉된 박호군 서울벤처대학원대학교 총장에게 행정자문위원 위촉장을 수여하였다. 의사 진행은 아주 잘 되었다. 회의를 끝내고 북악정으로 옮겨 점심을 하였다.

오후 2시 40분쯤에 경기도 북한 이탈주민 관리를 담당하는 김현아 주무관이 홍민철 경기지구소장과 함께 방문하였다. 경기도의 북한 이탈주민 관리체계와 내용에 대해 자세히 설명을 들었다. 김현아 주무관의 설명을 듣고 우리 정부의 북한 이탈주민 지원정책과 내용에 대해서 어느 정도 파악할 수 있었다.

김현아 주무관의 설명에 의하면 북한 이탈주민이 한국에 입국한 후에 국가정보원의 조사를 마친 후에 통일부가 주관하는 하나원 교육을 3개월간 숙식을 하며 교육을 받는다고 한다. 교육내용은 한국의 정치. 경제. 사회. 문화 등 다방면에 걸쳐 한국 사회에 대해 소개하고 한국에 정착하기 위해 필요한 지식과 정보를 제공하며 1시간 정도 시간을 할애하여 이북5도지사들이 이북5도에 대한 소개와 교육을 한다고 한다.

3개월간의 교육이 끝나면 각 지역별로 할당된 공공아파트 배정물량에 따라 컴퓨터 추첨에 의해 거주지역과 아파트를 배정받게 되며 이 경우 아파트는 전세 계약을 북한이탈주민 명의로 하게 된다. 전세보증금은 정부에서 지원하는 북한 이탈주민 정착금으로 이탈주민 개인에게 지원되는 자금이다(현재 1인당 약 3천만 원 정도라고 함). 아파트관리비와 전기수도 등을 자부담으로 하고 만약 이사를 가거나 계약을 해지하는 경우 전세보증금은 북한 이탈주민이 갖게 된다. 각 지장자치단체에 배정된 북한 이탈주민은 북한 이탈주민지원과에서 주관하는 8일간의 정착 교육을 별도로 받고 본인의 희망에 따라 직업교육 및 취업 알선을 받게 된다. 이후 5년간 거주지 주민센터와 경찰서로부터 관리를 받는다고 한다. 특히 5년간 관리대상 기간에는 의료보험 등 4대 보험의 경우 특례조항에 의해 보험료의 납입 없이 무료로 의료혜택 등을 받는다고 한다.

이북5도위원회에서 특별히 지원할 수 있는 일이 없을 것 같다는 생각이 들었다. 다만 북한 이탈주민의 정서적인 안정감과 사회 적응을 용이하게 하기 위해 이북도민과 북한 이탈주민과의 가족결연 등의 교류사업을 좀 더 확대하고 활성화할 필요성이 있으며 북한 이탈주민들이 이북도민사회에 적극적으로 참여할 수 있도록 기회와 공간을 제공할 필요성이 있다고 판단되었다. 이번 주 토요일과 일요일에 개최되는 영원군민회와 성천군민회에 참석하여 축사할 내용을 검토하였다.

2019년 10월 12일 토요일 날씨: 맑음

오전 11시 30분에 종로3가에 있는 한일장에서 개최된 제48회 영원군민회 정기총회 참석하였다. 100여 명 정도의 군민과 내빈들이 참석하였다. 정기총회에는 조성원 중앙도민회장과 영원군민 출신으로 중앙도민회 회장을 역임하신 박지환 상임고문 등 영원군의 원로 1세 어르신들이 많이 참석하였다. 나는 "지난 3년간 도정 발전을 위하여 수고해주신 방준명 명예군수님과 9개 읍 면장님들의 노고를 치하하며 앞으로도 변함없는 애향 활동을 하여주실 것을 기대합니다. 앞으로 저와 함께 정부 시책과 도정업무를 펼쳐 나가야 할 명예군수와 읍 면장이 아직까지 위촉되지 않고 있으나 이제 모든 절차가 마무리되어 곧 임명될 것으로 생각합니다. 새로 위촉되는 분들과 함께 투철한 안보의식을 공유해 나가면서 정부의 평화통일 정책에 기여하고 도정 발전을 물론 도민회 발전을 위해서도 우리가 해야 할 일을 모색하고 그 임무를 완수해 나가겠습니다"라는 요지의 축사를 했다.

영원군민회 모임 중간에 양덕군 오강면민회가 한일장 1층에서 모임을 갖고 있어 잠깐 시간을 내어 오강면민들을 뵙고 인사를 드렸다. 행사가 끝난 후에 인사동에 들려 알리 카미스에게 선물할 도자기 한 쌍을 샀다.

2019년 10월 13일 일요일 날씨: 맑음 아침 저녁으로 조금 쌀쌀함

아침 6시 30분에 일어나 뒷산에 다녀왔다. 평소에는 오동나무까지 3번을 왔다 갔다 하였으나 오늘은 일정상 1번만 다녀왔다. 8시 30분에 성당에 가서 아침 미사를 보았다. 미사 때마다 요즘 간절한 마음으로 기도를 드린다. 도지사로서의 직책을 주셨으니 맡은 바 직무를 성실히 수행할 수 있도록 지혜와 용기를 달라고 기도를 드렸다.

오전 10시에 윤 주임이 와서 이북5도청사로 갔다. 오늘 11시 30분에 성천군민회 제37차 정기총회가 있는 날이다. 성천군은 조성원 중앙도민회장의 고향이기도 군이다. 군세도 강하고 군민회도 활성화되어 정기 군민회의 경우 2, 3백 명 정도가 모인다고 한다. 12시 정각에 행사가 시작되었다.

나는 다음과 같은 요지의 축사를 하였다. "제38차 성천군민회 정기총회 개최를 진심으로 축하드리며 조성원 중앙도민회장님을 비롯한 많은 내외빈 여러분과 함께 군민 여러분들을 뵙고 인사를 드리게 되어 매우 기쁘게 생각합니다. 오늘 저를 초청해주신 이응철 군민회장님께 감사드리며 지난 1년 9개월 동안 군민회 발전을 위해 헌신해오신 것에 대해 감사를 드립니다.

또한 새로이 군민회장으로 취임하시는 오재욱 군민회장께도 다음과 같은 축하와 감사의 말씀드립니다. 오재욱 명예군수님과 12개 읍. 면장님들의 노고를 치하하며 앞으로도 변함없는 애향활동을 기대합니다. 앞으로 저는 새로 위촉되는 명예군수님과 읍 면장님들과 함께 투철한 안보의식을 공유해 나가면서 통일을 위해 지금 우리가 해야 할 일을 모색하고 그 임무를 완수해 나가겠습니다."

행사를 마치고 양재동 사무실에 들러 내일 카타르 출국 시 가지고 갈 필요한 서류를 준비하였다.

2019년 10월 14일 월요일 날씨: 맑음

아침 10시에 도 사무직원들과 주간 업무회의를 하였다. 내일부터 금요일까지 카타르에 현지법인 정리 관계로 휴가 내고 간다고 말하였다. 11시 30분부터 중식당 하림각에서 5도 지사들과 7도 중앙도민연합회장들과의 연석회의인 12인 회의가 있었다. 10월 20일에 개최되는 제37회 대통령기 이북도민체육대회 준비사항에 대해 안정태 이북5도 사무국장과 백군태 이북7도 연합회 사무국장으로부터 보고를 받고 의견을 교환하였다.

오후 3시 30분쯤에 금산사 쪽으로 산책을 하였다. 5시부터 중학교 동창 모임인 양재회 친구들이 오기 시작하였다. 정영진이 좀 늦는다고 하여 저녁 식사 장소인 곰솔 부근인 경북궁역 3번 출구로 오라고 하였다. 재민, 진호, 승우, 정구, 재기, 병렬, 병섭, 영호가 사무실을 방문하였다. 평안남도 도정에 대한 설명을 간단히 하고 기념촬영을 하였다.

오후 5시 30분에 곰솔 식당으로 가서 자리를 잡고 담소를 나누며 식사를 하였다. 나를 위해 덕담과 격려의 말들을 해주었다. 일본에 살고있는 최진호가 먼 길 마다않고 찾아준 정성과 우정에 감사한 마음 이루 말할 수 없었다. 진호가 내가 도지사에 취임한 것은 친구들의 자랑이며 기쁨이라고 말하면서 감격스러워하며 축하의 말을 하여 너무나 고맙고 진한 우정을 느꼈다. 학교 다닐 때부터 나의 남다른 모습에 커서 큰일을 할 수 있는 자랑스런 친구라고 생각했다는 덕담의 말도 하였다.

도지사로 근무하며 중요 문건에 서명할 때 사용하라고 최고급 은색 몽블랑 볼펜 한 개를 선물로 주었다. 그 마음 씀에 너무 고마웠다. 오후 8시쯤에 식사를 끝나고 헤어졌다. 모임을 끝내고 인천국제공항으로 갔다. 오후 9시 30분경에 체크인을 하고 출국신고를 마치고 새벽 1시 15분에 QR 857편을 타고 카타르로 향했다. 2008년부터 한 10년간 카타르와 아랍에미레이트를 이렇게 수없이 다녔다.

2019년 10월 15일 화요일 날씨: 맑고 더움(카타르 도하 날씨임)

새벽 5시 15분에 카타르 도하 하마드 국제공항에 도착하였다. 하마드 국제공항은 인천공항 못지않게 공항의 규모가 매우 크다. 오전 6시쯤 수하물을 찾아 2번 게이트로 나오니 비노이가 마중 나왔다. 반갑게 인사하고 비노이 차를 타고 카타르 제2 도시인 Al Khor에 있는 윤재승 사장의 게스트하우스로 갔다. 7시 20분쯤 게스트하우스에 도착하여 비노이와 같이 아침 식사를 하였다. 비노이는 회사에 출근하려고 식사 끝난 후 도하로 가고 나는 샤워를 하고 조금 휴식을 취하다가 윤재승 사장의 차를 타고 커머셜뱅크에 가서 은행잔고증명서 발급을 받으려고 하였다. 정식 회사의 요청공문이 필요하다고 하여 내일 오기로 하였다.

은행을 나와 바로 현지법인인 한미글로벌의 스폰서인 알리 카미스 회사로 갔다. 알리 카미스를 만나 반갑게 인사하고 갖고 간 소형 도자기 한 쌍을 선물로 주고 내가 평남도지사에 임명된 내력과 도지사의 역할에 대해 설명하였다.

〈현지법인 파트너인 알리카미스 사무실〉

기뻐하며 축하해주었다. 조금 있으니 PRO인 루드완이 알리 카미스의 방으로 들어왔다. 인사를 하고 ID 연장을 부탁하였다. 연장수수료 QR 1,200에 수고비까지 해서 QR 1,800을 주었다.

오후 3시 30분쯤에 루드완이 게스트하우스로 찾아와 연장된 ID카드와 여권을 전해주었다. 통상 1년간 연장되었으나 올해는 1년 6개월까지 연장되었다.

저녁 6시쯤에 운동도 할 겸 1키로쯤 떨어진 핸드폰 가게에 가서 새로운 전화번호를 개통하였다. 새 번호는 5520-9118이다. 번호가 맘에 들었다. 오후 7시쯤에 동생처럼 생각하는 박건표 사장으로부터 쿠웨이트에서 지금 도하공항에 도착하였다고 전화가 왔다. 내일 아침 8시쯤에 내가 묵고 있는 게스트하우스로 오기로 하였다.

2019년 10월 16일 수요일 날씨: 맑고 더움

아침 4시 30분쯤 일어났다. 간단히 세수하고 아침 산책 겸 1만 보 걸으러 밖에 나갔다. 아직 먼동이 트기 전이라 주위는 좀 어두웠다. 어제 걸었던 코스로 해서 약 1시간쯤 걸었다. 집에 들어와 샤워를 하고 잠시 휴식을 취하였다. 7시쯤에 아침을 윤 사장과 같이하고 내 방으로 들어와 오늘 할 일을 생각하였다.

8시 10분쯤에 박건표 사장이 왔다. 어제 사우디에서 쿠웨이트를 거쳐 저녁 8시쯤 카타르에 도착하였다고 한다. 도하 아시아 게임을 하는 해인 1년 전인 2005년 여름에 도하에 있는 게스트하우스에 같이 묵은 인연으로 지난 14년간 형제처럼 돈독한 관계를 유지하고 있는 믿음직한 동생이다. 박건표 사장은 그동안 Scrap 사업으로 꽤 돈을 벌었다. 그동안 모은 돈으로 서울에 아파트 2채를 새로 사고 자녀 둘을 캐나다에 유학 보내고 있다. 참 성실하고 능력이 있는 친구다. 카타르 비자 스폰서를 우리 회사로 옮겨 놓겠다고 하여 그렇게 하도록 하였다.

〈카타르 도하 골프장에서〉

박 사장과 알리 카미스 사무실에 가서 인사하고 도하골프클럽으로 갔다. 9홀만 돌고 점심은 한국인이 최근에 개점한 한식점인 "마루"에 가서 소고기 모듬 정식으로 박 사장과 같이 식사했다. 가격은 2인분에 250리알(1달러는 3.65리알)이었다. 합리적인 가격이다. 식당 데코레이션과 시설이 잘되어 있다는 느낌이 들었다. 식사를 하고 박 사장 차를 타고 숙소에 들러 휴식을 취하고 한국에 연락할 사람들과 연락을 취하고 잠자리에 들었다.

3. 2019년 도정일지

2019년 10월 17일 목요일 날씨: 맑고 더움/밖에 날씨는 카타르 특유의 뜨거운 햇살

아침에 일찍 일어나 5천 보를 걷고 휴식을 취하다 2019. 6. 30일 기준 현지법인인 Hanmi Global Trading & Contracting WLL의 회계감사와 세무신고 서류 점검하고 회계법인 직원에게 재무제표와 관련 서류 전달하였다. 이종설 사장에게 안부 전화하였다. 그는 서울산업대 토목과를 졸업하고 현재 카타르에서 건설업을 하고 있는 후배다. 한 15년 정도 이곳에 있는 데 꽤 성공적으로 회사를 경영하고 있는 것 같다. 점심을 모시겠다고 하였으나 내가 시간을 내기 어려워 다음 기회에 하기로 하였다.

저녁 6시쯤에 박건표 사장이 내 숙소로 왔다. 저녁을 같이하고 하마드 국제공항으로 갔다. 8시 30분쯤에 출국 수속하고 공항 대기실에서 새벽 1시 20분까지 대기하다가 1시 40분에 탑승하였다.

2019년 10월 18일 금요일 날씨: 맑음

새벽 2시 20분경에 도하 공항을 출발하여 오후 5시 40분쯤에 인천국제공항에 도착하였다. 8시간 20분 정도 걸렸다. 짐을 찾아 나오니 윤 주임이 E번 게이트에서 기다리고 있었다. 김상진 사장과 친구들이 저녁을 먹기로 한 강남에 있는 참치브라더스로 갔다. 7시 45분쯤에 도착하여 김 사장 친구들과 반갑게 인사를 나누었다. 공유상 회장은 마침 길가에 담배를 피우러 나와 있어서 먼저 만나 반갑게 포옹하며 인사를 나누었다.

사람의 인연이라는 것이 참 신기하기도 하다는 생각이 들었다. 오늘로써 공 회장을 두세 번밖에 만나지 않은 사이지만 그동안의 많은 스토리가 있어서인지 오랫동안 알고 지냈던 사람 같은 생각이 들었다. 그가 쓴 책을 읽었고 김 사장한테서 그에 대해 전설 같은 이야기를 많이 들어서였을까 아무튼 아주 가까운 후배라는 생각이 들었다. 국정원 국장을 역임한 방병국 박사와 하나은행 부행장을 역임한 문호준 사장도 함께 만나 인사를 하였다. 세 사람 모두 김상진 사장과는 연상 76학번 동기 동창들이다. 즐겁게 담소하며 양주 2잔을 마시니 취기가 돌았다. 후배들이 나의 도지사 취임을 진심으로 축하해주었다. 고맙고 감사했다. 편안한 자리에서 다시 만나기로 하고 먼저 자리를 떴다. 집으로 오면서 여러 가지 상념에 젖었다.

2019년 10월 19일 토요일 날씨: 맑음

아침 8시 30분에 윤 주무관이 집으로 왔다. 11시에 최현준 대표가 설립한 통일미래연대 사무실 이전 개소식에 참석하였다. 북한 이탈주민 50여 명 정도 참석하였고 내빈으로는 광명시 지역구 백운태 의원과 전 광명시장 그리고 시의회의원 몇 분이 참석하였다. 이북도민중앙회에서는 조성원 평남도민중앙회장과, 장원호 명예회장 그리고 일천만이산가족위원회 장만순 위원장이 참석하였다.

북한 이탈주민이 남한 땅에서 잘 정착하여 행복하게 사는 것이 작은 통일이며 통일의 첫걸음이라는 말이 가슴에 와 닿았다. 북한 이탈주민들이 이북5도청에서 활발하게 활동할 수 있는 공간과 기회를 마련해주는 것이 이북5도 위원회와 이북도민사회의 역할이라고 생각되었다. 내년에 이북5도위원회 위원장이 되면 이들에게 도움을 줄 수 있는 방안을 강구 해보기로 하였다.

다음 일정이 있어서 함께 식사를 하지 못하고 효창운동장으로 갔다. 1시 20분경에 도착하여 설렁탕 집에서 점심을 하고 운동장으로 들어갔다. 축구팀 선수단과 인사를 나누고 격려의 말을 하였다. 전반에 헤딩 슛이 성공하여 1:0을 리드하였으나 후반전에 패스미스로 한 점을 잃어버리자 급격히 사기가 떨어지고 전력이 약화 되어 마지막 5분여를 남겨 놓고 한 골을 더 먹어 결국 강력한 우승 후보팀인 황해도 팀에 1:2로 아깝게 지고 말았다. 참 아쉬운 게임이었다. 이번 제7회 대통령 기 이북도민 체육대회에 우승을 목표로 하여 열심히 준비하였는데 첫 관문에서 실패하고 말았다. 낙심한 선수단을 위로하고 집으로 돌아왔다. 저녁 5시쯤에 아내와 운중천변을 1시간 반쯤 걸었다.

2019년 10월 20일 일요일 날씨: 맑음

아침 8시 30분에 집에서 출발하여 효창공원으로 갔다. 9시 10분 정도에 도착하여 귀빈통로를 통하여 운동장 귀빈 스탠드 석에 들어갔다. 오늘은 제37회 대통령기 이북도민 체육대회가 열리는 날이다. 이북5도 위원회와 이북도민중앙연합회가 해마다 공동으로 주최하는 체육대회로서 이북5도위원회로서는 일 년 중에 가장 큰 행사이다. 내가 도지사에 취임하여 첫 번째로 맞이하는 대회로서 조성원 평남중앙도민회장과 함께 올해는 꼭 우승기를 우리 평남이 가져오자고 결의하고 선수단과 임원 모두 열심히 준비했다. 어제 축구경기 예선전에서 강팀인 황해도 팀에 1:2로 역전패당하여 우승 가능성이 조금은 떨어졌지만 희망을 잃지 않고 최선을 다해보기로 다짐하였다. 특히 육상과 모래주머니 던지기 대회는 선수도 보강하고 연습도 열심히 하여 승산이 있는 종목이라고 선수단들이 자신 있게 이야기하여 기대해보기로 하였다.

10시 정각에 이낙연 총리께서 입장하여 체육대회가 개막되었다. 개막식에서는 도민사회에 기여한 공로가 있는 분들에게 국민훈장 동백장이 일곱 분에게 수여되었다. 우리 평남에서는 송경복 평남부녀회장께서 수상하시어 매우 기뻤다. 송경복 회장님은 오랫동안 평남부녀회장과 서문여고 동창회장을 지내시며 도민사회 발전에 기여하신 바가 크신 분이었다. 특히 평남 행정자문위원으로도 활동하시며 도정 발전에 기여하셨다.

개막식이 끝난 후에 평남 응원단석 앞에 마련된 곳에서 공로포장 및 표창장 수여식을 가졌다. 국민포장에는 개천군에 임석환 회장께서 수상하였고 대통령 표창에는 장재홍 선수단장과 우리 양덕군에 윤종관 군민회장께서 수상하였다. 공로포장과 표창수여식에 앞서 평안남도 홍보대사로서 활약하고 있는 이인혜 교수에게 감사패와 명예평남도민증을 수여하였다. 일체 사례를 받지 않고 평남의 홍보대사로 활동해 주시는 이인혜 교수에게 도민을 대표하여 감사의 뜻을 전했다.

평남도민들과 식사를 함께하며 담소를 나눈 후에 오후 경기가 시작되었다. 육상 4개 종목에서 3개 종목을 평남이 우승하고 1개 종목은 3등을 차지했다. 그리고 열심히 연습했던 모래주머니 던지기 경기에서도 우리 평남이 우승하였다.

중간 종합전적이 황해도와 막상막하였다. 황해도 축구팀이 미수복 경기팀과의 결승전에서 거의 일방적으로 우세하여 황해도의 우승이 거의 확실해져 가고 있었다. 결국 승부의 관건은 줄다리기에 달려있었다. 우리 평남 팀은 경기도 팀의 기권으로 준결승에 진출하였으나 준결승전에서 역전의 강호인 강원도 팀에 패하여 이 종목에서 80점을 획득하였다. 줄다리기 최종 결승전은 황해도 팀과 강원도 팀이 맞붙게 되었다.

강원도 팀이 이기면 우리 평남이 황해도에 5점이 앞서서 종합우승을 하게 되고 만약 황해도가 우승하면 황해도 팀이 5점을 우리보다 앞서게 되어 종합우승을 하게 되어있었다. 우리의 운명이 강원도 팀에 달려있게 된 셈이 되었다. 강원도 팀은 지난 몇 해 동안 줄곧 줄다리기 종목에서 우승을 한 팀이라 황해도 팀을 틀림없이 이기리라고 주위에서 말하였지만 경기가 시작할 때까지 마음이 조마조마하였고 안절부절 하였다. 게임은 예상했던 대로 강원도 팀의 일방적인 승리였다.

경기가 끝나자 우리 선수단과 임원진 일동은 서로 얼싸안고 기뻐하였다. 강원도 팀의 덕분으로 우승한 꼴이 되었지만 기쁘지 않을 수가 없었다. 우리는 서로 부둥켜 안고 우승을 자축하였다. 평남 응원단 석으로 가서 도민들과 함께 우승의 기쁨을 만끽하였다. 행운권 추첨을 마치고 효창운동장 부근에 있는 뼈다귀 집에서 도민들과 함께 승리를 자축하여 즐거운 시간을 가졌다.

〈대통령기 체육대회에서 우승한 평안남도 대표단과 응원단〉

2019년 10월 21일 월요일 날씨: 맑음

오늘은 대체 휴무일이어서 아침 9시쯤 집에서 집사람과 나왔다. 강남대로에 있는 기업은행 강남대로지점에 가서 집사람과 함께 약정서에 서명해야 할 일이 있었다. 기업은행에 가서 일을 마치고 바로 옆에 있는 하나은행에 가서 대출이자율 조정요청을 하였다. 은행 업무를 끝내고 도청 사무실로 왔다. 오후에 도 사무국장으로부터 한 주간 주요 업무계획을 보고 받았다.

오늘 오후 5시경에 연세대학교 경영대학원 동기 모임인 연길회 회원들이 사무실로 오기로 하였다. 서형송 사장, 신상인 사장, 김영민 사장, 김명환 사장이 사무실로 와서 평안남도 도정현황에 대해서 간략하게 설명해 주었다. 김충호 사장과 최종만 사장은 모임 장소인 경복궁역 부근에 있는 곰솔 한정식당으로 직접 왔다. 저녁 식사를 함께하며 나의 지사 취임을 축하해주었다.

2019년 10월 22일 화요일 날씨: 맑음

이북5도위원회 주간회의가 있었다. 10월 20일에 있었던 제37회 이북도민체육대회 결과 보고가 있었다. 내년도 체육대회 개최지에 대한 논의가 있었다. 효창공원이 공원조성 사업으로 내년부터 사용할 수 없게 될지도 모른다는 정보가 있어 우선 효창공원을 예약은 해놓더라도 서울 소재 다른 운동장도 알아보기로 하였다. 대상 운동장으로는 서울 잠실보조경기장을 알아보기로 하였다. 도지사님들과 점심을 같이 하고 인천에 일을 보러 갔다.

2019년 10월 23일 수요일 날씨: 맑음

아침 8시 40분경에 잠실 올림픽아파트 부근 등산객 버스 정류장으로 갔다. 오늘 평남산악회 정기 등산하는 날이었다. 오후 2시에 여의도 국회의원회관에서 이북도민 차세대위원회가 주최하는 〈북한 이탈주민-어제, 오늘 그리고 내일〉이라는 주제로 제3회 이북도민 차세대 포럼이 있어 부득이 등산모임을 함께 하지 못하게 되었다. 출발 전에 도민들을 뵙고 잘 다녀오시라는 인사도 드릴 겸 버스 출발장소로 갔다. 조성원 회장과 유지분들에게 인사를 하고 사무실로 출근했다. 점심은 여의도에서 하고 오후 1시 40분쯤에 행사장에 도착하였다.

오늘 행사에는 더불어민주당의 조응천 의원이 공동주최자로서 참석하였고, 설 훈 의원, 송영길 의원 등이 참석하였고 이북5도에서는 이북5도위원장 겸 황해도지사인 박성재 지사, 한정길 함남지사, 그리고 평남지사인 내가 참석하였다. 이북도민회에서는 이북도민중앙연합회장인 김한극 황해중앙도민회장이 참석하였다.

오늘 포럼의 주제는 〈이북이탈주민의 어제, 오늘 그리고 내일〉이라는 주제로 세계북한연구센터 안찬일 이사장이 정부의 탈북민 관리체계 개선방안에 대한 발제가 있었고 중앙일보 통일문화연구소 이영종 소장이 이북도민 및 후계세대와 탈북민의 상생방안에 대한 발제가 있었다. 이어서 송두록 남북교육개발원장과 장만순 일천만이산가족위원회 위원장의 토론이 있었고 참석자들의 질의와 의견 개진이 있었다.

나는 평남지사로서 첫 번째로 의견을 개진하였다. 우선 북한 이탈주민 관리 주관부서를 현재 통일부에서 행정안전부로 이관해야 된다는 안찬일 이사장의 의견에 전적으로 동감한다는 의견을 말하였고 이영종 소장의 이북5도청의 역할 부족에 대한 질책에 대해서는 겸허한 자세로 인정을 하면서 현재 북한 이탈주민 관리체계가 통일부로 되어있는 상항에서는 한계가 있음을 설명하였다. 포럼이 끝난 후 평남 출신이신 노신영 전 국무총리님의 빈소에 가서 평남도민을 대표하여 유족분들에게 위로의 말씀을 드리고 고인의 영면을 기원하였다.

2019년 10월 24일 목요일 날씨: 맑음

도 사무국장과 담당 계장으로부터 오늘 있을 예정인 평남무형문화재 제3호인 [김백봉 부채춤] 제3회 이수증 수여식에 대한 설명을 듣고 사전 점검하였다. 아울러 오늘 3시에 있을 예정인 진남포 시장과 대동군 군수 후보자에 대한 면접 방식에 대해서 논의하였다.

오전 11시 정각에 김백봉 부채춤 제3회 이수자 3명에 대한 이수증 수여식을 거행하였다. 이수증 수여식이 끝난 후에 안병주 교수를 비롯하여 오늘 수상한 세분의 이수자 분들과 그 외 김백봉 부채춤 보존회 관계자들과 차를 마시며 김백봉 부채춤에 대한 이야기를 나눴다. 김백봉 부채춤 전수자인 경희대 무용과 안병주 교수는 김백봉 선생님의 따뉘이며 일제강점기 시대에 전설의 무희였던 최승희 선생의 조카 딸이기도 하다.

오전 11시 10분경에 양덕군에 이수연 사장이 윤종관 회장과 함께 내방하여 잠시 만나 담소를 하였다. 이수연 사장이 최근 발간한 자서전 한 권을 주어 감사히 받았다. 이북5도 사무국장들과 점심 약속이 있어 이수연 사장 일행에게 양해를 구하고 점심 약속장소인 북악정으로 가서 안정태 국장을 비롯하여 5개도 사무국장들과 함께 취임 인사 겸 점심을 하며 이북5

도 사무국의 업무 현황과 애로사항에 대한 의견을 나누었다.

오후 3시 진남포시 명예시장 후보인 김남일 씨와 대동군 명예군수 후보인 차홍렬 대동군 상무에 대한 면접을 실시하였다. 면접위원으로는 나를 포함하여 백두진 행정 자문위원과 조성원 중앙도민회장 이렇게 세 사람이 하였다. 면접 결과는 추천된 후보 2명 모두 후보자격으로서 합당한 것으로 판단하였다.

오후 7시에는 제4기 평남 리더십아카데미 제3강인 민주주의와 리더십에 대한 라미경 교수의 강의를 들었다. 오늘 퇴근은 윤 주임을 일찍 퇴근시키고 내가 직접 관용차를 몰고 퇴근하였다.

2019년 10월 25일 금요일 날씨: 맑음

오늘 평남 상임고문단 회의가 12시에 동보성에서 있었다. 상임고문단 회의는 전.현직 도지사들과 전.현임 중앙도민회장들의 모임으로 평남중앙도민회와 평남 도정에 관하여 자유롭게 의견을 교환하는 모임이다. 평남중앙도민회의 최고 자문기관이라고 할 수 있는 모임이다.

오늘 스폰서는 당초에는 이번 대통령기 체육대회에서 국민훈장 모란장을 수여하신 송경복 평남중앙도민회 부녀회장께서 내기로 하였으나 김건철 상임고문께서 송경복 회장님의 훈장 수여를 당신이 축하해주셔야겠다고 하시며 스폰하였다. 오늘은 평소 우리들 모임에서 먹었던 메뉴와는 달리 1인당 5만 원짜리 특별 세트메뉴로 내셨다. 김건철 상임고문은 언제나 베풀기를 즐겁게 하시는 우리 도민회의 훌륭하신 분이시다. 식사하기 전에 상임고문단 회의를 하였으며 회의 중에 도지사로서 간단히 인사말을 하였다.

식사를 마치고 사무실에 들어와 일정을 점검한 후 오후 2시 40분에 김건백 명예평양시장을 면담을 하였다. 제21대 명예시장군수 위촉에 앞서 대표 시장군수와 간사를 선임하기 위하여 의견을 교환하였다. 제21대 대표 명예시장, 군수로 김건백 시장이 적임자로 생각하여 맡아 줄 것을 요청하였고 본인도 열심히 하겠다고 하여 그렇게 결정하기로 하였다.

오늘은 유연 근무일이라 오후 4시 전에 퇴근하였다. 퇴근길에 궁내동 부근에 있는 세중그룹 본사에 들러 친구 이재찬 부회장의 사무실에서 차를 마시며 도지사 취임 뒷이야기를 하였다. 마침 천신일 세중그룹 회장께서 자리에 계시어 인사를 드렸다. MB의 막역한 친구로서 MB와 함께 영욕을 겪은 분이시다. 최근에 건강이 좀 안 좋으신지 기력이 없어 보였다. 마음이 안타까웠다.

2019년 10월 26일 토요일 날씨: 맑음 그러나 쌀쌀해 짐

아침 6시 30분쯤에 뒷산 등산로 오동나무 있는 곳까지 두 번 다녀오고 집사람과 운중천변을 함께 걸었다. 집사람이 무슨 생각이 들었는지 운중천변에서 네 잎 클로버를 열심히 찾아 네 잎 클로버 4개가 찾았다. 하나는 다섯 잎 클로버도 찾았다. 난생처음 보는 다섯 잎 클로버였다. 세 잎 클로버는 행복을 주고 네 잎 클로버는 행운을, 다섯 잎 클로버는 재물복과 아주 큰 행운을 가져다준다는 말이 있다. 갑자기 두려운 생각이 들었다. 재물과 큰 행운이 온다고 하여도 그것을 받을 준비와 인품이 안 되면 오히려 재앙이 될 수도 있다는 생각이 들었다. 늘 겸손하고 감사하는 마음을 잃지 않도록 해야 할 것 같다. 만약 나에게 혹여라도 다섯 잎 클로버의 대복과 큰 행운이 온다면 하나님에 뜻에 따라 쓰도록 해야겠다 생각했다.

차를 회사 주차장에 두고 양재역에서 3호선 타고 오후 2시 40분에 수서역에 도착했다. 강 실장을 터미널에서 만나 함께 SRT를 타고 동대구역을 향했다. 저녁 6시에 대구지역 이북도민과 북한 이탈주민 간에 가족결연식 행사가 있었다. 이번 행사에는 11쌍의 가족결연식이 있었다. 가족결연증서를 대표 결연가족에게 수여하고 이어 축사를 하였다. 참석한 분들과 함께 건배하며 저녁 식사를 하였다. 오늘 행사가 뜻깊게 아주 잘 진행되었다. 저녁 8시 20분에 SRT를 타고 서울로 올라왔다. 오늘 대구지역 행사 참가로 취임 후 2개월 만에 이곳 대구지역을 세 번이나 방문하게 되었다.

2019년 10월 27일 일요일 날씨: 맑음 쌀쌀해 짐

아침에 뒷산 오동나무까지 한 번 갔다 왔다. 아침을 먹고 집사람과 운중천을 조금 걷고 10시 30분 미사를 보러 성당에 갔다. 오늘 신부님 강론 말씀에 예수님 가라사대 "높아지려고 하는 이는 낮아질 것이요, 낮아지려고 하는 이는 높아질 것이다"란 말씀을 깊이 새겨 도지사로서 항상 겸손하고 나를 낮추어 도민을 대해야겠다고 마음속으로 다짐했다. 점심은 둘째 사위인 지홍이 생일 축하할 겸 판교에 있는 Mad for Garlic"에 가서 현서네 가족과 같이 점심을 같이했다.

오후 4시 30분쯤에 국사봉에 올라갔다 왔다. 저녁에도 지홍이네와 집사람이 맛있게 만든 바지락 칼국수로 저녁을 먹고 생일케이크 커팅을 하며 지홍이 생일을 축하해주었다.

2019년 10월 28일 월요일 날씨: 맑음

오전 10시 20분경에 강남 300CC에 도착했다. 오늘은 제7회 평남 한마음 골프대회가 있는 날이다. 11시 정각에 퍼팅 연습장에서 제7회 골프 모임 오프닝 세레머니를 했다. 최용호 추진위원장의 대회 규칙설명이 있은 후에 장원호 회장이 인사말을 하고 이어 내가 축사를 했다. 오늘은 4팀이 16명이 참가하였다. 나는 박지환 고문, 최용호 사장, 김석환 사장과 한 조가 되어 첫 팀으로 나갔다. 오늘 저녁 약속이 있어 라운딩을 다 마치지 못할 것 같아 미리 양해를 구했다.

마지막 5홀을 남겨 놓은 채 중간에 운동을 중단하고 간단히 샤워를 한 후에 사무실로 왔다. 오늘 연대 쿠사 친구들과 역시 대학 친구인 이성렬 목사, 김상훈 사장이 사무실을 방문하기로 약속되어 있었다. 오후 5시 30분쯤에 모두 도착해 차를 마시며 담소를 나누었다. 평안남도 도정현황에 대해 간략한 설명을 하고 기념촬영을 한 후 경복궁역 부근 곰솔 한정식당으로 갔다. 곰솔 약주를 곁들여 식사를 하며 시국에 대한 이야기를 하며 즐거운 시간을 가졌다. 모두들 나의 도지사 취임을 진심으로 축하해주며 훌륭한 업적을 쌓으라며 격려해주었다.

2019년 10월 29일 화요일 날씨: 맑음

강 실장이 주간 업무계획과 11월 월간 업무계획에 대한 보고가 있었다. 9시 30분에 이북5도 위원회 회의가 있었다. 회의에 앞서 지난 토요일에 대구지역 북한 이탈주민 가족결연식 행사에 대한 업무보고를 하였다. 위원회 사무국장을 대신하여 배석한 총무과장에게 2020년도 예산 증액문제에 대해 적극적으로 추진하도록 요청하였다. 특히 사업비 증액에 있어서 이북5도 무형문화재 지원예산, 대통령기 이북도민 체육대회 예산, 이북도민문화 행사비, 탈북민 가족결연사업비 증액 등에 대해 추가 예산증액 요청을 하도록 지시하였다.

오전 10시 30분에 도 사무국 직원들과 주간 업무회의를 하였다. 평남 명예시장군수 위촉식 일정 변경에 따른 위촉식 준비사항을 점검하였다. 위촉식이 끝난 후에 별도 회의를 갖기로 하였다. 한정길 함남지사와 김재홍 함북지사와 함께 곰솔에서 점심을 같이했다. 이북도민 체육대회 우리 평남이 우승을 했다고 한턱을 내라 하기에 즐거운 마음으로 점심을 대접하였다.

2019년 10월 30일 수요일 날씨: 맑음

오전 10시에 도 사무직원 회의를 하였다. 21대 명예시장군수 위촉식 행사계획에 대해 검토하였다. 오전 10시 40분경에 우근우 회장이 방문하였다. 미국에서 지난주에 왔고 한 달여 정도 한국에 있을 예정이라고 한다. 독일에서 연암 전용 굴착기 제작을 협의하고 왔다고 한다. 향후 사업추진 계획에 대해서 협의하였다. 오전 11시 20분에 사우디에서 사업하고 있는 박건표 사장이 방문하였다. 친형제처럼 지낸 지도 벌써 14년이 된 것 같다. 무척 반가웠다. 오늘은 이북5도위원회 소속 사무국 직원들과 점심을 같이 하기로 한 날이었다. 먼 곳에서 온 박 사장과 점심을 따로 하기가 어려워 같이 가서 하기로 하였다. 옛날민속촌에 가서 사무국 직원들과 함께 즐겁게 식사를 하였다. 사무국 직원 20여 명 중에 15명 정도 점심 모임에 참석하였다.

오후에는 이번 토요일에 결혼하는 보선과 박 주무관을 불러 이번 토요일에 도내 행사가 있어 결혼식에 직접 참석하지 못해 미안하다고 말하고 결혼을 축하해주었다.

2019년 10월 31일 목요일 날씨: 맑음

아침에 비서실장이 일정 보고와 11월 월간 일정 보완내용에 대해 보고가 있었다. 도 사무국장과 함께 내일 거행될 명예시장군수 위촉식 행사계획을 점검하였다. 오전 11시 30분에 프레지던트 호텔에서 거행되는 평남사범학교 정기총회 겸 개교 90주년 행사에 참여하여 축사를 하였다. 이어 12시 30분에 한국프레스센터 20층에 가서 전직 도지사 점심 모임에 참석하였다.

인천지방법원에 개인적인 볼 일이 있어 양해를 구하고 식사만 하고 중간에 나왔다. 오후 3시에 인천지방법원에 도착하여 일을 보고 서울로 돌아왔다. 사무실로 가지 않고 중구문화원에서 있는 제3기 평남아카데미 4주째 강의에 참석하였다. 오늘 강의는 평남 용강군 출신 최수용 박사가 〈사람은 도시를 만들고 도시는 사람을 만든다〉는 주제로 도시설계에 대해 강의를 하였다. 강의가 끝난 후에 우수 참가자에 대한 표창장 수여를 하고 종강 파티를 청계천 호프집에서 하였다.

2019년 11월 1일 금요일 날씨: 맑음

오늘은 제21대 명예시장군수 위촉식이 있는 날이다. 평소보다 조금 서둘러 사무실로 출발하였다. 오늘은 출근길이 여느 날보다는 조금 덜 밀리는 것 같았다.

〈제21대 명예시장·군수위촉식〉   〈제21대 평남 명예시장·군수 정례회의〉

아침 8시 20분쯤에 사무실에 도착하니 이북5도 위원장께서 평북지사, 함북지사를 내 사무실로 모이시라고 하여 오늘 위촉식 관련하여 협의하였다.

위촉장 수여는 공식적으로는 이북5도 위원장이 각도별로 하도록 되어 있으나 박성재 이북5도위원장께서 각도 도지사들이 해당 시장군수들에게 직접 수여하는 것으로 하자는 의견을 제시하여 그렇게 하기로 결정하였다. 위원장께서 이북5도지사들을 배려하시는 것으로 생각했다.

오전 10시 정각에 수여식을 시작하여 오전 11시 30분쯤에 위촉식이 끝났다. 곧 이어서 신임 명예시장군수들과 함께 국립현충원으로 갔다. 호국영령 참배를 하러 동작동 국립묘지를 공식적으로 가는 것은 나로서는 처음이었다. 엄숙하고 진지하게 호국영령들에게 예를 올리고 헌화하고 분향하였다. 참배가 끝난 후에 단체로 기념촬영을 하였다.

현충원 참배를 마치고 이북5도 청사로 복귀하여 5층 대강당에서 81명의 신임 명예시장군수들과 점심을 같이했다. 내가 차기 이북5도위원장으로서 건배사를 하였다. 명예시장군수 위촉을 진심으로 축하하고 함께 3년간 도정업무를 함께하게 되어 기쁘고 든든하다는 말과 함께 평화통일의 지도자가 되자고 말하며 건배를 제안하였다. 식사를 마치고 20분 정도 휴식을 취한 후에 평남 명예시장군수 회의를 개최하였다.

평남사무국 담당 계장의 사회로 회의를 진행하였고 사무국장의 도정 소개와 이북5도위원회 및 명예시장군수 관련 법규에 대한 설명이 있었다. 이어 도지사로서 축하와 격려의 말을 간단히 하고 명예시장군수들의 자기소개와 포부에 대해서 돌아가면서 이야기하였다. 각자 소개와 포부를 밝힌 후에 도지사로서 시장 군수의 자세와 역할 그리고 해야 될 업무에 대해서 개괄적으로 설명하고 앞으로 3년간 준 국가공무원이라는 생각으로 열심히 직무를 수행해 줄 것을 당부하였다. 이어서 평남 대표 명예군수로 김건백 평양명예시장을 임명하고 자체적으로 회의를 하였다. 김건백 대표군수가 총무군수로는 이남일 평원군 명예군수를 지명하였다.

오후 4시 15분쯤에 경서도소리포럼 대표인 김문성 평북문화재위원이 방문하였다. 서도소리에 대해 설명도 하고 평남무형문화재의 문제점에 대해 이야기도 하여 주었다. 도 사무국장이 배석하여 설명을 들었으며 서도소리와 무형문화재계에서 흔히 일어날 수 있는 소위 문화 권력 생태와 알력 그리고 상호 비방하는 풍토에 대해서도 도움이 되는 말을 해주었다. 서도소리 박정욱 명창의 무형문화재 지정에 대한 의견도 주었다.

오후 5시쯤에 솔롱거스 모임 대표인 황규호 회장이 자유연대 박 대표와 함께 방문하였다. 애국운동에 열심인 두 분에게 존경과 성원을 보냈다. 그러나 현재 나의 위치에서 그들의 운동에 함께 할 수는 없는 처지였다. 두 분 모두 내 입장을 이해하여 주었다. 두 분과 저녁을 같이 하였다.

2019년 11월 2일 토요일 날씨: 맑음

오전 11시 30분에 종로3가 한일장에서 안주군 제45회 정기총회 겸 군민대회가 열렸다. 축사만 하고 평남 새마을지회 지도자 연수회가 열리는 장흥으로 갔다. 도착하니 오후 1시쯤 되었다. 모임 장소에 도착하니 식사 중이었다. 함께 식사를 하고 난 후에 격려사를 했다. 한 20분쯤 휴식을 취한 뒤에 한마음 단합대회 겸 오락시간을 가졌다. 두 팀으로 나누어 노래 경연대회를 하며 즐거운 시간을 보냈다.

장흥콘도를 운영하시는 분은 평양 출신 2세라고 하였다. 마침 평양고보를 나오신 1세이신 아버님이 살림집에 계시다고 하여 찾아뵙고 인사를 드렸다. 1928년생이시니 아마도 김동길 교수님과 동기 동창일 수도 있겠다는 생각이 들었다. 건강이 좋지 않으셔서 인사만 드리고 건강하게 오래 사시라는 말씀만 드리고 나왔다.

2019년 11월 3일 일요일 날씨: 맑음

아침 6시에 일어나 뒷산 국사봉을 올라갔다 왔다. 요즘 아침마다 제대로 걷지를 못하여 토요일과 일요일에는 등산 겸 국사봉을 다녀오기로 마음속으로 작정을 하였다. 한주 지나서 그런지 단풍이 붉게 물들었다. 국사봉 정상에 올라 지난 한 주일 동안의 도정업무를 생각해 보며 내주 한 주간의 도정업무를 생각해 보았다. 행정안전부 이북5도위원회 평남지사로 취임한 후 나는 국사봉을 평사봉(平思峰)으로 부르기로 하였다. 고려 말 충신 조윤이 고려가 멸망한 후에 이곳 국사봉에 올라와 개경 쪽을 바라보며 망국의 한을 달래며 나라의 앞날을 걱정했다고 하여 이 봉우리의 이름이 국사봉이 되었다고 한다. 나는 평남지사로서 이곳에 오르면 내가 태어난 평안남도를 생각하기 때문에 평사봉이라 부르기도 하였다.

이곳에 오르면 관악산과 청계산 주봉도 보이고 광교산과 검단산도 보인다. 높이 오르면 멀리 보이고 넓게 보이는 것이 자연의 이치이다. 사람도 마찬가지인 것 같다. 높이 오르면 멀리 볼 수 있고 넓게 볼 수 있을 것이다. 중학교 때 어느 선생님이 "너희들은 높이 올라 멀리 보아라" 하신 말씀이 생각이 난다. 登高視遠(등고원시)-맞는 말씀이다. 높이 오르면 멀리 보게 되고 원대한 꿈도 꿀 수 있으리라. 높이 오른다는 말은 높은 인격을 쌓는 것이라고 볼 수 있다. 인격을 도야하고 높은 뜻을 갖고 있으면 먼 미래를 볼 수 있는 안목이 생기리라. 생각이 여기에 미치자 과연 나는 젊은 시절 높은 이상을 품고 미래를 준비하며 나 자신을 담금질하며 정진해 왔는가 자문해보았다. 성실하게는 살아왔다, 그리고 정직하게 살아오기도 하였다. 그러나 큰 뜻을 품고 정진하며 살아온 것 같지는 않았다. 다만 겸손하게 나를 낮추며 주변 사람과 인간적인 관계를 유지하며 살기는 했다고 자부한다. 예수님 말씀에 "자기 몸을 낮추면 높아질 것이요, 높이면 낮아질 것이다" 라고 하신 말씀이 새삼 귀한 말로 다가왔다.

2시간 30분 정도의 등산을 하고 집 근처 아펠바움 단지에 이르러 모과나무 아래에 모과가 떨어져 있는지 정원 숲을 뒤지다가 뒷걸음치다가 중심을 잡지 못해 갑자기 몸이 비틀어지며 콘크리트 도로에 앞으로 넘어지고 말았다. 정신이 멍하였다. 한 5분 정도 일어나지 못하다가 아펠바움 경비원이 일으켜주어 간신히 일어났다. 얼굴이 화끈거렸다. 피가 나나 봤더니 피는 나지 않는 것 같았다. 집에 와서 거울을 보니 오른쪽 눈 아래가 까져서 벌겋게 되었다. 그만하길 천만다행이라 생각하였다. 집에 있는 연고로 응급처치를 하고 오리역 부근에 있는 하나로마트에 가서 소독약과 연고를 사서 상처 난 곳에 바랐다. 조심 또 조심해야겠다.

2019년 11월 4일 월요일 날씨: 맑음

아침 9시 30분에 강 실장으로부터 주간 업무일정에 대한 보고를 받았다. 10시에 사무국 직원들과 주간회의를 했다. 도 사무국장으로부터 16개 시·군의 읍·면·동장 추천자료를 보고 받았다. 강동군에서 아직 후보자 추천이 되지 않았다. 이어 연말 군부대 위문 가는 문제에 대해 직원들의 의견을 들어보았다. 결론적으로 금년에는 평남도청주관으로 기존에 위문부대인 해병 2사단을 가기로 결정했다. 평남중앙도민회에서 올해에 새로 추진하는 양구 보병사단은 도지사인 내가 가지 않기로 결론을 내렸다. 점심은 사무국 직원들과 행복집에 가서 함께하였다.

오후 2시에는 평양검무보존회의 임영순 선생이 오셔서 평양검무의 현안에 대한 설명을 들었다. 제2대 보유자인 정순임 선생과의 평양검무보존회 활동을 하는데 다소 이견이 있는 것 같다. 평양검무의 발전을 위해서도 차원에서 상황을 정확히 파악하고 적절히 대처해야 될 것 같다. 오후 4시에는 이북도민 경기 지구 홍민철 소장이 방문하였다. 오후 5시 10분쯤에 규현이 내외가 방문하였다. 규현 부부와 북악정에서 저녁을 함께하고 헤어졌다.

2019년 11월 5일 화요일 날씨: 맑음. 아침 저녁 쌀쌀해 짐

주간 이북5도위원회 회의가 있었다. 박성재 지사, 한정길 지사 그리고 내가 참석하였다. 국회문광위원장인 안민석 더불어민주당 의원의 요청에 의해 내년도 예산 중 이북무형문화재 지원사업비로 8억 원을 그리고 기타 행사비 비목으로 5억 원을 요청하였다는 총무과장의 보고가 있었다.

재신 처제 내외가 사무실에 방문하여 잠시 차 한 잔씩하고 풍경채 계약 명의변경 건을 처리하러 양재동으로 갔다. 처제 내외와 원주추어탕으로 가서 추어탕으로 점심을 하였다.

2019년 11월 6일 수요일 날씨: 맑음

아침에 양재동 회사 사무실로 출근하였다. 수내과에서 얼굴 피부 치료하고 제주흑다돈에서 병길, 운학, 윤 사장과 돼지오겹살로 점심을 했다. 오후 2시에 SRT를 타고 대구로 내려갔다. 대구지구 이북5도 사무소에 들러 염길순 소장으로부터 업무보고를 받았다. 이어 대구시청으로 가서 권영진 대구시장을 예방하고 환담하였다. 대구지구 이북5도 사무소에 많은 관심과 지원에 감사를 드리고 앞으로도 계속하여 많은 관심을 갖고 지원해달라고 부탁을 드렸다.

대구시장과 30분 정도 환담 후에 대구지구 이북5도 연합회 모임에 참석하였다. 모임이 끝난 후 대구 명물 냄비 갈비찜으로 저녁을 먹었다. 저녁 8시 20분 기차로 수서역에 도착하여 양재시민의숲 버스 탑승장에서

9004번 버스를 타고 귀가하였다. 집에 도착하니 11시 30분이 넘었다. 대충 샤워를 하고 잠자리에 들었다.

2019년 11월 7일 목요일 날씨: 맑음

도 사무국장, 담당계장 그리고 비서실장과 업무회의를 하였다. 명예읍면동장 위촉식을 11월 20일 오전 10시에 하기로 하였다. 오전 10시 정각에 고려대학교 남상욱 교수의 연구 연구용역 과제인 〈이북5도위원회 재정립방안〉 연구용역 중간 보고회를 가졌다. 영국 신문에 보도된 한국의 이북5도위원회의 역할에 대해 혹평한 "예산만 낭비하는 기관이며 고유업무 중에 가장 중요한 업무의 하나인 조사연구 업무를 소홀히 한다"는 비판적인 기사에 대한 우리 이북5도위원회의 대응 차원에서 현시점에서 가장 바람직한 이북5도위원회의 역할 재정립을 위한 연구 용역사업이었다. 우선 이북5도민을 대상으로 한 여론조사 결과를 분석하고 이에 대한 대책을 제시한 연구 내용이었으며 남상욱 교수가 제시한 이북5도위원회의 바람직한 역할과 지향점은 조사연구업무는 이북5도위원회의 특성에 맞게 특화하여 강화할 필요가 있다는 점을 강조하였다.

2019년 11월 8일 목요일 날씨: 맑음 그러나 좀 쌀쌀해 짐(입동)

2020년도 이북5도위원회 예산 관계를 협의하였다. 이북도민 기독 조찬 모임에 참석한 이북도민 기독교인을 몇 분을 오영찬 지사가 소개해주었다. 조찬 모임에 담임목사이신 박준범 목사님은 내가 국민리스 재직 시 모셨던 홍갑헌 부사장님하고 잘 아시는 분이었다.

오후 7시에는 안양아트홀에서 평양검무 제30회 정기공연이 있었다. 명예군수단과 함께 공연을 관람하고 축사를 하였다. 평양검무 공연 내용을 정식으로 관람한 것은 이번이 처음이었다. 평양검무는 우리 평안남도 지정 무형문화재 제1호인 도 지정 문화재로서 우리 평안남도가 지원 관리하고 있다. 이미 북한에서는 맥이 끊긴 것으로 알려진 평양검무가 남한에서 계승되어 재조명되고, 명맥을 이어가기 위한 학술적 연구·공연 등의 노력들이 이어지고 있어 눈길을 끈다.

이날 평양검무보존회의 정기공연에는 ▲천상의 계 ▲땅의 울림(평양손장고춤) ▲원형(평양검무) ▲평양쌍검대무 ▲평양살풀이 ▲나빌레라(지전춤) ▲평양검무 흥 ▲평양선비춤▲평양검무 등 프로그램으로 진행됐다.

특히 고구려의 악기 '요고'와 생김새와 소리가 비슷한 오늘날의 '경고(손장고)'를 들고 추는 '평양손장고춤'과 임영순 평양검무 제3대 예능보유자가 평양검무 제1대 예능 보유자인 이봉애 선생님의 가르침을 토대로 복원한 '평양살풀이춤', '평양선비춤' 등은 단연 공연의 백미였다. 평양손장고춤의 경우 양손에 각각 칼과 손장고 등을 들고 경쾌한 국악 리듬에 맞춰 화려하고 생동감 있는 퍼포먼스를 펼쳐 관객들로부터 큰 박수를 받았다.

평양권번에서 예기(藝妓)들이 떠난 님을 그리워하는 여인의 삶을 표현하며 추는 평양살풀이춤은 살풀이춤에 평양예기 특유의 절제미가 가미되면서 우리 한국인의 주요 테마인 한(恨)을 극대화했다. 또한 평양선비춤은 무용극 형식으로 평양지역 선비들이 과거시험에 합격한 후 부임지로 가기 전 3일간의 휴가기간 동안 집안 잔치, 마을잔치를 크게 벌이며 가(歌)·무(舞)·악(樂) 등 예기들과 즐기던 풍류의 춤을 재현한 춤으로 관객들의 관심을 모으기도 했다.

이번 공연의 총예술 감독을 맡은 평양검무 무형문화재 제3대 보유자인 임영순 회장은 "새로 복원한 춤을 녹취해 무형문화유산활동에 이바지하고자 열정 속에 긴 호흡으로 오늘의 무대가 이루어질 수 있도록 소중한 시간을 내어 땀 흘리며 열정 속에 연습에 임했다"고 밝혔다.

이어 "평안남도무형문화재 제1호로 지정된 평양검무는 물론 평양검무 흥, 평양쌍검대무, 평양손장구춤, 평양선비춤, 평양살풀이춤 등도 역사적 문헌과 문화재위원의 고증작업을 통해 복원 안무하여 구성된 춤"이라며

"향후 대한민국의 소중한 무형문화자산이 될 이 춤들이 품고 있는 내재된 의미를 되새기며 계승하고 보존하며 발전시키는 문화예술 사절로서 최선을 다할 것"이라고 덧붙였다.

공연의 진행을 맡은 이병옥 용인대 명예교수(이북5도청 무형문화재 위원)와 배우 이인혜(경성대 교수)씨는 공연 사이사이 문답형식으로 임영순 예능보유자가 집중해서 복원한 춤들의 복원과정과 역사적 사실에 대한 '팩트체크'를 하며 관람객이 평양검무 공연을 이해하는 데 도움을 주었다.

2019년 11월 9일 토요일 날씨: 맑음

오전 11시에 대전 대림호텔에서 대전지구 평남도민 정기 모임에 참석하여 축사를 하고 대전지구 평남도민들과 인사를 나누며 즐거운 시간을 보냈다. 오후 5시에는 도산기념관에서 거행된 도산 안창호 선생 제141회 탄신 기념회에 참석하였다.

김재실 도산기념협회 회장의 내빈 소개에서 특별히 도산 선생이 평남 강서군 출신이기에 평남지사인 이명우 지사가 참석하셨다는 소개를 하여주었다. 보람과 긍지를 느꼈다.

도산 선생의 약전에 대해 황명수 부회장의 설명이 있은 후에 김재실 회장의 도산 선생의 미국 체류 중 동포를 규합하고 애국 애족하시는 활동 사항에 대해 간략한 설명이 있었다. 이어 축하 음악회가 열렸다. 시간이 너무 늦을 것 같아 마지막 공연인 뮤지컬을 보지 못하고 양해를 구한 후에 자리를 떴다. 집에 오니 부산에 사는 큰딸 내외와 손녀딸 도연이가 서울에 다니러 왔다가 우리 집에 들렀다. 작은딸 내외도 일주일간의 미국 출장을 함께 갔다가 귀국하여 집에 왔다.

2019년 11월 10일 일요일 날씨: 맑음. 그러나 약간 쌀쌀함

오전 11시 30분에 이북5도청 5층 대강당에서 제73회 평원군 군민대회가 있었다. 평원군은 평남에서 가장 군세가 큰 군이다. 1945년 8.15 해방 기준 1읍 15면으로 구성되어 있었다. 평남의 다른 군의 경우 평균적으로 7,8개 읍면을 구성되어 있는 것으로 볼 때 군 면적이나 군민의 수로 보면 가장 군세가 큰 군이라고 할 수 있다. 평남의 서북부에 위치하고 있고 동쪽은 순천군, 남쪽은 강서군과 대동군, 북쪽은 안주군에 인접해 있고 서쪽은 황해바다에 접해 있다. 평남에서 안주과 함께 평야지대로 유명하다. 인물도 많이 배출되어 독립운가인 이탁 선생, 3.1운동의 기폭제가 되었던 동경유학생 독립선언서 작성의 주역인 송계백 선생, 한국인이 가장 사랑하는 화가인 이중섭, 한국 개신교계의 큰 지도자이셨던 한경직 목사 같은 분이 평원군 출신이다. 역대 평안남도 지사로는 제8대 차성호 지사, 제15대 박용옥 지사 그리고 전임 지사인 김중양 지사가 있다. 평원군민회의 무궁한 발전을 기원한다는 축사를 하고 군민회를 마치고 식사를 같이하며 여흥으로 노래도 하며 즐거운 시간을 보냈다. 오후 4시에 동판교 성당으로 가서 일요 미사를 보았다.

2019년 11월 11일 월요일 날씨: 아침에는 흐림 낮에 맑음. 약간 추워짐
도 사무국 직원들과 주간 업무회의를 하였다. 주간 추진계획을 점검하고 11월 20일에 있을 평남 명예읍면동장 위촉행사와 11월 27-28일 양일간에 개최할 명예시장군수 수련대회 계획안에 대해서 논의하였다. 낮 12시에 북악정에서 평남중앙도민회와 평안남도 간에 간담회 겸 점심식사를 하였다.

오후 1시 30분에 더불어민주당 우원식 의원실을 방문하여 우원식 의원과 인사를 나누고 2020년도 이북5도 예산증액 문제에 대해 협조를 구하였다. 우원식 의원도 황해도 출신 실향민 2세라며 힘닿는 데까지 적극적으로 돕겠다고 약속하였다.

오후 3시에 향두계놀이 회장인 유지숙 서도소리 명창이 방문하였다. 오는 12월에 있을 예정인 서도소리 "북녘땅에 두고 온 노래 III" 발표회에 관련하여 평남도청 차원의 관심과 후원에 대한 요청이 있었다. 공연 기획자인 김선국씨도 함께 방문하였다. 이번 발표회에는 서도소리 중에 남한에 처음으로 발표되는 곡도 있다고 한다. 도 차원에서 적극적으로 지원하기로 하였다.

2019년 11월 12일 화요일 날씨: 맑음

이북5도위원회 주간회의가 있었다. 2020년도 예산증액 요청 건에 대한 보고가 있었다. 이북5도 무형문화재 지원예산 5억 원, 속초실향민축제 지원사업비 4억원 등 예산증액 요청에 대한 보고가 있었다. 오후 2시쯤에 평남무형문화재 지정 제4호인 평양수건춤 예능보유자이신 한순서 선생이 방문하였다. 평양에서 태어나 자라시고 춤을 좋아해 최승희 선생 문하에 들어가려고 하였으나 나이가 너무 어린 탓에 문하에 들어가지 못하고 남한에 내려와 당대 평양 춤의 대가이신 강태홍 선생에게 춤을 배워 평양춤에 대한 일가견을 이루셨다고 한다. 따님이신 이주희 교수와 함께 전통 평양수건춤을 올곧게 계승 발전시켜나가겠다고 말씀하였다. 춤을 출 때면 그렇게 좋고 힘이 넘친다는 말에 한 예인의 경지를 느꼈다.

오후 3시 30분에는 중구 장충동에 있는 서도소리보존회 연구소 가례원에서 서도소리 명창인 박정욱 명창과 그 문하생들의 서도소리 발표회가 있었다. 평남중앙도민회 조성원 회장과 도민들 30여 명이 참관하여 서도소리를 감상하였다. 발표회를 마치고 박정욱 명창의 어머니께서 손수 준비하신 나물 비빔밥에 구수한 된장찌개와 부침개를 좀 먹고 이북도민 통일아카데미 운영위원모임이 있는 종로 3가에 있는 한일장으로 갔다.

15명의 운영위원들이 참석하여 제5기 통일아카데미 강좌 지원에 대한 문제와 연말 송년회 겸 독서토론회 행사계획에 대한 안건에 대해서 토의하였다. 회의를 마치고 집으로 오는 방향이 같은 장원호 회장과 같이 차를 타고 오면서 평남중앙도민회 차기 회장에 대한 문제에 대해서 의견을 나누었다. 도민회에 대한 애정과 관심이 많다 보니 차기 회장 문제에 대해서 걱정을 많이 하는 것 같았다.

2019년 11월 13일 수요일 날씨: 흐리고 때때로 비 옴

이북도민 새마을연합회에서 환경정화작업 행사를 한다고 하여 참여하였다. 오도청사주위의 휴지와 쓰레기를 줍고 환경을 정화하는 작업을 50여 분 동안 새마을 임원진들과 함께하였다. 오늘 점심은 이 비서와 윤 주무관과 함께 구내식당에서 하였다. 식수 인원이 별로 없었다. 오늘 메뉴는 커리였다.

오후 5시에 분당구 정자동에 있는 청솔 6단지 내에 있는 동부하나센터를 방문하였다. 하나센터를 운영하고 있는 청솔복지재단의 관장과 청솔복지재단 내 동부하나센터장을 만나서 동부하나센터의 전반적인 운영상황과 북한 이탈주민 지원상황에 대해 자세히 설명을 듣고 의견을 나누었다. 이어서 11월 24일에 가족결연을 하기로 한 북한 이탈주민 아홉분과 저녁을 함께하며 인사를 나누었다.

2019년 11월 14일 목요일 날씨: 맑음. 추워 짐

오늘은 수능일이다. 해마다 수능일이면 갑자기 날씨가 추워지는데 올해도 예외는 아니었다. 아침 출근 시간은 수능일이라 한 시간 늦게 출발하였다. 11시쯤에 통일아카데미 회원인 이재훈 사장이 부인과 함께 방문하였다.

오늘 점심은 비서진들과 북한 이탈주민 상담실장과 함께 이태리파스타 집으로 가 파스타와 피자를 먹었다. 상담실 직원은 탈북민으로서 이런 식당에 처음 와 본다며 무척 즐거워하였다.

오후 3시 15분쯤에 춘천에서 개최되는 평남 지구 회장단 모임에 참석하여 축사를 하고 저녁을 함께하였다 이 자리에 춘천지역 김진태 국회의원이 참석하여 축하의 말을 하여주었다. 저녁 8시쯤에 춘천에서 출발하여 11시쯤 집에 도착하였다.

2019년 11월 15일 금요일 날씨: 맑음

오전 11시에 양덕군민회 이사회에 참석하였다. 오늘의 중요안건은 양덕군 군기 도안 확정문제였다. 윤종관 회장의 개회선언에 이어 안건 토의에 들어가기 전에 군기도안 안건 사회는 전임 회장인 내가 추진하던 사안이라 내가 사회를 보는 것이 좋겠다는 의견을 피력하고 이사들이 찬성하여 내가 사회를 보았다. A, B. C 도안 중에 C 도안 찬성자가 가장 많아 C 도안으로 결정하였고 바탕색은 짙은 자주색으로 하였다. 그리고 글씨체는 예서체가 품위와 격조가 있으니 그렇게 하기로 결정하였다. 이어 군기제작비용은 모든 회원이 참여할 수 있도록 개방하기로 하였다. 모금이 많이 되면 도안자에게도 수고비를 주기로 하였다. 말미에 본 도안 제작에 김병수 고문께서 정성을 다해 초기 도안을 제작하여 주어 진행할 수 있었으며 채택된 도안 C 안도 김병수 어른의 도안을 참고하여 제작된 것임을 말씀드리고 그 노고에 대해 모두 감사하게 생각하였다.

오후 5시에 충무로 동보성에서 개최는 11월 평남유지모임에 참석하여 인사말을 하였다. 오늘 초빙 강사는 태영호 공사가 하여주셨다. 태영호 공사는 평양에서 태어났고 부모님들은 함북 명천이라고 한다. 영국주재 북한대사관에 공사로 근무 중 자녀들의 교육과 장래 문제를 고민하던 중 탈북을 결심하고 한국행을 결정한 용기 있는 자유인이다.

오늘 평남유지모임이 올해 마지막 모임이어서 지사 취임 후 지난 3개월간의 소회와 향후 도정업무의 방향과 계획에 대해서 말씀을 드렸다. 나의 감회와 소신을 피력한 내용이어서 그런지 연설문의 내용도 좋았고 스피치도 아주 좋았다는 평을 들었다. 내가 생각해도 전과는 달리 목소리가 힘차고 자신에 넘쳐 유지분들에게 전달이 아주 잘 된 것 같았다. 인사말의 내용은 아래와 같다.

[평남유지모임 인사말]

존경하는 1세 어르신들을 비롯한 평남 유지 여러분! 안녕하십니까? 입동이 지난 후에 제법 날씨가 쌀쌀해져 가고 있습니다. 아무쪼록 건강에 유의하시기 바랍니다. 지난 10월 달에는 제가 해외 출장 관계로 뵙지 못했습니다. 존경하는 평남 유지 여러분! 제가 평남도지사에 취임한 지 어느덧 3개월에 접어들었습니다. 그동안 국가발전에 헌신하시고 우리 평남의 명예를 높이신 큰 어르신들을 찾아뵙고 인사를 드렸습니다.

각종 정부 행사에 참여하였고, 강동군민회와 대동군민회 정기총회를 시작으로 7개 시·군민 정기모임에도 참석하여 도민들과 함께하였습니다. 1세 어르신들을 비롯한 유지 여러분들께서 격려의 말씀과 도정에 도움이 되는 좋은 말씀도 주셨습니다. 귀한 말씀들 잘 새겨 도정 발전에 반영하도록 하겠습니다.

지난 3개월 동안 도정활동을 하면서 저에게는 기쁘고 보람된 일이 많았습니다. 우선 10월 2일 제60회 전국민속예술제에서 평남무형문화재 제2호로 지정된 "향두계놀이"가 영예의 금상을 수상하였습니다. 뛰어난 연기와 구성진 서도소리가 어울려진 멋진 연출이었습니다. 여기에 계신 이근태 원로 고문님과 김건철 행정자문위원장님, 이춘화 고문님, 정태영 평양시민회장님을 비롯한 유지 여러분들의 지원과 도민들의 열렬한 응원의 힘이 컸다고 생각합니다.

지난 10월 20일에는 제37회 이북도민 전국체육대회에서 5년 만에 대망의 우승을 하였습니다. 도민 여러분들과 우승의 기쁨을 만끽했습니다. 제가 참 복이 많은 사람이구나 생각하며 이 자리를 빌려서 도민 여러분께 감사 인사를 드립니다.

지난 11월 1일에는 제21대 명예시장 군수 위촉식이 있었고 오는 11월 20일에는 명예 읍면동장 위촉식이 있을 예정입니다. 읍면동장 위촉식이 끝나면 우리 평안남도 행정조직의 구성이 마무리됩니다. 저는 김건백 대표 명예시장군수님을 비롯하여 위촉된 분들과 함께 도민 중심의 도정을 구현하기 위하여 최선을 다하고자 합니다. 효율적인 도민지원과

도민사회단체의 지원 및 관리, 통일에 대비한 조사연구 업무, 실효성 있는 북한 이탈주민 관리, 그리고 향토문화 계승발전에 진력하겠습니다.

특히 평남 출신으로서 민족의 선각자이시며 지도자이셨던 도산 안창호 선생과 고당 조만식 선생을 비롯하여 평남을 빛내신 훌륭한 분들을 선정하여 그분들의 애국애족 정신과 훌륭한 생애를 우리들의 귀감으로 삼고 후계세대들에게 알려줄 수 있도록 하려고 합니다. 이를 위해 중앙도민회와 함께 "평남을 빛낸 훌륭한 인물 100인" 선정작업을 추진하고자 합니다. 이러한 작업은 우리 평남인의 정체성을 확립하고 일체감을 조성하며 평남인으로서 긍지를 갖게 함은 물론 후계세대 육성에도 좋은 계기가 되리라고 확신합니다.

존경하는 평남유지 여러분!

마침 내년은 평남도지사가 이북5도위원장을 맡게 되는 해입니다. 저는 이북5도위원장으로서 평남은 물론 이북5도의 대외적인 위상을 높일 수 있는 몇 가지 실효성이 있는 정책을 입안하여 추진하고자 합니다. 이를 위해 내년도 예산증액을 위해 도움이 될 수 있는 국회의원들을 직접 찾아뵙고 부탁을 드리고 있습니다. 구체적인 추진계획이 마련되면 유지 여러분께 별도로 보고드릴 기회를 갖도록 하겠습니다. 특히 이낙연 총리께서 지난 37회 이북도민체육대회 축사에서도 지원을 밝혔듯이 이북도민 역사박물관 건립사업이 성공적으로 추진될 수 있도록 이북도민역사박물관 추진위원장을 맡고 계신 장원호 위원장님을 행정적으로 적극 지원하도록 하겠습니다.

존경하는 평남유지 여러분!

도정 발전은 도민 여러분들의 관심과 참여 그리고 협력이 없으면 성공적으로 이룰 수 없다고 생각합니다. 열심히 하겠습니다. 그리고 제대로 하겠습니다. 여기 계신 평남 유지 여러분들의 지혜와 경륜을 저에게 보태주시기 바랍니다.

존경하는 평남 유지 여러분!

오늘 평남유지 모임에 귀한 분을 모시고 좋은 말씀을 듣게 되었습니다.

그동안 태영호 공사님의 강의를 듣고 그분의 글을 읽을 때마다 국제정세와 안보에 대한 탁월한 식견과 자유민주주의에 대한 확고한 신념에 존경심을 갖지 않을 수 없었습니다. 평화통일을 위한 우리나라의 귀중한 분입니다.

우리 이북도민들이 태영호 선생께서 자유롭게 활동하고 평화통일에 기여할 수 있도록 관심을 갖고 지원하도록 합시다. 오늘 저녁 태영호 선생님의 귀한 말씀을 들으시며 편안하고 즐거운 시간이 되기를 바랍니다. 감사합니다.

2019년 11월 16일 토요일 날씨: 맑음

아침 7시쯤부터 집사람과 운중천변을 걸었다. 집으로 돌아가다 아침 식사가 된다고 하는 북엇국집에 들러 아침 식사가 가능한지를 확인하고 집으로 왔다. 마침 돈을 가지고 나오지 않아 집에 가서 지갑을 가지고 다시 가서 북엇국을 시켜 먹었다. 북어와 무우를 푹 끓여 국물 맛이 담백하고 구수했다. 한 그릇에 8천 원 가격도 적정한 것 같았다.

맛있게 먹고 집에 돌아와 양재동 사무실을 잠깐 드려 일을 좀 보고 종로 3가에 있는 우리기원으로 갔다. 매월 3번째 토요일은 평남기우회 모임이 있는 날이다. 지사 취임 후 매번 해당 토요일마다 행사가 있어 참석하지 못했었다. 오늘은 회장을 비롯하여 다섯 분만 나오셨다. 바둑을 두 번 두고 4시 반쯤에 참석하신 회원들과 함께 한일장으로 가서 한우 불고기로 저녁을 먹었다. 오늘은 내가 대접을 했다.

2019년 11월 18일 월요일 날씨: 맑음

아침 10시에 도 사무국 직원들과 주간 업무회의를 하였다. 낮 12시에 평남부녀회원들과 북악정에서 점심을 함께하였다. 10월 20일에 효창운동장에서 개최된 제37회 대통령기 이북체육대회에 송경복 회장님을 비롯한 평남부녀회원들의 열렬한 응원을 하여 준 노고에 보답하는 차원이었다.

식사 도중 광주지구 방문차 양해를 구하고 미리 나왔다.

오후 4시 30분쯤에 광주지구 사무소에 들러 박경훈 소장의 업무보고를 받고 이어 이용섭 광주시장을 예방하러 갔다. 이용섭 시장과 약 30분에 걸쳐 이북오도 광주지구 현황과 북한 이탈주민 현황에 대해서 설명하고 광주시의 관심과 지원을 부탁을 드렸다. 접견이 끝난 후에 김광휘 기획관리실장 방에 가서 차를 나누며 이야기를 나누었다. 김광휘 실장은 이곳에 오기 전에 이북5도위원회 사무국장을 역임하였던 분으로 내가 광주를 방문하였다고 하니 기쁘게 맞이하여 주었다. 광주시 방문을 마치고 광주지구 이북도민 연합회 회장님들과 저녁을 함께하며 광주지구 이북도민 현황에 대해서 이야기를 나누었다.

2019년 11월 19일 화요일 날씨: 맑음 그러나 많이 추워짐(출근 시 영하 2도)

오늘은 차 없는 날이라 내 차를 직접 몰고 출근하였다. 오늘 이북도민 기독인 예배가 이북5도청 5층 소강당에서 있어 아침 5시 20분쯤에 집에서 출발하였다. 7시에 조찬기도 예배에 참석하였다. 오늘 예배에는 담임 목사이신 박준남 목사님의 교회에 나가신다는 홍갑헌 부사장께서도 참석하셨다. 무척 반가웠다. 예배를 마치고 함께 아침 식사를 하고 사무실로 모시고 가서 차를 나누며 그동안의 이야기를 나누었다. 내가 도지사에 취임한 것에 대해 진심으로 축하해주시며 기뻐하셨다.

오전 10시 이북5도위원회 주간회의를 하였다. 특별한 의제는 없었고 내가 어제 광주지구를 방문하여 지구 업무 현황을 파악하고 이용섭 광주시장을 만나 광주지구 도민사회에 현안에 대해 이야기 나누고 관심과 지원을 부탁했다고 회담 내용에 대해서 설명하였다.

저녁 7시 30분에는 평남무형문화재 지정 제4호인 평남수건춤 정기공연회를 관람하였다. 문화재 예능보유자이신 한순서 선생님과 그분의 따님인 이주희 교수 그리고 제자들과 함께한 공연이었다. 평남수건춤은 평양권번의 기생들의 한을 표현한 것이라고 하였는데 춤 구성이 여인의 모든 감정을 표출하는 것 같았다. 애잔함과 기쁨, 부드러움과 격렬함 느리고 빠른 춤사위 동작에 여인의 한과 기쁨과 격정이 모두 녹아나는 것 같았다. 팔순이 다된 선생님의 춤 동작은 정말 놀라운 것이었다. 공연이 끝난 후 무대에 올라가 관객들에게 인사하고 기념촬영을 했다.

2019년 11월 20일 수요일 날씨: 맑음 추워짐

아침 9시 30분경에 사무실에 도착하여 오늘 거행될 예정인 제19대 평남 명예읍.면장동장 위촉식 행사 관계를 점검하였다. 준비가 잘 되고 있었다. 10시 20분쯤에 5층 행사장으로 올라갔다. 오늘 위촉대상자는 159명이다. 직장 관계로 참석하지 못하는 30여 명 정도를 제외하고 전원 참석하였다. 전기 위촉식보다 참석율이 좋다고 한다. 오늘 명예 읍면동장의 위촉으로 평남의 행정조직을 마무리되었다. 이분들과 함께 앞으로 3년간 평남 도정을 잘 이끌어 가야겠다고 마음속으로 다짐하였다.

오늘은 민주평통 이북지역회의에서 주관하는 제5기 통일아카데미 강좌가 개강되었다. 아카데미강좌에 참여한 이북도민 통일아카데미 회원들이 강좌가 끝난 후에 내 방으로 와 차를 나누며 아카데미 독서토론회 등 현안문제에 대해서 이야기를 나누었다.

〈제19대 평안남도 명예읍면장 및 제4대 명예동장 위촉식〉

2019년 11월 21일 목요일 날씨: 맑음

아침 9시 50분에 집에서 출발하여 10시 20분에 과천에 있는 서울대공원에 도착하였다. 오늘은 평남산악회 정기 산행을 하는 날이다. 1세 어르신들이 주로 참여하기 때문에 몇 년 전부터 매월 산행은 가까운 서울 근교 공원 등에서 걷는 것으로 산행을 대신하고 있다. 오늘은 서울대공원에서 주변을 좀 걸은 후에 부근 칼국수 집에서 점심을 같이하기로 했다. 조성원 회장과 김원진 고문님을 비롯한 산악회 회원 20여 분이 참석하였다. 올해 마지막 산행 모임이라 오늘 점심을 내가 대접하는 것으로 하였다. 점심을 먹고 난 후 몇 분 여성 회원님들과 같이 부근 커피숍에 가서 차를 마시며 이야기를 나누었다.

인천지법에 개인적인 일이 있어 2시 20분쯤 커피숍을 나와 인천으로 갔다. 인천지방법원 일은 예상했던 바대로 잘 처리되었다. 몇 개월 전에 회사를 그만둔 현장소장이 인건비를 제대로 주지 않았다고 억지 주장을 하여 대표자였던 나를 형사 고소한 건이었다. 벌금 50만 원 처벌이 나왔었는데 공직에 있는 나로서는 작은 흠결도 있어서는 안 될 것 같아 이의 소송을 제기한 건이었다. 소명이 잘 되었고 현장소장과도 원만하게 합의를 보아 무혐의로 판결이 났다. 김 서방이 신경을 많이 써주었다. 일을 잘 보고 시간이 늦어 사무실에 복귀하지 않고 바로 집으로 퇴근하였다.

2019년 11월 22일 금요일 날씨: 맑음

도청사무국직원들과 중식당 팔선생에서 점심을 같이했다. 수요일에 있었던 명예읍면동장 위촉식을 성공적으로 치른 것을 자축하고 격려하기 위해서다. 도 사무국장은 휴가를 냈고 담당 계장은 부산 출장으로 함께하지 못했다. 팔선생 중식당은 일전에 함남지사께서 초대하여 가봤던 곳인데 중국풍의 분위기에 주방장도 중국 사람이라 세검정 부근에서는 중국식 요리를 제법 잘하는 집이라고 한다. 유산슬에 찹쌀탕수육 그리고 고추잡채를 시키고 각자 식사를 시켜 먹었다. 오늘 평남 제3기 아카데미 평가회를 저녁 6시에 무교동 한미리에서 한다고 하여 잠깐 들러 인사만 하고 나왔다.

저녁 7시에 세종문화회관 홀에서 서울과기대 건설시스템학과 송년 모임이 있어 참석하였다. 박덕흠 국회의원과 최창식 전 중구청장도 잠시 들러 인사를 나누었다. 오늘 후배 동문들 앞에서 평남지사에 취임하였다고 보고 겸 인사를 하였다. 평남도지사의 직무와 이북5도청에 대한 이야기를 하였다. 모두 진심으로 축하하여 주었다.

2019년 11월 23일 토요일 날씨: 맑음

오늘은 오전 11시 30분에 평남 시민대회가 있었다. 평양은 평남은 물론 이북5도의 중심도시라 시민대회의 규모도 다른 시군과는 조금 차이가 나는 것 같았다. 오늘 평양 시민대회에 평양 출신인 박호군 전 과학기술부장관도 초대하여 참석하였다. 식전 사로 평양검무의 공연이 있었다. 이어 유공자 표창이 있었다. 공로자 두 분에게 도지사 표창장을 수여하였다. 조성원 중앙도민회장의 축사에 이어 내가 도지사로서 다음과 같은 요지의 인사말을 했다.

[평양시민대회 축사]

"존경하는 평양시민 여러분!

제 66회 평양 시민대회 개최를 진심으로 축하드립니다. 오늘 행사를 위해 많은 노력을 하신 정태영 시민회장님과 김건백 명예시장님의 노고에 감사드립니다. 아울러 평양 시민대회를 축하하여 주시기 위하여 자리에 함께해 주신 조성원 중앙도민회장님을 비롯한 도민회 임원님들과 유지 여러분 반갑습니다.

존경하는 평양시민 여러분! 여러분의 고향 평양은 반만년 우리 역사의 영욕을 함께한 역사의 도시이며 평남은 물론 한반도 북녘의 정치, 경제, 사회, 문화 등 모든 분야의 중심도시였습니다. 평양고보와 평양사범, 서문고녀와 정의여고를 비롯한 명문 학교에서 훌륭한 인물을 배출한 곳이기도

합니다. 이러한 훌륭한 역사의 도시를 고향으로 두신 평양시민 여러분들을 존경하며 또한 부럽게 생각합니다. 아무쪼록 이북5도의 중심도시인 평양을 고향으로 두신 것에 대한 긍지를 가지시고 평양시민회는 시민회는 물론 평남 도민사회 발전에 일익을 담당해 주실 것을 당부드립니다.

2019년 11월 24일 일요일 날씨: 약간 흐림, 오후에 약간 비 옴

아침 6시 30분에 동판교 성당 새벽 미사에 다녀왔다. 오늘 일정 때문에 아침 일찍 일어나 미사를 보러 갔다. 이제는 일요일 미사 지키는 것이 나의 의무처럼 되었다. 어떤 때는 의무감에 가기도 하지만 미사를 보고 나면 그렇게 마음이 평화로울 수 없다.

낮 12시에 우신고등학교 운동장에서 평남 야구단인 맹호출림야구단의 연습경기가 있다고 하여 오전 11시쯤에 집에서 출발하였다. 11시 40분쯤에 운동장에 도착하니 조성원 회장을 비롯한 중앙도민회 임원들과 전승덕 단장, 박성영 감독 등이 나와 있었다. 야구단 OB 팀과 YB 팀간에 연습경기를 하였다. 조성원 회장이 시구를 하고 내가 시타를 했다. 연습 때는 제법 공을 맞추었는데 막상 시타를 하려니 헛방을 때렸다. 시합 도중 번외 타자로 타석에 서서 OB 팀의 타자로서 경기를 했다. 헛방에 스트라이크를 먹어 1루에 진출하지 못하고 타석에서 아깝게 내려왔다. 시합이 끝난 후에 부근 돼지갈비집에서 40여 분 정도 함께 식사를 하였다. 나와 조성원 회장과 함께 식사비를 나누어 냈다. 3시 30분쯤 일어나 집으로 왔다.

오후 5시쯤에 집사람과 함께 성남 수지역 부근에 있는 뷔페식당에서 거행되는 경기지구 이북도민과 북한 이탈주민 가족결연식 참석하러 갔다. 집사람이 이북 고향 행사에 나오기는 한 40년 전에 양덕군민회 모임에 한두 번 나가고는 오늘 행사에 참여한 것이 처음 있는 일이다. 오늘은 이북5도위원회 경기지구 사무소와 평남 성남지구 청장년회가 주관하는 가족결연식 행사다. 2004년부터 이북5도위원회 주관으로 가족결연식

행사를 해왔으며 현재까지 약 1,800쌍이 가족의 연을 맺었다. 이북도민과 북한 이탈주민과 유대를 강화하는 좋은 행사라고 생각한다. 오늘 가족의 연을 맺은 사람들 간에 가족과 같은 마음으로 서로 연락하고 지내기를 바란다는 내용의 축사를 하였다. 집사람이 행사에 참여하고는 내가 하는 일이 무엇인지도 조금은 이해한 것 같았고 행사내용도 아주 좋았다고 평하여 주어 기분이 좋았다.

2019년 11월 25일 월요일 날씨: 약간 흐림 바람 좀 붐

사무국 직원들과 주간 업무회의를 하였다. 주말에 있었던 행사 관계를 직원들에 말하였다. 27일과 28일 이틀간에 개최되는 제21대 평남 명예시장군수 워크숍 준비사항을 직원들과 점검하여 보았다. 오전 11쯤에 우근우 회장이 방문하여 MPRS 특허와 관련 장비 사용문제에 대해서 협의하였다. 우근우 회장과 큰기와집에 가서 점심을 하고 사무실로 다시 와 커피를 함께 마셨다.

오후 4시경에 한통신문 사장과 기자가 방문하였다. 한국에 정착하는 과정에 대해 이야기를 들었고 현재 운영하고 한통신문의 현황과 재정상의 어려움에 대해서 말하여 어려운 실상을 파악하였다. 이북5도 차원에서 도울 수 있는 방안에 대해서 고민해 보겠다고 말하였다.

2019년 11월 27일 수요일 날씨: 맑고 추움

오늘은 제21대 평남 명예시장. 군수 워크숍이 있는 날이다. 오늘 연수회에 참석한 인원은 명예시장군수 13명에 지구사무소장 7명과 이북오도민신문 김영근 대표 그리고 도 사무국 직원들 모두 29명이다.

당초 계획은 연평도로 1박 2일 일정으로 추진하였으나 해상기상상태가 좋지 않을 거라는 예보 때문에 어제 배편이 취소되었다는 연락을 받았다. 부득이 대안으로 인천으로 연수 장소를 변경하여 추진하였다. 인천 자유공원을 들러 맥아더 동상을 보고 거기서 걸어서 차이나타운으로 이동한 후에 예약한 중식당에서 점심을 하였다. 이어 지난 10월에 재개통된 월미도 순환 모노레일을 타고 인천 이민역사박물관을 들러 한국의 이민역사에 대한 해설과 전시물을 보았다.

인천의 옛 이름인 제물포항에서 최초로 하와이 사탕수수 노동자로 이민을 간 것이 우리나라 단체 이민의 역사이다. 역경을 딛고 이국땅에서 뿌리는 내린 초기 하와이 사탕수수 노동 이민자들을 생각하며 초기 이민자분들의 고단한 삶과 어려움을 극복한 불굴의 정신을 생각해 보았다.

이어 인천항만공사를 견학하였다. 인천항만공사에서 관리하는 갑문을 견학하였다. 외항과 내항이 조수간만의 차이로 수심이 최고 12미터 정도 차이가 선박이 입출입할 때 수위조절을 하는 장치가 되어있었다. 마침 수출 자동차를 선적하러 들어오는 글로비스 5만 톤급 선박이 외항에서 입항하여 내항으로 들어오는 과정을 볼 수 있었다. 갑문 견학을 마친 후에 부두 주위를 견학하였다.

견학을 끝낸 후에 월미도 문화관 2층에 있는 세미나실에 들어가 연수회를 하였다. 박종배 국장의 사회로 연수회를 진행하였다. 내가 도지사로서 간단한 인사말을 하고 이어 내가 준비한 강의안으로 특별 강의를 하였다. 강의 내용은 "Leadership에 대한 이해"로 잡았다. 시장. 군수는 시와 군을 대표하는 리더이기 때문에 조직의 리더로서 갖추어야 할 지도자로서의 자질과 품격에 대해서 설명했다. 모두 진지하고 열심히 수강하는 모습에 기분이 좋았다. 내 강의가 끝난 후에 박 국장이 도 현황에 대해서 간단히 브리핑하고 김건백 대표군수 주재로 자유토론 시간을 가졌다. 자유토론 시간이 끝난 후에 사무국장이 마무리 말을 하고 이어 기념촬영을 한 후에 제21대 평남 명예시장군수 워크숍을 모두 마쳤다. 이어 인천 구시가지 신포에 있는 일식집으로 가서 즐겁게 저녁을 함께하며 의미 있는 시간을 보냈다.

2019년 11월 28일 목요일 날씨: 맑음

어제 인천에서 개최된 제21대 명예시장·군수 연수회가 나름 성공적으로 치러져서 행사 준비한 도 사무국장과 비서실장에게 감사 메시지를 보냈고 이어 연수회에 참가한 경기, 대구, 광주, 경북, 강원, 충북지구 사무소장들과 행사코스와 행사장 섭외를 해준 인천지구 유현종 소장에게 감사 메시지를 했다. 오전 10시쯤 박성재 위원장께서 전화가 와서 위원장 사무실로 갔다. 어제 행사에 관하여 말씀드렸다. 이어 이북7도민 연합회 현안문제에 대해서 의견을 나누었다. 일정한 거리를 두고 조용하게 해결될 수 있도록 지혜를 모으기로 했다. 어떻든 문제가 외부로 알려지면 이북5도위원회로서도 곤란한 문제가 야기될 수 있으니 잘 처리하기로 하였다.

오늘 토사회 점심 모임이 있어 양재동 사무실로 가는 길에 종로구 보건소에 들러 독감예방주사를 맞았다. 양재동 사무실에 잠깐 들러 우편물이 있나 챙겨보고 흑다돈에서 친구들과 점심을 같이 했다. 점심을 한 후에 치과 치료를 위해 치과에 들렀으나 오늘 휴진하는 날이라 치료를 받지 못했다. 시간이 늦어 비서실장에게 연락하고 사무실로 들어가지 않고 퇴청하였다.

2019년 11월 29일 금요일 날씨: 맑음

오전 10시 30분에 이북5도청 5층 소강당에서 왈우 강우규 의사 의거 100주년 기념학술대회가 개최되었다. 왈우 강우규 의사는 우리 평남 덕천군 출신으로 고령의 연세에도 불구하고 투철한 독립정신과 민족정기의 소유자셨던 열혈 독립투사이셨다. 1919년 9월 2일, 제3대 사이토 마코토 신임 총독의 부임 소식을 듣고 현재 서울역(그 당시 남대문역)에서 사이토 마코토 신임 총독에게 수류탄을 투척하여 일제의 간담을 서늘하게 했던 열혈 독립투사이셨다.

그분의 의거 100주년을 기념하여 선생의 독립투쟁사와 동양평화론에 대한 학술대회를 독립운동사 연구를 주로 한 교수분들과 강우규 의사의 전기를 쓴 작가분들이 참여하여 주제발표와 학술토론회를 가졌다. 학술대회에 앞서 내가 평남도지사로서 인사말을 하였다. 학술대회가 끝난 후에 강우규 의사 순국 99주년 추모식을 중강당에서 200여 명의 추모객이 참여한 가운데 엄숙하게 진행되었다. 추모식이 끝난 후에 참석자들과 함께 대강당에서 생태탕으로 식사를 함께 하였다.

오후 3시쯤에 맹산군 백성수 회장과 상무가 내 사무실에 들어와 맹산군민회 현안문제에 대해서 이야기를 들었다. 현안 문제점을 파악한 후에 명예군수와 군민회장 간에 역할 분담에 대해 정확한 구분을 하여 원만하게 군정과 군민회를 이끌어가도록 조언하였다.

2019년 11월 30일 토요일 날씨: 맑음

이번 주말은 공식행사 일정이 없는 주말이다. 그동안 매주 거의 빠짐없이 행사에 참여하다 보니 주말을 제대로 보내지 못했다. 이번 주말을 이용하여 세종시에 살고 있는 집사람 형제자매들에게 점심이라도 대접해야겠다고 생각했다. 8월 27일 도지사 취임식에 먼 길 마다하지 않고 모두 참석하여 축하해준 것에 대해 제대로 고마움도 표시하지 못하였던 차에 집사람과 함께 내려가 식사도 하면서 그동안의 이야기도 하고 싶었다. 중식당 란에서 처형, 처제들 내외, 처남들 내외 우리 내외해서 11명이 모처럼 한자리에 모여 오붓하게 식사를 하였다.

저녁 7시 30분에는 세종시에 낙향해서 살고 있는 경영대학원 동기인 임채운 회장과 투썸플레이스 커피숍에서 반갑게 만나 커피를 마시며 그동안의 이야기를 나누었다. 나의 도지사 취임에 대해 진심으로 축하해주며 그동안 성실하게 살아왔고 열심히 준비했고, 그리고 무엇보다도 대인관계가 넓고 좋았던 덕분이라고 덕담도 해주었다.

2019년 12월 1일 일요일 날씨: 맑음

아침을 먹고 집사람 형제자매들과 세종시 인공호수변을 걸었다. 상당하 넓은 면적에 잘 조성이 되어있었다. 절반쯤 걷다가 모두 벤치에 앉아 좀 쉬었다. 젊은 부부들이 짝지어 많이 들 걷고 있었다. 누군가 과수원길을 선창하였다. 모두들 따라 불렀다. 제법 화음도 맞고 호흡이 맞다 보니 신바람이 났는지 목소리를 키워가며 등대지기, 사랑해 등을 몇 곡 더 불렀다. 지나가는 사람마다 잠시 발걸음을 멈추고 우리들의 노래 소리를 들었다.

잠시 후에 전망이 좋은 커피숍에 가서 차를 마셨다. 점심을 먹고 좀 쉬다가 오후 5시쯤에 서울로 올라왔다.

2019년 12월 2일 월요일 날씨: 맑음

도 사무국 직원들과 주간 업무회의를 하였다. 업무회의 중에 평북도지사가 다녀가셨다고 하여 평북지사 사무실에 가서 이야기를 나누었다. 동화경모 관련하여 평북지사로부터 현재의 분규상태에 대한 의견을 들었다. 평북지사의 견해는 현 재단 이사장인 김한극 이사장을 5개 중앙회 회장들이 담합하여 불법적으로 이사장직에서 해임 결정하였으며 그 동기도 불순하다는 의견이었다. 관련 법에 정해진 도지사들의 고유업무 중에 하나인 도민사회단체 지원과 관리업무를 소홀히 할 수 없다는 의견들이었고 내 개인적인 생각도 그러하였다.

차기 이북5위원장인 내가 도지사들을 대표하여 문제를 해결하는 것이 좋겠다고 의견이 모아져 그렇게 하기로 하였다. 우선 당사자의 한쪽인 현 동화경모공원 이사장인 김한극 회장을 면담하였다. 황해도지사도 함께 이야기를 나누었으면 좋겠다는 김한극 이사장의 말씀에 따라 황해도지사와 함께 김한극 회장의 입장을 들었다.

사건의 발단은 그동안 관례적으로 지급하여 오던 광고비지출 건이 감사에 지적되어 문제가 되자 관할 행정 단체인 경기도에 질의한 결과 이북도민중앙연합회에 지원을 목적으로 광고비를 지급하는 것은 불법이라는 유권해석을 받았고 이에 따라 연합회장이며 동화경모공원 이사장인

📖 평양감사 1054일 I

김한극 황해중앙도민회장께서 각 도 중앙도민회에 광고비 지급을 유보함으로써 이에 반대하는 도민회장들이 연합회 이사회에서 이사장해임안을 상정하여 해임 결정을 하였다는 것이다. 김한극 이사장의 주장은 이사장 해임이 적법한 절차에 의해 소집된 이사회에서 처리된 것이 아닐 뿐 아니라 해임 사유도 부당하다는 주장이었다.

오후에는 반대편 쪽의 의견을 듣기로 하고 비상대책위원장으로 선임된 염승화 함남중앙도민회장을 면담하기로 하였다. 오후 3시쯤에 염승화 회장 사무실로 올라가니 마침 김지환 미수복 강원중앙도민회장이 들어와 합석하였고 이어 송남수 평북중앙도민회장도 자리를 함께하여 의견을 나누었다. 양쪽의 주장이 상반되고 타협점을 찾기 어려워 걱정이 많이 되었다. 아무튼 이북 도민사회의 큰 문제이므로 최선을 다하여 조정을 해보기로 하였다.

오후 7시에 충무로 4가에 있는 대림정으로 갔다. 오늘은 연세대학교 경영대학원 동기 모임인 연길회 송년모임이 있는 날이다. 연길회는 1987년 가을에 연세대학교 경영대학원 석사과정에 입학한 입학동기들이 대학원에 재학 중에 가까이 지냈던 동기들이 재학 중에 결성한 친목모임이다. 그 당시 강의가 끝나면 강남 쪽에 살던 동기들이 압구정동에 있는 길손이란 카페에 자주 들려 맥주를 마시며 동기들 간에 우정을 쌓았다. 그러던 중에 내가 제안하여 졸업 후에도 계속 모임을 갖자고 하여 길손이란 카페에서 모임을 결성했다. 그래서 모임의 이름도 연세의 연자와 길손의 길자르 따서 지었다. 모임을 시작한 지 어언 32년이란 세월이 흘렀다. 내가 가장 애착을 갖는 친교모임 중에 하나이다. 오늘은 아홉 명의 연길회 회원들이 참석하여 즐겁게 담소하여 저녁을 먹었다 오늘 차기 회장선출이 있었다. 차기 회장으로는 외국 의료기 회사 사장으로 있는 김충호 회원이 맡기로 하였다.

2019년 12월 3일 화요일 날씨: 흐리다 갬

오늘은 우리 도와 자매결연을 맺은 군부대 위문 가는 날이다. 귀신 잡는 해병으로 유명한 청룡부대인 해병 제2사단을 위문 방문하였다. 해병 제2사단은 김포에 주둔하고 있다. 해병 제2사단은 평안남도와는 지난 십여 년간 자매부대로 해마다 연말에 우리 도에서 장병 위문을 가는 부대이다. 예전에는 평남중앙도민회와 공동으로 부대 방문을 하였으나 평안남도 중앙도민회에서 올해부터 육군 모 사단을 위문 방문하는 것으로 결정하여 부득이 평안남도 주관으로만 부대 위문을 가기로 하였다.

도 사무국 직원들과 평남 명예시장군수단, 평남도지사 관할 각 지구사무소장과 평남 출신 지구사무소장들 그리고 평남 해병전우회 임원들로 방문단을 구성하여 부대를 방문하였다. 지난 8월 27일 나의 도지사 취임식에 손기정 행정 부사단장을 보내어 취임을 축하주기도 한 부대였다.

사단본부에 들어서니 백경순 사단장과 사단 참모들이 도열하여 우리 일행을 따뜻하고 정중하게 맞아주었다. 특별히 사단 군악대가 우리 방문단을 환영하는 축하 연주를 8분 정도하였다. 모두 기분이 좋았다. 환영 연주가 끝나고 사단장의 안내를 받으며 백경순 사단장실에 들어가 정식으로 인사를 나누고 다과를 들며 환담을 하였다.

이후에 대회의실에 가서 사단 현황에 대한 브리핑과 영상자료를 보고 사단장의 환영사에 이에 내가 인사말을 하였다. 따뜻한 환영에 감사하다는 말과 함께 우리 평안남도에 대한 간단한 소개와 함께 이북사람들은 태생적으로 자유민주주의와 시장경제의 신봉자로서 평화통일을 누구보다도 염원하며 국군을 믿고 신뢰한다고 말하였다. 끝으로 해병 제2사단의 무궁한 발전과 사단장을 비롯한 장병 모두의 무운을 빌고 새해 복 많이들 받으시라는 덕담으로 인사말을 마치었다.

이어서 장병들과 점심을 함께 하고 나서 최전방 OP를 방문하고 제2사단 상륙장갑차 대대를 방문하여 부대 소개와 함께 최신 상륙장갑차 기동훈련 시범을 보고 직접 탑승하는 특혜도 받았다. 장갑차를 직접 탑승하는 기회는 이번이 처음이었다고 한다. 백경순 사단장의 특별한 배려에 감사한 마음이 들었다. 부대 시찰을 마치고 양곡에 있는 양촌 횟집에서 회 정식으로 저녁 식사를 하고 오늘 일정을 마무리하였다.

〈평남지도자들과 자매부대인 청룡부대 방문〉

행사가 끝난 후에 평남무형문화재 제1 호로 지정된 평양검무 제1호 보유자이신 이봉애 선생님 빈소에 갔다. 선생님의 편안한 영면을 기원하고 상주인 따님에게 위로의 말씀을 드렸다. 빈소에는 평양검무 제2대 보유자인 정순임 선생과 제3대 보유자인 임영순 선생이 상주 역할을 하고 계셨다. 많은 제자들이 선생님의 마지막 길에 함께 하기 위하여 빈소를 찾아왔다. 선생님의 제자가 총 120여 명 정도 된다고 한다. 평양검무 전승 등에 기여한 공로를 인정하여 정부에 문화예술 부문 훈 포장을 추서하는 것을 도 사무국 직원들과 상의해 보려고 한다.

2019년 12월 4일 수요일 날씨: 맑음

해병 제2사단 백경순 사단장에게 전화를 하였으나 연락이 되지 않았다. 얼마 후에 사단장으로부터 전화가 왔다. 반갑게 인사하고 어제 부대 방문

시 따뜻한 환영에 감사의 인사를 드렸다. 오늘 점심은 도 사무국 직원들과 중식당 팔선생에서 했다. 동파육도 시켜 먹었다. 어제 전방부대 위문 행사를 잘 치른 것에 대한 노고를 치하하고 격려하였다.

오후 3시에는 안국동에 있는 한국문화관 전시실에서 제12회 이북도민 통일미술대전 수상자들에 대한 시상식과 함께 전시 개관식에 참석하였다. 총 120점이 출품되었고 작품의 수준도 뛰어난 것 같았다. 영예의 대상에는 경기도 미수복 출신인 정경의 씨의 작품인 한국화인 〈국화〉에 돌아갔다.

2019년 12월 5일 목요일 날씨: 맑음

오전 10시 30분에 고려대 남상욱 교수가 용역과제인 "이북5도위원회의 발전 방향"에 대한 최종 용역 결과 발표회가 있었다. 영국 모 일간지에 보도된 '이북5도위원회'에 대한 부정적인 보도기사에 영향으로 국내 여론도 안 좋아졌고 결국 정인화 의원의 대표 발의로 "이북5도 등에 관한 특별법"개정 발의까지 나오게 되었다.

이에 대처 방향으로 이북5도위원회에서도 이북5도위원회의 나아갈 방향과 재정립에 관하여 고민을 하게 되었고 이에 연구용역사업을 하게 되었다. 남상욱 교수 연구팀이 이북5도위원회와 도민사회의 문제점과 이에 대한 해결방안에 대해서 비교적 정확하게 파악하고 제시한 것 같다. 연구조사업무는 이북5도위원회만이 할 수 있는 분야에 특화하여 심도 있게 연구조사업무를 강화하는 것이 좋다는 것과 향후 고비용 저효율 구조라는 오명을 벗어나기 위해서라도 기관 유지비용 대 사업비의 비율을 현재 80 : 20에서 최소한 50 : 50선으로 사업비 비율을 확대하는 것을 제시하였고 이를 위해 단계적으로 담당 업무국과 과를 신설 확장하는 기구 개편이 필요하다고 제시하였다.

오후 4시쯤에 김한극 회장을 만나서 의견을 달리하는 회장단들과 적절한 수준에서 타협할 것을 설득하였다. 설득과정에서 업무상 일반적인 광고비지출의 경우는 동화경모공원 정관이나 관련법 상 문제가 되지 않는다는 것을 논리적으로 설명하여 이해를 시켰다. 저녁 6시 30분에는 충무로 퍼시픽 호텔에서 개최된 중학교 동창회 모임에 갔다. 모임에서 22회 후배인 장석의 후배가 내 자리로 와서 반갑게 인사를 하며 자기소개를 하면서 김백봉 선생의 사위라고 말하는 것이었다. 지난달 김백봉 선생 부채춤 공연에 갔을 때 나를 보았다며 여기서 뵙게 되어 반갑다고 말하여 나도 무척 반갑고 놀라웠다. 참 세상이 좁다는 것을 새삼 느꼈다. 언제 시간이 나면 안병주 교수와 함께 내 사무실에 들르라고 말하였다.

2019년 12월 6일 금요일 날씨: 오늘 아침 갑자기 추워 짐

오전에 이북5도위원장께 동화경모공원 건에 대해서 진행 상황을 간략히 설명드렸다. 평북지사께도 그동안의 과정을 설명하였고 그동안 문제가 되었던 광고비지출 문제를 검토한바 법적으로는 문제가 없는 것으로 판단된다고 설명하였다. 향후 법적인 문제에 대비하기 위하여 동화경모공원이 사단법인 이북도민 중앙연합회에 지급하는 광고비 건에 대한 변호사 의견을 구하는 요청문을 작성하였다. 평북지사로부터 김한극 회장의 최종 입장을 통보받았다.

오후 2시에 국회의원회관 소회의실에서 개최되는 평양검무보존회와 임재훈 국회의원이 주관하는 '2019년 한반도 평화시대, 이북5도 문화재의 역할'이란 주제로 개최된 포럼에 참석하였다. 식전 행사로 8분 정도의 평양검무(쌍검무) 공연이 있었다. 임영순 평양검무보존회 회장의 인사말에 이어 내가 도지사로서 환영사를 하였다. 임재훈 국회의원의 축사가 있은 후에 좌장 이병옥 교수의 사회로 제1 주제로 김유미 교수가 '평양검무의 시대적 변화와 현대적 전승', 제2 주제로 정미심 교수의 '통일시대를 대비한 남한의 검무와 북한의 검무 비교' 그리고 제3 주제로 신명환 교수의 '이북5도무형문화재의 현실과 발전을 위한 정책방향'에 대해 주제발표를 하였다. 질의응답 시간에 내가 최종적으로 평남도지사로서 논평을 하였다.

2019년 12월 7일 토요일 날씨: 약간 흐림

오후 1시에 안양아트센터 컨벤션 센터에서 개최되는 평양검무 이봉애 류 민향숙의 〈더 평양검무 콘서트〉 행사에 참석하였다. 오늘 행사는 평양검무 명예 보유자이셨던 고 이봉애 선생을 추모하는 형식으로 진행되었다. 내빈소개에 이어 도지사로서 축사를 하고 공로자인 김영애 선생에게 평남도지사 표창을 하였다. 오늘 평양검무 콘서트를 실질적으로 기획하고 행사를 준비한 민향숙 교수를 오늘 처음 보았다. 말도 조리 있게 잘하는 편이었다.

2019년 12월 8일 일요일 날씨: 맑음 그러나 추움

아침 8시 30분 미사를 다녀왔다. 뒷산에 잠깐 올라갔다 왔다. 집사람과 모처럼 인사동을 갔다. 제12회 이북도민통일 미술대전이 전시되어있는 한국미술관 전시실을 보러 갔다. 일요일이라 개관을 하지 않아 유리창 안으로 보이는 작품만 구경하였다. 인사동 거리를 걸으며 가게도 들어가 보며 모처럼 집사람과 한가로운 시간을 가졌다. 점심으로 북창동 손만두집에 가서 손만두국과 멸치국 칼국수를 먹었다. 인사동에서 오면서 판교 현대백화점에 있는 CGV 영화관으로 가서 Knives Out 이란 영화를 관람하였다. 탐정영화인데 아주 재미있게 보았다. 영화 대사가 거의 이해가 되었다. 최근에 유튜브로 영어공부를 한 효과를 조금 본 것 같다.

2019년 12월 9일 월요일 날씨: 미세먼지 많음

도 직원들과 주간 업무회의 하였다. 도 사무국장으로부터 '평남을 빛낸 100인' 선정기획안에 대한 설명을 들었다. 평남 성우회 회원들과 점심을 같이 하기로 하여 중식당 동보성으로 갔다. 김덕기 사장한테서 연락이

와 11시쯤에 동보성 근처에서 만나 차 한잔하기로 하였다. 오전 11시 30분쯤에 동보성 3층 예약된 룸에 들어가 성우회 회원들을 영접하였다. 박기석 장군님, 박용옥 장군님 그리고 김이연 장군님이 차례로 오셨다. 백선엽 장군님은 오신다고 하였으나 거동이 불편하신지 못 오신다고 연락이 왔다고 한다. 저녁 6시에는 양재동 배나무골에서 중학교 동창 소모임인 양재회 송년모임을 가졌다.

2019년 12월 10일 화요일 날씨: 미세먼지 많음

오전 10시에 이북5도청 5층 대강당에서 일천만이산가족위원회 주최로 불우도민 김장담가주기 행사가 열렸다. 100여명의 봉사자들이 참여하여 김장을 담았다.
공식적인 김장담가주기 행사에 참여한 것은 이번이 처음이었다. 행사가 끝나고 점심은 돼지고기 수육에 겉절이로 했다. 이북5도위원회 주간 업무회의를 하였다. 모 지구 사무소장의 민원문제로 징계절차에 대해 논의하였다. 12월 20일에 징계위원회를 개최하기로 하였다.

2019년 12월 11일 수요일 날씨: 흐림, 미세먼지

12월 일정계획을 조정하였다. 내년 초에 가질 현충원 방문 행사, 도정보고회 등에 대한 일정 논의를 하였다. 낮 12시에 무교동에 있는 뉴코리아호텔 2층 동원참치집에서 대동회 송년모임에 참석하여 축사를 하였다. 전.현직 명예시장군수와 전직 도지사 그리고 중앙도민회 유지분들을 포함하여 100여 분 정도 참석하여 성황리에 거행되었다.

저녁 7시 30분에 혜화동 JCC 문화관에서 공연된 유지숙 명창의 '북녘 땅에 두고 온 소리'라는 주제로 한 공연을 20명의 도민들과 관람하였다.

이번 서도소리 발표회는 평남무형문화제 제2호인 〈향두계놀이 보존회〉 회원들이 주로 출연하였다. 특히 국가무형문화재 제29호 서도소리 전수조교이며 향두계놀이 예능보유자인 유지숙 명창은 이번에 남한에서는 최초로 공개되는 상여소리 몇 곡을 직접 불렀다. 현존하는 서도소리 최고의 명창이 부르는 소리에 애절한 몸짓은 나의 마음을 빼앗고 말았다. 최고전성기에 있는 유지숙 명창의 소리는 정말 최고였다. 1시간 30분 정도의 공연이 끝나고 2층 커피숍에서 다과회를 하며 유지숙 명창과 함께 기념촬영을 하였다. 함께 공연을 관람한 도민 모두 즐거운 시간을 가졌다.

2019년 12월 12일 목요일 날씨: 맑음

아침에 출근길에 우포 성태영 사장이 카톡으로 좋은 글을 하나 보내왔다. 소설가 김훈의 '어떻게 죽을까'라는 글이었다. 그 글을 읽고 느끼는 바가 있어 다음과 같은 댓 글을 달았다.

김훈의 글 '어떻게 죽을까'를 오늘 출근길 차 속에서 읽고 잠시 묵상하며 삶과 죽음에 대해서 생각해 보았다. 망팔이 된 지도 2, 3년이 지났건만 난 죽음에 대해 깊이 있게 생각해 본 적이 없었던 것 같다. 아니 없었다기보다는 죽음을 떠올리기조차도 꺼려했다는 표현이 더 맞을 것 같다. 왠지 나하고는 상관없는 이야기라고, 아니 그보다는 죽음을 떠올리는 것 자체가 두려워 담담히 맞서지 못했다는 것이 맞는 말일 것이다, 가혹 가까운 친구들이 죽음에 대해 담담히 말하는 걸 보고 참 담대하구나 하곤 생각했다. 우린 매일 밤이면 잠을 자고 매일 아침 이면 일어나곤 한다. 간밤에 악몽에 시달리거나 달콤한 꿈을 꾸지 않은 경우 우리의 영육은 편안한 안식을 취하고 있다. 죽음도 그런 것은 아닐런지. 편안한 잠, 그것도 영원히 깨지 않고 자는 것이라고.

나도 이젠 죽음에 대해 편안하게 생각해 보려고 한다. 오늘이 마침 12. 12 사태가 난 날이다. 40년이란 세월이 흘렀다. 오늘 하루도 살아

있음에 감사하고 생명이 있는 모든 것을 귀하게 여기고 나를 아는 모든 이들을 깊이 존중하고 따뜻한 마음으로 사랑하겠노라고 마음속으로 다짐해 본다.

오전 9시 30분에 평양검무 제3대 예능보유자인 임영순 보유자가 방문하였다. 10시에 약속이 되어있었는데 미팅 전에 사전에 말씀드릴 게 있다며 미리 오셨다. 오늘은 10시에 평양검무에 제2대 보유자이신 정순임 선생, 제3대 보유자인 임영순 선생 그리고 명예보유자이셨던 이봉애 선생님의 따님인 신명숙 님 이렇게 세분이 내 사무실에서 평양검무 전반에 걸쳐 허심탄회하게 이야기를 나누기로 사전에 약속이 되어있었다. 오전 10시에 정순임 보유자와 신명숙 님이 도착하여 세 사람의 이야기를 들었다.

세 사람의 이야기를 들은 후에 내가 세 분에게 평양검무의 발전과 세 분간에 화합의 필요성이 절대적으로 필요하다고 말씀드리고 평양검무의 발전을 위해 다음과 같은 권고의 말씀을 드렸다. 첫째 현재 두 분 보유자 제자들 간에 벌어지고 있는 소송 건과 불화를 조속히 해소해 달라, 둘째 두 분이 화합하여 평양검무가 대한민국에서 제일가는 검무로 발전시켜 국가무형문화재가 될 수 있게 노력해 달라. 셋째 전수 조교 문제는 두 분 보유자가 합의하여 추천하는 경우에만 검토가 가능하다. 넷째 앞으로 1년에 한 번 이상은 두 분이 합동 공연을 하고 그 경우 도지사가 공연에 참석할 것이며 각자 공연하는 경우는 다른 보유자분이 공연에 초대되는 경우에 한해서만 도지사가 참석할 것이다. 그리고 마지막으로 이봉애 선생님에 대한 문화훈장 추서 문제에 대해서 이야기했다.

저녁 6시 반에 논현동에 있는 남포면옥으로 가 연상 67 동기회 송년모임에 참석하였다. 오늘의 중요안건은 차기 동기회 회장 선출 문제였다. 그러나 모두 고사하여 결정하지 못했다.

3. 2019년 도정일지

2019년 12월 13일 금요일 날씨: 맑음

오전 10시부터 이북5도청 중강당에서 개최된 북한 이탈주민 대상으로 한 '2019년도 이음 교육 이수자 작품발표회' 행사에 참석하였다. 지난 1년간 북한 이탈주민을 대상으로 교양 교육, 문화예술교육, 심리상담 및 건강교육 등 다양한 교육프로그램으로 북한 이탈주민을 대상으로 이북5도위원회가 주관하여 교육을 해왔다. 오늘은 교육을 이수한 북한 이탈주민들이 교육받은 내용을 바탕으로 작품발표회를 하는 날이었다. 참가자는 대략 400여 명 정도 되었다. 평남의 평양검무, 평북의 노동요, 심리치료반의 장기자랑 등 10여 가지의 작품발표회가 있었다. 작품발표회가 끝나고 대강당에서 참가자 400여 명과 함께 점심을 같이했다.

마침 월셔모임의 박명진 선배와 구자형 사무총장이 방문하여 같이 식사를 했다. 오후 1시쯤에 평양검무 제2대 보유자인 정순임 선생이 사무실로 찾아왔다. 11월 29일에 있었던 평양검무 이수자 심사에서 탈락된 대상자에 대해 아쉬움을 토로하며 구제방법이 없는지 문의하였다. 그렇지 않아도 심사위원인 이병옥 문화재위원이 점수계산에 착오가 있었다는 전화가 와 구제방법이 있는지 절차를 알아보겠다고 하였다.

오후 2시에는 다시 중강당에서 장기자랑을 하였다. 아코디언, 퉁소 피리 등의 연주와 노래자랑이 있었다. 모두 수준급의 연주와 노래 실력이었다. 이북5도위원회가 이런 좋은 프로그램을 운영하는지는 제대로 알지 못했다. 이를 도민사회와 외부에 제대로 홍보할 필요성을 절감했다. 북한 이탈주민 행사라면 당연히 이북7도 중앙연합회에서도 관심을 갖고 참여해야 할 행사인데 중앙도민회 회장들이 한 분도 참석하지 않았다. 내년에는 정식으로 초대하여 명실공히 이북도민사회의 큰 행사로 자리매김하여야 할 것 같다.

행사를 끝내고 사무실에 오니 정순임 선생이 제자들과 함께 왔다며 시간 좀 내어달라고 하여 10여 명의 정순임 선생 제자들과 함께 평양검무 보존회의 문제점에 대해 이야기를 들었다. 제기한 문제 건에 대해서는 우리 평안도의 기본 입장을 분명히 말하여 주었다. 두 분 보유자의 화합이 중요하고 공식적으로는 두 분 보유자의 합의가 없는 경우 정기공연이나 전수 조교 등 도의 승인이 필요한 사항은 불가하다는 말을 하였다. 그리고 1년에 한 번은 꼭 합동 공연을 해야 하고 그 경우에만 도지사가 행사에 참여할 수 있다고 하였다.

북한 이탈주민이며 나와는 이북도민 통일아카데미 활동을 같이 하는 최청하 시인의 안내로 북한 이탈주민 여성 두 분이 사무실에 찾아와 1시간 30분 동안 탈북 동기와 과정 그리고 남한에서의 생활에 대해서 궁금한 사항에 대해서 물어보았다. 특히 북한에서의 생활과 북한의 역사교육과 남한에 대한 사정을 어느 정도 알고 있었는지에 대해서 물어보았다. 역시 예상했던 대로 역사의 왜곡과 김일성 가족의 신격화로 대한민국의 역사나 남한의 실정에 대해서는 전혀 몰랐을 뿐 아니라 완전히 왜곡되게 알았었다고 말하였다. 저녁 6시 30분에는 하얏트 호텔 컨벤션센터에서 거행된 2019년 연상 송년 모임에 참석하였다.

2019년 12월 14일 토요일 날씨: 맑음

아침 11시 30분에 종로3가에 있는 한일장으로 가서 용강군 송년모임에 참석하였다. 12시에 남영동에서 양덕군 송년 모임이 있어 축사만 하고 나왔다. 12시 20분쯤에 원할머니 보쌈집에서 거행된 양덕군 송년 모임에 참석하였다. 집사람과 함께하였다. 우리 집사람이 양덕군민회 모임에는 공식적으로 처음 참석하는 모임이었다. 오늘은 45명 정도가 모였다. 전화로만 인사를 나누었던 이만길 선생님의 막내아들인 이상호 사장과 이수연 사장도 참석하였다. 무척 반가웠다. 두 사람은 청해이씨로서 나와는 종친이다. 특히 이상호 사장은 나의 할아버지뻘이 된다. 이 사장의 아버님이신 이만길 선생은 아버님과도 잘 아시는 사이로 우리가 충남 논산에서 피난 생활을 하다가 1959년도 서울로 올라와 자리를 잡을 때 자주 찾아뵈었던 분이다. 이만길 선생은 서울 종로구 관철동에서 제법 큰 목재상을 하시던 분이셨다. 이수연 사장은 최근에 자서전을 써서 나에게 읽어보라고 한 권을 주었는데 역경을 딛고 학업과 사업을 모두 성공적으로 이룬 입지전적인 여성 사업가다. 자서전을 읽으며 나의 어린 시절이 오버랩되어 얼마나 울었는지 모른다. 참 대단한 여성이었다. 역시 양덕군 출신에 청해이씨라서 그런 역경을 이겨낼 의지와 용기가 있었던 것은 아닌가 생각된다.

오후 5시에는 대강당에서 2019년 평양청년회장 이취임식과 조직강화대회가 열렸다. 현상윤 회장이 새로 취임하였다. 평남 도민사회는 청년이 희망이며 미래라고 말하고 앞으로 더욱 활발하게 활동하여 평남 도정과 도민회 발전에 초석이 되어달라고 부탁하였다.

2019년 12월 15일 일요일 날씨: 맑음

오전 11시 30분에 안양시 트리니티컨벤션 센터에서 안양지구 평안남도 청장년발대식에 참석하였다. 오재욱 성천군 명예군수 출신이 회장으로 취임하였다. 10여 명의 청년장년 회원에 가족회원들과 평남중앙회 조성원 회장, 안양시 이북도민연합회 회장인 평북 정주 출신인 박문권 회장도 내빈으로 참석하였다. 오늘 모임의 산파역을 한 김석환 성남지역 평남청장년 회장과 이북5도위원회 경기지구 홍민철 소장도 참석하였다. 발대식모임을 축하하며 앞으로 무궁한 발전을 기원한다는 축사를 하였다.

2019년 12월 16일 월요일 날씨: 맑음

오늘은 모처럼 대체 휴무일이다. 지난주 토요일과 일요일에 행사 참여 등 근무를 하였기에 직원들이 대체휴무를 권유하여 하루 쉬게 되었다. 평소와 달리 한 시간쯤 늦게 일어나 뒷산을 다녀 왔다. 국사봉 8부 능선까지 약 4,500보쯤 되는 거리다. 올라가면서 나무숲 사이로 해 뜨는 모습을 보며 생명감을 느꼈다.

모처럼 양재동 한미지오텍건설 사무실에 들렸다. 윤응수 사장과 송영복 사장이 반갑게 맞아주었다. 12시쯤 병원에 갔다가 돌아오니 정문교 사장이 와서 기다리고 있었다. 정사장과 직원들과 함께 흑다돈 집에 가서 돼지 오겹살로 점심을 먹었다. 점심을 먹고 사무실이 들어와 주식 양도에 대한 문제에 대해 협의했다. 협의 중에 정문교 사장 밑에 관리 담당인 정대섭 이사가 사무실에 도착하여 회의에 참여하였다.

2019년 12월 17일 화요일 날씨: 약간 흐림

오늘 아침 6시에 내가 직접 관용차를 몰고 사무실로 출근하였다. 한 시간 일찍 출근하니 평일 7시 10분에 출발할 때보다 차가 밀리지 않았다. 6시에 출발해서 6시 45분쯤에 도착하였다. 오늘은 매월 한 번씩 열리는 이북기독교인 조찬기도회가 있는 날이다. 오영찬 평북지사의 권유로 지난달부터 나오기 시작했다. 천주교 신자지만 아침 일찍이 나와 좋은 설교 말씀 듣고 찬송가를 들으며 묵상할 수 있는 시간이 좋아 나오기로 하였다. 이북기독교인 조찬 모임에 회장은 함북지사인 김재홍 지사가 맡고 있다.

오늘도 박준서 담임목사가 참 좋은 사람들이라는 제목의 설교 말씀이 있었다. 조찬기도회가 끝나고 조찬기도회에 참석했던 사람들과 구내식당에서 준비한 죽으로 아침을 먹었다.

오전 9시 40분쯤에 이북5도위원회에 새로 부임한 노경달 사무국장과 정주환 과장 그리고 김승희 과장이 부임 인사차 내 방으로 왔다. 반갑게 인사하고 함께 열심히 그리고 즐겁게 일하자고 말하였다. 오전 10시에 이북5도위원회 회의가 있었다. 특별한 안건은 없었다. 회의가 끝난 후에 11시에 이북도민과 북한 이탈주민 가족결연 우수 팀에 대한 시상식과 단체복 증정식이 있었다. 충북지역과 울산지역 그리고 경북지역이 우수 지역으로 선정되었다. 식이 끝난 후 한우마을에 가서 코다리 정식으로 점심을 함께했다. 오후 2시쯤에 박종배 도 사무국장과 김한상 계장 그리고 김윤미 주무관이 함께 들어와 평양검무에 관련된 사항에 대해

보고를 받고 대책을 협의하였다. 오후 6시에 프라자호텔 22층에서 개최된 김백봉 부채춤 평남무형문화재 지정 제5주년 기념 축하연이 있었다. 김백봉 선생님도 자리를 함께하였다. 도지사로서 축하의 말을 하였다.

2019년 12월 18일 수요일 날씨: 맑음

오전 11시 30분쯤에 토사회 친구들이 오기 시작했다. 7명 정도 사무실로 오고 병학, 천근, 주섭 그리고 완태는 점심 모임 장소인 곰솔로 직접 왔다. 친구들이 내 사무실도 방문해서 격려도 해주고 토사회 송년모임을 겸하여 즐겁게 담소를 나누며 식사를 하였다.

2019년 12월 19일 목요일 날씨: 약간 추움 그러나 맑음

아침에 배즙을 한 스푼 먹었다. 색갈이 약간 검어 불안하긴 했으나 괜찮겠지 하고 먹은 것이 탈이었다. 출근길 내내 속이 불편하고 아랫배가 꾸륵꾸륵 했다. 사무실까지 간신히 참고 왔다. 화장실에 가서 변을 보니 설사가 계속되었다. 서너 번 화장실에 갔다. 오전 10시 30분에 오도청사 현관에서 불우이웃돕기 쌀 전달식이 있었다. 평남중앙도민회에서 2002년부터 18년째 해오고 있는 연말 불우도민 돕기 행사를 하고 있다고 하였다. 해마다 약 천만 원 정도 성금을 모금하여 각시군마다 형편이 어렵거나 독거 1세 분들을 선정하여 작은 정성을 보내는 행사이다. 나도 올해는 약간의 성금을 기부하였다. 인사말에서 오늘같이 추운 날 추위를 녹일 수 있는 것은 사랑이라고 말하고 오늘 우리의 작은 정성이 형편이 어려운 고향 어르신들에게 전하는 우리의 작은 사랑이었으면 좋겠다는 말을 하였다.

오전 11시 30분에는 평남산악회 송년 모임을 하였다 모임이 끝난 후에 삼각산 식당으로 가서 동태찌개로 20여 명의 산악회 회원들과 점심을 같이 했다. 이번 주 토요일에 세종시 이북도민 송년모임에 참석하여 축사할 축사 글을 수정 보완하였다. 이북도정 70년사 시판을 검토하였다.

오후 5시 20분쯤에 충무로 4가에 있는 대림정을 들렸다. 오늘 이북도민 통일아카데미 제3회 독서발표회가 있는 날이다. 서울과기대 동문 송년 모임과 겹쳐서 부득이 인사만 하고 나왔다. 오늘 행사에는 독서발표회 도서인 "나는 왜 싸우는가"의 저자인 이언주 의원도 참석하여 좋은 말씀을 해주기로 했다. 아쉽지만 한 20분 정도 있다가 자리를 떴다. 오후 6시 40분쯤에 강남 삼정호텔에 개최되는 서울과기대 송년 모임에 참석하였다. 행사가 거의 끝날 무렵에 좀 일찍 자리를 떴다.

2019년 12월 20일 금요일 날씨: 맑음 아침에 조금 추웠음

오전 7시쯤 국사봉 능선에 올랐다. 오르면서 올 한해 있었던 일을 하나하나 떠 올려 보았다. 정말로 드라마틱한 일들이 많았다. 오늘은 연가를 내어 도청 사무실에 가지 않는 날이다.

김백봉 부채춤 보유자인 안병주 교수의 남편 되는 장석의 사장한테서 메시지가 왔다. 새해 1월 2일이나 3일 중에 사무실에 찾아오겠다고 하여 일정을 체크 한 후 연락을 주겠다고 답신하였다. 비서실장에게 일정 체크 해서 일정을 잡아보라고 했다. 1월 2일은 신년하례식과 시무식이 있어서 1월 3일 점심으로 일정을 잡아 통보하였다.

2019년 12월 21일 토요일 날씨: 맑음

오늘 일정은 오후 1시에 세종시 사회문화관에서 2019년 세종특별자치시에 거주하는 이북도민과 북한 이탈주민이 함께하는 "2019년 세종특별자치시 이북도민 한마음 행사"가 개최되었다. 12시 40분쯤에 도착하여 행사장 부근에 있는 복집에서 이북도민연합회장이신 김영섭 회장께서 초대하여 대여섯 분의 내빈들과 점심을 함께하였다.

점심을 먹고 나서 도보로 행사장에 도착하니 세종자치시의회 의장이신 서 회장이 먼저 참석하시어 인사를 나누었다. 개회사에 이어 이북5도 위원장을 대신하여 내가 축사를 하였다. 북한 이탈주민들을 포함하여 약

70여 분 정도 참석하였고 공식행사가 끝난 후에 즐거운 여흥 시간을 가졌다. 대전시와 세종시에서 활발하게 활동하는 2번째 스무 살 팀이 신나는 율동과 노래로 분위기를 띄웠다. 이어 사랑나무라는 재능 기부팀의 난타공연, 하모니카 연주, 색스폰 연주 등 다양한 재주를 보여 참석한 도민들과 함께 어울려 즐거운 시간을 가졌다.

처음 하는 공식행사였으나 박민수 세종시사무소장이 열심히 준비하여 행사를 성공적으로 치른 것 같았다. 행사가 끝나고 어제 세종시 처제 집에 와서 자매들과 함께 하루를 보내고 있는 집사람과 함께 돌아왔다.

2019년 12월 22일 일요일 날씨: 맑음

아침 8시 30분 미사에 다녀왔다. 오늘 미사 집전은 새로 부임한 보좌 신부인 성 아나타시오 신부께서 하셨다. 처음 미사를 집전하시는 것이었는지 말씀을 또박 또박 하시며 성의를 다하여 강론을 하시고 미사를 집전하시는 것 같았다. 아기 예수 탄생에 대한 성경 말씀을 쉽게 잘 설명해 주셨다.

집사람이 현서네 집으로 도연이 보러 간다고 하여 나는 간단히 아침을 챙겨 먹고 홀가분한 마음으로 모처럼 어머니 산소에 가서 인사를 드리기로 하였다. 집에서 배와 귤 그리고 키위를 챙기고 마침 떡 한 팩이 있어 같이 봉투에 담아 가지고 갔다. 12시쯤에 광주에 있는 광주공원묘원에 도착하였다. 공원묘원으로 들어가는 입구에서 생화 한 다발과 소주 한 병을 샀다. 공원묘원에 도착하여 형님한테 드릴 꽃도 샀다.

모처럼 찾아뵈니 불효막심한 놈이라고 섭섭하게 생각하실 것 같아 못내 마음이 아팠다. 과일을 깎고 귤을 까서 놓고 소주 한 잔을 올리며 큰 절을 하였다. 속으로 "어머니 둘째 왔습니다." 하고 문안드리며 잠시 어머님의 밝은 미소를 떠올렸다. 참 긍정적이고 활달하신 분이셨다. 아버지를 일찍 하늘나라에 보내시고 홀로 되시어 어려운 상황에서도 언제나 웃음을 잃지 않고 열심히 사셨다. 걱정이란 것은 전혀 생각하지 않으셨던 분이셨다. 내가 세상을 살아가며 아무리 어려운 문제에 봉착해도 쉽게 극복할 수 있었던 것은 아마도 어머니의 그런 긍정적인 성격을 닮고 태어난 것이 아닌가 생각한다. 어머니는 언제나 이 둘째 아들이 당신의 희망이셨던 것 같았다. 언제 어디를 가나 우리 공부 잘하는 명우, 명우 하며 자랑을 하고 다니셨다고 한다. 그래서 주변에서 어머니를 조금이라도 아시는 분들은 내가 무척이나 공부를 잘하는 학생으로 알고 있었다.

어머니께 인사를 드리며 "엄니, 엄니가 그렇게 자랑하시던 명우가 올해 평안남도지사가 되었습니다, 양덕군수도 아니구요, 피양감사에유, 피양감사유…. 피양감사라는 말이 채 끝나기도 전에 가슴이 울컥해지며 뜨거운 눈물이 나의 두 뺨에 흘러내렸다. 마침내 나는 끝내 참지 못하고 꺼억 꺼억 하고 소리 내어 울고 말았다. 어머니가 덩실덩실 춤을 추며 내 손을 잡는 것 같은 느낌이 들었다. 나도 모르게 덩실덩실 춤을 추웠다. 그래야 울 엄마가 기뻐하실 것 같았다. 한참을 울면서 무덤 주위를 춤을 추며 돌면서 나는 어머니와 행복한 만남을 가졌다. 얼마 전 한정길 함남지사님께서 지은 시 한 구절이 생각이 났다.

"울 엄마, 나 함남지사가 되었어요, 기쁘시지요?,
덩실덩실 춤추고 싶으시지요.
울 엄마한테 자랑하고 싶은데요. 맘껏 자랑하고 싶은데…
울 엄니가 안 계시는구먼요.
기쁜 날인데, 정말로 기쁜 날인데 젤 기뻐하실 엄마는 안 계시는구먼요."

한정길 지사님의 시구가 떠오르며 울 엄마 생각을 했다. 한 지사의 시를 보지 않았더라면 아마 나도 한 지사가 지으신 시와 자구 하나 토씨 하나 틀리지 않게 똑같은 시를 지었을 것 같은 생각이 들었다.

"엄니, 엄니 기쁘시지요?

3. 2019년 도정일지

엄니! 둘째에요, 엄니! 제가 평남지사가 되었어유, 엄니 말로 피양감사유! 기쁘시지지요?

하늘나라 동네방네 다니시며 자랑하고 싶으시지요?" 자랑하고 다니세요. 살아생전에도 둘째 자랑 많이 하셨잖아요. 엄니가 그렇게 공부 잘하는 아들이라고 자랑하시던 명우가 피양감사가 되었어요. 엄니, 피양감사가 어떤 분인지 잘 아시지요?

그렇게 자랑하시던 둘째 아들이 평남지사 되시는 모습을 직접 보셨더라면 얼마나 좋아하셨을까? 덩실덩실 춤을 추시며 온 동네를 마냥 돌아다니셨을 것이다. 만나는 사람마다 붙잡고 자랑하셨을 것이다. 물론 집사람도 참 기뻐했다. 처음 지사 임명 소식을 함께 전해 듣고 팔짝팔짝 뛰며 서로 껴안고 좋아했었다. 우리 애들은 그저 말로만 축하한다고만 할 뿐 크게 기뻐하는 것 같지는 않았다. 하기사 인사 검증절차를 시작하려고 할 때 우리 두 애들은 한사코 반대를 했었다. 심지어 큰 애는 인사 검증절차에 동의하지도 않으려고까지 하였다. 되지도 않을 일 아빠가 힘만 들이고 결국엔 마음만 상할 것이라는 아빠에 대한 지극한 효심에서 한 거였을 것이다. 포기하지 않고 큰 애를 잘 설득하여 뚝심있게 추진한 것이 얼마나 다행인지 모르겠다. 그러다 보니 내가 너무 좋아하는 게 체신이 없어 보일 것 같아 애들 앞에서는 기쁜 표정도 맘대로 하지 못했다.

조용히 속으로 '어머니'하고 불러보았다. 방긋 웃으시며 "애비야, 너무 수고했다." 하고 말씀하시는 것 같았다.

"엄마, 피양감사 부임 소식 늦게 전해 미안해요. 도지사 취임하고 참 바쁘게 보냈어요. 온다, 온다 하면서도 이제 사 왔네요. 용서하세요. 이제 아셨으니 하늘나라에서도 맘껏 자랑하고 다니세요."

어머니와 나는 어느 자식들보다도 사연이 많다. 큰아들인 형님 때문에 마음고생을 평생토록 하셨기에 언제나 말썽 없이 공부 잘한다고 생각하셨던 둘째인 나를 끔찍하게도 마음속으로 든든하게 생각하셨고 어머니의 희망이셨던 것 같다. 50대 중반에 홀로 되시어 힘들게 가족의 생계를 책임지셨지만 언제나 힘이 넘쳤고 웃음을 잃지 않으셨다. 아마도 착실하게 공부 잘하는 둘째 아들이 마음에 큰 위안이 되셨던 것 같다. 도지사직을 퇴임하고 좀 한가해지면 어머니에 대한 이야기를 써 보고 싶은 생각이 든다.

한참을 어머니 곁에 머물며 어머니와 무언의 대화를 나누며 어머니와의 추억을 회상하였다. 무덤 주위를 정리하고 마지막으로 비석을 어루만지다가 떨어지지 않은 발걸음을 돌리면서 다시 뵈러 오겠다고 말씀드리고 어머니 곁을 내려왔다.

내려오며 막내아우 상우에게 전화하여 양재동 사무실로 오라고 하였다. 시간이 되면 아버지 산소에 같이 가 보려고 생각했다. 마침 상우가 저녁에 일을 나간다고 하여 같이 가기로 하고 우선 양재동 사무실로 오라고 하였다. 한 시간 후에 양재동 사무실에서 상우랑 만나 의정부 시외 샘내에 있는 아버지 산소로 갔다. 참 오랜만에 찾아뵈었다. 난 아버지에게 불효자식임에 틀림이 없었다. 상우랑 함께 인사를 드리며 죄송한 마음에 눈물을 흘렸다. 내년에는 이장을 하려고 한다. 파주에 있는 동화경모공원 내 봉안당에 편히 모시고 싶다. 그래야 자주 찾아뵐 수 있을 것 같다. 어머니는 당분간 광주공원묘원에 계시도록 하고 한 5년쯤 지난 후에 어머니도 동화경모공원 아버지 곁으로 모시려고 한다.

2019년 12월 23일 월요일 날씨: 맑음

아침에 도 사무국 직원들로부터 주간 업무보고를 받았다. 오후에는 평남수건춤의 한순서 보유자와 따님이신 이주희 교수가 찾아오셨다. 일전에 평남수건춤 공연에 참석하여준 것에 대한 감사의 표시로 방문하여주셨다고 하였다. 평남수건춤에 대한 예술성에 대해 말씀하시고 80 평생을 한시도 쉬지 않고 춤을 추워 왔노라고 말씀하시어 깊은 감명을 받았다. 평남수건춤의 유래와 춤사위에 대해서 자세한 설명을 들었다.

2019년 12월 24일 화요일 날씨: 흐림

이북5도위원회 올해 마지막 공식회의를 하였다. 세종시 이북도민연합회 한마음대회 참석하여 격려한 행사내용에 대해서 보고하였다. 내년도부터는 평남지사인 내가 이북5도위원회 위원장직을 맡게 되어있었다. 책임이 막중해짐을 느꼈다.

2019년 12월 25일 수요일 날씨: 흐림

아침에 뒷산에 올라갔다 왔다. 현서네 가족이랑 성탄미사에 다녀오고 집 앞 중국집에서 점심을 같이했다. 월셔모임에 구자형 총무가 빙모상을 당하여 강남성모병원에 문상을 다녀왔다. 구자형 총무의 손아래 처남이 대림동 주임신부님이어서 성당 사람들이 많이 조문하러 온 것 같았다.

2019년 12월 26일 목요일 날씨: 흐림 약간 비가 옴

오전에 이북5도위원회 사무국장이 내 사무실로 업무보고차 왔다. 일전에 동화경모경원과 관련하여 지시한 것에 대한 보고를 하기 위해서였다. 동화경모공원에 대해서 이북5도위원회의 지도관리 대상 관련 단체인지 여부와 지도관리 대상 단체의 범주에 속하는 경우 지도관리의 범위에 대해 행정안전부 법무관실의 유권해석을 받아보라고 지시한 적이 있었다. 그 지시 건에 대한 보고사항이었다.

결론적으로 동화경모공원은 이북5도위원회의 관련 법에 규정된 이북도민사회단체에 해당된다는 것이었다. 그러나 관리내용과 방법은 제한적이라는 유권해석이었다. 아무튼 관리 대상이라는 유권해석을 받은 것이 무엇보다도 중요하고 필요한 경우 이북5도위원회가 동화경모공원의 운영 상태에 대해 관심을 가질 수는 있는 것으로 판단되었다. 앞으로 필요한 경우 동화경모공원에 대해 적절한 행정지도를 할 수 있는 근거는 마련한 셈이다.

2019년 12월 27일 금요일 날씨: 흐림

오늘 평안북도 중앙도민회 정기총회가 있는 날이다. 정기총회에서 2년 임기의 중앙도민회장 선거가 있었다. 양종광 행정자문위원이 당선되었다. 점심은 오랜만에 구내식당에서 이은주 비서와 윤 주무관과 함께했다. 오후에는 평양검무 정순임 보유자가 방문하였다. 민원문제에 대한 처리 방안에 대해서 원론적으로 답변할 수밖에 없었다.

저녁은 무교동 근처 광교에 있는 한미리라는 한정식 집에서 평남사무국 직원 송년회 겸 박종배 사무국장 전별식을 하였다. "생자필멸 회자정리"에 대해 덕담 비슷한 말을 하였다. 인연의 소중함과 아울러 회자정리란 말이 있지만 비록 헤어지더라도 가슴속에 있으면 헤어지는 것이 아니라는 말을 했다.

지난 4개월 동안 박종배 사무국장이 새로 도지사로 취임한 나를 잘 보필해주어 내가 빨리 지사 업무를 수행할 수 있었던 것 같았다. 박 국장은 능력도 있고 성품도 온화하여 나로서는 큰 도움을 받았다. 부디 공직을 떠나서라도 성공적인 인생의 2모작을 하였으면 좋겠다는 덕담을 하였다. 본인은 늦었지만 퇴직 후에 한의학 공부를 해보려고 한다고 하니 뜻한 바를 잘 성취하였으면 좋겠다. 직원들과 십시일반 하여 작은 선물을 하나 마련하여 전달하였다.

2019년 12월 30일 일요일 날씨: 흐리고 약간 추웠음

아침 8시 30분 미사를 다녀왔다. 미사를 다녀와 아침을 간단히 한 후에 뒷산에 조금 올라갔다 왔다. 국사봉 8부 능선까지 올라갔다 왔다. 등산 다녀와 샤워하고 나니 몸이 가벼워졌다. 화분에 물을 주고 개풍군지 발간 축사를 완성하고 이혁진 상무에게 이메일로 보냈다. 둘째 현서네 사돈댁 내외분과 점심을 함께했다. 이북5도위원회 2020년도 시무식 신년사를 검토하였다.

저녁에는 조성원 평남중앙도민회장이 초대한 저녁 만찬 모임에 참석하여 성남시에 거주하는 10여분의 평남유지분들과 함께 분당 서현동에 있는 중식당 만강홍에서 송년 모임 겸 저녁 식사를 하였다.

2019년 12월 31일 화요일 날씨: 맑고 약간 추움

오늘은 금년도 마지막 날이다. 새로 이북5도위원회 사무국장으로 부임한 노경달 국장과 사무국에 총무과장 그리고 이북도민지원과장과 점심을 함께 하였다. 그동안 행사 관계로 바빴고 서로 시간이 맞지 않아 점심 날짜를 잡지 못했었는데 마침 오늘 시간이 괜찮다고들 하여 북악정에서 점심을 하며 그동안의 노고를 치하하였다. 노 국장은 행정안전부 지방자치 과장으로 핵심부서를 맡아온 경력이 있어 행정 경험이 풍부하고 성품이 온화한 것 같아 이북5도위원회로서는 복이라는 생각이 들었다. 특히 사무관 시절에 이북5도위원회에서 근무한 경험이 있어 이북5도위원회의 실정을 잘 알고 있어 내년도 이북5도위원장이 될 나를 도와 일하는 데 많은 도움이 될 것 같았다. 지원과장도 계장으로 이곳에서 근무한 경험이 있다고 하며 이번에 사무관으로 승진하면서 친정으로 온 기분이라고 했다. 총무과장은 국립수사연구소에서 근무한 특이한 경력이 있으나 고참 사무관으로서 제 몫을 잘 하리라고 생각되었다.

오늘은 연말이라 오후 1시 30분쯤 일찍 퇴청하였다. 집에 와서 뒷산 국사봉을 올라갔다 왔다. 오늘은 쉬면서 한 해를 정리해 보려고 한다. 저녁을 간단히 먹고 거실에서 새해맞이 프로를 보면서 한 해를 회고해 보았다. 올해는 나에게는 정말 영광스러운 한 해였고 관운이 튄 한 해였다. 꿈에도 생각하지 못했던 정무직 차관급인 평안남도지사에 취임하였으니 내 개인적으로는 한없는 영광의 한 해였다. 우리 집안으로서도 가문의 영광이었다. 최근 100여 년 동안 나의 직계 선대에는 고위공직자로 봉직한 사람이 없었다고 들었다. 그도 그럴 것이 조선 중 후기 300년간에는 평안도 출신은 차별하여 정3품 이상의 관직에는 등용하지 않았다고 한다. 이성계와 의형제를 맺고 조선건국에 1등 공신 중에 1등 공신이셨던 이지란이 우리 청해이씨의 시조이시다. 청해이씨 본관은 함경도 북청이다. 주로 함경도와 평안도에 집성촌을 이루고 살았다. 조선건국 후 200 여년 간은 무과와 문과에 급제사 많이 나와 정1품 벼슬을 비롯 정 3품 이상의 당상관을 지낸 분들이 많았다. 그러나 숙 정조 이후에는 조선왕조의 서북인 차별로 인하여 우리 청해이씨 집안은 정 3품이상의 고위 관직에 출사하지 못하였다고 한다. 그러나 보니 조선 말기에 와서는 말로만 양반 가문이었지 일반 평민과 다름없는 집안이 되었다고 한다.

 나는 결혼을 하여 가정을 이루면서 마음속으로 다짐한 것이 있었다. 한 집안에 정승급 인물이 나려면 최소한 3대는 공을 들여야 한다고 생각했다. 물론 정승급 인물이란 말은 관직만을 이야기 하는 것은 아니다. 정승급에 맞먹는 사회적으로 존경받는 위치면 족하다. 내 대에는 불가능하지만 적어도 내가 씨를 뿌리고 가꾸면 손자와 손녀 대에는 국가와 사회에 공헌하는 훌륭한 인물이 나올 것이라고 확신하고 기대하고 싶다. 〈그러니 내 대부터 차근차근 준비하자. 적어도 내 대에는 중상층 이상의 가정을 이루고 사회적으로는 국장급 이상(금융기관이나 공공기관의 임원급 또는 대학교수급 정도)은 되고 그다음 세대인 2세들을 잘 기르고 교육하여 판서급 인물이 되게 하자. 그다음 3세에는 정승급 인물이 나오도록 장기적인 명문 가문 만들기 프로그램을 짜서 실행에 옮기자〉는 대략 그런 장기적인 명문 가문 플랜을 나 혼자 마음속으로 가져보았다.

 금융기관의 임원이 되고 경영학 박사학위를 받고 명지전문대학 경영학 교수의 이력을 갖게 되었을 때 이만하면 내 대에 나의 소임은 다한 것이라고 생각했다. 2세대인 해림. 현서, 사위인 영민, 지홍이 잘해 줄거라고 굳게 믿고 있다. 그런데 내가 차관급의 고위공직자(조선시대 관직으로 말하면 종2품 참판 급으로 지방 도 관찰사)가 되었으니 3대에 걸

3. 2019년 도정일지

친 장기 명문 가문 만들기 플랜의 첫 세대 주자로서는 맡은 바 소임을 다했다는 그런 생각이 들었다. "뜻이 있으면 길이 있다"고 하였다. 나의 원대한(?) 장기 명문 가문 만들기 플랜을 2, 3세들이 잘 이해하고 뜻을 세워 정진해 주었으면 하는 마음 간절하다. 물론 이것은 아내나 애들이 전혀 모르는 나만의 생각이고 바램일 뿐이다. 거실에서 아내와 TV를 보며 올 한해를 회고하며 한해를 회고하는 글을 다음과 같이 썼다.

아내도 올 한 해를 내 인생에 있어서 최고의 해로 꼽았다. 그 말이 어느 정도 사실임에는 틀림이 없다. 올해가 을해년 돼지띠 해다. 내 인생에서 여섯 번째로 찾아온 돼지띠 해가 된다. 지난 72년간의 내 인생을 회상하면서 저물어 가는 을해년을 뒤로하고 희망찬 새해를 맞으려고 한다.

지난 일을 회상하며 감격적이고 영광스러웠던 일들을 하나씩, 하나씩 떠 올려 보며 집사람과 이야기했다. 가만히 생각해 보면 내 인생에서 가장 감격스러웠던 첫 번째 기억은 아무래도 1967년도 2월에 연세대학교 상학과에 합격하여 합격생 방을 바라보며 기뻐서 어쩔 줄 몰랐던 때가 아닌가 싶다. 지금도 기억이 생생하다. 그 시절 대학교 입학시험 합격자 명단은 운동장 한구석에 판자를 세우고 합격생 번호를 쓴 방을 붙였다. 붓글씨로 모조지에 합격생 수험번호를 써서 그 모조지를 널빤지에 붙여 세워 놓았었다. 지금 생각하면 참 목가적이다. 그날 상경대학 상학과 방을 보니 내 수험번호인 280번이 보였다. 그것도 아주 뚜렷하고 크게 보였다. 가슴이 뛰었고 세상의 모든 것을 얻은 것 같은 느낌이 들었다. 그렇게 들어가고 싶어했던 연대 상대가 아니었던가? 그것도 3등이라니 믿어지지가 않았다. 그 당시는 합격생을 성적순으로 게재하던 때였다.

이틀 전에 조선일보에 전화를 걸어 확인해본 결과 합격자명단에 없다고 하여 여간 실망하지 않았었다. 그날 상심한 마음을 달래며 2차 지원을 생각한 경희대 캠퍼스를 가 보았다. 경희대 캠퍼스가 조금은 아름다워 보여 다소 마음의 위안은 되었다. 그래 경희대에 우수한 성적으로 합격하여 입학금과 수업료를 면제받으며 다니면 되지 않겠나 하고 스스로 위안하며 경희대 캠퍼스를 둘러보고 왔다. 마음이 많이 가라앉았다.

하루를 집에서 푹 쉬고 그다음 날 아침에 일어나니 내가 불합격이 되었다는 것이 도저히 믿어 지지가 않았다. 열심히 준비했고 서울상대 들어갈 정도의 충분한 실력을 인정받았기 때문이다. 사실 나는 실력이 넘치더라도 서울대는 가려고 생각하지 않았다. 그런 내가 불합격이라니 아무래도 직접 가서 확인해보지 않고는 믿을 수가 없었다.

아침을 먹고 일찍이 신촌 연세대로 갔다. 정문 안쪽 운동장 입구에 합격생 방이 붙어 있었다. 날씨도 몹시 추웠고 합격 발표 후 이틀이 지난 후인지라 합격생 방을 보러 온 사람이 거의 없었다. 상경대학 상학과 합격방을 보려고 나는 방이 붙어 있는 곳으로 천천히 다가갔다. 가까이 다가가서는 차마 곧바로 눈을 뜨고 볼 용기가 없어서 한동안 눈을 감았다. 심호흡을 한번 하고 지그시 감은 눈을 서서히 떴다. 어차피 떨어졌다고 신문사에서 알려주었으니 가벼운 마음으로 보자, 그저 떨어졌다는 것만 사실인지 확인만 하자, 그런 기분으로 천천히 고개를 들고 보았다. 그런데 방을 보는 순간 나는 놀라지 않을 수가 없었다. 내 수험번호 280번이 한눈에 들어오는 것이 아닌가!

그것도 위에서 3번째로 있었다. 가슴이 멈추는 것 같은 순간이었다. "합격이구나, 합격이야." 나는 만세를 부르며 소리쳤다. 그리고는 백양로 길을 정신없이 뛰었다. 어떻게나 빨리 뛰었는지 뛰는 동안 신고 있던 헐거운 구두가 그만 벗겨졌다. 구두 한 짝이 벗겨진 것도 느끼지 못한 채, 열 서너 발자국은 뛰었던 것 같다. 발에 찬기가 느껴져 정신을 차려 보니 한쪽 발에 구두가 없는 맨발이었다. 구두 한 짝이 10미터쯤 뒤에 떨어져 있었다. 얼른 뒤돌아 가 구두를 신고 또다시 뛰었다.

교무처 사무실에 들어가자마자 "제가 이명우인데요. 상학과 합격했는데요, 어떻게 하면 되지요." 나는 사무실에 있는 분에게 두서없이 말했다. 차분하게 생기신 여직원 선생님이 나를 진정시키며 천천히 확인해주었다.

3. 2019년 도정일지

"어머 상학과에 3등으로 합격했네요, 축하해요. 그런데 오늘이 신체검사 날이에요." 하는 것이었다. 어떻게 하면 되느냐고 나는 다짜고짜로 물었다. 그분 말씀이 상경대학 사무실에 가서 합격확인을 받고 신체검사장인 세브란스병원으로 가라는 것이었다. 상경대학 본부에서 합격확인을 받아 신체검사를 무사히 마쳤다. 정말 아찔한 순간이었다.

그 당시는 통신수단이 여의치 않아 제대로 연락할 길이 없었던 것 같았다. 합격생이 신검에 불참하면 입학 의사가 없는 것으로 알고 일정한 기일이 지나면 불합격 처리되는 것이 일반적인 절차라는 것을 후에 알았다. 정말로 하늘이 도왔다. 세상을 살아오면서 나는 결정적인 순간마다 하늘이 도와주는 경험을 여러 번 했다.

나 대신 조선일보에 전화로 합격 문의를 해준 분은 나이가 제법 들은 분이었다. 그분의 발음이 분명하지 않았다. 그분이 상학과라고 발음을 하기는 했는데 조선일보 담당자가 듣기에는 사학과로 들었던 것 같다. 연대 문과에 사학과가 있었다. 내가 사학과를 지원하지 않았으니 당연히 내 이름은 없는 것이고 이름이 없다 보니 불합격되었다고 통보를 해 준 거다.

나는 중학생 때부터 연세대가 그렇게 마음에 들었다. 이다음에 크면 꼭 연세대학생이 되고 싶었다. 방학 때만 되면 내가 살던 금호동에서 그 당시로는 꽤 멀리 떨어져 있는 신촌에 있는 연세대 캠퍼스를 친구와 함께 둘러보러 가곤 하였다. 그리고는 마음속으로 이다음에 크면 꼭 연세대학생이 되어야겠다고 생각했다. 최근 그때 같이 갔던 친구가 내 자랑을 다른 친구들에게 하면서 그 당시 나와 같이 연세대에 갔었던 이야기를 해주어 당시의 기억이 새롭게 떠올랐던 적이 있었다.

나는 중학생 시절 연세대 배지를 단 대학생을 보면 모두 얼굴이 말끔하고 교양이 있어 보였고 참 신사처럼 멋있고 세련되게 보였다. 그때는 외국인 교수들이 더러 계셨던지 외국인 교수 자녀 같은 외국인 아이들이 연세대학교와 이대 부근 놀이터에 놀곤 있었다. 어쩌다 외국인 아이들을 만나면 용기를 내서 다가가 영어로 말도 걸고 이야기하는 것이 그렇게 즐거웠다. 연세대의 서양문화 분위기가 어린 나에게 그렇게 끌렸기에 대학시험 준비를 하면서 실력이 넘치더라도 무조건 연세대로 가기로 작정을 했었다. 무엇보다도 그 당시 애틋하게 읽었던 강신재의 단편 소설 "젊은 느티나무'의 배경이 바로 신촌 연대 캠퍼스 부근 아니었던가. 그런 연세대에 그것도 연세대의 간판 학과인 상경대학 상학과에 3등으로 합격했다니, 그때 나는 세상의 모든 것을 얻은 것 같았고 부러울 것이 없었다. 내 앞길은 환하게 열려 있다고 생각했다. "I got the World !"였다. 이것이 내가 기억하는 나의 인생에 있어서 첫 번째 감격스럽고 기뻤던 일이었다.

두 번째는 대학교 4학년 12월 달이었다. 한국상업은행 입행 시험에 당당히 합격한 것이다. 그 당시 군대를 다녀오지 않고 들어갈 수 있는 곳은 공무원과 금융기관뿐이었다. 금융기관의 경우 취업이 되면 군대 복무 중에도 월급이 나온다고 하여 친구들 대부분은 금융기관을 선호하였다. 나 또한 금융기관을 목표로 열심히 취직시험 준비를 했다. 대학 4학년에 올라가니 친구들이 졸업 후 진로 문제에 관심을 갖기 시작했다. 입학 동기들 중에 절반 정도는 재학 중에 군에 입대하였다. 4학년 초가 되니 상대 학생회에서는 4학년을 위한 영어 특강반을 개설하여 한주에 3일 하루 1시간씩 아침에 영문과 교수를 초빙하여 영어특강을 했다. 그때 영어특강을 해주신 분은 학원가에서도 명성이 높으셨던 김태성이란 강사였다. 그리고 한주에 한 시간 정도 논문 작성 방법에 대한 강의도 들었다. 논문이라기보다는 논설문 정도였다. 교수님이 매주 주제를 정해주면 논설문을 작성하여 제출하고 평가를 해주었다. 친구들 중에 제일 잘 쓴 논설문을 복사를 하여 나누어 주어 참고하도록 하였다.

나는 중고등학교 시절부터 영어공부를 열심히 했기에 비교적 영어 실력은 탄탄한 편이었다. 대학 4학년 동안에도 중고등학생 과외지도를 하였기에 가르치며 배운다는 말이 있듯이 매일 매일 영어를 가르치기 위하여 준비했기에 영어는 자신이 있었다. 영어특강 후 첫 모의고사에 내 영어 실력이 최상위권으로 나타냈다. 글 쓰는데도 어느 정도 자신이 있었기에 논설문 작성 평가도 좋은 편이었다. 상업은행 입행 시험은 영어와 전공 그리고 논문이었다. 영어 시험문제가 아주 쉽게 나와 변별력이 없을 것 같아 걱정했을 정도이다. 전공인 경영학 시험도 상업문제 수준이었다. 아무튼 나는 무난히 입행 시험에 합격하여 1개월간 신입 행원 연수를 마치고 우리 집에서 가장 가까운 중구 장충동지점으로 발령받았다. 그때 그 기분은 이루 말할 수 없을 정도로 기뻤다. 이제부터 어엿한 사회인이 되었다는 생각에 나 자신이 대견했고 앞날에 서광이 비칠 것만 같았다. 그 당시 금융인에 대한 사회적 평판은 아주 좋았다. 안정된 직장에 최고의 보수를 받는 직장으로 선망의 대상이었다.

나는 1970년 12월에 금융인이 되어 1998년 8월 IMF 여파로 국민리스 이사로 퇴임할 때까지 군 복무 기간 3년을 제외하고 근 25년간을 금융인으로 직장생활을 했다. 그 기간 동안 결혼도 하여 가정을 이루고 두 자녀를 두어 잘 키웠다. 훌륭한 직장 선배를 만나 많은 가르침을 받았고 좋은 동료와 후배를 만나 끈끈한 인간관계를 형성했다. 그런 좋은 선후배 동료 관계를 오늘날까지도 소중하게 생각하며 이어오고 있다. 내가 오늘날 이 정도의 위치에 오기까지는 이런 좋은 인간관계가 큰 영향을 미쳤다고 생각한다.

세 번째는 사랑하는 나의 평생의 반려자인 임희정 님을 만나 결혼한 것이다. 나는 집사람을 만나 사랑을 나누고 결혼을 하여 가정을 꾸린 것을 내 인생에 있어서 가장 성공적인 작품이라고 생각한다. 세월이 흐를수록 나이를 먹을수록 그런 생각이 확고하다. 아내는 나와는 달리 차분하고 생각이 깊은 사람이다. 그러면서도 참 마음이 따뜻한 사람이다. 원칙이 뚜렷하고 계획적인 사람이어서 내가 가지지 못한 장점을 많이 갖고 있는 사람이다.

결혼생활을 하는 동안 모든 일을 집사람과 상의하고 의견을 구했더라면

📓 **평양감사 1054일 I**

하는 생각을 나이가 들어가면서 절실히 느끼고 있다. 집사람에 비하면 나는 저돌적이고 무계획적인 사람이다. 계획을 사전에 치밀하게 세워 준비하며 일을 추진하는 스타일이 아니고 무조건 저질로 놓고 처리하는 편이다. 이런 일 처리로 인해 어려움도 많이 겪었고 실패도 겪고 손해도 많이 보았다. 그러나 한 가지 분명한 것은 어떠한 경우라도 나는 좌절하거나 두려워하거나 물러서지 않았다. 잘 처리 해왔고 어려움을 극복하였다. 그러한 과정에서 일 처리 방법도 터득하고 용기와 뱃심도 두둑해졌던 것은 사실이다. 처음부터 집사람과 합작하여 일을 하고 의논하면서 집안 대소사를 처리했더라면 더 좋았을 것이라고 생각하며 후회스럽기 그지없다.

  사실 나는 결혼 초부터 집사람 모르게 어머니와 동생들을 돌볼 수밖에 없었다. 그러다 보니 모든 것을 집사람에게 이야기하지 못 하는 일들이 자주 생기게 되었다. 특히 본가에 관한 일들에 대해서는 집사람을 불편하게 하지 않으려는 내 나름의 생각으로 집사람을 배려한답시고 터놓고 이야기를 하지 못하는 것이 더러 있게 되었다. 그러다 보니 그것이 습관화되어 어느 사이 집사람의 의견을 들어 일을 처리하는 것이 불편한 것이 되어버렸다. 특히 부동산 투자 문제는 내가 저질로 놓은 다음 집사람에게 의논하는 식으로 처리한 것이 한두 번이 아니었다. 그 결과적으로 상당한 손해를 보게 된 것이 한두 번이 아니었다. 지금도 대치동 우성 아파트를 내 뜻대로 팔고 큰아이 학교 부근인 이대 부근 대흥동 재개발 아파트로 이사한 것은 나의 최대의 실패작이며 평생 두고두고 집사람한테 미안한 생각이 든다. 집사람은 지금도 대치동에서 알게 된 자모들이나 성당 교우회 그리고 서예 모임 사람들하고 모임을 갖고 있다. 가끔 모임에 갔다 와서는 그분들의 아파트값 오를 때마다 한마디씩 하곤 하는데 나는 할 말이 없었다. 참 미안하고 죄송스럽다. 이제 와서 집사람보고 이해하여 달라고도 할 수 없는 노릇이다. 그렇다고 가장으로서 내 책임과 의무를 소홀히 한 적은 거의 없었다고 생각한다. 언제부터인가 사소

146

3. 2019년 도정일지

한 일이라도 집사람과 상의하며 의견을 물어 처리하려고 생각을 고쳐먹었으나 이제는 별로 상의할 거리가 없는 편이 되었다. 후회막급이다. 아내가 너그럽게 이해해 주기를 바랄 뿐이다. 기대하는 것이 염치없는 일이기는 하지만….

아내 임희정은 가정을 규모 있게 잘 꾸리고 두 딸을 모두 잘 교육시킨 덕분에 두 딸 모두 양갓집 딸들처럼 교양 있게 잘 자랐고 공부도 제법 잘하여 명문학교에 입학하고 우수한 성적으로 졸업하여 훌륭한 배필을 만나 원만한 가정을 이루고 행복하게 아주 잘 살고 있다. 그것이 나에게는 가장 큰 복이고 이 모두 아내 덕분이라고 생각한다. 지난번 공직 취임 후에 재산 신고를 한 적이 있는 데 나는 아내가 이재에는 전혀 무관심하고 재주가 없는 줄 알았다. 그런데 재산 신고 후 보니 나한테는 전혀 말하지 않았던 재산이 제법 있는 것을 보고 깜짝 놀라지 않을 수 없었다.

네 번째 내 인생에 감격스럽고 신비로운 것은 아무래도 첫 딸 해림을 보았을 때와 둘째 딸 현서가 우리 두 사람에게 태어난 것이라고 생각한다. 생명의 신비로움, 종족보존의 책임감 완수, 아무튼 감격스럽고 행복했다. 세상에 태어나 나와 아내를 닮은 2세를 두었다는 기쁨은 이루 말할 수 없는 하나님의 축복이라고 생각한다. 두 아이들은 정말 말썽 하나 피우지 않고 부모에 순종하며 어려움이 없이 잘 자라고 훌륭하게 교육받았다.

큰아이 해림은 언제나 우등생이었고 학급의 리더였다. 모든 친구들이 좋아했고 따랐다. 내가 생각하기도 마음이 넓고 여유로웠다. 어려운 친구들이나 부족한 친구들에게 진실로 대했고 진실한 우정을 나누며 지내는 것 같았다. 옳고 그름이 분명하였고 생각이 깊었다. 내 자식이지만 내 마음속으로도 대견하고 자랑스러웠다. 주위에서 큰 인물이 될 거라고 칭찬이 대단했다. 우리 부부도 그런 생각을 하였다.

내가 산업리이스 광주지점장을 할 때였다. 일 처리를 잘못한 리스계약

건이 하나 있어서 심적으로 어려움을 겪고 있었을 때였다. 점을 잘 보지 않는 편인데도 마음이 약해지니 용하다는 점집을 가게 되었다. 내 사주를 보더니 기사 있는 자가용을 탈 팔자라는 것이었다. 그 당시 금융기관 지점장으로 이미 기사 있는 차를 타고 있었기에 별로 신통하다는 생각이 들지 않았다. 그런데 그 점쟁이 그다음에 하는 말이 "관운이 있네요." 하는 것이었다.

사실 나는 중. 고등학교를 다닐 때부터 고시를 보아 판검사가 되거나 관계로 진출하려고 생각했었다. 그러나 대학에 진학하면서 아르바이트를 해서 학비를 벌어야 학업을 계속할 수 있는 형편이라 고시 공부를 별도로 준비할 시간이 전혀 없었다. 그것이 나로서는 지금도 못내 아쉬웠다. 공부할 시간만 있었다면 사시나 행시에 도전이라도 해볼 수 있었을텐데 하는 그런 아쉬움이 있었다. 그런 나에게 관운이 있을 팔자라니 믿기지가 않았다. 갑자기 귀가 솔깃할 수밖에 없었다. 그래서 되물어 보았다. "정말 관운이 있어 보입니까?" 그 점쟁이 말이 "있네요, 그런데 좀 늦게 와요." 그러더니 애들 사주를 한번 보자고 말하는 것이었다. 복채 벌려고 하는 수작이려니 하고 그냥 나올까 하다가 다시 점 볼 일도 없고 하니 온 김에 애들 것도 한번 봐 보자, 하고 큰 아이인 해림이 사주를 봐 달라고 했다. 한참을 열심히 보더니 하는 말이 "참 좋은 사주입니다. 옛날에 태어났더라면 왕비가 될 사주네요." 하는 것이었다. 호기심이 동하여 "뭐라고요? 그런 사주로 풀이됩니까?" 하고 되물었다. 그렇습니다. 성품이 너그럽고 포용력과 이해심이 많아 주위에 따르는 사람이 아주 많습니다. 배우자 운도 아주 좋습니다. 본인이 크게 되지 않으면 배우자가 크게 될 운수에요. 선생님의 관운도 딸의 사주 덕입니다." 하는 것이었다. 믿기지는 않았지만 듣기에는 너무 좋았다. 나는 이런 말을 이제까지 어느 누구한테도 말하지 않았다. 천기누설이랄까 그런 기분이었다. 심지어는 아내한테도 최근까지 말하지 않았다.

최근에 큰애가 너무 집안일에만 전념하고 자기계발이나 일체의 사회 활동을 하지 않고 있기에 내심 안타까운 생각이 들어 카톡으로 이런 비슷한 이야기를 딸아이한테 문자로 보낸 적이 있었다. 카톡을 보내 놓고 그 후에 집사람한테 이와 비슷한 이야기를 한번 한 적이 있을 뿐이다. 아무튼 우리 두 딸은 우리 부부에게는 하늘이 우리에게 보낸 최상의 선물이며 보배이다. 우리의 모든 것을 주어도 아깝지 않은 존재들이다. 아무쪼록 몸 건강하게 배우자와 진정으로 사랑하며 행복한 가정을 이루면 그 이상 바랄 것이 없다.

다섯 번째는 내가 1970년 12월부터 상업은행에 입행하여 사회생활을 시작한 후에 3년간 군 복무를 마치고 복직한 후 한국산업은행의 자회사인 한국산업리이스로 직장을 옮겨 금융인으로서 열심히 사회생활을 배우고 활동할 때였다. 1981년 9월경이다. 내 나이 만 34세였다, 그것도 과장 초임호봉이었던 내가 금융기관의 지점장으로 전격 발탁된 것이다. 그 당시로서는 파격적인 일이었다.

그 시절 일반적인 관행으로는 금융기관의 지점장은 통상적으로 부장이나 적어도 고참 차장급에서 임명되는 자리다. 그런데 초임 과장이 지점장을 맡는 경우는 아마도 금융기관의 역사상 내가 전무후무한 일일 것이다. 그것도 개설지점장이란 막중한 자리에 발탁된 것이다. 그 당시만 해도 금융기관 지점장에 대한 사회적 평가와 예우는 지금에 비할 바가 아니었다. 기사가 있는 전용차에 여비서까지 있으니 갑자기 나의 사회적 신분이 급상승한 것 같은 착각이 들었다.

내가 지점장에 전격 발탁된 배경에도 역시 관운이 따랐다. 1981년도는 바로 광주사태가 있은 지 1년이 지난 해였다. 광주 민심이 흉흉하였고 호남인심이 전두환 군사정권에 대한 반감이 이루 말할 수 없이 극도로 악화되어 있었을 때였다. 그래서 광주지점장의 요건은 광주 출신이거나 아니면 최소한 경상도 출신은 배제되어야 했었다. 그런데 그 당시 우리 회사에는 상층부가 거의 경상도 출신으로 되어있었고 전라도 출신으로서 최고 직급이 대리였다. 부득이 비경상도 출신 중에 최고위직인 사람 중에 영업능력이 있는 사람을 찾다 보니 내가 최적임자로 발탁되었다. 그런 연유로 약관 34세의 젊은 나이에 국책 금융기관인 산업리스의 초대 광주지점장으로 발탁되었다. 나는 3년간 광주지점장으로 근무하면서 많은 경험을 하였다. 향후 직장생활과 사회생활을 하는 데 있어서 조직관리나 대인관계에 있어서 필요한 소양과 경험을 이 기간 나름 많이 쌓았던 것 같다. 조직 생활에 있어서 상사뿐만 아니라 지역사회 어른분들이나 소위 유지분들에 대한 예의와 처신에 대해서 값진 경험을 많이 할 수 있었던 기간이었다.

특히 예향의 도시인 광주와 목포의 유지분들과 친교를 나누며 한국화와 서편제인 남도 창에 대한 문화적 소양을 쌓을 수 있는 좋은 기회를 가진 것은 나에게 문화와 예술에 대한 관심과 안목을 길러준 좋은 기회였다. 전라도 내에 있는 송광사, 대흥사, 선운사, 선암사 등 명산 고찰을 답사하여 불교에 대해 조금이나마 이해할 수 있는 기회를 갖게 된 것도 나로서는 매우 보람되고 유익한 경험이었다. 그러나 무엇보다도 한국 현대사에 있어서 6.25사변 이후 우리 역사의 최대의 아픔이었던 5.18 민주항쟁의 본고장에서 3년을 광주, 전남 분들과 가까이 친교하며 그들을 이해하고 그들의 아픔을 객관적으로 이해할 수 있게 된 것은 최근 우리 현대사의 한 부분을 알리는 노력에 많은 도움이 되었다. 광주라는 곳이 그런 의미에 나에게는 어린 시절 피난 시절을 보냈던 논산군 노성면 다음으로 나의 제2의 고향 같은 곳이라고도 할 수 있는 곳이다.

여섯 번째로 감격적인 순간은 광주지점장을 3년을 마치고 본사 영업부 차장으로 복귀하여 근무하고 있었던 1985년 2월이었다. 하루는 사장실에서 부른다기에 사장실에 들어가 홍은기 사장님을 뵈었다. 홍은기 사장님은 중앙일보 회장으로 계셨던 홍진기 회장의 제씨(弟氏)되시는 분으로 산업은행 수석 이사를 하시다가 산업은행 100% 자회사인 우리 회사 사장으로 오신 카리스마가 넘치시는 대단한 분이셨다. 개인적으로는 나와 대학 동기 동창인 절친한 친구의 이모부가 되시는 분이기도 하셨다.

홍 사장은 나를 보자마자 다짜고짜로 "이 차장 참 좋은 기회가 왔네. 자네를 새로 설립된 국민은행 자회사인 국민리스 영업부장으로 천거하기로 하였네. 자네가 좋다면 이번 주 내로 가는 것으로 하세." 너무 갑작스런 말이었다. 사실 그 당시 나는 광주지점장으로 있었을 때 목포에 있는 도자기 제조회사에 몇 원 억 원 정도의 리스금융을 해주면서 리스물건 점검을 제대로 하지 못하여 신용보증기금으로부터 보증채무 무효 소송이 걸려있었던 중이었다. 만약 잘못되어 패소하는 경우 지점장으로서 책임을 물어 취급직원과 함께 징계를 당할 수도 있는 처지였다(1년 후 소송에서 산업리스가 승소하여 채무변제를 받았다). 그러다 보니 내 입장이 약간은 곤란한 상황이었다. 어쩌면 나에게 좋은 기회가 온 것인지도 모르겠다는 생각도 들었다. 생각해 보겠다고 말씀을 드리고 사장실을 나왔다. 집에 가서 집사람에게는 참 좋은 기회가 왔다고 말하고 회사를 옮기겠다고 말했다. 집사람도 찬성하여 다음 날 사장님께 국민리스로 가겠노라고 말씀을 드렸다. 초임 과장으로 광주지점장으로 발탁되었고 이번에도 초임 차장에서 금융기관의 막중한 자리인 영업부장으로 발탁된 셈이었다.

다음 주 월요일에 국민리스 권영로 사장께 인사를 드리러 갔다. 권영로 사장은 국세청 차장 출신으로 세무대학장을 하시다가 국민리스 초대 사장으로 국민리스가 설립된 해인 1984년 10월에 취임하셨다. 나는 드디어 리스회사의 가장 핵심 부서장인 영업부장으로 한 직급 상승하여 전직하게 되었다. 이번에도 나의 사회적인 신분이 수직 상승된 것 같은 느낌을 받았다. 나중에 들은 이야기인데 권영로 사장님은 신설된 회사이 국민리스의 영업부를 보강하기 위하여 기존 3개 리스사 중에 선발주자인 산업리스에서 영업부장을 스카우트하려던 참이었다고 한다. 권영로 사장의 대구에 있는 경북고등학교 동기 동창이신 분이 그 당시 산업은행 정춘택 총재였다. 권영로 사장은 산업은행 총재께 영업력이 뛰어난 부장급 한 사람을 특별히 부탁하였다고 한다. 막역한 고교동창 친구의 청을 거절할 수 없어 정 총재는 자회사인 산업리스의 홍은기 사장에게 연락하여 영업력이 가장 뛰어난 우수한 영업부장 감을 특별히 추천해 달라고 부탁했다고 한다. 이에 홍은기 사장이 다른 임원들과 협의한 결과 내가 가장 적임자로 의견을 모으고 나를 추천하되 1계급 직급을 높여 영업부장으로 보내는 것으로 협의했다고 한다.

이번에도 나에게는 직장 운이 따른 것이라고 자위하여 보았다. 사실 산업리스는 기반이 탄탄하고 주주가 산업은행이라 국민은행이 주주인 국민리스와는 회사의 가치나 위상 면에서 비교가 되지 않았다. 그러나 내 입장만을 고집할 수 없는 상황이라 차라리 나에게는 좋은 기회라고 생각하고 국민리스로 옮기기로 결정하였다. 쉽지 않은 결정이었으나 결정하고 나니 마음이 홀가분했고 새로운 환경에서도 잘해 나갈 자신이 생겼다. 나는 사실 남보다는 새로운 환경에 대한 적응력이 좋다고 생각한다. 새로운 회사에 가서도 잘할 수 있을 자신이 있었다.

국민리스로 이직한 후 정말 열심히 근무했다. 영업부 조직을 새로 구축하고 직원 교육을 시키고 짧은 기간 내에 기존 리스사와 경쟁할 수 있는 영업부 조직을 갖추었다. 실력을 인정받아 영업부장으로 온 지 5년 만에 이사로 승진하였다. 드디어 금융기관의 꽃인 이사 자리에 오른 것이다. 금융기관의 이사직에 오른 후에 나는 내 대에 목표로 삼았던 한국 사회의 중상층에 진입하는 초입에 들어간 것으로 생각하게 되었다. 적어도 나의 2세들이 이를 바탕으로 더욱 발전할 수 있을 것으로 확신했다.

일곱 번째는 2005년 2월에 단국대학교에서 "거시경제 변수가 주식수익율에 미치는 영향"이란 논문으로 경영학 박사학위를 받은 일이다. 각고의 노력 끝에 3년간의 박사 과정을 마친 후 4년 만에 박사학위를 받고 얼마나 감격스러웠는지 모른다. 나는 집안의 융성과 품격이 단지 재력으로만 되는 것이 아니라고 생각한다. 가풍과 품격이 있어야 하며 그것은 적어도 가족 구성원의 학력이 기본적인 바로미터가 된다고 생각한다. 외람된 이야기이고 팔불출 같은 이야기이지만 나의 직계 가족 4명의 평균 학력은 내가 박사학위를 받는 바람에 석사이다.

학문의 정점을 사회적으로 인정해주는 것이 박사학위이며 대학교수직이라고 생각한다. 1998년 2월부터 단국대학교 일반대학원 재무관리 박사 과정 3년 마치고 나서 대학 동기인 명지전문대학교 신문영 교수가 추천하여 명지전문대학교 경영과에 경영학 교수로 출강하게 되었다. 건설업을 경영하는 처지라 전임교수를 할 수 없어 겸임교수 자격으로 8년간 강의를 하며 부교수 자리까지 올라갔다. 가장인 내가 대학교수에 박사학위를 취득하였으니 적어도 한국 사회에서는 우리 가정도 어느 정도 소위 품격있는 집안이라고 평가받을 수 있는 가정이 되었다고 자평해보았다.

여덟 번째 기뻤던 일은 아무래도 해림이와 현서가 좋은 배필을 만나 행복한 가정을 이룬 것이 아닌가 생각한다. 해림이와 맏사위인 영민이는 대학교 때부터 같은 동아리 활동을 하며 친구처럼 지내더니 장래를 약속하며 2005년도에 결혼을 하여 가정을 꾸렸다. 진실하고 믿음직한 영민이는 대학생부터 우리 집에 놀러 와 사위라기보다는 아들 같은 느낌이 든다. 장래가 촉망되는 법관으로 어느새 부장판사가 되었으니 마음 든든한 맏아들 같은 느낌이다. 현서도 성품 좋고 성실한 지홍이를 만나 행복한 가정을 이루고 있어 여간 고맙지 않다. 우리 부부 사이에 아들이 없다 보니 두 사위가 우리 내외에게는 아들과 같다.

아홉 번째는 도연이와 제인이 그리고 제윤이가 우리 부부의 손녀딸로 태어난 것이다. 손녀딸을 보니 이제 세상에 나와 꼭 해야할 일은 거의 다한 것 같은 느낌이 들었다. 옛 어른들이 손자 손녀를 그렇게 기다리는 이유를 이제야 알 것 같았다. 우리가 세상을 떠나 이승에 없더라도 이들 손녀들을 통하여 우리 부부의 몸과 정신이 면면히 이어질 거라고 생각하니 신기하기도 하고 마음이 그렇게 편안할 수 없다. 도연이는 예의 바르고 똑똑하고 머리가 영리할 뿐만 아니라 생각도 깊어 큰 인물이 될 것 같은 생각이 든다. 제인이도 총기가 있어 보여 기대가 된다. 반듯하고 잘 성장하여 큰 인물이 되어 국가와 사회에 공헌할 수 있는 사람이 되었으면 더없이 좋겠지만 모두 건강하고 행복하게 제 몫을 하며 살아간다면 그것으로 족하다.

  마지막으로 감격스럽고 영광스러운 것은 당연히 올해 나에게 일어난 일생일대의 대사건이다. 국가의 부름을 받고 평안남도지사에 취임한 것이다. 처음 청와대 인사혁신처에서 인사 검증에 동의하냐고 전화가 왔을 때만 해도 들러리라고 생각했고 기대도 하지 않았다. 그러나 하늘의 뜻인지 관운이 있었던지 다른 후보자들보다 상대적으로 공직 경험이 없는 내가 발탁되었다. 지난 72년간의 내 인생에 있어서 가장 극적이며 감동적인 일이었다. 생각해 보면 도지사로 가는 길이 마치 잘 짜여진 예정된 계획에 따라 오래전부터 순서대로 차질 없이 차근차근 진행된 것 같은 느낌이 들었다. 단계 단계마다 전 단계가 다음 단계의 잘 준비된 예비단계인 것 같았다. 그 단계마다 준비가 잘 되었고 나를 도와주는 사람들이 있었다. 도와주는 사람들은 그것이 나를 도와준다는 것을 의식하고 도운 것은 아니었다. 그러나 모든 과정이 나의 도지사 지명과 어쩌면 그렇게 서로 연관되어 차질 없이 최종 목적지에 물 흐르듯 안착할 수 있었는지 모르겠다. 내가 도지사를 퇴임한 이후에는 내가 도지사로 되기까지의 과정을 가까운 주위 사람들에게는 이야기해주려고 한다.

  여기까지 생각하고 나니 가슴이 벅차고 지나온 세월 정말 잘 살아왔고 성공적인 삶을 살아왔다고 자부하고 싶어졌다. 물론 살아오는 동안 좌절과 실패, 슬픔과 절망, 억울함과 분노, 처절한 경쟁과 배신 그리고 비열한 싸움이 나에겐들 왜 없었겠는가. 참 힘들었고 마음에 상처도 받고 가슴 아린 아픔도 수없이 겪어 보았다. 그러나 어느 경우라도 남을 탓하지 않았고 쉽게 좌절하지도 않았다. 역경에 처하였을 때마다 용기를 잃지 않고 나를 담금질하며 뒤로 물러서지 않고 앞으로 앞으로 전진하였다. 실패는 다음 도전의 밑 걸음이 되도록 하였다. 절망은 희망으로 승화하였고 분노와 미움은 포용과 화해로 극복하였다. 나와 만나고 함께 일하며 겪었던 사람들 모두에게 최선을 다하려고 노력하였고 진실하게 대했고 성의를 다하여 왔다. 오늘 나에게 이런 영광의 기회가 주어진 것은 이런 나의 인생관과 인생역정의 자연스런 과정이며 인과 결과라고 말한다면 너무 과한 표현일까?

앞으로 살아가면서 이와 같은 감격스러운 일이 또다시 생길는지는 모르겠다. 욕심은 없다. 그러나 마지막 한 개쯤은 더 기대하고 싶은 것이 내 솔직한 심정이다. 아내와 여기까지 얘기하면서 서로 마주 보며 빙그레 웃었다. 그러나 생각해 보면 이 모든 운이 사실은 우리 집사람의 착한 마음과 사려 깊은 심성에서 비롯된 덕이라고 나는 생각한다. 사주와 관상을 보는 사람들의 말에 의하면 남자의 운세, 그중에서 관운은 남자 혼자만의 사주팔자만으로는 되지 않는다고 한다. 본인의 사주에 배우자의 사주가 잘 도와주어야 된다는 것이다. 그 말은 정말 맞는 말이다. 여러 가지로 부족한 나에게 아내와 같은 훌륭한 품성의 배우자가 있었기에 나에게 특별한 관운이 실현될 수 있었던 것이라고 생각한다. 아내 임희정 님에게 정말 고맙다. 신년을 맞아 보신각 제야의 종소리를 들으며 아내와 손을 맞잡고 경자년 새해를 맞이하며 새해의 각오를 다짐하였다.

2020년 도정일지

2020년도는 평안남도지사가 이북5도위원회를 대외적으로 대표하며 이북5도위원회 사무국을 지휘 통할하는 이북5도위원장을 맡는 해이다. 연초에 중국 우환에서 발생한 코로나 19가 우리나라에 전염되어 2월부터는 대외적인 위원회 활동에 많은 제약이 있었다. 그럼에도 불구하고 이북5도위원장으로서 여러 가지 의미 있는 일을 하였다.

3월 초부터 평남부녀회원을 중심으로 '사랑의 마스크 만들기' 사업을 추진하여 2주간에 걸쳐 6천 5백 장의 마스크를 제작하여 대구·경북지구에 보내고 연로한 1세 어르신들과 도움이 필요한 이북도민 그리고 북한이탈주민들에게 나누어주었다.

이북도민 상담센터를 개설하여 법부·세무·의료 및 건강, 심리상담 등 전문가를 모시고 이북도민과 북한 이탈주민에게 상담서비스를 제공하였다. 이북5도위원회 홈페이지도 내용과 포맷을 확장 개편하여 실시간으로 최근 이북5도위원회의 관련 정보를 얻을 수 있게 하였다.

평양 출신 독립군대장 홍범도 장군의 봉오동·청산리전투 승전 100주년을 맞이하여 봉오동·청산리전투 관련 희귀사진을 정리하여 도록을 제작하였다. 이어 서울과 전주시, 세종시, 속초시 등 전국을 순회하며 전시회를 개최하여 북간도를 중심으로 한 독립운동과 독립군의 활동을 재조명하고 널리 알리는 일을 함께하였다.

이북5도위원회의 연중 중요행사는 해외이북도민 격려 방문과 모국초청행사, 10월에 대통령 배 이북도민체육대회 그리고 11월에 이북도민미술대전이다. 그러나 아쉽게도 코로나 사태로 해외이북도민 격려 방문과 모국초청행사 그리고 이북도민 행사 중 가장 큰 행사인 대통령 배 이북도민체육대회는 개최하지 못하였다. 그러나 여건이 허락하는 범위 내에서 이북5도위원회 각종 행사를 차질없이 내실 있게 진행하였다.

4. 2020년 도정일지

특히 2021년도 예산에는 기재부 예산실장을 직접 만나 필요 예산증액을 요청하였고 그 결과 홈페이지 관련 예산을 1억 원 증액하여 반영하였다.

평남 명예시장군수들과 평남을 빛낸 인물 선정작업을 하고 선정된 분들에 대한 생애를 정리하여 『평남을 빛낸 인물』 책자를 만들기로 의결하고 대표군수를 위원장으로하는 발간위원회를 구성하고 발간 작업에 전력을 다하였다. 평남을 빛낸 인물을 선정하는 목적은 평남 출신으로 민족의 지도자로서 독립운동과 대한민국 건설에 큰 역할을 한 분들의 생애를 정리하여 그분들의 높은 뜻과 한없는 애국애족의 정신을 이어받고 후세에 전하기 위함이다. 각 시군민회에서 추천한 인물들을 대상으로 외부 전문가들을 선정위원으로 모시고 1차로 60인을 선정하여 그분들의 생애를 정리하여 『평남을 빛낸 인물 60인』의 책자를 발간하고 12월에는 성대하게 발간식을 가졌다. 2020년도에 평남지사로서 가장 보람있는 일을 했다고 자부해본다.

2020년도 한해는 평안남도 지사로서 뿐만 아니라 이북5도위원장으로서 보람 있는 한 해를 보냈다고 자평해본다.

-2020년도 주요행사 기념사진-

사랑의 마스크 만들기

봉오동전투 100주년 기념식

봉오동전투 사진전

무형문화재 전수교육자

강우규의사 의거 101주년

이북도민예술 시상식

2020년 1월 1일 수요일 날씨: 흐림

오늘은 경자년 새해 첫날이다. 아침 일찍 일어나 뒷산에 잠깐 올라갔다 왔다. 황태 떡국을 먹고 올 한 해를 시작했다. 나를 아는 귀한 몇 분들에게 붓글씨로 다음과 같은 새해 인사말을 써서 카톡으로 발송하였다.

새해 인사

존경하옵는 고향 어르신, 선배님 다정한 벗들과 든든한 후배 아우님들!
희망찬 경자년 새해 아침입니다. 붓을 들어 새해 인사드립니다. 올 한해도 모두 건강하시고 사랑이 충만한 한 해가 되기를 진심으로 기원합니다.
올 한 해 저에게 맡겨진 직분 열과 성의를 다해 수행하고자 합니다. 이북도민을 섬기고 이북5도위원회의 위상 제고와 역량 강화에 힘쓰겠습니다. 내실 있는 이북5도위원회와 활기찬 이북 도민사회를 위해 사명감을 갖고 헌신하겠습니다. 여러분들의 적극적인 관심과 따뜻한 격려 부탁드립니다. 여러분들과 함께 보람찬 한 해 만들어 가겠습니다. 감사합니다.

점심에 현서네 가족이 와서 황태 떡국에 갈비찜으로 점심을 같이하였다. 현서 내외의 세배를 받고 제인이의 억지 세배도 받았다. 점심을 먹고 난 후 집사람과 어머니 산소에 다녀왔다. 집사람이 다른 일이 있어서 혼자 조용히 다녀오려고 했는데 집사람이 굳이 같이 가겠다고 하여 속으로 참 고맙게 생각했다. 얼마 전에도 다녀왔는데 설 날 새해 첫날에 인사를 다녀와야 마음이 편할 것 같았다. 어머니 산소에 가서 집사람과 성호를 그으며 새해 인사를 드렸다. 어머니께 집사람과 같이 왔노라고 말하였다. 참 좋아하실 것 같았다. 어머니에게 작별인사를 드리고 내려오면서 형님 산소에도 들려 새해 인사를 드렸다. 만감이 교차되었다. 올해는 윤년이라 산소 이장을 많이 한다고들 한다. 의정부 샘내에 있는 아버지 산소를 동화경모공원에 있는 봉안당으로 옮겨보려고 한다.

2020년 1월 2일 목요일 날씨: 흐림

　오전 8시 20분쯤에 서울에 있는 정부 제2청사인 외무부 대강당에 도착했다. 입구에 있는 의자에 앉아 시무식 시작할 때까지 기다렸다. 오늘은 이낙연 총리 주관으로 2020년 정부 시무식이 있는 날이다. 9시 5분 전쯤에 이낙연 총리께서 입장하여 곧바로 시무식이 진행되었다. 총리의 새해 인사말에 이어 총리와 각부 장관들과 새해 인사를 나누었다.

　오전 10시쯤 정부 시무식이 끝나 행사장인 외교부 건물 청사 내에 편의점에서 다른 지사분들과 커피를 마시며 시간을 보내다가 오전 10시 30분쯤에 문재인 대통령이 초청하는 2020년 신년하례식에 참석하기 위하여 행사장으로 스타렉스를 타고 갔다. 해마다 신년하례식은 대한상공회의소 대강당에서 열린다고 한다. 우리 이북5도지사들에게 배정된 테이블은 26번 테이블이었다. 대통령 내외를 비롯하여 3부 요인과 장. 차관 그리고 대한상공회의소장과 이재용 삼성그룹 부회장 등 주요 재계 인사들이 참석하여 신년하례식 행사가 진행되었다. 우리 이북5도지사들과 함께 배석한 분들은 법제처장, 인사혁신처장, 통상교섭본부장, 원자력안전관리위원회 위원장 등 차관급 인사들이었다. 즐거운 담소를 나누며 여유 있게 식사를 했다. 주로 내가 대화를 이끌며 분위기를 화기애애하게 만들었다.

　함께 한 분들이 우리 이북5도지사들보다는 모두 열 댓살 정도 아래 연배다. 이북5도지사에 대해서 구체적으로 잘 모르는 분들도 있는 것 같다. 어떤 분이 이북5도지사님들은 매일 출근은 하시나요? 하고 물어봐 우리 모두 놀라고 말았다. 차관급인 인사들 중에도 이북5도에 대한 이해도가 이럴진대 일반 국민들은 어떨까 생각하니 갑자기 책임감이 무겁게 느껴졌다. 열심히 맡은 바 도정업무를 수행하고 대외홍보 활동도 보다 활발히 해야겠다는 생각이 들었다.

평양감사 1054일 I

　신년인사 모임 거의 끝날 무렵 강경화 외무부 장관에게 다가가서 내 소개를 하며 이기을 선생님의 제자라고 말하니 무척 반갑게 대해주었다. 최근 지방에 내려가셔서 요양 중인데 건강이 무척 안 좋으시다고 한다. 이기을 선생님은 나와는 종친으로 항렬로는 나의 조카뻘이 된다. 재무관리 과목을 참 독특하게 지도하셨던 분이셨다.
　이어 김현미 국토교통부 장관 테이블로 가서 연세 쿠사 5기라고 소개하니 반가워하며 선배님을 이런 자리에서 뵙게 되어 매우 반갑다고 말하며 덕담을 주고받았다. 마침 옆자리에 이재명 경기도지사가 앉아 있어 같이 인사를 나누었다. 직접 가까이서 만나보니 평소에 생각했던 과격한 인상보다는 부드러운 면도 있구나 하는 생각도 들었다. 김현미 장관은 자기가 쿠사 Y 19기쯤 된다고 말하였다. 이런 자리에서 동아리 한 참 후배를 만나니 무척 반가웠다.
　식이 끝나고 나가면서 테이블마다 한 팀이 되어 대통령 내외와 인사를 하고 포토라인에 서서 기념촬영을 하였다. 기념촬영 후 출구 근처에 서 있는 이낙연 총리와 악수를 하고 이어 노영민 대통령 비서실장과 반갑게 인사를 나누었다.
　행사장을 나와 스타렉스를 타고 오도청사로 와서 평남 어르신들과 유지를 만나 신년인사를 나누었다. 오후 1시 40분쯤에 평북지사와 함께 내 관용차를 타고 세종시 행안부 시무식에 참석하러 갔다. 오후 5시 정각에 진영 장관이 행사장에 입장하여 행안부 시무식이 30분 동안 거행되었다.
　시무식이 끝난 후 진영 장관과 인사를 하고 세종시 외곽에 있는 천궁수라상이란 한정식집에서 5도 지사님들과 저녁을 하고 서울로 올라왔다. 오늘은 굵직한 신년 공식행사만 3건이나 있었던 매우 바쁜 하루였다.

2020년 1월 3일 금요일 날씨: 흐림
　낮 12시에 김백봉 부채춤 보유자인 안병주 교수와 안 교수의 남편인 장석의 사장이 방문하여 갈비집에서 점심을 함께했다. 그 자리에 상명대학교 최현주 교수도 동석하였다. 장석의 사장은 나와는 고등학교 선후배 사이라 지난해 동문회 송년 모임에서 우연히 만난 것을 화재로 이야기를 나누었다. 한국 사회가 참 좁아서 한 다리 건너면 거의 아는 사이니 행동거지를 조심해야 한다고들 서로 말하며 웃었다. 선물로 귀한 부채 한 쌍을 주어 고맙게 받았다.

오후 2시 정각에 2020년 이북5도위원회 시무식을 거행하였다. 오늘 시무식에는 이북5도지사와 각도 대표 명예시장군수 그리고 전국 시도지구 사무소장들도 참석하였다. 오늘 시무식에서 나는 이북5도위원장으로서 2020년도 새해를 맞이하여 모두의 건강과 행복을 기원한다는 덕담의 말과 함께 올 한해 일치단결하여 열심히 일하자고 말하였다. 시무식이 끝난 후에 각 시도지구 소장들과 대표 명예시장 군수들과 자유스러운 간담회를 가졌다. 간담회 중 시도지구소장 워크숍을 갖기로 했고 시도지구 협의체를 구성하기로 했다.

2020년 1월 4일 토요일 날씨: 흐림

오늘 아침 6시에 국사봉을 올라갔다 왔다. 오전 11시에 청사 5층 대강당에서 거행된 성천군 신년하례식에 참석하여 성천군민들에게 신년인사를 했다. 조성원 평남중앙도민회 회장도 성천군 출신이다. 조 회장이 중앙도민회장이 된 이후로 성천군민회 활동이 조금 더 활발해진 느낌이다. 점심을 성천군민들과 함께 한 후에 오후 1시 30분쯤 퇴청하여 양재동 사무실에 들렸다. 오후 6시쯤에 9004번 버스를 타고 집으로 왔다.

2020년 1월 6일 월요일 날씨: 흐리고 비가 옴

오늘은 이북5도위원장으로서 처음으로 이북5도위원회 월례회를 하는 날이다. 각도 사무국장도 배석하였다. 위원회 총무과장과 이북도민지원과장이 차례로 업무계획을 보고하고 이에 내가 직원들에게 당부의 말을 하였다. 시무식에서 언급한 바와 같이 2020년을 "이북5도 위상 제고와 역량 강화의 해"로 잡은 이유를 설명하고 각자의 위치에서 업무에 대한 이해도와 숙련도를 높이고 사명감을 갖고 일해주기를 부탁했다. 특히 홍보 분야에 역점을 두어 강조하였다.

오후에는 건물관리 담당 주무관을 불러 현황을 파악하고 책임을 갖고 일해줄 것을 당부했다. 홍보담당 주무관과 전산 담당 주무관을 특별히 불러서 홍보의 중요성을 강조하였고 이북5도위원회 홈페이지관리를 실시간으로 철저히 하도록 지시하였다.

2020년 1월 7일 화요일 날씨: 계속 비 옴

오늘은 내가 이북5도위원장으로서 처음으로 이북5도위원회 간담회를 주재하는 날이다. 동료 도지사분들께 협조를 당부했다. 1월 업무계획에 대해 위원회 사무국장이 보고하였다. 내일 통일부 김연철 장관을 예방하기로 되어있다고 지사분들께 알려주었다.

점심을 금복국집에 가서 동료 지사들과 함께했다. 총무계장으로부터 통일부 장관 면담 자료를 받아 검토했다.

2020년 1월 8일 수요일 날씨: 흐림

평양검무 임영순 예능 보유자가 방문하였다. 평양검무보존회 이사장과 이사진 변동에 대해 이야기를 했다. 평양검무 이수자 시험과 관련한 민원사항 중에 최현주 심사위원의 문제 유출에 대한 문제 제기에 대해 이야기했다. 이와 관련하여 심사 전에 최현주 교수와 사전 만남이 있었는지 여부와 문제 유출에 대해서 질의하였으나 이번 문제의 이수자 시험 응시자와는 평양검무 제3기 이수자로서 최 교수와는 이수 동기로서 아는 사이일 뿐이며 최근 몇 년 동안 개인적으로 만난 사실이 없었다고 말하였다. 이론 문제에 대해서는 이수자 수험생들에게 중요하다고 생각하는 문제에 대해 프린트를 해서 공부시킨 적은 있었으며 심사위원으로부터 사전에 문제 내용을 유출한 바가 없다고 말하였다.

낮 12시에는 곰솔 한정식집에 가서 이북5도 기자단 네 명과 점심을 함께했다. 홍보의 중요성에 대해서 이야기하고 협조를 당부하였다. 오후 2시 30분에 통일부 장관을 예방하고 이북5도위원장 취임 인사 겸 신년 인사를 하고 이북5도위원회의 일 년간 사업계획에 대해 간략히 말씀드렸다.

특히 북한 이탈주민에 대해 이북5도위원회의 금년도 사업계획에 대해 구체적으로 설명을 드리고 관심과 협조를 요청하였다. 하나원 교육 중에 이북5도청사 방문프로그램을 꼭 반영해달라고 요청하였고 각 지구 사무소에서 지방자치단체별 하나센터 예산을 일부 이북5도 위원회 각 시도 지부에 배정하여 북한 이탈주민 사업을 특화 및 전문화할 수 있게 해달라고 요청하였다.

사무실에 돌아오니 전승덕 회장이 찾아와 평남중앙도민회 회장 선거에 관련하여 이야기 나누었다. 오후 4시쯤 위원회 총무과장으로부터 전화로 이낙연 총리 방문에 대한 보고를 받았다. 1월 10일 오후 4시 30분에 이북도민회를 방문하시겠다고 하여 참석대상자를 결정하여 통보했다.

2020년 1월 9일 목요일 날씨: 약간 흐림

오전 10시에 이북5도위원회 임시 회의를 소집하여 회의를 가졌다. 1월 10일 오후 4시 30분에 이북도민회를 방문할 계획인 이낙연 총리에 대한 의전 문제를 논의하고 어제 통일부 장관을 신년인사차 예방한 후 가진 간담회에서 말한 내용에 대해 설명을 하였다. 그리고 이북5도위원회의 홈페이지관리 개선방안에 대해 협의하였다.

이낙연 총리 방문에 따른 의전은 이 총리께서 도착하기 전에 현관에서 이북5도위원장인 나와 이북중앙도민연합 회장과 함께 영접을 하고 2층 위원회 회의실로 모셔 간단히 티타임을 가진 후에 옆 방 소회의실로 안내하여 그곳에서 대기하고 있는 5도 지사와 7도 중앙도민회장들과 인사를 나눈 후에 총리님의 말씀을 듣는 순서로 진행하기로 최종적으로 결정하였다.

회의가 끝난 후에 청사 5층 중강당에서 평북중앙도민회 회장 이취임식에 참석하여 축사를 간단히 하고 태평회 모임에 가서 점심을 했다. 내달 2월에는 내가 호스트이기에 내 집무실로 초대하여 이북5도 현황에 대한 간략한 브리핑을 하고 점심을 같이하기로 했다. 오후 4시쯤에 위원회 총무과장이 총리실에서 통보하여 온 조정된 총리 방문 시 의전계획을 가져와 설명하였다. 위원회 회의실에서 갖기로 한 차담회를 생략하고 곧바로 소회의실에서 간담회를 갖는 것으로 변경되었다. 2020년도 위원회 캐치플레이스 광고 문안을 확정하였다.

2020년 1월 10일 금요일 날씨: 맑음

오늘은 행사 일정이 평일보다 많은 편이다. 이낙연 총리의 이북5도청 방문에 대비하여 이북5도지사들과 이북 7도 중앙회장들과 의전 관계를 조율하였다. 이북5도위원회 2020년도 캐치플레이스 배너 광고판 문구를 확정하고 제작 의뢰하였다. 오전 9시 30분쯤 배너광고가 2개가 제작되어 왔다. 보기가 좋고 내용도 좋아 대만족이다.

점심은 직원들과 구내식당에서 해결하였다. 오후 2시에 제21대 명예시장군수단과 대표 읍면동장 연석회의를 하였다. 회의가 끝난 후에 명예시장군수단과 대표 읍면동장단과 함께 현충원으로 참배하러 갔다. 이낙연 총리께서 이북5도청을 오후 4시 30분에 방문하시기로 일정이 잡혔다. 이낙연 총리 방문에 앞서 의전 관계를 최종 점검하였다. 정확히 오후 4시 30분경에 이낙연 총리께서 오도청사 현관에 도착하셨다. 염승화 이북도민연합회장과 내가 오도청 입구 현관에서 영접하여 2층 소회의실로 안내하였다. 2층에는 이북5도지사와 이북5도위원회 사무국장, 그리고 7도 중앙도민회장과 연합회 사무국장 그리고 장만순 일천만이산가족 위원장이 대기하고 있었다.

총리께서 한 사람씩 인사를 하시고 자리에 앉으신 후에 위원회 사무국장의 사회로 총리 방문행사가 진행되었다. 먼저 총리께서 인사말을 하시며 그동안 국가정책에 협조해준 이북도민사회에 감사를 표하고 이북도민사회가 지대한 관심을 갖고 있는 통일문제와 이산가족상봉문제 등에 대해 만족할 만한 진전을 보지 못한 점에 대해 이해를 구하셨다.

〈이북5도청을 방문한 이낙연 총리〉

이어 내가 이북5도위원회 위원장의 자격으로 다음과 같은 환영 인사말을 하였다.

[이북5도위원장 환영 인사말]

국정에 바쁘신 데에도 불구하고 이북도민사회를 격려하여 주시기 위하여 이북5도청을 방문해주신 총리님께 감사드리며 850만 이북도민을 대표하여 진심으로 환영합니다. 올 한 해 총리님의 건강 하심을 기원하오며 뜻하신 바 잘 이루어 대한민국이 평화롭고 융성한 한 해가 될 수 있도록 해주셨으면 하는 바람입니다. 우리 850만 이북도민 모두 총리님 뜻하신 바 이루실 수 있도록 총리님을 열렬히 응원하겠습니다. 이북도민사회를 격려하여 주심에 다시 한번 감사드립니다.

이어 이북 7도 중앙회 연합회장의 환영사가 있었고 몇 분의 인사말이 있었다. 장만순 일천만이산가족 위원장은 일천만 이산가족의 날 제정문제와 1세 어르신들의 고향 땅 방문 실현에 대해 건의를 하였고 총리께서는 절실한 문제라고 동의하시며 챙겨보겠다고 말씀하셨다. 분위기가 좋으셨던지 오늘 저녁 막걸리를 곁들여 함께 식사를 하자고 즉석에서 제안하셨다.

저녁 7시 30분에 옛날민속촌 집으로 오셔서 밤 9시까지 저녁을 먹고 막걸리를 마시며 덕담과 담소를 나누며 즐거운 시간을 보냈다. 밤 10시쯤에 쿠사 신년하례식 모임 뒤풀이 장소에 가서 후배들을 만나 신년인사를 나누고 맥주 한 잔 마시고 좀 있다가 나왔다. 후배들 뒤풀이 비용은 내가 부담하였다. 오늘도 참 바쁘게 하루를 보냈다.

2020년 1월 11일 토요일 날씨: 약간 흐림

낮 12시 20분에 동대문 부근에 있는 동해복집으로 가 평원군 신년하례식 모임에 참석하였다. 다음 일정이 있어 오래 머물지 못하고 한 10여 분쯤 있다가 인사만 하고 나왔다. 오후 1시에 방배동 만다린 중식당에서 청해회 신년모임이 있어 모임 장소로 서둘러 갔다.

오후 1시 25분쯤에 도착하여 종친들과 신년인사를 나누었다. 도지사 취임 후 처음으로 인사를 드리게 되어 취임 인사 겸 근황을 말씀드리고 취임식에 직접 축하란을 갖고 오셔서 축하해주신 것에 대해 감사 말씀드렸다. 모임이 끝난 후에 이북5도청으로 와 오후 5시에 개최된 이북도민 청년연합회 정기총회에 참석하여 축사를 하고 격려하였다.

2020년 1월 12일 일요일 날씨: 흐림

아침에 뒷산 오동나무 있는 곳까지 다녀왔다. 아침 8시 30분 미사에 다녀왔다. 현서네 집에서 집사람이랑 현서와 같이 점심을 먹었다. 오후에 뒷산에 올라갔다 왔다. 도지사 일을 수행하면서 가장 필요한 것은 건강이란 생각이 들었다. 꾸준히 건강을 관리하기 위하여 적어도 일주일에 한 번 정도는 조금은 힘든 산행을 하기로 했다. 저녁에는 내주에 있을 한 주간의 도정 일을 계획해 보았다.

2020년 1월 13일 월요일 날씨: 흐림

아침에 출근하여 하루 일과를 점검하였다. 비서실장으로부터 1주일간 주요 일정을 보고 받았다. 각 도 지사 방에 들러 지난주 이낙연 총리 방문에 따른 성공적인 행사에 대해 이야기 나누며 협조해준 것에 대해 감사의 표시를 했다. 이낙연 총리의 이북도민사회 방문에 대해서 언론에서도 비중 있게 다루어 주었다. 이번 기회에 이북5도청에 대해 언론을 통해 일반에게 많이 알려지는 계기가 된 것 같아 무척 보람을 느꼈다.

위원회 사무국장으로부터 방문객센터운영에 대한 계획에 대해 보고받았다. 현재 북한 이탈주민 상담 위주로 운용되는 한마음상담센터를 이북도민의 실생활에 도움이 되는 상담센터로 운용하는 것으로 확대 개편하기로 했다. 이어서 올해 해외이북도민 초청행사를 위한 사전 해외 방문 계획에 대해 설명을 들었다. 올해는 평남지사와 함남지사 순번으로 해외 출장을 가기로 했다.

2020년 1월 14일 화요일 날씨: 추움

올해 들어 두 번째로 갖는 이북5도위원회 주간 간담회 날이다. 함북지사께서 검진 관계로 사무실에 나오시지 않아 네 분 지사들만 참석하여 간담회를 가졌다. 지난주 금요일에 있었던 이낙연 총리 이북5도청 방문 행사가 성공적으로 끝난 것에 대한 평가하고 도지사들의 협조에 감사드렸다.

이어 위원회 사무국장이 세 가지 사항에 대해 보고를 하였다. 첫째로 2020년도 시도지구사무소에 배정할 예산 내용에 대해 보고를 하였다. 전년 대비 총 3백만 원 정도 증액되는 수준에 예년과 같은 비율로 각 시도지구에 배정하기로 하였다. 둘째는 2020년도 해외이북도민 고국 방문 사업과 관련하여 사전 설명을 위한 해외 방문계획에 대한 보고였다. 올해는 평남지사와 함남지사가 미주지역과 남미지역으로 나누어 가기로 하고 수행자는 미주지역은 이북도민 지원과장과 담당 계장 그리고 남미지역은 위원회 국장과 담당 계장이 가기로 하였다. 이어서 방문객센터 운용방안에 대한 설명이 있었다.

오늘 점심은 평북지사가 능이버섯 닭백숙을 대접하여 맛있게 먹었다. 오후 2시경 조성원 평남중앙도민회장이 찾아와 2020년 평남중앙도민회 이사회 내용에 대해 설명을 하였다. 조 회장에게 이낙연 총리께서 초대하는 이북도민 부녀회와의 저녁 모임에 참석할 평남부녀회원 세 분을 추천해달라고 하였다.

오후 3시경에 이북5도위원회 경기 지구 사무소장과 경북지구 사무소장이 방문하여 시도지구 사무소장 협의회 결성 건에 대한 문제점에 대해 설명하여 지구사무소장 협의회 구성 문제에 대해 위원장으로서 나의 방침을 이야기하였다. 협의회 구성은 어디까지나 이북5도위원회 행정기구의 공식적인 의사소통 창구일 뿐 경조사 형태의 협의회 체제는 아님을 명백하게 했다.

오후 4시쯤 퇴근하여 인덕원 두산벤처다임으로 갔다. 오늘 양재동 한미지오텍건설 사무실을 이곳으로 이전하는 날이어서 이사하는 것을 보고 왔다. 공간도 충분하고 사무실 배치도 잘 된 것 같아 만족스러웠다. 축하 화분 하나를 보내기로 했다.

2020년 1월 15일 수요일 날씨: 맑음. 약간 추웠음

설날 선물 중 내 개인적으로 보내는 것은 개인 부담이라 선물 대금을 송금하였다. 오전 11시경에 안주군 최용호 회장이 방문하여 이야기를 나누었다. 이북5도위원장으로서 2020년도 포부와 계획에 대해서 이야기했다. 점심을 사겠다고 하여 사무국 직원들과 함께 중식당인 팔선생에 가서 연태 고량주를 곁들여 점심을 같이했다. 직원들과 동파육을 시켜서 맛있게 먹었다.

인천지구사무소장으로부터 전화가 와서 각 시.도지구 사무소장 협의체 구성에 대한 나의 본뜻을 분명히 전달하였다. 현재 추진하려고 하는 상조회 기능을 가미한 협의체가 아니라 순수하게 행정조직의 하나로서 공지사항 전달과 공적인 업무에 관한 의견 교환과 소통 기능을 할 수 있는 기구로 조직하라고 하였다. 빠른 시일 내에 단톡방이나 밴드를 개통하도록 지시하였다.

오후 3시쯤에 통일신문에 림일 기자가 인터뷰를 위하여 방문하였다. 1시간 정도 인터뷰를 하였다. 통일신문은 10여 년 전에 설립된 격주 발행 신문으로 인터넷신문도 함께 운영하는 통일 관련 전문 신문으로 이사장은 홍영호 전 통일부 차관이다. 발행 부수는 약 1만 5천 부정도 되며 주로 통일 관련 단체와 관련 인사들에게 배부된다고 한다.

오후 4시에는 연세쿠사 후배인 하승창 전 청와대 시민사회혁신 수석의 출판기념회에 참석했다. 민주화 운동가로 노동운동가로 그리고 경실련 사무총장으로서 시민사회운동을 한 다양한 경험에다 박원순 시장의 선거대책본부장과 서울시 정무부시장 그리고 문재인 정부의 초대 시민사회혁신 수석으로서 정부의 중책을 맡은 경험이 있기에 정치인으로서 크게 성장할 수 있기를 마음속으로 빌었다.

2020년 1월 16일 목요일 날씨: 맑음

오전 9시 30분쯤에 함북지사께서 내 방으로 오셨다. 어제 충북지구 이북도민 신년하례식에 참석하고 행사장에서 있었던 일에 대해서 말씀하셨다. 충북지구 평남도민회 김관국 회장께서 이북도민당을 창당하여 이북도민의 권익을 대변하고 평화통일문제에 대해 우리의 뜻을 펼 수 있는 정당이 필요하다고 주장하였고 많은 분이 찬성하였다고 한다. 이에 대해 우리 도지사들의 입장을 정리할 필요가 있어서 상의하러 오셨다.

평북지사도 오시라고 하여 함께 이야기한 결과 그런 분위기가 충북뿐 아니라 다른 지역에서 있을 수 있다고 생각되었고 도지사들의 입장은 정치에 관여할 수 없는 입장이어서 일정한 거리를 두는 것이 좋을 것 같으나 도민사회에서 자발적으로 추진하는 것에 대해서는 일체의 의견 표명은 자제하되 심정적으로는 그런 움직임에 대해 이해하는 방향으로 정리하였다. 낮 12시에 명동 입구 묵호회집에서 제18대 명예시장군수단 모임인 가보회 신년하례식이 있어 행사에 참석하여 인사말을 하였다. 제18대 명예시장 군수님들이 임기를 마친 후에 친목을 도모하며 평남 도정과 도민회의 발전에 기여하고자 만든 모임이라고 했다. 그런데 모임 이름이 좀 특이해서 김병삼 회장님(제18대 대표 군수)께 여쭤보았다. 회장님 설명인즉 한학에 능통하신 오기봉 회원(전 서울과학기술대학교 교수)께서 작명하셨는데 18이라는 숫자가 '섯다'에서 끗발이 갑오(아홉 끗)여서 갑오회로 지었는데 이를 발음이 나는 대로 읽으면 가보가 되니 그 뜻이 '집안에 보배'란 뜻도 되고 '아름다운 보배'도 되니 그렇게 부르기로 했다고 한다. 정말로 멋있고 뜻깊은 작명이 아닐 수 없다.

오후 4시쯤 위원회 국장과 총무과장 그리고 지원과장이 내 사무실로 와 업무협의를 하였다. 주요 협의 사항은 아래와 같다.

1. 2020. 1. 8일 14:30-15:00까지 30분간 김연철 통일부 장관과 가진 회의에서 이북5도위원회의 2020년도 주요 업무계획보고에 이어 건의한 하나원 교육프로그램에 이북5도청 방문교육을 넣어 달라는 제안에 대해 우리 이북5도청의 교육프로그램 내용을 검토한 후에 결정하겠다는 통보를 받은 것에 대한 대책 협의.
2. 북한 이탈주민 지원방안 중에 각 시도지구사무소의 역할 증대 건에 대한 제안은 긍정적으로 검토.
3. 강원도 속초 실향민 축제에 통일부 장관이 참석하는 행사는 일정에 반영 가능한 한 지속.
4. 2월 10일 또는 12일 중에 행안부 출입 기자들과 오찬 미팅을 하기로 계획.
5. 홈페이지 보완 지속.

2020년 1월 17일 금요일 날씨: 맑음

오전 10시 40분쯤에 한일장에 도착했다. 오늘 평북 강계군 정기총회 겸 강계 군수 이취임식이 있는 날이다. 오늘 신임 강계군수로 윤동진 회장이 취임하기로 되어있다. 윤동진 신임회장은 나와는 이북도민 통일아카데미 창립회원으로서 2년 전부터 가깝게 알고 지내는 사이이다. 낮 12시에 평남 전.현직 시군민회장 모임인 서경회 신년모임이 있어 11시 25분까지만 자리에 있다가 인사만 하고 자리를 떴다. 강계군 출신인 우리나라 최초 여류비행사 중에 한 분인 김경오 여사를 만나 반갑게 인사를 나누었다.

낮 12시 정각에 용산역 부근에 있는 한식집 기와에 도착했다. 이곳에서 전.현임 평남시군민회장 모임인 서경회가 열렸다. 오늘 서경회 모임에는 약 70여 분 정도 참석했다. 전현직 시군민회장과 평남중앙도민회 유지분들이 대부분 참석하였다. 신년을 맞이 새해 인사 겸 이북5도위원회와 평남도청의 올해 주요 추진계획에 대해 설명드리고 관심과 협조를 부탁드렸다.

2020년 1월 18일 토요일 날씨: 맑음

오전 9시 10분 SRT 편을 대구로 갔다. 오늘 대구지구 이북도민연합회장과 청년회장 이취임식이 있는 날이다. 오늘 행사에는 대구 달서구 자유한국당 당협위원장인 강효상 국회의원과 민주평통 대구지역회의 배한동 부의장, 전진당 공동대표이며 덕영치과 원장이신 대구시 유력 인사인 이재윤 원장 그리고 대구광역시 행정지도 과장인 정칠복 과장이 내빈으로 참석하여 축하해주었다. 나는 이북5도위원장 자격으로 격려사를 하였다. 대구지역 이북도민과 북한 이탈주민 등 100여 명 정도가 참석하여 성황리에 행사를 마쳤다.

오늘 신임 대구지구 이북도민연합회장으로는 평남도민회장인 박현도 회장이 전임 송형기 회장님을 뒤를 이어 회장으로 취임하였고 청년연합회장에는 김원철 현 회장이 연임하였다. 공식행사가 끝나고 식사를 하며 북한 이탈주민 연예단의 공연을 보았다. 오후 1시 40분경에 자리를 떠 동대구역으로 가서 오후 2시 15분에 출발하는 SRT 타고 귀경하였다. 저녁 5시쯤에 국사봉 팔부능선까지 올라갔다 왔다.

2020년 1월 19일 일요일 날씨: 흐림 약간 비가 오고 진눈개비가 내렸음

아침 6시에 일어나 국사봉 팔부능선까지 올라갔다 왔다. 토요일과 일요일에는 가능하면 국사봉 등산을 빠지지 않고 하려고 한다. 도지사 업무를 수행하는데 체력이 얼마나 중요한지 모르겠다. 매월 10회 이상의 행사에 참여하다 보니 체력이 받혀주지 않으면 도저히 감당하기 어려운 육체노동자인 것 같다. 그나마 업무적인 압박감과 스트레스가 없는 것이 천만다행이다.

산에서 내려와 간단히 아침 식사를 하고 아침 8시 30분 미사에 다녀왔다. 이제는 일요일마다 아침 미사를 가는 것이 습관화되어 버렸다. 아내와 같이 다녀오면 마음이 편해지고 한 주간에 잘 못 했던 일도 반성하고 회개하는 기회가 되는 것 같다. 점심은 현서네랑 운중천 변에 최근에 오픈했다는 베트남 쌀 국수집에 가서 함께 식사를 했다. 점심을 같이 먹고 현서 시댁에 선물할 것을 챙겼다.

2020년 1월 20일 월요일 날씨: 약간 흐림

오전 10시에 평남도 사무국 직원들과 주간회의를 했다. 2월 4일에 있을 평남 도정 보고대회에 준비상황을 점검했다. 김연철 장관의 강의 요청이 일정상 실현되지 못하여 다른 분을 강사로 모시기로 했다. 위원회 사무국장과 정문에 부착할 이북5도위원회 동판 작업을 협의했다. 건물 상단에도 기관명을 부착하는 것으로 협의하였다. 시설팀과 이북5도청 통일관의 증축 가능성을 체크 해본 결과 7층까지 가능하나 높이 제한 이 26m라고 한다. 현재 통일회관의 건물 높이가 24m이기 때문에 2m밖에 여유가 없어 추가 증축은 현실적으로 어려울 것 같다. 증축이 가능하다면 이북5도청사를 증축하려는 계획도 세워보려고 했는데 현 건축법상으로는 건물 증축이 불가한 것으로 확인이 됐다. 향후 청사 증축이 필요한 경우는 테니스장 부지를 전용해서 이용하는 수밖에 없을 것 같다.

오전 11시 30분쯤에 하승창 후배가 인사차 왔다. 서울시 정무부시장과 문재인 정부 청와대 초기 사회혁신수석을 마치고 이번 4.15 총선에 중구. 성동구 지역구에 더불어민주당 후보로 출마한다고 한다. 출마의 변을 듣고 필승하라고 격려하였다. 오후에 평양검무 정순임 보유자께서 오셨다. 이수자 심사문제로 문제가 생겨 참 난감한 상황이 되었다. 홍보계장을 불러 홈페이지 정비와 홍보 책자 제작에 대해 협의하였다.

2020년 1월 21일 화요일 날씨: 약간 흐림

오전 10시에 이북5도위원회 주간 간담회가 있었다. 오늘은 사무국에서 3건의 업무추진계획에 대한 보고가 있었다. 첫째는 이북5도청 정문에 이북5도위원회라는 기관명칭의 동판을 다는 문제였고 둘째는 방문객센터 운영계획에 대한 보고와 셋째는 예산 집행 계획에 대한 것이었다. 첫 번째 보고 안건에 대해서는 함남지사와 황해도지사 두 분께서 다소 부정적인 의견을 표명하여 시간을 갖고 의견을 수렴하여 결정하기로 하였다.

낮 12시에는 코리아나호텔 3층에 있는 동원참치집에서 개최된 중화군 신년하례식 겸 군 장학회인 협성장학회 장학금 수여식에 참석하였다. 신년인사와 격려의 말씀 드렸다. 오후 3시쯤에 홈페이지 관련 업체에서 방문하여 지원과장과 홍보담당 계장 그리고 전산팀장과 함께 회의를 가졌다. 홈페이지 업그레이드하는 문제를 협의하고 전산팀과 별도로 구체적인 실무협의를 갖기로 했다. 오후 5시에 아산병원에 전승덕 전 수석부회장 모친상에 다녀왔다. 아산병원 2층에는 롯데 신격호 회장의 빈소가 마련되어 있었는데 문상객들이 무척 많았다.

2020년 1월 22일 수요일 날씨: 맑음

위원회 총무과장이 방문객센터운영계획안을 가져와 설명하였다. 이북5도지사님들께 각도에 분야별 전문가 위촉 협조공문을 드리기로 했다. 함남지사의 이견으로 잠시 보류한 정문 앞문 기둥에 이북5도위원회 동판을 설치하는 계획은 시간을 갖고 설득하여 추진하기로 하였다. 함북지사님께 협조를 당부했다. 지원과장과 담당 팀장이 와서 홈페이지 작업 진행 상황에 대해 설명을 하였다. 어제 홈페이지 제작 관리업체에서는 보안상 문제 등을 이유로 홈페이지 전면 작업에 참여하기 어렵다는 입장을 표시하여 부분적인 보완작업만 부탁하기로 하였다.

오전 11시에 2020년도 평안남도 중앙도민회 정기대의원 대회와 차기 회장 선임이 있었다. 도지사로서 축사를 했다. 차기 회장에는 단독 출마한 전승덕 대동회 회장이 만장일치로 추대되었다. 정기총회가 끝난 후에 대강당에서 참석한 대의원들과 식사를 하였다. 식사 후에 각 지구 회장단들을 도지사실로 모시고 차를 대접하며 덕담을 나누었다. 차를 마시는 동안 충북지구 평남도민회 회장인 김관국 회장께서 이북도민당 창당 문제를 이야기하였다. 이에 대해 도지사는 정치적인 중립을 지켜야 하고 일체의 정치적인 활동이나 지원을 할 수 없는 점을 이야기하고 나의 입장을 분명히 이야기했다. 또한 이북도민회도 정관상 일체의 정치적인 활동을 할 수 없도록 규정되어 있다고 말씀드리고 양해를 구한 후에 밖으로 나왔다. 나중에 듣기로는 자리에 함께한 대부분의 사람들이 창당자금문제 등을 이유로 현실적으로 어렵겠다는 의견을 말하였다고 한다.

2020년 1월 23일 목요일 날씨: 맑음

함북지사가 내방에 들러 봉오동전투와 청산리전투 승전 100주년 기념 전시회 관련 계획에 대해서 말씀하셨다. 1층 로비에 방문객들의 쉼터 공간을 재배치하는 것을 점검하였다. 점심은 위원회 사무국장과 총무과장, 지원과장 그리고 전임 이북도민지원과장과 함께 독립문 근처 대성옥에서 점심을 하였다. 김윤미 주무관이 담당하는 평양검무 관련 민원 건은 오늘로 답변 마감일이라 함께 문안 검토하고 답변하도록 조치하였다. 퇴근길에 양재동 사무실에 잠깐 들러 사무실 이전에 따른 이삿짐 정리를 했다.

2020년 1월 24일 금요일 날씨: 맑음

아침 일찍이 국사봉에 올라갔다 왔다. 기본 체력이 받쳐주어야 행사가 많은 도지사 직무를 수행할 수 있을 것 같은 생각이 들어 가능하면 토요일과 일요일에 행사가 없는 날에는 산에 오르려고 한다. 내일 임진각 망배단에서 거행되는 통일경모회 주최 제36회 망향경모제에 경모사를 하기로 되어있는데 경모사 출력본을 사무실에 놓고 왔다. 양재동 사무실에 나가서 출력해 왔다.

2020년 1월 25일 토요일 날씨: 맑음, 겨울 날씨치고는 포근함

오늘은 통일경모회에서 주최하는 제36회 망향경모제 행사가 있는 날이다. 아침 8시 50분에 행사장인 파주시 임진각으로 향했다. 가는 도중에 시간적 여유가 있어서 동화경모공원에 잠깐 들렸다. 오늘 이북도민 성묘객들을 위해서 평남 해병전우회와 이북중앙청년연합회에서 교통정리와 커피 제공 등의 봉사활동을 한다고 하여 격려차 들렸다. 해병전우회장과 청년연합회장을 만나 격려하고 금일봉을 전달하였다. 오전 10시 40분쯤에 임진각 망배단 행사장에 도착하여 행사장 관리 사무소에서 김연철 통일부 장관, 손학규 바른미래당 대표 등 내빈들과 인사와 차를 나눈 후에 행사장으로 갔다. 작년 추석에 있었던 망향경모제에 박성재 이북5도위원장과 함께 참석한 경험이 있어서 행사장 분위기가 조금은 익숙하여 도움이 되었다.

오전 11시 20분에 식순에 따라 망향경모제가 엄숙히 진행되었다. 오늘 행사를 주최하는 통일경모회의 김용하 이사장이 인사말과 함께 행사 진행을 알린 후에 제주(祭主)인 평남도민회 조성원 명예회장의 제문 낭독이 있었고 김연철 장관과 손학규 대표의 격려사와 대한적십자사 박경서 회장을 대신한 김주자 본부장의 격려사, 염승화 이북도민중앙연합회장의 추모사에 이어 내가 경모사를 하였다. 내빈들이 헌화와 분향을 마친 후에 "우리의 소원은 통일"을 제창하고 추모 묵념과 만세삼창으로 공식행사를 마치고 이어 행사장에 나온 이북도민들이 참배하는 시간을 가졌다. 행사가 끝난 후에 김연철 통일부 장관이 행사장에 참석한 이북도민을 반구정 장어구이집으로 초대하여 참석자들과 함께 점심을 했다. 매년 경모행사가 끝나면 통일부 장관 초대의 오찬이 있었다고 한다.

2020년 1월 26일 일요일 날씨: 맑음

아침에 뒷산에 오르지 않고 운중천변을 걸었다. 널다리까지 갔다 왔다. 뒷산만 다니다가 평지를 걸으니 걸음이 무척 가볍게 느껴졌다. 오전 8시 20분쯤에 집에 도착하니 아침 8시 반 미사 가기가 어려워 오후 4시 미사를 보기로 하였다. 아내는 제인이 보러 간다고 현서네 집에 가고 나는 서재에서 문서 작업을 하였다. 홈페이지 영문작업과 이북5도위원회 홍보 책자 내용 보완작업을 하였다.

2020년 1월 27일 일요일 날씨: 흐림

오전 6시 30분쯤에 뒷산에 올랐다. 8부 능선 숨 터에서 간단한 운동을 하며 스트레칭을 했다. 오늘은 국사봉 정상까지 가지 않고 연리목 있는 데까지만 가기로 마음먹었다. 연리목에서 국사봉 정상까지는 불과 300미터 정도밖에 남지 않았는데 정상을 코앞에 두고 오르지 않는 용기는 대단한 것이라고 생각했다. 과감히 포기하는 용기가 살아가다 보면 꼭 필요한 때가 있는 법이다. 욕심을 버려야 할 때 버리는 용기를 기르기 위해서 나는 오늘 국사봉 정상 300미터 앞에서 발길을 돌렸다. 중간에 부동산 사장을 만나 반갑게 새해 인사 겸 악수를 하며 복 많이 받으시라고 덕담을 건넸다.

오늘은 특별한 일정이 없어 이북5도위원회 홈페이지와 홍보 책자 영문 작업을 마치려고 한다. 홈페이지와 홍보 책자 영문 내용 작성을 마쳤다,

2020년 1월 28일 화요일 날씨: 흐림

오늘은 윤 주무관이 대체 휴무하는 날이어서 내가 관용차를 운전하고 출근하였다. 조심해서 운전하느라 신경이 좀 쓰였다. 사무실에 도착하여 홍보담당 계장을 불러 홈페이지와 홍보용 책자에 수록할 영문 원고를 주고 수정작업을 하라고 지시했다. 해외교민 초청 업무 담당 계장이 해외 출장계획을 갖고 와 설명하였다. 2월 27일부터 3월 5일까지 7박 8일 일정으로 미국 뉴욕과 그리고 캐나다 토론토 이북도민 교민사회를 방문하는 일정으로 짜여졌다. 오전 10시 위원회 회의실에서 이북5도위원회 주간회의를 했다. 1월 25일 임진각 망배단 경모추모제 행사 참석 결과를 도지사들께 설명하였다. 이어 위원회 사무국장이 해외 방문계획에 대한 브리핑이 있었다.

오늘은 함북지사가 행복집에서 지사들에게 점심을 냈다. 오후 3시 30분에 이북5도사무국 직원들에게 피자를 간식으로 제공하였다. 모두 고맙다며 즐겁게 먹는 것 같았다.

전국 시도지구 사무소장 회의를 2월 14일에서 2월 13일로 조정하였다. 오후 4시 반쯤에 윤석웅 형님이 찾아와 차 한잔 나누며 이야기를 했다. 도지사 취임을 진심으로 축하해주어 고마웠다. 노년에 힘들게 살아가는 모습을 보니 마음이 안됐다. 차비를 좀 드렸다.

2020년 1월 29일 수요일 날씨: 흐림

오늘은 홀수 차량만 운행이 가능한 날이라 차를 내가 직접 운전하고 아침 조찬 모임 장소인 충무로 퍼시픽 호텔로 갔다. 오늘 아침 조찬 모

임은 김영운 회장이 운영하는 남북물류 포럼이 주체하는 조찬강연회다. 오전 7시 10분 전에 도착하여 리셉션 데스크에서 현장 접수하고 입장했다. 김영운 회장이 반갑게 인사하며 앞자리 좌석으로 안내하여 앉았다. 같은 테이블에 앉은 사람들과 인사를 나누었다. 종친회 친목 모임인 청해회 회원 이정훈 교수도 참석하여 반갑게 인사를 나누었다.

오늘 강사는 백성호 연변 과기대 교수이며 주제는 중국 접경지역의 물류와 북한과의 경제교류였다. 북한 지역과 경계를 이루고 있는 5개의 주요 도시들에 대한 접경지역 교류 현황과 경제개발 효과 등에 대해서 최근 자료를 근거하여 강의하였다. 강의 중에 나의 관심을 끌었던 것은 올해 정부가 추진하는 북한지역 개별 여행에 대한 것이었다. 백성호 교수 주장에 의하면 그것은 우리 정부의 의지 여하에 불구하고 실현 불가능할 것이라는 주장이었다. 그 말이 일리가 있다고 생각되었다. 특히 북한이 가장 두려워하는 것은 미국이나 유엔제재가 아니라 중국제재란 주장에 공감했다.

오전 11시 30분에 제32회 미수복 강원도 중앙도민회 정기총회에 참석하여 이북5도위원장으로서 축사를 하였다. 축사 후에 대강당에서 강원도민들과 식사를 함께하였다. 오후 3시에 윤동진 평북 강계군민회 회장과 대표 면장이 방문하여 심리상담 재능 기부에 관련하여 이야기를 나누었다. 함북지사로부터 전화가 와서 함북지사 사무실로 갔다. 청사 정문에 부착하려던 이북5도위원회 현판문제에 대해 한두 분 도지사들이 다소 부정적인 의견이라고 함북지사께서 말해주었다. 참 안타까운 일이다. 부정적인 의견을 피력하시는 도지사의 생각은 이북5도위원회나 이북5도청이란 현판을 걸면 도지사가 이북5도위원회에 하부기관 같은 느낌을 줄 수 있으며 이북 5개 도가 독립된 개별 행정기관이라는 이미지보다는 이북5도청이란 단위 행정조직으로 고착되어 결과적으로는 이북5도지사 제도는 폐지되고 이북5도청장이란 자리가 신설될 거라는 주장을 하며 부정적인 의견을 피력한다고 한다. 시간을 갖고 한 번 설득해보다가 동의를 얻지 못하면 철회하는 수밖에 별도리가 없을 것 같다.

2020년 1월 30일 목요일 날씨: 흐림

아침 9시 30분쯤에 지원과장과 담당 계장이 홈페이지에 게재할 영문 원고를 갖고 와 수정할 부분에 대해 설명하였다. 수정의견에 대해 코멘트하고 실무자 의견대로 처리하도록 하였다.

오전 10시 40분에 3층 황해도 시장 군수 회의실에서 유격전우회 정기총회에 참석하여 축하의 말과 함께 새해 인사를 드렸다. 6.25 전쟁 중에 주로 33,000여 명 정도의 황해도 출신 청년들 위주의 서북청년들이 자생적으로 유격대를 결성하여 중공군 남하를 저지하는데 혁혁한 전공을 세웠다고 한다. 대략 5, 6천 명 정도 전우가 전사하였고 6.25 전쟁 3년과 이후 군대에 편입되어 군 복무를 한 6.25 전쟁의 영웅들이다. 회원 대부분이 80대 후반에서 90대 초반이며 현재 생존자는 정확하게 파악되지 않고 있으나 연락 가능한 회원 수가 7, 8백 명 수준이라고 한다.

오전 11시에 함북중앙도민회 정기총회에 참석하여 축하해주었다. 오전 11시 50분에 북악정에서 개최된 평남 원로 모임인 정우회에 참석하여 축하 말씀드렸다. 낮 12시에 정우회 모임에서 일찍 나와 12시 20분에 곰솔에 도착하여 미수복 경기. 강원지구 행정자문위원장과 대표 시장 군수 네 분과 식사를 함께하며 도정운영에 관한 이야기를 나누었다.

2020년 1월 31일 금요일 날씨: 흐림

아침 9시 40분에 이북5도위원회 긴급회의를 소집하였다. 5도 도지사들이 참석하였고 위원회 사무국장을 비롯한 사무국 직원들이 배석하였다. 긴급 협의 안건은 최근 신종 코로나바이러스로 인한 중국발 우한 독감의 확산으로 2월 초에 각도가 예정한 도정보고회를 개최할 것인지 여부에 대한 논의였다. 사무국장이 행안부에서 시달한 대중 회의나 집회에 대한 지침을 설명하였다. 이에 대해 도지사들의 의견을 물은바 대다수자사님들이 순연함이 좋겠다는 의견을 제시하여 순연하기로 결정하였다. 각 도별로 시.군과 각 지구사무소에 이러한 위원회의 지침을 하달하기로 하였다.

오전 10시 20분에는 동서한방병원을 방문하여 박상동 원장과 우리 이북5도위원회와 동서한방병원 간에 업무협약(MOU) 체결하는 문제를 협의하였다. 업무협약의 주로 요지는 이북5도민에게 의료 수가 할인 혜택을 주기로 하고 월 1회 정도 오후 시간에 4시간 정도 전문의를 방문객센터에 파견하여 의료상담을 해주기로 하는 것이다. 기본적으로 합의하고 실무적으로 구체적인 협약서를 체결하고 MOU 조인식도 이북5도위원회에서 하기로 했다.

오전 11시에 함남중앙도민회 정기총회에 참석하였다. 점심은 직원들과 구내식당에서 하였다. 오후 3시쯤에 함남 갑산군에 김기원 사장과 갑산군민회장, 사무총장 등 네 분이 사무실을 방문하여 차를 대접하고 담소를 나누었다.

2020년 2월 1일 토요일 날씨: 흐림 약간 진눈개비가 오다가 오후에 맑아짐
아침에 박 서방이 수지역 간이정류장까지 태워주었다. 수지역 간이정류장에서 평남청장년 산행 버스를 기다렸다. 오전 8시 15분쯤에 이북5도 버스가 도착하여 버스에 올라타고 태안에 있는 용봉산으로 향했다. 오늘은 평남 청장년 산악회인 평아름회 정기 산행 날이다. 작년에는 한 번도 산행을 못했지만 올해는 가능하면 매월 한 번씩 가는 것으로 활성화하려고 한다고 한다. 김석환 회장을 비롯하여 평아름회 20여 명의 회원 모두 열의가 대단하다. 용봉산은 높이가 381미터 밖에 되지 않는 나즈막한 산이지만 등산하기에 만만치 않은 산이었다. 처음 산에 오를 때 이야기를 좀 하였더니 숨이 가쁘고 힘이 들었다. 그 후 차분하게 페이스를 조절하여 무난하게 산행을 마치긴 하였다. 용봉산은 산머리가 봉황의 모양을 담고 있고 산 몸통은 용을 닮았다고 하여 용봉산이란 이름을 얻었다고 한다. 그리 높지 않은 산이나 기암절벽이 곳곳에 펼쳐져 병풍처럼 드리워져 있는 산세가 예사롭지 않았다. 결코 만만하게 볼 수 없는 산이었다. 정상 높이 381m이지만 이곳 태안이 해안지대 평야라 중부 내륙지방에 있는 산으로 치면 해발 500m는 족히 됨직한 산 높이다.

초반에 이야기 좀 하다가 약간 지쳤으나 평소에 걷기를 계속해 왔기에 얼마 지나지 않아 내 페이스를 찾아 그리 힘들이지 않고 정상에 올랐다. 정상에서 조금 내려오다가 평평하고 너른 지대에서 자리를 펴고 준비한 음식으로 점심을 함께했다. 정상에서 내려오면서 바라본 산세가 참 아름다웠다. 가을에 단풍이 짙게 물들었을 때 오면 정말 아름다울 것 같았다. 정상에서 다른 길로 내려오다가 용봉사 근처에서 홍성 마애불상을 보았다. 마애불은 바위에 새긴 불상으로 백제 시대부터 만들었다고 한다. 우리나라에서는 주로 서산, 태안, 홍성 등지에 남아있다고 한다.

이어 수덕사에 들러 문화해설가로부터 수덕사에 얽힌 이야기를 아주 재미있게 들었다. 수덕사 하면 생각나는 분이 김일엽 스님이다. 워낙 유명하신 일엽 스님이 계셨던 곳이라 나는 이곳 수덕사가 비구니만이 수행하는 사찰로만 알고 있었다. 김일엽 스님도 우리 평남 용강군 출신이시다. 1920년대 박인덕, 나혜석, 윤심덕 등과 함께 우리나라 개화기에 여성운동을 주도했던 신여성의 리더였다. 수덕사는 한국 근.현대 불교를 중흥시킨 경허스님과 만공스님이 계셨던 우리나라 3대 불교 총림의 하나였다고 한다. 일엽 스님에 얽힌 해설사의 이야기를 애잔한 마음으로 들었다. 나혜석과 일엽 스님 그리고 이응로 화백의 수덕여관 사연도 흥미로 왔다.

수덕사 제일의 보물은 뭐니 뭐니 해도 국보 제49호인 대웅전이다. 고려 충렬왕 때 세워진 절로서 우리나라에서 세 번째로 오래된 목조건물이라고 한다. 유홍준 전 문화재청장은 수덕사 대웅전을 보고 화장을 하지 않은 정숙한 여인의 모습이라고 평하였다고 한다. 다른 절의 대웅전과는 달리 단청을 하지 않은 것이 이곳 수덕사 대웅전의 특색이었다. 수덕사 관람을 마치고 절 앞, 상가에 있는 식당에서 산채정식으로 저녁을 먹고 세심천 대중목욕탕에서 1시간 정도 회원들과 온천욕을 하고 서울로 올라왔다.

2020년 2월 2일 일요일 날씨: 흐림

오전 8시 30분 미사를 다녀왔다. 점심을 먹고 해림이와 도연이랑 동네 한바퀴 산책을 하였다. 김중위 장관님이 지으신 탄허 스님과 시애틀 추장이란 작은 책자를 읽었다. 김중위 장관님께서 지으신 수필 같은 소책자인데 나는 이 책을 읽고 시애틀이 1850년대 시애틀 지역에 인디언 추장 겸 지도자의 이름이었다는 사실을 처음 알았다. 자연과 인간이 하나라는 지극히 단순하고 자연스런 진리를 시애틀 추장은 오랜 경험을 통해 미국인 지도자들에게 충고하고 있었다.

2020년 2월 3일 월요일 날씨: 약간 흐리고 추움

오늘 평남 담당 사무국장과 평북 담당 사무국장이 부임하였다. 평남사무국장은 행안부 교육담당 과장으로 근무하던 정병욱 서기관이 왔다. 점잖고 예의 바른 사람으로 보였다. 평북 담당 사무국장은 김강 서기관으로 정부종합정보관리 담당관으로 근무하던 사람이다. 고향이 논산이라고 하여 친근감이 들었다. 나도 1950년 가을부터 1959년 초가을까지 충남 논산에서 피난 생활을 해 논산은 나의 제2의 고향같은 곳이다.

오전 10시 20분에 이북5도위원회 사무국 2월 정기 직원모임이 있었다. 오전 11시에 향두계놀이 예능 보유자이신 유지숙 선생이 설 인사차 제자들과 같이 방문하였다. 작년도에 평남에서 적극적으로 도와준 것에 대해 감사함을 표시하며 점심을 같이하자고 하여 평남사무국 직원들과 평남중앙도민회 편집실 차장 김현균 기자와 이북5도신문 김영근 대표와 함께 북악정에서 점심을 함께하였다. 오후 2시쯤 불광동 네거리에 있는 정기용 정형외과에 가서 무릎 치료를 받았다.

오후 5시 30분쯤에 인덕원 사무실에 들렀다. 저녁은 씨앤에이 직원들과 함께했다.

2020년 2월 4일 화요일 날씨: 흐림 약간 추움

아침 출근길에 동호대교 부근을 지나면서 한강을 바라보니 아침 해가 동호대교 위로 떠 오르고 있었다. 참 아름다운 광경이었다. 강변북로 한남대교를 지나 동호대교를 바라보면서 햇살이 비친 동호 철교와 강물이 너무 아름다워 사진 몇 장을 찍어 카톡으로 가까운 친지들에게 보내며 다음과 같은 메시지를 함께 보냈다.

"아침 출근길 강변북로 동호대교 부근을 지나며 사진 한 장을 찍어 올립니다. 떠오르는 태양을 바라보며 오늘 하루도 축복임을 느꼈습니다. 중학교 시절 금호동에서 살았습니다. 동호대교 부근에 제법 넓은 모래섬이 있었습니다. 아마 학교운동장 서너 배 정도 크기는 족히 되었을 겁니다. 여름방학이면 친구들과 텐트를 치고 일주일 정도 지내며 보내곤 했었지요. 그때 우리 동네 강 이름은 한강이라 하지 않고 무시막 강이라고 불렀던 기억이 납니다.

금호동 쪽에서 모래섬으로 가려면 2백 미터는 족히 되어 나룻배를 타고 강을 건너 모래섬으로 가서 피서를 했습니다. 수영을 제법 잘하는 친구들은 담력을 기른다고 수영을 하여 모래섬으로 가기도 했었습니다. 나는 수영도 잘 못 할뿐더러 담력이 약해서 시도조차 하지 못했습니다. 모래섬에는 제법 장사꾼들도 있었고 한여름에는 3, 4백 명은 족히 건너 가 피서를 했던 것으로 기억합니다.

그 당시 대천이나 만리포 경포대, 해운대 등 해수욕을 가는 사람들은 서울에서도 그리 많지 않았습니다. 서민들은 주로 한강 인도교 부근, 뚝섬 유원지나 광나루 유원지 그리고 우리 금호동 동네 사람들은 무시막 강에 있는 모래섬으로 가서 피서를 했습니다. 무시막강 모래섬 남쪽 압구정 쪽은 짧은 데는 4, 50미터 정도밖에 되지 않았고 강 깊이도 그리

깊지 않아서 헤엄쳐서 강을 건너 압구정 쪽에 있는 밭으로 가곤 했습니다. 그곳은 호박, 오이, 고추 등을 심은 밭이었습니다. 밥을 지을 때면 헤엄쳐 건너가 오이, 고추, 호박을 조금씩 따다가 고추장에 찍어 반찬으로 해서 먹었던 기억이 아스라이 떠오릅니다.

70년대 중반부터 강남개발 붐이 일어났었지요. 현대건설 등 건설회사가 압구정 지역에 대단위 아파트를 건설하면서 모래섬에 있는 모래를 가져다 쓰기 시작했습니다. 워낙 대단위 아파트 공사에 사용하다 보니 어느 사이에 모래섬은 사라지고 말았습니다. 저는 전철을 타고 동호 철교를 지날 때마다 그 모래섬이 그립습니다. 한 20년 전쯤으로 기억합니다. 동호대교 부근 옛 모래섬 위치에 모래가 조금씩 쌓여가고 있어 예전에 모래섬이 생길 것 같다는 신문기사를 본 적이 있습니다. 어찌나 반가웠는지. 언젠가는 동호대교 부근에 모래섬에 살아날 거라고 저는 믿고 있습니다. 오늘 아침 이곳을 지나며 잠시 어린 시절 회상하며 행복한 시간 가졌습니다."

사무실에 도착하여 아침 신문을 읽고 있으니 강 실장이 들어와 오늘 하루 일정에 대한 보고를 하였다. 조금 있으니 오늘 부임한 평남 사무국장과 평북사무국장이 부임 인사차 들어왔다. 두 분 다 인상이 유하고 성실하게 보여 마음에 들었다. 정병욱 국장과 앞으로 도정을 잘 운영해 나가기로 마음속으로 다짐하였다.

오전 10시에 이북5도위원회 회의가 있었다. 점심은 황해지사님이 평창동 칼국수집으로 초대하여 수육과 만두를 곁들여 칼국수로 점심을 함께했다. 오후에 김희정 전임강사에게 위촉장을 수여하였다. 일본에서 오랫동안 공부하고 인제대에서 북한학 박사학위를 받아 민주평통 상임위원으로도 활동하고 있었다. 이북도민과 탈북도민을 위한 강의 과정의 주임 강사로서 역할을 수행하면서 통일 관련 강좌도 맡는 것으로 하였다.

2020년 2월 5일 수요일 날씨: 맑음 그러나 추움

반 차를 내고 오후 2시쯤에 김포 양곡에 있는 박명호 부회장 집에 들렀다. 주주결의서에 인감 날인을 받았다. 주식을 분산시킨다고 친구인 박명호 부회장에게 주식 10%를 양도했었다. 오후 4시쯤에 인덕원 사무실에 가서 정문교 사장과 업무회의를 하였다.

2020년 2월 6일 목요일 날씨: 아주 추었음

평남 상임고문단 점심 모임이 있었다. 제29대 평남중앙도민회장으로 취임한 전승덕 회장이 상임고문님들을 모시고 취임 인사 겸 점심 대접을 하기로 했다. 코리아나 호텔 3층 동원참치집에서 참치정식으로 식사를 했다. 오후 3시에는 김건백 평양시 명예시장과 이남일 평원군 명예군수가 내 집무실에서 시.군정 보고회를 약식으로 가졌다. 새로 부임한 정병욱 국장도 합석하여 군정간담회를 가졌다. 간담회 후에 1층에 있는 이북5도 사무국 총무과장과 이북도민지원과장으로부터 관장업무에 대한 설명을 들었다.

2월 13일에 갖기로 한 이북5도위원회 시도지구 사무소장 업무회의 개최 건에 대해서는 최근 우한 폐렴사태를 감안하여 개최 여부를 신중하게 결정했으면 좋겠다는 노경달 국장의 건의를 받고 우선 5도 지사들의 의견을 수렴하는 것이 좋을 것 같아 의견을 물어보았다. 평북지사와 함북지사는 모임에 참여하는 인원이 20여 명에 불과한 소규모이므로 예정대로 하는 것이 좋겠다는 의견을 주었다.

의견이 분분하여 부득이 각 시도지구 사무소장의 의견을 들어보는 것이 좋겠다는 함남지사님의 의견에 따라 16개 지구 사무소장의 의견을 들어보기로 하고 개최 여부에 대한 의견을 구하였다. 16개 지구 사무소장들의 의견은 7명은 연기 또는 취소를 5명은 예정대로 개최하는 것이 좋겠다는 의견을 주었고 나머지 4명은 이북5도위원회의 결정에 따르겠다는 의견을 주었다. 도지사들과 지구사무소장의 의견을 종합적으로 판단하여 보건데 연기하는 것이 타당하다는 결론을 내리게 되었다. 시도지구 사무소장에게 내일 5도 지사들과 상의하여 최종적으로 결정하여 그 결과를 통보하여주기로 하였다.

2020년 2월 7일 금요일 날씨: 맑았으나 약간 추움

오늘이 정월 대보름날 인가보다. 아침에 반찬으로 나물 몇 가지가 나왔다. 세월이 참 빠름을 느끼게 된다. 설날이 엊그제 같은데 벌써 보름이 되었다. 아침에 2월 13일 시도지구 사무소장 업무회의 개최 건에 대해 도지사님들의 의견을 들었다. 각 시도지구 사무소장들에게 조사하니 연기하자는 인원이 조금 많았다고 말씀드리니 연기하는 쪽으로 결정하자고 하여 그렇게 하기로 최종적으로 결정하였다. 연기 통보를 각 시도지구 사무소장들에게 하도록 담당 주무관에게 지시하였다.

오전 11시에 중강당에서 2020년도 일천만이산가족위원회 정기총회가 개최되어 이북5도위원장으로서 정기총회에 참석하여 축사를 하였다. 정기총회 행사가 끝난 후에 참석한 내빈과 일천만이산가족위원회 대의원들과 점심을 함께 하였다.

평북지사 사무실 벽지 교체와 소파 천갈이를 총무과장에게 지시하였다. 위원회 사무국장이 신임 도 사무국장 두 분의 환영회를 겸하여 직전 국장 두 분, 각 도 사무국장들 그리고 총무과장과 이북도민지원과장과 함께 저녁 모임을 가졌으면 좋겠다고 하여 그리하기로 하였다.

저녁에 김 서방이 부산에서 올라왔다. 이삿짐을 아침에 정리하여 이삿짐 차에 실어 놓고 차를 몰고 왔다. 저녁에 현서네 가족이 집에 와서 도연이네 가족과 함께 저녁을 먹었다. 명태찜으로 모처럼 온 가족이 모여 즐겁게 저녁 식사를 했다. 김 서방이 부산에서 올라오면 마시려고 보관해두었던 대통령으로부터 설 명절 선물로 하사받은 이강주를 따서 두 사위와 두 딸 그리고 술 잘못하는 집사람에게도 한잔 따라주고 건배하며 기분 좋게 마셨다. 대통령의 하사품이라 그런지 술 잘 못 마시는 나도 이강주가 참 명주는 명주구나 하는 생각이 들었다.

2020년 2월 8일 토요일 날씨: 맑음 그리고 추움

오늘은 해림이네 이삿짐이 부산에서 올라와 이삿짐을 정리하는 날이다. 김 서방과 해림이가 이삿짐센터 사람들과 짐 정리를 잘할 수 있다고 우리는 바람에 이삿짐 들어오는 것 도와주지도 못했다. 점심때쯤 정리가 되어 집 앞에 있는 중국집에 가서 도연이네랑 현서네랑 온 가족이 함께 식사를 했다. 내가 사려고 했는데 김 서방이 먼저 계산하는 바람에 얻어먹게 되었다. 김 서방은 늘 계산을 먼저 하려고 하여 참 미안한 때가 많다.

오후 2시 30분에 안산시에서 개최되는 통일미래연대의 사랑의 쌀 전달식에 참석하여 축사를 하였다. 일천만이산가족위원회에서 후원하여 10Kg 짜리 쌀 70여 개를 탈북도민에게 전달하는 행사였다. 통일미래연대는 평남 출신 탈북민인 최현준 대표가 이끌고 있는 단체로서 비교적 활발하게 활동하는 탈북도민 단체이다. 오늘 축사에서 전달식에 참석한 탈북도민들에게 축하의 말과 함께 이북5도위원회의 역할과 존재에 대해서 설명하는 기회를 가졌다. 앞으로 탈북도민들이 한국 생활에 어려움을 겪을 때마다 제일 먼저 이북5도위원회를 찾아와 도움을 청해줄 것을 부탁하였다.

2020년 2월 9일 일요일 날씨: 맑고 추웠음

아침 10시 30분 교중미사를 다녀왔다. 주임신부님께서 휴가 중이어서 최근에 본당으로 오신 보좌신부께서 미사를 집전하셨다. 오늘 강론은 예수님께서 말씀하신 빛과 소금이 되어라는 성경 말씀에 대한 강론을 하셨다. 강론을 열심히 준비하셨는지 오늘 미사의 강론은 아주 훌륭했다. 나도 예수의 말씀처럼 빛과 소금이 되도록 노력해야겠다.

오후 3시에는 제인이 돌잔치 판교역 부근에 있는 더퍼스트클라스에서 했다. 친가와 외가 친척과 현서.지홍이 친지들 약 70명 정도 참석하였다.

평양감사 1054일 I

우환 폐렴사태 때문에 예상했던 인원보다 좀 적게 왔다고 한다. 모처럼 사돈 내외분들과 함께 마주 앉아 식사를 같이하며 제인이의 첫 번째 생일을 축하해주었다.

2020년 2월 10일 월요일 날씨: 맑음

정병욱 평남사무국장을 비롯한 평남사무국 직원들과 주간 업무회의를 하였다. 신종코로나바이러스 관계로 평남 행정자문회의를 3월로 연기하는 것이 좋겠다는 의견에 대해 좀 더 생각해 보고 결정하기로 했다. 2월 17일에 갖기로 한 12인회는 황해도지사 일정을 고려하여 재조정하기로 했다. 오전 11시에 이북5도 새마을연합회 정기총회에 가서 축사를 하였다. 오늘 정기총회에서는 그동안 회장대행체제로 운영하여온 것을 정리하기 위하여 새로운 회장 선거가 있다고 하였다. 현재 평남중앙도민회 명예회장인 조성원 회장이 단독 출마하였으며 별 이변이 없는 한 조성원 명예회장이 회장으로 선출될 거라고 하였다.

낮 12시에는 경복궁역 부근에 있는 밥집인 경복궁오감에 가서 행안부 출입기자단과 상견례 겸 점심식사를 하였다. 행안부 기자단 중 구병수 팀장과 권수현 간사 기자를 비롯하여 8명의 기자가 참석하였다. 식사 도중에 이북5도위원회와 이북도민사회에 대해 설명을 하였다. 원래 기자들과는 불가근불가원의 관계를 유지하는 것이 가장 현명하다고 한다. 그러나 우리 이북5도위원회는 그동안 너무 기자들과 거리를 두고 접촉을 하지 않았던 것만은 확실하다. 그 결과 작년에 영국 언론사는 물론 국내 언론사로부터 이북5도위원회란 정부기관이 무슨 일을 하는지 모르겠고 예산만 낭비하는 비효율적인 행정기관이라는 혹독한 비판을 들었다. 특히 도지사의 경우 고액연봉에 해마다 해외 출장도 다녀오고 기사 딸린 차량 제공에 비서와 수행비서까지 있는 꿀 보직이라는 비아냥도 받기에 이르렀다. 일반인의 경우 이북5도지사가 명예직이며 매일 근무하는 상근직이라는 사실을 아는 사람이 별로 없는 것도 사실이다.

4. 2020년 도정일지

그러나 내가 실제로 도지사에 취임하여 도지사직을 수행하다 보니 맡은 업무가 막중할 뿐만 아니라 공적인 업무가 생각보다 많고 바쁘기가 여느 선출직 도지사들 못지않다는 생각이 들었다. 특히 도민사회의 각종 행사에 참석하여 축사와 격려사를 하고 표창을 수여하는 일이 거의 매주 한두 번은 있어 행사 일정만 소화하려고 하여도 여간 바쁘지 않을뿐더러 체력소모가 대단하다. 그래서 나는 체력관리를 위해 아침 5천 보씩 꼭 뒷산을 오르며 체력단련을 하게 되었다.

2020년 2월 11일 화요일 날씨: 맑음

아침에 좀 늦게 일어났다. 오늘은 홀수 차량만 운행이 가능하여 내 차를 몰고 가려고 자동차 키를 찾았으나 어디에 두었는지 알 수가 없어 부득이 관용차를 몰고 출근하였다. 오도청사에 들어가지 못하여 청사 부근에 있는 사설주차장에 주차를 하고 출근하였다. 오전 10시에 이북5도위원회 회의가 있었다.

2020년 2월 12일 수요일 날씨: 맑음

예정되었던 각 시도지구 사무소장 업무회의가 신종코로나바이러스로 연기되었다. 오후에 홍보팀들이 와서 홈페이지 작업과 홍보 책자 제작과정에 대해서 보고가 있었다. 건물관리팀에서 이북5도청 건물 사용 현황에 대해 조사한 내용을 설명하였다. 6.18 상이군모임회에서 활동이 저조한데도 불구하고 두 곳을 사용하는 문제점에 대해서 공감하고 두 곳 중 한 곳을 비우도록 조치하려고 한다.

오후 3시경에 염승화 이북도민중앙연합회장이 방문하셨다. 내가 일전에 제안한 해외 이북교민 방문 시에 동행하는 문제에 대해 올해는 예산 관계상 어렵다는 답변을 주셨다. 동화경모공원과 동화연구소 정상화 문제에 대해서 심도 있는 이야기를 나누었다. 저녁에는 새로 부임한 평남 사무국장과 평북 사무국장 환영회 겸 이북5도 각 국장 연합회 사무국장 그리고 연합회 과장과 함께 코리아나 호텔 3층 동원참치집에서 회식을 하였다.

2020년 2월 13일 목요일 날씨: 맑음

오늘은 대학 동기들 모임인 태평회 점심 모임이 있는 날이었다. 내가 친구들은 이북5도청으로 초대하여 북악정에서 점심을 함께하기로 했었다. 우한폐렴의 확산으로 연기하자는 의견이 다수여서 다음으로 미루기로 하였다.

김한상 계장이 해외 이북교민 초청 건에 대해 보고가 있었다. 마침 시드니교민회장의 전화가 와서 초청 인원의 증원을 요청하여 검토해보라고 하였다. 나중에 내용을 파악해 보니 시드니 한인 10만 명 정도가 되며 이북도민회원도 2천여 명 정도 되는 비교적 큰 교민회가 구성되어있는 지역인데 1990년대에 고국 방문 초청인원 선발 과정에 문제가 있어 페널티조항이 적용되어 초청 인원이 그동안 조정되었었다고 한다. 아무튼 교민 수에 비해 상대적으로 적은 인원이 선정되는 문제점에 대해서 해결방안을 검토해보라고 지시했다. 오늘은 오후에 반 차 휴가를 내고 일찍 퇴근했다.

2020년 2월 14일 금요일 날씨: 맑음

낮 12시에 충무로 5가에 있는 대림정에서 개최되는 평남 16개 군 상무단 모임에 참석했다. 전승덕 중앙도민회장도 참석하였다. 각 군민회 상무들은 군민회의 핵심 일꾼이며 군민회와 도민회 활동의 핵심 요원이다. 상무들의 역할과 공적에 대해 높이 치하하고 격려하여 주었다. 아울러 도정과 이북5도위원회의 업무에 적극적인 관심과 협조도 당부하였다. 특히 3월부터 개최되는 남북이음 교육프로그램에 적극적으로 참여하여 줄 것과 이북도민 인구추계 조사와 평남을 빛낸 인물 선정작업에도 협조를 당부했다.

오후 2시에는 순천군 명예군수와 강동군 명예군수를 사무실에 오게 하여 군정보고회 겸 간담회를 가졌다. 도 사무국장도 함께 참석하였다. 군수의 역할과 자세에 대한 도지사의 당부 말과 함께 군정에 대한 보고를 듣고 의견을 청취하였다. 군정간담회 중간에 이북도민연합회 부녀합창단에 회장과 총무 그리고 재무담당 간부님들이 방문하였다. 내달에 프랑스 한국인 음악가협회의 초청으로 공연을 하러 다는 소식을 전하였다. 해외공연을 진심으로 축하하며 성공적인 공연을 하고 오라고 격려하였다.

2020년 2월 15일 토요일 날씨: 맑음. 겨울 날씨답지 않게 포근하였음

아침 6시에 뒷산에 올라갔다 왔다. 해림이네 집에 이사한 것 축하하기 위하여 휴지를 선물했다. 마침 김 서방이 부산에서 올라와 점심을 해림이네 집 부근 이태리 음식점에 가서 같이 했다.

오후 2시에 종로3가에 있는 우리 기원으로 갔다. 매월 3째 주 토요일에는 평남기우회 바둑동호인들이 바둑을 두는 날이다. 바둑애호가이시며 고수인 전임 김중양 지사께서 만드신 모임이라 이를 이어받은 나로서도 잘 키우고 싶은 생각이어서 공식적인 행사가 없으면 꼭 참석하려고 한다. 내가 도지사가 된 이후에 토요일과 일요일마다 공식행사가 있어 지난 6개월 동안 딱 두 번밖에 참석하지 못하여 미안하기도 하고 아쉽기도 하였다. 오늘 참석자는 6명밖에 되지 않아 조금은 아쉬웠다. 평남 중앙도민회장과 수석부회장과 한 번씩 대국을 하였다. 오후 5시쯤에 부근 순천집에 가서 저녁을 참석하신 분들과 함께하였다. 오늘 저녁값은 내가 냈다.

2020년 2월 17일 월요일 날씨: 흐리고 눈이 조금 옴

아침에 뒷산을 오르려고 하였으나 눈이 많이 쌓여 오르는 걸 포기했다. 그러나 뒷산 올라가는 입구 가까이 가 보니 눈 위에 사람 발자국이 보였다. 참 부지런하고 눈 오는 날에도 꾸준히 산에 오르는 사람들이 있다는 것에 기분이 좋았다. 동네 몇 바퀴를 돌고 집으로 들어왔다. 집 주위 눈 내린 모습이 너무 좋아서 사진 몇 장을 찍어보았다. 오늘 아침은 홀 수차 운행이라 내가 집에 차를 몰고 출근하였다. 박건표 사장이 오전 11시 30분쯤에 찾아와 반갑게 인사를 하였다. 카타르 현지법인 관련 도움을 많이 주어 고마울 뿐이다. 날씨가 별로 좋지 않아 구내식당에서 점심을 함께하고 Municipality License 연장비용을 건네주었다. 점심을 먹고 조금 있으니 이충국 부사장이 왔다. 비개착공법 관련 협약서를 써서 주었다. 공직자 재산 신고를 위하여 미래에셋 증권에 다녀왔다. 염승화 이북도민중앙회 연합회장실에 가서 해외 출장 건에 대해 이야기를 나누었다.

2020년 2월 18일 화요일 날씨: 맑음

이북5도위원회 주간회의를 개최하였다. 주요 보고사항으로는 해외교민 이북도민회 방문 건에 대한 설명이 있었다. 신종코로나바이러스 확산 우려가 있어 3월에 개최키로 한 각도의 도정보고회를 4월 1일부터 4월 10일까지 기간으로 연기하기로 결정하였다.

이북도민연합회 부녀합창단 프랑스 공연에 이북5도위원회에서 얼마간 지원하기로 결정했다. 오전 11시에는 미수복 경기와 미수복 강원지구 행정자문위원회 회의를 개최하였다. 총 12분의 행정위원 중에 한 분을 제외하고 전원 참석하였다. 2020년 첫 회의여서 행정위원들의 각자 소개가 있었고 이어 이북5위원장으로서 인사말과 함께 2020년도 이북5도위원회와 도정운영에 있어 행정자문위원님들의 좋은 의견과 조언을 부탁을 드렸다. 회의를 마치고 북악정으로 가서 점심을 함께하였다.

2020년 2월 19일 수요일 날씨: 맑음

오늘은 역대 평남도지사님들과 한국프레스센터 19층 식당에서 점심 모임이 있었다. 다섯 분의 역대 도지사님들 중에 김인선 도지사께서 코로나 바이러스 관계로 외출 통제가 되셨다고 하여 참석하지 못하셨다. 탕수육에 하우스와인을 한 잔씩 나누어 마시고 민물장어구이로 점심을 먹었다.

이북도민지원과장이 하나원 교육과정 중에 이북5도청 방문 교육과정의 내용을 기안하여 가져와 검토하였다. 내용 중에 방문교육 효과를 추가하고 북한 이탈주민 교육생들의 질의 응답시간을 넣었으면 좋겠다는 의견을 주었다. 오후 3시쯤에 불광역 근처에 있는 정용기 외과에 가서 치료를 받고 사무실로 들어와 이북5도위원회 문건 3건과 평안남도 문건 2건을 결재했다.

2020년 2월 20일 목요일 날씨: 맑음

오늘 점심은 이북도민연합회 부녀합창단 임원진들을 모시고 경복궁 부근 곰솔 한식집에서 가졌다. 2월 28일에 프랑스로 해외 출장 공연을 간다고 하여 장도를 축하도 할 겸 격려 차원에서 식사를 함께하며 부녀합창단의 활동상황에 대해서 이야기를 들었다. 피아노 반주자도 함께 했다.

지휘자와는 부부 사이라고 한다. 합창단 창립 시부터 현재까지 25년 동안 적은 보수를 받고 봉사해오신 것에 대해 감사 인사를 드렸다. 화요일 이북5도위원회 회의 시에 연합회 부녀합창단 해외공연을 축하하고 격려하기 위해 격려금을 모아주기로 하여 100만 원의 성금을 이북5도지사들이 모아서 합창단장에서 전달했다.

2020년 2월 21일 금요일 날씨: 맑음

오전 11시에 미수복 경기와 강원지구 명예시장군수 회의를 가졌다. 경기지구 2명, 강원지구 4명 도합 6명이 참석하였다. 인사말에 이어 2020년도 이북5도위원회 주요업무계획에 대한 설명이 있었고 명예시장군수의 역할과 자세에 대해 강의를 하였다. 점심은 옛날민속촌에서 가졌다. 점심식사 중에 향후 3년간 시장군수 모임 운영방안에 대해 의견을 나누었다. 이북도민 인구추계를 위한 조사에 대한 협조도 당부하였다.

저녁에 위원회 사무국장으로부터 전화가 왔다. 행안부에서 코로나19 영향으로 해외 출장계획의 연기 가능성 여부에 대해 협의하였다고 한다. 행안부의 분위기는 연기를 종용하는 것 같은 분위기라 그런 방향으로 결정했으면 하는 사무국장의 의견이었다. 좀 생각해 보고 결정하자고 하고 이어 이번 출장에 남미와 미국을 가기로 되어있는 함남지사님에게 전화를 걸어 의견을 물어보니 연기하는 것이 좋을 것 같다는 답변이 있었다.

사무국장에 전화를 걸어 연기하는 쪽으로 결정하자고 하였다. 조금은 아쉬웠으나 어쩔 도리가 없는 상황이 된 것 같다. 코로나 사태가 전국적으로 확산되어 가는 양상인데 방역 당국의 적극적인 대책과 국민들의 보건의식이 무엇보다도 중요한 때인 것 같다.

2020년 2월 22일 토요일 날씨: 맑음

오전 11시에 이북5도청 중강당에서 미수복 경기 개풍군민회가 열렸다. 아침에 집에서 출발하여 10시쯤 사무실에 도착했다. 축사원고를 수정하여 강 실장에게 프린트하도록 했다. 무리하게 군민회를 강행하는 것 아닌가 걱정이 되었으나 이미 통보가 다 되었고 준비가 된 상태에서 갑자기 취소하더라도 많은 사람들이 올 것 같은 상황에 군민회 측에서 개최 여부를 놓고 고민을 많이 하였던 것 같았다.

아무튼 강행은 하였으나 별일이 없기를 바랄 뿐이다. 도민회 활동에 공이 많은 두 사람에게 이북5도위원장 표창장을 수여하고 축사를 하였다. 북악정에서 평남 군민회장단 회의가 있어서 12시쯤 행사장을 나왔다. 평남 군민회장단 모임에 참석하여 간단한 인사말을 하고 함께 점심을 먹었다.

4. 2020년 도정일지

2020년 2월 23일 일요일 날씨: 아침에는 추웠고 낮에는 좀 누그러짐

아침 일찍 6시 30분 미사에 다녀왔다. 회중미사는 사람들이 많이 모여 비교적 사람이 적게 올 것 같은 새벽 미사를 다녀오기로 했다. 역시 예상대로 회중 미사에 평소에 1/3 정도밖에 오지 않았다. 아침을 먹고 운중천을 1시간 30분 정도 걸었다. 오늘도 역시 코로나19의 확산 속도가 대단했다. 이런 속도로 번지면 조만간 확진자가 천명 이상은 될 것 같은 불안감이 들었다.

이북5도위원회 각 시도지구 사무소장들에게 각 지구 1세 어르신들 관리에 만전을 기하고 이북도민사회 단체 모임이나 활동을 당분간 자제하도록 통보하였다. 김윤미 주무관으로부터 행안부 차관의 지시로 최근 1주일 이내에 대구지역에 다녀온 사람이 있는지 조사하라는 통보를 받아 비상연락망을 통하여 전달하였다는 보고를 받았다.

2020년 2월 24일 월요일 날씨: 맑음

오전 9시쯤에 위원회 사무국장이 사무실에 왔다. 어제저녁에 해외 출장 건에 대해 행안부에 연기 통보를 했다고 보고하였다. 연기 결정을 한 것은 잘 한 것 같다. 하루하루 코로나19 확진자 수가 급증하고 있고 사망자 수도 8명으로 늘었다. 정부에서 초기 대응을 너무 안이하게 한 것이 아닌가 한다. 초기에 코로나19 발생지인 중국 우한뿐만 아니라 중국 전역에 대해 입국 금지조치를 내렸어야 했었다. 초기부터 방역당국자나 의학계에서 중국인의 입국을 전면적으로 통제해야 된다고 누차 건의하였는데 너무 중국과의 관계를 의식한 나머지 건의를 받아드리지 못한 것이 못내 아쉽게 생각되었다. 만시지탄은 있으나 이제라도 정부가 잘 대처해주었으면 한다.

오전 10시 평남도 사무국 직원 주간회의가 있었다. 주간 주요 추진업무에 대해 협의하였다. 12시에는 도 사무국장을 비롯하여 사무국 직원들과 팔선생 중식당에서 점심을 같이했다. 오후 3시에는 성천군수와 중화군수 그리고 사무국장의 참석 하에 명예시장군수 업무회의를 가졌다. 이북5도위원회와 이북도청에 대한 연혁에 대해 간단한 설명을 하고 명예시장군수의 역할과 책무 그리고 자세에 대해 의견을 나누었다. 이응철 군수가 군정 현황에 대해 보고서를 아주 잘 준비해 제출해 주었다.

총무과장으로부터 내일 예정된 12인회의 진행 상황에 대한 설명이 있었다. 퇴근하는 중에 총무과장으로부터 내일 12인회의 모임 장소로 코리아나호텔 3층에 있는 동원참치집이 요즘 사회 분위기로 보아 부적절할 것 같다는 의견을 제시하여 곰솔로 회의 장소를 변경하기로 결정하였다.

2020년 2월 25일 화요일 날씨: 맑음

오전 10시에 이북5도위원회 5도 지사 주간회의가 있었다. 코로나19 확산에 따른 이북5도위원회 차원의 방역 대책 등에 대해 논의하였다. 코로나 19사태에 따라 해외이북도민회 방문 일정도 연기하는 것으로 최종적으로 결정하였다. 낮 12시에 2020년 처음으로 이북5도지사와 이북 7도 중앙도민 회장들과 12인회 회합을 가졌다.

당초에는 코리아나 호텔 3층에 있는 동원참치 VIP 점에서 갖기로 하였으나 최근 사태를 고려하여 곰솔로 장소를 변경하여 모임을 가졌다. 오늘은 처음 만나는 모임이라 인사를 나누며 덕담을 주고받는 자리로 하였다. 함북도민중앙회 라기섭 회장이 예산문제에 대한 질의가 있어 원론적인 답변만 하였다. 올해 이북5도위원회의 역점사업에 대한 설명의 시간도 가졌다.

12인회 모임을 마치고 사무실에 들어와 잠시 있다가 퇴근하기로 하였다. 오후 1시부터 이북5도청사 전체에 대하여 대대적인 방역작업을 하기로 되어있어 업무를 볼 수 없게 되어 일찍 퇴근하기로 하였다. 오후 3시에 예정된 맹산군과 양덕군의 군수 군정보고회를 다음으로 연기하였다.

2020년 2월 26일 수요일 날씨: 맑음

　아침 9시쯤에 위원회 사무국장이 사무실에 들어와 어제 있었던 12인회의 분위기에 대해서 이야기 하였다. 라기섭 함북도민회장의 이북5도위원회 연간 예산 규모 100억 원에 대한 쓰임새에 대한 질의는 좀 과한 질문이었다는 의견이었다. 나도 동감이었으나 우리 도민사회 중진들도 그런 생각을 갖고 있으니 누굴 탓할 수 있겠는가 하는 생각이었다.

　오전 10시 40분쯤에 평양검무 이수자 시험 심사위원으로 내정된 양종승 박사와 중앙대 무용과 채향숙 교수가 인사차 들렸다. 11시에 평양검무 이수자 시험이 있었다. 지난번 이수자 시험에서 고배를 마신 한 사람에 대한 재시험이 있었다. 시험이 끝난 후에 시험장에 가서 심사위원과 이수자 시험을 본 분들과 함께 기념촬영을 하고 심사위원들과 점심을 함께 하였다.

　오후 2시경에 양덕군 출신인 김지선 어른이 아들 김정현 양덕군 상무와 함께 방문하셨다. 김지선 어르신의 선친에 대한 국가유공자 공훈심사 진행에 대해 도움을 요청하러 오셨다. 국가보훈처 공훈심사 담당자에게 직접 전화를 걸어 공훈심사 진행 상황을 점검한바 현재 공훈심사 중에 있으며 오늘 8.15일 국가유공자 선정대상자에 올려 심사 중이라는 설명을 들었다. 시간을 내서 세종시에 한 번 방문하여 공훈심사담당관을 만나보려고 한다.

　오후 3시경에 장원호 회장과 서도소리 명창인 박정욱 명창이 찾아왔다. 올해 평양 잡가를 평남무형문화재로 선정되기 위하여 열심히 노력하고 있다는 말을 하였다. 나로서도 우리 평남에 서도소리가 무형문화재로 지정되는 것을 간절히 원하기 때문에 함께 노력해보자고 하였다. 내일 남북하나재단 이사회 참석하기 위한 자료준비를 하였다. 남북하나재단은 북한 이탈주민의 한국 사회정착을 지원하고 관리하는 통일부 산하기관이다. 이북5도위원장은 남북하나재단의 당연직 이사로 되어있다. 올 한 해 남북하나재단 이사로서 북한 이탈주민이 남한 사회에 안정적으로 정착할 수 있는데 관심을 갖고 힘 닿는 데까지 도와야겠다고 다짐했다.

2020년 2월 27일 목요일 날씨: 맑음

오늘 12시에 남북하나재단 이사회가 있는 날이다. 이사회 관련 자료를 꼼꼼히 검토해보았다. 남북하나재단 이사회는 북한 이탈주민 관리를 담당하는 정부기관과 관련 단체의 기관장들이 이사로 참여하고 있다. 이북5도위원장도 이사회 일원이다. 관례적으로 이북5도위원장이 당연직 이사로 선임되어 이사회에 참석하게 되어있다.

오늘이 나로서는 처음으로 참석하는 이사회라 기대도 되고 약간은 긴장도 되었다. 오늘 이사회 안건은 직제규정개정안과 2019년도 결산안 승인 그리고 2020년도 일부 예산안 수정안이었다. 안건 자체가 중요한 이슈가 아니고 통상적인 의결절차를 요하는 안건이라 상정안건에 대해서는 별 의견이 없이 원안대로 가결되었다. 오늘은 내가 이사회에 처음으로 출석하는 것이어서 회의 모두에 내 소개가 있었다.

오후에는 이북5도위원회 홍보영상 시연회를 이북5도지사들과 함께 시청하였다. 별도 예산이 들지 않게 부분적으로 수정 편집하였는데 비교적 최근 내용을 담아 잘 제작된 것 같았다. 이북도민연합회 부녀합창단에서 내일 가기로 한 프랑스 공연 일정을 취소하기로 하였다며 이북5도지사들이 전달한 격려금을 다시 돌려주겠다고 하여 만류하였으나 굳이 돌려드리겠다고 하여 일단은 받아두기로 했다. 나중에 부녀연합 합창단 행사 시에 전해주기로 했다.

2020년 2월 28일 금요일 날씨: 맑음

오전 10시에 맹산군과 양덕군 군수들과 군정 보고 회의를 했다. 군정 보고회가 끝내고 구내식당에 가서 함께 점심식사를 했다. 점심식사 후 1층 휴게실에서 차를 마시다가 이북5도위원회 총무과장과 이북도민지원과장의 이북5도위원회의 업무 내용과 이북5도위원회에 대한 설명을 들도록 했다. 오후 4시쯤에 염승화 이북도민중앙회 연합회장을 만나 이북도민연합회의 현안 문제에 대해 의견을 나누었다. 염승화 회장은 연대 수학과를 나오신 나의 대학 선배이다. 대학을 나온 후 경기공전에 수학과 교수를 시작으로 서울과학기술대학교에서 교수 생활을 오래 하신 분이다. 오후 4시 30분쯤에 사무실에 나와 치과에 가서 왼쪽 아래 맨 뒤쪽 어금니를 발치했다.

2020년 3월 1일 일요일 날씨: 약간 흐림

오늘은 3.1일 독립 만세 운동이 일어난 지 101주년이 되는 날이다. 최근 급격히 확산되는 코로나19 사태로 인하여 정부주관 삼일절 기념행사가 대폭 축소되어 치러졌다. 예전 같으면 기념식 행사에 우리 이북5도 지사들도 참석하여야 하나 올해는 배화여고에서 50여 명의 3부 요인과 정당 대표 그리고 정부 장관급 인사만 참석하여 조용하게 치러졌다. 문재인 대통령의 기념사 중에 눈에 띄는 것은 우리 평남 출신의 독립군 대장 홍범도 장군의 유해를 카자흐스탄에서 대한민국으로 송환하여 대전 국립현충원에 안장할 계획이라는 기쁜 소식이었다.

홍범도 장군은 혁혁한 독립군 활동에 비해 그동안 소홀히 대접한 것이 사실이었다. 1920년 봉오동·청산리 대첩 이후 북간도에서 활동하던 다른 독립군 부대와 함께 일본군의 토벌을 피하여 러시아령으로 옮겨 러시아에서 살다가 1937년 스탈린의 고려인 강제이주정책에 의해 중앙아시아 카자흐스탄으로 이주하여 말년을 그곳에서 보냈다. 카자흐스탄 고려인들에게는 정신적인 지주였다. 1943년도에 멀리 이국땅 카자흐스탄에서 쓸쓸히 영면하신 후 이제 77년 만에 고국 땅을 밟으시는 것이다. 우리 이북5도위원회에서는 함북지사의 기획으로 봉오동전투 승전기념 100주년을 맞이하여 대대적인 사진전을 기획하고 있다. 잘 준비해서 홍범도 장군의 업적을 기리고 우리 이북5도위원회의 활동도 홍보할 수 있는 좋은 기회로 만들어야겠다.

📖 평양감사 1054일 I

2020년 3월 2일 월요일 날씨: 맑음

오전 10시에 도 사무국 직원들과 주간 업무회의를 하였다. 이창원 세무사와 이징훈 회계사에 연락하여 이북5도위원회에서 운영하려고 하는 이북도민과 북한 이탈주민을 위한 세무 및 회계 관련 전문상담역을 맡아 달라고 부탁하였다. 흔쾌히 수락하여 이북오도청 방문 일자를 협의하기로 하였다. 이창원 세무사는 내일 오후 2시경에 방문하기로 하였다. 동화경모공원과 동화연구소 경영정상화 방안에 대해서 이북7도연합회 회장과 협의하였다.

2020년 3월 3일 화요일 날씨: 맑음

이북5도위원회 주간 업무회의가 있었다. 각 시도지구 사무소에 북한 이탈주민을 위한 마스크 지원방안에 대해 의견을 나누었다. 방문객용으로 구입하려는 마스크 물량에서 일정 물량을 각 시도지구에 배정하기로 하였다. 이북5도 등에 관한 특별조치법 개정안 추진상황에 대해서 인터넷에 확인 내용으로 보고하였다.

회의가 끝나고 평양검무 예능 보유자인 임영순 보유자와 유인나 사무국장이 찾아와 현재 진행 중에 정순임 회장 측과의 소송 건에 대한 설명이 있었다. 두 분 보유자께서 평양검무의 발전을 위해 원만하게 마무리하라고 부탁하였다. 조금 일찍 사무실에서 나와 인덕원 사무실로 갔다. 저녁은 회사 직원들과 함께 자연산 장어집에 가서 먹었다.

2020년 3월 4일 수요일 날씨: 맑음

이북5도청사 방역대책에 대해서 논의하였다. 방역대책의 하나로 온도감지기를 설치하기로 하였다. 총무과장과 전산 운영팀과 함께 홈페이지 개편과 보강 안에 대해서 협의하였다. 전산시스템 관리업체와 홈페이지 관리 업체를 분리해서 계약 발주하기로 하고 홈페이지 관리업체를 접촉하도록 지시하였다. 송영복 사장이 인사차 방문하여 북악정에서 점심을 같이하였다.

2020년 3월 5일 목요일 날씨: 맑음

아침에 조선일보를 보니 창간 100주년 기사가 실렸다. 위원회 사무국장과 상의하여 조선일보사 앞으로 이북5도 위원장 명의로 창간 100주년 축하 메시지를 보내기로 하였다. 축하 메시지 내용은 조선일보의 창간 100주년을 850만 이북도민과 함께 진심으로 축하한다는 내용이었다.

금년도 해외 이북교민 국내초청행사에 대한 실행계획을 수립하고 조달청을 통하여 초청행사를 대행할 여행사 입찰계획안을 수립하였다. 점심은 김희정 전임강사와 위원회 사무국 교육팀원들과 능이백숙으로 함께 하였다. 오른쪽 정강이 통증이 조금 있어서 불광동 정형외과에 가서 물리치료를 받았다. 오후 4시쯤에 사무국 직원들과 5도 지사실 직원들에게 닭강정 간식을 돌렸다.

2020년 3월 6일 금요일 날씨: 맑음

이북5도위원회에서 마스크를 준비하여 각 시도 사무소장들에게 주려고 했던 계획은 실행하기가 어렵게 되었다. 마스크를 한 4,000개 정도 구매하여 우선 각 시도지구에 북한 이탈주민 중에 마스크 구매가 어려운 분들에게 전하려고 하였는데 오늘부터 정부에서 공급과 배급을 강력하게 통제하기 시작하여 대량구매가 사실적으로 어렵게 되었다고 한다. 아쉽지만 어쩔 도리가 없게 되었다.

평안북도에서는 평북지사의 아이디어로 부녀회원들이 주축이 되어 동대문 시장에서 마스크 재료를 구매하여 직접 마스크를 만든다고 한다. 정말로 획기적인 아이디어다. 역시 오영찬 평북지사다운 발상인 것 같다. 우리 평남에서도 평북처럼 마스크를 직접 제작하여 대구.경북지구에 평남도민들에게 전달하는 계획을 전승덕 회장과 상의해 봐야 할 것 같다. 오후에는 반 차를 내어 압구정동에 있는 이선민 원장을 찾아보았다.

운중동에서 백세의원을 운영할 때 가끔 진료를 받으러 갔었다. 사는 집이 우리 빌라에서 가까운 데서 살고 있어서 나를 큰 형님처럼 생각하는 동네 의사이다. 나는 이선민 원장을 나의 주치의로 생각하고 있었다. 한 2년 전에 압구정에 건강상담 위주로 진료하는 의원을 개원하여 한 번 가 본다고 하면서도 차일피일하다가 오늘 가게 되었다. 반갑게 인사를 나누고 기본 검사만 해보기로 하였다. 머리카락검사, 소변검사 그리고 피검사였다. 검사결과는 2주 후쯤 나온다고 한다.

이선민 의원을 나와서 4시에 진료 약속한 논현동에 있는 4월 31일 치과로 가서 왼쪽 끝 어금니 실밥을 뽑았다. 2달 후쯤 상태를 보고 어금니 뺀 상태가 음식을 씹는 데 불편하면 임플란트 시술을 하기로 하였다.

2020년 3월 7일 토요일 날씨: 맑음 약간 추웠음

아침 6시 30분쯤에 국사봉에 올라갔다 왔다. 일주일에 한 번은 꼭 국사봉 완주를 하기로 했다. 도지사의 주 업무가 각종 행사에 참석하는 것이기 때문에 체력소모가 이만저만이 아니다. 체력유지를 위해서라도 매일 걷기와 일주일에 최소한 한 번은 산행으로 체력을 보강해야겠다고 마음속으로 다짐했다.

오후 한 시 반에 동네 약국에서 마스크 판매가 있다고 하여 박 서방과 함께 약국으로 갔다. 오후 1시 10분쯤에 갔는데 벌써부터 사람들이 줄을 서서 기다리고 있었다. 1주일에 1인당 2매씩밖에 구매할 수 없게 되어있다. 한 30분쯤 기다린 후에 집사람과 박 서방 그리고 내 몫으로 마스크 6개를 구입하였다. 어쩌다가 이런 상황까지 왔는지 도저히 이해가 되지 않았다.

2020년 3월 9일 월요일 날씨: 맑음

평남 사무국장과 도 사무국 직원들과 주간 업무회의를 하였다. 평양검무 문제에 대해 심도 있는 회의를 했다. 좀 더 강경한 조치를 취하려는 의도를 보이는 것이 좋겠다는 다수의 의견이었다. 평양검무 처리 방안에 대한 도 차원의 방안을 제시하여 이를 따르지 않을 경우 적절한 행정조치를 하겠다는 신호를 평양검무 측에 보내는 것이 좋겠다는 의견이었다. 오후에는 평안북도에서 진행하는 마스크 만들기 행사에 이낙연 총리 부인이 격려차 오셨다고 하여 잠깐 작업실에 가 보았다. 명함은 교환하지 않고 잠깐 인사만 나누었다.

오후 2시쯤에 이징훈 회계사가 방문하여 회계. 세무분야 상담역에 대해서 설명하고 상담역 신청서를 받았다. 박명철 교수에게도 전화를 하여 월 1회 정도만 의료 자문역 봉사를 부탁했다. 조만간 사무실로 방문해주기로 했다.

2020년 3월 10일 화요일 날씨: 비옴

윤 주무관이 웨딩사진 촬영차 제주도에 가는 바람에 어제 휴가를 내고 오늘 아침 7시에 나를 출근시키러 집에 왔다. 비서실장한테 마스크 100매만 긴급히 구매하도록 지시하였다. 아무래도 대구지역 북한 이탈주민에 대해서는 마스크를 좀 지원해 주어야 할 것 같았다. 마스크 1장에 3,400원이라 하여 340,000원을 송금하고 공급받기로 하였다. 공급처에서 직접 대구지구 염길순 소장에게 배달되도록 조치하였다.

이북5도위원회 주간회의에서 평북지사가 추진하는 마스크제작 행사가 잘한 결정이라 판단되어 이북5도위원회 차원에서 각도 부녀회에 부탁하여 공동으로 마스크를 제작하기로 하고 내일 오후 2시에 각도 중앙부녀회장과 사무장님들을 위원장 사무실로 오시라고 하여 마스크제작 관련하여 논의하기로 하였다.

점심은 함북지사가 안내한 불광동 지역에 있는 경복궁 식당 한정식집에서 5도 지사들과 함께했다. 오후 2시 40분에 전 민주당 대표였던 정대철 대표께서 오셔서 평북부녀회에서 마스크 만드는 작업장을 들려보고 부녀회원들을 격려하였다. 평북 지사실에서 1시간 정도 시국에 대한 이야기를 나누었다.

2020년 3월 11일 수요일 날씨: 맑음

어제 이낙연 총리 부인께서 평북부녀회 마스크 만드는 현장을 둘러보러 온 내용을 기자단에 릴리스하였더니 오늘 아침 신문에 관련 기사가 비중이 있게 보도가 되었다. 이북5도 위원회의 홍보가 잘 된 것 같았다. 오후 2시에는 이북5도 부녀회장님과 총무님들이 참석하여 이북5도 부녀회 합동으로 대구.경북지구에 지원할 마스크 제작문제를 논의하였다. 논의 결과 쉽지 않은 일임을 느꼈다.

남북하나재단 신임 이사장 선임안에 대해 서면 동의하였다. 신임 이사장은 원불교재단에서 오랫동안 탈북민과 인도적인 북한 지원문제 업무를 책임져왔던 분이다. 적절한 분이 선임된 것으로 판단되었다.

2020년 3월 12일 목요일 날씨: 맑음

남북하나재단 신임 이사장 취임 축하란을 보내도록 조치하였다. 사랑의 마스크 제작문제에 대해서 좋은 방안을 생각해 보았다. 각도 중앙도민회 채널을 통하여 과업을 수행하는 데 문제가 있는 것으로 판단되었다. 우선 중앙부녀회원들의 연령대가 80대이어서 작업능력이 없고 동원에도 소극적일 것 같았다. 결국 공적인 조직을 통하여 제작 인원을 동원하는 것이 효율적일 것 같았다. 평남 대표 명예군수에게 미싱 경험자 파악하여 5명에서 10명 정도의 인력을 확보하도록 지시하고 미수복 경기는 3인, 미수복 강원은 5명 정도 동원해보도록 지시하였다.

오후 2시에 강서군과 용강군 명예군수와 군정보고회의를 개최하였다. 오후 4시에 평북부녀회에서 제작한 마스크 500개를 대구·경북지구에 전달하는 전달식을 2층 소회의실에서 가졌다.

2020년 3월 13일 금요일 날씨: 맑음

어제 평북부녀회에서 대구지역에 마스크 500개를 전달하였다는 뉴스가 여러 신문에 보도되었다. 행안부 보도자료 철에도 이북5도 마스크 전달식 뉴스가 리스트업 되었다. 평북부녀회의 활동으로 우리 이북5도 위원회의 홍보가 제대로 되어가고 있는 느낌이다. 오늘 오전에는 불광동 네거리에 있는 중고 미싱가게에 가서 공업용 미싱 렌탈이 가능한 지 여부와 조건에 대해서 알아보았다. 공업용 미싱 1대당 월 렌탈료가 12만 원이고 별도 부착기구 값 25,000원을 추가로 지불해야 한다고 했다. 사무실에 돌아오니 비서실장한테서 이남일 평원군수로부터 연락이 왔다고 하면서 공업용 미싱을 대당 10만 원에 렌탈할 수 있고 하여 불광동 가게에 연락하여 렌탈하기로 한 약속을 취소하였다.

오후 2시경에 평양검무 보유자 두 분이 오셔서 평양검무 정상화 방안에 대해 심도 있게 의논하였다. 도에서 제정한 평양검무보존회 운영세칙에 대해 조문 별로 설명하고 내용을 상호 공유한 후에 검토한 후 세칙 내용에 동의하는지 여부에 대해서 내주까지 알려달라고 하였다. 3시경에 이남일 평원군 명예군수의 부인과 평원군 대표면장 부부가 사무실에 찾아와 마스크제작에 대해 상세히 논의하였다.

2020년 3월 14일 토요일 날씨: 맑음

김건백 평남 대표군수와 이남일 총무 군수가 사랑의 마스크 만들기 팀을 구성하여 일찍부터 사무실에 나왔다. 아침에 비서실장에게 지시하여 2층 소회의실에 작업장을 설치하게 하였다. 오전 10시 공업용 미싱 5대가 설치되고 마스크 원 부재자가 공급되었다. 평남에 다행스럽게도 공업용 미싱을 사용할 수 있는 사람이 5명이나 확보되었다. 재단도 경험이 있는 사람이 있어 모든 일이 순조롭게 진행되었다. 내일 본격적으로 작업이 가능할 것 같다.

📔 평양감사 1054일 I

2020년 3월 15일 일요일 날씨: 맑음 약간 추웠음

아침에 아내와 시장을 보고 낮 12시쯤에 이북5도청 사무실로 갔다. 20여 명 정도 작업장에 와서 작업을 하고 있었다. 경험이 있는 미싱수가 5명 정도 열심히 작업하고 전문 재단사 1명에 보조자 14명 정도의 진용을 갖추니 작업속도가 났다. 오후 5시쯤에 작업을 마친 결과 완제품 312개 반제품 300여 개 그리고 재단은 2,000개 분량이나 되었다. 대단한 속도이다. 저녁은 부녀회원들과 함께 식당에 가서 오겹살 불고기로 했다. 즐거운 마음으로 열심히 사랑의 마스크 만들기에 참여해준 부녀회원들에게 진심으로 감사하다는 말씀을 드렸다. 그러나 부녀회원 모두 보람 있는 일을 위원장님과 함께 할 수 있어서 오히려 감사하다고 이구동성 말씀들을 하셔서 얼마나 고마운 줄 모르겠다. 이번 일을 계기로 부녀회원들이 보다 적극적으로 애향활동에 참여할 수 있었으면 하고 기대해 본다.

2020년 3월 16일 월요일 날씨: 맑음

오늘은 사랑의 마스크 만들기 작업에는 미싱수 3명에 보조 인력 10명 정도로 어제보다는 적게 나왔다. 강원도 부녀회에서 4명, 함남부녀회 이영옥 회장과 이옥영 수석 부회장이 참여하였다. 아침에 이북도민중앙연합회장을 만나 마스크 만드는 데 필요한 예산지원에 대해서 협의하였다. 1천만 원 정도만 이북도민연합회에서 지원해 달라고 부탁하였다. 미수복강원도중앙회장과 평북중앙도민회장도 나중에 자리를 같이하였다. 각도 중앙연합도민회장들과 협의하겠다고 하였으나 분위기로 봐서는 어려울 것 같았다. 대한민국 국회 태권도 연합회장과 임원진이 사랑의 마스크 만들기 행사를 참관하러 왔다. 인원지원도 협의하였다. 고마운 일이다. 공업용 미싱 3대가 추가로 설치되었다.

오늘 작업량은 어제와 같이 완제품 300개, 반제품 200개 정도였다. 인원이 어제보다 훨씬 적게 나왔는데도 생산량은 어제와 비슷하였다. 속도가 붙으면 하루 목표했던 500개는 무난히 달성될 수 있을 것 같다. 하루 500개 정도 마스크를 만들 수 있게 되면 앞으로 10여 일 정도만 작업하면 목표량 5, 6천 개는 달성할 수 있을 것으로 예상된다.

〈마스크 만들기 행사에 참여한 평남부녀회원과 평남봉사자〉

2020년 3월 17일 화요일 날씨: 맑음

오전 10시 이북5도위원회 주간회의가 있었다. 위원회 사무국장의 주간업무 일정에 대한 보고가 있었다. 내일 13명의 명예시장군수 위촉식 일정에 대한 설명이 있었다. 황교완 전 총리의 통일회관 방문에 대해 이북5도지사들은 선거법 등을 고려하여 영접하지 않는 것으로 의견을 모았다. 목요일에 남북하나재단 신임 이사장의 방문 일정에 대해 도지사들에게 말씀을 드리고 인사는 위원장만 하고 다른 도지사의 경우 신임 이사장이 인사를 드리겠다고 하면 도지사들께 안내하여 인사를 나누도록 하였다.

오늘 마스크 작업 인원은 10명 정도밖에 나오지 않았다. 황해도 유광석 사무총장의 군에서 이윤주 씨 부부가 나오셔서 일을 도왔다. 오늘 원단 자재대로 3백만 원을 송금하였다. 당초 계획했던 1만 장 목표를 5천장으로 수정하는 것이 좋을 것 같다. 심사숙고하여 목표 수량을 재조정하기로 했다.

2020년 3월 18일 수요일 날씨: 맑음

오전 11시에 제21대 명예시장군수 추가로 위촉된 13명에 대한 위촉식을 가졌다. 코로나19 사태로 인하여 참석인원을 최소로 간소화하여 1층 북한관 강당에서 간소하게 가졌다. 이북5도지사분들과 이북7도 중앙도민회장들이 참석하여 축하하여 주었다. 나는 이북5도 위원장으로서 평남의 진남포 명예시장과 대동군 명예군수 두 사람과 경기도 개성시 명예시장에 대한 위촉장을 수여하였다. 이어 각 도 도지사들이 해당 도의 명예시장 군수에게 위촉장을 수여하였다. 총 13명에 대한 위촉장 수여가 끝난 후에 나는 이북5도 위원장으로서 새로 위촉된 시장 군수들에게 다음과 같은 격려의 말을 했다.

[제21대 명예시장군수 위촉식 격려사]

명예시장. 군수 위촉을 받으신 여러분! 반갑습니다.

평안남도지사 겸 이북5도 위원회 위원장 이명우입니다.

여러분들의 인사 검증 기간이 생각보다 오래 걸리다 보니 예상했던 위촉 시기보다는 상당히 늦어졌지만, 영광스러운 제21대 명예시장·군수 위촉을 진심으로 축하를 드립니다.

또한 오늘 이 자리를 축하해주기 위해 함께 해주신 이북5도지사님들과 이북 7도 중앙도민회장님을 비롯한 내빈 여러분께 감사드립니다.

여러분들이 아시는 바와 같이 이북5도 명예시장·군수는 대통령이 직접 위촉하는 영광스러운 직위입니다. 따라서 그 위촉식 또한 국무총리나 장관께서 직접 참석하셔서 위촉장을 수여하며 성대하게 진행되곤 하였습니다. 하지만 오늘 위촉식은 최근 창궐하는 코로나19 사태를 감안하여 부득이 간소하게 진행되는 점 양해 부탁을 드립니다.

4. 2020년 도정일지

존경하는 명예시장 군수 여러분!

저는 이 자리를 빌려 앞으로 3년간 여러분이 도지사님들을 모시고 시장·군수직을 수행함에 있어서 가장 중요하다고 생각되는 몇 가지를 말씀드리고자 합니다.

첫째 투철한 국가관과 사명감을 갖고 명예시장·군수로서의 주어진 책무를 성실하게 수행해 주시기 바랍니다. 시·군정 업무를 성실히 수행함을 물론 도지사를 보좌하여 도정이 성공적으로 수행될 수 있도록 노력하여 주시기 바랍니다. 저를 비롯한 5도 지사의 가장 큰 행정적 기반은 바로 시장·군수 여러분입니다.

여러분의 지식과 경험을 바탕으로 우리 이북5도와 미수복 경기. 강원도가 더욱 발전하는 방향으로 나아갈 수 있도록 다양한 의견을 제시해 주시고, 각자의 소임을 다해주시기 바랍니다.

둘째, 시·군민회장님을 비롯한 시·군민들의 의견을 수렴하고 전해주시기 바랍니다. 아울러 시·군민회장님과 소통하고 협력하는 우호적인 협조체제를 유지하여 주시기 바랍니다. 서로의 역할을 존중하고 책무를 분명히 구분하여 활발하고 발전적인 도민사회가 되도록 노력해주십시오.

이북5도 위원회는 이북도민을 위해 존재하는 조직입니다. 도지사들 또한 이북도민 여러분의 목소리에 귀를 기울이고 있지만 한분 한분의 의견까지 수렴하기에는 한계가 있는 것이 사실입니다. 그렇기에 시장·군수 여러분이 도지사를 대신하여 도민들과 가장 가까운 위치에서 도민들의 고충과 의견을 듣고, 전해주시기 바랍니다.

마지막으로 이북도민을 대표하는 도민사회의 참된 지도자가 되어주실 것을 당부들 드립니다. 명예시장·군수는 비록 명예직이라 하여도 각 시·군을 대표하는 준 공직자이며 영예스러운 자리입니다. 명예시장·군수라는 이름에 걸맞는 막중한 책임감을 갖고, 늘 스스로를 돌아보시며 각 시·군 나아가 모든 이북도민에게 부끄럽지 않은 존경 받는 참된 이북도민사회의 지도자가 되어주시기 바랍니다.

존경하는 명예시장·군수 여러분!

한반도는 이제 평화와 번영의 시대로 나아가야 합니다. 최근 남북관계를 보면 알 수 있듯 평화로운 남북관계의 진전이 그리 쉬운 것이 아니며 많은 인내가 필요한 과정이라는 것을 절감하고 있습니다. 그러나 언젠가는 함께 고향 땅을 밟는 그 날을 고대하며 국가와 도민사회를 위해 함께 헌신해 주시기를 당부드립니다.

여러분과 함께 일하게 되어 자랑스럽고 든든합니다. 항상 건강에 유의하시고, 하루빨리 코로나19 사태가 안정되어 여러분을 비롯한 도민 여러분과 함께할 수 있는 자리가 빠른 시일 안에 마련될 수 있기를 간절히 소망합니다. 감사합니다.

이북중앙도민회 회장들이 마스크제작에 자금 지원을 하기 어렵겠다는 이야기를 듣고 많이 실망했다. 그러나 나의 부덕의 소치이고 능력이 미치지 못하는 것으로 생각하였다.

오후에 조성원 이북5도 새마을중앙회장과 임원들이 내방하여 마스크 제작에 인원과 성금을 지원하겠다고 하여 얼마나 기뻤는지 모른다. 조성원 회장께 감사를 드린다.

2020년 3월 19일 목요일 날씨: 약간 추워짐. 바람도 조금 불었음

오전 10시에 남북하나재단 정인성 이사장께서 신임인사차 방문하셨다. 정인성 이사장은 지난 3월 12일에 통일부 장관의 추천으로 이사장으로 오신 분이다. 원불교에 고위직으로 계신 분으로서 우리나라 7대 종단 남북교류협의회장을 지난 분으로서 남북교류사업과 북한 이탈주민 지원문제에 대해 많은 경험과 학식이 있는 분 같았다. 이북5도위원장은 남북하나재단의 당연직 이사로 되어있어 이번 이사장 선임에 있어 나는 이사로서 찬성한 바 있다

오늘은 한남부녀회 회원 7명과 황해도부녀회 4명이 참여하여 총 20명 정도가 작업에 참여하였다. 오늘 마스크 작업팀의 점심은 함남부녀회원

들의 요청으로 코다리 정식으로 했다. 오후 1시에 김재홍 지사가 소개한 영등포 100년 한의원 원장을 만났다. 곰솔에서 점심을 하며 이북도민과 북한 이탈주민들을 위한 한방 진료 상담을 부탁을 드렸다. 오후 3시경에 마스크 1000개를 포장하여 대구 경북지구에 보내기로 하고 5도지사들이 참석한 가운데 사랑의 마스크 전달식을 가졌다.

다음 주말까지 작업을 하여 총 5,000개 정도를 만들기로 확정하였다. 오늘 간식은 함남지사께서 제공하셨다.

2020년 3월 20일 금요일 날씨: 맑음

오늘은 함북 군수단 분들이 마스크 만들기 지원을 나왔다. 20분 정도 작업에 참여하였다. 어제 마스크제작에 관하여 문의가 왔던 글로벌피스어머니회의 김미화 회장께서 전화를 주셨다. 코로나19 사태로 대구 경북지구 도민들을 돕기 위해 성금을 모금하였는데 모금 범위 내에서 마스크를 직접 제작하거나 아니면 제작된 마스크를 좀 샀으면 하였다. 내일 이북5도청사에 오시면 자세히 말씀을 나누기로 하였다. 강원도 사무소장인 김성초 소장한테서 전화가 왔다. 이북5도 위원회에서 좋은 일을 하는데 성금을 내겠다고 하여 기쁘게 받기로 했다.

오후에 이북도민중앙연합회 회장이 연합회 사무국장과 함께 내 사무실에 들르셨다. 중앙도민회 회장단에서 지원할 수 없다는 결정을 한 것에 대해 죄송하게 생각한다고 말하며 연합회에서 2백만 원의 성금을 전달하겠다고 말씀하시어 고맙게 받았다. 오후 4시에 예정되었던 코리아뉴스와 인터뷰를 하였다. 이북5도위원회의 하는 일과 성과에 대해 대담을 나누었다. 오늘은 작업 인원이 많았고 어느 정도 숙달이 되어서인지 600개 정도 제작한 것 같다. 대단한 성과다. 이런 속도로 가면 내주 목요일쯤이면 목표량 5천 장을 달성할 수 있을 것 같다.

2020년 3월 21일 토요일 날씨: 맑음

아침에 월든아파트 뒷길 산책로를 걷다가 LH 아파트 부근 토끼굴로 해서 국사봉으로 오르려고 하였다. 토끼굴을 지나 한참을 가다가 길을 잘 못 찾아 다시 토끼굴 쪽으로 나와서 집으로 돌아왔다. 1만 2천 보쯤 걸은 것 같다.

오전 10시 30분경에 이북5도청에 나오니 작업장에는 20여 명의 작업 인원이 나와서 작업을 막 시작하고 있었다. 대한레저스포츠협회 명재선 총회장이 구로시 회원 열 분을 모시고 와서 작업에 합류하였다. 미싱전문가 다섯 분과 같이 와서 오늘 처음으로 설치한 공업용 미싱 8대가 풀가동이 되었다. 명재선 총회장이 친분이 있는 베테랑 기자 세 분을 모시고 왔다. 아시아뉴스에 손복선 선임기자, 박영규 전 KBS 국장, OBS 방송에 최진관 본부장과 인사를 나누고 이북5도위원회에 대해서 소개하는 시간을 가졌다. OBS 방송에서 명사의 시간 프로그램에 이북5도위원장인 나를 초대하여 대담프로그램 진행을 기획해 보기로 하였다. 오늘은 마스크 5백 개 정도 만들었다. 저녁 6시에 이태리 레스토랑에서 도연이 생일축하를 하였다.

2020년 3월 22일 일요일 날씨: 맑음

아침 걷기와 식사를 한 후 이북오도청으로 갔다. 오늘은 작업 인원이 5, 6명 정도 예상하였으나 남자들도 많이 나와 20명 정도 참가하였다. 고마운 일이다. 간식으로 명가떡집 찹쌀떡을 준비해 갔다. 점심은 도시락을 배달하여 먹었다.

점심 후 TV로 뉴스를 좀 보다가 연대캠퍼스에 바람을 쐬러 갔다. 나는 봄철이면 꼭 한두 번은 연대캠퍼스를 들리곤 한다. 오늘 아침 이북5도청으로 오는 길에 남산순환로 길에 피어 있는 샛노란 개나리를 보았다. 연대캠퍼스에 가면 일찍 핀 봄꽃들을 볼 수 있으려니 하고 가 보니 개나리도 피고 나무에도 연한 녹색을 띠며 새잎이 돋아나고 있었다. 예전 상경관 앞에 설치된 쿠사동아리가 기증한 벤치에 앉아 대학 시절을 회상하여 보았다. 쿠사동아리 졸업 동문회에서 벤치 2개 설치자금을 지원하여 이곳 옛 상경관 입구 빈터에 설치하였다. 1968년 쿠사 회장이었던 같은 과 친구 재찬이와 내가 상경관 지하실에 비어있는 방에다 쿠사룸이란 간판을 걸고 우리 동아리 룸으로 확보하였다. 그 후 학생과에서 룸을 허가도 없이 사용하니 비워달라고 요청하는 것을 우리 동아리 회원들이 목숨을 걸고 끝까지 사수하여 쿠사룸으로 확보하였다. 그런 추억이 있는 상경관이기에 우리가 기증하는 벤치의 위치를 상경관 입구 빈터로 결정하였다.

오늘 작업 물량은 800개쯤 되었다. 그동안 숙달도 되고 손발도 맞아서 능률이 많이 오른 것 같다. 특히 오늘은 평남인으로 작업팀을 구성하여 서로 호흡이 잘 맞았던 것 같다. 모두 스스로 놀랐고 기뻐했다. 저녁은 마스크 작업팀들과 함께 부암동에 있는 푸른대문집 이태리 피자집에서 파스타와 피자로 먹었다. 맥주도 한잔하며 그동안 작업하면서 느꼈던 일들을 한마디씩 하였다.

2020년 3월 23일 월요일 날씨: 맑음

오늘은 최현준 대표가 이끌고 있는 통일미래연대에서 15명 정도의 회원이 마스크 만들기 행사에 참여하였다. 점심은 최현준 대표와 장원호 회장 그리고 림일 기자와 함께했다. 점심을 한 후 최현준 대표와 장원호 회장 그리고 림일 작가와 내 방에서 차를 나누며 담소를 하였다. 최현준 대표가 몇 가지 건의사항을 말하였다. 그중에 하나는 북한 이탈주민 단체 중에 비정치적인 단체에 대해서 이북5도청에 사무공간을 제공해주었으면 하는 희망 사항이었다. 박근혜 정부 시절에 황장엽 선생께서 만드신 단체와 최현준 대표가 이끄는 통일미래연대가 이북5도청에 입주하는 것을 검토하다가 이북도민사회와 이북도민청년단체의 부정적인 의견 때문에 결실을 맺지 못하였다고 한다. 언젠가는 이들 단체에 대해 이북5도청의 입주를 긍정적으로 검토할 때가 올 것으로 생각하였다. 나도 이 문제를 공론화하여 긍정적으로 검토하여보기로 했다.

오후 4시에는 평북 사랑의 마스크운동본부 해단식을 하였다. 이북5도 위원장으로서 축사를 하였다. 오후에는 이북5도 위원회 사무국과 이북 5도, 행정자문위원과 원로 상임고문단에 마스크 발송을 지시하였다. 오늘은 500개 정도 만들었다. 오늘 날짜로 총 누계는 4,000개 정도 되었다. 내일로써 작업을 완료하고 금요일에 해단식을 하는 것으로 계획하였다. 정병국 국장에게 해단식 행사 준비하도록 지시하였다.

2020년 3월 24일 화요일 날씨: 맑고 따뜻한 날씨임

아침에 총무과장이 행정안전부의 지침이라며 3월 23일부터 4월 5일까지 코로나19 사태에 효과적으로 대처하기 위한 방안으로 사회적 거리두기 운동에 정부기관이 적극적으로 동참하는 특별조치를 하라는 지시사항을 설명하였다. 우리 이북5도 위원회에서도 이에 적극적으로 동참하기로 하고 이를 관련 부서와 모든 직원들에게 알리도록 지시하였다. 오늘 이북5도 위원회 주간 업무회의도 이 지침에 따라 이북5도지사와 위원회 사무국장만 참석하는 티 미팅으로 축소하여 진행하였다.

오늘 간담회에서는 지지난 주 목요일부터 실시한 사랑의 마스크 만들기 운동 현황에 대한 보고를 드렸다. 그리고 4월 15일 이후에 잡혀 있는 행사에 대한 일정 연기 또는 취소 건에 대한 의견을 나누었는데 정부에서 학교 개학 시기를 4월 5일 이후 하기로 계획되어있기 때문에 학교 개학 추세에 따라 재논의하기로 하였다.

또한 해외 교민사회 출장 여부와 해외 이북교민 모국 초청 계획은 현재로서는 연기가 불가피할 것으로 판단되나 향후 상황 변화의 추세를 보아가며 결론을 내기로 하였다. 사랑의 마스크만들기운동 12일째인 오늘은 어제에 이어 통일미래연대 회원 15명 참가하여 마스크 만들기 행사에 동참하였다.

오늘 마스크제작 수량은 800개 정도였다. 일요일에 이어 800개의 수령이 나왔다. 정말로 대단한 실적이다. 오늘로써 마스크 전달할 곳은 거의 전달된 것 같다. 어려운 시기에 조금이라도 도움이 되었으면 하는 바람이다. 평북지사께서 대구시 평북도민들한테 200개 정도 마스크를 추가로 보내주었으면 하여 우리가 만든 마스크를 평북도청사무소에 주어 대구시 평북도민회에 전달해주도록 하였다. 오늘 간식은 평북지사께서 햄버거를 제공해주었다.

노영민 비서실장과 진영 행정안전부장관 그리고 통일부 김연철 장관께도 사랑의 마스크 만들기 행사에 대해 설명을 한 편지와 함께 마스크를 우송하여 드렸다.

2020년 3월 25일 수요일 날씨: 맑음

오늘도 봉사 요원으로 통일미래연대 회원들이 15명 정도 마스크 만들기 행사에 참여하였다. 정말로 고마운 일이다. 일을 나가는 회원도 있다고 한다. 그러나 봉사하는 것이 더 보람이 있고 즐거워 참여하였다고 한다. 오늘은 이북도민 원로 회원인 행정자문위원, 상임고문단들에게 마스크를 전달하였다. 이북도민 사회단체와 각 도청에도 전달하였다. 이북5도 새마을지회에서 240개 정도 마스크 지원 요청이 있어 전달하였다. 우리와 자매결연을 맺은 해병 제2사단 백경순 사단장한테도 50개 정도의 마스크 보냈다. 김동길 교수님한테는 별도 문안 인사 편지와 함께 30개 정도 마스크를 보내드렸다. 송경복 평남중앙부녀회 회장께서 마스크를 받아보시고 성금을 내시겠다고 하여 30만 원만 보내 달라고 하였다.

오늘은 600개 정도 제작하여 총 누계 제작 수량이 5,600개 정도 되었다. 오늘로써 이북5도위원회가 주관한 이북도민 사랑의 마스크 만들기 운동은 종료하기로 하였다.

금요일 오후 5시에 이북도민 사랑의 마스크 만들기 운동본부 해단식을 갖기로 하였다. 해단식에는 수고한 사랑의 마스크 만들기에 참여한 도민들에게 표창장을 주기로 하였다.

2020년 3월 26일 목요일 날씨: 맑음

어제 일자로 사랑의 마스크 만들기 행사를 공식적으로 마쳤으나 평양시, 대동군 그리고 평원군 출신 중에 마스크 만들기 작업에 참여하였던 분들이 추가로 제작하여 해당 군의 고령의 1세 분들에 나누어주겠다며 오늘과 내일 오전까지 별도로 작업을 하고 있다. 작업량 목표는 군별도 200개 정도로 총 600개를 목표로 한다고 한다. 대단한 성의와 열정이다. 그동안 2주간 작업을 하면서 몸 상태가 많이 지쳐있는 상태인데도 불구하고 계속 작업을 하겠다고 하니 말릴 수가 없었다. 무사히 작업이 완료되기를 바랄 뿐이다. 내일 해단식 준비를 잘 하도록 담당자들에게 지시하였다.

총무과장과 전산 담당 계장이 전산 유지보수 계약에 관련하여 현재 진행 상황을 보고하였다. 토라웨어 측이 가장 조건이 좋은 것으로 판단되어 그중 한두 가지만 추가로 서비스업무에 추가하도록 협의해 보라고 했다.

오후에는 반 차를 내서 인덕원 사무실로 갔다. 가던 중에 인덕원 네거리 가기 전에 옛날 곰탕에 들러 점심 예약을 하고 정문교 사장을 비롯하여 직원들을 오라고 하여 수육 두 접시에 소주로 한잔 씩 걸치고 곰탕으로 점심을 함께했다. 인덕원 사무실에 가서 정문교 사장과 업무회의를 했다.

2020년 3월 27일 금요일 날씨: 아침에 흐리고 약간 쌀쌀함. 오후에 맑음

오늘 오전까지 마스크 추가 작업이 완료되었다. 평양시, 대동군 그리고 평원군 부녀회에서 자체 부담으로 마스크를 만들어 각 군민회 1세 어르신들에게 전달할 계획이라고 한다. 뜻이 좋아서 거절을 못 하고 어제와 오늘 오전까지 기존 작업장에서 설치된 공업용 미싱으로 계속하여 작업을 하도록 허락하였다. 혹시라도 코로나 확진자가 발생하면 어쩌나 노심초사하였으나 현재까지는 별문제 없는 것 같았다. 이북5도청 입구에서 철저히 체온 체크를 하여 사전에 확진 가능성이 있는 사람을 걸러내기는 하였지만 그래도 걱정이 되었다. 아무튼 현재까지는 별문제가 없었고 앞으로도 없을 것으로 생각된다.

오전 11시쯤에 불광동 연세이비인후과에 다녀왔다. 원장이 연대 의대 출신이라 신뢰도 가고 친근감이 들었다. 안영수 박사가 나오는 연세쿠사 활동을 같이하였다고 하니 안 교수가 은사라고 하였다. 3번째 진료를 받았는데 목소리는 조금 개선된 것 같았다. 이명은 여전하고 청력은 좀처럼 개선될 것 같지 않았다. 더 악화되지 않도록 노력하는 수밖에 별도리가 없을 것 같다. 보청기를 사용하지 않을 정도면 다행으로 생각해야 할 것 같다.

진료를 받고 이북5도청 입구에 도착하니 이북도민중앙연합회장이 점심을 하려고 나가는 길이라고 하여 같이 나섰다. 미수복경기도 중앙도민회장, 평북중앙도민회 회장, 연합회 사무국도 중식당 팔선생에 가서 함께 했다. 오늘 점심은 내가 모시는 걸로 했다.

오후 2시에 압구정동에 있는 이선민 원장의 100년 의원에 들러 검진 결과에 대한 설명을 들었다 전반적으로 모든 기능이 양호한 것으로 특히 소화기 계통은 퍼펙트했다. 간 기능상에 약간의 문제가 있는 것으로 나왔으나 우려할 정도는 아니라고 했다. 처방에 따라 몇 가지 영양제를 처방받았다.

오후 4시쯤에 사무실에 복귀하여 5시에 있을 예정인 이북도민 사랑의 마스크 만들기 본부 해단식 사전 준비상황을 점검하였다. 이북5도지사님들과 연합회장, 평북 중앙도민회 회장, 조성원 5도 새마을연합회 회장님들이 참석하고 사랑의 마스크 만들기 행사에 참여하였던 부녀회원들과 준비위원들 약 50여 분이 참석하여 해산의 의미를 되새기며 유공자들에게 감사장을 수여하고 해단식을 격조 있게 잘 마쳤다.

해단식은 국민의례에 이에 애국가제창, 묵념 순서로 진행되었고 이어

최영순 이북도민 사랑의 마스크 만들기 운동본부장의 인사말과 함남부녀회 총무인 이옥영 회원의 인사말, 김건백 추진준비위원장의 경과 보고 순서로 진행되었다. 김건백 준비위원장은 다음과 같은 경과보고를 하였다.

[추진준비위원장 경과보고]

"지난 3. 12일 이명우 이북5도 위원장님의 제안으로 이북도민 사랑의 마스크운동본부를 결성하여 3. 13일부터 3. 27일 오전까지 15일간 하루도 쉬지 않고 사랑의 마스크를 만들었습니다. 이번 마스크 만들기에는 이북도민부녀회가 모두 참여하였으며 매일 20여 분씩 연인원 300분이 재능 기부와 노력 봉사를 헌신적으로 하였습니다. 지난 15일 동안 총 6,200장의 마스크를 만들어 대구 경북지구에 1,600장을 보내고 이어 이북5도 위원회 대구. 경북지구를 제외한 14개 시도지구에 총 1,400장의 마스크를 전달하였습니다. 나머지는 재경 이북도민 원로분들과 이북도민 관련 단체에 전달하였습니다. 이번 사랑의 마스크 만들기 행사에는 이북도민부녀회를 중심으로 이북5도 새마을연합회, 연합회 부녀합창단, 북한 이탈주민 단체인 통일미래연대 회원들과 외부단체로는 의정부 민주평통 봉사단체, 대한레포츠연합회 구리지구 부녀회원들이 참여하여 도움을 주셨습니다.

무엇보다도 이북5도지사님들께서 아낌없는 성원과 지원을 해 주셨습니다. 이 자리를 빌려 감사의 말씀 드립니다. 이북도민중앙연합회 염승화 회장님, 이북5도 새마을연합회 조성원 회장님과 전승덕 평남중앙도민회 회장님들께서도 성금을 주시며 격려해주셨습니다. 감사를 드립니다. 그 외 평남 명예시장 군수단, 송경복 평남중앙부녀회 회장님, 평남도민회 서혜복 부회장님, 김성초 강원지구 소장님께서도 격려의 말씀과 함께 성금을 보내주셨습니다. 또한 각 도 군수님들과 유지분들께서는 직접 작업 현장을 방문하시어 격려하여 주셨습니다. 큰 힘이 되었으며 감사를 드립니다.

이번 사랑의 마스크 만들기 행사를 통하여 이북도민 모두 하나가 되어 어려움을 겪고 있는 대구경북지구 도민들에게 위로와 작은 보탬이 되었다는 데 큰 보람을 느꼈습니다. 참여하신 모든 분께 진심으로 감사를 드립니다."

이어서 평북지사의 축사, 이북도민중앙연합회 회장과 이북5도 새마을 회장님의 축사에 이어 유공자들에 대한 감사장 수여가 있었고 마지막으로 이북5도 위원장이 내가 감사의 인사말로 해단식을 마무리하였다. 해단식을 마친 후 참석한 사람 모두 옛날민속촌으로 자리를 옮겨 저녁을 같이하며 사랑의 마스크 만들기 봉사활동 기간의 힘들었지만 보람이 있었던 시간에 대해 이야기 나누며 즐거운 시간을 가졌다. 봉사활동에 참여한 모든 분들이 이구동성으로 하는 말은 마스크 만드는 기간 동안 정말로 즐겁고 보람있었다는 말과 앞으로 우리 모두 함께라면 어떤 일이든 할 수 있겠다는 말씀들을 해주셨다. 이번 행사가 단순한 봉사활동을 넘어서 도민사회를 하나로 결집시키고 앞으로도 큰 일을 할 수 있다는 가능성을 확인했다는 점에 더 큰 의미가 있다고 생각되었다.

2020년 3월 28일 토요일 날씨: 맑음

아침에 집사람과 월든 빌라 뒷산 오솔길을 걸렀다. 오솔길을 걷다가 운중동 터널 부근에서 집사람은 쑥을 캔다고 하여 나만 오솔길을 계속 걸었다. 집사람 쑥을 캐는 곳으로 다시 와 아침 북엇국 하는 식당에서 아침을 먹고 운중천변으로 해서 집으로 돌아왔다. 아침에 2시간 정도 걸은 것 같았다. 자그마치 1만3천여 보나 되었다. 오후에 수내동 총각네 집에 가서 야채 좀 사고 다시 오리역 농수산물 하나로마트에 가서 장을 보았다.

오후 5시 30분쯤에 신갈역 1번 출구에서 나를 기다리던 명호와 창균이를 만나 신갈 오거리 부근 가기 전에 먹자촌에 있는 남원추어탕집에서 추어탕으로 저녁을 함께 먹고 더블랙커피숍에서 커피를 마시고 7시 30분쯤 헤어졌다. 중간에 규현이 안부 차 전화를 했다. 집에 들러볼까 했는데 불편하다고 오지 않았으면 해서 가지 않았다. 저녁에 집에 와서 인터넷 검색을 좀 하고 평양감사 일지 발췌본을 추가로 수정하였다. 새벽 2시 30분쯤에 자리에 누웠다.

2020년 3월 29일 일요일 날씨: 맑음

모처럼 편안하게 일요일 휴식을 취했다. 그동안 이북도민 사랑의 마스크 만들기 행사에 연 15일 동안이나 하루도 빠지지 않고 사무실에 출근하여 독려하다 보니 심신이 많이 지쳐있었다. 사랑의 마스크만들기 운동에 참여한 모든 분께 감사의 메시지를 보냈다.

저녁에는 해림이네와 현서네 식구가 집으로 와서 모처럼 온 가족이 함께 저녁을 먹었다. 집사람이 도다리쑥국을 준비했는데 맛있게 잘 끓였다. 쑥은 오늘 집사람이 뒷산에서 뜯은 거라 쑥향기가 향긋했다. 애들도 맛있게 먹어주니 기분이 좋았다. 현서가 준비한 케이크와 쿠키를 먹었다.

2020년 3월 30일 월요일 날씨: 맑음

사랑의 마스크 만들기 행사가 정말 대과 없이 성공적으로 마칠 수 있어서 얼마나 다행인지 모르겠다. 행사를 진행하면서 혹시라도 코로나19 감염자가 발생하면 어쩌나 하고 노심초사하였다. 다행히 사전 예방과 소독을 잘하고 철저히 준비한 덕에 무사히 잘 마쳤다. 총 제작 수량이 6,200개로 목표량 5,000개보다 초과 달성했다.

행사에 참석한 모든 사람들이 보람을 느끼고 행복해했다. 이북도민사회의 저력을 보여주었다. 앞으로 더 큰 일을 할 수 있는 힘을 축적한 것 같았다. 가장 수고가 많았던 최영선 본부장을 비롯하여 거의 하루도 빠지지 않고 출근하다시피 하여 작업을 한 김숙진, 구순림 그리고 탈북민 이금단 씨 같은 분들은 파스타 집으로 가서 저녁을 한턱내야 할 것 같다.

그리고 김건백 시장과 이남일 군수 그리고 재단을 도맡았던 박춘길 간사 면장과 정남선 사장은 별도로 초대하여 저녁을 같이하기로 하였다.

2020년 3월 31일 화요일 날씨: 맑고 따뜻했음

비서실장으로부터 사랑의 마스크 만들기 행사를 총정리 한 내역에 대해 보고를 받았다. 마스크 배부할 곳에 대해서 제대로 배부한 것도 확인하였고 이번 마스크제작 활동에 대한 도민사회의 반응이 전반적으로 좋았다는 평가도 하였다. 대외홍보도 잘 된 것 같아 이북5도위원회가 이번에 제 역할을 제대로 한 것 같았다. 오전 10시에 이북5도위원회 회의를 가졌다. 회의에 앞서 이번 이북도민 사랑의 마스크 만들기 운동에 대한 결과 보고와 함께 전반적인 평가에 대해서 설명하고 이북5도지사들의 지원과 관심에 감사를 드렸다.

두 가지 안건에 대한 논의가 있었다. 하나는 해외이북교민 모국초청행사와 관련하여 최근 코로나19 사태의 확산 사태를 고려할 때 당초 계획했던 5월 중에 초청은 연기하는 것이 불가피할 것으로 판단되어 9월 중순경으로 연기하여 진행하기로 했다. 두 번째 안건은 함북지사께서 계획한 이북도민을 대상으로 하는 이북 출신 독립 유공자분들에 대한 강의계획안이었다. 모두 찬성하여 월 1회 정도로 이북도민을 대상으로 독립운동사 겸 통일 안보교육을 하기로 하였다.

점심은 평북지사가 초대하여 평창동 칼국수집에서 5도 지사들과 함께 했다. 최근 황해도지사께서 어쩐 일인지 당분간 점심 모임에 참석하기 어렵다고 해서 은근히 걱정이 되었는데 오늘의 호스트인 평북지사께서 간곡히 부탁을 드렸는지 함께 하셨다. 점심을 먹고 이북5도청사 위쪽에 조용한 찻집인 복음 커피숍에 가서 커피를 마시며 담소하였다. 최근에 코로나19 사태와 4.15 총선 이야기를 나누었다.

2020년 4월 1일 수요일 날씨: 맑음

4월 1일이다. 세월이 빠름은 나이가 들수록 절감한다. 아침에 일찍이 산에 다녀왔다. 내려오는 길에 진달래 한가지와 개나리 한 가지를 꺾어서 집사람에게 선물이랍시고 주었다. 꽃병에 꽂고 보니 보기가 좋았다. 산에 피어난 꽃을 꺾어 가져온 것이 꽃에게 미안한 생각이 은근히 들었으나 산에 있는 것보다 우리 집에서 사랑도 받고 편안하게 지내게 하는 것이 더 나은 것 아닌가 하고 자기변명을 하니 꽃에 대한 미안한 마음이 조금은 가시는 것 같았다.

평북지사 여비서가 이번에 신규 채용되어 인사를 하러 왔다. 40대 중반이라고 하는 데 차분하고 얌전하게 보였다. 평북지사께서 동화경모공원 운영에 관련하여 동화경모공원 이사장 앞으로 질의서를 보내겠다고 하며 위원장인 나에게 한 번 검토해주었으면 하여 질의서 내용을 검토해 보았다. 변호사가 작성한 것이라고 하는데 내용에 무리한 것이 없어 보여 질의서 보내는 것은 별문제가 없을 것으로 판단되었다.

불광동에 있는 연세이비인후과 의원에 다녀왔다. 몇 번 갔던 것이 효과가 있는지 목은 조금 좋아진 느낌이다. 귀에서 나는 이명은 여전하다. 청력이 갈수록 떨어지는 것 같아 걱정이다. 사회활동을 계속해서 해야 하는데 청력이 떨어지면 걱정이다. 현대의학으로서는 이명을 고치는 특별한 의술이 없다고 하니 답답할 뿐이다.

저녁은 불광동 네거리에 있는 일식집 만선에서 이번 사랑의 마스크 만들기 추진단을 맡아서 고생한 김건백 추진위원장과 부위원장인 이남일 총무군수, 재단 일을 도맡아 담당한 박춘길 간사장, 제약업을 하시는 정남선 사장, 정규식 사장을 초대하여 식사를 함께하며 그동안의 노고를 위로하고 감사한 마음을 전하였다.

2020년 4월 2일 목요일 날씨 :맑음

아침에 평북지사께서 내 방에 들르셨다. 어제 이야기 나누었던 비서실장과 비서진들의 격일 재택근무는 평북에서는 하지 않기로 결정했다고 한다. 비서진들이 격일제 근무를 하게 되면 가뜩이나 한가한 직종으로 생각하는데 인원조정 문제로 비약될 수도 있겠다는 의견을 피력하여 일리가 있겠다고 생각했다. 그러나 다른 사무국 직원들과의 형평성 문제도 있고 하여 각 도지사들의 재량에 맡기기로 하였다. 사무국 직원들의 격일제 재택근무 기간 연장이 4월 23일까지로 되어있으니 우리 평남의 경우는 도지사인 내가 일주일에 하루 정도 연가를 내고 연가 중에 비서진들이 쉬는 것으로 하는 것이 좋을 것 같아 그렇게 시행하기로 강 비서실장과 이 비서에게 양해를 구하였다. 평북지사께서 동화경모공원 운영에 관련하여서는 4월 말일쯤 정식으로 동화경모공원 이사장에게 질의서를 보내겠다고 하여 알았다고 하였다.

점심에는 일산백병원으로 공인표 사장 모친상 문상을 다녀왔다. 공인표 사장을 정말로 오랜만에 만났다. 아마도 만난 지 20여 년을 되는 것 같았다. 위로의 말을 전하고 그동안 지나온 이야기를 주고받았다. 문상을 마치고 백병원 바로 건너편에 있는 삼계탕집으로 가서 유광석 사무총장과 점심을 했다. 고양시 국회의원 선거 양상에 대해 분위기를 물어보니 4개 선거구 중에 연대 동문이 3곳이나 나와서 고양시 동문회에서 관심을 갖고 지원하고 있다고 한다. 전반적인 판세는 혼조 양상인 것 같다고 하였다. 관심 지역 중에 한 곳인 심상정 의원 지역구에서는 더불어민주당 후보가 만만치 않아서 현역인 심삼정 의원의 당선을 낙관할 수 없다고 하였다.

점심을 먹고 사무실로 복귀하여 맹산군 명예군수를 청사 입구에서 만나 같이 내 사무실로 들어와 약 1시간 정도 그간의 맹산군민회 사정 이야기와 군정 현황에 대한 보고를 받았다. 오후 3시 30분쯤에는 청사 뒷산 북한산 자락인 향로봉 중간 지점까지 올라갔다 왔다. 대략 5천 보 정도 되는 거리였다. 등산 코스로는 완만한 편이어서 나에게는 알맞은 것 같아 앞으로 점심시간에 종종 가기로 마음먹었다. 최소한 일주일에 한 번 정도는 가려고 한다.

저녁 6시에 이번 사랑의 마스크 운동에 참여한 핵심 부녀회원들과 저녁 약속된 남산 순환도로에 있는 라코르테로 갔다. 가는 길에 이태원 가자 주류점에서 여성분이 마시기 좋은 와인을 2병 사 가지고 갔다. 최영선 본부장과 김숙진 명예회장, 구순림 회장 등 일곱 분이 참석하였다. 즐겁게 담소하며 마스카토 와인을 곁들여 마셨다. 식사 전에 식당 앞 정원에서 기념사진을 몇 장을 찍었다. 식사 중에서도 기념사진을 찍자고 하여 몇 장 찍었다. 즐겁고 유쾌한 시간이었다. 식사 도중에 이번 행사에서 있었던 어려웠던 일, 보람된 일, 그리고 즐거웠던 일들을 자연스럽게 돌아가며 이야기를 나누었다. 앞으로 힘과 뜻을 모으면 어떤 큰일도 할 수 있겠다는 다짐도 하였다. 이분들이 없었다면 이번 사랑의 마스크 만들기 운동의 성공은 거의 불가능하였을 것이다. 너무나 고맙고 귀한 분들이다. 이북5도위원장으로서 다시 한번 노고를 치하하고 감사의 말씀을 드렸다.

2020년 4월 3일 금요일 날씨: 맑음

오늘은 연가를 내어 하루 쉬기로 하고 인덕원에 있는 한미지오텍건설 사무실로 가려고 하였다. 집에서 나와 인덕원 쪽으로 가는 데 박명철 교수로부터 문자가 왔다. 지금 이북오도청 1층에 있는 상담객 센터에 나와 있다는 연락이었다. 그러고 보니 오늘이 박명철 교수가 의료건강상담을 맡아 주기로 한 날이다. 박명철 교수는 연대 의대를 나와 아주대학 의대 교수로 재직하였고 최근에 정년 퇴임하여 아주대 의대 명예교수로 있다. 이북도민 상담센터를 운영하면서 의료분야 상담전문가로 모셨다. 차를 돌려 오전 10시 30분까지 이북5도청으로 간다고 하고 속도를 좀 내어 10시 40분쯤에 이북5도청사에 도착했다. 우선 총무과장에게 전화하여 박 교수가 건강상담차 내방 하였으니 상담센터로 가서 인사를 드리고 안내하도록 지시하였다. 사무국장에게도 찾아뵙고 인사를 드리도록 하였다.

청사에 도착하니 박 교수가 방문객센터 상담실에 앉아 있었다. 마침 여직원 한 분이 혈압을 재며 건강상담을 받으려고 하고 있었다. 박 교수와 같이 2층 내 사무실로 같이 가서 우선 차를 한잔하면서 이야기를 나누었다. 박 교수 형님인 박명호와 내가 친구로서 지내온 이야기며 내가 지나온 학창시절의 이야기, 그리고 현재 이북5도위원장으로서 맡은 업무에 대해 설명을 하고 방문객센터 상담실 운영방안에 대해서도 대략적인 설명을 하여주었다.

잠시 후에 1층 상담실에 가서 편안하게 도민들에 대한 건강상담을 부탁하였다. 처음 상담을 하는데 상담객이 어느 정도는 있어야 할 것 같아 마침 1층 로비에서 뵙게 된 미수복 경기도민회 회장, 중앙도민회 연합회장, 평남중앙도민회 국장 그리고 황해지사도 상담을 받으시도록 안내를 해드렸다. 식사는 총무과장과 구내식당에서 하였다고 한다. 박 교수가 오후 3시 30분까지 상담을 하고 돌아갔다. 너무 고맙고 정식으로 방문객 상담센터 운영 첫날로서는 그런대로 만족스러운 결과였다. 박 교수에게 감사한 마음 전하였다. 너무 고마웠다.

2020년 4월 4일 토요일 날씨: 맑음

아침 일찍 일어나 국사봉으로 오르다가 국사봉 8부 능선 쉼터에서 등산 할 때마다 자주 만나는 허상현 사장을 만났다. 아주 반가워 악수도 하고 기념사진도 한 장 같이 찍었다. 참 성실하고 변함없는 사람이다. 진달래꽃을 배경으로 몇 장 사진을 찍었다. 하산하여 간단히 아침을 먹고 조금 쉬다가, 인천 연수구에 있는 메리빌리아라는 웨딩홀로 향했다. 오후 12시 10분에 공전 후배인 최인걸 유신 인천 지사장의 아들 결혼식에 참석하기 위해서다. 코로나19 사태로 하객이 별로 없을 것으로 예상했는데 신랑 측 하객이 무척이나 많이 참석하였다. 최인걸 지사장이 그동안 사회생활을 하면서 대인관계와 인간관계를 아주 잘 쌓아온 것 같았다. 정말 훌륭하게 직장생활과 사회생활을 하면서 좋은 유대관계를 유지해

온 것 같았다.
집에 돌아오니 도연이네랑 제인네가 와서 놀고 있었다. 어제 제인이 동영상을 보니 서너 발짝 띄며 걷고 있어서 신기했다. 이제 머지않아 잘 걸을 수 있을 것 같다.

2020년 4월 5일 일요일 날씨: 아침엔 쌀쌀했고 오후에 따뜻해 짐

집사람과 운중천 변을 같이 걸었다. 일주일 사이에 벚꽃이 흐드러지게 피었다. 아침에 쌀쌀하던 날씨가 풀려서 드라이브 겸 집사람과 신원 CC 부근으로 쑥도 캘 겸 다녀왔다. 사돈댁 부근까지 가 보았다. 묵리라는 동네인데 주위에 개발이 진행되고 있어서 좀 어수선한 느낌이 들었다. 아마도 도로변에서 좀 들어간 곳에 있지 않을까 생각되었다.
집에 들어오면서 우편함에 있는 4.15 총선 안내 홍보물을 챙겨 들고 왔다. 이번 총선에서 국민의 민의가 잘 반영되어 나라의 앞날이 바로 잡혔으면 하는 마음 간절하였다. 젊은이들의 생각은 알 수가 없어서 판단하기는 어렵지만 50대 이상 노장년층은 보수당에 마음을 두는 것 같은데 여론조사를 보면 더불어민주당이 우세한 걸로 나오니 제대로 민심이 반영된 것이지 의아하기도 하다. 우리 지역구에는 더민주당에 김병관 현 국회의원이 공천되었다. 미래통합당은 전 MBC 뉴스 앵커우먼인 김은혜가 공천되었다. 인물로 보면 두 사람 다 국회의원으로는 부족한 점이 없는 사람들이다. 아무튼 이번 총선에서 민심이 잘 반영되었으면 하는 바람이다.
우리공화당 비례대표 명단을 보니 죽마고우인 정영진이 비례대표 10번을 배정받았다. 대단한 친구다. 아무튼 좋은 결과가 있기를 바랄 뿐이다. 내 신분이 도지사라는 공직자 신분이라 대놓고 추천을 하지는 못하겠고 친구 몇 사람에게만 우리공화당 10번에 내 친구가 추천되었다는 소개만 하였다.

4. 2020년 도정일지

2020년 4월 6일 월요일 날씨: 맑음 오후엔 따뜻해짐

평남사무국 직원 월례회의가 있었다. 사무국장과 무형문화재 담당 주무관이 평양검무보존회 관련하여 협약서 확정안을 완성하여 보고하였다. 확정된 안으로 두 사람의 보유자분들께 연락하여 최종 수용 여부를 확인한 후에 처리하기로 했다.

이북도민연합회장께서 전화를 주셨다. 이북5도청사 1층 로비에 커피숍을 운영했으면 하는 지인이 있다고 하여 총무과장을 연결하여 주었다. 오전 11시 30분에 충무로 동보성에서 제29대 평남회장단 상견례 겸 출범 인사가 있었다. 평남도민회 상임고문단과 원로 유지분들 그리고 새로 출범한 29대 회장단인 전승덕 중앙도민회장, 김길준 수석부회장과 새로 선임된 부회장들이 참석하여 상견례 겸 오찬을 함께 하였다. 전승덕 회장의 인사말에 이어 내가 축사를 했다. 제29대 회장단의 출범을 축하하며 앞으로 전승덕 신임 회장단을 중심으로 평남중앙도민회가 더욱 발전하기 바란다는 격려 겸 덕담을 하였다. 이어 간단히 그간의 도정활동 보고도 하였다. 제21대 명예시장 군수 위촉식과 지난 3월 13일부터 3월 27일까지 15일간에 걸친 사랑의 마스크 만들기 운동 결과에 대해 설명드렸다. 소기의 목적을 달성하였고 유지 여러분들의 도움으로 중앙도민회 부녀회원들과 이북5도 새마을회원들의 적극적인 참여와 헌신으로 성공적으로 마무리하였음을 보고하였다.

정부에서 4월 19일까지 사회적 거리두기운동을 강력히 전개한다고 하여 도정행사도 이에 따라 연기 또는 취소할 수밖에 없을 것 같다. 따라서 4월 20일에 예정된 2020년도 평남 도정보고회 역시 연기하거나 아니면 축소할 수밖에 없을 것 같다. 도정보고회는 온라인 방식으로 진행하여 보는 것을 검토해보라고 비서실장에게 지시하였다.

저녁은 현서네가 집으로 와서 육개장으로 함께 식사를 했다. 집사람이 육개장을 아주 맛있게 끓여서 모두 잘 먹었다. 해림이네는 집에 가져가서 먹었다고 한다. 후식으로 도연이가 만든 맛있는 쿠키를 먹었다. 도연이는 음식 만드는 솜씨도 참 좋은 것 같다. 어쩜 이렇게 쿠키를 맛있고 예쁘게 만들 수 있는지 대견하고 자랑스럽다.

2020년 4월 7일 화요일 날씨: 맑음

아침에 비서실장에게 이북5도위원회 회의 시 제출할 자료를 준비하도록 지시하였다. 자료 내용은 이북도민 사랑의 마스크 만들기 행사 관련 보고이다. 행사 개요와 예산집행과 및 성금 지원상황에 대한 내용이다.

점심은 함남지사가 초대하여 구기동 불고기집에서 냉면과 곁들어 먹었다. 오후 2시에 대표명예시장군수와 총무 군수 그리고 대표 읍면장들과 도정보고회 일정 조정 협의가 있었다. 4월 20일에 특별한 사유가 없는 한 진행하기로 하되 최소 인원만 참석한 가운데 이북도민방송TV를 이용하여 인터넷 도정보고회 형식으로 하기로 하였다. 내일 이북오도청 기자단 저녁 모임은 불광동 네거리에 있는 만선에서 하기로 결정하였다.

2020년 4월 8일 수요일 날씨: 맑음

동화경모공원 업무와 관련하여 동화경모공원을 행정지도하는 지자체에서 2018년도 감사에 대한 처리 결과를 보고해달라고 동화경모공원 앞으로 공문을 보냈다는 사실을 알게 되었다. 문제가 있다고 판단이 되었다. 오늘 이북 7도 중앙도민회장들이 긴급회의를 했다고 한다. 이북5도 지사들과 협의한바 오늘 12인 회의를 소집하여 문제를 논의해보는 것이 좋겠다고 하여 이북도민중앙회 연합회장께 전화로 12인 회의 소집을 통보하였다.

오후 1시가 되어도 연합회장으로부터 아무 연락이 없어 전화로 확인해보니 오후 1시 30분쯤에 회의가 끝나면 바로 점심식사가 예정되어 있다는 것이었다. 사전 통보도 없었고 시간이 맞지 않아 오늘 12인 회의가 어렵겠다고 하니 어이가 없었다. 결국 오늘 12인 회의를 소집하는 것은 어렵게 되었다. 이북 5도 지사들 하고만 간담회를 개최하고 동화경모공원 건에 대해 의견을 교환한바 함남지사의 말씀대로 Wait and See 전략으로 가기로 했다.

사랑의 마스크 행사에 직접 참여하거나 성금을 내주신 분들에게 일일이 개인적으로 감사의 편지를 보냈다. 저녁에는 이북5도청 출입기자단 4명과 평북지사와 함북지사 두 분과 함께 중식당 팔선생에서 저녁을 함께하였다. 그동안 사랑의 마스크 만들기 운동에 대한 좋은 취재에 감사도 표하고 앞으로 계속적으로 이북5도위원회 활동을 잘 보도해달라고 당부하였다.

저녁을 끝내고 평북지사와 함북지사 두 분을 모시고 세종회관 부근에 있는 종로빈대떡집에 가서 모듬 빈대떡에 소주를 마시며 이북5도 발전과 이북도민사회 문제점에 대해서 허심탄회하게 이야기를 나누었다.

2020년 4월 9일 목요일 날씨: 맑음, 따뜻한 봄 날씨

오전에 이북오도민신문 대표를 내 방으로 오라고 하여 이북도민사회 현황과 어제 있었던 이북7도 도민회장단 회의내용에 대해서 간단히 알아보았다. 한마디로 말하면 각도 중앙회장들의 인식은 경기도에서 보내온 감사 지적 사항에 대한 조치사항 요청공문에 대해 그리 심각하게 생각하거나 이에 대한 문제의식이 전혀 없는 것 같다는 이야기다. 참으로 안타까운 일이다.

어제 12인 회의를 갖게 되면 이러한 문제에 대해 서로 허심탄회하게 이야기하고 현명한 대응방안을 마련해보려고 하였다. 이런 좋은 의도였으나 이북7도 중앙도민회장들의 생각은 동화경모공원에 관련하여 이북5도지사들이 관여하는 것을 매우 꺼리는 분위기이다. 이해는 되나 문제가 대외적으로 알려져 확대되는 경우 도민사회에 피해가 예상되며 이북5도지사들에도 관련 단체 지도관리에 일단의 책임 문제가 예상되어 도지사들의 입장에서는 참 난감한 문제라 아니할 수 없다. 잘 수습되어가기를 바랄 뿐 현재로서는 별도리가 없는 것 같다.

점심은 이 비서와 같이 무교동 북어국집에 가서 북어국을 먹었다. 하승창 후배에게 부탁한 서울시 제2부사장과의 오찬 모임은 4월 17일 청계천변에 있는 한미리로 하기로 결정하였다. 서울특별시에 이북5도위원회 사무소를 설치하는 문제에 대해 협조를 구하려고 한다.

김윤미 주무관을 불러 인구추계 조사 추진 현황과 평남을 빛낸 인물 선정작업에 대한 현황을 확인하였다. 이달 4월 중으로 평양을 빛낸 인물 1차 추천작업을 완료하려고 한다. 총무과장과 상담센터운영팀장이 현재까지의 5개 상담 분야에 대한 전문가 확보 상황에 대해 보고하였다. 법무 분야와 의료상담 분야에 2, 3명씩 만 추가로 확보하면 상담센터 운영에 별문제가 없을 것으로 판단되었다.

2020년 4월 10일 금요일 날씨: 맑음

오전 11시쯤에 양덕군 출신 이수연 사장이 찾아오셨다. 어제 문의하였던 동화경모공원의 봉안당 구매 관계를 의논하러 오셨다. 이성삼 국장에게 사전에 부탁을 하여 놓았기에 이 국장을 사무실로 내려오시라고 하여 자세히 설명을 드리도록 하였다. 건물 안에 있는 봉안당보다는 야외에 있는 묘지를 한기 구매하여 모시는 것이 좋을 것 같아 그렇게 권유하였다. 집에 가서 가족들과 의논하여 연락을 주기로 하였다. 점심은 이수연 사장과 이사장의 직원 그리고 이 비서와 같이 구기동 불고기 냉면집으로 가서 불고기 점심 세트에 지짐이를 시켜서 먹었다. 내가 점심을 모시려고 하였으나 이수연 사장이 내시겠다고 고집하시어 그리하시도록 하였다. 나중에 이수연 사장으로부터 묘지 구입 건에 대해 가족들 간에 협의가 잘 되었다고 연락이 왔다.

맹산군 명예군수가 소개하는 소독제 생산 업체의 대표와 임원진들이 방문하였다. 대표로 계시는 분은 SK네트워크에 고위 임원직을 역임한 분이어서 자연스럽게 내 대학동기인 박주철 사장과 후배인 김창근 부회장 그리고 정만원 사장에 대한 이야기로 화제를 이끌어 갔다. 새로 창업

한 분으로서 이북5도위원회에서 사랑의 마스크 만들기 운동 같은 좋은 활동을 하는 것에 감동하여 개당 15,000원 정도 되는 소독제를 5,000개나 우리 이북도민에게 기증하겠다고 하여 좋은 뜻으로 생각하여 받기로 하였다. 각 도지사실과 도민회에 나눠 주기로 하였다.

1층 현관에서 기증회사 임원진과 정병욱 사무국장 등 우리 이북5도위원회 사무국 요원들이 참여한 가운데 조촐하게 전달식을 가졌다. 최근 코로나19 사태로 격식을 갖춘 전달식을 하여주지 못함에 대해 양해를 구하였다. 전달식이 끝난 후에 내 집무실에 모시고 와 한 30분가량 환담을 나누었다.

오후 3시쯤에 김백봉 부채춤 보유자이신 경희대 안병주 교수가 방문해주셨다. 안병주 교수는 우리 이북5도위원회가 지정한 이북무형문화재연합회 회장직을 맡고 계신 분이다. 아마도 평양검무보존회 내분 문제에 대해 연합회장으로서 의견이 있으신 것 같았다. 한 10분쯤에 평양검무 제3대 보유자이신 임영순 님이 오셨다. 두 분이 함께 오시기로 약속을 하셨다고 한다. 제2대 보유자인 정순임 회장과 원만한 협조 관계를 유지하지 못하고 있는 것 같아 최근 평양검무보존회가 대내외적으로 약간 어려움을 겪고 있는 것으로 판단된다. 이에 대해 평안남도의 입장을 정리하여 협상안을 제시한 상태이나 협상안에 대해서 약간은 미흡하다고 느끼고 있는 것 같다. 다행히 안병주 교수가 중간적인 입장에서 잘 정리하여 주어 어느 정도 임영순 보유자의 의견을 반영하여 운영세칙 안을 보완하기로 했다. 안병주 교수가 내가 생각했던 것보다는 논리가 있고 협회나 조직을 운영하는 경험과 능력이 있는 것으로 판단되었다. 안병주 교수가 금년도 이북5도위원회 무형문화재 협의회 회장을 맡기를 잘한 것 같다.

저녁에는 함북지사와 함께 내가 잘 아는 김태훈 변호사와 곰솔에서 저녁을 함께했다. 함북지사와 김태훈 변호사와는 한 50년 전부터 가까운 친구로 지내는 사이라고 하였다. 참 한국 사회가 좁다는 것을 다시 느꼈다. 곰솔 예약이 저녁 7시로 되어있었는데 우리가 6시쯤 도착하여 한 시간쯤 곰솔 앞에 있는 스위스 파스타 집에 가서 차를 마시며 함북지사와 이야기를 나누었다.

함북지사가 와인에 대해서 아주 해박한 지식이 있는 것 같았다. 이태리 피자집 이야기가 나왔는데 마침 장미의 숲 이야기가 나왔다. 대학 친구인 김상훈 사장의 매제인 정 사장하고 함북지사가 아주 가깝게 지내왔던 사이라는 것을 알고 다시 한번 놀랬다.

김상훈 사장에게 전화를 걸어 함북지사와 같이 있다고 하니 아주 잘 아는 사이라고 하여 함북지사와 통화하도록 전화를 바꿔주었다. 둘 사이 통화하는 내용으로 보니 오래전부터 잘 알고 지내는 사이인 것 같았다. 아마 김 사장의 매제하고 가깝게 지냈던 사이였던 것 같았다.

저녁 식사를 김태훈 변호사와 함께하며 그동안 있었던 일을 이야기하다가 헤어졌다. 한 달에 한 번씩 이북5도청으로 방문하여 식사를 함께하기로 하고 우리 방문객센터에 상담역 고문 변호사로서도 활동하여 주기로 하였다.

2020년 4월 11일 토요일 날씨: 맑음

아침 5시 30분에 일어나 국사봉에 올랐다. 한 주에 한 번은 꼭 국사봉 정상을 오리기로 마음먹었다. 매일 아침마다 집 뒤쪽 청계산 국사봉 오르는 등산길에 20여 분 거리에 있는 오래된 오동나무까지 갔다 오곤 한다. 아침마다 이렇게 오동나무까지 갔다 오기 시작한 지가 5년은 더 되는 것 같다. 궂은 날씨거나 미세먼지가 심한 날이 아니면 거의 거르지 않고 하루 일과의 시작으로 하였더니 하체도 많이 실해졌고 폐활량과 몸 컨디션이 전체적으로 좋아진 것 같았다.

내가 평남지사로 취임한 이후에도 거의 이틀에 한 번꼴로는 아침 산보 겸 지정한 목표지점인 오동나무까지 걸어갔다 오는 것을 운동 삼아 하고 있다. 대략 아침에 4,000보쯤 걸으면 낮에 활동하며 걷는 것까지 하루 만 보 정도는 되니 그런 습관이 몸에 배여서 인지 일을 하면서 그리 피로감을 느끼지는 않고 있다. 올해 들어서 도지사 업무에 이북5도위원장 업무를 겸직하다 보니 제법 격무인데도 별 피로감을 느끼지 않고 맡은 바 업무를 수행할 수 있는 것 같다.

등산 코스인 국사봉을 다녀오는데 대략 시간 적으로는 2시간 정도 걸리고 거리는 5Km 정도 된다. 등산길 걸음의 보폭이 길지 않으니 국사봉 왕복하는 게 대략 걸음 거리 수로는 약 9천 보쯤은 되는 것 같다. 건강 유지에 이보다 좋은 것은 없다고 하니 꾸준하게 하려고 한다. 아침을 먹고 집사람과 시장을 대충 보고 집사람이 어깨가 불편하다고 하여 정형외과에 가서 사진도 찍고 진찰을 받아보았다. 검사결과 다행히 뼈나 근육에는 별 이상이 없고 약간의 염증 정도라고 하여 여간 다행스럽지가 않았다.

집사람과 국회의원 사전투표를 운중동 주민센터 4층에 마련된 사전투표소에서 하였다. 집사람과는 사전에 의견의 일치를 보아 같은 사람과 정당으로 투표를 하였다. 저녁에는 해림이네와 현서네와 함께 육개장으로 온 가족이 식사를 즐겁게 함께 했다.

2020년 4월 13일 월요일 날씨: 맑음

아침 9시 45분에 송영복 사장이 방문하였다. 지난주 금요일에 이북5도청사 지하실 방수문제에 대한 자문을 구해보려고 방문하도록 부탁했다. 이북5도청사 담당 계장과 주무관을 불러 미팅을 하고 현장 점검을 하였다. 방수와 침하문제 그리고 조경수 심는 문제 등을 종합적으로 검토하여보도록 하였다. 송영복 사장과 구내식장에서 점심을 함께 했다.

오후에 송경복 평남중앙부녀회장님께서 방문하셨다. 4월 20일 도정보고회 행사에 꼭 참석하시겠다고 하여 무리가 되지 않으시면 참석하시라고 말씀드렸다. 오후 3시쯤에 의정부에 있는 한꿈학교를 방문하여 교감 선생님과 학교 현황에 대한 설명을 듣고 쌀 전달식을 가졌다. 남북하나재단뿐만 아니라 종교단체 등에서 운영하는 북한 이탈주민 청소년을 위한 정식인가 된 중고등학교와 비학력 인가 학교인 대안학교가 예상한 것보다는 많이 있었다.

우리 이북도민사회에서 이런 분야에 관심을 갖고 운영을 했어야 되지 않았나 하는 생각도 들었다. 쌀 전달식 행사를 마치고 퇴근 시간이 가까워져 청사에 들리지 않고 인덕원 사무실로 갔다. 그동안 업무처리 상황에 대한 이야기를 나누었다.

2020년 4월 14일 화요일 날씨: 맑음

지난주 금요일에 기증받은 살균 소독제 배분에 대해 비서실장과 협의하여 배부처를 대략 결정하였다. 오늘 이북5도위원회에서 각 도 도지사에게 우선 100개씩 나누어드리도록 하였다.

오늘 이북5도위원회 회의에서는 위원회 사무국장이 2020년도 우리 이북5도위원회의 예산 반영할 내역에 대해 항목별로 설명이 있었다. 사업비 항목은 전년도보다 약 20억 원 정도 증액하는 것으로 예산안을 작성하였다. 이 중에서 북한 이탈주민에 대한 예산 항목을 제1순위로 하고 나머지는 중요도에 따라 2, 3순위로 정하여 추진하기로 했다. 실무진의 예산안에 반영되지 않았던 이북5도 무형문화재 지원금 예산은 무형문화재 보유자에 대한 예술활동 지원금으로 약 3억 원을 증액하여 반영하도록 별도 지시하였다. 이북5도 무형문화재의 발굴과 지원 육성책은 이북5도위원회가 마땅히 관심을 갖고 적극적으로 추진하여야 할 위원회의 아주 중요한 업무 중에 하나라고 이북5도위원장인 나는 인식하고 있다.

마침 19개 이북5도 무형문화재협의회 회장이 김백봉부채춤의 문화재 보유자인 경희대 무용과 안병주 교수이다. 안 교수가 지난해에 국회문공위원장을 통하여 쪽지 예산으로 추진하려고 했던 사항이기 때문에 나로서도 안 교수나 다른 보유자분들에게 약속한 바가 있어 각별히 관심을 갖고 예산증액을 위하여 최선을 다하려고 한다.

4. 2020년 도정일지

이북도민박물관 사업으로 반영된 5억 원의 예산증액 안에 대해서는 다른 예산의 중요성과 비교하여 연차적으로 진행하여야 할 사항으로 판단되어 도지사분들 모두 이번에는 정식 예산증액란에는 반영하지 말고 추후 쪽지 예산 형식으로 추진하기로 의견을 모았다. 위원장의 보고사항으로는 평안남도에서 지원하고 있는 탈북민 청소년 대안학교인 한꿈학교에 쌀 20Kg 짜리 30포를 지원한 내용을 보고하였고 4. 17일 금요일에는 서울시 제2 부시장 만나서 이북5도위원회의 현안 사업인 서울특별시 이북5도위원회 사무소 개설문제와 봉오동·청산리전투 100주년 기념사업의 일환으로 계획 추진 중인 [봉오동 청산리 승전 100주년 기념사진 전시회]의 전시관 대여를 협의할 계획임을 보고하였다. 아울러 한꿈학교와 같은 탈북민 청소년 대안학교에 대해 각 도지사들의 관심과 구체적인 지원방안에 대해서 관심을 가져주셨으면 좋겠다는 의견을 말씀을 드렸다.

2020년 4월 15일 수요일 날씨: 맑음

오늘은 제21대 국회의원 총선일이다. 토요일에 사전투표를 했기에 6시부터 시작하는 선거 개표방송을 들었다. 예상보다 차분하게 선거는 별 문제 없이 전국적으로 잘 진행되는 것 같았다. 금요일에 송영복 사장을 만나 투표의향을 물어보니 서슴없이 한국당은 아니라고 말하는 데에 약간 놀랐다. 더민주당의 실정이 많은 것은 인정하나 변화하지 않고 발목잡기만 하는 구태정치를 하는 한국당에는 동의할 수 없다는 논리이다.

금요일 오후에 인덕원 사무실에 가서 다른 젊은 직원들과 이야기를 나누어 보아도 역시 대답은 한결같이 한국당에 대해서 거부반응이었다. 우리 나이 먹은 보수층의 사람들은 최근 여론조사를 믿지 않으려고 하였다. 여론조작이 심한 것이라고 생각하였다. 그러나 실제 여론의 추이를 보면 한국당에 대한 지지나 호감도가 그리 신통치가 않은 것이 분명한 것 같다. 오후 6시 15분에 투표 출구조사 결과를 공표한다고 하여 뉴스를 보려고 하였더니 제인이가 집에 와서 제인이를 보느라 저녁 7시나 넘어서 개표 방송을 보았다.

　출구조사 결과를 보고 놀라지 않을 수 없었다. 더민주당의 압도적인 승리 예상이었다. 혹시나 하는 생각이 들어 늦게까지 지켜보았으나 역시 결과는 출구조사 예측과 거의 틀리지 않았다. 한국 정치 지형과 한국 사회의 중심축이 완전히 보수진영에서 진보진영 쪽으로 옮겨진 것이 분명해 보였다. 그럼에도 일부 보수층 지지자들은 여전히 이러한 변화를 전혀 인식하지 못하고 있거나 이런 사실을 애써 외면하려고 한 것은 아닌가 생각된다.

　내 주변에 보수정권을 지지하는 사람들의 말을 들으면 진보가 장악한 언론사나 여론조사 기관에서 교묘하게 여론을 조작한다고 굳게 믿거나 믿고 싶어했다. 어쨌든 최근 3년간 문재인 정권의 경제정책실패, 외교. 안보정책 실패, 북한 문제 실패, 거기에다 최근에 불거진 조국 사태와 울산 시장선거 부정개입 사건 그리고 청와대 측근 인사인 유재수 독직 사건 등 현 정부의 부정과 부패 그리고 실정이 쌓이고 쌓였는데도 정권심판론이 최근의 코로나19 사태로 제대로 먹혀들어 가지 않았던 것 같다. 선거결과가 그렇게밖에는 해석될 수 없었다. 정권심판론이 전혀 먹혀 들지 않은 선거결과였다. 황교안 대표가 늦은 밤에 책임을 통감하고 모든 자리에서 사퇴하겠다고 발표하였다. 앞으로 보수우파의 철저한 자기반성과 변화가 절실하게 필요하다는 것을 절감하였다.

　이번 21대 총선 결과는 더민주당과 자매 비례당의 의석을 합하면 180석이라는 압도적 다수로 대승을 거두었다. 1987년 민주화 이후 1988년도부터 치러진 역대 총선에서 이렇게 여당이 일방적으로 큰 의석 차이로 승리한 적은 없었다. 이번 제21대 총선 초기에는 문재인 정부와 여권이 문재인 정부 출범 이후 지난 3년간 안보와 외교, 북핵문제, 소득주도성장정책과 주 52시간제, 원전철폐 등 안보와 외교 및 경제정책 등 총체적인 국정 실패와 조국 사태로 대표되는 대통령 측근의 부정부패 등의 사건들로 정권심판론이 상당히 먹힐 것으로 예측됐었다.

　그러나. 선거 중반 이후부터 정부와 여권이 선거이슈 선점에 선공하고 야권은 천편일률적인 정권심판론에다 후보선정에서의 잡음과 선거 막판에 있었던 미래통일당 등 야권후보들의 잦은 막말과 말실수로 인하여 여당 심판론보다는 오히려 야당에 대해 국민의 심판을 받는 선거결과가 나왔다. 최근 여론 조사기관의 선거 전반에 대한 평가에 대한 내 나름의 개인적인 생각을 정리하여 이번 선거의 결과와 의의 그리고 향후 전개될 정치 지형에 대해 정리해 보았다.

　우선 중요한 것은 이번 총선은 통상 중간선거가 갖고 있는 현 정부에 대한 정권심판론적인 성격을 벗어났다는 점과 코로나 19사태에도 불구하고 높은 투표 참여율이 보여주는 것과 같이 국민들의 총선에 대한 높은 관심도, 특히 사전투표율이 26% 이상이나 될 정도로 유례없이 사상 최대로 높았던 점, 그리고 한국 정치 후진성의 상징인 지역 정치성향의 고착화가 더욱 공공화되었는 점 또한 세대 간의 이념 지형이 확연히 구분되었다는 점을 특징으로 볼 수 있겠다. 예전 선거전에는 통상 3, 40세대는 진보성향, 5, 60세대 이상은 보수 경향의 투표성향을 나타내었으나 이번에는 30대, 40대 그리고 50대까지 거의 진보진영을 지지하였고 60대 이후 노년층에서만 보수진영을 지지한 경향으로 나타났다는 언론기관의 분석이다. 통상적으로 젊은 시절 진보성향이었던 사람도 50대 이후부터는 보수성향으로 정치성향이 변화한다는 것이 일반적인 통설이었으나 이번 선거결과에 대한 세대 간 투표 경향을 분석한 언론 보도를 보면 이러한 일반적인 통설이 전혀 작동하지 않았다는 것이다. 이는 현재 50대가 586세대의 주축을 이루기 있기 때문이 아닌가 하는 생각이 든다.

　소위 386세대라고 부르는 80년대 대학입학 세대는 학창시절에 치열한 민주화 투쟁을 하였던 세대이기 때문에 우리나라 정치역사 상 가장 독특한 세대라고 할 수 있다. 우리 세대만 하여도 데모에 앞장서는 정치성향이 강한 친구들은 소수이고 대부분이 정치성향이 그리 뚜렷하지 않앉다. 그러나 80년대 학생세대는 극렬한 진보성향의 학생운동 주동자 그룹뿐만 아니라 80년대 세대 거의 대부분이 이념적으로 진보요, 행동 또한 투쟁적이다. 이러한 열열한 민주화 이념 속에 대학 생활을 보낸 이들 세대는 이제 나이가 50대 후반에 들어서도 과거 학창시절의 민주화 투쟁에 대한 긍지와 민주화에 대한 나름 확고한 신념이 있으며, 정치적 신념에 있어서 상호 동질감이 가장 강한 세대가 아닌가 생각된다.

그리고 또 하나의 요인으로 이번 선거부터 적용된 18세 연령층의 투표성향도 더불어민주당 등 진보정당에 우호적인 경향을 보인 것으로 추정할 수 있다. 이러한 시대의 흐름을 야권인 미래통합당인 보수진영에서는 체계적으로나 이론적으로 전혀 파악하지 못하였고 이런 젊은 층을 끌어안고 공감을 줄 수 있는 정책개발에 실패했다고 볼 수 있다. 보수진영의 패배는 시대의 흐름과 젊은 세대에 대한 맞춤형 정책개발을 소홀히 한 어쩌면 당연한 결과인지도 모르겠다.

2020년 4월 16일 목요일 날씨: 맑음

점심은 구내식장에서 비서진들과 함께했다. 점심을 먹고 비로봉 쪽으로 산행을 한 30분 다녀왔다. 내일 서울시 제2 부시장과의 면담에 필요한 자료를 챙겨서 준비하도록 했다. 서울특별시를 관할하는 이북5도위원회 서울사무소 설치문제와 봉오동전투 제100주년 기념 사진전시회 전시관 대여문제를 협의할 예정이다.

2020년 4월 17일 금요일 날씨: 흐리고 비가 옴

오늘 12시에 예정된 서울시 제2 부시장과 미팅을 대비하여 관련된 자료들을 준비했다. 첫째는 이북5도위원회 서울사무소 설치문제에 대한 협의 사항이고 둘째는 6월에 우리 이북5도위원회가 주관하는 100주년 봉오동 승전기념 전시회와 홍범도 장군에 대한 아카데미 학술대회이다. 위원회 사무국장과 지원과장 과장으로부터 관련 자료를 받아 준비하고 11시 40분쯤에 약속장소인 청계천 변에 있는 한미리 식당으로 갔다. 내가 먼저 도착했고 이어 처음 보는 쿠사 후배라고 자기를 소개하는 장회영 사랑의 열매재단 본부장이 왔고 이어 하승창 후배 그리고 12시쯤에 진희선 서울시 제2 부시장이 도착하였다. 반갑게 서로 인사를 나누고 자연스럽게 쿠사 시절 이야기를 하며 점심을 함께했다.

식사 중에 우리 이북5도위원회가 추진하려고 하는 두 가지 계획에 대해 자세히 설명하고 진 부시장의 의견을 묻고 협조를 구하였다. 진 부시장도 우리가 추진하는 계획에 대해 그 취지가 서울시의 기본 뜻과도 맞기에 실무자를 정하여 적극적으로 상호 협의하여 추진하기로 하였다. 예상했던 것보다는 기대 이상으로 호의적이고 적극적인 자세로 지원하려고 하였다.

박원순 시장도 북한 이탈주민에 대해서 매우 관심을 갖고 있는 분이기 때문에 예상외로 잘 진행될 것 같다는 의견이었다. 식사비용은 미안하게도 진 부시장이 미리 부담하였다. 이북5도청에 복귀하여 평북지사와 함북지사에게 서울시와의 면담 결과를 설명하고 사무국장을 배석시켜 후속 조치를 준비를 하도록 지시하였다.

오후 2시쯤에 평양검무보존회 정순임 보유자와 임영순 보유자 두 분이 오셔서 그동안 협의하였던 보존회 정상화 방안에 대한 최종 합의안을 도출하였다. 보존회 사무국장에 대한 문제로 상당한 시간이 걸렸으나 사무차장을 상대편에서 선정하기로 하고 일단 대체적으로 정상화 방안에 대한 운영세칙을 양자 간에 합의하여 확정하였다.

2020년 4월 19일 일요일 날씨: 흐림 오후에는 약간 비가 옴

오늘 아침 6시쯤에 일어나 뒷산 오동나무까지 서너 번 다녀오려고 했다. 가는 중에 항상 만나는 부채도사를 만나 마음을 바뀌어 국사봉 정상까지 올라 갔다 오기로 하였다. 아침 등산하기에는 참 좋은 날씨였다. 산에 오르며 최근 선거결과와 코로나19 사태로 사회적 거리 두기 현상에

평양감사 1054일 I

대해서 이런저런 생각을 하면서 평소보다는 천천히 산에 올랐다. 국사봉에 올라가니 벌써 대여섯 명 정도 정상에 올라와서 쉬고 있었다. 날씨가 풀려서인지 아니면 코로나 19사태가 장기화 되다 보니 답답한 마음에 산행을 한 것이 아닌지 하는 생각이 들었다.

산에서 내려오면서도 산에 오르는 사람들을 많이 보았다. 내려오면서 만난 사람이 줄잡아 20여 명 정도는 되는 것 같았다. 일요일이기도 하지만 지난주보다는 등산객이 2, 3 배는 늘어난 것 같았다. 내가 이북5도위원장이 된 올 해초부터 나는 국사봉을 "이북5도봉"이라고 부르기로 했다. 줄여서 "오도봉' 이라고도 하고 때론 평남을 생각하고 평화 통일을 염원한다고 해서 평사봉(平思峰)이라 부르기로 했다. 국사봉이란 이름은 고려 말 충신 조윤이 고려가 망한 후에 이곳 부근인 현재 의왕 부근에 정착하면서 국사봉을 자주 오르내리면서 국사봉 정상에 올라 고려 멸망에 대한 울분과 한을 달래면서 개경 쪽을 바라보면서 나라를 걱정했다고 하여 국사봉(國思峰)이라고 후세 사람들이 붙여준 이름이라고 한다.

올해부터 이북5도위원장을 맡게 된 나는 이곳 국사봉에 올라서 잠시 쉬면서 이북5도위원장의 직분을 충실히 수행할 수 있도록 마음속으로 다짐도 하고 좋은 생각도 가다듬으며 이북5도청과 이북도민사회가 잘 발전할 수 있도록 간절한 마음으로 기도드리곤 하고 있다. 이북5도청을 생각하니 국사봉이란 이름 대신에 나름 '오도봉' 또는 '평사봉'이라 명명한 것도 의미가 있어 보였다. 그렇게 부르고 보니 오도봉 정상의 의미도 있고 이곳에 올라 벤치에 앉아 잠깐 쉬면서 이북5도위원회의 업무에 대해서 생각하고 이북5도위원회의 발전을 위한 구상도 하곤 하니 제법 '오도봉' 이나 '평사봉'이란 이름이 나에게는 나름 의미가 있게 느껴졌다.

오늘은 마침 4.19가 일어난 지 60주년이 되는 날이기도 하다. 1959년 가을에 충남 논산에서 서울로 이사하여 이듬해인 1960년에 중학생이 되었다. 어린 마음에도 세상이 크게 뒤바뀌는 것 같은 느낌이 들었다. 4.19가 일어난 지 며칠 동안은 내가 살던 금호동 지역에도 곳곳에 크고 작은 시위가 있었다. 4.19 혁명의 원인이 된 3.15 정.부통령 부정선거의 중심에 서 있던 이기붕 국회 부의장 집 냉장고에 수박과 파인애플 같은 여름 과일이 나왔다고 민심이 분노했던 기억이 생생하다. 지금 생각하면 우리들 보통 일반가정에도 있을 과일이 그때는 국민의 분노를 살 정도였으니 참 씁쓸한 이야기가 아닐 수 없다. 4월 19일이 지나 한 일주일 후쯤에 호기심에 을지로 6가 쪽으로 가 보았다. 그때까지도 아직 데모사태에 대한 정치적 결단을 내리기 전이여서인지 학생들과 일반인들이 함께 시위를 하고 있었다. 호기심이 동하여 나도 모르게 데모대에 합류하여 조금 따라 다녔다. 그러니 나도 어엿한 4.19 혁명에 직접 참여한 학생인 셈이니 억지를 조금 쓴다면 나도 어엿한 4.19 학생데모 세대라고 말할 수 있을 것이다.

오도봉에 오르며 이런저런 생각을 하면서 천천히 산에 올랐다. 최근 선거결과의 원인과 앞으로의 한국 정치 지형과 발전은 어떻게 될 것인가? 앞으로 한국의 정치 발전 방향, 그리고 무너질 때로 무너진 한국 경제 상황과 불안한 대외여건과 북핵에 대한 위험 등 현재 한국의 현안문제들에 대해 하나씩 하나씩 생각하니 가슴이 답답하고 대한민국의 앞길이 막막해 보였다. 그러나 우리 국민이 어떤 민족인가? 역사적으로 위기상황 때마다 민초들이 단합하여 위기를 극복하지 않았는가.

그런 생각에 이르자 이번 사태에도 잘 해결되리라는 확신이 들었다. 이번 코로나19 사태를 겪으면서 우리나라 의료체계와 의료진의 수준이 그리고 정부의 대응력과 이에 따르는 국민의 의식 수준이 세계 어느 나라에 비교해도 손색이 없는 최선진국 수준이라는 것이 입증되지 않았는가. 아무튼 잘 해결될 것이라고 스스로를 위로해본다.

오후에는 비가 조금 오기 시작했다. 계절의 오묘함을 다시 한번 느꼈다. 마침 오늘이 절기로 곡우라고 한다. 오늘 내리는 비로 올 한해도 곡식이 잘 자라 풍작이 되기를 기원해 본다.

2020년 4월 20일 월요일 날씨: 흐림

오늘 이북5도위원회 신규 직원 임용식이 북한관 학습관에서 있었다. 이북5도위원회 관련 사무국 직원들이 참석하여 임용장 수여식을 하고 격려와 함께 축하하여 주었다. 고등학교를 졸업하고 처음으로 사회에 진출하는 사회 초년생이기에 더욱 신경이 쓰였다. 수습을 잘 마치고 사무실 분위기에 잘 적응하여 훌륭한 공무원으로 성장하기를 기대해 본다.

금요일에 서울시 제2 부시장과 미팅을 갖고 업무협의를 한 것 중에 김재홍 함북지사가 추진하는 〈봉오동전투 100주년 기념 전시회〉 건과 관련하여 서울시 측 담당자와 위원회 사무국 지원과장 간에 업무협의를 이미 하였다고 하며 구체적인 전시 일정과 전시장소에 대해서 계속하여 협의하도록 하였다.

점심은 이 비서와 함께 무교동에 있는 용금옥에 가서 서울식 추어탕으로 하였다. 예전에 먹었던 맛보다는 떨어지는 느낌이었다. 오후 2시쯤에 평양검무 제3대 보유자이신 임영순 교수가 오셔서 평양검무 발전을 위하여 도지사의 뜻을 따르겠다고 말하여 고맙게 생각했다.『평남을 빛낸 인물』에 대한 추천 결과를 검토하고 추가로 누락되었다고 생각되는 몇 분 추가하여 자료를 다시 작성하도록 담당 주무관에게 지시하였다.

2020년 4월 21일 화요일 날씨: 흐리고 추움

이북5도위원회 주간회의가 있었다. 지난주 금요일 서울시 제2 부시장과의 미팅에서 협의한 내용에 대해 설명하였다. 홍범도 장군의 봉오동전투 승전 100주년 기념학회와 사진전에 대한 전시회 공간 문제는 서울시에서 긍정적으로 검토하고 있으며 담당자를 지정하여 우리 위원회 측과 지원과장과 협의 중에 있다고 추진 경과를 말씀드렸다. 이북5도위원회 서울시 사무소 설치문제는 담당관을 지정하는 대로 협의하기로 했다. 점심은 직원들과 북악산 길에 있는 아델라 베일리 이태리 파스타집으로 가서 먹었다.

2020년 4월 22일 수요일 날씨: 4월 하순 날씨치고는 아주 추웠다

오늘은 이북도민지원과 일부 직원들과 라코르테 파스타집에 가서 점심을 함께했다. 위원회 사무국 직원들과 과별로 서너 번 정도 나누어 함께 점심을 하며 사무실 근무 분위기와 애로사항 등을 청취하는 시간을 갖기로 하였다.

오후에 김정은의 위독설이 갑자기 CNN에서 긴급뉴스로 나와서 모두 걱정들을 하였다. 북한의 급변사태가 나면 준비가 제대로 되지 않은 상태거나 한국의 정치 상황이 안정적이지 못한 경우 매우 어려운 상황에 처할 수 있게 될 것 같아 걱정이다.

특히 이북5도위원회는 이북5도를 관할하는 행정기구로서 그 역할이 북한과 관련된 위급상황 시에는 정부 어느 기관 못지 않게 중요하기 때문에 이북5도위원장을 맡고 있는 나로서는 각별하게 신경을 쓰지 않을 수 없다. 급격한 북한의 정변이나 북한 최고위층의 신변이상으로 인한 급격한 북한 권력 구조의 변화는 이에 대한 준비가 되어있지 않은 상황에서는 대한민국으로서는 결코 바람직한 것이 아니다.

2020년 4월 23일 목요일 날씨: 맑음, 약간 바람이 붐. 조금 추웠음

김정은의 사망설과 위급설은 근거가 확실한 것이 아닌 쪽으로 정리가 되고 있는 것 같다. 오전 11시에 이북5도청 1층 테니스장 옆에 있는 화단 잔디밭에서 평남산악회 시산제 겸 올 한 해 산행의 안녕을 기원하는 기원제가 있었다. 평남중앙도민회 전승덕 회장과 김태석 산악회장 등 등산회원 40여 명 정도가 모여 시산제를 하였다. 나도 올해 등산행사의 안녕을 산신령님께 비는 축원을 하였다. 시산제가 끝나고 팥시루 떡에 김밥으로 점심을 참석자들과 같이했다. 막걸리를 곁들여 한잔 씩 마시고 한 해의 산행에 안녕과 산악회의 발전을 기원하였다.

오후 1시쯤에 장원호 회장이 평북지사와 함북지사 두 분을 모시고 내 사무실로 오셔서 함께 커피를 마시며 올해 홍범도 장군 전시회와 세미나 등을 위한 추진계획에 대해서 의논하였다. 왈우 강우규 선생에 대한 강연회도 올해 이북5도위원회 차원에서 협력하기로 하였다. 저녁 뉴스에 오거돈 부산시장에 대한 성추행 뉴스가 보도되었다. 성추행으로 인한 시장직 자진 사퇴에 대한 뉴스였다. 우리 이북5도위원회도 전 직원을 대상으로 성희롱 사전 예방 교육의 필요성이 있다고 생각하여 내일 노경달 사무국장과 총무과장 그리고 지원과장과 함께 직장 내 성희롱 대책에 대한 회의를 할 생각이다.

2020년 4월 24일 금요일 날씨: 맑음

이북5도위원회 사무국장, 총무과장과 지원과장을 내 사무실로 소집하여 직장 내 양성평등 문제와 성희롱에 대한 교육을 정기적으로 철저히 하도록 지시하였다. 행안부 성희롱 관련 교육자료가 있다고 하여 사무국 직원 모두에게 의무적으로 교육내용을 보고 숙지하도록 조치하였다.

서울시 진희선 부시장으로부터 홍범도 장군 전시회 건에 관련하여 서울시의 협조사항에 대하여 연락을 받았다. 전시장소는 60평 규모의 서울시청 지하실 전시공간을 이용하기로 하였고 전시 기간은 6월 8일부터 15일간 전시하는 것으로 하였다. 서울 시내 이북5도 사무소 설치문제는 별도 담당과에서 우리 사무국 지원과장과 연락하여 협의 중에 있다고 하였다.

오후에 인천사무소장으로부터 서울시 담당관이 인천시 사무소 운영내용과 예산내역에 대한 문의가 있었다는 보고를 받았다. 이에 16개 시도 사무소장들에게 이에 대한 상황설명을 하고 향후 서울시 측에서 상기 건과 관련한 문의가 오는 경우 답변할 지침을 하달하였다.

2020년 4월 26일 일요일 날씨: 맑음

아침에 일어나 뒷산 오동나무까지 세 번 다녀왔다. 어제 10.2km의 트레킹을 했지만 근육을 좀 풀어주자는 심산으로 가볍게 걸었다. 홍범도 장군 일기를 교정하는 작업이 만만치가 않았다. 필체가 흐릿하고 선명하지 않아 알아보기 어렵고 말이 요즘 말과는 다르기에 30여 페이지를 정리하는 데 무척 힘들었다. 내일 사무실에 가서 한국독립기념사업회에서 발간한 자료를 직접 구하여 좀 더 선명한 자료로 정리를 하는 것이 좋을 것 같다.

2020년 4월 27일 월요일 날씨: 맑음

아침에 2020년도 평남 도정보고회 준비상황을 체크했다. 인사말도 좀 수정하여 확정하였다. 오늘 도정보고회는 코로나19 사태로 인하여 중앙도민회장과 수석부회장, 상임부회장, 대표 군수, 대표 군민회장, 대표읍면장 등과 사무국 요원 등 20여 명 정도 참석 범위를 최소화하여 진행하기로 했다. 그리고 이북도민방송에 의뢰하여 촬영하고 이를 방송에 내보도록 부탁하였다. 방송에 나간 자료를 입수하여 이를 밴드나 카톡으로 전달하고 이북5도위원회 홈페이지에 게재하여 일반 도민들이 시청하도록 조치하기로 했다. 오늘 도정보고회에서 아래와 같은 인사말을 했다.

[2020년 도정보고회 도지사 인사말]

존경하는 180만 평남도민 여러분, 안녕하십니까?

오늘은 우리 도정행사 중 가장 중요한 행사 중에 하나인 2020년도 도정보고회 날입니다.

상임고문님들과 역대 도지사님들, 행정자문위원님들을 비롯한 평남 유지 여러분들을 모시고 직접 도정보고회를 개최하여야 함에도 그간의 코로나 19사태로 인한 사회적 거리 두기에 충실한 이행을 위하여 부득이 전승덕 중앙도민회 회장님과 상임 임원진, 대표군민회장단 그리고 시장.군수단 대표분들만 모시고 이렇게 간소하게 보고대회를 갖게 되었습니다. 널리 이해하여 주시기 바랍니다.

존경하는 평남도민 여러분을 뵙지 못하고 영상을 통해서 도정보고회를 갖게 되었습니다만은 저는 여러분 한 분 한 직접 여러분들을 앞에 모신 것으로 생각하며 직접 뵙고 말씀드리는 기분으로 도정보고회를 드리고자 합니다. 지난 2개월 동안 도정은 물론 도민사회 활동이 거의 취소되거나 순연되었습니다. 꼭 필요한 모임만 소규모로 진행될 수밖에 없었습니다.

그런 상황에서도 우리 이북도민사회에서는 정말로 의미 있는 큰일을 하였습니다. 다름 아니오라 우리 평남 청장년 부녀회원들이 중심이 되어 이북도민사회가 하나가 되어 "이북도민 사랑의 마스크운동본부"를 결성하여 지난 3월 13일부터 3월 27일까지 15일간에 걸쳐 6,200개에 달하는 사랑의 마스크를 정성스럽게 만들어 대구 경북지구에 있는 이북도민과 북한 이탈주민들을 비롯하여 전국에 계신 이북도민 어르신들과 북한 이탈주민들에게 나눠드리는 행사를 가졌습니다. 참여하신 부녀회원님들은 물론 물심양면으로 지원하여주신 도민회원 여러분들께 다시 한번 감사 말씀드립니다.

이번 행사를 계기로 우리 평남의 저력과 단결력을 다시 한번 새삼 느낄 수 있었습니다. 우리 평남도민들이 마음을 모아 합심하면 어떠한 일이라도 내 낼 수 있다는 자신감도 갖게 되었습니다. 주요 언론기관과 일반 국민들께서도 우리 이북5도민의 활동에 대해서도 이해시키는 긍정적인 홍보 효과도 있었습니다.

존경하는 평남도민 여러분!

저는 오늘 도정보고회 맞이하여 올 한해도 '도민과 함께하는 도정'이라는 기치 아래 도민사회와 소통하며 함께 도민사회발전을 위하여 도민과 도민사회를 행정적으로 지원하는 일을 최우선 과제로 삼고 일하고자 합니다. 도민사회발전을 위하여 최선을 다하겠습니다. 도민사회의 활성화를 위한 후계세대의 육성방안, 평남인의 전통과 정신을 계승발전을 위하여 평남을 빛낸 인물 선정작업, 향토문화 계승 발전업무 등에 역점을 두어 도민회와 함께 성과를 내도록 노력하겠습니다.

또한 올 한해 제가 맡게 된 이북5도위원장의 역할도 제대로 수행하고자 합니다. 저는 올 한해 이북5도위원회의 캐치플레이스를 "이북5도의 위상 제고와 역량 강화의 해"로 정하고 이를 위하여 혼신의 노력을 다하고자 합니다. 도민사회에 실질적으로 도움이 드릴 수 있는 각종 행정서비스 기능과 제도를 마련하고, 통일에 대비한 이북5도위원회의 역할도 점검하고 기능도 강화해 나가려고 합니다. 이북5도 향토문화예술 발굴과 계승발전에 체계적인 지원과 연구 체제를 갖추도록 하겠습니다.

북한 이탈주민에 대한 지원 업무도 관련 부처나 기관들과도 적극적으로 관계를 유지하고 교류하여 실질적인 도움이 될 수 있도록 효과적인 계획을 수립하여 차근차근 추진해 나가겠습니다. 또한 북한 이탈주민과 이북도민과 교류도 강화하여 정서적 일체감을 이루어 나가도록 노력하여 탈북민들이 한국 사회에 잘 정착할 수 있도록 실질적인 지원체계를 마련하여 돕도록 하겠습니다.

무엇보다도 이북5도위원회와 이북도민사회에 대한 일반 국민들의 이해와 관심을 높이기 위하여 대외홍보 활동도 강화해 나가려고 합니다. 인터넷 세대인 3, 4세대인 후계세대를 위해 홈페이지를 새롭게 개편하고 업데이트하여 이북5도위원회와 이북도민사회에 대한 소식을 실시간으로 접할 수 있도록 하겠습니다. 이렇게 하여 후계세대들이 좀 더 이북5도위원회 이북도민사회에 관심을 갖고 스스로 찾아올 수 있도록 함께 노력하여 봅시다.

이러한 추진사업 하나하나가 모두 도민 여러분들의 적극적인 관심과 지속적인 성원이 있어야만 가능한 일이라고 생각합니다. 여러분들의 깊은 관심과 적극적인 참여를 진심으로 부탁드립니다. 코로나19 사태가 조속히 완화되어 하루빨리 건강하신 모습으로 만나 뵐 수 있기를 기원합니다. 감사합니다.

2020년 4월 28일 화요일 날씨: 맑음

오늘 이북5도위원회 주간회의가 있었다. 사무국장으로부터 주요 추진사업에 대한 보고가 있었다. 홍범도 장군 봉오동전투 승전 100주년 기념

전시회 건에 대해서 서울시와 전시관 협조 문제 등 잘 진행되고 있다는 경과보고가 있었다. 그리고 서울시와 경기 북부지역 사무소 개설문제에 대한 중간보고도 하였다. 현재 서울시 지방자치 행정과에서 실무적인 검토를 하고 있으며 각 시도지구 운영 현황을 파악하기 위하여 각 시도지구 소장들에게 문의하고 있다는 보고를 받았다. 그리고 성인지 감수성 문제에 대한 이북5도 사무국 직원들의 정기적인 교육문제도 점검하였다.

내일이 한정길 함남지사님의 생신이어서 송추에 있는 만포면옥으로 지사님들과 점심을 하러 갔다. 오후 2시 30분쯤에 이북5도 무형문화재 연합회 회장인 안병주 교수님이 협회 사무국장과 올해 합동 공연의 총 연출 감독과 함께 방문하여 서울시와 합동으로 공연하는 계획에 대한 설명을 하여 주었다. 사무국 실무과장과 주무관을 배석시켜 함께 협의하였다.

오후 3시 반쯤에 위원회회의실에서 한정길 지사님의 75회 생신 축하 케익커팅식을 하고 생신을 축하드렸다. 저녁에는 함북지사와 함께 이회영 기념사업회 황원섭 부회장과 순국 잡지 이 회장과 함께 곰솔식당에서 저녁을 함께하며 홍범도 장군 전시회에 대한 의견을 나누었다.

2020년 4월 29일 수요일 날씨: 맑음

오전 10시 30분쯤에 양덕군 출신 탈북민 이은희 씨가 찾아왔다. 일주일 전에 오랜만에 전화가 왔었다. 이달 초에 6개월 된 미숙아를 나아 어려운 처지에 있다고 하소연하는 안타까운 이야기를 하기에 양덕군민회에 연락하여 유지분들과 도와줄 방법을 의논해보기로 했었다. 내가 조금 성금을 내기로 하고 유지 서너 분이 십시일반하여 1백만 원을 모았다. 오늘 적은 돈이지만 모은 성금을 전달하기로 한 날이어서 전달식을 오전 11시에 도지사실에서 하기로 하였다. 김정현 상무에게 연락하니 3층 평남중앙도민회실에 김진섭 고문과 윤종관 군민회장님과 함께 미리 와 계신다고 하여 도지사 사무실로 내려오시라고 하였다. 오전 10시 50분쯤에 내 사무실에 모두 모여 이은희씨와 함께 차를 나누며 그간의 이야기를 들어보았다. 작은 성금이지만 이은희 씨에게 전달하고 무엇보다도 해산한 몸을 잘 추스리고 힘을 내라고 격려를 해주었다. 고맙게 받으며 감사하다는 말을 하여 마음이 편안해졌다.

11시 30분쯤에 이은희 씨와 군민회장님 등 네 분과 함께 구기동 냉면집으로 가서 점심식사를 대접하였다. 마침 오늘 이북5도 사무국 총무과 팀원들과 점심을 함께하기로 되어있어서 같이 구기동면옥에 가서 불고기에 냉면과 녹두지짐이를 시켜 먹었다. 소주도 한두 잔씩 곁들여 마셨다. 지난주에 이북도민지원과 직원 일부와 식사를 하고 이번 주에는 총무과 팀 전원과 함께 점심을 하였으니 내주쯤 이북도민 지원과 나머지 팀원들과 점심을 함께하면 이북5도위원회 사무국 직원들 전원 점심을 하게 된다. 연초에 한 번 옛날민속촌에서 전체 식사를 한 후 두 번째가 된다. 분기에 한 번씩을 함께 식사를 나누며 허물없이 이야기를 나누는 시간을 갖는 것이 의미가 있다고 생각하여 그리하기로 이북5도위원장으로 취임하면서 마음을 먹었었다.

식사를 하고 오니 비서실장으로부터 제주지구 사무소장이 극단적인 선택을 하였다는 충격적인 보고를 받았다. 너무 갑작스럽고 놀라서 한동안 가슴이 멍했다. 며칠 전에도 카톡으로 메시지를 주고받았는데 어떤 힘든 일이 있었기에 그렇게 극단적인 선택을 했는지 안타깝기 그지없다. 사무국에 적절한 조치를 취하도록 지시하고 위원장 명의로 조화를 보내도록 하였다. 황해도지사가 담당하는 지구이기 때문에 황해도 사무국에서 직접 조문하기로 하여 그편으로 조의금도 전달하도록 하였다.

오후 4시쯤에 홍범도장군기념사업회 한동건 사무총장과 통화를 하여 5월 4일 오후에 내 사무실로 방문하기로 하여 홍범도 장군 전시회 기획 관련하여 협의하기로 하였다. 김재홍 함북지사님과 함께 홍범도 장군 기념사업회와의 역할분담과 지원요청 범위에 대하여 의논하였다.

2020년 4월 30일 목요일 날씨: 맑음

아침에 국사봉 8부 능선까지 다녀왔다. 오늘은 석가 탄신일이라 휴일이다. 어제부터 현서네 가족이 우리 집에 와서 며칠 묵기로 했다. 5월 2일 새 아파트로 이사하기 때문에 그동안 있었던 빌라에서 나와 게스트하우스에 머물다가 이사 준비 겸 며칠 우리집에서 있다가 새 아파트로 갈 계획이다. 오늘 현서네 새 아파트를 가 보았다. 약 3주 동안 인테리어를 새로 해서 그런지 실내가 깨끗하고 잘 수리된 것 같았다. 저녁은 해림이네 집에서 불고기 샤브샤브로 세 가족이 함께했다. 마침 영민이 며칠 휴가를 내어 어제 부산에서 올라와 있었다. 저녁을 먹고 집에 와서 홍범도일지 수정작업을 계속하였다.

2020년 5월 1일 금요일 날씨: 맑고 더워짐 낮 기온 20도

아침에 뒷산 오동나무까지 두 번 다녀왔다. 오늘은 근로자의 날이라 일반 직원들은 휴무로 집에 차를 직접 몰고 출근하였다. 5월 4일 홍범도 장군 전시회 관련하여 홍범도기념회 한동건 사무총장이 방문한다고 하여 김승희 과장에게 행사 계획 관련 자료 부탁했다.

2021년도 예산에 반영할 이북5도 무형문화재 예산 요청에 관련하여 필요자료도 부탁했다. 위원회 사무국장과 지원과장의 의견인즉 작년처럼 5억 원 상당 증액요청은 다른 예산 항목의 증액 건에도 부정적인 영향을 줄 수 있다는 의견이다. 그 의견이 일리가 있고 타당하다고 생각하여 단체별로 지원금을 1억 원 정도 증액하여 추진하는 것으로 변경하였다.

오전 11시 20분쯤에 윤응수 사장이 방문하였다. 업무회의를 잠시하고 이북5도 현황과 평남 도정업무에 관련하여 간략하게 설명하여주었다. 윤사장과 북악정에 가서 갈비정식으로 점심을 같이했다. 홍범도일지 수정작업을 총 34쪽 중에 28쪽까지 했다. 내일 완결하고 재수정한 후에 철자법과 띄어쓰기 등 맞춤법에 맞게 현대문으로도 작성하여 보려고 한다.

2020년 5월 3일 일요일 날씨: 맑고 더움

오늘은 특별한 일 없이 보냈다. 홍범도 자필 일기 수정작업을 계속하였다. 오후 오리역 하나로마트에서 장을 보면서 다이소에서 확대경을 샀다. 홍범도 자필 일기에 선명하게 보지 않던 글자나 획이 더러 있어 확대경으로 보고 확인해보려고 구입했다. 확대경으로 보니 좀 더 분명하게 보여 많은 글자를 조금 수월하게 수정할 수 있었다.

2020년 5월 4일 월요일 날씨: 맑고 무더움. 초여름 날씨다.

오늘 아침에 함남지사 사무실에 들러 이번 주 수요일 이북5도위원회 처리 안건에 대한 협의를 사전에 드렸다. 제주도사무소장의 극단적인 선택을 계기로 16개 전국 시도지구 사무소장들에 대한 자질과 심성 그리고 업무 능력평가를 해볼 필요성을 느꼈다.

함북지사와 평북지사가 내 사무실로 와 홍범도 장군 봉오동 전승 100주년 기념 사진전에 대한 추진내용에 대해서 협의하였다. 오늘 오후 늦게 방문하기로 했던 홍범도장군기념사업회 한동건 사무총장이 급한 업무가 생겨서 내일 오후 5시에 만나기로 다시 약속했다. 내일 미팅을 위해 자료를 작성하고 준비했다. 홍범도 기념사업회 측에 사진 도록 작성비 5천만 원만 지원해 달라고 요청해보려고 한다.

저녁은 현서네 집에서 해림이네 가족과 함께 모처럼 온 가족이 모여 함께 식사했다. 항아리보쌈에 파전 그리고 막국수까지 온 가족이 맛있게 먹었다. 현서네가 어제 이사하고 처음으로 온 가족이 현서네 새 아파트에 와서 함께 식사했다. 내일이 어버이날이다. 우리 사랑하는 큰 손녀딸 도연이의 마지막 어린이날이 되는 셈이다.

현서네가 도연이에게 선물 준비를 많이 해서 주었다. 도연이 기뻐하니 우리도 즐거웠다. 나와 집사람은 별도로 선물 준비를 못하고 각각 10만 원씩 도연이에게 좋아하는 것 사라고 주었다. 해림이와 현서네가 어버이날 기념으로 꽃다발과 용돈을 주었다. 기쁜 마음으로 받았다. 자식들 잘 키운 보람도 있는 것 같다.

2020년 5월 5일 화요일 날씨: 맑음

아침 새벽에 뒷산 국사봉 8부 능선 쉼터까지 올라갔다 왔다. 쉼터에 보관되어있는 빗자루로 주위를 쓸고 깨끗이 정리를 했다. 그동안 부채도사와 다른 사람이 번갈아 가면서 이곳을 깨끗하게 청소하는 것 같았다. 마침 청소가 안 된 것 같아 오늘은 내가 한번 해보았다. 기분이 좋았다. 오늘 한동건 홍범도기념사업회 사무총장을 만나기로 되어있어 사무실에 도착하여 자료를 정리하고 기다렸다.

오후 4시쯤에 함북지사께서 오셔서 간단히 오늘 협의 내용에 대해 상의를 하였다. 오후 5시 40분쯤에 한동건 사무총장이 방문하였다. 한동건 사무총장은 학교 동문인 관계로 개인적인 이야기를 하고 이어 함북 지사실에 가서 업무협의를 하였다. 전시회 내용 중 홍범도 장군에 대한 기록 사진이 20% 정도인 20여 점밖에 되지 않아 기념사업회 측의 입장에서는 예산지원의 명분이 좀 약하다는 것이 한 총장의 의견이었다. 또한 시간적으로도 촉박하여 올해 전시회 사진 도록 제작에 참여하기는 어려울 것 같다는 의견이다. 충분히 이해가 되었고 예산 이외 협조할 사항에 대해서는 공감하며 상호 양 기관이 협조해 나가기로 하였다. 협의가 끝난 후에 한 총장과 함북지사와 함께 북악정에 가서 저녁 식사를 하며 홍범도 장군과 기념사업회 관련하여 자유롭게 이야기를 나누었다.

2020년 5월 6일 수요일 날씨: 맑음

아침에 국사봉 8부 능선까지 다녀왔다. 이북5도위원회 주간회의를 개최하였다. 함남지사가 개인 사정으로 출근하지 않으셔서 도지사 네 사람이 두 건의 안건을 처리하였다. 첫째는 16개 시도지구 사무소 사무점검 계획안이었고 다른 하나는 제주사무소장 공석에 따른 사무소장 선임에 관한 건이었다. 오늘은 남북이음교육 개강일이다. 오전 9시 30분에 개강식에 참석하여 수강생들에게 인사를 하였다.

2020년 5월 7일 목요일 날씨: 맑음

아침 9시 30분에 남북이음교육 과정 개강식이 있었다. 오전 11시쯤에 제주도 이북도민연합회장이 방문하여 제주도 사무소장 건에 대해서 의견을 나누었다. 오전 11시 30분경에 남북이음교육 참여업체와 MOU체결 계약을 하였다. 점심은 제주도 연합회장과 북악정에서 했다. 오후 1시 30분에 남북이음교육 SNS 과정 교육개강식에 참여하여 인사말을 했다. 함북지사와 홍범도 장군 전시회 관련 예산문제를 협의하였다. 오후 5시에 방배동 만다라 중식당에서 개회된 청해이씨 종친회에 참석하였다.

2020년 5월 8일 금요일 날씨: 약간 추어졌음

함북지사와 홍범도 장군 봉오동전투 승전 100주년 기념 전시회 관련하여 사진 도록 만드는 예산 관계를 협의하였다. 홍범도장군기념사업회 측에서의 지원은 현재로서는 불가능한 것으로 판단하고 자체 예산에서 조달하는 것으로 결론을 내렸다. 위원회 사무국장과 담당과장과 협의하여 본바 전시회 항목 예산 2천만 원, 카타로그와 도록 제작비로 2천만 원 도합 4천만 원 선에서 자체 예산으로 행사 예산 계획을 재수립하여 진행해보기로 했다.

오전 11시쯤에 학교법인 우신 학원 장문수 이사장께서 방문하여 이야기를 나누었다. 고병헌 회장과 나와는 막역한 선후배 사이인 것을 잘 알고 있었고 그런 관계로 최근 중앙도민회에서 올해 체육대회를 위하여 6월 20일 운동장 사용에 대한 협의를 하였는데 확실한 답변을 주지 않아서 며칠 전 고병헌 회장님께 부탁을 한 번 드린 적이 있었다. 코로나19 사태에 따른 특별 지침이 내려와 그러한 지침을 따르다 보니 평남중앙도민회가 요청한 6월 20일 체육대회 장소 사용에 대해서 확실한 답변을 드리지 못했을 뿐 상황이 호전되면 언제든지 사용은 가능하게 하겠다는 취지로 답변을 주었다. 평남중앙도민회 측과 별도 이야기를 나누도록 부탁을 드렸다.

얼마 전에 양덕군 2세인 이수연 사장이 동화경모공원 묘지 문제로 찾아와 이성삼 국장에게 연결하여 주었다. 이 국장이 좋은 묘지 자리가 확보되었다고 하여 현장에 가서 확인하고 결정하시라고 말씀드렸다. 오후 2시쯤에 평양수건춤 한순서 보유자님께서 방문하여 그동안의 안부를 묻고 환담을 나눴다. 이번 홍범도 기념행사에 식전 행사로 평양 쌍검무 공연이 가능하면 협조 부탁을 드렸다.

함북지사도 잘 아시는 소프라노 분에게 선구자를 연주해달라고 부탁드렸다. 식전 행사로서 두 가지 종목만 하면 충분할 것으로 판단된다. 오후 2시 30분쯤에 이북도민 통일아카데미에 이광수 회장과 유광석 사무총장이 방문하여 아카데미 운영에 관한 전반적인 현황과 앞으로의 활동 계획에 대해 설명하고 의견을 나누었다. 회장 이.취임식을 정식으로 갖기로 하였다. 독서토론회도 상반기에 갖도록 하였다. 오후 5시에 종로5가에 있는 팔도횟집에 가서 중고등학교 친구들 모임인 이금회 회원들과 저녁을 같이 했다. 오늘 저녁 값은 내가 부담하였다.

2020년 5월 11일 월요일 날씨: 맑음

함북지사와 봉오동 청산리 전투 100주년 기념 사진전 행사 진행 관계 협의를 하였다. 기본적인 전시도록 제작 안과 내용이 초안으로 나와서 같이 검토하였다. 내가 이북5도위원장으로서 행사위원장의 자격으로 발간사를 쓰기로 하였다. 함북지사가 보내준 발간사 초안에 이북5도위원회가 이번 전시회를 주최하게 된 이유와 역할에 대해서 추가로 언급하였다.

낮 12시에 일산 백양로포럼 모임이 있어 11시쯤에 사무실에서 나와 일산 모임 장소로 갔다. 오늘은 10여 명 정도 오셨다. 국회의원에 입후보해서 안타깝게 떨어진 이경환 후보도 참석하였다. 내 옆자리에는 함북 출신으로 홍익대학교 미술대학교 명예교수인 박승범 교수가 특별 초청 인사로 오셨다. 이야기하다 보니 박 교수는 우리 이북7도중앙부녀회 연합합창단 재무를 맡고 있는 분의 부군 되시는 분이었다. 연합합창단 재무를 맡고 계시는 분은 평소에 아는 분이라 무척 반가웠다. 오늘 점심은 내가 모시는 걸로 했다. 지난해 7월에 처음으로 이모임에 참석한 후 그 다음 달에 평남도지사로 임명되어 의미도 있고 또 모처럼 참석한 터라 내가 점심을 내는 것으로 하였다.

오후 1시 30분에 영양요리강좌 코스가 첫 번째로 개강하는 날이라 일찍 서둘러 왔다. 5분 일찍 도착하여 5층에 중강당에서 개최되는 개강식에 참석하여 환영사를 하였다. 개강식을 끝낸 후에 2시쯤에 이경희 법무사가 사무실에 왔다. 오늘 법무 상담을 하기로 되어있었다. 마침 첫날이고 해서 법률 상담역 상담사 위촉식도 가졌다. 오후 3시 30분부터 대표군수와 총무군수 그리고 도 사무국 직원들과 향후 시장군수단 행사 계획에 대해 협의하기로 되어있었다. 평남 사무국장실에서 이미 업무회의를 진행하고 있다고 하여 사무국장 방으로 가서 회의에 참석하여 그동안 토의되었던 사항에 대한 보고를 받았다. 6월 11, 12일 양일간 백령도로 1박 2일간의 연수 활동을 가기로 계획하고 6월 중에 『평남을 빛낸 인물』 선정작업을 완료하기로 했다.

저녁 6시쯤에 단골 치과병원으로 가서 치과 진찰을 받았다. 왼쪽 아래 어금니는 임프랜트를 아무래도 하는 것이 편할 것 같아 임프란트 시술을 하기로 결정하였다. 5월 18일 자로 시술예약을 잡았다.

2020년 5월 12일 화요일 날씨: 맑음

이북5도위원회 주간회의가 있었다. 오늘은 결의 안건은 없고 두건의 보고사항만 있었다. 한 건은 홍범도 장군 기념강연회 겸 전시회 건이었다. 현재 추진상황에 대한 설명이 있었고 이어 함북지사의 추가 보충 설명이 있었다. 카타로그와 사진도록 그리고 논문집까지 제작하기로 하였다. 총소요예산은 전시행사비로 2천만 원, 카타로그와 사진도록 제작비로 2천만

원으로 책정하여 최소한의 예산 범위 내에서 추진하기로 하였다. 홍범도 기념사업회 측에서 사진도록 제작비용 지원문제는 국가기관이 외부 민간단체로부터 행사비 지원을 받지 못하게 되어있는 규정으로 인하여 별도로 요청하지 않기로 결정하였다. 다만 홍범도 기념사업회 측에서 우리 사진전에 전시된 내용에 대해 자체적으로 전시 사진 도록을 제작하려고 하는 경우 자료 제공을 하여주기로 하였다. 회의를 끝내고 평창동 칼국수집에 가서 수육에 칼국수로 5도 지사와 위원회 사무국장과 함께하였다.

오후 1시 30분에 남북이음교육 마지막 코스인 스마트폰 활용 교육과정 입교식이 있었다. 입교식에 참석하여 환영사 겸 축사를 하였다. 오후에 제주도청 지방행정지원과 팀장한테서 전화가 왔다. 제주사무소장 공석에 따른 겸직 문제에 대한 제주도 측의 의견은 현재 사무장으로서는 겸직이 어려우니 위원회 측에서 겸직할 수 있는 분을 2주일에 한 번 정도라도 파견하여주는 형식으로 겸직 발령을 내어 주었으면 하는 부탁이었다.

이 문제를 위원회 사무국장과 지원과장 그리고 담당 팀장을 내 사무실로 오라고 하여 논의한 결과 제주도사무소의 사무장에게 겸직 발령 방법이 가장 적절한 방법이라는 결론을 내렸다. 그런 내용을 제주도청 측 담당자에게 충분하게 설명하여 이해시키도록 하였다. 홍범도 장군 기념사업회 한동건 사무총장에게 기념식 행사와 사진전에 관련하여 협조공문을 이메일로 발송하였다.

2020년 5월 13일 수요일 날씨: 맑음

오늘 아침에도 함북지사님과 홍범도 장군 기념강연회 및 사진전시회 관련 업무협의를 하였다. 제21대 국회개원식 참석자 인원에 대한 보고를 받았다. 담당 계장의 보고에 의하면 우리 이북5도위원회에서는 도민사회단체 지도자 두 사람과 명예시장군수 두 사람 도합 4명만 참석자로 배정되었다고 한다. 이북도민회 중앙연합회장과 차기 연합회장 그리고 평남

대표시장군수와 차기 이북5도위원장을 맡게 되는 평북의 대표 명예시장 군수가 참석하는 것이 타당할 것 같아 그런 내용으로 연합회 측과 협의하도록 지시하였다.

점심은 오랜만에 구내식당에서 했다. 오늘 방문객센터에서 두 분의 심리상담사가 오셔서 심리상담을 하고 계셨다. 첫날이라 상담받으러 오시는 도민들이 별로 없는 것 같았다. 오후 2시에 양덕군 김지선 어르신이 아들 김정현 상무와 함께 방문하셨다. 부친의 독립유공자선정에 대한 중간 상황을 확인하러 오셨다. 작년에 보훈처 담당 심의관에게 직접 전화로 문의하여 본 바로는 현재 심의 진행 중이고 사실 여부 확인 조사 중이라는 답변을 받았으나 자료가 미흡하여 조금은 기대하기 어렵지 않겠나 하는 생각도 들었다. 김지선 어르신이 워낙 간절하게 계속 관심을 갖고 계시기에 여간 신경이 쓰이는 것이 아니었다. 다시 한번 더 심사관에게 전화를 하여 진행 상황을 확인해 봐야 할 것 같다.

오후 5시에 홍범도 장군 전기에 대해 연구해 오신 장세윤 박사가 방문하여 함북지사실에서 만나 인사를 나누고 평북지사도 함께하여 네 사람이 두소에 가서 수육에 소주 몇 잔 마시고 빈대떡도 사 와서 먹고 설렁탕으로 저녁을 먹었다.

2020년 5월 14일 목요일 날씨: 맑음

함북지사와 함께 홍범도 장군 일기를 도록에 수록하는 문제와 봉오동 전투 당시 일본군 소좌의 참전 일지 번역비 문제 등에 대해서 논의하였다. 함북지사는 추가로 5백만 원 정도가 번역비와 원고료로 소요될 것이라고 이야기하여 추가 자금 조달 문제에 대해서 논의하였다. 현재로서는 위원회의 추가예산 지원은 불가능한 형편이라 5도 지사들이 1/5씩 분담하는 방법이나 아니면 함북지사와 내가 반분하는 방안을 검토해보기로 했다.

오전 10시쯤에 평양수건춤 무형문화재 보유자이신 이주희 교수께서 방문하셨다. 예쁜 꽃 화분을 들고 오셔서 감사히 받았다. 6월 4일에 개최할 계획인 홍범도 장군 기념강연회와 기록사진 전시회에 앞서 식전 행사 프로그램으로 평양장검무를 부탁드렸다. 흔쾌히 참여하겠다고 하여 고맙게 생각했다.

오전 11시 30분쯤에 연상 67 동기 모임인 태평회와 연목회 모임 친구들이 10명이 방문하였다. 이북5도위원회의 역할에 대해서 간단히 설명하고 1층 북한관 교육 강당으로 가서 이북5도위원회 홍보영상을 시청하였다. 홍보영상을 본 후에 북악정에서 보내온 버스를 타고 북악정 식당으로 가서 미리 와 있던 김병래 사장과 함께 3층에 예약된 자리에 앉아서 갈비구이 정식에 물냉면으로 점심식사를 하였다. 소주 한두 잔씩도 나누어 마셨다. 모처럼 대학동기들이 와서 함께 하니 뿌듯하고 기분이 좋았다. 친구들이 축하해주며 격려의 말을 해주어 힘이 났다. 친구들의 기대에 어긋나지 않게 하기 위해서라도 열심히 맡은 책무를 잘 수행해야 하겠다고 마음속으로 다짐했다.

2020년 5월 15일 금요일 날씨: 아침에 비가 오고 약간 흐림

오늘은 방문객센터에 의료 상담일이 있는 날이다. 박명철 교수가 오전 9시 30분에 도착하여 위원회 사무국장과 총무과장과 함께 내 집무실로 왔다. 의료담당 상담사 위촉장을 박 교수에게 수여하였다. 쑥스러워하는 박 교수를 이해시키고 위촉장을 수여하며 앞으로 잘 부탁한다고 말했다. 오늘 점심은 이북도민지원과 직원들과 박 교수와 함께 북악정 가는 길 초입에 있는 아델라 베일리 이태리안 식당으로 갔다. 피자 두 판에 각자 파스타를 시키고 새러드와 커피도 주문하여 먹었다. 모두 맛있게 먹으며 시국에 관한 좋은 이야기들을 나누었다. 이야기는 주로 나와 박 교수가 주로 하였다. 북한산이 바라다보이는 전망이 좋은 2층에서 식사를 함께 하니 모두들 즐거워하였다.

함북지사가 번역비와 원고료 등에 대해서 추가로 드는 비용이 450만 원 정도 된다고 하여 평북지사와 함북지사 그리고 내가 3등분하여 부담하기로 함북지사와 잠정적으로 결정하였다. 다른 두 분 지사님들에게 추가 지원을 요청하는 것이 적절하지 않은 것 같았다. 6.4일 강연회와 미니전시회 개막전 행사로 초청하기로 한 성악가 초청비는 김재홍 지사가 부담하기로 했다. 평남장검무 공연에 대한 비용은 내가 부담하기로 하였다.

오후 4시 50분에 충무로 동보성 식당에 평남유지모임에 참석하였다. 이번 달 평양유지모임은 6개월 만에 개최되었다. 연말과 연초 2달을 거르고 이후 코로나19 사태로 인하여 모임을 갖지 못하다가 다소 염려는 되었지만 모임을 더는 미룰 수가 없어서 진행하였다. 오늘 유지모임에서 도지사로서 아래와 같이 도정보고회 겸 인사말을 하였다. 마침 오늘 별도 초청 강사의 강연 계획이 없어서 내가 평소보다는 좀 길게 말씀을 드렸다. 오후 6시 30분쯤에 모임이 끝날 때쯤에 죽마고우 영진이가 찾아와 함께 동보성 안쪽에 있는 호텔커피숍에 가서 한 30분 정도 영진이의 최근 정치 활동 이야기도 듣고 가정사에 대한 이야기도 들었다. 영진이 아버님의 원래 출신지가 함남 원산이라는 말을 오늘 처음 들었다. 영진이 보고 앞으로 원산시민회 모임에도 참여하라고 권유했다.

2020년 5월 16일 토요일 날씨: 조금 비가 오고 흐림

아침에 좀 일찍 일어났다. 혼자 뒷산을 오르려다가 요즘 집사람 체력이 많이 떨어진 것 같아 같이 평지를 걷기로 했다. 월든아파트 뒷길에 쑥이 자라는 곳이 있어 집사람은 쑥을 캘겸 같이 걷기 시작했다. 쑥 있는 지점에서 집사람은 쑥을 뜯고 나는 한 시간쯤 걸었다. 집사람이 나를 기다리다가 늦게 오니 먼저 집으로 갔다.

아침을 먹고 오후에 있는 평남기우회 모임에 참석하였다. 이춘섭 회장과 맞바둑을 두어 내가 반집으로 이겼다. 그분과 2패 후에 처음 이겨본 거라 기분이 좋았다. 전승덕 회장과 3점 놓고 두었으나 내가 지고 말았다. 나와 전승덕 회장이 참석해서 그런지 오늘 기우회 참석인원은 12명 정도 되었다. 평남기우회 백규영 회장과 협의한 결과 7월 4일에 이북5도청에서 평남도지사 배 시.군 대항 바둑대회를 열기로 했다. 바둑대회 명칭에 대해서 다른 의견들이 있었으나 김중양 지사가 시작한 바둑대회인만큼 명칭은 도지사 배 시군대항 바둑대회 명칭을 그대로 쓰기로 하였다. 중앙도민회 측에서 적극적으로 지원하기로 하였다.

2020년 5월 17일 일요일 날씨: 흐림 오후는 맑아지고 좀 더워짐

아침에 아내와 월든아파트 뒷 산길을 걸었다. 아펠바움 빌라 단지까지 걸어 갔다 왔더니 약 8,500보 정도 되었다. 집사람이 오늘 점심 모임이 양재동역 근처에 있다고 하여 차로 데려다주고 나는 동원참치 빌딩 부근에 있는 양재천 뚝방길을 한 시간쯤 속보로 걸었다. 시간이 좀 여유가 있어 찜질방에 가서 사우나를 하고 오후 3시에 집사람 점심 모임 장소로 다시 가서 집사람을 태우고 총각네 야채가게를 갔다. 야채 값이 갑자기 올라 참외와 사과만 샀다. 이어 오리역 하나로마트에 가서 지난주 드라이크리닝을 맡긴 옷을 찾고 일주일 식사용 부식을 산 후에 집으로 돌아왔다.

2020년 5월 18일 월요일 날씨: 흐리고 비가 옴

아침 9시 30분에 강 실장의 주간 업무계획에 대한 보고가 있었다. 지난 5개월간의 업무비 지출 내역에 대한 보고를 받았다. 위원회 측에도 위원장의 업무추진비에 대한 내역 파악을 지시하고 카드 사용도 내가 직접 할 수 있는지 알아보도록 하였다. 오전 10시 평남도사무국 주간회의가 있었다. 월간 명예시장군수회의 일정과 평남을 빛낸 인물 선정작업 결과 그리고 인구 추계조사에 관한 진행사항에 대한 보고를 받고 내용을 공유하였다.

오전 11시에 4.31일 치과로 출발하여 11시 45분쯤에 치과에 도착하여 임프란트시술을 위한 기둥을 심었다. 12시 40분쯤에 명동 입구에 있는 묵호집에 도착하여 가보회 월례정기 점심 모임에 참석하고 인사말을 했다. 제18대 명예시장군수 모임인 가보회는 가장 활발하게 활동하는 역대 시장군수단 모임인 것 같았다. 김병삼 회장과 김진섭 총무의 리더십과 노력의 결과로 생각된다. 특히 회원 한 분 한 분이 모두 애향심과 도민회 발전에 큰 역할을 해오셨던 분들이라 활발한 모임이 가능한 것으로 생각되었다.

평북지사에게 홍범도장군기념사업회와 관련하여 추가 비용이 450만 원 정도 들어갈 것 같다고 말하고 함북지사와 세 사람이 1/3씩 나누어 부담하기로 의견을 물어본즉 쾌히 응락하여 그렇게 처리하기로 하였다.

그리고 보니 오늘이 5.18 광주항쟁 40주년이 되는 날이다. 40주년이라는 의미도 크겠지만 진보진영으로 대한민국의 주체세력이 교체되었다는 느낌이 들 정도로 의미 있는 전야제와 40주년 기념행사가 진행된 것 같았다. 문재인 대통령 내외를 비롯하여 민주당 국회의원 전원에 미래통일당 등 보수진영의 원내 대표단들도 행사에 참석하여 임을 위한 행진곡도 열심히 불렀다고 한다.

그동안 보수진영에서는 보수진영의 표를 의식해서인지 아니면 5.18에 대한 역사적 평가를 제대로 하지 못해서인지 일반 국민 정서와는 거리가 먼 발언을 해온 보수 측 인사들이 더러 있었다. 5.18 광주항쟁은 광주시민이 군부세력의 민주주의 억압에 대한 정당한 궐기였고 용기 있는 시민투쟁이었다. 물론 시민군과 진압군 사이에 대치 과정에서 과격한 무력충돌이 있었고 그 과정에서 진압군의 무차별적인 총격도 있었던 것이 사실이다. 그로 인한 안타까운 민간인의 희생이 너무 많았다.

그러나 북한군의 선동에 의한 광주시민들의 무분별한 폭동이란 주장은 옳지 않을 뿐 아니라 사실과도 부합하지 않을 것이다. 이는 광주항쟁에 참여한 대다수의 광주시민들을 모독하는 발언이 아닐 수 없다. 정말로 광주시민의 가슴에 대못을 박는 말이다. 분명히 잘 못 된 인식이며 역사의 왜곡이다. 어찌 광주시민들을 불순세력의 선동에 의해 무력항쟁을 하였다고 주장할 수 있겠는가? 물론 일부 불순분자들이 데모대에 침투하여 시위를 과격화하게 한 것도 충분히 있을 수 있는 일이라고 생각한다. 그러나 그런 일부 불순세력이 침투하였다고 하더라도 광주시민들의 민주화에 대한 숭고한 정신을 폄훼할 수는 없는 것이다. 이제는 광주시민의 아픔을 치유하고 진실이 제대로 밝혀져야 할 때라고 생각한다.

나는 그 해 5. 17일, 광주사태가 났던 하루 전에 김포공항에서 미국행 비행기를 타고 로스앤젤러스에 도착했다. 하루만 늦게 출발했어도 출국을 할 수 없었을 것이다. 미국 출장 2주간에 미국방송을 통하여 광주사태 진압과정의 생생하고 참혹한 상황을 시청할 수 있었다. 뉴스를 보며 놀라고 가슴이 아팠던 기억이 아직도 또렷하다.

그 후 1년 후인 1981년 9월에 산업리이스 광주지점장으로 발령받아 광주지점을 개설하고 3년간 광주에서 근무하였다. 그 당시 광주사람들은 겉으로는 광주사태에 대해서 별로 말은 하지 않았지만 속으로 참고 아픔을 이겨내는 것 같았다. 입을 다물고 그렇게 세월이 가기를 바랬을 것이다. 그 후 서슬이 퍼렇던 군사정권이 김영삼 민주정권으로 바뀌면서 서서히 광주사태에 대한 진상조사 작업이 시작되었다. 그 후 30여 년의 세월이 흘렀건만 아직도 완전하게 광주사태에 대한 조사가 이루어지지 않고 있다. 최초 발포명령자, 헬기총기 사건의 진실, 북한군 개입설에 대한 진실 여부, 행방불명자에 대한 조사 등 미해결된 문제들이 이제는 철저하게 조사되어 진실을 규명하고 역사를 바로 세운 후에 진실된 화해와 용서가 뒤따랐으면 한다.

이제는 더 이상 광주항쟁에 대한 역사적인 이견이 없도록 국민적인 이해와 화해가 이루어져야 한다고 생각한다. 이제 그리할 때가 되었다고 생각한다. 그 당시 군부 실세였던 전두환 대통령이나 노태우 대통령들도 이제 여생이 얼마 남지 않았다. 세상을 떠나기 전에 용기있게 진실된 고백과 역사적인 증언을 하고 국민과 광주사태 피해자들에게 진실 어린 사과를 해야 한다고 생각한다. 그런 연후에 국민적인 화해와 용서의 절차를 따랐으면 한다. 특히 직접적인 당사자인 광주사태 피해자와 희생자 가족 그리고 광주시민들이 국민통합의 관점에서 용기 있는 화해와 용서에 앞장서야 한다. 광주사태를 이용하여 정치적인 이득을 얻으려는 정치세력이나 이익집단하고는 이제 단호히 결별할 때가 되었고 그렇게 해야 할 것이다. 그것이 광주사태 희생자들에 대한 예의이고 도리이다. 위대한 광주시민은 그런 용기와 관용이 있다고 확신한다.

2020년 5월 19일 화요일 날씨: 약간 흐림

이북5도위원회 회의가 있었다. 남북이음교육 및 이북도민역사 사진전(부제: 홍범도장군 봉오동전투 승전 100주년 기념강연회 및 사진전시회) 진행 상황, 이북도민 및 북한이탈주민에 대한 상담센터운영에 대한 보고가 있었다. 전시회를 기획하고 총괄 지휘하는 함북지사께서 추가 비용 5백만 원에 대한 내용 설명이 있었으며 이에 대한 5도지사들의 협조를 부탁드렸다. 다소 이견은 있었으나 원칙적으로 지원해 주기로 결정하였다.

평남중앙도민회장이 방문하여 대동회 모임 일정과 6월 20일 평남도민 체육대회 계획에 대한 설명이 있었다. 이북5도지사님들과 점심을 같이 하고 오후 1시 30분에 이창원 세무사에 대한 회계 세무상담사 위촉장을 수여하였다. 오후 4시에 그동안 미루어 왔던 제21대 명예시장군수 정기 월례회를 개최하였다. 주요 협의 안건으로는 6월 중에 백령도로 1박 2일 코스로 워크숍을 가기로 계획을 하였고 6월 4일 홍범도 장군 기념식 행사계획에 대한 설명회를 가졌다. 이어 평남을 빛낸 인물 선점작업에 대한 진행 과정을 설명하고 이어 김건백 대표 시장군수가 주재하는 간담회가 있었다. 정기모임이 끝난 후에 구기동 불고기집에 가서 참석한 16명의 시장군수들과 도 사무국 직원들과 함께 즐겁게 저녁 식사를 했다.

2020년 5월 20일 수요일 날씨: 맑음

홍범도 장군 기념강연회 및 사진전 행사 준비로 사진전 추진위원장인 함북지사와 추진상황을 점검하였다. 지원과장의 보고에 의하면 서울시청에서 적극적인 관심을 갖고 지원해 줄 방침이라고 한다. 전시장 대여문제뿐만 아니라 도록 제작비로 15백 만원 정도 지원해 줄 것이라는 연락이 왔다고 한다. 너무 반가운 소식이다. 사실 강의 원고료, 도록 원고료 그리고 야스카와 소좌의 봉오동전투 참전일지 번역비 등으로 한 5백만원 정도 추가로 소요될 것 같아 5도 지사들에게 백만 원씩 지원해 달라고 아쉬운 부탁을 드린 상태였다. 진희선 서울시 제2부사장의 관심과 지원 덕분이라고 생각되었다.

　오전에 노노(老老)케어 강사에 대한 위촉식이 있었다. 짬을 내어 잠깐 교육장에 가 보았다. 강사분이 아주 흥미있게 강의를 잘하는 것 같았다. 오후 2시에 이창원 세무사가 와서 세무상담사 위촉장을 수여하였다. 오후 5시쯤에 영진이 부부가 방문하였다. 영진이가 함남 원산 2세 출신이라 앞으로 원산시민회 행사에 가능한 시간을 내서 참여하라고 하였다. 사무실에서 기념사진을 찍고 북악정에 가서 갈비구이 정식으로 저녁을 대접하였다.

2020년 5월 21일 수요일 날씨: 맑음

　오늘은 해림이가 결혼한 지 14년째가 되는 날이다. 아내가 해림이에게 보낼 카톡 내용을 보고 알았다. 너무 무심한 것 같아 해림이한테 축하 겸 결혼할 때에 마음같이 도와주지 못한 것 같아 미안하다는 말도 하였다. 해림이는 엄마 아빠가 절대 부족하게 해준 것이 없다며 늘 감사하다고 답장을 주어 미안하게 생각했던 마음이 좀 가셨다. 해림이는 늘 우리에게 큰딸로서 마음 씀씀이가 넓고 깊었다. 오늘은 이북5도청 SNS 강사의 위촉식이 있었다. 그리고 평남 성천군 출신인 박원호 세무사가 방문하여 다음 주부터 세무상담사 역할을 하여 주기로 하였다. 홍범도 장군 안내장 초안에 대해 검토하였다.

　오늘은 통일부에서 주관하는 제10회 통일안보 최고위과정 개강식이 있는 날이다. 38명의 참석자들 대부분이 각계각층에 중요한 위치에 있는 분들이라 통일 교육을 받는 것도 중요하지만 앞으로 3개월간 함께 공부할 원우들과의 교분 관계를 쌓는 것도 의미가 있는 것 같았다. 가능한 한 번도 빠지지 말고 열심히 다니려고 한다. 내 옆자리에 배정된 이광복 한국문예가협회 회장은 마침 고향이 충남 부여분이라 금방 가깝게 이야기 나누었다. 부여 태생이지만 학교는 논산 대건고등학교를 졸업했다고 한다. 연대 출신 동문들도 네댓 분 있는 것 같아 반가웠다. 제1강은 김연철 통일부 장관께서 문재인 정부의 한반도 통일정책에 대해 강의를 하였다.

강의가 끝난 후 대여섯 분들이 질의하고 이에 대해 장관이 답변을 하였다. 강의가 끝난 후 간단 준비한 식사를 하고 식사가 끝난 후에 좌석 배석된 순서로 자기 소개시간을 가졌다. 내가 이번 참여자 중에서는 가장 연장자인 것 같았다. 이북5도위원회의 하는 일에 대해서 간략하게 소개하고 광고 사항으로 6월 4일에 이북5도청에서 홍범도 장군 봉오동전투 100주년 기념강연회와 사진전을 갖는다는 행사계획에 대해서 이야기했다.

2020년 5월 22일 금요일 날씨: 맑음

오늘 점심은 청사 미화반원 다섯 분과 함께했다. 위원장하고 함께 식사하는 자리가 처음이라고 하며 무척 감사하게 생각하였다. 그냥 밥 한 끼 같이 먹는 것이 그리도 어려운 일이었을까 하는 생각도 들었다. 일년에 상하반기로 두 번 정도는 함께 식사하며 그분들의 고충도 들어주고 내가 당부하고 싶은 말도 스스럼없이 할 수 있는 자리는 필요할 것 같았다. 오늘 11시쯤에 유광석 통일아카데미 사무총장이 미리 방문하여 점심을 미화반원들과 같이 하였다. 6월 4일 오후 5시에 회장 이취임식을 하겠다고 하여 북한관 사용허가 관계를 실무진과 협의토록 하였다.

서울시에서 최종적인 통보가 왔다. 사진 도록 제작을 공동으로 제작하기로 하고 15백만 원을 지원해 주기로 결정하였다는 내용을 지원과장으로부터 보고를 받았다. 이북5도 도지사들로부터 별도의 자금 지원을 받지 않게 되어 천만다행이었다. 공동제작에 따른 업무협의와 협조 사항에 대해 서울시 측과 잘 진행하도록 지시하였다.

6월 4일과 6월 8일 기념식 행사에 홍범도 장군 기념사업회 측에서 황원섭 부이사장께서 우원식 이사장을 대신하여 참석하기로 하였다. 한동건 사무총장으로부터 6월 7일에 국군기념관에서 거행되는 보훈처 주관 홍범도 장군 기념식에 이북5도위원장과 함북지사를 초청하겠다고 하여 내주 월요일에 정식으로 참석 여부를 통보하여주기로 하였다. 구두상으로는 참석하겠다고 통보하였다.

2020년 5월 23일 토요일 날씨: 흐림

아침에 국사봉에 다녀왔다. 매주 토요일이나 일요일 중 하루는 국사봉에 다녀오기로 한 나의 결심에 변함이 없다. 하체가 튼튼해야 이북5도위원장과 평남지사라는 이중의 업무를 무리 없이 수행할 수 있는 체력과 정신력이 유지된다고 생각했기 때문이다.

현서 집에 오늘 저녁 사돈댁 내외분들이 오신다고 하여 현서네가 수저가 충분하게 없는 것 같아 수저 10벌을 사고 해림이네도 10벌을 사서 주기로 했다. 현서네는 오늘 가져다주었다.

김삼웅 선생이 지은 '홍범도 평전'을 끝까지 일독하였다. 올해 봉오동전투 100주년 기념식을 우리 이북5도위원회에서 주관하기로 계획을 한 후 기념강연회와 봉오동전투관련 사진전을 하기 위해서는 주관자로서 그동안 상식 수준으로만 알고 있었던 홍범도 장군의 일대기에 대한 체계적인 지식이 필요하다고 생각했다. 지난주에는 장세윤 선생이 지은 홍범도 장군 일대기를 읽었고 이번 주에는 김삼웅 선생의 평전을 읽기 시작했다. 최소한 2, 3번씩을 읽고 내용을 완전하기 이해해야겠다.

4. 2020년 도정일지

2020년 5월 24일 일요일 날씨: 아침에 비가 오고 흐리다가 개였다.

오늘도 뒷산 오동나무까지 올라갔다 왔다. 어제 일은 홍범도 장군 평전을 다시 읽기 시작했다. 현서네 집에 가서 해림이네와 같이 비빔밥으로 점심을 먹었다. 도연이가 만든 쿠키와 박 서방이 준비한 케이크도 먹고 제인이 재롱떠는 모습으로 보다가 판교 하나로마트에 가서 식빵을 만들 밀가루와 막걸리를 사 가지고 왔다. 집에 도착하자마자 곧바로 뒷산으로 걸어 올라갔다.

아침에 뒷산 다녀온 거리가 좀 부족한 것 같아 뒷산 오동나무까지 세 번 왔다 갔다 했다. 약 3천 보 거리는 되는 것 같았다. 뒷산에 다녀온 후에 조금 졸음이 와서 한 반 시간쯤 자다가 일어났다. 저녁을 간단히 먹고 뉴스를 좀 보다가 어제 읽었던 홍범도 평전을 다시 읽기 시작했다. 장세윤 선생이 지은 홍범도 장군도 다시 읽어 볼 생각이다. 두 권을 다 읽은 후에 홍범도 장군의 일대기에 대한 나의 독후감을 정리해서 일기에 남겨보려고 한다.

2020년 5월 25일 월요일 날씨: 약간 비가 오고 흐림

오늘 새벽 2시 40분쯤에 눈을 떴다. 잠이 오지 않아 뒤척거리다가 5시 20분쯤 뒷산 오동나무까지 세 번 왕복하였다. 오늘은 치과 진료가 있어서 윤 주무관에게 오전 9시까지 집으로 오라고 하였다. 오전 9시에 집에서 출발하여 논현동 4.31치과에 도착하니 10시 15분 정도가 되었다. 조금 대기하고 있다가 진료를 받았다. 오늘 왼쪽 아래 어금니에 기둥을 박고 실밥으로 꿰맨 곳을 제거하는 날이다. 의사가 잇몸 아문 상태를 살펴보더니 아직 완전히 잇몸이 아물지가 못한 것으로 판단하여 실밥 제거를 내주 월요일에 하기로 하였다. 내주 월요일 10시에 다시 오기로 하고 사무실로 왔다.

함북지사 집무실로 가서 위원회 사무국장과 지원과장과 함께 행사 관련하여 초청장, 안내 리플렛, 사진도록집 그리고 논문집에 대한 디자인과 내용에 대해서 최종적으로 점검하였다. 오늘까지 원고를 출판사에 넘겨야 한다고 하여 오후 2시에 이북5도위원회를 소집하기로 했다. 오늘 점심은 안주군 2세인 최용호 사장이 방문하여 도 사무국 직원들과 함께 금해복집에 가서 참치정식으로 식사를 했다.

오후 2시에 5도 지사님들이 참석한 가운데 사진도록집 뒷면에 도록 편집을 감수하는 이북5도지사의 사진을 게재하기로 하고 도록 감수 사진 촬영을 했다. 소회의실과 위원회 사무실 두 곳에서 하고 이북5도청에서 개최하는 개막식과 기념강연회 일자는 당초 결정했던 대로 6월 4일로 확정하기로 하되 초청 인원을 200명 선으로 대폭 줄여 소규모로 하기로 했다. 최근 코로나 사태의 확진 조짐에 따라 대규모 인원 동원 상에 문제가 있을 것을 우려하지 않을 수 없었다.

오후에 지원과장으로부터 서울시 측에서 6월 8일 서울시청 1층 로비에서 개막하기로 한 사진전 행사가 지연될지도 모른다고 하여 걱정이 되었다. 내일 서울시에 6월 8일 개최 가능 여부에 대해 최종적인 결정 통보를 받기로 하였다. 오늘 건강 요리 강사 위촉식도 가졌다. 우리은행과 신한은행에 들러 은행에서 요청하는 서류를 제출하였다.

2020년 5월 26일 화요일 날씨: 흐림

오전 10시에 예정대로 이북5도위원회 주간 정기회의가 있었다. 어제 협의하였던 6.4일 홍범도 장군 봉오동전투 100주년 기념식은 예정대로 참석인원을 200명 정도로 축소하여 진행하기로 확정하였다. 사진도록집에 게재할 도록 감수위원들의 감수작업 상황을 촬영했다. 한 번은 소회의실에서 찍고 자리를 옮겨 위원회 회의실에서도 한번 찍었다. 이북5도 지사님들과 위원회 사무국장이 감수위원으로 참여하였다. 서울시에서는 오전까지 6월 8일 행사에 개최가 가능할 지 여부에 대해서 회의 중에 있다고 한다. 오후 중에는 결론을 내어 통보해주기로 했다.

오늘 점심은 황해도 옹진군수 출신인 기흥성 회장님의 양평 조형예술

뮤지엄에 초대받아 갔다. 점심은 부근에 있는 전주관에서 이북5도지사님들과 기 회장님 그리고 위원회 사무국장이 함께하여 전주식 한정식으로 식사를 했다. 기 회장께서 점심을 내셨다. 점심을 끝마친 후에 다시 전시관에 돌아와서 전시 작품들을 감상하였다. 세계 유명한 건물이나 조형물에 대한 축소모형을 제작하여 전시하고 있었는데 너무 정교하고 실물과 거의 똑 같아서 놀랐다. 제작 기술적인 것은 물론 예술성도 뛰어난 것 같아 작품 하나하나를 보면서 감탄하지 않을 수가 없었다. 다과와 차를 마시고 오후 1시 30분쯤 초대해 주신 것에 대해 감사 인사를 드리고 사무실로 왔다. 사무실에 도착하여 이어 스마트폰 강사에 대한 위촉식을 가졌다. 어제 우리 평남 개천군 출신이신 현승종 전 국무총리께서 타계하셔서 4시쯤에 문상을 가기로 했다.

위원회 사무국장한테서 서울시의 협의 결과가 나왔다고 하여 보고를 받았다. 어제 서울시 관계자 1명이 코로나19 확진자로 판명되어 6월 8일 서울시청에서의 전시가 불가능할 것 같다는 통보였다. 그럼에도 불구하고 우선 6월 4일 우리 이북5도위원회만이 단독으로 주최하는 기념식과 강연회 행사는 예정대로 진행하기로 하되 초청 인원 등 행사 규모를 대폭 축소하여 하기로 하였다. 초청장, 안내 리플렛, 논문집 그리고 도록집 제작 작업은 당초 원고 내용대로 진행하되 서울시청과 관련된 전시계획 일정만 당초 일정 그대로 6일 8일부터 6월 20일로 표기하되 괄호 속에 적은 글씨로 코로나19사태 진전상황에 따라 연기될 수 있다는 내용을 명기하기로 하였다.

오후 5시쯤에 현승종 전 총리님 빈소에 가서 문상을 하고 유족분들을 위로하였다. 평남의 큰 어른이신 총리께서 우리 곁을 떠나시어 180만 평남도민 모두 진심으로 명복을 빈다고 유족분들께 말씀드렸다. 평남 출신 중에 국무총리를 지내신 분들이 여섯 분이나 된다. 서울에서 태어났지만 평남 중화군 2세인 장면 박사 그리고 유창순, 노신영, 현승종, 이영덕, 한명숙 이렇게 여섯 분이다. 서울을 제외하고는 평남이 가장 많이 총리를 배출한 도이다. 자랑스럽지 않을 수 없다. 이분 중에 현재 생존하고 계신 분이 이제 두 분밖에 남지 않았다. 현승종 전 총리님은 훌륭한 법학자요, 존경받는 교육자이셨다. 한국유네스코 협회 창립 초기에 창립에 관여하시고 대학생 청년들과 함께 새물결 운동을 펼치시며 젊은 대학생들을 올바른 방향으로 잘 지도하여 주셨던 존경 받는 선생님이셨다. 나도 연세대학교 시절 쿠사활동을 하였다. 사회에 나와 쿠사 OB 회원으로 조직된 서울유네스코클럽에 가입하여 현승종 선생님과 이영덕 선생님을 모임에서 가끔 뵙고 좋은 말씀을 듣고 가르침을 받곤 하였다. 101세로 타계하시어 장수의 복도 누리셨지만 훌륭한 제자들을 둔 것이 그분에게는 아마도 인생의 가장 큰 보람이요 행복이었을 것이다.

2020년 5월 27일 수요일 날씨: 맑음

서울시에서 최종적으로 연락이 왔다. 코로나 사태가 더 확대되어 시청 본관 1층 로비에서 개최하기로 한 사진전은 연기할 수밖에 없다는 것이다. 아쉽지만 별도리가 없는 상황이다. 6월 4일 이북5도청에서 개최하는 기념식과 강연회만이라도 의미 있게 치러야겠다고 생각했다. 참석인원을 대폭 축소하여 200명 정도의 수준에서 치르기로 했다.

오전 11시 30분에 전.현직 시장군수모임인 대동회 연찬회에 참석했다. 오늘은 대동회 회장 이취임식이 거행되었다. 지난 1년 동안 대동회 회장직을 맡았던 전승덕 회장이 평남중앙도민회장으로 취임하게 되어 이우열 수석부회장이 회장을 맡게 되었다. 대강당에서 70여 명 정도 참석하여 조촐하게 이취임식을 거행하고 참석한 분들과 함께 점심식사를 하였다. 사진도록집과 안내장 제작에 대해 최종적으로 점검하고 확정하였다. 본 전시 일정은 추후 변경될 수도 있다는 문구를 넣기로 하였다.

불광동 이비인후과에 다녀와서 강남에 있는 한정식당인 민들레 식당으로 갔다. 약속시간 보다 한 5분 정도 늦게 도착했다. 평북지사, 함남지사, 함북지사가 먼저 와 있었다. 잠시 후에 주빈인 정대철 전 민주당 대표께서 도착하셨다. 오늘 저녁은 이북5도지사와 정대철 대표님과 총선을 치루고 난 후에 편안한 마음으로 저녁 자리를 함께 하기로 일전에 약속되었던 자리다. 황해지사께서는 내일 도정보고회 행사가 있는 관계로 참석이 어렵겠다고 하여 4개 도지사들만 참석하여 정대철 의원과 술잔을 기울이며 즐거운 시간을 가졌다. 워낙 말씀을 재미있게 잘하시는 정 대표님이라 편안하고 즐겁게 담소를 나누었다. 정대철 대표의 정치 생활 중에 재미있는 에피소드를 중심으로 이야기를 나누었다.

정치 생활 중에 고비 고비마다 재미있었던 일화를 소개하여 흥미롭게 들었다. 그중에서 특히 재미있게 들었던 이야기는 김영삼 대통령이 취임한 이후 얼마 지나지 않아서 개인적으로 한 번 만나 뵙게 될 기회가 있었는데 대뜸 하는 말씀이 "김대중이는 사기꾼이다" 하면서 그 양반 믿지 말고 자기한테 와서 함께 정치하자는 권유를 받은 적이 있다고 하였다. 선대부터 민주당 신파계열이라 구파인 김영삼계로 가는 것이 도리가 아닌 것 같아 가지 않기로 결정하고 죄송하다고 측근을 통하여 자신의 의사를 전달했었다는 것이다.

그런데 김대중 선생이 선거자금법 위반으로 얼마간 감옥에 간 적이 있었다고 한다. 그 후 어느 자리에서 김영삼 대통령을 뵐 기회가 있었는데 김영삼 대통령이 하는 말이 "거봐라 내가 말하지 않았나. 김대중이가 사기꾼이라고." 그래서 같이 웃었던 적이 있었다고 한다. 참 정치가란 믿지 못할 사람들이고 알다가도 모를 일이 많은 것 같았다.

또 한 번은 김대중 대통령이 통일원 부총리 제의가 있어서 본인도 이북 출신이고 통일에 대해 박사 논문도 썼고 관심도 많았었기에 그렇게 하기로 마음을 먹었는데 얼마 후에 임동원 씨를 통일원 부총리로 임명하더라는 것이었다. 속으로 이상하게 생각했었는데 김대중 대통령의 임기가 거의 끝나가려는 때가 되어 김대중 대통령을 뵐 기회가 있었다고 한다. 그래서 조금은 서운한 마음에 "저를 통일부 장관 겸 부총리로 임명하신다고 하셨는데 어째 저를 부르시지 않고 임동원이를 지명하셨습니까?" 하고 여쭤보니 김 대통령의 말씀이 "아니 무슨 말이야. 자네가 그 자리에 가고 싶지 않다고 보고하던데" 하더라는 것이다. 중간에 누군가가 거짓 보고를 한 것을 그때서야 알게 되었다고 한다. 참 정치란 것이 속고 속이고 모함도 하고 고단수를 써야 생존할 수 있는 그런 세계라는 것을 새삼 느꼈다. 사람을 좋아하고 이런저런 모임을 잘 만들고 주선하는 나를 보고 주위 사람들로부터 정치를 했으면 참 잘 했을 거란 말들을 가끔 듣곤 한다. 그런데 난 아닌 것 같다. 거짓말 잘하고 권모술수에 능해야 하고 거기다가 협잡꾼 기질에 술도 잘 마셔야 하는데 그 어느 것 하나 잘하거나 자신이 있지 못하다.

오늘 저녁에는 기분이 좋아서였는지 정 대표님이 주는 술잔을 거의 사양하지 않고 마시다 보니 아마도 한 일곱 잔은 마신 것 같았다. 나에게는 거의 치사량에 가까운 수준이었다. 그러나 그리 힘들지가 않았다. 편안한 분위기였고 위스키여서 그런 건 아닌가 싶다.

2020년 5월 28일 목요일 날씨: 맑음

오늘은 평남산악회 트레킹이 있는 날이다. 산악회 회원 대부분이 80대 중후반의 1세 어르신 들이라 몇 년 전부터는 서울이나 서울 근교의 걷기 좋은 곳을 정하여 조금 걷고 점심식사를 함께하며 나들이 나온 기분으로 걷는 날이다. 오늘은 과천에 있는 서울대공원에서 모였다. 장미공원 부근이 개방되지 않아 호수 부근에 있는 잔디밭에 자리를 깔고 준비한 식사와 술을 마시며 한나절을 보냈다. 오후 2시쯤에 사무실에 일이 있어 먼저 자리를 떴다.

제주도 사무소장 지원자 중에 5명이 결격사유가 없어 서류심사에 합격한 것으로 결정하였다고 보고 받았다. 이번 제주사무소장의 선발 과정에서 역량이 있고 제주도 이북도민사회에서도 신망이 있는 능력이 있는 사람이 선발되었으면 하는 바람이 크다.

함북지사 사무실에서 어문각 심일 편집장과 미팅을 가졌다. 도록 제작에 관한 내용과 디자인 등에 대해서 최종적인 점검을 하였다.

2020년 5월 29일 금요일 날씨: 맑음

오늘 사무국장으로부터 코로나19 확진자 증가 상황에 따른 정부의 새로운 지침에 대하여 보고를 받았다. 불특정 다수를 대상으로 하는 일체의 옥내와 활동을 하지 말라는 강한 조치가 내려와 부득이 이북5도청 5층 강당에서 개최하기로 한 계획은 변경하여 청사 앞마당 야외에서 90명 내외의 소규모 인원으로 행사를 거행하기로 했다. 행사 참석 범위는 각 도지사 책임하에 도에서 7명 내외분과 7도 도민회장 및 사무국장으로 한정하여 초대하기로 했다.

오후 2시 30분에 서울시청사로 진희선 제2 부시장을 만나러 갔다. 며칠 전 보도를 보니 내달 말에 서울시를 떠난다는 뉴스를 접하여 이임하기 전에 사무실로 방문하여 그동안의 고마운 마음도 전하고 싶었다. 진 부사장의 도움으로 이번 기념식과 전시회 행사를 추진함에 있어 큰 도움을 받았다. 우선 무엇보다도 특별한 경우를 제외하고는 일체의 전시관 대여를 하여주지 않는 서울시청 본관 1층 로비를 전시장으로 사용할 수 있도록 허락해주었고 사진도록 제작비로 15백 만원의 예산을 지원해 주도록 조치해준 것은 진 부사장의 적극적인 도움이 아니었으면 불가능했다. 연세쿠사 선후배라는 끈끈한 정이 있었기에 가능하지 않았나 짐작해 본다. 물론 본인의 말로는 우리 이북5도위원회의 전시 의도와 내용이 서울시로서는 충분히 지원할 수 있는 역사적으로 아주 의미 있는 전시회라고 판단되었기 때문이라고는 하였으나 그것도 관심과 배려 없이는 불가능한 것이다.

퇴임한 이후에도 더욱 좋은 일이 있기를 바란다. 서울시 사무소 개설 문제는 제1 부시장 소관 업무이어서 현재로서는 장담할 수는 없으나 향후 박원순 시장과 직접 대면할 수 있는 기회를 갖도록 기회를 마련해보겠다고 하여 감사하게 생각했다. 사무실에 돌아와 맹산군 공로자에 대한 표창장 수여를 하였다. 이번 수상자는 북한 이탈주민으로서 지난 10여 년간 맹산군민회 활동에 기여한 바가 크다고 하였다. 저녁 6시 30분에 황학동에 있는 왈우 강우규 의사 기념사업회 이사회에 참석하였다. 금년도 사업계획에 대한 안건을 처리하고 횟집에서 간단하게 식사를 하였다.

2020년 5월 30일 토요일 날씨: 맑고 더워졌음 서울 최고 기온이 28도 C

오늘은 평아름회 트레킹 날이다. 지하철 5호선 광화문역에서 8시에 출발하여 9시 30분 경에 트레킹코스인 김포 평화누리길 제2코스 출발점에 도착했다. 오늘 참가 인원은 지난달보다 너댓 명 정도 늘었다. 북한 이탈주민 여성회원들이 4명이나 참가하였다. 전체 코스의 길이는 약 10Km쯤 되었다. 2.5킬로미터쯤 되는 초반 길은 조금 가파른 길이였으나 문수산 남문까지 약 2.5Km쯤 경사가 조금 있고 그 후는 평평한 내리막길이어서 그리 어려운 코스는 아니였다.

다만 애기봉 답사를 위해 가는 길이 대부분 포장이 되어있어 평지라도 조금 걷기가 불편했다. 애기봉에 도착하여 출입 절차를 마치고 애기봉 정상에 올라가 2.5킬로쯤 떨어진 강 건너 북한 땅을 바라보며 감회에 젖었다. 이곳 애기봉은 7, 80년대에는 매년 성탄절이 다가오면 크리스마스 트리를 가장 먼저 점화하는 곳으로 유명한 곳이었다. 그러나 오래전부터 북한과의 관계 때문에 크리스마스 점화행사를 중지하였다. 그 점이 아쉬웠다. 평화의 종과 김포 이북도민 1만 5천 명의 이름으로 된 조성된 돌로 된 망배단과 기념비가 조성되어있는 것을 보고 반가운 생각이 들었다. 망배단과 기념비제작 경유를 적은 기념석은 김포에 사는 12,000여 명의 이북도민회가 제작하여 설치하였다고 기록되어있었다.

해병 제2사단과 평남도청은 해마다 연말이면 장병위문을 가는 자매결연부대라 특별히 우리 일행에게 이곳 애기봉을 관람할 수 있게 개방해 해주었다. 애기봉 관할 연대장이 직접 와서 영접을 하여 우리 평아름 회원들에게 환영 인사를 하였고 이어 이곳 애기봉을 직접 관할하는 담당

대위가 직접 안내하며 애기봉의 주변 상황을 설명하여주었다. 애기봉에서 촬영은 일반적으로 허용되지 않으나. 북쪽 지역과 군부대 시설이 찍히지 않도록 하는 조건으로 사진 촬영을 허가하여 주어 촬영이 허용된 지역에서 단체 사진을 몇 장 찍을 수가 있었다. 이어 버스를 타고 양곡 수산 횟집에 가서 저녁 식사를 회원들과 함께했다.

2020년 5월 31일 일요일 날씨: 맑고 더움

어제 10킬로 트레킹을 한 탓인지 7시쯤 일어났다. 오늘 영민이 생일 축하 겸 온 가족이 집에서 저녁을 함께하기로 했다. 오전에 수내동 총각네 집과 오리역 하나로마트에 가서 집사람과 장을 보고 왔다. 저녁에 현서가 사 온 소고기 안심과 하나로마트에서 사온 보리굴비와 된장찌개로 아내가 저녁을 준비했다. 하나로마트에서 사 온 모스카토 와인을 한잔씩 나눠 마시고 식사를 함께했다. 해림이도 안심을 사와 집에 조금 남겨 놓고 가지고 갔다. 생일 케익을 커팅하고 집사람이 돈 봉투를 준비하여 김 서방에게 생일선물 사라고 주었다. 올해가 윤달인 줄 모르고 집사람이 기록한 김 서방 생일은 사실은 생일이 조금 지난 후였다.

2020년 6월 1일 월요일 날씨: 흐림

아침에 일찍 일어나서 뒷산에 오르려고 신발을 신고 있는데 아내가 같이 가잔다. 왠일인가 생각했다. 뒷산에 오르다 보면 굴다리 지나서 조금 올라가면 쑥이 제법 있었다고 한다. 아내는 그곳에서 쑥을 뜯고 나는 아침마다 올라 갔다 오는 장소인 그곳에서 한 3백 미터쯤 위쪽에 있는 벤치가 있는 곳까지 올라갔다 왔다. 내려오니 아내는 벌써 비닐봉지에 가득 쑥을 뜯어 넣었다. 나도 조금 거든다고 한두 줌 쑥을 뜯어 비닐봉지 속에 채워 놓고 같이 내려왔다.

오늘은 치과에 가서 실밥을 뜯는 날이라 오전 9시쯤에 윤 주임이 왔다. 10시 10분쯤에 논현동에 있는 4월 31일 치과에 가서 실밥을 떼어냈다.

3개월 후에 임프랜트 시술을 하기로 했다. 점심은 구내식당에서 이 비서와 함께 가서 간단히 먹었다. 홍범도 장군 봉오동전투 100주년 기념식에 대한 준비할 사항을 점검하였다. 검토할 것이 너무 많았다. 도록 제작을 맡은 어문각 심일 사장이 오후 2시경에 함북지사 사무실에 들렸다고 연락이 와 함북지사 사무실로 가서 함께 도록 제작에 관하여 최종 점검을 했다. 서울특별시가 도록 제작비를 절반을 부담하였기에 서울시 명의를 도록에 어떻게 표시하고 예우하느냐 하는 문제도 중요한 일이었다. 우선 박원순 시장의 도록 발간을 축하한다는 축사를 게재하기로 하였고 이에 대해 나의 발간사에서 감사를 표시하는 내용을 넣기로 했다. 그리고 도록에 서울특별시를 이북5도위원회와 같이 넣기로 했다. 표지 부분에는 생략하고 뒷부분 발행란에 같이 넣기로 했다.

정부에서 6월 14일까지 관공서나 공공장소에서는 불특정 다수를 상대로 일체의 행사를 자제해 달라는 공문을 접수하여 부득이 이북오도청 5층 중강당에서 하기로 한 기념식을 청사 입구 앞마당에서 차양막 등을 치고 간략하게 하기로 하였다. 기념식과 강연회는 야외에서 하고 전시회는 1층 로비에서 하기로 결정했다. 초청하는 인원도 90명 이내로 한정하여 제한적으로 하기로 하였다. 열심히 준비하였고 봉오동 100주년을 기념하는 행사이기도 하여 멋지고 격식이 있고 품격있게 행사를 하려고 하였다.

당초에는 최소한 500명 이상의 이북도민들을 초청하기로 했던 행사계획이 대폭 축소되어 진행하게 되니 너무 아쉽고 속이 상했다. 그러나 상황이 어쩔 수 없기에 그렇게 하는 것만으로도 다행이라고 생각할 수밖에 없었다. 위원회 사무국 직원들은 한결같이 걱정하였다. 만약에 행사 중에 코로나 19 확진자가 발생하면 어쩌나 하고 전전긍긍이었다. 그 심정 이해가 가나 그냥 포기하기에는 너무 아쉽고 허망했다.

2020년 6월 2일 화요일 날씨: 흐리고 비가 옴

오늘 아침 9시 30분에 오도청 버스를 타고 동화경모공원으로 갔다.

오늘은 이북5도 새마을연합회 주관으로 식목 행사를 하는 날이다. 태극 문양에 맞춰서 연산홍을 심기로 했다고 한다. 오전 10시 50분경에 도착하니 비가 조금씩 내렸다. 비가 오면 식수를 할 수 없다고 한다. 부득이 동화경모공원 내에 있는 동화식당에서 간단히 기념식을 하고 밖으로 나와 식수하기로 한 장소에서 기념촬영을 했다. 이북도민 중앙연합회 염승화 회장을 비롯하여 각 도민 중앙회장님 여러분들이 참석하셨다. 황해도와 평남 회장만 다른 일정이 있어서 참석하지 못하였다고 한다.

김재홍 함북 지사실에서 도록에 대한 최종 점검을 하였다. 어제 내가 이해하였던 내용과 다소 다른 이야기를 하여 난감했다. 담당과장 이야기로는 도록 앞면 겉표지에 서울특별시를 표시할 수 없다는 것이다. 그러면 우리 이북5도위원회의 예산 집행상 문제가 있다는 것이다. 이미 인쇄는 다 되어 제본 준비 중에 있다고 하여 부득이 2,000부 중에 1,000부는 현재 인쇄되어있는 상태대로 표지에 이북5도위원회와 서울특별시를 표시한 상태에서 제본을 하고 나머지 1,000부는 표지에 서울특별시를 삭제하여 발행하기로 했다. 도록 뒷면에 있는 감수 회의 사진 중 아래쪽 사진 설명 중에 사무국장에 대하여 잘못 표기된 것까지 수정하여 인쇄를 다시 한 후 제본하기로 하였다. 나머지 수정본 1,000부에 대해서는 한 일주일 후에 납품하는 것으로 하였다.

어문각 심일 사장과 직접 두세 번 통화하여 확인하고 결정하였다. 6월 4일 행사에 초대할 인원에 대한 최종 점검을 하고 추가할 사람에 대해서도 확정하였다. 인원이 한 열사람 정도 늘었다. 홍범도장군기념사업회에 황원섭 부이사장에게 전화를 하여 축사를 부탁을 드렸다. 이북5도위원회 사무국에서 기념사 원고를 가지고 와서 읽어보니 문재인 대통령의 올해 3.1절 기념사 내용이 너무 많이 들어가 있어서 이 부분을 조금 정리하고 내 생각을 보태어 다시 작성하기로 하였다. 김재홍 지사가 개인적으로 잘 알고 있는 동아일보 기자와 한겨레 기자가 기념식에 참석하여 취재해 주기로 하였다. 아주경제신문에서도 취재차 오기로 하였다. 중앙일보의 이영종 부국장께서도 참석하여 취재해주기로 하였다. 서울신문사까지 오기로 했으니 일단은 메이저급 신문은 조선일보와 연합뉴스만 연락이 되지 않은 상태라 내일쯤 노 국장과 협의해 보기로 했다.

2020년 6월 3일 수요일 날씨: 흐리고 가끔 비가 옴

오늘 이북5도위원회 회의에서 내일 행사 관련 최종 점검을 하고 점심은 함남지사만 행사가 있어서 참석하지 못하고 사무국장과 함께 불광동 네거리에 있는 만섬 일식집에 가서 했다. 내일 큰 행사를 준비하기 위하여 함북지사와 위원회 사무국장 등 관련 담당자들과 협의하고 최종 점검을 하였다. 도록 간행과 강의논문집을 인쇄하기로 한 어문각 심일 사장이 방문하여 최종 수정작업을 하였다.

위원회 예산 집행상 도록 등에 서울시가 표시되는 것이 불가능하다고 하여 이미 인쇄된 2,000부에 대해서 다음과 같이 처리하기로 하였다. 우선 내일은 기인쇄된 1,000부를 납품하되 200부만 서울시 관련 표시와 나중에 찾아낸 도록 맨 마지막 장의 편집회의 사진 중에 오타 부분만 수정하기로 하였다. 서울시에 보낼 200부가 우선 발간되어 함북지사가 필요로 하는 수량은 현재 인쇄된 상태로 그대로 수령하기로 하였다. 그리고 실무진이 요청하는 대로 나머지 1,000부에 대해서는 서울시 관련 표시를 삭제하고 오타 부분을 완전히 수정하여 일주일 후에 납품하는 것으로 하였다.

행사준비 관계로 체력이 많이 소모되었는지 오후 일을 조금 보고 일찍 퇴청하여야 할 것 같다. 날씨가 적선한다는 말이 있듯이 내일 날씨가 좋아야 할 터인데 은근히 걱정되었다. 오전에는 다소 흐림이나 비가 올 수 있지만 오후에는 날씨가 맑을 거라고 하니 그렇게 되기를 마음속으로 간절히 빌어보았다.

2020년 6월 4일 목요일 날씨: 아침에 약간 흐렸으나 이내 맑아졌다.

드디어 오늘이 홍범도 장군 봉오동전투 승전 100주년 기념식과 전시회가 개막되는 날이다. 그동안 행사준비를 하느라 추진위원장인 김재홍 함북지사와 위원회 사무국장을 비롯한 사무국 요원들이 얼마나 노심초사했는지 모른다. 준비하면서 코로나 사태에 따라 행사 취소까지 생각해야 할 때가 여러 번 있었다. 그때마다 약해지기 쉬운 마음 다잡고 어떠한 난관이 있더라도 행사를 위한 준비를 철저히 하자고 독려했고 사무국 요원들이 모두 잘 따라주었다. 정말 미안하고 고마웠다.

〈홍범도 장군 봉오동전투 승전 100주년 기념식과 전시회 개막식〉

5도 지사님들과 우소에서 설렁탕으로 간단히 점심을 먹고 차 한잔 마신 후에 행사장 준비 상황을 보았다. 행사장 연단에 붉은 카페트를 깔고 전시장 구역마다 역시 카페트를 깔아 야외전시장이지만 정돈이 잘되었고 짜임새가 있게 설치가 되었다. 개막식과 강연회를 끝난 후에는 전시회 개막 테이프커팅을 하고 전시회를 관람하기로 했다. 전시장도 감상순서를 짜임새 있게 잘 구성하고 설치하여 보기에도 좋았다.

오후 1시 30분쯤에 설치된 100여 석이 좌석이 만석이 되었다. 김희정 사회자의 사회에 따라 식순이 의해 격조 있게 기념식이 거행되었다. 개막식 행사로 평양수건춤 보유자의 따님이며 중앙대 무용과 교수로 계시는 이주희 교수의 장검무 팀이 멋지고 날쌔며 때론 경쾌하게 장검을 휘두르며 훌륭하게 공연하여 주었다. 국민의례, 애국가제창, 묵념 순서에 이어 내가 위원장으로서 아래와 같은 기념사를 하고 이어 외부인사로는 홍범도장군기념사업회 황원섭 부이사장의 축사가 있었다.

이어서 평남 용강군 출신이며 평북 출신인 이태영 여사를 어머니로 두신 정대철 전 민주당 대표님께서 홍범도 장군의 훌륭한 점에 대해 다섯 가지를 말씀하시며 설명하여주셔서 참석자 모두 공감하며 경청하였다. 역시 오랜 정치가로서의 관록은 남다르다는 것을 새삼 느꼈다. 축사가 끝난 후에 장세윤 박사의 홍범도 장군에 대한 일대기에 대해서 강연을 하였고 농림부 장관을 지낸 김영진 전 의원께서 3.1운동 관련 역사 기록물을 유네스코에 기록문화재로 등록하여야 할 필요성에 대해 좋은 강연을 하여주셨다.

〈김재홍 함북지사가 봉오동전투 관련 사진에 대해 설명하고 있다〉

4. 2020년 도정일지

이어 국립민속박물관 과장이신 김시덕 박사의 안내로 전시한 봉오동 전투 관련 사진들을 참석자들과 관람하였다. 오늘 개막식과 강연회 그리고 사진전 관람은 정말 잘 준비했고 격조도 있었고 내용도 충실하게 잘 짜여졌다고 자평해본다. 성공적인 행사라고 평가를 받을 만하다. 주요 언론기관에서도 다수 참석하여 깊은 관심을 갖고 취재해주었다. 오후 5시경에 사무국장으로부터 카톡 문자가 왔다. 서울신문에 게재된 오늘 기념식 취재 기사를 캡처해서 나에게 보내왔다. 취재내용도 정확하고 설명도 자세히 잘 되었다.

[봉오동전투 100주년 기념식 및 역사사진전 개막식 식사]

존경하는 이북도민 여러분, 그리고 북한 이탈주민 여러분!

반갑습니다. 이북5도위원회 위원장 겸 평남지사 이명우입니다.

먼저, 바쁘신 와중에도 오늘 행사에 참석하셔서 자리를 빛내주신 이북5도지사님들과 염승화 중앙도민회 연합회장님을 비롯한 7도민 회장님, 존경하는 평남, 평북인이신 전 민주당 대표 정대철 박사님, 그리고 홍범도장군기념사업회 황원섭 부이사장님을 비롯한 내빈 여러분께 홍범도 당군 봉오동전투 승전 100주년을 기념하기 위한 역사적인 이 자리에 함께 해주심에 진심으로 감사의 말씀드립니다. 최근 코로나 19사태로 인하여 당초 계획했던 행사 규모를 대폭 축소하여 초청 인원을 제한할 수밖에 없어 꼭 함께하여야 할 분들도 모시지 못하게 된 점 이 자리를 빌려 죄송하다는 말씀드립니다. 이해해 주시리라 믿습니다.

특히, 오늘 기념행사를 비롯한 전국 순회 강연회와 봉오동전투 기록 사진을 비롯한 이북도민 역사기록 사진전을 위해 기획단계에서부터 자료준비, 전문가 섭외, 유관단체와의 협의, 역사 사진 도록 제작 등 모든 과정을 꼼꼼히 준비하고 주관해 주신 규암 김약연 선생의 증손자이시며 이번 행사 관련 추진위원장이신 김재홍 함경북도지사님께 각별한 존경과 감사를 드립니다. 또한 노경달 위원회 사무국장과 이북5도위원회 직원 여러분께도 행사준비 기간동안 너무나도 수고가 많으셨습니다. 위원장으로서 진심으로 감사의 말씀을 드립니다.

존경하는 이북도민 여러분!

오늘 행사는 우리 독립군 전투 역사상 가장 빛나는 봉오동·청산리 전투 100주년을 기념하여 특별히 준비한 기념행사의 자리입니다. 오늘 기념행사와 함께 이북도민 역사기록 사진전도 우선 이북5도청사 1층에서 시작하여 코로나 사태가 완화되어 여건이 되면 당초 계획했던 대로 서울시청 본관 1층 로비에서 일반 국민들을 대상으로 사진전을 가지려고 합니다. 또한 남북이음교육 평화 강사단의 강연회도 전국을 순회하며 개최하려고 합니다.

아시는 바와 같이 봉오동전투와 청산리 전투는 1910년 일제에게 나라를 강탈당한 후 1919년 3.1운동을 계기로 전국적으로 들불처럼 일어났던 독립운동의 연장 선상에서 10년 만에 거둔 우리 독립군 연합부대가 일본 정규군인 제19사단 75연대와 싸워 이긴 첫 번째 정규전에서의 독립전쟁 청사에 길이 빛나는 역사적인 의의가 있는 승전이었습니다. 이는 단순한 독립전투가 아니라 일본제국에 정면으로 대항한 대한민국 임시정부의 독립전쟁이었습니다. 그 승전의 주역이신 홍범도 장군은 바로 우리 이북 평남 출신으로서 1907년부터 함남 삼수, 갑산 그리고 북청을 무대로 산포수를 규합하여 의병 활동을 활발히 전개하였던 독립군의 탁월한 지도자였습니다. 홍범도 장군을 비롯한 봉오동전투 주역인 세 분은 모두 이북 출신의 독립군 지도자들이셨습니다. 오늘 우리 이북5도위원회와 이북도민사회가 봉오동전투 승전 100주년을 뜻깊게 기념하고자 하는 이유도 바로 여기에 있습니다.

홍범도 장군의 지형지물을 이용한 산악전술과 탁월한 지휘 아래 일본군 정규 부대에 비해 전력면에서 절대적인 열세에 있었음에도 불구하고 역사에 길이 빛나는 대승을 거둘 수 있었던 것은 오직 조국 독립을 위한 일념으로 독립군 대원 모두 자기 몸을 불사르며 싸운 백절불굴의 이북도민 특유의 강인한 정신력과 독립정신에 기인한 때문이라고 생각합니다. 문재인 대통령께서도 지난 3.1절 기념사에서 봉오동, 청산리 전투 100주년을 맞아 국민들과 함께, 3.1독립운동이 만들어낸 희망의 승리라며 자랑스럽게 기억하고 싶다고 말씀하시고 홍범도 장군의 봉오동 대첩에 대한 업적을 높이 평가하셨습니다. 또한 올해 안에 카자흐스탄에 잠들어 계신 홍범도 장군님을 고국으로 꼭 모셔오겠다고 말씀하신 바 있습니다.

영국의 저명한 역사학자인 에드워드 카는 "역사란 현재와 과거의 끊임없는 대화"라고 간결하고 명쾌하게 정의한 바 있습니다. 그렇습니다. 100년 전 봉오동전투의 역사는 결코 과거의 사실만이 아닙니다. 오늘을 사는 우리들과의 끊임없는 대화이며 이 역사적 사실을 오늘을 살아가고 있는 우리가 어떻게 해석하고 받아드리느냐에 따라 우리 미래의 역사를 창조적으로 발전시켜나갈 수 있는 것이라 생각합니다.

오늘 "독립군의 봉오동·청산리전투와 홍범도 장군"이란 제목으로 강의를 해 주실 장세윤 박사님은 우리나라 홍범도 장군 연구에 최고의 대가이십니다. 장세윤 박사님의 강연을 통하여 인간 홍범도 장군의 위대한 업적과 그분의 독립투쟁사에 오늘의 우리에게 어떠한 역사적 의의가 있는지 생각해 보는 좋은 기회가 되기를 바랍니다. 이어 강의하여주실 김영진 전 장관님은 3.1운동사를 유네스코문화유산으로 등재시키기 위해 노력하시는 3.1운동 연구에 최고의 전문가로 알고 있습니다. 제가 알기로는 5선 국회의원에 농림부 장관을 역임하신 아주 바쁘게 국정을 맡아 헌신하셨던 분인데 이렇게 3.1운동사에 대한 최고의 권위자가 되신 것에 대해 자못 궁금하기도 하고 때문에 오늘 강연이 기대가 됩니다.

존경하는 850만 이북도민 그리고 3만 5천 명 북한 이탈주민 여러분!
우리 고향의 선대 어르신들은 암울했던 일제강점기와 8.15 해방정국 이후 공산정권에 맞서서 목숨을 걸고 싸워오셨던 분들입니다. 그러나 아직도 우리나라는 남과 북으로 갈라져 서로 다른 체제에서 긴장과 대치 관계를 유지하고 있는지 75년이란 세월이 흘렀습니다. 일제에 빼앗

📖 평양감사 1054일 I

긴 고향 땅을 되찾고자 싸우신 선대 어르신들께서 같은 민족 간의 이념 차이로 조국이 나뉘어 또다시 고향 땅을 밟지 못하게 된 우리 후세 실향민들의 모습을 하늘에서 지켜보시며 그 비통해하심은 감히 상상조차 할 수 없을 것입니다. 그렇기에 우리는 100년 전 오늘 봉오동 청산리전투에서 일제에 대항했던 선대들의 독립전쟁의 정신으로 남과 북의 이념 차이를 극복하고 자유민주주의, 시장경제 그리고 인류 보편의 가치가 실현될 수 있고 한민족의 역사적 정통성이 이어질 수 있는 그런 평화통일을 이루기 위해 우리 이북도민들이 앞장서야 할 때라고 생각합니다. 정부의 통일정책을 뒷 바침하고 한반도에 평화통일조국을 만드는데 확실한 정신무장과 세계 초일류 경제부국 건설에 앞장 설 것임을 이 엄숙한 자리에서 다짐하는 시간이 되었으면 합니다.

존경하는 이북도민 여러분!
최근 코로나19로 인해 온 나라가 유례없이 힘든 시간을 보내고 있습니다. 주춤했던 확진자 수가 연일 늘어남에 따라 우리의 일상생활은 물론 경제상황도 점점 나빠지고 있는 상태입니다. 하지만 불가능할 것만 같은 일제 정규군대와 맞서 싸워 승리를 이뤄낸 봉오동·청산리 전투처럼 우리 선대 어르신들의 투쟁정신과 불굴의 정신과 의지를 본받는다면 코로나19와의 싸움도 쉽게 극복할 수 있으리라 저는 굳게 믿습니다.
다시 한번 오늘 이 자리를 통하여 이북도민 모두가 봉오동·청산리전투 100주년을 자랑스럽게 기억하는 시간이 되고 우리들의 몸과 마음을 굳건히 다지고 우리의 고향과 대한민국을 자랑스럽게 생각하는 기회가 될 수 있기를 바랍니다. 늘 건강에 유의하시고, 이 힘든 시기를 이겨낼 수 있도록 우리 함께 힘을 모아 앞으로 힘차게 나아갑시다.
감사합니다.

2020년 6월 5일 금요일 날씨: 맑음
오늘 아침 출근하여 도청에 도착하니 난리가 났다. 조선일보에서 사회면 10면에 우리 행사내용을 큰 사진과 함께 대서특필하여 비중 있게 다루어 주었다. 우리나라의 최고의 신문이 이렇게까지 비중 있게 많은 지면을 할애해서 취급해 주어 정말로 고마울 뿐이다. 이틀 전에 혹시나 해서 정지섭 담당 차장에게 인사도 할 겸 전화로 부탁을 드렸었는데 행사내용이 역사적인 의미가 크기 때문에 최선을 다하여 좋은 취재를 해보겠다고는 약속을 했지만 이렇게 비중 있게 다루어 취급해 줄은 몰랐다. 그 외에 한겨레, 중앙일보, 동아일보, 아시아경제, 아주경제, CBS 노컷뉴스 등 다양한 매체에서 많은 지면과 시간을 할애하여 내용도 정확하게 의미도 잘 살려가며 보도해주었다.

이번 기회에 이북5도위원회를 대외적으로 크게 홍보하는 효과를 거둔 것 같다. 정말 기분이 좋았다. 대성공이었다. 수고한 사무국 전 직원을 대상으로 하여 평창동의 꿈이란 파스타집에 가서 점심을 함께하며 노고에 대해 감사드린다고 말하였다. 함북지사께서 별도로 와인을 준비해주었다.

2020년 6월 6일 토요일 날씨: 맑음

아침에 일어나니 몸이 개운치 않고 감기 기운이 여전했다. 아침을 간단히 먹고 현충일을 맞이하여 조기를 달았다. 302호 역시 조기를 다는 것을 보고 애국자임을 틀림없다고 생각했다. 나는 공직을 맡기 전에는 국기 게양에 그리 신경을 쓰지 않았었다. 302호는 입주하면서부터 국기를 다는 것을 보고 애국심이 대단한 분이라고 생각은 하였었다. 아내가 감기 기운이 있고 몸살이 심해서 걱정이다. 총각네 집에 가서 일주일 필요한 부식거리를 사 가지고 왔다. 집에 도착해서 아무래도 산에 한 번 올라 갔다 오는 것이 좋을 것 같아 첫 번째 벤치가 있는 곳까지 다녀왔다. 다녀와 샤워를 하니 한결 좀 나아진 것 같았다.

2020년 6월 7일 일요일 날씨: 맑고 더웠음

오늘 9시 30분까지 전쟁기념관으로 갔다. 오늘은 홍범도 장군 봉오동 전투 100주년 승전 기념행사가 광복회가 주관하고 홍범도장군기념사업회에서 주최하는 행사이다. 오전 10시 정각에 정세균 국무총리의 참석으로 기념식이 진행되었다. 오늘은 독립군 기념행사이기에 광복회 관련 인사와 관련 유관단체 그리고 정부 각료로는 국방부 장관과 보훈처장 그리고 각 군 지휘관들이 주로 참석하였다. 그러나 보니 내가 정세균 총리 바로 뒷자리로 배정받아 참석했다. 행사장에서 주요 참석 인사들과 인사를 나누었다. 공유상 후배도 참석하여 연세 후배 몇 사람과도 인사를 나눌 기회가 있었다.

기념식이 끝나고 김재홍 지사와 친분이 있는 우리나라에서 독립운동사에 권위가 있는 역사학자 교수 몇 분들과 용산역에 있는 기와 한정식에 점심을 같이 하였다. 함북지사는 증조할아버님인 김약연 선생의 기념사업회 관계로 북간도 한국인의 역사와 독립운동 관련하여 많은 자료와 지식을 갖고 있는 것 같았다. 그런 역사 찾기 운동을 하면서 한국독립운동사 연구에 유명한 교수분들과는 오래전부터 교분을 쌓아온 것 같았다.

2020년 6월 8일 월요일 날씨: 맑고 더움

사무실에 도착하니 6월 4일 개막식 행사의 여운이 여전히 남아있었다. 1층 로비에 전시물을 다시 정리하여 진열하고 관람 동선도 조정하여 관람하기 좋게 전시장을 꾸몄다. 11시쯤에 박건표 사장이 방문하여 오랜만에 만났다. 그동안 카타르에서 귀국하여 2주 동안 부산에서 격리 상태로 있다가 어제 서울로 올라왔다고 한다. 아랍티와 꿀 그리고 천연 데이트 등을 선물로 사 왔다. 사무국 직원들이 너무 애쓰고 헌신적으로 일하여 격려하고 고마움을 표시하기 위하여 평창동의 봄이란 파스타집으로 40명 정도 직원들과 함께 점심을 먹었다. 함북지사가 와인 5병을 사 가지고 와서 한잔 씩 나누어 마셨다.

오후 4시에 남북하나재단 정인성 이사장과의 약속 시간까지 2시간 정도의 여유가 있어 세중여행사에 들러 재찬이한테 도록 한 권을 주고 천신일 회장님을 뵙고 천 회장님께도 한 권을 증정하였다. 오후 4시에 마포에 있는 남북하나재단 이사장실에 가서 정인성 이사장을 만났다. 요즘 통일부에서 주관하는 통일정책 최고위과정에 함께 강의를 듣고 있어 친숙한 사이가 되었다. 자연스럽게 남북하나재단 측과 이북5도위원회와의 협력 관계에 대해서 협의도 하고 북한 실정에 대해서도 이야기를 나눴다.

2020년 6월 9일 화요일 날씨: 맑고 아주 더웠음
이북5도위원회 주간 업무회의가 있었다. 6월 4일 개막식 행사와 사진전에 대한 종합적인 평가를 하고 현안문제 중에 하나인 해외도민초청문제에 대해서 협의하였다. 올해 집행을 하지 않을 경우 예산 삭감의 우려가 있어 내년 예산 반영에 어려움이 있는 점 등을 고려하여 축소해서라도 해외 방문을 하고 초청하자는 의견도 있었고 올해 사업계획대로 집행하지 않고 예산을 반환하더라도 내년 예산에 예년과 같이 반영을 보장해주도록 예산부처와 협의하자는 의견이 있었다. 의견이 나누어져 시간을 갖고 다시 의논하여 보기로 했다.
오후에 박원호 세무사가 와서 상담실 세무담당 상담사 위촉장을 전달하였다. 오후 3시 30분쯤에 안민석 의원과 박충일 신부께서 전시회를 들러보러 방문하여 전시회를 한 30분 정도 관람하고 함북 지사실에서 이야기를 나누었다.

2020년 6월 10일 수요일 날씨: 맑고 아주 더웠음
오후에 우원식 의원실에 가서 홍범도 장군 사진전 도록을 전해주었다. 사진 도록을 꼼꼼히 보면서 아주 잘 만들었다고 평가를 해주었다. 기회가 되면 국회의원회관에서 사진전을 전시했으면 하는 의견을 주어 의논해보기로 했다. 우원식 의원은 여천홍범도장군기념사업회 이사장을 맡고 계신 분이어서 이번에 우리 이북5도위원회에서 홍범도 장군 봉오동 승전 100주년에 맞춰서 기념 사진전과 사진 도록을 제작한 것에 대해 깊은 관심을 갖고 성원해주셨다.

2020년 6월 11일 목요일 날씨: 아주 더웠음

아침 8시 10분에 윤 주임이 와서 차를 타고 곧바로 국회의원회관으로 갔다. 9시 30분쯤에 도착하여 우선 11시에 방문하기로 한 박 진 의원실에 들려 11시에 CBS 방송국의 인터뷰가 갑자기 정해지는 바람에 부득이 일찍 들려 도록만 전달하게 되었다고 양해를 구하고 도록을 비서관에게 전달하였다.

이어서 10시에 방문 약속이 된 이성만 의원실에 갔으나 이 의원도 다른 일정이 있어서 10시경에 의원사무실에 도착하기 어려울 것 같다고 하였다. 사진도록과 명함을 비서관에게 전달하고 다음에 시간이 되면 다시 찾아오겠다고 하였다. 같은 층에 정일영 의원실이 있어서 잠시 들려 인사를 나누고 도록을 전달하였다.

오전 10시 40분쯤에 오도청에 도착하여 사무실에 잠깐 들어 급한 문서에 결재를 하고 함북 지사실에 가니 벌써 1층에 나가서 CBS 취재팀을 맞으려 대기 중에 있었다. 같이 1층 로비에 서서 한 5분쯤 기다리니 CBS 취재기자인 이빛나 기자와 촬영팀이 도착하였다. 함북지사가 먼저 전시회와 관련하여 전반적인 내용에 대해서 설명하고 이어 내가 전시회의 의의에 대해서 그리고 이북5도위원회가 전시회를 개최하게 된 이유에 대해 설명을 하였다.

인터뷰는 약 4분 정도 진행되었고 이어 전시된 사진들을 둘러보며 전시된 사진들을 촬영하였다. 함북지사가 일일이 설명을 하였다. 인터뷰가 끝난 후에 취재팀과 함께 북악정에 가서 식사를 함께하였다.

2020년 6월 12일 금요일 날씨: 약간 흐림 그리고 맑음

오늘 10시 10전쯤에 공유상 회장이 찾아왔다. 시민사회수석이 오늘 봉오동전투 100주년 사진전을 직접 보러 이북5도청을 방문하겠다고 하였다. 사무국장에게 10시 정각에 오도청사 입구에서 대기하고 있다가 모시고 오도록 하였다. 10시 10분경에 사무국장이 김 수석을 모시고 내 방으로 들어왔다. 전시회를 우리 이북5도위원회가 개최하게 된 배경에 대해서 간략히 설명드리고 평북지사와 함북지사를 내 사무실로 오시라고 하여 김 수석과 인사를 나누도록 하였다. 함북지사가 이번 전시회 내용에 대해서 자세히 설명드렸다. 이어 평북지사께서 이북5도위원회가 할 수 있는 역할 확대에 대한 건의를 드렸다.

특히 북한 이탈주민 관리 면에서 이북5도위원회의 인력과 기구를 최대한 활용하면 같은 동향인이라는 정서적인 공감대가 형성되어 보다 효과적으로 북한 이탈주민들을 관리할 수 있는데 이에 대해 통일부에서는 소극적인 태도로 임하고 있는 실정임을 이야기하고 현재 우리가 탈북민 지원사업을 하고 있는 남북이음교육과 이북도민과의 가족결연 사업 이외에 좀 더 적극적으로 각 시도지구 사무소 등의 조직을 통하여 효과적으로 지원할 수 있음을 이야기하였다. 또한 통일부와 지방자차단체 그리고 남북하나재단과의 업무제휴와 협업을 통하여 탈북민을 지원하고 관리할 수 있는 제도적 장치를 마련해 줄 것을 건의하였다.

김 수석 말씀으로는 정무수석과 통일비서관실에서 담당하는 일이라 구체적인 답변을 드릴 수는 없지만 이북5도위원회의 뜻을 전달하겠다고 약속하였다. 한 20분간 정도의 대담을 끝내고 1층에 전시된 사진전을 관람하였다. 함북지사가 김 수석에게 사진 하나하나마다 자세히 설명을 하여주었고 김 수석은 자세히 관람하며 깊은 관심을 갖고 보며 질문도 하였다. 한 20여 분 정도 관람하고 돌아가는 길에 정문에서 기념촬영도 하였다.

김 수석 편에 노영민 비서실장에게 보낼 사진 도록도 몇 권 드렸다.

📖 평양감사 1054일 I

저녁 9시 50분에 CBS TV에서 이북5도위원회가 이북5도청에서 개최한 홍범도 장군 봉오동전투 100주년 기념사진전에 대한 보도를 하였다. 이빛나 기자가 내용 설명을 잘하여 전달이 잘 된 것 같았다. 함북지사와 내가 간략히 인터뷰한 내용도 방송되었다. 이북도민들과 친지들에게 방송 시청을 알려드렸고 많은 분들이 관련 방송을 시청하고 그 소감을 메시지로 보내왔다. 이번 사진전과 방송을 통하여 이북5도위원회의 대외홍보가 잘되고 있는 것 같아 성공적인 기념식과 사진전이 되었다고 자평해본다.

2020년 6월 14일 일요일 날씨: 맑고 아주 더웠음, 초여름

오늘 아침은 조금 늦게 일어났다. 늦게 일어나다 보니 아침 산행을 하지 못했다. 아침을 먹고 조금 쉬다가 졸음이 와서 잠깐 침대에 누웠는데 2시간 반 정도 잠이 들었다. 오후 1시쯤에 점심을 먹고 한 시간쯤 쉬다가 몸이 무거워지는 것 같아 등산복 차림을 하고 뒷산에 올랐다. 처음 생각으로는 아침마다 올라 갔다 오는 지점인 오동나무까지만 가려고 했는데 올라가다 보니 굴다리를 지나 언덕길을 조금 올라가다가 첫 번째에 있는 벤치까지 갔다.

그곳까지 올라갔다 내려오면 약 3천 보쯤 되는 거리다. 벤치에 앉아 좀 쉬다가 내려가려고 했는데 오늘따라 등산객이 많았다. 일요일이라 그런지 여자등산객도 두 서명씩 함께 오르고 내리고 하였다. 조금 더 올라가기로 마음을 바꾸어 8부 능선에 있는 쉼터 벤치까지만 가기로 하였다. 천천히 오르다 보니 시간이 꽤 걸렸다. 8부 능선까지 등산로 입구에서 약 1Km의 거리, 그리고 그곳에서 국사봉 정상까지 거리도 약 1Km 정도의 거리다.

8부 능선까지의 등산길은 비교적 가파르고 힘이 드는 편이다. 소위 말해서 국사봉 길 깔딱고개이다. 경사도가 60도쯤은 되는 것 같다. 그러나 8부 능선에서부터 국사봉까지의 등산로는 비교적 평평하여 평지를 걷는 기분으로 걷는다. 두세 곳 정도 가파른 산길이 있기는 하지만 아주 평탄해서 그리 힘들지가 않은 곳이다. 8부 능선 쉼터에서 잠깐 쉬면서 내려가려고 생각하다가 이왕 온 김에 연리근 나무 있는 곳까지만 슬슬 걸어가 볼까 하고 다시 걷기 시작했다. '연리근까지만 가는 거다' 하고 내 마음속으로 작정을 하였다. 나는 그리 작정을 하면서 나의 의지를 시험해 보기로 했다. 우선 어떤 일이 있더라도 연리목까지만 간다. 만약 내적 갈등으로 발걸음이 국사봉으로 가려고 하여도 결단코 그곳에서 칼같이 돌아와야 한다. 그것이 나의 용기 있는 행동이다. 만약 내 결심을 허물고 다시 국사봉 정상으로 가려고 한다면 나는 나의 의지가 쓸데없는 만용에 무참히 꺾이고 마는 것이라고 생각했다.

어느 사이에 연리목 있는 곳까지 도착했다. 이곳에서 국사봉까지의 거리는 고작 300미터 정도, 코스도 한 번 정도 가파른 언덕길이 있을 뿐 마음만 먹으면 단숨에 도착할 수 있는 거리다. 연리목 앞에서 한동안 내적 갈등을 겪었다. 올라갈 것인가 아니면 당초 마음속으로 다짐했던 대로 그냥 내려갈 것인가. 결정하기가 참 어려웠다. 올라가면 내 의지가 약한 것이라고 판단하게 될 것이고 여기서 되돌아가자니 얼마 남지 않은 거리에 있는 국사봉이 눈앞에 아른거려서 이러지도 저러지도 못하고 어떻게 할지를 결정을 할 수가 없었다. 강한 의지를 입증해야 옳은 것인지 아니면 그깟 의지를 이런 곳에 적용함이 과연 현명한 일인가 하고 생각도 해보았다.

결국 마음이 움직이는 대로 따르기로 했다. 역시 내 마음은 그대로 고(Go)였다. 의지가 좀 약하면 어떤가 하고 위로하며 속으로 웃으며 한걸음에 국사봉에 올랐다. 국사봉에 오르니 대여섯 사람들이 올라와 있었다. 인증사진을 찍고 갖고 온 사과 반쪽을 먹으니 기분이 상쾌해졌다. 올라오기를 잘했다고 생각했다. 의지와 용기가 없다고 누가 뭐라고 한들 그게 나에게 무슨 대수냐고 스스로 위로하였다.

집에 오니 등산 시간이 무려 3시간이 넘게 걸렸다. 천천히 유유자적하며 오르내리다 보니 시간이 평소보다 30분은 더 걸린 것 같다. 저녁에는 현서네 시댁에서 직접 키운 오골계로 요리한 오골계 백숙을 가져와 모처럼 집사람과 몸보신을 하였다. 감사하다는 카톡 메시지를 사돈어른께 보냈다.

오늘 저녁 열린음악회는 김대중 대통령과 김정일위원장 간에 2000년 6.15일 합의하여 발표한 6.15 공동선언 20주년을 축하하는 음악회가 열렸다. 이북5도위원장으로서 그리고 평남지사로서 평화통일 문제에 관심을 갖다 보니 여느 해와는 달리 다른 느낌으로 공연을 보았다. 최근 남북관계가 박상학 대표의 자유대한 단체가 삐라 살포를 하여 그렇지 않아도 남북관계가 최악의 상태에 이른 상황에서 불난 곳에 기름을 부은 꼴이 되어버렸다. 이러한 상황이라 남북관계개선에 출구가 보이지 않는 것 같아 안타까운 심정이다. 북한도 얼마나 내부적으로 어려움을 겪고 있을까 하는 생각이 들었다. 그러나 너무 일방적으로 남한에 대해 자극적인 언어와 몰상식한 막말로 비난을 하는 것을 보면 국민의 한 사람으로서 화도 나고 걱정도 되는 것이 사실이다. 정부는 이러한 난처한 상황관리를 어떻게 현명하게 할 수 있을지 걱정도 되었다. 아무튼 어떤 계기라도 생겨 남북관계가 선순환 구조로 바뀌어 발전적으로 잘 진행되었으면 하는 바램을 가져본다.

2020년 6월 15일 월요일 날씨: 맑고 더움

아침에 일찍 일어나 뒷산에 올랐다. 첫 번째 벤치까지 올라가. 벤치에 앉아 잠시 쉬며 가벼운 맨손 체조로 몸을 풀었다. 오늘부터 봉오동전투 100주년 사진 도록을 우송할 친지분들의 리스트 작성하려고 한다. 한 60부쯤은 보내야 할 것 같다. 김재홍 지사실에서 한신대학교 연규홍 총장께서 방문하셨다고 하여 인사를 드리러 갔다. 신학과 역사를 전공하신 분인데 인품이 있는 분 같았다. 한국 교회와 한신대에 대해서 이야기를 나누었다. 점심시간이 되어 행복집에 가서 함북지사와 함께 세 사람이 점심을 같이했다.

오후에는 YTN TV에서 사진전 취재하러 왔다. 함북 지사실에서 전시회 의의와 개요에 대한 함북지사의 설명이 있었다. 전시회 사진 도록 중에 귀중한 자료를 중심으로 설명을 한 후 1층 전시실에 가서 주요 사진을 재배치한 후에 영상촬영에 들어갔다. YTN TV에서 미리 작성해온 대본에 따라 함북지사가 인터뷰하였다. 인터뷰는 한 사람만 하기로 예정되어 있다고 하여 나는 하지 않았다. 정식 보도 프로그램에 방영되는 것이 아니라 특별코너 시간에 방영되는 것이라 하여 방송 효과는 그리 클 것 같지는 않았다. 그러나 보도 전문 방송 매체인 YTN TV에서 우리 사진전에 관심을 갖고 취재해주었다는 사실만으로도 큰 의미가 있다고 생각했다.

대학 후배인 공유상 회장과 관련된 아동복지관에서 공적 메일로 이메일이 왔다. 개인 메일로 다시 보내 달라고 요청하였다. 전시회 기간이 6.16일(화)인 내일까지만 하기로 계획되어있어 서울시 본관 1층 로비에서 전시회를 개최할 때까지 전시회를 계속하고 싶었으나 대여 기간이 6월 16일까지로 정해져 있어 예산상 어렵다는 사무국의 의견이 있어서 다시 검토해보도록 지시하였다. 지원과장의 말로는 예산 전용이 어려운 실정이라고 하여 내일까지만 전시할 수밖에 없는 것으로 결론을 내렸다. 그러나 한 20분 정도 전시회 광경과 사진 도록에 대한 영상촬영을 하여 기록 영상으로 남기고 싶어 촬영 관계가 가능한지 여부를 실무과장에게 검토해보라고 지시하였다.

2020년 6월 16일 화요일 날씨: 맑고 더움

오늘 오전 11시에 강원도 김화 출신 국회의원인 한기호 의원실 방문 약속이 있어 이북5도위원회 회의를 9시 30분에 개최하였다. 안건 처리하기 전에 우선 오늘로써 종료되는 홍범도 장군 봉오동전투 100주년 기념사진전에 대한 행사 진행이 성공적인 것에 대해 5도 지사님들의 지원과 성원에 감사하다는 말씀을 드렸다. 이어 오늘 주요 토의 안건인 10월 중에 있을 예정인 이북도민 대통령 배 체육대회 진행 안건을 상정하여 이에 대한 내용 설명과 함께 행사가 진행된다는 전제하에 주요 일정과 행사내용에 대해 사무국에서 기안한 내용대로 결의하였다. 다만 식전 행사에 대한 프로그램에 대해서는 5도 지사들 간에 협의 후에 결정하기로 했다. 이어 제2호 안건인 2020년도 이북도민에 대한 훈, 포장 등 표창자 선정기준에 대한 안건을 심의하였다. 대통령 표창과 국무총리 표창 그리고 통일부 표창 건에 관련하여 대통령 표창 인원수는 매년 이북5도 위원장 담당 도에서, 국무총리 표창자 수는 다음 해 위원장 담당 도에서 1명씩 양보하기로 하였다.

오전 11시에 한기호 국회의원실을 방문하여 내 소개를 하고 인사를 드린 후 3선 국회의원이 된 것을 축하드리고 봉오동전투 기념사진전 도록을 드리며 기념식 행사와 관련하여 설명드리고 이야기를 나누었다. 육사 출신에 3성 장군 출신답게 현 정부의 유화적인 대북정책에 대해서 신랄한 비판을 하고 특히 군인 대선배이신 백선엽 장군에 대한 최근 부정적인 진보진영의 친일행적 제기에 대해 그 부당함을 강조하고 안타까운 심정을 토로하였다. 강원도 도민회와 김화군민회에 간혹 참여하고 있다고 이야기하며 기회가 되면 이북5도청을 방문하겠다고 하였다. 나도 기회가 되면 이북도민 유지모임 등에 한의원을 초대하여 안보강연을 하시도록 권유하였다.

30분 정도 방문 일정을 마치고 지사님들과의 점심 약속 장소로 갔다. 오후 2시쯤에 덕천군 면장 임명장을 수여하고 3시쯤에 MBC 박규현 PD가 취재차 와서 함북지사실에서 봉오동 100주년 기념행사와 사진전에 대해 개괄적인 설명을 하고 1층에 전시실에 가서 취재할 수 있도록 안내하였다. 4시에는 이북연합방송 촬영 팀이 와서 5도지사와 사무직원들이 자연스럽게 사진전을 관람하는 모습을 약 15분 정도 촬영하였다. 10분 정도의 실황설명에 대한 내용물을 써달라고 해서 그렇게 하기로 했다.

오늘 5시에 전시회 모든 행사를 종료하기로 하였다. 5시경에 전시기획 외주팀에서 이젤을 수거하러 왔다. 안내직원으로부터 용산 부근에서 근무하는 여성 한 분께서 사진전을 꼭 보러 온다고 하여 한 30분쯤 후에 철수작업을 시작하여달라고 부탁을 드렸다. 쾌히 응락을 하여 외주팀 담당 이사와 커피 한잔 나누어 마시며 행사준비 관계에 대해서 설명을 들었다. 사진전 전시기획 전문가로서 140여 점의 전시 사진을 캔버스로 아주 깔끔하고 격조 있게 제작하여 준 것에 대해서 감사를 드렸다. 오시겠다고 하시던 분이 오후 5시 40분쯤에도 전시관에 도착하지 않아 우선 중요한 사진 28점을 별도로 추려 상담실 부근에 재배치하고 나머지는 철거하도록 하였다.

오후 6시쯤에 기다리던 여성분이 오셔서 얼마나 반가웠는지 모른다. 내가 반갑게 인사를 건네고 천천히 사진 하나하나마다 그 의미와 내용에 대해서 자세히 설명하여 드렸다. 무척 진지하고 흥미롭게 들으며 관람하였다. 내가 오히려 감사한 마음이 들었다. 관심을 갖고 전혀 연락도 하지 않은 분이 언론 기사만을 보고 관심을 갖고 찾아와 주셨으니 보람도 느꼈다. 나중에 말씀하시길 할아버님이 일제강점기에 독립운동을 하시다가 일본 경찰에 고문을 당하신 적이 있으셨다는 말을 듣고 이해가 되었다. 한 40분 정도 관람을 한 후 사진 도록도 한 부 드렸다. 이북5도위원회와 이북5도청에 대해서 처음 알게 되었다며 평화통일에 아주 중요한 기관임을 오늘에야 알게 되었다고 하여 보람을 느꼈다. 저녁 7시쯤 행사를 종료하고 직원들에게 잘 마무리해 줄 것을 당부하고 퇴청하였다.

2020년 6월 17일 수요일 날씨: 맑음

이북7도 도민회 출입기자단이 6월 21일부터 2박 3일 일정으로 제주도로 한국주간 신문기자단 연수회에 참여한다고 하여 찬조하였다. 850만 도민들에게 이북5도의 도정과 이북7도 도민회의 소식을 열악한 여건하에서도 열심히 전달하고 홍보하는 데 큰 역할을 하고 있다고 생각되어 고맙게 생각하고 있다. 함북지사가 이젤을 추가로 확보할 수 있으면 40점 정도로 그런대로 스토리를 구성하여 전시할 수 있겠다고 하여 이젤을 20개 구매하기로 하였다. 예산지원이 되지 않기 때문에 나와 함북지사가 반분하여 담당하기로 하였다. 낮 12시쯤에 이젤 보관한 장소로 가서 추가로 10개를 가져왔다. 이번 행사와 관련하여 위원장으로서 이북5도위원회 각도 지사분들과 위원회 사무국 직원 그리고 이북도민들에게 그동안 관심을 갖고 성원해주신 데 대해 감사의 인사를 드렸다.

[이북도민에 대한 감사 인사말]
존경하는 이북5도위원회 직원 그리고 이북도민사회 여러분
이북5도지사님들과 이북도민중앙회 회장님들을 비롯한 이북도민 여러분들의 깊은 관심과 성원 속에 "대한독립! 그날을 위한 봉오동전투"라는 주제로 6.4일부터 6.16일까지 이북5도청에서 개최한 이북 출신 홍범도 장군 봉오동 청산리 전투 100주년 기념식과 강연회 그리고 관련 사진전인 이북도민의 역사사진전을 성공적으로 개최하고 마감하게 되어 위원회 직원 여러분들과 이북도민 여러분과 함께 기쁘고 보람 있게 생각합니다.
이번 전시기획은 우리 독립군이 일본 정규군과 싸워 최초로 승전한 봉오동전투가 가능했던 역사적 배경인 북간도에 세운 한인의 이상향인 '명동촌과 용정의 당시 모습과 교회의 역할', 홍범도 장군이 주도한 '봉오동전투', 그리고 '청산리 대첩'에 이은 일제의 천인공노할 만행인 '간도대참변' 등 이북도민의 역사사진전을 테마별로 5부로 구성하여 독립운동사 연구 분야 전문가들의 감수를 거쳐 내실 있고 역사적으로 의미가 있게 기획하여 전시하였습니다.
코로나19사태로 당초 계획했던 행사 규모를 대폭 축소하였고 기념식 참석인원과 사진전 관람 인원도 제한적으로 운영할 수밖에 없었습니다만, 지난 2주간 참관 연인원이 천여 명이 넘는 것으로 집계되었습니

다. 주요 언론사와 방송사에서도 깊은 관심을 갖고 이번 행사에 대해 우리나라 독립전쟁사에 있어서 큰 의미를 부여하며 비중 있게 다루어 주었습니다.

무엇보다도 수도권을 중심으로 급격히 코로나 19 확진자 수가 증가하는 추세에도 불구하고 행사 진행을 맡은 위원회 사무국 직원들의 철저한 방역과 강화된 정부의 방역 매뉴얼 지침을 철저히 지켜 관리하였기 일체의 문제가 발생하지 않고 성공적으로 마칠 수 있게 된 점 다행스럽게 생각하며 노경달 위원회 사무국장을 비롯한 위원회 사무국 직원 여러분께 수고 많이 하였다는 말씀과 함께 감사드립니다.

이번 이북도민 역사사진전은 행사추진위원장이셨던 명동촌을 건설하신 일명 간도 대통령이라 부리셨던 김약연 선생의 후손이신 이북5도위원회 함북지사이신 김재홍 지사님의 기여와 노고에 힘입은 바 컸습니다. 작년 10월 이북5도위원회 정기 주간회의 시에 행사계획을 제안하시고 한정길 함남지사님을 비롯한 5도 지사들의 결의가 있은 후 김재홍 지사님은 행사기획단계에서부터 사진전 자료 정리, 강연회 강사 섭외, 사진전 도록 제작, 언론매체 섭외와 인터뷰에 이르기까지 하루도 쉬지 않고 노심초사 준비하고 점검하며 우리 5도 지사님들과 협의하고 조언을 구하시며 열심히 일하셨습니다.

옆에서 간간이 일을 도우며 느낀 저의 솔직한 심정은 역시 훌륭한 독립운동가의 후손은 뭐가 달라도 다른 데가 있구나 하는 것이었습니다. 역사적 가치가 있는 풍부한 자료와 독립운동사에 한국 최고 권위가 있는 전문가님들의 철저한 검증을 거친 역사 사진과 자료 등은 사진전과 사진전 도록의 내용과 권위 그리고 품격을 높이는데 크게 기여하였습니다. 행정안전부 이북5도위원회가 이런 정도의 실력과 내실이 있는 기관인가 하고 관심 있는 분들은 높이 평가하고 있습니다. 이 모두가 김재홍 지사님께서 오랫동안 관련 자료를 수집하고 정리하며 깊이 있게 연구하여 오신 결과라고 생각합니다.

사진전 도록에 수록된 140여 점의 역사적인 기록 사진들은 6, 70%

가 이번 전시회를 통하여 일반에게는 최초로 공개가 되는 희귀사진이라고 합니다. 특히 사진도록 부록에 수록된 대한민국 독립군 계보와 봉오동전투에 참전한 일본 나남 19사단 75연대 야스가와 소좌의 '봉오동전투부근전투상보'의 일본어 원본과 한국어 번역본이 함께 게재된 것은 국내외에서는 최초로 발간된 자료입니다. 그리고 '홍범도의 일지'는 이함덕(극작가 태창춘의 부인)씨가 옮겨 쓴 것을 비교적 알기 쉽게 김세일 선생이 다시 옮겨 쓴 필사본를 게재하여 홍범도 장군의 출생과 성장 과정 그리고 산포수 시절과 의병 활동, 봉오동전투에 대해 정확한 사실을 알려주고 있는 귀중한 역사적 자료이며 대한제국 초기 의병 활동과 독립군사에 귀중한 사료적 가치가 있는 것으로 판단됩니다.

무엇보다도 이번 "홍범도 장군 봉오동전투 100주년 기념과 강연회 그리고 이북도민 역사사진전"을 100년 전 봉오동전투의 개시일인 6월 4일에 맞추어 우리 이북5도위원회와 이북도민사회가 개최하게 된 목적과 의의는 평양 출신인 홍범도 독립군연합부대장, 함북 출신인 최진동 장군과 안무 장군 등 봉오동전투 승전의 3분의 주역 모두 이북 출신이며 700여 명으로 구성된 연합군 부대 구성원 거의 대부분이 그 출생지와 성장기가 이북지역인 우리 850만 이북도민의 선대 어르신들이셨습니다. 이에 2020년 올해 봉오동 청산리전투 승전 100주년을 맞이하여 오늘을 살아가는 그분들의 후세들인 우리 이북5도위원회와 이북도민사회가 선대 어르신들의 투철한 애국정신과 강인한 독립정신을 기리며 계승하고 이어받아 평화통일의 주역으로서의 마음을 다지는 데 의의가 있다고 생각합니다.

이번 전시회를 통하여 이북5도위원회와 이북도민사회의 역량을 높이고 대외적으로 널리 알릴 수 있었던 것도 큰 성과라고 자평해 봅니다. 외부인 관람객 중에 개인적으로 특히 인상에 남았던 분은 아무래도 6월 16일 마지막 날 마지막으로 관람하셨던 분이라고 생각합니다. 오후 5시에 전시물 철거를 담당하는 외주업체가 와서 전시물을 철거하고 대여한 이젤을 회수하여가기로 약속이 되었습니다.

4. 2020년 도정일지

오후 4시쯤에 사무실이 용산 부근이라는 어떤 여성분께서 오늘 전시회가 마지막 날이라고 꼭 와서 보시겠다고 행사안내직원에게 전화가 왔다는 보고를 들었습니다. 도착 가능한 시간이 오후 5시 30분쯤 된다고 하여 5시에 도착한 사진전 전시물 철수작업 외주팀 임원에게 양해를 구하여 5시 30분까지만 작업을 미루어 달라고 부탁을 드렸습니다. 쾌히 응락하여 5시 반까지 기다려도 오시지 않아 10분 더 기다려 달라고 간청을 했습니다. 5시 40분에도 오시지를 않고 남겨둔 전화번호도 없어 참 난처하게 되었습니다. 더 이상 전시물 철수팀에 무리한 요청을 하기 난감한 실정이라 우선 작업을 하도록 하고 전시된 140여 점 중에 역사적으로 의미가 있고 희귀한 사진이라고 판단되는 28점을 엄선하여 소규모로 재배치하여 전시하였다. 혹시 늦게라도 오시어 전시를 못 보시게 되면 실망이 클 것 같아 내 나름 최선을 다하고 싶었습니다. 재설치하고 나니 등에서 땀이 흘러내렸습니다.

오후 6시쯤이 한 40대 중후반으로 보이시는 여성분이 나타나셨습니다. 직감적으로 전화로 참관하시겠다고 한 분으로 판단하고 반갑게 인사를 나누었습니다. 전시물 한 점 한 점 마다 시대 상황과 역사적 의미에 대해 내 나름대로 아는 범위 내에서 설명을 정성껏 해드렸습니다. 진지하게 한 점 한 점 마다 보시고 설명도 들으며 질문도 하시어 28점을 다 보는데 무려 40여 분이란 시간이 걸렸습니다.

은진학교 출신인 윤동주, 송몽규, 문익환 등에 대해 관심도 보였고 명동촌의 형성과정과 학교설립 그리고 교회의 역할에 대해서도 이미 잘 알고 있는 것 같았다. 막새기와에 태극문양과 무궁화 그리고 십자가가 새겨져 있는 모습에 명동촌 한인들의 애국심과 돈독한 신앙심을 느낄 수 있다며 신기해하였습니다. 봉오동골 전투 사진 전시물에서는 군사력 면에서 월등히 뒤진 독립군이 홍범도 장군의 유인작전과 산악전술에 대패하여 퇴각하였다는 설명에 어찌나 신이나 하는지 설명한 저도 덩달아 신바람이 났었습니다. 간도 대학살 관련 몇 점의 사진을 보고는 처참하고 잔혹하게 살해된 독립군 시체사진 앞에서는 잠시 멍하니 쳐다보며 눈시울이 뜨거워지는 것을 느꼈습니다.

전시된 28점 모두를 관람한 후 그분의 할아버지께서도 독립운동을 하시다가 왜경에 끌려가 심한 고문을 당하셨다고 말하여 역시 독립운동가 후예라서 그렇게 관심 있게 보신 게 아닌가 생각되었습니다. 그분의 서명은 자유인, 지구인, 한국인인 김○경 이었습니다. 전시회 마지막 날 마지막 관람객으로 너무 감사하고 보람을 느꼈습니다. 관람을 마친 후에 사진 도록도 한 부 드리고 기념사진도 한 컷 찍었습니다.

이번 기념식과 강연회 그리고 전시회를 통하여 보여주신 이북도민 여러분께 다시 한번 감사드리며 전시회준비를 위해 수고해주신 모든 분께도 감사의 말씀드립니다. 이것으로 전시회 마감 소회를 전해드립니다.

2020년 6월 18일 목요일 날씨: 맑음

전시회 사진도록을 전해드릴 분들의 명단을 작성하고 우송할 준비를 하였다. 우선 평남 행정자문위원님들과 통일부 통일연구원 제10기 고위정책과정 원우들에게도 한 권씩 보내드리기로 했다.

오전 10시 30분쯤에 연세대학교 동문회관에 가서 상경. 경영대동문회 사무국장을 만났다. 지난번 연경포럼에 나에 대한 기사를 게재해준 것에 대한 감사를 표하고 직원들에게 점심을 대접하기로 하였는데 그동안 코로나 사태로 차일피일하다가 오늘 사전 연락을 하지 않고 방문하였다. 마침 사무국장과 여직원 2명이 모두 자리에 있어 반갑게 인사를 나누고 점심을 같이하기로 하였다.

점심시간까지 조금 시간적 여유가 있어서 준비해간 사진 도록 2부를 가지고 서승환 총장님과 서길수 경영대학원장님께 한 권씩 드리고 왔다. 서 총장님께는 오전 11시 10분쯤 방문할 예정이라고 사전 연락은 드렸으나 회의 중이어서 직접 뵙지는 못하였다. 당일 급하게 연락을 드린 것이 조금 결례가 된 것 같아 양해를 구하였다. 서길수 학장님은 마침 화상을 통하여 교육 중이어서 역시 뵙지 못하고 비서를 통하여 사진도록만 전달하였다.

낮 12시에 동문회관으로 다시 와 상경.경영대학동창회 사무국직원들과 동문회관 지하1층에 있는 중식당에서 점심을 함께했다. 이북5도위원회에 대한 설명과 홍범도 장군에 대한 설명과 독립전쟁의 역사 등 해방 정국에 있어서 이북도민의 역할 등에 대해 설명을 하여 주었다.

2020년 6월 19일 금요일 날씨: 맑음

오늘 아침에는 사무실로 직접 가지 않고 국회의사당으로 갔다. 오전 10시에 태영호 의원실, 10시 30분에 조응천 의원실 그리고 11시에는 정일영 의원실을 방문하기로 약속이 되어있었다. 태영호 의원과 조응천 의원은 이북 출신 국회의원들이다. 이북5도위원장 차원에서 만나 21대 국회의원에 당선된 것에 대한 축하를 드리고 이북 출신 홍범도 장군 봉오동전투 100주년 기념사진 도록을 전달하기 위해서이다. 그리고 장일영 의원은 김상진 사장과 대학 동창인 친구이고 나와는 대학 선후배 사이여서 이번 국회에 처음 입성한 것을 축하도 하고 사진 도록도 전해주기 위해서였다.

태영호 의원실에는 이 비서와 동행하였다. 마침 10시에 기자단과 인터뷰가 있어서 한 20분쯤 늦게 와 10분 정도 이야기를 나누었다. 이어 조응천 의원실에 가서 인사를 드리고 도록을 드렸다. 민주당 의원 중에는 그래도 보수성향의 의견을 가끔 나타내는 몇 안 되는 여당 의원이라고 말하였다. 그것은 집안이 이북 출신이어서도 그렇고 공직생활을 통하여 국가관이 확실히 형성되었기 때문이기도 한 것 같았다. 특히 지난 제20대 국회 때 민주당의 이북도민 특별위원장으로서 활동하였기에 이북도민사회의 역할과 특성에 대해서 잘 이해하고 계셨다. 앞으로도 이북5도위원회와 이북도민사회에 대해 각별한 관심을 갖고 필요한 경우 역할을 하겠다고 말하였다. 특히 북한 이탈주민 관련 업무 등에 관하여는 통일부보다는 행정안전부 이북5도위원회에서 맡아서 하는 것이 효율적이라는 의견을 갖고 계셔서 우리 입장에서는 큰 후원세력이 될 수 있겠다고 생각되었다.

정일영 의원은 대학 선후배 사이다. 서로 인사를 나누고 정 의원과 대학 동기인 김상진 사장과 나와의 관계를 이야기하여주었다. 앞으로 자주 연락을 주고받기로 했다. 오후 1시 20분경에 조선일보에 정지섭 차장과 통화하고 6.25일 이북도민사회 차원에서 6.25 70주년 특별 행사계획 건에 대해 이야기를 나누었다. 특별 취재를 할 계획을 갖고 있기에 이북도민중앙연합회 사무국장과 협의하도록 조치를 하였다. 이북5도연합회 사무국장이 6. 25일 행사 관련 초청장을 가져와 그날 행사에 참석하기로 하였다.

2020년 6월 20일 날씨: 맑고 매우 더웠음

오늘은 평남 1세대가 주류인 평남산악회와 2, 3세대가 주류인 평아름회가 처음으로 함께 산행을 하는 날이다. 1세대와 2, 3세대가 함께 산행을 하는 것은 오늘 행사가 처음 있는 일이다. 산행 장소는 보문산으로 하기로 했고 1세대인 평남산악회는 보문사 경내를 산보하는 것으로 하고 평아름회 회원들은 보문산 산행 후에 보문사에서 평남산악회와 만나서 함께 점심을 하는 것으로 일정을 잡았다. 점심은 나루터에 위치한 석모도 횟집에서 회정식으로 했다. 모두 즐겁고 유쾌한 분위기 속에서 이야기하며 식사를 하였다.

2020년 6월 21일 일요일 날씨: 아주 더웠고 절기가 하지임

아침에 뒷산 국사봉까지 가려고 했으나 조금 늦게 일어나 오동나무까지 4번 왕복하였다. 4천여 보쯤 되었다. 아침을 간단히 먹고 집사람과 가끔 가는 원주민 부부의 텃밭으로 갔다. 1,500여 평 정도는 텃밭인데 최근에 공용주차장 용도로 개발하려고 정부에 수용되었다고 한다. 섭섭지 않게 보상을 받았다고는 하나 대물려 소유한 땅을 넘기려니 조금은 섭섭했을 것 같다. 우리가 이곳 빌모트에 이사 온 2005년부터 여름이면 해마다 이 텃밭으로 가서 토마토를 사서 먹다 보니 집주인 부부들과도 친숙해져 집사람이 수시로 텃밭에 가서 각종 채소를 얻어오곤 하였다. 상추, 고추, 쑥갓, 가지 등 종류도 다양해서 신선한 야채를 적당한 가격에 사서 먹었다. 시장가격보다 그리 싸지는 않지만 신선하고 직접 뜯어 먹는 기분도 느낄 수 있어서 여름이면 주로 야채를 이곳에서 구하여 해결하였던 텃밭이었다. 올해까지만 농사를 짓는다고 하니 아쉬운 생각이 들었다.

점심은 해림이 43회 생일 축하하는 가족 모임으로 하였다. 코로나사태 때문에 별도 방이 가능한 집 부근 중식당 치화에서 오전 11시에 해림이네 식구와 현서네 식구 해서 8명이 한자리에 모여 이른 점심을 하였다. 점심을 마치고 우리 집으로 모두들 와서 케익커팅을 하며 생일을 축하하였다. 오후 2시 30분까지 딸네들 가족이 놀다가 갔다.

집사람과 총각네집과 판교 하나로마트에 가서 일주일간 필요한 식료품을 사가지고 왔다. 집에 들어와서 장세윤 박사의 기념강연집을 정독하였다. 이제 어느 정도 독립군 전쟁사에 대한 내용에 관해 윤곽이 잡히는 것 같았다. 잘 정리하여 젊은 세대들에게 역사교육 자료로 사용해도 좋을 것 같았다.

2020년 6월 21일 월요일 날씨: 맑음

오전 11시쯤에 북한문제연구소 김희철 소장이 방문하였다. 평남 강서군 출신으로 최근 북한 연구소 소장으로 취임하였다며 인사차 방문하였다. 탈북민 출신인 이정호씨와 같이 방문하였다. 강서군 출신이어서 김석환 강서군민회 회장도 함께 방문하였다. 김희철 소장은 국민은행 지점장 출신으로 은행을 퇴직한 후에 북한학 박사학위를 받은 특이한 이력의 소유자였다. 앞으로 이북5도위원회와 북한 문제 연구업무와 관련하여 상호 정보교환과 업무협조를 하기로 하였다. 점심을 일행과 함께하였다.

오후 3시에는 더민주당의 이용선 의원실을 방문하여 인사를 나누고 홍범도 장군 봉오동전투 관련 전시 도록을 전달하고 행사에 대한 설명도 드렸다. 이용선 의원은 고대 출신으로 의원이 되기 전에는 청와대 사회수석으로 있었다. 이용선 의원은 앞으로 이북5도위원회 업무에 대해 관심을 갖고 도와주기로 하였다.

2020년 6월 23일 화요일 날씨: 맑음

이북5도위원회 주간 업무회의를 하였다 오늘은 2건의 회의 안건과 한 건의 업무보고가 있었다. 2건의 상정안건 중 하나는 해외 이북도민 모국방문계획 건에 대한 처리 방안이었다. 결론을 내지 못하여 좀 더 심의를 거친 후에 결정하기로 하였다. 나머지 한 건은 이북도민 체육대회 건이었는데 예정대로 하되 참석인원을 대폭 축소하고 행사내용도 좀 변경하여 진행하자는 계획이었다. 만장일치로 원안대로 가결하였다.

보고 안건은 독일통일 30년을 맞이하여 이북5도위원회에 대한 인터뷰를 하겠다는 건이었는데 위원회 사무국 직원들의 의견은 현재 남북관계가 미묘한 입장이어서 인터뷰 요청을 정중히 사양하자는 의견이었으나 인터뷰 질문내용을 검토 후 사전 조율을 한 후에 인터뷰를 하자는 쪽으로 의견을 모았다.

불광동 네거리 부근 추어탕집에서 지사님들과 함께 점심을 같이하였다. 추어탕 맛이 괜찮았다. 퇴근길에 인덕원 사무실에 잠깐 들러 서류 정리를 하고 집으로 왔다.

2020년 6월 24일 수요일 날씨: 더웠음

오전에 이북도민중앙연합회장 사무실을 방문하여 염승화 연합회장과 이야기를 나누었다. 내일 6.25 전쟁 70주년 행사내용에 대해서 의견을 나누었다. 나는 6.25 전쟁에 참여하여 국군묘지에 안장된 이북실향민 1세 어르신들의 애국심을 기리고 추념하는 데에 중점을 두고 행사 진행을 하였으면 좋겠다는 의견을 드렸다. 북한의 만행과 6.25 전쟁에 대해 북한을 강하게 규탄하는 경우 현재 경색된 남북관계에 좋지 않은 영향을 미칠 수 있는 점을 고려하여 목소리의 톤을 좀 조절했으면 좋겠다는 의견도 드렸다. 당초에는 기념식 행사에 참석하기로 하였으나 다른 일정이 있을 것 같아 참석하지 못할 것 같다는 말씀을 사전에 드리고 양해를 구하였다.

오후 3시에는 평남 청년육성회가 있어서 회의에 참석하여 청년회 육성방안에 대한 내 나름대로의 방안을 제시하였다. 우선 현재 참여하는 청년회원의 수를 정확히 파악한 후에 연간 회원확보 목표를 세우고 이에 필요한 활동방안과 예산확보방안에 대해 구체적인 실행계획을 세우자고 제안하였다.

2020년 6월 25일 목요일 날씨: 흐리고 약간 비가 옴

아침에 서울시와 서대문구청장 방문일정이 생겨 부득이 이북도민중앙연합회가 주최하는 6.25 전쟁 70주년 행사에 참석하지 못하게 되었음을 연합회장에게 통보하고 양해를 구하였다. 오전 11시쯤에 서대문구청으로 가서 문석진 구청장을 만나 반갑게 인사를 나누었다. 이북5도위원회와 평남지사의 역할과 활동에 대해서 간략히 설명하고 서대문구청 현황에 대한 이야기도 들었다.

문 구청장은 나와는 대학 선후배 사이로 한 20년 전에 내가 연상산악회 회장을 할 때에 연상산악회 회원으로서 등산을 여러 번 같이 한 사이로 잘 알고 지내는 사이다. 그동안 서로 한 사람은 공직생활과 한 사람은 직장생활로 인하여 자주 보지 못하였다. 홍범도 장군 기념식 사진 도록도 전달하고 기념촬영도 하였다.

저녁에는 통일원 제10기 최고위 과정 제3강에 참석하여 외교교육원장의 강의를 들었다. 강의가 끝난 후에 저녁 식사를 한 후에 원우회 회장단 선거가 있었는데 박만규 흥사단 이사장의 추천으로 제일 연장자인 내가 회장으로 선출되었다. 부회장은 이찬희 대한 변호사협회장이 맡기로 하였다. 대한민국 최고의 영향력이 있다는 대한 변호사협회장을 부회장으로 모신다는 것이 다소 미안하기는 하였지만 대다수 원우들의 뜻이 연배가 있는 분이 회장을 맡는 것이 좋겠다는 의견이어서 거절할 명분이 없었다. 부족하지만 앞으로 열심히 회장 역할을 하겠다고 다짐하였다.

2020년 6월 26일 금요일 날씨: 맑음

오전 10시쯤에 긴급히 이북 5도 지사님들을 내 사무실로 오시라고 하여 현안문제에 대한 의견을 나누었다. 다름이 아니라 미래통합당 강기윤 의원실에서 이북5도에 대한 20가지 사항에 대한 자료요청이 있어서 이에 대한 대책을 협의하였다. 우선 자료제출의 동기와 의도에 대해서는 여러 가지 의견이 있었으나 정확하게 파악하기는 곤란하였다. 그러나 자료제출이 방대하고 민감한 문제까지 있어서 일반적으로 이북5도위원회의 현황만을 파악하는 수준은 아닌 것 같다는 의견이 다수의견이었다.

우선 위원장으로서 내가 직접 강기윤 의원실에 가서 강 의원을 만나 우리의 입장을 설명하고 자료요청을 철회해달라고 부탁하기로 하였다. 오전 11시쯤에 강기윤 의원실에 도착하니 마침 강 의원께서 다른 일정이 있어서 자리에 계시지 않아 자료요청을 직접 한 홍지형 비서를 직접 만나 우리 입장을 설명하고 요청자료의 내용이 방대하고 민감한 사항이라 어려움을 호소하였다. 요청자료 제출 대신에 우리 이북5도 현황에 대해서 상세하게 자료를 작성하여 제출하기로 하고 제출된 자료에 대해 추가로 궁금한 사항이 있을 경우 보완하여 주는 것으로 부탁하였다. 검토하여보겠다고 하여 사무실에 돌아와 위원회 사무국장에게 방문 결과를 이야기하고 이북5도위원회에 대한 설명자료를 작성하도록 지시하였다.

오후 4시에 미수복 경기 및 강원도 명예시장군수 2/4분기 군정보고회의를 하였다. 개성시는 명예시장 대신에 대표 읍면장이 참석하였다. 이북5도위원회 소개 영상과 PT자료로 그동안 도정활동 사항에 대한 설명을 하고 이어 각 시장 군수들의 자유로운 토의와 의견 교환이 있었다.

앞으로 위원장이 바뀌더라도 매분기마다 합동회의를 하기로 하였고 이번 가을에는 1박 2일 코스로 워크숍을 갖기로 하였다. 회의를 마치고 구기동면옥으로 가서 함께 저녁을 하였다.

2020년 6월 27일 토요일 날씨: 맑고 더웠음
새벽에 뒷산 8부 능선까지 올라갔다 왔다. 오늘 12시에 종로5가에 있는 한옥갈비집에서 평남 새마을지도자 회의가 있는 날이어서 격려차 참석하였다. 마침 옆방에서는 평원군 장학회에서 장학금 수여식과 함께 유지친목회가 있다고 하여 평원군 모임에도 참석하여 인사말을 하였다. 평원군은 평남 16개 시군에서 군세가 가장 큰 군이다. 군 면적도 클 뿐만 아니라 군내 읍면도 가장 많다. 또한 서해안에 위치한 평야지대이다. 월남한 군민 수도 많아 평남중앙도민회에 활동을 열심히 하는 분들이 많다. 현 도민회장인 전승덕 회장도 평원군 출신이다.

2020년 6월 28일 일요일 날씨: 맑음
강기윤 의원실에 제출할 이북5도위원회 관련 자료를 담당자들이 작성한 내용을 토대로 하여 재작성하여 김승희 과장과 김한상 계장에게 검토하도록 메일로 보냈다. 이북5도위원회에 대한 이해 부족으로 해마다 연례적으로 국회의원들의 자료제출 요구기 반복되고 있는 실정이다. 이북5도위원회에서 보다 적극적으로 홍보활동을 할 필요성이 절실하다. 특히 이북5도위원회의 주요업무중에 하나인 북한애 대한 조사 업무는 예산과 인력의 부족만 탓할 것이 아니라 현 상황에서 이북5도위원회가 할 수 있는 북한 관련 조사업무를 일 년에 한 건이라도 내실 있게 진행해야 할 것이다.

2020년 6월 29일 월요일 날씨: 흐리고 간혹 비가 옴
오전 8시 30분에 사무실로 출근하여 오늘 세종시 종합청사 기재부에 가서 설명할 예산 내역에 대해서 검토했다. 행안부에서 승인하여 기재부에 제출한 예산 내역 중에 남북이음교육, 한마음행사비용, 전산설비개선 비용 그리고 속초 실향민문화축제 지원사업비에 대해 기재부에서 삭감하였다. 이에 삭감 내역에 대해 우리 예산 반영 내용의 타당성과 필요성에 대해 기재부 담당관에게 설명하고 이해시키기로 했다. 기획재정부 예산실장과 예산심의관실을 방문하여 설명할 계획이었다. 총무과장과 예산담당 계장이 동행했다. 사전 면담 약속을 하는 경우 예산 자료 검토 기간에는 면담시간을 잡기 어렵다는 직원들의 의견에 따라 사전 약속을 하지 않고 방문하였다.

오늘 예산실장과 예산심의관 두 분이 국회에 출석 중이어서 직접 만나지 못하고 대신 행정예산담당 과장과 사무관을 만나 우리의 입장을 충분히 설명하였다. 통일부 업무와 중복되는 예산 항목에 대해 그 차이점과 효용성에 대해 충분히 설명하고 이해를 구했다. 담당과장으로부터 다시 검토해보겠다는 약속을 받았다. 예산실장과는 7월 9일 오후 1시 30분에 면담 약속을 잡았다. 그날 다시 기재부에 들려 예산실장과 예산심의관에게 우리 입장을 전달하고 협조를 구하기로 했다.

우리 양덕군 김정현 상무의 할아버지인 김연경 선생의 독립유공자 상훈 신청 건에 대해서 진행 상황을 알아보기 위하여 국가보훈처 상훈 심사담당자를 만나 이야기를 나누었다. 공적심사에 필요한 구체적인 자료는 없으나 그 당시 상황을 알고 있는 분들의 증언과 양덕군 유지분들 그리고 전임 지사이신 김중양 지사의 의견서 등을 참고하여 공적 인정을 받을 수 있도록 부탁드렸다.

오후 3시 20분에 세종시 청사를 방문하여 세종시 경제담당 부시장을 만났다. 최근 국가균형발전위원회가 세종시로 이전할 계획을 발표하면서 각종 위원회 중에서 이북5도위원회도 이전대상 1순위 8개 기관 중에 하나로 발표되어 이에 대한 이북5도위원회의 입장을 전달하고 이전이 불가하다는 설명을 하기 위해서였다. 조상호 부시장에게 이북5도위원회의 성격으로나 법적으로 볼 때 이전이 불가하다는 요지의 설명을 드리고 협조를 당부하였다. 충분히 이해시켜드렸고 청사 이전을 재고하는 방향으로 생각해 보겠다고 말하였다.

세종시에서 4시 넘게 출발하여 사무실로 복귀하지 않고 집으로 왔다. 김한상 계장으로부터 내가 작성해준 강기윤 의원실에 제출할 자료에 대한 보완내용을 이메일로 보내왔기에 검토하였다. 아주 잘 정리되고 잘 보완된 것 같아 내일 위원회 사무국장에게 보고하고 이견이 없으면 정리된 대로 제출하도록 김 계장에게 지시하였다.

2020년 6월 30일 화요일 날씨: 맑음

이북5도위원회 주간회의가 있었다. 대통령기 체육대회 축소 안건에 대한 의결이 있었다. 어제 세종시 출장 업무에 대해 보고를 하였다. 기재부 행정예산과장과 담당 사무관을 만나 예산 내역 중에 잘못 이해하고 있는 항목에 대해서 충분히 설명하고 이해를 구하였다고 지사님들께 말씀드렸다. 마침 예산실장과 심의관이 국회 출장 중이어서 만나지 못하여 7월 9일에 예산실장과 만나기로 일정을 잡고 왔다는 말과 세종시를 방문하여 경제부시장과 만나서 이북5도위원회 특성을 설명하고 세종시 이전이 어려운 점을 이해시켰다는 점도 보고하였다.

저녁 7시에는 평양시민회 이사회가 있었다. 서울민속박물관 옆에 있는 산취향을 잘 못 알고 한미리 부근으로 갔다가 다시 국립역사박물관으로 잘못 알려 주는 바람에 찾아가느라고 고생을 하였다. 오늘 평양시민회 이사회는 20여 명 정도 참석하였다. 축사 겸 격려사를 하고 저녁을 함께했다.

2020년 7월 1일 수요일 날씨: 맑음

새로운 사무국장 두 사람이 발령받아 왔다. 황해도 담당 위현수 국장과 평북 담당 최정례 국장이다. 아침에는 위현수 국장과 새로 전입된 두

평양감사 1054일 I

사람의 직원을 만나 차 한잔 나누며 간단히 이북5도위원회의 구성과 성격에 대해서 설명해 주었다. 오후에는 최정례 국장이 발령을 받고 인사하러 왔다. 전산직 전문가로 기술서기관이라는 특이한 경력을 갖고 있었다. 박성재 황해도지사께서 서울역에 있는 중식당에서 점심을 함께하자고 하여 잡탕밥을 함께 먹었다.

오후 6시에는 종로 1가역 부근에 있는 파노라마 뷔페식당에서 이북도민 통일아카데미 제2회 정기총회 겸 회장 이취임식이 있었다. 초대회장인 내가 평남지사에 취임하면서 회장직을 수행하기 어렵게 되어 그동안 아카데미 모임에 열심히 참여했던 이광수 회원이 맡기로 하였다. 이광수 회원이 기꺼이 회장직을 맡겠다고 결단을 내려 그동안 코로나19사태로 미루어 왔던 이취임식도 겸해서 하게 되었다.

지도교수 겸 우리 아카데미의 정신적인 지주이신 강인덕 장관님께서 직접 참석하여 축사를 하여 주셨다. 아카데미강좌 개설과 아카데미 모임의 터전을 마련해준 장원호 전 평남중앙도민회장도 참석하였다. 나의 이북도민 통일아카데미 회장 이임사에 이어 이광수 회장의 포부에 찬 취임사가 있었다. 이북도민 통일아카데미가 그 규모는 작지만 이북도민사회 통일연구와 통일 운동에 큰 역할을 할 것을 함께 다짐하였다.

2020년 7월 2일 목요일 날씨: 맑음

위원회 사무국장이 어제 세종시 행안부 출장 갔다 온 결과에 대한 보고를 하였다. 대통령 체육대회와 해외도민 초청 건에 대해 규모를 축소해서라도 진행할 명분을 충분히 설명하고 이해를 구하였다고 하였다. 정병욱 도 사무국장과 김윤미 계장이 인구추계조사 결과와 평남을 빛낸 인물에 대한 추진상황 보고를 하였다.

점심은 도 사무국 직원들과 평창동 칼국수집에 가서 함께 하였다. 오후에 평양시 고재혁 상무가 방문하여 평양시 현안에 대한 설명을 들었다. 함북지사가 홍범도 장군 봉오동 100주년 기념행사 관련 원고료 지급 건에 관련하여 의견을 물어 함북지사 책임하에 개별적으로 지급하시라고 말씀을 드렸다.

이북도민연합방송에서 기념식 촬영 건에 대해 나레이션 문안 작성과 추가로 외부 전시회를 할 경우에 대비하여 현재 1층에 전시되어있는 작품 40여 점에 20여 점 정도 추가하여 60여 점 정도로 늘려서 조금은 규모가 있게 진행하기로 하고 5부로 구성된 전시 내용을 각부마다 간략하게 설명하는 패널을 만들기로 했다. 각부 패널에 담을 문안 작성을 김재홍 지사께 부탁했다. 평북지사께서 계획하고 있는 정대철 전 의원에 대한 국가 훈장 수여에 대한 공적 조서를 한 번 검토해 달라고 하여 읽어보고 문안을 조금 다듬고 추가로 보완하여 전해드렸다.

2020년 7월 3일 금요일 날씨: 맑음

오전에는 한미글로벌 관계일로 은행 송금 건과 카타르에 있는 하비브에게 보낼 서류를 DHL로 보냈다. 이어 양재동에 있는 수사랑 의원에 가서 상복하는 혈압강하제를 처방받았다. 혈압 체크를 해보니 125에 70으로 측정되어 요즘 혈압이 잘 유지되고 있는 것으로 판단되었다.

이북5도지사와 이북7도민중앙회 회장들과 분기별로 갖고 있는 12인 회의가 7월 8일 오전 11시로 결정되었다고 각 도지사님들께 통보하였다. 이번에는 체육대회 관련 사안만 협의하고 덕담만 주고받기로 했다. 상대편에 대한 지나친 관심이 때론 불편을 줄 수 있다는 생각에 의제나 대화의 톤을 적당한 수준에서 조절하는 것이 좋겠다는 판단이 들었다.

이북5도위원회와 이북도민 사회에 있어서 도지사들과 중앙도민회장들과의 정례적인 회의는 특별히 규정되어 있는 회의가 아니지만 관례적으로 가져온 회의다. 참여자의 위치와 역할이 도정을 대표하고 도민사회를 대표하니 실질적으로는 도민사회의 최고 의사협의 기구의 성격이 있다고 볼 수 있다. 따라서 가능한 정기적으로 회의는 계속되어야 한다고 생각한다. 저녁에는 경복궁역 부근 곰솔 한정식집에서 후배인 김상진 사장과 그의 대학 동기들인 공유상, 방병국, 문호준 후배들과 저녁을 함께 하며 담소를 나누었다.

2020년 7월 5일 일요일 날씨: 맑음

오늘은 뒷산을 오르지 않고 평탄한 산길을 걸으려고 월든아파트 단지 뒷산을 걸었다. 7단지 끝까지 가면 전망탑이 나오고 이어 100미터쯤 가면 쉼터가 나온다. 그곳까지 가면 집에서 대략 5천 보 정도의 거리다. 집에 돌아오니 1만 보 조금 넘게 걸었다. 오늘 아침 평지와 평탄한 산길을 걸으니 어제 국사봉에 올라갔다 왔을 때 보다는 힘이 덜 들었다.

집사람과 하나로마트에 가서 일주일 먹을 음식 재료를 샀다. 수박 한 통이 10킬로 넘는 것을 사 특별가격에 서서 해림이네와 현서네랑 나누어 먹기로 했다. 오는 길에 현서네 집에 들러 수박을 놓고 왔다.

오늘은 봉오동전투 100주년 기념 도록을 차분하게 완독하였다. 이번에 우리 이북5도위원회가 직접 제작한 사진 도록은 단순한 사진 설명이 아니라 북간도 한인 이상향인 명동촌의 건설에서부터 북간도 한민족의 독립운동사와 그분들이 겪었던 고난 그리고 의병 활동과 이어 조직된 체계적인 대한독립군의 계통과 조직을 알 수 있고 독립전쟁의 역사를 조감하는 데 큰 도움이 되도록 정리하였다. 역사적인 고증과 연구 결과를 토대로 전문가의 도움으로 집필과 감수가 된 내용이 알차고 역사적 사실에 바탕을 둔 권위가 있는 도록으로 만들었다고 자부할 수 있겠다. 도록 내용이 단순한 사진 설명이 아니라 한 권의 독립운동사이며 북간도 한인사회의 역사이다. 여러 번 읽고 또 읽어 완전히 이해하여 이북도민과 후배들에게 알려줄 필요를 느꼈다. 오늘 "통일문제 이해"란 책도 완독하려고 하였으나 시간이 여의치 못하여 다음 주에 읽기로 하였다.

2020년 7월 6일 월요일 날씨: 맑음

오후 1시 30분에 6.18 상이전우회 회장과 임원이 찾아와 회장사무실

사용문제에 대해서 협의하였다. 7월 말까지 비워줄 것을 종용하였으나 막무가내로 고집을 부려 곤란하게 되었다. 이북5도청에 입주한 이북도민 관련 단체들이 여럿이 있는데 모두 방 하나만 사용하는 데 유독 6.18 상이전우회만 사무실에 회장실을 두고 있다. 다른 단체와의 형평성에도 맞지 않아 협조를 당부했으나 막무가내다. 잘 설득하여 가능하면 비울 수 있도록 노력해보려고 한다. 그 자리에 이북도민통일문제연구소와 이북경제인 협회 사무실로 사용하면 이북5도청사를 좀 더 효율적으로 사용하는 것이 될 것 같다.

2020년 7월 7일 화요일 날씨: 맑음

이북5도위원회 주간회의를 끝내고 점심을 불광동 산속에 있는 능이버섯 닭백숙집으로 갔다. 백숙에 죽을 먹었다. 저녁 6시에는 아주경제 곽영길 회장을 비롯하여 최신형 팀장, 정세연 기자, 유대인 기자와 함께 곰솔 한식당에서 저녁을 함께했다.

이북5도위원회가 주관한 홍범도 장군 봉오동전투 100주년 기념식과 사진전에 대한 현장 취재와 이북5도위원장인 나를 개인적으로 인터뷰하여 아주경제신문과 인터넷신문에 보도해준 것에 대한 감사의 표시로 저녁을 함께하게 되었다. 앞으로 이북5도위원회에 대해 깊은 관심을 갖고 취재해주기로 하였다. 유대길 기자가 나의 인터뷰 기사를 판으로 만들어 선물로 나에게 주었다.

2020년 7월 8일 수요일 날씨: 맑음

오늘은 아침 정각 7시에 집에서 출발하였다. 9시경에 북한연구소 김희철 소장과의 인터뷰가 예정되어 있었기 때문이다. 김희철 소장은 평남도민 2세 출신이며 국민은행 지점장을 거쳐 북한학 박사학위를 받은 후에 북한문제 연구 활동을 하다가 이번에 북한연구소장으로 임명되어 활동하기 시작했다. 2주 전쯤에 취임 인사차 왔었는데 북한연구소 기관지인 월간 북한지에 우리 이북5도위원회와 각 도지사들에 대한 인터뷰 기사를 게재하겠다고 하여 취재에 응하기로 하였다. 사전에 취재하고자 하는 설문지 내용을 보내주어 미리 답변서를 제출하였고 오늘은 답변서를 중심으로 인터뷰에 응했다.

인터뷰가 끝나고 오전 11시에 이북5도지사와 이북 7도 중앙도민회 회장들과의 12인 회의를 가졌다. 사전에 염승화 연합회장과 안건에 대한 협의가 있었고 안건 내용에 대해서만 이야기 하기로 하였는데 도민회 회장들이 의제에 없는 사항을 질문하여 도지사들이 답변하기가 좀 불편하여 회의 분위기가 다소 어색하였다. 그러나 이북도민사회의 최고 협의기관으로서 12인 회의를 소중하게 지켜내고 이를 통해 갈등을 해소하고 도민사회발전에 기여하도록 서로 노력해야 함은 당연하다. 회의 중간부터 12인 회의의 뜨겁고 어수선한 분위기가 다소 진정되어 그럭저럭 회의를 마쳤다.

회의를 마친 후에 하림각에 가서 함께 점심을 하였다. 회의 중에 언성을 높이고 의제에도 없는 불편한 질문을 한 세분의 중앙도민회장들은 점심 모임에 참석하지 않았다. 다른 선약이 있었다고 양해는 구하였으나 점심 모임에 불참하여 못내 아쉬웠다. 앞으로 7도 중앙도민회장님들과 좀 더 거리를 좁히고 마음을 터놓을 수 있는 관계를 만들도록 나 자신부터 노력할 것이다.

2020년 7월 10일 금요일 날씨: 맑고 더움

아침 9시부터 내 방 사무실 도색작업을 하고 일부 수리를 한다고 하여 위원회 사무실에서 임시로 사무를 보기로 했다. 송경복 평남부녀회장님께서 찾아오셨다. 송 회장님의 생신이 7월 26일이라고 하시며 그때 평남사무국장을 포함하여 도민회 고문님들과 임원진들을 모시시고 점심을 한번 내시겠다고 하였다. 하필 내가 연휴 기간이라 도지사가 참석하지 못하면 의미가 없다고 말씀을 하시며 생일축하 겸 점심 일정을 8월 3일로 연기하기로 하였다.

오전 11시쯤에 IBK 연금보험공사 홍순계 감사가 방문하여 이북5도위원회에 대해 설명을 하였다. 우리 이북5도청사 옥상에 태양광 설치프로젝트를 가져와 사업설명을 하여 관심 있게 들었다. 내주에 담당과장을 불러 시행 가능한 지 여부에 대해 검토해보기로 했다. 싸리집에서 점심을 같이했다. 공유상 회장과는 대학 학번이 같고 학생 시절 민주화 운동을 같이한 친구라고 해서 공유상 회장과도 함께 했다. 우원식 의원과는 아주 가까운 사이인 것 같았다. 현재 우원식 의원이 이사장으로 있는 홍범도 장군 기념사업회 상임이사로 봉사하고 있었다.

점심식사를 끝내고 다시 이북5도청으로 와서 홍순계 감사에게 봉오동전투 100주년 기념사진전을 안내하며 전시 사진에 대해 설명을 했다. 중간에 함북지사가 합류하여 인사를 시켜드리고 함북지사께서 자세하게 전시한 사진에 대해 설명을 하였다.

오후 5시에는 세종회관 부근에 있는 한옥집에서 평남명예시장군수 정기 월례회를 가졌다. 청사 밖에서 개최하는 행사라 단합대회 성격으로 회의를 진행하였다. 이번 전시회에서 나를 도와 평남 명예군수단에서 열심히 도와주었다. 도움에 대해 감사를 표했다. 명예시장군수들 이구동성으로 이번 전시회를 통하여 봉오동·청산리전투와 독립군의 활동에 대해 자세히 알게 되었고 관심을 갖게 되었다고 오히려 고마워했다.

2020년 7월 11일 토요일 날씨: 맑음

오후 3시 30분에 대치동 노블발렌티 예식장에서 전 평남청년회장인 변광식 회장 아들의 결혼식에 참석했다. 평남도민들이 다수 참석하였다. 잘생긴 변 회장의 아들과 치과의사인 며느리를 보게 된 변 회장 부부에게 진심으로 축하해주었다.

도민들과 식사를 한 후에 전승덕 회장과 평남도민회 임원들과 함께 6.25 전쟁의 영웅이시며 우리 평남의 큰 어른이신 백선엽 장군의 빈소에 가서 합동으로 문상을 했다. 상주인 아드님에게 평남의 큰 어른이시며 구국의 영웅이신 백선엽 장군은 평남인의 자랑이며 국민의 영웅이시라고 말씀을 드린 후에 작년에 전쟁회관 사무실에 찾아뵙고 직접 문안인사를 드린 이야기를 하며 가족분들에게 180만 평남도민을 대표하여 위로의 말씀을 드렸다.

평남청년회와 평남 강서군 청년회에서 발인식에 참여하여 행사를 돕도록 부탁하였다. 문상 첫날이라 생각보다 문상객이 그리 많지는 않았다. 평남도민들과 한 시간 정도 빈소를 지키다 왔다. 육군장으로 5일장을 치른다고 하며 장지는 대전 국립현충현으로 정부와 가족들 간에 합의가 되었다고 한다. 동작동 현충원 장군 묘역에 안장되어야 마땅함에도 진보진영에서 간도특설대 장교 출신이기 때문에 친일전력이 있다고 주장하며 동작동 국립현충원 안장에 문제를 제기하여 유족들과 협의하여 대전 국립현충원에 모시기로 결정했다고 한다.

백선엽 장군은 6.25전쟁의 영웅이다. 대구 칠곡지구 다부동전투에서 낙동강을 사수함으로써 대구 이남의 남한 땅을 사수하였고 맥아도 장군의 유엔연합군이 인천상륙작전을 결행하여 결국 패색이 짙던 전세를 일시에 역전 시킨 구국의 영웅이다.

또한 북진(北進)을 계속하여 최초로 평양 시내를 탈환한 제1사단 사단장이셨다. 한국 최초의 4성 장군, 맥아더 사령관과 역대 주한 유엔군 사령관들이 가장 존경하였던 한국군 장군. 이런 장군에 대한 예의가 아님에도 진보진영의 낡은 이념의 틀에서 벗어나지 못하는 현 정부 실세들의 잘못된 역사관이 진정한 영웅에 대한 대접을 소홀히 하는 것은 아닌지 못내 아쉬웠다.

장군께서는 1941년 12월에 만주국 봉천군관학교 제9기로 졸업하고 견습군관을 거쳐 만주군 소위로 임관했다. 이후 자무쓰부대에 배속되었다가 1943년 2월에 간도특설대로 전근하여 3년간 복무하였다. 장군께서 간도특설대에 근무할 당시에는 이미 만주지역에는 독립군 부대가 존재하지 않았다. 일본의 막강한 관동군의 위세에 눌려 만주지역에서 활동하던 독립군 부대는 모두 소련 진영으로 넘어가서 소련극동군에 배속되어 활동하였다. 간도특설대가 창설되어 동북항일연군과 접전하던 때는 1937년부터 3, 4년간 정도였다.

동북항일연군의 성격도 독자적인 한국독립군의 형태의 부대가 아니라 중국 공산당에 부속되어있는 일부 부대였다. 그리고 부대원의 구성도 8.15해방 후에 북한 권력의 실세로 전면에 나서 북조선을 건국한 김일성. 김일, 최용건 등 공산주의자들이었다. 저녁에 집에 들어와서 장군에 대한 추모사를 쓰고 이를 카톡으로 지인들과 평남도민들에게 보냈다.

2020년 7월 12일 일요일 날씨: 흐리고 비가 옴

아침 8시 30분에 여수로 가는 SRT를 집사람과 탔다 오성역에서 내려서 KTX로 갈아탔다. 11시 40분쯤에 여수엑스포역에 도착했다. 현서네 가족과 3박 4일간 여수 돌산섬에 있는 히든 콘도에서 휴가를 보내기로 했다. 현서네 가족은 어제 미리 와 있었다. 역에 내리니 박 서방이 마중 나와 있었다. 차를 타고 숙소인 돌산섬 콘도로 갔다. 해변가 근처에 있는 아담한 콘도들이 여러 채가 있었다. 예약을 취소했다가 다시 예약하는 과정에서 착오가 생겨 오늘은 한 방에서 같이 묵기로 했다. 숙소 방을 정하고 돌산에서 가장 유명하다는 간장게장집에 가서 점심을 먹었다. 간장게장 2인분과 갈치조림 2인분을 시켜 먹기로 했다. 소문난 집이어서 그런지 한 시간 정도 기다렸다가 점심을 먹었다.

점심을 먹고 숙소로 와서 휴식을 취하고 5시쯤에 장어구이 잘하는 집으로 가서 장어구이 4인분을 시켜 맛있게 먹었다. 우리 내외는 1층 바닥에 침구를 깔고 자고 현서네 가족은 2층 침대에서 잤다.

2020년 7월 13일 월요일 날씨: 여전히 비가 왔다.

아침에 일어나서 콘도식당에서 제공하는 식사를 했다. 스프, 계란, 토스트, 우유와 쥬스가 제공되었다. 식사는 충분히 하였으나 간단하고 소박한 식사였다. 현서네가 추천하는 유명한 트레킹코스가 있다고 하여 식사를 하고 난 후에 금오도로 갔다. 돌산 여천항에서 금오도까지는 여객선으로 25분 정도 걸렸다. 금오도는 생각보다 큰 섬이었다. 주민이 약 3천 명 정도 거주한다고 하니 면 정도의 규모는 되는 섬이었다. 금오도 안에 있는 초등학교가 있었는데 100주년 개교기념식이 내년에 있다는 총동창회의 플래카드를 보고 참 역사 깊은 초등학교가 있었구나 생각했다.

금오도에서 가장 아름답고 트레킹 하기 좋은 코스인 비렁길을 걷기로 했다. 집사람과 같이 걸어가다가 비도 오고 200미터쯤 올라가다 보니 길이 질퍽질퍽 거리고 물기가 많아서 걷기가 불편하였다. 또 날씨가 흐리고 트레킹코스 주변에 숲이 깊어서 어둠 컴컴한 것이 오늘은 트레킹 하기에는 적당한 날씨 같지 않아 중간에 포기하고 내려왔다.

트레킹 입구에 있는 허름한 식당이 제법 전복죽을 잘한다고 하여 전복죽 두 그릇과 전복라면 한 그릇을 시켜서 먹었다. 유명하다고 하는 방풍나물전도 한판 시켜 먹었다. 금오도에서 6시 30분 여객선을 타고 돌산섬으로 왔다. 콘도로 가는 중에 여수특화 수산시장에 가서 건어물을 조금 샀다. 오늘은 현서네와 다른 방에서 잤다.

2020년 7월 14일 화요일 날씨: 아침에는 흐리고 비가 옴. 오후에 비 끝임
오전 10시 30분 KTX 차를 타고 오성역으로 갔다. 낮 12시 40분에 오성역에 도착하여 미리 대기하고 있던 위원회 총무과장과 함께 기재부 예산심의관실을 방문하였다. 예산심의관을 만나 이북5도위원회의 내년도 예산 항목에 대해 자세히 설명드리고 협조를 당부드렸다. 특히 전산시설예산에 대해서는 그 필요성을 강조하여 행안부 승인 금액인 340백만 원이 아니더라도 185백만 원은 반드시 반영해달라고 부탁을 드렸다. 그리고 이북도민과 북한 이탈주민 관련 예산은 우리 요청대로 반영하여 달라고 부탁을 드렸고, 역사사진전 등 의욕적인 신규 사업에 대해서도 1억 원 정도라도 반영해달라고 했다. 속초 실향민문화축제 관련 예산도 올해 예산 중 국회 쪽지 예산 2억 원을 차감한 전년도 예산 규모인 180백 만원은 필히 반영해주어야 한다고 역설하였다.

기재부의 기본 입장은 지방예산을 국비에서 지원할 수 없다는 논리이나 속초 실향민문화축제는 이북7도민이 참여하여 함께 치루는 행사임을 설명하고 결코 속초시 단독행사가 아님을 이해시켰다. 예산심의관이 마침 연대 상대 대학 후배라 관심을 갖고 나의 예산 내용에 대한 설명을 진지하게 들어주어 고마웠다. 어느 정도 목표를 달성할 수 있을 것으로 생각된다.

2020년 7월 15일 수요일 날씨: 맑음

아침 7시 30분에 거행되는 고 백선엽 예비역 대장의 영결식에 참석하였다. 아산병원 추모식장에서 거행된 영결식과 발인식은 육군장으로 진행되어 절도 있고 정중하게 진행되었다. 코로나사태로 참석인원을 80여 명으로 제한하는 바람에 군 관련 인사들과 야당대표를 비롯한 정치인들 그리고 현역군인들이 주로 참석하였다. 장군님은 평남 강서군 출신이어서 180만 평남도민을 대표하여 평남지사인 나와 전승덕 평남중앙도민회장, 그리고 김석환 평남 강서군민회장이 참석하였다. 오후 3시쯤에 박충암 유격대 회장이 오셔서 국회 방문에 따른 대책을 협의하였다.

2020년 7월 16일 목요일 날씨: 맑음 그리고 더웠음

출근하면서 어제 백선엽 장군님 영결식에 참석한 내용을 카톡으로 이북도민사회에 전달하고 홈페이지에 올리도록 하였다. 카톡에 올린 내용은 아래와 같다

📓 평양감사 1054일 I

[고 백선엽 장군 영결식] (2020년 7. 15 / 서울아산병원 장례식장)

　어제 6. 25전쟁의 영웅, 대한민국 최초의 4성 장군이셨던 고 백선엽 대장님의 영결식에 850만 이북도민을 대표하여 평남중앙도민회장과 평남 강서군민회장과 함께 참석하여 장군님 영전에 헌화하고 분향하며 장군님의 편안한 안식을 기원하였습니다. 유족분들께도 심심한 위로의 말씀 드렸습니다.

　고인은 평남 강서군 출신으로 평남 사범을 졸업하신 후 군인의 길을 걸으셨습니다. 한평생 대한민국을 굳건히 지키시고 발전시키시는데 헌신하셨습니다. 또한 한미혈맹의 상징적인 분으로서 역대 한미연합사령관들이 존경하며 예우를 다했던 한미동맹의 표상이셨습니다.

모든 장례절차는 육군장으로 치러져 절도 있고 엄숙하게 진행되었습니다. 코로나19사태로 인하여 영결식 참석인원을 극히 제한하여 80여 명 정도 영결식에 참석하였습니다.

　장례위원장인 육군참모총장을 비롯한 각군 참모총장, 정경두 국방장관, 한미연합사령관, 예비역 군 장성들과 현역 장성들이 참석하였고 미래통일당 대표와 원내대표 등 정치인 10여 분과 고향 후배인 이북도민 대표 등이 참석하여 고인을 추모하며 마지막 가시는 길을 지켜보았습니다. 백선엽 장군님은 우리 평남인의 큰 어른이셨습니다. 우리 180만 평남도민들은 각자의 가슴 속에 장군님의 나라 사랑의 정신과 백절불굴의 용기를 가슴속 깊이 새기고 자유와 민주주의를 사수하신 높은 뜻을 평화통일의 그 날까지 본받아 지켜나갈 것입니다.

　오늘이 초복이라고 한다. 평양부채춤에 안병주 교수가 점심을 대접한다고 하여 평창의 봄 이란 피자집으로 갔다. 안 교수 일행 3분이 미리 기다리고 있었다. 이은주 비서가 동행하였다. 특별 메뉴로 주문을 하여 스테이크와 피자가 나왔다. 즐겁게 대화하며 맛있게 점심을 먹었다. 초복 식사로는 아주 훌륭했다.

　저녁 6시에 롯데호텔 36층에서 있는 통일원 최고위과정 강의에 참석하였다. 오늘의 강사는 권구호 북방경제위원회 위원장이었다. IMF와 미국계 컨설팅 회사에 다년간 근무하신 하버드 출신 경제학 박사이다. 신북방경제 정책에 대한 강의를 하였다.

2020년 7월 17일 금요일 날씨: 맑음

8240부대(일명 KLO 부대) 유격대 전우회장인 박충암 회장이 한기호 의원에게 제출한 설명서 내용을 검토해달라고 해서 보았다. 이북도민들의 정치적 파워를 표현하기 위하여 이북도민 유권자의 수를 600만 명으로 추산하였을 때 국회의원 수가 40여 명이 넘을 거라고 주장한 내용은 무리가 있는 것 같고 다소 정치적인 것 같아 빼는 것이 좋겠다는 의견을 제시하였다.

홍보팀에서 7월 23일에 있을 예정인 외신기자 인터뷰에 대한 일정과 계획에 대해서 보고하였다. 인터뷰 질문지를 보내와 검토하도록 지시하였다. 나도 인터뷰에 대비하여 기초자료를 조사하려고 한다. 지원과장에게 이북도민에 대한 확실한 정의를 확인하였다. 역시 내가 생각했던 것과 같이 실향민 1세와 그 후세대(현재 평균 4세대까지 있음) 그리고 직계후세와 결혼하여 가족인 된 사람까지 포함하고 북한 이탈주민과 그 후손도 포함하는 것으로 정의되어 있었다. 인터뷰에 대비하여 기초자료 작성을 위해 필요한 자료를 집으로 가져왔다. 자료를 정리하고 일찍 잠자리에 들었다.

2020년 7월 18일 토요일 날씨: 맑음

오늘은 평남중앙도민회 관련 행사가 4개나 된다. 오전 8시 15분쯤에 집에서 출발하여 9시 정각에 1차 행사장인 평아름회 북악산 트레킹 출발지인 창의문 앞에 모였다. 30여 명 정도 참석하였다. 창의문의 역사에 대해 길형환 전 덕천군 명예군수가 해설을 해주었다. 창의문의 원래 이름을 자하문이었는데 인조반정 이후 반정(反政)의 주동세력들이 새로운

의를 높이 세운다는 의미로 창의문이라 개명하고 그 후부터 창의문으로 불려졌다고 한다. 창의문은 한양도성의 4소문(四小門) 중에 북쪽에 설치되었다. 그러나 산세가 험하여 길이 제대로 나지 않아 거의 도성 출입문 역할을 못하여 주위에 창성대를 축조한 곳에 홍의문을 세워 주로 도성 출입은 홍의문을 이용하였다고 한다. 사람의 발길이 뜸하여 성곽의 모습이 그대로 보전되었다고 한다.

해설을 들은 후에 9시 15분쯤에 송추에 있는 일영 유원지로 갔다. 오늘 이북7도 청년연합회 주최 청년 체육대회가 있는 날이다. 염승화 이북도민회 중앙연합회장을 비롯하여 각도 중앙도민회장들이 참석하였고 5도청에서는 내가 이북5도위원장으로서 참석하여 격려사를 했다. 약 150명 정도 참석하였고 함북청년중앙회에서 행사에 참가하지 않아 좀 흠이 된 것 같았다. 번외 경기인 만 보 경기에 출전하여 1분 안에 빠르게 달리듯 걸어보았으나 30초 이후 급격하게 체력이 소모되어 힘이 많이 들었다. 체력소모가 심했는지 기력을 회복하는 데 힘이 들었다.

오후 3시에 종로3가에 있는 우리 기원에 도착했다. 매월 3째 주 토요일에는 평남기우회가 있는 날이다. 기원에 들어가니 김중량 전 지사께서와 계셨다. 3점을 깔고 바둑을 두었는데 30점 정도로 참패했다. 이어 김진섭 회장과 한판을 두었는데 4집 정도로 신승했다. 오후 4시 40분쯤에 인사를 하고 먼저 나왔다.

오후 5시에 종로 5가에서 개최되는 강서군 유지모임에 참석하였다. 30여 명 정도 참석하였고 새로 나오신 분들도 두 분이나 계셨다. 인사를 하고 식사를 함께하며 담소를 나누었다. 오늘은 토요일인데도 행사가 유난히 많았다.

2020년 7월 19일 일요일 날씨: 맑음

오늘은 특별한 계획이 없다. 아침에 뒷산에 좀 다녀오고 쉬었다. 내주 수요일에 외신기자들과 인터뷰 일정이 잡혀 있어 예상 질의에 대한 답변서를 작성해보았다. 한글과 영문으로 작성해보았다. 가능하면 통역이 없이 인터뷰를 해보려고 한다.

2020년 7월 20일 월요일 날씨 맑음

평남무형문화재 제3호 김백봉부채춤 보유자이신 안병주 교수가 점심을 대접한다고 하여 이 비서와 같이 약속장소인 평창의 봄 파스타 집으로 갔다. 전망이 아주 좋은 방으로 예약하였다. 5명이 먹기에 좀 양이 많을 정도로 특별주문을 해서 아주 맛있게 먹었다. 오늘 내 생일인 줄 알고 여러분들이 생일축하 메시지를 보내주었다. 음력생일을 지낸다고 말하고 진짜 생일에도 축하 메시지 부탁한다고 농담을 했다.

2020년 7월 21일 화요일 날씨: 흐림

6.25 참전 유격대 전우회 박충암 회장과 함께 한기호 의원을 만나러 갔다. 일전에 당선 축하 겸 도록 전달차 인사를 드리러 왔었기에 그래도 구면인지라 편안하게 방문 목적을 이야기했다. 유격대대원들의 청원내용에 대해서는 잘 이해하고 있었다. 제19대 국회의원 시절 유격대 보상문제에 대한 법률제정 발의를 하였기에 내용에 대해서 잘 알고 계셨다. 현 정권하에서 가능하리라고 생각은 하지 않지만 열심히 노력해보겠다고 약속은 하여 주었다.

2020년 7월 22일 수요일 날씨: 흐림

아침부터 외신기자들의 인터뷰 준비로 바빴다. 사전 보내온 질문지에 대한 답변을 영문으로 작성하여 놓았다. 오후 3시경에 외신기자가 통역사와 사진사를 대동하고 왔다. 인사말을 나눈 후에 통역 없이 인터뷰에 임했다. 인터뷰하기 전에 기념사진을 먼저 찍는 것이 좋다고 하여 그렇게 하였다. 오늘 인터뷰는 네덜란드 최대의 일간지 중에 하나인 폭스크란트의 한국특파원인 예룬 비서와 독일 최대의 주간지인 슈피겔지의 카타리나 피터씨가 왔다. 인사말을 주고받은 후에 본격적인 인터뷰를 하였다. 인터뷰를 위하여 사전에 국영문 자료를 준비했다.

오늘 인터뷰는 영어로 통역 없이 진행했다. 충분히 의사 전달이 되었다고 생각했다. 인터뷰가 끝난 후에 1층에 전시된 사진 전시물과 북한관을 안내하며 설명하여주었다. 아주 편하게 인터뷰를 진행했으며 우리 이북5도에 대하여 충분히 전달하고 이해시킨 인터뷰였다고 생각되었다.

2020년 7월 23일 목요일

오늘 점심에는 평남 행정자문위원회의가 북악정에서 열렸다. 김중양 위원만 제외하고 전원 참석하였다. 내가 모두에 인사말을 하고 이어 행정자문위원장이신 김건철 위원장께서 개회선언과 함께 인사 말씀을 하셨다. 이어 사무국장이 상반기 중에 있었던 도정에 대한 보고를 하였다. 사랑의 마스크 만들기 운동, 이북출신 홍범도 장군 봉오동전투 100주년 승전기념식 행사와 기념강연회, 6월 4일부터 6월 30일까지 개최된 기념사진전에 대해서 설명하고 이어『평남을 빛낸 인물』선정작업 진행 상황을 보고하고 마지막으로 이북도민 인구 추계조사에 대해서 설명드렸다.

이어 행정자문위원장이신 김건철 위원장님의 진행으로 행정자문위원분들이 차례로 소감과 행정에 도움이 될 좋은 조언을 해주셨다. 위원님들 모두 평남을 빛낸 인물 선정작업과 인구추계 조사 건에 대해서 각별한 관심을 표명하셨고 정경조 위원은 인구추계 조사 방법에 대한 조언도 해주셨고 평남을 빛낸 인물에 대해 좋은 제안도 해주셨다.

2020년 7월 24일 금요일 날씨: 흐리고 비도 옴

오늘은 윤 주무관이 휴가라 내가 직접 차를 운전하고 사무실로 출근했다. 북악터널에서 국민대 쪽으로 빠져야 하는데 그냥 지나가는 바람에 홍제동까지 갔다가 되돌아 왔다. 약 20분 정도 시간이 더 걸렸다. 아침 9시 30분쯤에 5도 지사님들을 내 사무실로 오시라고 하여 임시 이북5도위원회를 개최하였다. 우선 그제 있었던 외신기자 인터뷰에 대한 보고를 드렸다.

첫 번째 협의 안건은 포상규정 중 심사위원 추천권에 대한 규정 변경 사유에 대한 이북도민회 중앙연합회 측의 질문서에 대한 사항이었다. 질문서에 대해 답변을 어떻게 할 것인가에 관해 의견을 나누었다. 각 도민회장들에게 주어졌던 추천권을 도지사가 내부인과 외부인으로 나누어 단독으로 추천하는 내용으로 개정한 이유와 그 타당성에 대한 질의에 대한 답변서 작성내용에 관한 것이었다. 사무국에서 작성한 답변내용에 한정길 지사의 보충의견을 첨가하여 회신하기로 했다.

두 번째 안건인 동화경모공원 건에 대해서는 처음에는 황해지사와 함남지사께서는 문서로 현황에 대해 묻는 것이 부담이 되었는지 다소 부정적인 의견을 표시하였으나 내가 이북5도위원회의 책임이 전혀 없다고 할 수 없으므로 도민사회단체 지도관리 차원에서 정중하게 상황을 잘 관리하도록 권고하는 내용으로 문서를 작성하여 보내기로 하였다.

오후 2시에는 평양검무 정기 제1기 이수자 다섯 분과 민향숙 교수가 사무실로 찾아왔다. 사전에 도지사 면담 요청이 있어 면담하기로 약속이 되어있었다. 평양검무 문제점에 대한 1기생 연수자들이 의견을 도지사에게 전달하려는 목적이었다. 1기생 연수자들의 그간의 공로도 인정한다고 말하며 격려하여 주었다. 그리고 앞으로 모든 문제를 원만하게 해결될 수 있도록 정기 1기생 원로 연수자분들께서 사심을 버리고 노력해 줄 것을 간곡히 요청하여 어느 정도 이해를 시켰다.

오후 3시쯤에 함북 지사실에서 평북지사와 함께 동화경모공원에 전달할 문안에 대해 의논을 나누었는데 전적으로 찬성하여주었다. 함남 지사실에 가서 문안 내용 검토 결과에 대해서 물어보니 철자가 틀린 것만 수정하면 좋겠다고 하여 찬성하시는 것으로 이해하였다. 퇴근길에 황해지사께 의견을 물어보니 다른 지사분들이 찬성한다면 이의가 없다고 하여 내가 작성한 원안 내용대로 이북도민회 중앙연합회에 보내기로 하였다.

총무과 담당 계장에게 공문 생산을 지시하였다.
　위원회 사무국 직원들의 견해는 동화경모공원이 우리 위원회의 직접적인 관리대상이 아니므로 위원회 명의로 발송하는 것은 문제가 있다고 하여 다시 검토하기로 하였다. 위원회 소관 업무가 아니어서 위원회 명의 발송하기 어렵다면 내 명의로만 전달하기로 내 나름 결정을 하였으나 월요일에 이 문제를 위원회 사무국장과 총무과장 등 관련 책임자들과 다시 한번 협의해 보려고 한다.

2020년 7월 25일 토요일 날씨: 약간 흐림
　아침에 집사람과 함께 월든 아파트 뒤편 산길을 걸었다. 왕복 8,700여 보쯤 걸었다. 아침 식사를 한 후에 이북도민회 중앙연합회 측에 보낼 문안을 다시 검토하였다. 위원회 명의로 발송하는 문안과 위원회 공문 형식이 아닌 이북5도지사들 대표자로서 내 개인 명의로 발송하는 문안으로 나누어서 작성하였다. 월요일에 상황에 따라 연합회 측에 제출하기로 하였다.
　오후 2시 30분에 윤 주무관의 결혼식에 참석하였다. 신도림역 부근 신도림테크노마트 7층 예식장에서 거행되었다. 평남도사무국 직원 전원과 명예시장군수 그리고 부녀회 회원 등 10여 명이 참석하여 축하해주었다. 결혼식은 요즘 추세대로 주례 없이 작은 공연형식과 같이 진행되었다. 직원들과 함께 점심을 하고 1층에 있는 카페베네에서 커피를 마셨다.
　집으로 돌아오는 길에 염승화 이북도민회 중앙연합회장을 집 부근으로 찾아가 만나보기로 하였다. 용인 신세계 백화점과 오리 하나로마트 중간 지점 부근에 있는 한솔 아파트에 거주하고 계시어 한솔 아파트 입구 부근에 있는 조용한 커피집에서 만나서 현안문제에 대해서 위원회와 나의 입장을 설명했다. 우리 위원회의 입장이 있기 때문에 부득이 권고 공문을 보내는 것이라고 설명하며 이해를 구했다. 연합회에서 현안문제에 대해 적절히 대응하고 향후에는 동화경모공원의 운영을 관련법과 정관에 맞게 공정하고 투명하게 운영하여 줄 것과 필요한 경우 정관과 관련 법규를 수정하여줄 것을 권고하는 내용으로 작성한 문서를 발송할 것이라고 말씀드렸다. 앞으로 진행 과정에서 우리 위원회의 도움이 필요하면 언제든지 돕고 지원하겠다는 말씀도 드렸다.

2020년 7월 27일 월요일 날씨: 흐림

아침 9시에 집사람을 병원에 데리고 갔다. 옆구리가 며칠 전부터 심하게 아프다고 하여 걱정이 되었다. 통증 현상이 마치 비뇨기 계통에 돌이 박혀 있는 느낌이라 하여 걱정이 되었다. 운중동에서 제법 잘 보다는 판교 성모내과병원에 갔다. 몸이 피곤하고 체력이 떨어지면 소화가 계통 쪽에서 그런 현상이 있을 수 있다고 하여 다소 안심은 되었다. 혈압을 체크 해보니 160 정도가 나왔다고 하여 많이 놀랐다. 혈압관리를 철저히 해야 할 것 같다.

집에서 나온 김에 하나로마트에 가서 일 주일분 부식을 사고 총각네 집에 들러 채소 두세 가지를 추가로 샀다. 점심을 먹고 거실에서 잠을 좀 잔 후에 현서네 집으로 갔다. 제인이를 오후 4시쯤에 어린이집에서 데리고 와 현서네가 올 때까지 집사람과 함께 돌봐주었다. 밖으로 나가고 싶어하여 밖에 나가서 놀아 주었다. 현서네 집에 돌아오니 박 서방과 현서가 조금 전에 회사에서 퇴근하고 왔다고 한다. 집사람이 준비해 간 닭곰탕으로 현서네와 함께 먹었다. 후식으로 롤케이크와 자몽주스를 먹었다.

오늘 이북도민회중앙연합회장 앞으로 동화경모 관련하여 권고문을 정식으로 보냈다. 이북5도위원회의 명의로 보내는 것에 대해서 위원회 사무국장을 비롯하여 관련 직원 모두 부정적인 견해를 표시하여 이북5도지사를 대표하여 평남지사가 발송하는 형식을 취했다. 이북5도위원회 관련 법규에 이북도민사회단체에 대한 지도 및 지원이란 관장업무가 있는데 지도라는 관장업무에 대한 위원회사무국 담당자들과 나와는 견해 차이가 조금은 있는 것 같았다. 직원들의 의견을 존중하여 위원회 공식문서 형식을 취하지 않고 이북5도지사를 대표한 평남지사가 연합회장 앞으로 보내는 형식을 취했다. 공식 통신수단인 이메일이나 공용팩스를 사용하지 않고 우체국에 속달우편으로 보내는 것으로 했다.

통일원 통일정책 제10기 동기회 임원 모임 관련하여 8월 4일 저녁 6시 30분으로 곰솔 한정식집에서 만나는 것으로 하였다. 모임 회칙에 대해서도 박희찬 사장에게 초안을 이메일로 보내 검토해보라고 하였다.

2020년 7월 28일 화요일 날씨: 흐리고 약간 비도 옴

이번 주 여름 휴가를 내었지만 막상 휴가 갈 곳이 마땅하지 않았다. 집사람에게 자매들과 함께 제주도로 3박 4일 정도 다녀오자고 하였으나 결정하지 못한 것 같다. 제인이를 보느라 심신이 많이 지친 집사람을 잠시 일에서 벗어나게 하려면 며칠 집을 떠나는 것이 상책이라 생각했다. 결국 집사람 형제자매들이 사는 세종시로 가기로 하였다. 집사람과 병원에 들러 집사람의 진찰 결과를 보고 오전 10시쯤 출발하니 세종시에 낮 12시쯤이 되어서야 도착했다.

이북5도위원회 세종시사무소장이 소개해주는 밥 잘 짓는 집에 가서 한정식 세트 식단으로 주문하여 먹었다. 먹을 만은 한데 별로 특징이 없는 것 같았다. 세종시 형제자매들과는 천궁수라상집으로 가서 점심이나 저녁을 함께하려고 했으나 오늘과 내일은 여름휴가 중이어서 영업을 하지 않는다고 한다. 희순 처제네 집으로 가서 짐을 풀어놓고 휴식을 좀 취하였다. 저녁은 인산가에서 하는 추어탕집으로 가기로 했다. 자매들 부부들과 7명만이 추어탕으로 저녁을 함께하였다. 추어탕 말고도 황태요리 정식도 있어 내일 점심은 이곳에 와서 황태조림 정식으로 하기로 했다.

2020년 7월 29일 수요일 날씨: 흐림

아침은 집사람이 처제들에게 가르쳐 주며 만든 식빵으로 식사를 하였다. 오전 11시쯤에 처남들과 처제들 부부들이 희순 처제네 집으로 와서 이야기 좀 하다가 낮 12시 10분쯤에 인산가 식당으로 갔다. 미리 11인분 황태정식을 주문하여 도착하자마자 음식이 나왔다. 돌솥밥에 황태조림과 황태탕 그리고 정성스럽게 만든 물김치와 나물하고 부두 조림 등이 나왔다. 황태탕이 아주 구수하게 끓여져서 먹을 만했고 황태조림은 부드럽게 간도 잘 맞추어서 맛있게 요리가 되어 나왔다. 실속이 있는 점심이었다. 모두 맛있게 식사를 하고 대추, 생강을 넣은 차도 한 잔씩 마시고 희순 처네 집으로 와서 과일을 먹으며 이야기를 나누었다. 졸음이 와서 조금 자다가 일어났다.

김상철 회장으로부터 신문영 박사가 갑자기 세상을 떠났다는 비보를 전해 들었다. 너무 갑작스러운 소식을 접하다 보니 잠시 정신 멍하였다. 참 훌륭한 친구였고 멋있는 친구였다. 대학 시절 연세춘추 기자로서 카메라를 메고 캠퍼스를 누비고 다니던 모습이 떠올랐다. 대학 졸업 후에 JP 비서로 정치입문을 하여 큰 정치인이 될 걸로 생각했었는데 JP의 영고성쇠에 따라 뜻을 이루지 못하고 명지전문대학교 경영과 교수로 지냈다. 나중에 관광전문학교 학장을 하기는 했으나 학자로서는 큰 성공을 거두지는 못한 것 같았다. 나와는 특별한 인연이 있다. 경영학 박사 과정을 마친 후에 대학교 강의를 한번 해보고 싶어 신 교수에게 부탁하였더니 곧바로 이력서를 갖고 오라고 하여 명지전문대학교 경영과 겸임교수로 발령을 받았다. 한 8년 정도 경영학 교수로서 경력을 쌓게 된 것도 신교수의 추천 덕분이었다.

최근에는 JP 기념사업회 사무총장으로서 JP의 업적을 기리는 일에 전념하여왔는데 너무 격무에 시달렸는지도 모르겠다. 신교수의 부음을 연상67 동기 카톡방에 올리고 내일쯤 문상을 가려고 생각했다. 저녁 6시경에 서울로 출발하였다. 판교 IC 거의 다 왔을 때쯤에 김재수 회장으로부터 전화를 받았다. 김 회장이 자기 딸한테서 연락을 받았다며 신문영 박사의 별세 소식을 들었다고 하며 오늘 문상을 가겠다고 하여 나도 집에 도착한 후 바로 빈소로 가겠다고 하였다. 강남세브란스 장례식장으로 가니 재찬이 부부랑 연세로타리 회원들이 많이 문상을 와 있었다. 김재수 회장은 마동일과 모철인 그리고 현대건설 다니던 상대 후배인 이근수 이사와 함께 문상 왔다가 문상객 자리가 마땅치 않아 문상만 하고 나왔다고 한다.

김재수 회장이 바 스윙에서 기다리겠다고 하여 나도 빈소에 한 20분 정도 있다가 나와서 압구정에 있는 스윙으로 갔다. 10년 만에 가는 것 같다. 한미기초건설 시절 김 회장과는 한 달에 한두 번씩은 다녔던 곳이다. 스윙에 도착하니 김 회장과 마동일 사장 그리고 연상 후배이며 김 회장 일을 도와주는 이근수 이사가 함께 있었다. 모처럼 김 회장을 만나 한미기초개발 건으로 서로의 오해를 풀고 과거의 일을 잊어버리기로 했다.

2020년 7월 30일 목요일 날씨: 흐리다가 맑아짐

아침에 평소보다는 좀 늦게 일어났다. 오전 7시쯤에 뒷산 8부 능선까지 올라갔다 왔다. 점심을 먹고 여의도 성모병원 장례식장으로 우영제 회장 모친상에 문상하러 갔다. 도착하니 국민리스에 같이 근무했던 박영준을 비롯하여 여러 명이 와 있었다. 같이 문상을 하고 한 시간쯤 빈소에 있다가 왔다. 저녁 6시쯤에 현서네 집에 도착하여 저녁을 같이 먹었다.

함북지사께서 속초시를 방문하여 이북도민사회 강원도 도민회장님들과 유지분들을 만나 격려하고 도민회 활동상황을 파악하였다고 하였다. 속초시에서 주관하여 이북5도위원회의 지원을 받아 해마다 열고 있는 속초시 실향민 축제에 대해 속초시장과 관련 분들과 면담하고 협력방안을 논의하였다고 카톡 메시지로 연락이 왔다.

2020년 7월 31일 금요일 날씨: 맑음

아침 7시 30분에 고 신문영 박사 발인식에 참석했다. 상과 동기생 친구들과 무악로타리클럽 회원들이 다수 참석하였다. 발인식에 이어 서초구에 있는 서울 추모공원에서 화장을 한 후에 곤지암에 있는 소망교회 추모공원으로 가서 추모탑에서 안장식을 하였다. 가족분들이 화장한 뼈 가루를 한 줌씩 뿌리며 눈물을 흘리는 모습을 보고 있으려니 나도 모르게 눈물이 났다. 안장식을 끝내고 배연정 소머리 국밥집에서 소머리국밥을 한 그릇씩 먹고 강남세브란스 병원으로 다시 왔다. 오늘 안장식에는 재찬, 징훈, 영진, 종원 그리고 내가 연상 67 동기 대표로 참석하였다.

오후 3시 40분쯤에 구기동 사무실에 와서 밀린 업무를 보았다. 위원회 사무국장이 내 휴가 기간 중에 있었던 일에 대해 간략히 보고했다. 예산문제에 대해 행사 축소를 해서라도 이북5도위원회의 연간 사업 중에 가장 큰 행사인 대통령기 이북도민체육대회와 해외도민초청행사는 반드시 해야 하는 당위성에 대해서 행정안전부에 충분히 설명하였다고 한다.

문제의 동화경모공원 건에 대해서는 차후 예상될 수 있는 문제를 고려하여 간략하게 보고하는 차원에서 행안부 담당관에게 설명드렸다고 한다. 이북도민회 중앙연합회 측에 전달한 권고문에 대해서는 연합회 측의 특별한 움직임이나 반응은 없었다고 하였다. 7월 27일(월)에 있었던 일천만이산가족위원회가 주관한 "고령이산가족 상봉을 위한 정책제안" 세미나는 평북지사께서 위원장인 나를 대신하여 참석하고 축사를 하였고 세미나 결과는 아주 좋았다는 평가를 받았다고 전해 들었다.

2020년 8월 1일 토요일 날씨: 흐리고 약간 비가 옴

세월이 참 빠르다는 것을 실감하게 한다. 내가 평남지사에 취임한 것이 작년 8월이니 벌써 1년이란 세월이 흘렀다. 열심히 일했다고 생각한다. 부족한 점이 많았지만 생각하고 준비하며 이북도민사회와 잘 소통하면서 열심히 일했다. 평남도민들의 평가가 어떨지는 모르겠으나 부족했다는 평가는 면할 것 같은 생각은 들었다.

아침을 먹고 좀 쉬다가 하나로마트에 가서 일주일 먹을 것을 사고 집으로 돌아왔다. 차를 주차하고 바로 걸었다. 모처럼 뒷산을 올라가지 않고 운중천변을 걸었다. 통일교육원에서 만든 '2020 통일문제 이해'란 책을 보았다. 김용삼 기자의 근현대사에 대한 강의를 유튜브 방송으로 들었다. 역사를 보수 학자의 입장에서 잘 정리해 전달해 주었다. 시리즈로 되어있는 것 같아 관련 강의를 더 들어보려고 한다.

2020년 8월 3일 월요일 날씨: 비가 오고 흐림

비서실장이 업무보고차 들어왔다. 8월 일정표에 반영할 주요 일정을 몇 가지 알려주었다. 이북오도민신문의 김영근 대표와 차 한잔 나누며 이북도민회 최근 동향에 대해 의견을 나누었다. 동화경모공원과 관련하여 이북5도지사들이 최소한의 이북도민 관련 단체에 대한 지도는 해야 한다는 취지에서 몇 가지 권고 사항을 전달했다는 말을 하였다.

점심은 송경복 평남부녀회장님께서 도 사무국 직원과 평남도민회 고문을 비롯한 현 집행부 임원들을 초대하여 북악정에서 점심을 같이했다. 35년간 평남부녀회장으로 부녀회를 이끌어 오신 송경복 회장의의 열정과 지도력에 모두 찬사를 보냈고 그동안 수고가 많으셨다고 감사의 말씀을 하였다.

특히 도민체육대회와 대통령기 체육대회에 부녀회원들을 2, 3백 명씩 동원하여 절도 있게 응원을 하여 주신 것은 송경복 회장님의 탁월한 리더십 덕분이라 생각된다. 대동군 출신 조명복 사장께서 도민회에 마스크 2만 장을 기증하여 기증식에 참석하였다. 도 사무국에도 1만 장 정도 후원하겠다고 하여 감사히 받게 하였다.

이북도민지원과 사무실의 사무공간을 확장한 것을 기념하여 조촐한 파티가 있었다.

평북지사와 내가 참석하여 다과와 막걸리를 마시며 축하하여 주었다. 오후 5시쯤에 홍계순 IBK연금보험사 감사가 방문하여 태양광 설치문제를 협의하였다. 총무과장의 말로는 이미 정부방침에 따라 옥상의 절반 정도를 설치하였다고 하며 추가 설치할 공간적 여유가 없다는 설명을 들었다.

2020년 8월 4일 화요일 날씨: 흐림

이북5도위원회 간담회가 있었다. 이북5도위원회의 연중 가장 큰 행사인 이북도민 대통령기 체육대회 행사 계획안과 해외이북도민 모국 초청 행사 건에 대한 사무국이 보고가 있었다. 대통령기 체육대회는 참석인원의 규모를 축소하고 철저한 방역 조치하에 진행하는 것으로 했고 식전 행사에 평남 향두계놀이와 함북의 무형문화재를 공연하는 것으로 하였다. 함북지사와 국회의원회관과 몇 군데 지역을 순회하며 개최하기로 한 〈봉오동전투 100주년 기념사진전〉 전시 건에 대해서 협의하였다. 내가 제안한 전체행사에 대한 설명과 5부로 된 부별 사진전에 대한 설명문은 다듬어서 정리하여 함북지사께 드렸다.

저녁 6시 30분에 곰솔 한정식집에서 통일연구원 최고위과정 제10기 동기회 임원 모임을 가졌다. 임원 7분 모두 참석하여 담소하며 회칙 제정문제에 대해서 논의하였다. 곽영길 회장이 옆방에서 종로구청장을 모시고 저녁을 하기로 되어있다고 하여 오후 7시 30분쯤에 그곳으로 가서 김영종 구청장과 인사를 나누었다. 종로구청장이 서울과기대 출신이라는 것을 사전에 알아 나도 경기공전 출신임을 말하고 인사를 나누었다. 시간을 내서 한 번 사무실에 방문하기로 하였다.

2020년 8월 5일 수요일 날씨: 흐리고 비가 옴

점심은 오랜만에 구내식당에서 이 비서와 같이 먹었다. 오후 1시쯤에 평양검무 이수자 두 분이 찾아와서 보유자 두 분간에 의견이 조정이 아직 원만하게 되지 않아 대외 공연 상에 어려움이 있음을 호소하였다. 도에서는 기본 입장이 무형문화재의 지원에 중점을 두고 있기 때문에 보유자 간의 문제와 보존회 측의 문제는 자체적으로 잘 해결할 수밖에 없음을 설명드렸다. 우리 도에서는 행정적 지원과 관리는 최대한 잘하고 있는 상황을 설명하였다. 조만간 두 보유자 간의 합의가 이루어져 잘 운영되기를 지켜보는 수밖에 없다.

오후에 김현균 차장으로부터 현상윤 평남청년회장이 변고가 있는 것으로 이야기하여 깜짝 놀랐다. 나중에 확인해 본 바로는 사우나장에서 하룻밤을 자고 난 후 아침에 몸 컨디션이 안 좋아 사우나 측에 구급차를 요청하였고 서울대 병원으로 이송 도중에 심정지가 와 도착 직전에 세상을 떠난 것으로 밝혀졌다. 참 안타까운 일이다. 요즘 주변에 갑자기 세상을 떠나는 분들이 생기다 보니 그동안 내가 업무에 열중하여 무리하게 일하고 있는 것은 아닌가 하고 생각해 보았다. 건강을 최우선으로 하여 몸에 무리가 가지 않는 범위 내에서 현명하게 일해야겠다고 생각했다.

2020년 8월 6일 목요일 날씨: 약간 흐림

아침에 논현역 부근에 있는 치과에 임프란트시술 사전 진료차 갔다. 임플란트를 위한 예비조치를 완료하고 8. 17일 11시 30분에 임플란트 시술하기로 했다.

오전 11시 10분경에 사무실에 도착하여 인구추계 조사 관련 자료를 재검토하였다. 오후 4시경에 인천 세종병원 장례식장으로 갔다. 5시경에 도착하여 평남중앙청년회장이었던 고 현상윤 회장 문상을 하였다. 평남중앙회 회원과 중앙도민회 전승덕 회장을 비롯한 임원진들이 문상을 많이 왔다. 너무 일찍 세상을 떠나 안타까운 마음 금할 길이 없다. 최근에 주위에 심정지로 세상을 떠나시는 분들이 생겨 마음이 많이 아프고 나 자신도 건강에 자신이 없어지는 것 같았다. 아무쪼록 건강 관리에 더욱 유념해야겠다고 마음속으로 다짐하였다.

2020년 8월 7일 금요일 날씨: 흐리고 비가 옴

오늘 점심은 도 사무국 김한상 계장과 이은주 비서 그리고 윤종인 주무관과 함께 모처럼 삼청동 수제비집으로 가서 점심을 먹었다. 여전히 사람들이 기다리며 줄을 서 있었다. 한 10분경에 기다려서 자리가 나와 수제비에 녹두전을 한 접시 시켜 먹었다. 예전에 먹었던 맛보다는 조금 변한 것 같기도 하고 깊은 맛이 떨어진 것 같기도 하였으나 여전히 멸치 육수의 맛은 그대로였다. 항아리 뚝배기에 4인분이 나와 양이 조금 많은 듯했으나 남기기 싫어서 나머지는 내가 좀 무리해서 다 먹었다. 조금 많이 먹었나 싶다.

식사를 하고 청사 정문에 도착하니 평북지사가 막 밖에서 식사를 하고 들어오는 길이라며 같이 보그 찻집에 가자고 하여 찻집에 가서 아이스크림을 먹었다. 마침 미수복경기도 민회 윤일영 회장께서 직원들과 함께 찻집에 들어와 같이 아이스크림을 먹으며 이야기를 나누었다.

2020년 8월 8일 토요일 날씨: 흐리고 비가 옴

오늘은 평남장학회가 수여하는 평남장학금 수여식이 있는 날이다. 오전 11시에 수여식 행사가 시작되었다. 김건철 장학회 이사장님과 김형호 상무님 등 장학회 이사님들과 평남중앙회 전승덕 회장 등 임원들 다수가 참석하였고 오늘 장학금을 받는 28명의 학생과 학부모님들 그리고 청장년 회원 등 약 100여 명 정도가 참석하여 성황리에 행사가 진행되었다. 식순에 따라 장학금 수여식이 있었고 이어 이사장의 축사와 전승덕 회장과 내가 격려사를 하였다. 장학금 수혜자들 중에는 11명의 탈북민 학생도 있었다. 이들에 대한 우리 도민회의 관심이 매우 중요하다고 생각한다. 이북5도위원회에서도 내가 위원장을 맡은 이후 이들에 대한 각별한 관심과 지원책을 마련하여 추진하고 있다. 이들이 대한민국에 잘 정착하여 향후 통일과정에서 중요한 역할을 하여 줄 것을 기대해 본다. 나는 다음과 같은 격려사를 하였다.

[2020년도 평남장학금 수여식 격려사]

존경하는 평안남도 도민 지도자 여러분! 그리고 명예롭게 선발된 장학생 여러분!

2020년도 제34회 평남장학회 장학금 수여식을 이곳 기와에서 갖게 된 것을 매우 기쁘게 생각합니다. 또한 도민의 한 사람으로서 여러분의 선배로서 영광스러운 28명의 평남장학회 장학금 수혜자 여러분께 축하와 격려의 말씀을 드리고자 합니다. 평안남도 장학회가 오늘에 있기까지 물심양면으로 후원을 아끼지 않으신, 선배 지도자, 도민 여러분과 뜻 깊은 오늘 행사를 준비해주신 김건철 이사장님과 장학회 이사 여러분께 진심으로 감사의 인사를 드립니다. 또한 바쁘신 가운데도 불구하시고 본 행사를 빛내주시고 축하해주시기 위하여 함께 해 주신 전승덕 중앙도민회장님을 비롯한 도민회 유지 여러분께도 감사드립니다.

평안남도 장학회 이사님 및 장학생 여러분!

평남장학회는 1987년 설립 이래 지금까지 673명에게 12억 2천 5백만 원의 장학금을 지급하여왔다고 들었습니다. 이는 우리 1세대 어르신들이 맨주먹으로 월남하여 실향민의 아픔을 느끼면서 굶주림과 공부를 할 수 없었던 그 날의 슬픔이 있었기에 후세에게는 이런 고통과 힘든 환경을 물려주어서는 안 되겠다는 일념 하나로 만든 소중한 장학회입니다. 이에 우리 장학생 여러분은 감사의 마음과 함께 선대 어르신들의 장학회 설립 정신을 가슴 깊이 새겨야 하겠습니다.

사랑하는 평안남도 장학생 여러분!

우리 평안남도는 지난날 고난스러웠던 시절 많은 애국지사와 각 분야에서 훌륭한 인물들이 배출되어 독립투쟁과 자유대한민국의 건설에 큰 역할을 하였던 고장입니다. 바로 여러분은 이런 자랑스런 고향의 혈통을 이어받은 후손들입니다. 이러한 선대 고향 어르신들의 뜻과 정신을 이어받아 앞으로 통일의 역군으로서 평남인의 후손답게 그 사명감을 다해 줄 것을 간곡히 당부합니다.

사랑하는 장학생 여러분! 오늘 이 자리를 빌려 저는 여러분의 인생의 선배로서 다음 몇 가지 당부의 말씀을 드리고자 합니다.

첫째 꿈을 가지시기 바랍니다. 원대한 꿈도 좋지만 그 보다는 여러분들이 각자 다름대로 아름다운 꿈을 꾸었으면 합니다. 나와 주위 그리고 사회를 아름답게 할 수 있는 그런 꿈 말입니다. 여러분 한 사람 한 사람의 아름다운 꿈이 이루어진다면 우리 사회도 아름다워지고 여러분들의 삶도 성공한 인생이 되리라고 저는 확신합니다.

둘째 그런 아름다운 꿈을 이루기 위해 여러분들의 능력(ability)을 착실하게 키워나가시기 바랍니다. 국제화 시대와 전문가를 필요로 하는 시대의 요청에 맞게 여러분들의 능력을 개발하여 어디서도 필요한 인재가 되어주시기 바랍니다.

마지막으로 따뜻한 감성을 지닌 아름다운 사람이 되어주십시오. 특히 평남인으로서의 긍지와 기백을 잃지 마시고 여러분 선대 어르신들의 고향인 평남을 사랑하고 우리 이북도민의 염원인 평화통일에 선봉이 되어줄 것을 간곡히 부탁드립니다. 우리가 원하는 통일의 모습은 자유민주주의와 시장경제체제의 유지되고 자랑스런 우리 대한민국이 역사의 정통성이 유지되는 그런 통일입니다. 그런 통일을 위해 평남인의 후세로서의 책임과 소명의식을 가져줄 것을 부탁드립니다.

끝으로 평남장학회를 이끌어 오신 김건철 이사장님과 장학회 이사 여러분께 다시 한번 감사드리며 훌륭하게 자녀들을 키워 오신 학부모님들께도 그간의 노고에 대하여 찬사와 격려를 보냅니다. 참석하신 모든 분의 가정에 건강과 행복이 늘 함께하시기를 기원하며 우리 함께 코로나 19사태를 잘 이겨나갑시다. 감사합니다.

오후 1시 30분쯤에 행사가 끝나 2시 30분쯤에 집에 도착하였다. 3시까지 좀 쉰 다음에 집사람과 총각네집 야채가게와 오리역 하나로마트에 가서 일주일 먹을 것을 사 가지고 왔다. 5시 30분쯤에 현서네 집으로 갔다. 집에 도착하니 도연이네 가족도 와 있었다. 모처럼 온 가족이 한곳에 모여 저녁 식사를 같이하였다. 현서네가 항아리 보쌈집에 주문한 항아리 돼지고기 보쌈 세트에 현서네 집에서 준비한 음식을 먹으며 맥주 한 잔씩 마셨다. 제인이 재롱에 가족들 모두 즐거운 시간을 보냈다. 모처럼 부산에서 김 서방이 올라와 같이 식사하여 너무 반갑고 즐거웠다. 언제나 성실하고 반듯한 모습에 든든하고 자랑스럽다. 성실하고 열심히 근무하여 제 몫을 잘 해주는 훌륭한 법관이 되었으면 하는 바람이다.

2020년 8월 9일 일요일 날씨: 비가 옴

연일 계속 비가 오고 있다. 언론 보도에 의하면 계속되는 장마 일수가 최근 9년만에 최장 일수를 기록했다고 한다. 무려 46일이나 장마 기간이 계속되었다. 오늘 오후 1시에는 동보성 박 상무가 결혼을 하는 날이어서 하림각에 있는 예식장으로 갔다. 동보성은 우리 평남 유지모임이 정기적으로 열리는 곳이기에 참석하였다. 박 상무는 50대 중반인데 초혼이라고 하니 늦장가를 가는 셈이다. 듣기로는 신부는 화교 출신으로 같은 직장의 다니는 동료라고 한다. 좋은 가정을 이루어 행복하게 살아가길 축원하였다.

2020년 8월 10일 월요일 날씨: 흐림, 그리고 비도 옴

매주 화요일에 열리는 주간 위원회 회의를 오늘로 변경하였다. 함북지사께서 내일 전북지구 사무소를 방문하여 전북 교육감과 미팅이 잡혀 있다고 하여 부득이 하루 당겨서 차담회 형식으로 열기로 하였다. 특별한 안건은 없었고 총무과장으로부터 미래통합당 지성호 의원으로부터 추가 자료요청 건에 대한 보고를 받았다. 위원회 설립 이후부터 도지사들의 업무추진비 등의 내역을 제출해달라는 것이었다. 무리한 요구인 줄 알지만 크게 문제 될 것이 없다고 판단하여 제출하도록 하였다.

함북지사가 전국 순회 홍범도 장군 봉오동 및 청산리 100주년 기념사진전에 관련한 설명이 있었다. 그리고 8.15일 광복절 75주년을 맞이하여 이북5도위원회와 이북5도지사들의 활동상황에 대한 인터뷰 요청이

KBS 라디오 방송국에서 왔다고 하며 사무국에서 준비한 대담 내용을 보여주었다. KBS 중앙방송국의 인터뷰라 이북5도위원회에 대해 일반 국민에게 알릴 좋은 기회라고 생각하여 준비한 내용을 꼼꼼하게 검토하여 본 후에 이북5도에 관련된 사항에 대해서 일부 내용을 수정하고 보완하여 주었다.

2020년 8월 11일 화요일 날씨: 흐림

오늘 11시에 종로 5가 옛날 보신탕집에서 양덕읍면장들이 주관하는 양덕 어르신들 여름 보양식 대접이 있었다. 보신탕집은 4대째 하고 있는 집인데 맛이 좋았다. 20분 정도 참석하셨다. 보양식으로 점심을 마친 후에 전통 한방 찻집에 가서 쌍화탕도 한 잔씩 마셨다. 해마다 갈수록 어르신들의 발걸음이 적어져서 걱정이다. 사무실에 돌아와서 인구추계 조사 응답지 내용을 검토하였다.

오후 5시에는 경기도 구리시에 있는 오삼저수지 옆에 있는 멋진 낙지집 오삼점 식당으로 갔다. 이곳은 현대건설 부장으로 근무한 적이 있는 김종덕 사장의 부인이 경영하는 낙지집이다. 박건표 사장이 먼저 와서 기다리고 있었다. 김 사장과 박 사장은 10여 년 전부터 카타르에서 일하며 돈독한 우의를 다져온 사이다. 연포탕에 낙지볶음밥을 시켜서 먹었다. 8월 하순경에 운동을 한 번 같이 하기로 했다.

2020년 8월 12일 수요일 날씨: 맑음. 낮에는 더웠음

아침에 출근하여 함북지사 집무실에 갔더니 자리에 안 계셨다. 오늘 오후 1시쯤에 KBS 라디오 방송프로그램 출연하는 인터뷰 관계로 댁에서 인터뷰 준비를 하고 곧바로 여의도 KBS 스튜디오로 가신다고 한다. 오늘 인터뷰 내용은 8.15 광복 75주년을 기념하여 이북5도위원회와 이북5도지사의 업무와 이북도민들의 통일에 대한 의견을 묻고 특히 독립운동과 독립전쟁에 관련하여 북간도 지역의 민족운동과 독립투쟁사에 대한 내용 위주로 하여 인터뷰를 한다고 한다. 인터뷰 초고를 함북지사가 어제 보여주어 이북5도위원회와 관련된 내용을 일부 수정하고 보완하여 주었다. 인터뷰 방송은 8월 15일 오전 7시부터 8시까지 방송된다고 하니 이북도민사회에 관심이 있는 분들이 많이 청취를 하였으면 한다.

점심은 오랜만에 구내식당에서 먹었다. 오후 3시쯤에 함남도민회 과장을 사무실로 불러 함남 분들의 인구추계 조사내용 중 불분명한 내용에 대해서 보충 설명을 들었다. 오후 3시 30분경에 경기사무소장이 방문하여 상반기 업무추진 현황에 대해서 보고를 하였다. 이재명 경기지사와 면담 요청을 하도록 지시하였다. 경기도 지역 이북도민사회에 대한 관심과 예산 지원문제를 협의하고 경기도 북부지역에 제2 경기도사무소 설치문제를 논의하려고 한다.

2020년 8월 13일 목요일 날씨: 흐림

아침에 출근하니 책상 위에 이북오도민 신문이 올려져 있었다. 이북오도민 신문 1면 톱기사에 동화경모공원 사건에 대한 내용이 대서 특필되었다. 소 제목하에 공원감시단으로부터 관련 자료를 확보, 사건의 심각성인지, 이사 줄소환, 평남도지사 권고 사항이 담긴 문건 전달 등으로 동화경모공원 관련한 내용을 특종 기사로 다루었다. 문제는 이북도민연합회와 동화경모공원 이사들이 위와 같은 사안을 바라보는 시각이 너무 안이하다는 것이다. 공적 기관이라 할 수 있는 동화경모공원의 관리를 어떻게 해야 하는지에 대한 경험이나 책임의식이 별로 없는 것 같다. 그러기에 현재 동화경모공원에 내재되어 있는 문제의 심각성을 제대로 인지하지 못하고 있는 것이 아닌가 한다. 만약 사건이 확대되어 외부에 노출되면 이북도민사회는 물론 이북5도위원회에도 영향을 줄 것이 명백하다.

이러한 상황에서 이북5도위원회의 관장업무 중에 하나인 '도민사회 관련 단체에 대한 지도 및 지원'에 대한 관장업무를 소홀히 할 수 없기에 부득이 이북도민연합회장 앞으로 이북5도 지사의 뜻을 담아 사건의 경위에 대한 설명을 적당한 시기에 하여 줄 것과 이에 대해 현명하게 대처하여 줄 것을 얼마 전에 정중하게 요청하였던 것이다. 아울러 이북5도 연합회에서 동화경모공원은 물론 관련 산하단체를 운영하고 지도 관리함에 있어 관련 법규와 정관 및 관련 제 규정에 따라 적법하고 공정하고 합목적적으로 운영할 것을 정중하게 권고하였던 것이다. 어디까지나 나의 충정 어린 권고였고 이북5도위원장으로서 관련 법규에 규정된 도민사회와 관련 단체에 대한 최소한의 지도 차원에서 의견을 제시한 것이었다. 이런 나의 충정 어린 권고를 이북5도연합회 측에서는 이북도민단체에 대해 부당하게 간섭하는 것으로 생각하는 것 같다. 한편 생각하면 이북도민중앙회연합회 측의 입장도 이해는 간다. 그동안 이북도민중앙회연합회 측의 업무에 대해 이북5도위원회가 일체의 권고나 관여를 한 일이 없었고 관여를 하지 않는 것이 불문율처럼 되어왔었다. 아무튼 잘 처리해줄 것으로 믿을 수밖에 없지 않겠나 생각한다.

2020년 8월 14일 금요일 날씨: 아침에는 맑음. 11시부터 흐리다 비가 옴

오늘은 평남중앙도민회로서는 일 년 중에 가장 큰 행사라고 할 수 있는 도민의 행사 날이다. 해마다 5월 5일 어린이날을 기하여 우신고등학교에서 도민체육행사 겸 도민의 날 행사를 개최하였었는데 금년 들어 심각한 코로나19 확산 사태로 인하여 개최 시기를 계속 연기하여오다가 부득이 행사 규모를 대폭적으로 축소하여 수정궁갈비집에서 상임고문님들, 명예시장군수단과 군민회장단 등 평남도민회 원로 유지분들 그리고 일부 탈북민들을 위주로 참석하여 행사를 진행하였다.

참석인원은 대략 150명 정도로 추산되었다. 나는 도지사로서 행사에 참여하여 평남 유지분들을 한자리에서 뵙게 되어 매우 반갑다는 인사를 먼저 드리고 도지사에 취임한 지 1년 된 지금 나의 소회를 진솔하게 말씀드렸다, 앞으로도 초심을 잃지 않고 취임사에서 말씀드렸던 바와 같이 항상 도민과 함께하고 소통하는 도민 중심의 도정을 이끌어 나갈 것과 도정의 역량 강화에 힘쓰겠다고 말씀을 드렸다. 그리고 이북5도위원장으로서의 역할도 성실하게 할 것을 다짐하였다.

2020년 8월 15일 토요일 날씨: 비가 오고 흐림

오늘은 75주년 광복절 겸 72주년 대한민국 정부 수립일이다. 오전 10시 동대문 디자인프라자(DDP) 지하 2층에 있는 어울림관에서 문재인 대통령 내외와 대한민국 정부 3부 요인과 정당대표 그리고 행정부에서는 장.차관급 인사와 독립유공자, 외국 외교사절들이 참석한 가운데 광복절 기념행사가 거행되었다. 행정부에선 장관급은 거의 참석하였고 차관급의 경우는 행안부 산하 이북5도지사들만 특별히 참석 대상에 포함시킨 것 같았다. 전체행사 참여 인원이 행사 진행 인원까지 합하여 총 200여 명 정도밖에 되지 않아 보였다.

김원웅 광복회 회장이 개회사에 이어 대통령에 앞서 광복회장으로서 인사말을 하였다. 그런데 광복절을 축하하는 기념식장에서는 도저히 해서는 안 되는 상식밖에 이야기를 작심 발언하듯 이야기하였다. 문제가 된 발언은 대략 다음 3가지로 요약할 수 있었다.

첫째는 이승만(존칭과 직위를 생략하고 이름만 언급함)이 친일세력과 결탁하여 정부수립 후에 친일청산을 위한 반민족특위를 위력으로 무산시키고 일제에 부역한 친일파 세력과 함께 친일세력을 청산하지 않아 민족정기를 말살하였다고 주장하였다. 더 나아가 그는 대한민국이 세계에서 유일하게 친일세력을 청산하지 않은 국가라고 근거 없는 주장을 펴며 왜곡 편향된 발언을 하였다.

둘째는 그 당시 한국이 낳은 세계적인 작곡가 겸 지휘자인 안익태 선생에 대해서는 친일부역자이며 일본의 괴뢰국가인 만주국을 위하여 작곡과 예술 활동을 하였다고 주장하며 선생이 작곡한 애국가가 아직도 우리나라의 국가로 지정된 채 국가기념일 행사 때마다 부르는 것이 부당하다는 주장을 하였다. 그동안 국민적 합의에 의하여 국민 대다수가 애국가로 인정하고 정부수립 이후 모든 국가 행사나 민간의 공식적인 행사 때마다 국가로 제창하였던 애국가를 개인의 편협하고 왜곡된 역사관에 기초하여 우리나라 국가로 인정할 수 없다고 주장하는 데 대해 도저히 이해할 수 없었다.

이는 광복회 회장의 위치에서 광복절을 기념하는 행사장에서 이야기할 성격이 분명히 아닌 발언이었다. 그는 과도하게 자기의 주장을 엄숙하고 성스러운 광복절 기념식장에서 인사말에서 그릇된 주장을 하는 무식함과 무모함을 드러냈다. 안익태 선생의 친일 부역 정도가 선생의 예술가로서의 업적과 능력을 부정할 정도의 행위였는지는 차지하고라도 이번 광복절 행사에 참석한 대통령을 비롯한 정부 요인 모두 진심으로 4절까지 힘차게 부른 애국가를 폄훼한 것은 상식밖에 처사이며 반국가적인 처사라 아니할 수 없다. 오죽하면 진중권 교수 같은 분도 5.18 광주민주화항쟁 기념식에서도 부르는 애국가에 대해 모독적인 발언을 한 것에 대해 따끔한 일침을 가했다.

셋째는 친일민족반역자 69분이 아직도 국립현충원에 가장 명당자리에 안장되어있는 것이 부당하다는 주장이었다. 아마도 박정희 대통령과 백선엽 장군 등 만주군관학교 출신 장성들에 대해서 자기 나름 친일부역자로 판단하고 국립현충원에 안장한 것이 부당하다고 주장하는 것 같다.

광복회장은 어디까지나 공적인 조직의 수장이다. 회장의 생각과 언행은 바로 개인의 생각에 국한하는 것이 아니라 광복회의 공식적인 입장으로 봐야 할 것 같다. 과연 광복회장이 국립현충원에 안장되어있는 국가유공자에 대해 개인적인 편협하고 왜곡된 역사관과 인식에 기초하여서 독립유공자와 대한민국건국의 공로자들에 대해 대다수 국민의 동의할 수 없는 막말을 쏟아내며 단죄하듯 천박하고 부당하게 주장하는 것에 대해 놀라지 않을 수 없었다.

앞으로 김원웅 광복회장의 발언은 두고두고 우리 국민을 좌와 우, 진보와 보수 그리고 민족과 반민족, 친일과 반일의 프레임 속에 갇혀 국론을 양분시켜 사회적 논쟁을 불러일으키고 국민적 단합을 해칠 것으로 예상되어 매우 부적절한 언행이 아닐 수 없다. 더 나아가 안익태 선생의 작곡 또한 위작이라는 등 확인되지 않은 사실을 언급하고 급기야는 애국가의 지위를 박탈해 민족정기를 세워야 한다는 등 광복회장의 위치에서 올바른 민족정기를 세워야 할 사람이 편향된 이념에 치우친 자기주장을 하는데 놀라지 않을 수가 없었다.

참담한 마음으로 김원웅 회장의 광복절 기념사를 들었다. 저녁 뉴스 시간에도 김원웅 회장의 발언에 대한 찬반 의견이 여야 정치인들 사이에 나와 벌써부터 국론 분열의 조짐이 보이고 있다. 기념식이 끝나고 이북5도지사님들과 장충동에 있는 평양면옥 집에 가서 돼지고기 수육에 평양냉면으로 점심을 같이했다.

2020년 8월 17일 월요일 날씨: 맑아지고 더웠음

오늘 아침에는 집사람과 운중천 변을 걸었다. 11,000보쯤 걸었다. 오전 9시 30분경에 집사람 차를 몰고 치과 진료를 받으러 갔다. 오전 11시 30분에 임플란트 시술하는 날이다. 조금 일찍 출발하여 시간적 여유가 있어 K호텔 부근에 있는 단골로 다니던 자동차 수리센터로 갔다. 집사람 차에 소음기가 부식된 것 같아 운전할 때마다 소음이 대단하다. 수리점에 가서 점검해보니 역시 예상했던 대로 소음기 앞뒤 부분 두 곳이 완전히 부식되었다고 한다. 수리하는데 시간이 좀 걸릴 것 같아 차를 맡기고 논현역 부근에 있는 4. 31 치과로 갔다. 15년쯤 단골로 다니는 치과병원 의사라 믿음이 가고 나한테는 잘 맞는 의사인 것 같다. 임플란트 시술이 아주 자연스럽게 잘 된 것 같았다. 차수리센터에 들려 수리된 차를 찾아 집으로 왔다.

도연이네 집에 에어컨이 없어 덥다고 피서 겸 우리 집으로 왔다. 모처럼 도연이와 이런저런 이야기를 했다. 어릴 때 우리 집에서 한 1년을 같이 생활하다 보니 무척 정이 든 손녀다. 물론 첫 손녀이기도 하지만 마음씨 착하고 영특하고 얼굴도 너무 예쁘다. 정이 깊이 들은 손녀딸이다. 거실 소파에 같이 앉아 오랜만에 정답게 이야기를 나누었다. 보통 할아버지와 손녀 사이에 그리 이야기 거리가 없는 것이 일반적이지만 나와 도연이는 대화가 비교적 잘 되는 편이다. 도연이한테 꼭 해주고 싶은 말이 있었다. 지난번 평남장학회에서 장학생들에게 장학금을 수여할 때 도지사로서 격려사로 한 말이 생각났다. 격려사를 도연이한테 하고 싶은 말대로 했다고 말하면서 세 가지를 말해주었다.

첫째는 아름다운 꿈을 가져달라고 했다. 큰 꿈이 아니라도 도연이 자신과 주위 사람에게 도움이 되는 아름다운 꿈을 꾸라고 했다. 둘째는 그런 아름다운 꿈을 실현하기 위하여 세 가지의 능력을 기르라고 했다. 세 가지 능력 즉 3력(三力)이란 지력, 체력 그리고 심력(心力)이라고 말했다. 명지전문대학교 경영과 학생들에게 강의하면서 학생들의 인성교육에 필요한 것을 자주 이야기해주었던 기억이 난다. 그때도 젊은 학생들에게 3력을 기르라고 말하곤 하였다. 마지막으로는 아름답고 풍부한 감성의 소유자가 되라고 말하며 이 세상에서 가장 소중한 존재가 바로 자기 자신임을 깨닫고 늘 자신을 소중하게 생각하고 동시에 타인도 나와 같이 소중한 존재임을 인식하라고 말해주었다. 잔소리 같아 더 길게는 말하지 않았지만 영리한 도연이가 잘 이해하고 할아버지의 깊은 뜻을 이해하리라 생각한다.

2020년 8월 18일 화요일 날씨: 더웠음

오늘 이북5도위원회 간담회를 개최하였다. 사무국장의 주간 업무보고가 있었다. 이어 함북지사께서 9월 7일에 예정된 홍범도 장군 봉오동과 창산리 전투 100주년 기념사진전 전국 순회전시회 건에 대해서 협의하였다.

점심은 황해지사가 을지면옥에 가서 물냉면과 돼지고기 수육으로 대접하겠다고 하여 5도 지사와 사무국장이 함께 갔다. 을지로 3가에 있는 을지면옥은 원래 의정부에서 평남 출신 실향민이 운영하였는데 을지로에는 의정부 창업주의 따님이 개업하여 현재는 황해도 출신 남편과 그 아들이 운영하고 있다고 한다. 8.15 기념행사 후에 장충동 평양면옥에 가서 먹었던 물냉면과 비교해 보니 내 입맛에는 이곳보다 평양면옥이 조금 평양식 냉면에 가깝다는 생각이 들었다.

오후에 이북도민 인구추계 조사 설문지 내용을 일일이 검토하였다. 조사원과 응답자들이 설문지 문항의 내용을 충분히 이해하지 못한 상태에서 작성된 것이라 그런지 내용이 불충분하고 부정확한 것이 많이 발견되었다. 전화번호가 기재되어 있는 분들에게는 일일이 전화를 해서 확인하였다. 통일원 제10기 최고위 과정 동기 모임의 회칙 문제와 번개 미팅 그리고 종강 파티에 대해서 임원들과 의견을 나누었다.

2020년 8월 19일 수요일 날씨: 맑고 더움

날씨가 무척 더운 하루였다. 오늘 11시에는 평안남도지정 제2호 무형문화재인 향두계놀이 이수자에 대한 이수증 수여식이 있었다. 유지숙 선생의 지도하에 19명이 제4기 이수자로 탄생되었다. 최근 코로나19 사태가 급격하게 확산됨에 따라 이수자 19명 모두 참석하지 못하고 그중에 9명만 참석하여 소회의실에서 이수증 수여식을 거행하였다.

이수증 수여 후 기념촬영을 하고 그동안의 노고에 대해 격려와 함께 축하의 말씀을 드렸다. 유지숙 선생님의 인사 말씀에 이어 이수자 모두에게 자기소개와 앞으로의 포부에 대해 이야기할 기회를 드렸다. 이수자 9명 모두 자기소개와 함께 앞으로의 각오를 말하였는데 모두 말을 조리 있고 여유 있게 하여 유지숙 선생님께서 이론과 예술 실기뿐만 아니라 스피치 교육도 시키신 것이 아니냐고 농담도 건넸다.

이수식을 끝내고 유지숙 선생님의 초대로 북악정에 가서 이수자분들과 평남사무국 직원 그리고 김영근 이북오도민신문 대표, 김현균 평남민보 차장과 함께 식사를 하였다. 오늘도 이북도민 인구추계설문지 내용을 계속하여 검토하여 내용을 바로잡았다. 앞으로 한 일주일 정도는 더 검토해야 할 것 같다.

[향두계놀이 전수교육증 수여식]

2020년 8월 20일 목요일 날씨: 맑고 더움

진굉훈 목사가 시목하는 성북구 소재 사랑제일교회에서 코로나 확진자가 600여 명이나 발생하였다는 보도이다. 급속도로 확진자 수가 증가하여 제2의 신천지 교회 사건이 되는 것은 아닌가 하여 방역 당국도 매우 긴장하고 이에 대한 대책에 골몰하는 것 같다. 정부에서는 방역대책을 2단계로 격상하여 최선을 다하여 방역에 진력하는 것 같다. 일반 시민들도 정부 시책에 적극적으로 호응하고 집단 확진 가능성이 높은 곳에 대해서는 철저하게 방역을 강구하고 있다.

이북5도민 인구추계 조사 설문지 결과에 대해 계속하여 내용을 검토하여 수정 보완작업을 하였다. 불확실하거나 미흡한 설문지 응답자에 대해서는 직접 응답자에게 전화로 연락하여 확인작업을 하고 있다.

오도민신문 대표에게 언론중재위원회에 가서 있었던 일을 확인해보았다. 오도민신문의 입장으로서는 별문제 없는 것으로 결론이 날 것 같다는 판단이다. 다만 동화경모공원과 동화연구소가 봉안당 분양사업과 관련하여 형식적으로는 분양대행 계약을 체결하여 계약 내용에 따라 분양대행비와 광고비 등을 지출한 것이라 법적으로는 문제가 될 것 같지 않으니 그 점에 대해서만 해명자료를 내는 것이 좋겠다는 언론중재위원회의 권고를 받았다고 한다.

오후에 평남중앙도민회 체육문화분과 위원장으로부터 전화를 받았다. 오는 9.1일 서울역광장 왈우 강우규 의사 동상 앞에서 거행될 예정인 왈우 강우규 의사 기념식 건으로 기념사업회 측과 평남중앙도민회 측 간에 행사 진행에 대해 약간의 이견이 있다는 이야기를 하였다. 기념사업회 측과 중앙도민 측의 의견을 수렴하여 적절히 조정할 필요가 있을 것 같다.

저녁에는 통일원 제10기 최고위과정 제6일 차 교육에 참여하였다. 오늘은 이인영 신임 통일부 장관께서 정부의 통일정책에 대한 강의가 있었다. 차분하게 현재의 남북미 상황에 대한 분석을 하고 이에 따라 정부가 지향하는 합리적이고 실질적인 통일정책에 대하여 설명하였다. 서두르지 않고 차근차근 하나씩 실효성 있게 추진하겠다는 말에 믿음이 갔다. 정치인으로서 그동안 통일문제나 대북문제에 대해 발언하였던 내용과는 상당한 차이가 있어 이북도민의 한 사람으로서 얼마나 마음이 놓였고 다행스럽게 생각했다.

강의가 끝난 후에 내가 먼저 질의를 하였다. 우선 남북관계가 최근에 아주 경색된 상황에서 통일부 장관으로 오셔서 어려운 상황이라고 생각은 되나 그동안 통일문제에 대해 많은 관심과 연구를 하셨고 국회의원으로서 국정 활동을 통하여 많은 경험을 쌓아오신 것이 남북문제 해결에 큰 역할을 하실 것이라는 기대감도 있다고 전제하고 이북5도위원회의 중요한 일 중에 하나가 정부의 통일정책에 대해 850만 이북도민들에게 전달하고 이해시키는 일임을 말씀드리고 오늘 장관님께서 말씀하신 통일정책 대해 잘 전달하여 이해시키겠다고 말씀을 드렸다. 또한 강의 내용 중에 실질적인 통일정책 중에 하나였던 이산가족 상봉문제 등 이북도민에 대한 정책에 있어서 고령의 실향민들의 아픔을 이해하시고 고령의 실향민들의 고향 방문, 이산가족 상봉문제, 이북관광사업 그리고 필요한 경우 화상 상봉 등 이북도민에게 실질적이고 절실한 인도적인 문제 해결에 관심을 갖고 앞장서서 해결해 주십사하고 부탁을 드렸다.

또한 최근 언론에서 보도된 바와 같이 해리스 주한 미국대사와 한미워킹 그룹에 대한 이견이 있는 것처럼 보도된 것에 대해 견해를 물어본바 외교적인 문제가 있어서 다는 말씀드릴 수는 없다는 전제하에 언론에 보도된 내용과 같이 이견이 있는 것은 아니었고 인도적 문제는 북핵 문제나 북한 제재문제와는 별개 사안으로 워킹그룹에서 논의할 성격의 문제가 아님을 설명하여 이해를 구했다는 식으로 답변을 하였다.

2020년 8월 21일 금요일 날씨: 흐리고 비가 옴

오전에 함북지사께서 내 사무실로 오셔서 전북도청에서 개최예정인 홍범도 장군 봉오동 청산리 전투 100주년 기념사진전 관련 계획에 대해서 의견을 나누었다. 추가 사진 패널 제작과 해설패널은 제작 의뢰하였고 리프렛은 기존에 보관 중이 300매 정도의 리프렛에 장소와 일자만 수정하여 넣는 것으로 하여 예산을 절감하기로 하였다. 최근 평북지사가 동화경모공원 문제로 힘들어하는 것 같아 점심을 평북지사와 함께 하는 것으로 하였는데 이미 다른 약속이 있다고 하여 약속한 팀과 합류하는 것이 문제가 없다면 같이 점심을 하자고 하여 그렇게 하였다.

북한산 입구에 산울림이란 닭도리탕 집인데 가 보니 장소도 넓고 아늑

하여 비 오는 날에는 운치가 있었다. 마침 평북지사가 초대한 사람들은 이북5도위원회 사무국 직원들이었다. 홍보와 예산담당 직원 위주로 되어 있어 함께 즐겁게 식사를 하였다.

오후 5시 20분에는 아비르가 방문하였다. 아비르는 카타르 영사관에 근무하는 요르단 여성인데 작년 여름 카타르에서 알리 카미스 가족 일행이 건강검진을 하러 왔을 때 영사관 직원으로 알리 카미스 가족을 도와주었던 직원이었다. 그 후 여러 번 전화 연락을 서로 하였고 한 번 사무실에 인사하러 온다는 것이 그동안 코로나사태로 차일피일하다가 오늘에야 방문하였다. 반갑게 맞이하고 이북5도위원회와 내가 하는 일에 대해서 자세히 설명해 주었다. 무척 흥미로워했다. 30분쯤 사무실에서 있다가 1층 로비에 전시된 사진전을 관람한 후에 석파랑에 가서 함께 저녁을 먹었다. 석파랑에 대한 이야기와 한국 역사에 대해 간략히 설명하여 주었다. 전통 한정식의 코스 음식에 매우 즐겁게 함께 식사를 하였다.

2020년 8월 24일 월요일 날씨: 맑고 더웠음

아침에 우리은행에 가서 통장을 새로 발급받았다. 점심은 구내식장에서 이 비서와 함께했다. 인구추계 조사내용 확인작업을 계속하였다. 불확실한 내용의 설문지마다 직접 전화를 걸어 확인하였다. 조사자나 응답자 모두 정확하게 질문의 의도를 제대로 이해하지 못하여 확인해 볼 때마다 상당한 차이가 있었다. 통계조사에 있어서 조사자의 역할이 얼마나 중요한지 그리고 질문 문항의 내용이 얼마나 정확하고 명료해야 하는 가를 절감했다.

우리와 자매결연부대인 해병 제2사단장이 교체되었다는 통보를 받았다. 전임 백경순 소장은 전역할 예정인 것 같았다. 왈우 강우규 의사 기념사업회 장원호 회장이 방문하여 남대문서장으로부터 서울역 왈우 선생 동상 앞에서의 집회가 불허되어 행사 참여 인원을 10명 이내로 줄여 기념회 사무실 부근에서 하기로 했다고 한다.

평북지사, 함북지사와 함께 이북5도위원회 통일연구소 설치문제에 대해서 협의하였다. 평북에서는 2명의 연구위원을 확보했고 사무국장도 물색해 놓았다고 말했다. 각 도 지사분들이 한 분씩만 추천해주면 우선 연구위원 문제는 확보될 것 같았다. 김덕기 사장으로부터 전화가 왔다. 오늘 방문이 어려워 내일 오후 2시쯤에 사무실에서 보기로 했다.

2020년 8월 25일 화요일 날씨: 맑음 그리고 더움

이북5도위원회 간담회가 있는 날이다. 사무국장이 두 가지 사업계획안에 대한 설명이 있었다. 하나는 2020년도 이북도민 대상 훈.포장 표창 대상자 수 중에서 행안부 지침에 따라 대통령 표창과 국무총리 표창에 대해 각각 1명씩 삭감하는 조치가 통보되어 이에 대해 협의하였다. 포장 수여자 1명이 삭감됨에 따라 정한 규칙이 위원장 담당 도부터 순번제로 삭감하기로 했다. 이번에도 그렇게 정한 룰에 따라 처리하는 것으로 의견을 모았다. 따라서 이번에 삭감된 대통령 표창과 국무총리 표창 건에 대해서도 그런 룰을 적용하여 처리하기로 의견을 모았으나 함남지사께서 대리로 참석한 함남사무국장을 통하여 순번에는 동의하나 표창 격에 대해서는 도세가 큰 함남이 대통령 표창을 받고 대신 국무총리 표창을 포기하는 것으로 결정하는 것이 순리에 맞다는 의견을 제시하였다. 함남과 함북 간에 의견을 조율하여 보도록 권유하였다. 그러나 당초 결정된 원칙에 의하여 함남이 대통령 표창을, 함북이 국무총리 표창을 포기하는 것이 보다 타당성이 있다는 것이 모든 지사들의 일치된 의견이었다.

오늘 점심은 내가 점심을 대접하는 날이라 평창동 국수집으로 가서 수육 두 접시에 콩국수 네 그릇에 떡만두 두 그릇을 시켜서 먹었다. 오늘은 정주환 과장도 함께 점심을 하였다. 운중동 우리 집을 누가 보러 온다고 부동산에서 연락이 와 1`시 30분까지 집에 도착하였다. 한 10분쯤 지난 후에 집을 보러 왔다. 마음에 들어 하는 것 같아 가격만 괜찮다면 매매하려고 생각해 보았다. 이사 갈 집을 생각하다가 가격에 맞추다 보니 풍경채 생각이 나서 풍경채 아파트 부근에 있는 원주민부동산에 갔다. 프리미엄이 무척이나 올랐다. 3억 원 정도는 주어야 천변 쪽 전망이 좋은 층수를 구할 수 있을 것 같았다.

현서한테 현서네 아파트 시세를 한번 알아보라고 했더니 부근 아파트 값이 너무 많이 올랐다. 12억 원에서 13억 원 정도는 주어야 한다고 한다. 몇 개월 사이에 4, 5억 원은 족히 오른 것 같다. 부동산가격이 정말 걷잡을 수 없을 정도로 뛰는 것 같았다. 현 정부는 모든 경제정책에서 시장을 너무 무시하거나 도외시하여 내놓은 경제정책마다 실효를 거두지 못하고 있는 것 같다. 사무실로 다시 와서 몇 가지 보고사항을 듣고 밀린 결재문건을 2건 검토하고 결재하였다. 마침 해병 제2사단장이 새로 취임하여 어제 축하란을 보냈더니 감사하다는 전화가 왔다.

2020년 8월 26일 수요일 날씨: 맑음

오늘 아침 7시에 출근하면서 윤 주무관에게 손을 내밀며 악수를 청했다. 눈치 빠른 윤 주임 "도지사 되신지 1년 된 것 축하드립니다."라고 말했다. 참 세월이 빠른 것 같다. 구기동 사무실로 오면서 일 년 전 오늘을 생각해 보았다. 정말 꿈 같았던 날이었다. 사무실에 들어서니 평남도청 직원 일동으로 된 도지사 취임 1주년 기념 꽃바구니가 응접세트에 놓여 있었다. 만감이 교차되었다. 평북지사와 함북지사 방에 들러 서로 축하인사를 나눴다. 두 분 도지사는 임명 동기들이다. 동년배들이고 대학과 대학원을 같은 곳에 다녀서 그런지 마음이 서로 잘 통했고 협조도 잘 되었다. 오전 11시쯤에 이북중앙도민 연합회 염승화 회장 명의의 공문을 받았다.

오늘 도지사 임명 1주년을 축하하기 위하여 도 사무국 직원들과 평남중앙회민회 전승덕 회장을 비롯한 도민회 사무국 직원들과 점심을 하기로 약속이 되어있어 접수한 공문을 바로 읽지 못하였다. 점심은 평남도 직원들과 평남중앙도민회 회장과 사무국 직원들과 함께 금해 복집에서 함께 했다. 그동안 서로 이해하고 협조하며 도정과 도민회가 잘 화합하여 지내온 것에 대해 감사를 드리고 자축하였다.

점심을 먹고 와서 조금 쉬었다가 오후 2시가 조금 넘어서 연합회 측에서 온 공문을 읽어보았다. 접수된 공문에 대한 답변을 해야 할지 말아야 할지 고민을 해 봐야 할 것 같다. 평북지사가 이북5도 사무국 직원들에게 취임 1주년을 기념하여 생과자나 찹쌀떡을 돌리자고 어제 제안하여 이태원에 있는 유명한 찹쌀떡집에 주문하여 50여 개를 1차로 주문하여 돌리고 돌리다 보니 조금 모자라 20개를 추가로 주문하여 돌렸다. 직원들 모두 좋아하며 축하하여 주었다.

저녁은 우리 지사 세 사람과 위원회 국장 그렇게 네 사람이 마포에 있는 이춘복 참치회집으로 가서 저녁을 함께하며 자축 파티를 했다. 지나온 일 년이 정말 빠르게 지나갔고 일도 열심히 했다. 오늘 평남도민들을 비롯한 이북도민들과 지인들에게 도지사 임명 1주년을 맞이한 소감을 카톡으로 보내며 1년을 보낸 소회를 진술하게 전했다. 1주년을 맞이하여 카톡으로 보낸 인사말은 아래와 같다.

[도지사 취임 1주년 인사말]
존경하는 이북도민 그리고 평남도민 여러분!

참 세월이 빠름을 절감합니다. 제가 국가의 부름을 받고 평남지사에 취임한 지 오늘로 1주년이 되었습니다. 지난해 8.27일 도지사 취임식에서 도정의 최우선 원칙을 도민 중심의 도정을 펼치겠다고 말씀을 드렸습니다.

도민사회 유지 선배님들의 고견과 도민들의 의견을 경청하고 그 뜻을 도정활동에 담으려고 나름 노력하여왔고 늘 초심을 잃지 않으려고 매일 매일 일기를 쓰며 반성하고 마음을 다져왔습니다. 도민 한분 한분마다 정성을 다해 대하려고 노력해왔습니다.

지난 일 년 동안 나름 성과도 있었습니다. 이북도민 대통령기 체육대회 우승과 대한민국 민속예술제에 우리 평남무형문화재 제2호인 향두계놀이가 출전하여 영예의 금상을 수상했던 것도 저에게는 큰 기쁨이었고 영광된 순간이었습니다. 이 모두 도민 여러분들의 적극적인 참여와 지원 덕분이라 생각합니다. 제21대 명예시장군수 체제도 갖추어 워크숍과 시 군정보고회 등을 통하여 명예시장. 군수님과 한마음이 되어 평남 시군정업무에 기본 방향과 운영방법을 체계화하였고 효율적인 시군정 업무 시스템을 마련하였습니다. 그러나 무엇보다도 도민과 시장군수단 그리고 읍면동장님과 격의 없는 소통의 장을 마련한 것이, 그런 기회를 자주 가지려고 노력했던 것이 의미가 있다고 생각합니다.

올 1월부터 이북5도위원회 위원장직을 수행하면서 이북5도위원회의 행정목표를 '이북5도 위상 제고와 업무 능력 강화'에 두고 이를 달성하기 위한 구체적인 사업계획을 수립하여 착실하게 추진하여왔습니다. 특히 대외적으로 이북5도위원회와 이북5도에 대한 일반 국민들의 이해 부족으로 이북5도위원회의 대외 홍보활동 강화에 역점을 둔 사업을 중점적으로 추진하였습니다.

가장 먼저 추진한 것은 이북5도위원회 홈페이지의 포멧과 내용을 일신하였고 매일매일 이북 5도 각도와 미수복경기 강원도의 활동 사항을 실시간으로 홈페이지에 올려 3.4세도 조부모. 부모님들의 고향이 곧 내 고향임을 심어주는 애향심 고취의 채널로 이용하도록 하였습니다. 앞으로는 유튜브 방송과도 연결하여 보다 유익하고 흥미로운 내용으로 도민 여러분들과 소통하고자 합니다.

특히 지난 3월 1차 코로나 확진 사태 시 우리 평남부녀회가 주축이 되어 사랑의 마스크 만들기 운동을 전개하여 국내 언론기관의 깊은 관심과 찬사를 받았습니다. 또한 지난 6.4일에는 평남 출신 대한독립군대장 홍범도 장군 봉오동·청산리전투 100주년을 기념하여 기념식과 강연회 그리고 관련 사진전도 성황리에 개최하여 조선일보를 비롯한 국내 유력 신문과 방송에서 대대적으로 보도하여 이북5도위원회의 역할과 위상을 널리 알리고 홍보한 바 있습니다. 앞으로 관련 사진전은 5개 시·도지구 사무소를 순회하며 개최할 계획입니다.

또한 이북도민과 탈북민들을 위한 실용적인 교육과정도 개설하였고 의료. 법률. 세무 등 도민에게 필요한 상담실도 개설하여 운영하고 있습니다. 특히 이북도민 인구추계 조사를 통계학적인 조사 방법에 의하여 월남 1세대의 수, 현재 이북도민의 실제 수가 정부가 추계한 850만 명에 대한 검증도 하여 이북도민 현황에 대한 조사도 진행 중에 있습니다.

아울러 평남을 빛낸 인물 선정작업도 순조롭게 진행되어 올 12월경에는 선정 완료되어 도민들에게 공표하려고 계획 중입니다. 연초에 의욕적으로 계획했던 모든 사업들 중에 많은 도민이 모이는 행사는 극히 제한적으로 시행될 수밖에 없는 현재의 실정이 안타깝게 느껴집니다만 그럼에도 정부에서 제정한 방역지침에 맞추어 계획된 사업을 차분하고 실효성 있게 추진해 나가겠습니다.

취임 후 1년 동안 초심을 잃지 않고 도민과 소통하며 도정과 이북5도위원회의 업무를 성실히 수행하려고 노력은 해왔습니다. 그러나 코로나 사태로 인한 사회적 거리 두기로 인한 대면 업무 축소로 도민 여러분들을 자주 뵙지 못하게 되었습니다. 이점이 무엇보다도 안타까운 일이 되었습니다. 도민 한 분 한 분 자주 뵙고 좋은 의견도 듣고 정담도 나눌 수 없게 되었다는 사실이 못 내 아쉽고 안타깝습니다.

늘 초심을 잃지 않고 성심성의껏 도정업무를 수행하려고 노력하였고 도민 유지 여러분들을 비롯하여 도민 한 분 한 분마다 자주 뵙고 말씀 나누고 싶었으나 생각대로 되지는 못했습니다. 도정업무를 처리하고 도민사회와 소통하는 과정에서 진솔하고 성의를 다하려고 노력은 하여 왔으나 저의 부족함 때문에 욕심에 그치고 말았거나 도민 여러분들의 기대에 미치지 못한 점 또한 있었을 것입니다. 앞으로 남은 임기 동안 부족한 점 보완하여 성실히 책무를 완수하도록 노력해 나가겠습니다. 많은 관심과 충언 부탁을 드립니다. 지난 1년 함께 해 주셔서 진심으로 감사를 드립니다.

2020년 8월 27일 목요일 날씨: 흐림 그리고 맑고 더웠음

오늘은 내가 제18대 평안남도 도지사로 취임식을 한 지 꼭 1년이 되는 날이다. 바로 취임식 하루 전에 임명되어 출근하면서 느꼈던 기분과는 또 다른 느낌으로 출근했던 기억이 떠올랐다. 취임식에 참석하기 위하여 사랑하는 나의 아내 임희정 여사와 함께 관용차를 함께 타고 가며 느꼈던 기분이 새삼 떠올랐다. 차분하던 집사람도 1년 전 오늘 들뜬 기분에 마냥 행복해하는 모습 보고 나도 모르게 어깨가 으쓱해짐을 느꼈었다. 함께 살아온 지 43년, 그동안 집사람에게 나름 최선을 다하려고는 했으나 늘 나의 부족함으로 섭섭해하고 마음을 상하게 한 것이 한두 번이 아니었을 것이다. 그러나 이번 내가 도지사에 취임하면서 그런 부족함과 섭섭함을 조금을 덜어낼 수 있었으리라 생각되었다.

오늘 밤 하루를 정리하면서 『평양감사일지』를 쓰면서 다시 한번 작년 오늘 취임식 날에 쓴 일기를 읽어보았다. 감회가 새롭고 그날의 일들이 생생하게 되살아났다. 취임사도 다시 정독하면 읽어보았다. 잘 쓴 글은 아니지만 진정성이 있게 나의 각오와 소신을 밝힌 충실한 취임사라고 생각되었다. 취임사에서 말하였던 대로 늘 낮은 자세와 진실한 마음으로 도민사회와 소통하고 협력하겠다는 마음가짐으로 지난 일 년간 도정업무를 수행하여왔다고 자평해본다.

오늘 점심은 평남부녀회 임원들과 중국집 팔선생에서 하였다. 오후 3시에는 평남을 빛낸 인물 50인 선정작업을 위한 심사위원 위촉식과 제1회 선정 심사위원회를 개최하였다. 심사위원장은 정경조 행정자문위원께서 맡아 주십사고 부탁하였다. 외부 심사위원으로는 김시득 박사, 이명화 박사. 김희철 북한연구소장, 서유석 박사 등이 참석하였고 내부 위원으로는 이춘화 상임고문, 김중양 전 지사, 정경조 행정자문위원 김건백 평남 대표 명예시장군수가 참여하였다. 첫날인데도 불구하여 인물 선정기준과 선정 인물에 대한 자료 검증 절차 등 진지하고 내실 있는 회의가 되었다. 정경조 위원장이 사회를 보면서 결론을 잘 내려 주었다. 우선 선정기준은 독립운동 시절, 건국유공자 등 현대 인물 중심으로 하고 인원은 기선정된 후보 90분과 각 위원분들이 추가로 선정할 필요가 있는 분들까지 고려하여 50분을 성명만 사무국에 9월 23일까지 하여 주고 9월 27일에 제2차 회의에서 심도 있게 심의하자고 의견을 제시하여 그렇게 하기로 결정하였다.

평남무형문화재 보유자이신 분 중에 한 분께서 나의 도지사 취임 1주년 소회 글에 대대 다음과 같은 답신을 보내왔다.

"도지사님 같은 분만 계시면 이 사회의 발전뿐만 아니라 아름답고 온화함이 넘치는 평화로운 세상이 될 것 같습니다. 그리고 조용히 큰일을 많이 하셨네요. 작년 민속예술경연에 그 누구보다도 먼저 유니폼을 입으시고 열심히 응원하셨던 거… 그러고 보니 조용히 계신 것이 아니라 그 누구보다도 열정적인 분이셨네요. 저도 도지사님의 뜻 잘 받들어 평안남도 문화발전에 더욱 최선을 다해 가겠습니다. 건강하시고요, 계시는 동안 지금처럼 행복함을 꿈 꿀 수 있는 멋진 도민사회 계속 만들어 주세요. 애쓰셨습니다. 감사합니다."

2020년 8월 28일 금요일 날씨: 흐리고 말았다가 가끔 비도 옴

함북지사로부터 전북도청에서 개최할 사진전에 대한 추진상황을 최종 설명을 들었다. 현재까지는 전북도청에서 개최된 계획에 대해서 별 이상은 없는 것으로 파악되었다. 우리 평남도청과 10여 년 동안 자매부대 관계를 맺고 있는 해병 제2사단 백경순 사단장이 현새 보식 대기 숭이어서 안부 차 전화를 드렸다. 몇 개월 전에 관할 경계지역에서 탈북민이 월북한 사건 때문에 문책성으로 사단장직에서 해임되었다는 말을 들었다. 계속하여 군에 복무하여 국방에 기여하였으면 하는 마음으로 격려의 전화를 하였다. 전화 중에 농반진반으로 내가 명예해병대 병장이 되고 싶다고 이야기를 했더니 염두에 두겠다고 말하였다.

오후 2시쯤 맹산군 명예군수가 방문하여 맹산군 군정 보고를 받았다. 코로나 사태로 특별한 군정 활동을 하지 못했다고 보고하였다. 그리고 9월 중에 간사 면장을 교체할 생각이라고 하여 어제 군민 회장으로부터 그 건과 관련하여 부탁의 말을 들은 바 있어 절충안으로 현 간사 면장인 임홍식을 그대로 유임시키고 대신 새로운 리더 육성의 취지에 맞게 부간사 면장을 두어 업무를 배우도록 한 후에 내년쯤에 간사 면장을 교체하는 것이 좋겠다고 조언하여 내 뜻에 따르기로 하였다.

내주 중에 시장군수들과 하루 2, 3명씩 시.군정보고회를 갖기로 했다. 그동안의 시군정 활동 사항에 대한 보고를 받은 후에 3, 4세대 청년 육성문제에 대해서 시장군수 조직과 읍.면.동장들의 공조직을 이용하여 후세대 육성을 위한 육성자금 모금 캠페인을 해보려고 계획 중인바 이에 대한 사전 의견조율을 하려고 한다. 맹산군 명예군수에게도 그런 뜻을 전달하였고 전적으로 도지사의 뜻에 따르겠다고 하였다. 황해지사께서 도지사 취임 1주년을 맞이하여 축하 선물로 만두 빵을 내오셨다. 감사하다는 전화를 드렸다. 오늘도 계속하여 인구추계 조사내용을 검토하였다.

2020년 8월 29일 토요일 날씨: 맑음

오늘은 집사람과 함께 운중천 변을 걷기로 했다. 요즘 집사람이 거의 걷는 운동을 지 않아 매 토요일에는 나와 함께 운중천이라도 걷기로 마음속으로 작정하였다. 벌써 토요일마다 함께 걷기 시작한 것이 두 달쯤 되는 것 같다. 예전에는 함께 걸으면 나보다도 항상 앞서서 걸었는데 이제는 내가 빨리 걷다 보면 어느 사이 나보다 뒤쳐져 걷는 것 같았다. 그동안 손녀딸 보느라 힘도 들도 운동도 규칙적으로 하지 않다 보니 기초 체력이 많이 떨어진 것 같았다. 마음이 조금 아팠다. 운중천 변을 걸을 때는 반환점 목표를 낙생고등학교에 부근에 있는 다리까지로 목표지점을 정해 놓고 걸었는데 보통 집에서 왕복하면 12,000여 보 정도 되는 거리다. 일주일 운동하기에는 적당한 거리다. 이북도민 인구추계 조사

4. 2020년 도정일지

응답지 내용을 거의 검토 완료했다. 쉽고 정확하게 답변할 수 있도록 질문지 내용을 수정 보완하였다. 앞으로 새로 작성된 질문지로 추가 조사를 더 진행해보려고 한다.

2020년 8월 30일 일요일 날씨: 흐리고 비가 좀 옴

아침에 뒷산에 다녀왔다. 깔딱고개 오르기 직전까지 다녀왔다. 평지를 걷는 것보다 나는 아직은 산을 걷는 것이 더 좋고 편하다. 아침을 먹고 오리역에 있는 하나로마트로 장을 보러 집사람과 갔다. 하나로마트에서 집으로 오는 길에 수내동 총각네집에 들러 바나나 세 송이하고 야채를 조금 샀다. 저녁에는 도연이네와 현서네를 오라고 하여 찐만두에 평양식 냉면으로 저녁 식사를 함께했다. 모처럼 김 서방이 부산에서 목요일에 올라와 함께 저녁을 먹을 수 있어서 좋았다. 도연이랑 제인이를 데리고 빌라 단지를 한 바퀴 돌았다. 풀장에 비가 내려서 그런지 물이 반쯤 고여 있었다. 예전 도연이 어렸을 때 했던 것처럼 제인이게 돌을 주고 물속에 넣어보라고 하였다. 돌을 던질 때마다 첨벙하는 소리가 즐거웠는지 여러 번 돌을 던지며 놀았다.

김 서방이 위원회와 연합회 측의 분쟁으로 내가 곤란을 겪을까 염려되어서인지 법률자문을 해주었다. 우선 연합회 측에 전달한 공문이 신문에 보도된 경위가 공연성에 위배되는 여부가 중요하다고 하여 이에 대해 적절히 대처하기로 하였다.

2020년 8월 31일 월요일 날씨: 맑음

오전 10시 반에 양덕군 명예군수가 와서 군정업무 보고를 받았다. 오후 2시에는 안주군 명예군수가 와서 군정보고회를 가졌다. 오후 3시에는 덕천군 명예군수가 와서 군정보고회를 가졌다. 군정보고회를 끝날 때쯤에 3, 4세 청년회 활성화 방안에 대한 의견을 가졌다. 모두 도지사 의견에 공감하고 협조하기로 했다. 도지사 월 5만 원, 명예시장군수 월 2만 원,

명예 읍.면.동장은 1만 원씩하고 전임도지사들과 행정자문위원들에게 조금씩 성금을 받으면 2년 임기 동안에 5천만 원 정도는 청년 활성화 자금으로 조성될 수 있을 것 같았다.

오늘 국무총리실에서 강화된 코로나 2.5단계 대책이 하달되었다. 구내식당도 잠시 쉬기로 하여 점심 약속이 없는 경우는 집에서 도시락을 준비해야 할 판이다. 더 확산되지 말고 잘 잡혀야 할 텐데 걱정이다. 전주에서 개최하기로 한 홍범도 장군 봉오동전투 100주년 기념 전시회도 연기되었다. 속초실향민축제도 취소하기로 했다는 통보를 속초시로부터 통보받았다. 많이 아쉬웠다.

2020년 9월 1일 화요일 날씨: 맑음

오늘 아침에 뒷산을 올랐다. 이른 아침이라 그런지 서늘한 느낌이 들었다. 산을 오르며 계절의 변화를 피부로 느꼈다. 아침 출근길에 8월을 보내고 9월을 맞는 감상을 글로 써서 친지들에게 카톡 메시지로 보냈다.

[친지에게 보낸 카톡 메시지]

사랑하는 친지 여러분, 9월의 첫날입니다. 아침 일찍 뒷산에 오르며 계절 변화의 오묘함을 느꼈습니다. 매일 아침 오르던 산길이 오늘따라 서늘해졌음을 피부로 느꼈습니다. 한여름 그렇게 요란히 울던 매미 소리도 오늘따라 힘없이 울어 대는 소리에 애잔함을 느꼈습니다. 오늘따라 천천히 걷고 싶어졌습니다. 걸으며 생각하며 잠시 옆을 보니 철 이른 단풍잎이 보였습니다. 온통 주위 나무들이 아직도 푸르건만 유독 그 나무 하나에서만 대여섯 나뭇잎이 새색시 연지 바른 모습으로 보였습니다. 한 달쯤 지나면 이곳 산에 단풍이 붉게 물들기 시작하겠지요.

8월은 가라!
가려거든 온갖 더위

4. 2020년 도정일지

비바람 몰아치는 태풍과 폭우,
극성스럽게 번지는 역병 같은 코로나 19,
모두 갖고 훌쩍 떠나거라.
가는 길에 우리 국민들의 갈라지고, 찢어지고 아파하는
마음도 아낌없이 가져가렴,
미련도 두지 말고.
그러나 뜨거웠던 그 태양 빛의 열정과 힘,
역병과 사투하며 국민건강의 최 일선에서 싸웠던 방역 당국과 의료진의 헌신과 봉사
사랑의 마스크를 만들어 나눠주었던 아름답고 따뜻한 우리들의 마음일랑 인심 쓰듯
그냥 놓고 가시라

강변북로 성수대교를 바라보며, 강남아파트 숲을 보고, 멀리 보이는 롯데 센터빌딩을 보며, 강 주위로 펼쳐져 있는 아름답고 풍요로운 풍광을 바라보면서 옛 생각에 젖어 보기도 하였습니다. 나도 한강의 기적을 이루는데 조금이나마 기여했던 마지막 세대 중에 한 사람이었다는 조금은 자부심을 느끼면서 몇 자 적어 올렸습니다.

오늘 아침 이북5도청 입구에 들어서니 방역시스템을 새로 설치하여 자동 소독이 되는 장치를 설치하였다고 한다. 정부의 2.5단계 방역 체계에 맞게 최선을 다하여 방역체제 갖추어야 하겠다. 5인 이상의 모임이나 식사도 하지 않는 것으로 하였다. 오전 11시에 평북 도정소식지 발행과 홈페이지 개통식을 가졌다. 이북5도지사와 정대철 평북 고문이 참석하였다. 내가 이북5도지사를 대표하여 축사를 하였고 이어 정대철 고문께서 좋은 말씀으로 축하하여 주셨다. 식이 끝난 후에 정대철 고문을 모시고 이북5도지사와 함께 하림각으로 가서 점심을 하였다. 평북 도정협의회장으로 계시는 지정석 평북 대전지구 연합회장께서 점심을 내셨다.

오후 1시 30분에는 진남포 명예시장과 순천군 명예군수가 사무실로 와 군정보고회의를 하고 인구추계 조사상 불확실한 조사 건에 대한 확인 작업을 같이 하였다. 이어서 3, 4세 청년연합회 육성방안에 대한 의견을 교환하였다. 오후 3시에는 철원군 마장면 명예면장 위촉식을 거행하였다. 현진권 명예면장과 철원군민회 회장이 참석하였다.

2020년 9월 2일 수요일 날씨: 흐리고 비가 옴

오늘은 오전 9시 반쯤에 사무실에 들르지 않고 왈우 강우규 의사 의거 101주년 기념식장으로 바로 가기로 하여 아침에 조금 시간적인 여유가 있었다. 아침 식사 전에 뒷산 국사봉 8부 능선까지 올라갔다 왔다. 강우규 의사 의거 101주년 기념식이 거행되는 신당역 부근에 있는 서울 남대문 청년회의소 사무실로 갔다. 예정한 시간보다 15분쯤 늦게 출발하였더니 차가 많이 막혀서 제시간에 도착하지 못할 것 같아 조금 걱정이 되었다. 성수대교를 지나서부터 조금 교통체증이 풀려 행사 시작하기 10분 전쯤에 행사장에 도착하였다.

오늘 내빈 중에는 내가 제일 먼저 도착했다. 오전 11시 5분 전쯤 되어 참석하기로 한 내빈 모두 참석하였다. 서울지방보훈처장인 이성춘 청장, 김원웅 광복회장, 이동일 순국선열유족회장, 허현 광복회 부회장, 김중위 기념사업회 명예회장이 내빈으로 참석하였다. 행사 주최는 왈우 강우규 선생 기념사업회에서 하고 주관은 서울 남대문 청년회의소에 맡아 모든 행사를 진행해 주었다. 강우규 의사께서 청년들에 대한 기대와 사랑이 크셨던 것을 배려한 결정이었다고 기념사업회 장원호 회장의 사전 설명이 있었다. 참석한 모든 분들이 그 뜻에 공감하였다.

나는 김원웅 광복회장이 이번에는 어떤 말을 할까 은근히 걱정도 되고 궁금도 하였다. 준비된 기념사를 모두 마친 후에 아니라 다를까 또 친일 청산 문제를 주먹을 휘두르며 열변을 토하였다. 특히 강우규 선생을 체포한 사람이 다름 아닌 같은 조선사람인 김태석이란 일본 경찰 앞잡이였다고 하면서 반민특위 활동이 제대로 되지 않아 이런 친일 잔재 세력들이 활개 치고 활동하였기에 민족정기를 바로 잡지 못했다고 말했다.

더 나아가 이런 자들이 친일 기득권세력을 형성했다고 하면서 민족정기를 바로 세우려면 지금이라도 반드시 친일세력을 척결해야 된다고 열을 올리며 말하여 참석한 모든 사람이 조마조마하였다. 광복회장만 제외하고는 보수 인사들이 대부분이었기 때문에 혹시 예상치 못한 언성이나 충돌이 있을까 봐 여간 걱정이 되지 않았다. 다행히 김중위 명예회장께서 친일문제 청산은 적당한 선에서 해야 할 문제라고 말씀하시며 그것도 역사이니 잊지는 말되 어느 정도는 안고 가야 하지 않겠나 하고 말씀하셔서 분위기가 그나마 잘 마무리되었다.

왈우 강우규 의사 의거 101주년 기념식

나는 강우규 선생이 우리 동향인 평남 덕천군 출신으로서 65세의 노구에도 불구하고 청년과 같은 혈기로 거사를 단행한 용기에 찬사를 보내고 특히 청년들에게 무한한 사랑과 교육에 힘썼던 점을 언급하며 열혈애국지사 이전에 참다운 교육자였던 점을 강조하여 말씀을 드렸다. 기념식을 마친 후에 서울역광장에 있는 강우규 의사 동상 앞에서 기념사진 촬영을 한 후에 서울역사 옆에 있는 소머리국밥집에 가서 참석한 분들과 함께 점심을 했다.

오후 3시에 강서군 명예군수가 군정업무 보고 차 사무실에 왔다. 인구조사 자료 확인을 하고 이어 지난 기간 동안 군정 주요 업무에 대해서 보고 받고 향후 중점 군정업무계획에 대해서도 이야기를 들었다. 현재로서는 코로나 방역 강화로 대면 회의나 행사는 자제하고 있으며 10월 중에 계획된 강서군민회 군민대회도 가능할는지 예측하기 어려운 실정이라고 했다. 군정 업무보고를 마치고 3, 4세 청년 육성방안에 대해서 의견을 나누고 향후 2년 동안 일정 기금 조성을 위해 읍면동장들의 의견을 모으고 협조를 당부하였다. 내일 훈포장 대상자 선정문제로 5도 지사 간에 의견을 나누었다.

2020년 9월 3일 목요일 날씨: 비가 오고 흐림

아침에 출근하여 인구추계 조사내용을 검토하였다. 10시경에 성천군 명예군수가 군정보고 차 사무실에 들였다. 지난 8월의 월간 업무보고를 하였다. 코로나 19사태로 어느 군이나 마찬가지지만 활발한 활동을 하기 어려웠다고 한다. 인구추계 조사내용 중 성천군 응답지 중에 내용이 불확실한 것에 대해서는 직접 전화를 하여 확인하였다.

박종필 형님께서 모처럼 전화를 주셨다. 전화 주신 까닭은 오늘 아침 조선일보에 보도에 의하면 우리나라 감리교 최대교회로 성장한 금란교회 담임목사이셨으며 현재 원로 목사로 계신 김홍도 목사께서 소천하셨다고 말씀하셨다. 박종필 형님께서 김홍도 목사가 평남 양덕군에 크리스천 집안 출신으로 월남한 후 감리교 신학대학을 나와 목사가 되신 분이라고 하였다. 김선도, 김홍도, 김국도 삼형제 목사로 유명한 크리스천 집안이다.

오래전부터 삼 형제 목사에 대해서는 워낙 유명하신 분들이라 잘 알고 있었으나 그분들이 양덕군 동향 출신이신 줄은 전혀 몰랐었다. 군민회원로 분들도 잘 모르시는 것 같았다. 우선 양덕군 군민회장께 연락하여 말씀을 드리고 조기라도 보내도록 말씀을 드렸다. 나는 평남지사로서 조화 바구니를 빈소에 보내기로 하였다. 나중에 인터넷으로 검색하여 보니 김홍도 목사님의 출생지는 평남으로 되어있으나 김선도 목사와, 김국도 목사는 평북 선천군 출신인 것으로 확인되었다. 아마도 유추해 보건데 김홍도 목사가 평남에서 일시 사셨던 것은 아닌가 생각된다.

점심은 김밥을 사서 먹었다. 오후 2시에 2020년도 국민 훈포장 및 대통령 표창과 국무총리 표창 심사가 5층 소강당에서 있었다. 코로나 확진 사태로 방역단계가 2.5단계로 격상됨에 따라 상당한 거리를 두고 진행할 수밖에 없었다. 최종 심사이기 때문에 사무국에서 준비를 잘하여 진행했다.

내부심사위원은 5도 지사로 구성되어있고 외부심사위원은 대학교수나 공직 경험이 있는 인사전문가로 구성되었다. 오늘 심사에 위촉된 외부심사위원은 법무법인 거산에 정병환 변호사, 이길 법률사무소 최종원 고문, 티오엘 강창석 고문, 건국대학교 석재왕 교수 그리고 단국대학교 남재걸 행정학과 교수였다.

위원회 사무국장의 사회로 내가 이북5도위원장으로서 인사말을 하고 심사위원회 개회선언을 한 뒤에 평남, 미수복 경기, 미수복 강원, 해외교포 도민 그리고 연합회 청년회 추천대상자를 먼저 심사하여 결정한 후에 도별 건재 순에 의해 평북, 함남, 함북 그리고 황해 순서로 심사를 진행했다. 순조롭게 진행되었고 심사가 끝난 후에 감사하다는 위원장의 인사말을 마치고 외부심사위원들께 소감 한 말씀씩 부탁을 드렸다. 외부심사위원들 모두 이북5도위원회의 역할과 기구의 성격에 대해서 잘 이해를 하게 되었다고 하였고 앞으로 이북5도위원회에 대해 도움이 될 수 있도록 하겠다는 덕담의 말씀도 주셨다. 코로나 사태로 저녁 식사 대접도 못하여 아쉬웠다.

오후 5시쯤에 평북지사께서 내 사무실로 오셔서 동화경모공원 직원인지 업무적으로 상시 출입하는 사람인지는 확실하지 않으나 확진자가 한 사람 발생하였다고 말했다. 지난주에 황해도 중앙도민회장이신 김한극 회장께서 동화경모공원을 방문하였을 때 확진자와 접촉하여 코로나 확진 검사를 받으라는 통보를 받았다고 한다. 현재 동화경모공원에 자주 왕래하는 중앙도민회장들의 경우 각별한 주의가 요청된다. 황해도 도민회 사무국장도 동화경모공원에서 확진자와 접촉하였다고 하여 황해도민회는 당분간 재택근무체제로 전환하도록 조치하고 이북5도청 청사 내에 방역 소독을 철저히 하도록 지시하였다.

2020년 9월 4일 금요일 날씨: 맑음 그러나 서늘함

오전 9시쯤에 전북도청에 전시할 용도로 제작 의뢰한 판넬 운반용 천 가방을 납품받았다. 전국 순회 사진전을 할 때 사진 판넬을 편리하고 안전하게 운반할 수 있을 것 같다. 그러나 당초 9월 7일부터 일주일간 전북도청 1층 로비에서 개최하기로 한 사진전이 최근 강화된 2.5단계 코로나 방역 조치로 무기한 연기되었다. 준비를 열심히 했는데 아쉽게 되었다. 그러나 상황이 호전되면 이를 위해 미리 준비해 놓은 것은 잘한 일이다. 오전 11시에 영원군 명예군수가 군정 보고 회의를 하려고 방문하였다. 그동안의 군정보고를 받고 인구추계 조사내용 중 확인이 필요한 응답자들에게 일일이 직접 전화를 걸어 명예군수와 같이 확인하였다. 점심은 평북지사와 위원회 사무국장과 함께 평창동 칼국수 집에서 먹었다. 구내식당도 최근에 코로나로 잠정 폐쇄되었고 외부식당으로 가서 식사하기도 불편하여 이북5도청 직원 대부분이 점심을 집에서 준비해 오거나 아니면 간단한 음식을 외부에서 배달해서 먹는다고 한다. 나도 어제는 김밥에 우유 한잔으로 점심을 했다.

오후 2시에 대동군 명예군수가 와서 군정 보고회의를 가졌다. 군정 보고를 받는 중에 오후 2시 40분쯤에 용강군 명예군수가 와서 함께 군정

보고회의를 같이 했다. 인구추계 조사 설문지 내용 중에 용강군의 응답 내용이 부실한 것이 많아 새로이 10부를 주어 다시 조사하여 1주일 이내로 제출하라고 하였다. 대면 방식으로 진행한 시군정보고는 오늘로써 모두 마쳤다. 사정상 직접 대면 시군정업무보고 회의를 하지 못한 강동군과 개천군은 어제와 오늘 전화로 군정 보고회의를 대신하였다. 16개 시군정 보고대회를 마치고 각 시.군 명예시장군수들에게 시군정보고 회의 결과를 단톡방에 올려 공지하였다.

평남 청소년 육성을 위한 기금 모집 건에 대한 의견을 나누었고 이에 대해 전폭적으로 찬성하였으며 모두 도지사의 뜻에 따르겠다고 하였다. 한두 곳의 군수들이 원칙적으로는 찬성하나 읍.면 동장들의 100% 동의나 찬성을 받는 것이 쉽지는 않을 것 같다는 의견도 개진하여 참고하기로 하였다. 군정업무보고회 시간 중에 단팥빵이 택배로 배달되었다 하여 직원들에게 나누어 주도록 하고 대동군 명예군수와 용강군 명예군수와 함께 먹었다. 빵의 크기가 크고 속이 한국산 팥으로 만든 것이라 맛이 좋았다. 그 유명한 군산의 미성당 단팥빵보다도 맛이 있다고 말하는 사람들이 더러 있었다. 퇴근 무렵에 연합회 측에서 전화가 왔다. 일전에 나의 뜻을 분명히 밝힌 것에 대한 연합회 측의 의견을 전달받았다. 연합회 측에서 제3의 장소에서 이북7도민중앙도민회장들이 위원장을 초대하여 대화를 나누었으면 한다는 전언이었다. 그 제안에 동의하였고 7월 11일 금요일에 점심시간에 만나 상호 의견을 나누기로 하였다.

퇴근하면서 불광동에 있는 이비인후과에 들러 진료를 받고 처방전을 받아 약국에서 약을 받았다. 한 4개월 동안 꾸준히 진료를 받으니 왼쪽 귀의 이명 소리가 기분상 좀 작아진 것 같고 청력도 약간은 호전된 것 같은 느낌이다. 이명이나 청력은 완치가 어렵다고 한다. 그저 더 나빠지지 않게 관리하는 것이 중요한 것 같았다. 꾸준하게 진료받으면 현 상태의 청력은 유지될 것 같고 그나마 오른쪽 귀의 청력이 좋으니 그쪽만이라도 잘 관리하여 현재 상태로 유지하는 것만이라도 다행이라 생각한다.

집에 와 보니 함북지사께서 보내주신 아내의 칠순 기념 축하 꽃바구니가 와 있었다. 함북지사께 감사 인사를 드렸다.

2020년 9월 5일 토요일 날씨 맑음, 아침 저녁으론 서늘함

아침 일찍이 뒷산 중턱까지 올라갔다 왔다. 8부 능선 올라가는 가파른 오르막길 중간 정도에 있는 나무 의자 쉼터에 잠깐 앉아 있다가 내려왔다. 오늘 아침에 서울대 분당 병원에 입원해 있던 현서가 퇴원한다고 해서 데리러 갔다.

오늘은 아내 칠순과 내 생일을 겸해서 가족들과 집 앞에 있는 이태리 음식점인 Chef Cuccina 에서 점심을 같이하기로 예정되어 있다. 오늘 아침 퇴원한 현서가 식구들과 나오려면 좀 늦을 것 같아 당초 예약시간을 1시간 정도 늦췄다. 낮 12시 40분쯤에 도연이네 가족이 도착하였다고 하여 우리도 식당으로 갔다. 한 10분쯤 있다가 현서네 가족들이 도착하여 메뉴를 정하고 천천히 식사를 하였다. 스테이크 3개, 파스타 3개 정도 해서 나누어 먹었다. 식사를 하고 나서 미리 준비한 케이크를 커팅하며 생일축하 노래를 부르며 축하하였다.

점심 후에 모두 우리 집으로 와서 좀 쉬다가 도연이네 가족은 먼저 가고 현서네 가족은 쉬다가 저녁을 우리와 함께하고 집으로 갔다. 코로나19사태만 아니라면 집사람 칠순 잔치를 세종시에 사는 집사람 형제자매 가족들과 제법 성대하게 하고 싶었으나 코로나 19사태가 만만치가 않아서 아쉽게도 여러 가족이 모이는 모임을 할 수 없게 되었다. 나중에 사태가 조금 진정되면 그때 가서 하기로 하였다.

2020년 9월 6일 일요일 날씨: 흐리고 약간 비가 옴

아침에 집사람과 운중천변을 걸었다. 일주일에 적어도 한 번쯤은 집사람과 1만 보 정도는 걸으려고 한다. 최근 집사람이 운동을 전혀 하지 않고 제인이를 보느라 체력이 많이 떨어진 것 같아 안타깝다. 다리 힘도 예전 같지 않은 것 같다. 몇 년 전만 해도 같이 산책을 나오면 항상 내가 뒤쳐지고는 했었는데 요즘은 역전이 된 것 같다. 아침을 간단히 먹고 하나로마트에 가서 일주일 먹을거리 사고 오는 길에 총각네에 들여 과일을 조금 샀다. 저녁에는 닭죽으로 간단히 먹었다. 저녁을 먹고 나는 홍범도 소설책을 보다가 독립운동사에 대한 내용 중에 주요사건 위주로 인터넷을 검색하여 정리해 놓았다. 나중에 청년회원 교육 시 교육자료로 사용하려고 한다.

2020년 9월 7일 월요일 날씨: 비가 오고 흐림

오늘이 음력으로 내 생일이다. 73돌이 되는 생일이다. 참 세월이 빠르다는 생각이 들었다. 아침에 아내가 바빠서 미역국을 끓여주지 못했다고 미안하다고 해서 오히려 내가 민망했다. 저녁에 끓여 준다고 하였다. 사무실에 도착하니 위원회사무국 직원 일동으로 생일축하 꽃바구니가 응접세트에 놓여 있었다. 기분이 좋았다.

오늘 점심은 평남도청 사무국 직원들과 함께하기로 하였다. 평안남도 사무국장이 직원들과 함께 점심을 모시겠다고 하여 같이 행복집으로 갔다. 비가 오는 날이라 뜨뜻한 복국이 제격이었다. 그동안 열심히 도와주고 함께 일해서 고맙고 기쁘다고 했다. 오후 2시쯤에 평남중앙부녀회장이신 송경복 어른께서 방문하셨다. 며칠 전에 KBS와 통일부에서 전화를 받았는데 좀 이상하다고 하여 내가 걸려온 전화를 확인하고 직접 전화를 걸어 확인해보았다. 통일부 공식전화가 맞았고 이산가족과 사무관이라는 사람이 받아 자세히 전화를 걸은 목적에 대해서 설명해 주어 이상한 전화가 아님을 확인하였다. 송경복 회장께서 마음이 좀 놓이신 것 같았다. 오후 3시에는 도지사분들께서 케이크를 준비하여 생일을 축하해주었다. 어느덧 관례처럼 도지사들끼리 조촐한 생일축하 파티를 하는 것이 이제는 자연스럽게 정착되었다.

오후 3시 30분쯤에 불광동 이비인후과에 들러 진료를 받고 논현역에 있는 4.31치과에 가서 치과 진료를 받았다. 임프란트 한 것이 제대로 안정되었는지 확인 차 받는 진료였다. 좀 높은 것 같다고 하여 조금 갈아서 위쪽 어금니와 잘 맞추어 주었다. 3개월 후에 검진을 최종적으로 받기로 하였다

저녁 6시 30분에 현서네 집에서 내 생일 축하 저녁을 함께한다고 하여 잠시 집에 들러 차를 몰고 현서네 집으로 갔다. 도연이네 가족도 와 있었다. 김 서방이 내 생일에 저녁을 같이하겠다고 오늘 부산으로 가지 않고 하루 있다가 내일 간다고 하였단다. 속마음이 깊어서 언제나 고맙고 든든하다. 집사람이 끓인 미역국에 흑돼지 볶음, 참치전, 묵은 파김치, 과일샐러드로 정성스런 생일상을 받았다. 맥주를 김 서방과 박 서방이랑 함께 한 잔씩 마셨다. 두 딸과 두 사위로부터 생일선물과 예쁜 마음씨를 담은 축하편지도 받았다. 감사하고 기쁜 생일이었다.

2020년 9월 8일 화요일 날씨: 흐리고 비가 조금 옴

이북5도위원회 간담회는 코로나 방역 2.5단계에 돌입하면서부터 대면 회의를 하지 않고 서면 결의로 하기로 했다. 그러나 도지사들과 주 1회 주간 위원회의 날에 점심을 같이하는 것은 계속하기로 했다. 오늘은 함남지사 순번이라 함남지사가 행복집으로 초대하여 황해지사와 세 사람만 함께하여 점심을 먹었다. 평북지사와 함북지사는 다른 점심 약속이 있어서 함께 하지 못했다.

인구추계 조사를 하다 보니 함북도민 응답자 수가 타도에 비해서 월등히 적었다. 함북지사에게 이런 사실을 말씀드렸다. 함북지사께서 함북의 명예시장군수에게 확인하여 보니 이미 작성된 자료들이 있고 일부는 아직 덜 된 곳이 있어 도지사실에 전달하지 못했다고 하였다. 금주 중에는 최소한 100부 정도는 설문지 응답을 받아주겠다고 하여 기다리기로 하였다.

2020년 9월 9일 수요일 날씨: 흐리고 비가 옴

아침에 비서실장이 추석 선물 내용에 대해서 보고를 하였다. 견본품으로 온 상주 곶감을 먹어 보았는데 작년 수확한 것이라 신선도가 떨어지는 것 같았다. 점심은 김밥 한 줄하고 계란 하나 그리고 우유 한 컵으로 해결했다.

오늘 국민리스에서 함께 근무했던 윤외석 사장과 김상진 사장을 만나 정말로 오랜만에 강남에서 저녁을 같이하기로 했다. 이북5도 무형문화재 2020년도 정기공연은 서울시 측과 공동으로 공연하기로 합의하여 오늘 10월경에 남산 야외공연장에서 개최하기로 했다. 공동 개최 기획안을 이북5도 무형문화재 연합회장이신 김백봉 부채춤 전승자인 경희대 안병주 교수가 준비하기로 하였고 총기획도 안 교수가 맡아서 하기로 하였다고 한다. 안병주 교수의 제자인 실무 책임자가 사무실로 내방하여 공연계획에 대해 자세하게 설명을 하였다. 공연 안내서와 팸플릿을 제작하는 데 있어 서울시장과 통일부 장관 그리고 이북5도위원장의 축사를 게재하기로 하였다고 하여 축사를 준비하기로 했다.

함북 지사실로 가서 함경북도 종성군 명예군수를 만났다. 종성군민 인구추계 조사 질문서 답변서를 10부 갖고 와 한 부 한 부씩 검토하고 확인하였다. 김 명예군수가 조사를 잘 해주어 확인작업이 수월하게 잘 끝났다. 회의 도중에 위원회 사무국장이 들어왔다. 사무국장의 보고에 의하면 황해도 김한극 회장께서 13일까지 자가 격리 조치 중인데 오늘 도민회장 사무실에 나오셔서 문제가 발생할 소지가 있어 내일부터는 나오시지 못하도록 조치해야 한다고 하였다. 김한극 회장님께 전화를 드리고 위원회의 입장에 대해 설명드리고 협조를 당부드렸다. 내일부터 나오시지 않겠다는 약속을 받았다.

저녁에는 오후 5시 30분에 청담동에 있는 복집에서 윤외석 사장과 김상진 회장과 함께 저녁을 했다. 윤외석 사장은 국민리스 퇴직 후에 전혀 만나지 못하다가 오늘 만나보게 되었다. 거의 20여 년의 세월이 흘렀다.

그동안 약간의 고생은 하였으나 잘 적응하여 현재는 별걱정 없이 일정한 수입도 있는 상태에서 건강하게 잘 지내고 있다고 하여 마음이 많이 놓였다. 앞으로 종종 만나서 옛날이야기도 하고 세상 살아가는 이야기도 하기로 하였다.

2020년 9월 9일 목요일 날씨: 맑음

비서실장이 통일부에서 온 전언문 내용에 대해서 수정 내용이 있다는 보고를 받았다. 당초 통일부 계획에는 통일부 장관께서 우리 이북5도청으로 직접 방문하여 이북5도위원장, 이북도민 중앙연합회장, 일천만이산가족위원회 위원장 그리고 대한경모회장과 함께 차 미팅으로 모임을 갖기로 하였으나 코로나 사태 등을 고려하여 통일부로 우리들이 방문하는 것으로 계획이 변경되었다는 내용이다. 차담회의 목적은 코로나 사태로 인하여 이북도민사회의 각종 중요행사를 개최하지 못하게 되는 것에 대해 위로 겸 격려의 차원이라고 한다. 이북도민 중앙연합회장 측에 변경된 내용을 직접 전달하도록 강 실장에게 지시하였다.

계속해서 인구추계 조사 답변서 내용을 검토하였다. 오늘 점심은 이 비서와 함께 두소에 가서 육개장으로 먹었다. 약간 매웠지만 맛은 있었다. 오후에 탈북민인 이금단 님이 이음교육 신청 차 도청으로 왔다가 인사나 드리고 가겠다고 한다기에 들어오시라고 하였다. 커피를 마시며 이북생활에 대해서 궁금하였던 점에 대해서 물어보았다. 2011년에 탈북하였다고 하였고 자강도 희천시에서 살았다고 한다. 3년제 전문대학 공학과를 나왔고 자기는 개인적으로 북한에 있을 때에도 북한 정권에 대해 회의를 가졌다고 했다.

거주이전의 자유가 거의 없어 통행증이 있어야 다른 지방을 갈 수 있다고 한다. 방문지역의 성격과 거리에 따라 통행증이 3가지 종류가 있고 학교선택이나 직업선택의 자유가 일체 없으며 학교나 직장이나 정부에서 결정해주는 대로 다녀야 한다고 했다. 다만 평양시민으로서 특수층이나 당성이나 소위 성분이 좋은 집안 출신의 경우는 특별한 코스가 있다고 한다. 평등한 사회를 표방하는 공산정권이지만 남한보다도 성분에 따른 뚜렷한 신분 제도가 존재한다고 하는 사실을 다시 한번 확인하였다. 그런데 남한에는 북한이 평등한 사회라고 잘못 알고 있는 사람들이 있으니 문제가 아닐 수 없다.

1990년대 중 후반 고난의 행군 시절에 수없이 많은 아사자가 발생하였고 본인 지신도 아사자들을 직접 목격하였다고 한다. 그런 비참하고 인권이 없는 나라와 통일문제를 이야기한다는 것 자체가 자기로서는 이해가 가지 않는다고 말하여 일면 수긍이 가는 점도 있었다. 북한에 있을 때도 북한의 선전과는 달리 남한 사회가 부유하고 인권이 보장되며 자유로운 사회라는 것을 알고 있었다고 한다. 탈북민 거의가 굶어 죽지 않기 위해 탈출하는 경우가 대부분이었다고 한다.

오후 4시쯤에 평남중앙도민회장이 방문하였다. 동화경모공원에서 개최된 이사회에 참석하고 오는 중이라고 하였다. 오늘 있었던 이사회의 분위기와 의논된 내용에 대해서 물어보니 내 문제도 거론이 되었고 내가 지도라는 명목으로 연합회 측에 권고문을 보낸 것에 대한 성토가 있었고 이에 대해서 당초 계획대로 그 부당함을 국민권익위원회에 제소하는 것으로 결론을 냈다고 한다.

평남청년회 육성방안에 대해서 발전기금 문제에 대해 의견을 나누었다. 도민회 측에서 먼저 추진하면 바로 이어 우리 도정 가구를 통하여 모금운동을 시작할 준비를 하고 있다고 말하였다. 이북도민통일 아카데미 임원진들과 9월 17일에 저녁을 함께하기로 하였다.

2020년 9월 11일 금요일 날씨: 흐리고 비가 좀 옴

오늘 연합회 측과 미팅을 하기로 되어있는 날이다. 오전 11시까지 연락 오지 않아 계획이 변경된 것으로 판단되었다. 아마 어제 동화경모공원 부근에서 연합회 이사회를 가졌을 때 내 문제를 국민권익위원회에 청원하는 것으로 결정하였기에 오늘 만나는 것이 의미가 없어 그렇게 된 것 같다. 나로서는 연합회를 위하여 충정 어린 조언과 권고를 한 것이었는데 권한도 없는 사람이 업무에 관여하고 관리하는 것으로 곡해하는 것 같다. 만약 연합회 측에서 권익위원회에 나를 제소하는 경우 담담하게 대응을 하려고 한다. 다만 연합회 쪽의 성급함과 몰이해에 대해서는 담담하게 적절히 대처해 나갈 생각이다.

오늘 점심은 황해도지사께서 우리 도지사들과 이북5도위원회 사무국 전 직원들에게 김밥과 햄버거를 제공해주셨다. 맛있게 먹고 감사하다고 말씀을 드렸다. 함북 길주군에 이성순 명예군수와 함북 지사실에서 인사를 나누고 인구추계 조사 질문서 건에 대하여 길주 군민들이 작성할 응답서 내용과 작성방법에 대해서 자세히 설명드렸다. 실제로 몇 사람에게 전화를 직접 걸어서 작성 문안에 대해서 내용을 확인하는 방법에 대해서도 알려주었다. 함남지사께도 함남 조사내용에 대해서 비서실장에게 확인 작업을 하여 달라고 부탁을 드렸다.

오후 5시 30분쯤에 종로5가에 있는 팔도횟집에 갔다. 고등학교 친구들 모임인 이금회에 참석하였다. 모임 중간 저녁 6시쯤에 먼저 자리에서 나왔다. 오는 중에 졸음이 와서 한두 시간 잠깐 잔 것 같은데 어느 사이 집에 도착하였다. 종로5가에서 집에까지 오는데 무려 2시간 20분이나 걸렸다.

2020년 9월 12일 토요일 날씨: 맑음

오늘은 집사람과 일주일 전에 주문해 논 평양떡집에 팥고물 망개떡을 찾으러 갔다. 충무로 풍전호텔 옆이라고 해서 내비게이션을 켜고 갔다. 제법 이름이 나 있는 떡집이고 맛이 아주 좋다는 소문이 있어 떡집의 규모가 제법 될 것이라고 생각했다. 풍전호텔 옆 좁은 골목길 두 번째 집이었다. 워낙 작고 구멍가게 같은 느낌이 들어 그냥 지나쳐 갔다. 부근에 아무리 찾아도 없어 그냥 지나쳤던 두 번째 가게에 할머니 혼자 앉아 있는 집이 그 떡집 같은 생각이 들어갔더니 우리가 찾던 평양떡집이 맞았다. 떡집 간판도 없고 공간도 비좁고 진열된 떡도 없는 구멍가게 같은 허름한 집이었다. 입소문으로만 주문을 받아서 떡을 만들어 판다고 한다. 평양 출신 시어머니와 어머니가 하던 것을 지금 할머니가 맡아서 주문만 받으며 떡을 만들어 판다고 한다. 주문을 받으면 주문량만큼 집에서 만들어 판다고 한다.

마침 평양사람이라는 말에 어찌나 반갑던지 한참을 고향 이야기를 하였다. 남편되시는 분은 평남 축구선수 출신인 조봉철 선생이라고 했다. 집사람이 먼저 내가 평남지사라고 하니 무척 반가워하며 떡고물을 한 봉지 덤으로 주셨다. 지난해에 현서 시어머니께서 평양 떡집에서 주문한 떡을 보내주셔서 아주 맛있게 먹은 기억이 있었다. 그런데 올해 집사람 생일축하 떡을 다른 떡집에 부탁하여 평양 떡과 똑같은 떡으로 주문해서 먹어 보았는데 이 집의 평양 떡집 맛보다 훨씬 못한 것 같았다. 그리고 떡고물도 양이 적어 보였다. 그래서 집사람이 인터넷을 검색하여 평양떡집의 주소와 연락처를 알아내어 일주일 전에 평양 떡 한 말을 주문했다. 한 말에 15만 원 하는데 양은 제대로 주는 것 같았다. 세 등분하여 나누었는데도 분량이 꽤 되었다. 해림이와 현서네에 각각 한 묶음씩 주었다.

모처럼 시내에 나와서 집사람과 북악스카이웨이 둘레길을 걷고 점심을 제법 우아한 곳에서 하기로 하였다. 북악스카이웨이 둘레길은 북악산 팔각정을 중심으로 해서 스카이웨이 길 옆길을 조성해서 만들었는데 평탄하면서도 주위 숲이 깊어서 운치도 있고 공기도 아주 맑아 걸으면서 상쾌했다. 우리 같이 나이 든 사람에게는 트레킹 하기에 아주 알맞은 장소다. 1시간 30분 정도 집사람과 둘레길을 걸었다. 걷고 나서 북악산 팔각정에 올라가 북한산과 서울 시내를 바라보았다. 서울 시내가 한눈에 들어왔다. 강북의 중심 지역과 남산, 여의도 63빌딩은 물론 강남과 잠실에 롯데센터 빌딩도 보였다.

점심은 처음에는 석파랑으로 갈까 했는데 다음에 가기로 하고 집사람이 가성비 좋은 곳으로 가자고 하여 곰솔 식당으로 가기로 했다. 가는 도중에 곰솔에 전화를 했으나 연결이 되지 않았다. 아마도 토요일이라 쉬는 날인 것 같았으나 그래도 지나가는 코스라 한번 들러 보았다. 역시 문을 닫고 영업을 하지 않았다. 할 수 없이 덕수궁 근처에 있는 달개비 식당으로 간다는 것이 서울시의회 회관을 바로 지나자마자 우회전해서 갔더니 달개비가 아니라 월궁이란 식당이 나왔다.

그곳도 영업을 하지 않아 할 수 없이 마지막으로 한미리로 갔다. 한미리는 마침 문을 열어 모처럼 집사람과 여유 있게 제법 분위기 있는 곳에서 우아하게 식사를 하였다. 집사람과 정말 오랜만에 시내에 나와 마주 보며 즐겁게 식사를 하니 집사람도 매우 좋아하는 것 같았다. 한 달에 한 번쯤은 시내로 나와 둘레길을 걸으며 이렇게 식사를 하기로 했다. 저녁은 현서네 집에서 해림네와 같이했다.

2020년 9월 13일 일요일 날씨: 맑음

아침 5시 30분쯤 일어나서 조금 쉬고 6시경에 오도봉으로 올라갔다. 오도봉 정상까지 갔다 오니 8,800여 보쯤 되는데, 시간은 2시간 30분쯤 걸린 것 같았다. 쉬엄쉬엄 걸어갔다 오니까 시간이 좀 걸린 것 같았다. 오늘 점심은 현서네 안사돈께서 보내주신 양갈비구이로 애들네와 같이 먹었다. 요리를 잘해서 그런지 냄새도 별도 나지 않고 아주 맛이 있게 잘 구어져 모두 맛있게 먹었다. 저녁에는 오징어 볶음밥을 해서 먹었다. 도연이가 김국을 했는데 제법 맛이 있었다. 도연이의 요리 솜씨가 제법인 것 같았다.

저녁을 먹고 나서 박 서방에게 기업회계의 기본 이론과 내용에 대해서 설명해 주었다. 내달부터 독립해서 사업자 등록하여 영업을 한다고 하여 회사 운영에 필요한 기업회계와 세무회계에 대한 기초에 대해서 알아야 할 것 같아 기본적인 것에 대해서 설명해 주었다.

2020년 9월 14일 월요일 날씨: 맑음

　매주 화요일에 이북5도위원회 주간회의를 오늘로 앞당겨 개최하였다. 두 가지의 긴급한 사항에 대한 안건을 처리하기 위해서다. 첫째 안건은 10월 18일에 개최하기로 한 2020년도 대통령기 이북도민 체육대회 개최 여부에 대한 건이고 다른 하나는 이북도민체육대회에 맞추어 초청하기로 한 해외도민 연례 모국초청행사계획에 대한 건이다. 코로나 19사태에 대한 정부 당국의 방역 조치가 오늘 자로 2.5단계에서 국민 생활의 불편함과 저소득층 영세상인에 대한 대책의 일환으로 2단계로 완화되기는 했으나 언제 또다시 강화될지도 모르는 현실임을 고려할 때 적어도 몇천 명 이상이 모이는 대규모 옥외 행사를 개최하는 것은 불가능하다는 판단이다.

　사무국장이 상정안건에 대해 설명을 한 후 도지사분들의 의견을 물으니 현실적으로 모두 개최하기 어려움으로 두 가지 행사 모두 취소할 수밖에 없지 않겠냐는 의견이었다. 많이 아쉬웠지만 취소하는 것으로 의결하였다. 대신 내년도에는 올해 계획했던 규모보다 조금은 확대해서 개최하는 것으로 행정안전부 측과 협의 하도록 하였다.

　또한 대통령기 체육대회 시 이북도민들에게 수여하는 훈. 포장 및 표창 수여는 훈장의 경우에는 국무총리실에 가서 국무총리로부터 직접 수여 받는 것으로 추진해 보라고 하였다. 안건에 대한 의결이 끝난 후에 사무국 직원들을 회의실에서 나가라고 한 후에 최근 나에 관하여 연합회 측이 국민권익위원회에 명예훼손으로 제소하려고 결정하였다는 소식을 전하고 나의 심정을 이야기하였다. 결코 연합회 측의 명예를 훼손한 것이 아니고 관련 법률이 정한 바대로 이북5도위원회가 이북도민 유관단체에 대해 지도 차원으로 권고문을 보낸 것이고 이는 이북5도 위원장으로서 마땅히 해야 할 일을 한 것이라고 말씀을 드렸다. 연합회 측의 추진과정을 보아가며 그에 따라 적절히 대처하려고 한다고 말씀드렸다. 오늘 점심은 보신탕집으로 가서 5도 지사들과 점심을 같이했다.

오후에도 지난주와 같이 계속하여 이북도민 인구추계 조사 관련하여 황해도와 평북 그리고 함남의 답변서 내용에 대해 수정작업과 추가 조사를 요청하였다. 박충암 6.25유격대전우회 회장께서 오셔서 국민의 힘 한기호 의원께서 발의한 6.25 참전 비정규전투요원에 대한 보상 관련 법안에 대해 설명하였다. 박충암 회장님과 함께 국회 국방위원회 의원들을 개별적으로 접촉하여 설명을 드리고 지원을 부탁드리기로 하였다.

2020년 9월 15일 화요일 날씨: 맑음 전형적인 초가을 날씨임

오늘 오전 미수복 경기도 군의 활동상황에 대해 보고를 받고 위원회의 최근 현황에 대해서 전달하였다. 특히 사이버인터넷으로 교육을 하는 남북이음교육 참여율이 저조한 것에 대해 해당 군민들에게 참여 독려를 부탁했다. 인구추계 조사를 거의 하지 않은 개풍군에 대해서는 질문서 작성 요령을 설명하고 10명에 대해서 추가로 조사하여 금주 중에 제출하도록 부탁드렸다.

점심을 먹으러 12시쯤에 구내식당으로 가니 밥이 없었다. 김밥 한 줄에 우유 한 컵으로 점심을 때웠다. 오후 1시쯤에 밖에 운동을 하려고 나가다가 2층 복도에서 송경복 평남중앙부녀회장님을 만났다. 내 사무실로 오시는 중이라고 하여 다시 내 방으로 들어가 이야기를 나누었다. 추석 명절에 고기라도 선물로 보내시겠다고 하여 극구 사양하고 이해를 구하였다. 개성시장에게 전화를 걸어 안부 인사를 나누고 전화상으로 군정보고회로 대체하겠다고 말하였다. 대신 개성시 사무국장이 개성시 사무실에 오늘 근무하고 있다고 하여 내 방으로 잠깐 내려오라고 하여 개성시장을 대신하여 시정보고회를 가졌다. 인구추계 조사서 작성에 대해 설명하고 설문지 15매를 주고 이번 주까지는 조사하여 제출해 달라고 했다.

오후 3시쯤에 미수복 강원도 금화군 명예군수가 와서 군정회의를 하고 사이버 교육 참여자를 추가로 보내달라고 하였다. 인구추계 조사서 10장을 주고 이번 주까지 조사하여 제출해달라고 하였다. 오후 4시쯤에 이천군 명예군수가 와서 군정보고회를 간단히 마치고 인구추계 조사 작성 방법에 대해 설명하고 조사서 10장 주어 조사하여 제출해 달라고 했다. 이천군 명예군수는 통일경모회 사무국장을 맡고 있고 미수복 강원도 중앙도민회장과 가까운 사이인 것 같아 최근 연합회 측과 나와의 관계에 대해서 간단히 설명하여 주었다.

2020년 9월 16일 수요일 날씨: 맑음

오늘 점심은 곰솔 식당에서 손원일 제독의 아드님이신 손명원 회장을 평양시 김송희 사장의 소개로 만났다. 처음 뵙고 인사를 나누었는데 현대미포조선소와, 현대엔지니어링 그리고 쌍용자동차 사장 등을 역임하시는 등 그동안 주요 대기업체의 CEO로 활동하신 분이었다. 명문가 출신 자제답게 품격도 있고 사람을 대하는 모습이 예의가 있고 진지했다. 참 좋은 분을 만나서 고향 이야기와 가족 이야기를 재미있게 들었다. 평남 강서군 출신으로 독립운동가이신 손정도 목사님이 할아버지이시며 우리나라 해군을 창설하시고 초대 해군 참모총장을 지내신 손원일 제독이 아버님이시다. 독립운동과 건군의 주역을 배출한 명문 가문이다.

손명원 회장의 삼촌인 손원태 선생은 김일성과는 만주 길림성에서 육문중학교를 같이 다녔던 아주 가까운 친구 사이였다고 한다(나이는 손원태 선생이 두 살 정도 아래였다고 한다). 그런 인연으로 삼촌과 함께 김일성의 초청으로 평양을 방문하여 김일성의 극진한 대접을 받았고 여러 번 김일성과 식사를 같이 하며 많은 이야길 나누었다고 한다. 김일성과 이야기할 때는 정치 이야기는 서로 자제하고 과거 만주 길림성에서 삼촌과 같이 지낼 때의 이야기를 많이 하였다고 한다. 김일성의 말이 그때 손정도 목사를 아버님같이 생각했고 많은 은덕 입었다고 이야기하면서 고마움을 표시하며 지난 시절을 술회하였다고 한다.

김일성이 심장마비로 세상을 떠나기 3주 전에도 평양으로 초대받아 가서 나누었던 이야기를 소상하게 말해주어 아주 흥미롭게 들었다. 잘 알려진 바대로 조부이신 손정도 목사께서는 김일성의 아버지인 김형직과 평양 숭실학교 동창생으로 막역한 사이였다고 한다. 손정도 목사는 늦은 나이에 숭실학교를 들어가 김형직보다는 나이 많았으나 함께 공부하며 형 동생 사이로 각별했다고 한다. 김형직이 30대 이른 나이에 세상을 떠나면서 김일성에게 내가 죽게 되면 만주 길림성에 있는 손정도 목사를 찾아뵙고 인사를 드리고 그분을 아버지처럼 생각하라고 유언처럼 말하였다고 한다.

김형직이 세상을 떠났을 때 김일성의 나이가 15세 때였다고 한다. 아버지인 김형직이 타계하자 김일성은 바로 길림성으로 가 그곳에서 목회활동을 하고 계셨던 손정도 목사를 찾아가 2년간 교회 건물 내에 마련한 작은 거처에서 살면서 교회도 열심히 나가고 손정도 목사님의 둘째 아들인 손원태 선생과 함께 같은 중학교를 다녔다고 한다.

그 당시 공산주의 사상과 독립운동에 관심이 많았던 김일성은 교회 후배 학생들에게 독립정신도 심어주고 제법 리더로서의 역할을 하였다고 한다. 이러한 김일성의 활동을 눈여겨보던 일본 경찰들이 중국 경찰에 요청하여 중국 경찰에 연행되어 중국 감옥에 수감 되었었다. 이때 친구인 손원태 선생과 그의 누이인 손인실이 틈틈이 옥바라지를 하였다.

그 후 손정도 목사의 끈질긴 구명 활동으로 7개월 만에 감옥에서 풀려난 후에 그곳에 계속 있기가 어렵게 되자 그곳을 떠나 독립투쟁의 길을 걷겠다며 중국 공산당이 창설한 항일투쟁전투부대에 예속되어 독립전투에 참여하게 되었다. 그 후 일본이 만주를 점령한 이후에는 러시아로 망명하여 러시아 적군 부대에 예속되어 소련군 대위로서 조선군 부대의 책임자로 활약하였다. 그 후 소련이 8.15 직후에 북한에 진주하자 부대원들과 함께 북한으로 들어와 소련 군정의 전폭적인 지원 아래 북한에 공산당을 창설하고 소련식 공산당 정권을 만들게 되었다.

김일성은 손정도 목사 집안과 그런 인연으로 북한 정권의 최고 지도자가 된 이후에도 늘 손정도 선생님이 어린 시절 보살펴주신 것에 대해 감사한 마음을 가지고 있었으며 그 은덕을 잊지 않았다고 한다. 김일성의 회고에 의하면 만약 손정도 선생이 7개월 만에 감옥에서 풀려나게 해주지 못하였다면 그 후 감옥이 일본 경찰의 관할로 이관되면서 대부분의 사람들이 옥고를 치르다가 죽거나 사형을 당하였기에 현재의 김일성은 없었을지도 모른다고 회고했다고 한다. 그래서 더욱 손정도 목사의 은덕을 평생 잊지 못한다고 직접 이야기를 하였다고 하였다. 그래서 남한에 있는 어린 시절 친구인 손원태 선생과 그 누이인 손인실 여사를 그렇게 보고 싶어 했다고 한다. 김일성은 손인실 여사를 꼭 한 번 보고 싶어하여 초대하려고 하였으나 손인실 여사께서 북에 가고 싶지 않다고 하여 결국 가지 않았고 대신에 친구였던 손원태 선생을 여러 번 평양으로 초대하였고 평양에 손원태 선생이 거처할 집도 마련해주었다.

조카인 손명원 회장은 삼촌인 손원태 선생을 따라 세 번 정도 평양에 가서 삼촌과 함께 김일성을 만났고 융숭한 대접을 받았다. 일설에 의하면 김일성은 어릴 때 보았던 손인실 여사를 꼭 보고 싶어했다고 하며 6.25전쟁 시 남침한 괴뢰군 수뇌부에게 서울에 가면 꼭 손인실 여사를 데려오도록 특명까지 내렸다는 설이 있다. 손명원 회장에게 그런 설에 대해서 물어보니 사실이었다고 말해주었다.

김일성이 급성 심근경색으로 세상을 떠나기 3주 전에도 만났는데 그 때에도 북한 경제를 살리기 위해서는 남한의 김영삼 정부와 대화를 해야겠다며 남북대화에 대한 열의를 가졌다고 한다. 역사에 가정이란 무의미하겠지만 그때 만약 김일성이 갑자기 세상을 떠나지 않고 김영삼 정부와 남북정상회담을 하고 상호 군사적 긴장 관계를 완화하면서 남북 경협이 착실하게 진행되었더라면 오늘날 남북관계가 어떻게 되었을까 하는 생각이 든다. 1994년도 내가 국민리스에 근무할 당시였다. 점심식사를 하고 커피를 마시는데 TV에서 긴급뉴스로 김일성 사망 소식을 전하였다. 모든 사람이 깜짝 놀랐던 기억이 생생하다. 오늘 이북5도 무형문화재협회 이사장이신 안병주 교수에게 2020년 서울무형문화재 행사에 대한 축사를 작성하여 보냈다. 축사 내용은 다음과 같다.

[2020년 서울무형문화재 합동공연 축하 글]
존경하는 서울시민 여러분 그리고 이북도민 여러분!
무엇보다도 문화예술을 사랑하시는 대한민국 국민 여러분!
이북5도위원회 위원장 겸 평남지사 이명우입니다.
우리 이북5도위원회는 해마다 이북 5도 무형문화재로 지정된 19개 무형문화재 합동공연회를 개최하여 왔습니다. 올해로 제9회째를 맞이하는 역사 깊은 이북5도 무형문화재 공연을 서울시 지정 무형문화재와 합동으로 이곳 한국의 멋과 정취가 물씬 나는 남산골 한옥마을에서 개최하게 됨을 뜻깊게 생각하며 기쁘게 생각합니다. 매우 의미 있는 시도라고 생각합니다. 이러한 의미 있고 뜻깊은 공연을 최근 코로나 19사태로 시민 여러분들을 직접 모시지 못하고 사이버 인터넷망을 통하여 공연하게 된 것이 못 내 아쉽습니다.
그러나 이번 합동 공연을 통하여 이북무형문화재와 남한을 대표하는 서울시의 무형문화재가 그 멋과 흥이 어떻게 다르고 특색이 있는지 알 수 있는 좋은 계기가 되리라고 생각합니다. 각 지방마다 전통과 풍속 따라 독특한 예술적 특색이 있을 것입니다. 그러나 한국인의 정서에 배어 있는 한과 해학을 멋과 흥으로 승화시키는 예술혼은 어느 지역이나 공통점이 있다고 생각됩니다. 그러한 의미에서 이번 처음으로 시도하는 서울시와 이북5도의 무형문화재 합동 공연은 새롭고 매우 의미 있는 기획이라고 생각합니다. 앞으로 서울시와 이북5도의 무형문화재가 이런 합동공연을 통하여 서로를 이해하고 발전할 수 있는 좋은 계기가 되기를 진심으로 기대합니다. 앞으로 통일이 되는 그날이 오면 이북의 중심인 평양에서 서울시 무형문화재와 이북 5도 무형문화재가 함께 어울려 신명나게 공연할 수 있는 날이 하루빨리 오기를 기대합니다.
이번 합동공연에 뜻을 같이하여 멋있고 흥이 넘치는 공연을 하여 주시는 출연자 여러분 모두에게 감사드리며 특히 합동공연을 기획하고 준비하신 서울시 무형문화재예능보존연합회 조홍동 이사장과 이북5도 무형문화재 연합회 이사장인 안병주 교수께 진심으로 깊은 존경과 함께 감사 인사드립니다.

2020년 9월 17일 목요일 날씨: 맑음

인구추계 조사 작업을 계속하였다. 점심은 구내식장에서 이 비서와 함께하였다. 평북지사만 보이지 않고 다른 지사들도 모두 구내식당을 이용하셨다. 점심을 먹고 나서 등산화로 갈아 신고 비봉길을 올랐다. 비봉길 초입에 있는 절까지 올라갔다 왔다. 왕복 3000여 보쯤 되었다.

평남사무국 담당 계장이 내 사무실로 와서 홍범도장군기념사업회 이사로 겸직 승인 올리는 건에 대하여 조심스럽게 의견을 말하였다. 홍범도장군기념사업회의 이사장과 주요 이사분들 중에 여당 국회의원 다수가 있는 것이 나중에 정치적으로 문제의 소지가 있을 것 같다며 충언하였다. 일리가 있는 이야기였으나 기념사업회의 성격이 정치색이 있는 것은 아니니 걱정하지 않아도 된다고 하였다. 우선 내가 등기이사가 아니고 명분상으로도 평남 출신 홍범도 장군 기념사업회에 평남지사가 비상임 이사로 활동하는 것은 조금도 문제될 것도 없다고 말해주었다.

오후 1시 반쯤에 평남 대동군 3세인 김나영 학생이 인사를 하러 왔다. 외할아버지의 고향이 평남 대동군이고 아버님은 남한에서 태났다고 한다. 이북5도위원회에 대해서 자세히 설명하여 주고 이북도민의 인구 수에 대해 설명하면서 김나영 학생을 대상으로 하여 인구추계 조사를 하였다. 남자 친구와 같이 방문하여 한 시간 정도 즐겁게 이야기를 나누었다.

이북오도민 신문에서 추석을 맞이하여 이북도민에게 축하의 인사말을 써 달라고 해서 아래와 같이 작성하여 보냈다. 혹시 필요할지도 몰라 평남민보 용으로도 추석 인사말을 작성하여 놓았다. 내일 비서실장을 통하여 평남민보에 보내려고 한다. 통일경모회에서 부탁한 2020년도 통일경모회 추석 인사 말씀 초안을 사무국 홍보팀에서 작성하여 보내와 일부 수정하여 경모회 사무국장인 이종구 이천군 명예시장에게 메일로 보내라고 하였다.

[2020년 통일경모회 추석 인사 말씀]

존경하는 실향민 여러분! 안녕하십니까?

평안남도지사 겸 이북5도위원회 위원장 이명우입니다. 민족 최대의 명절인 추석을 맞아 이렇게 글로써 인사 말씀을 보내드리게 되었습니다. 올 추석, 여러분 가정마다 건강과 행복이 가득한 한가위 명절이 되시기 바랍니다.

해마다 추석이 오면 우리 실향민들은 임진각 망배단에 모여 그리운 고향 땅을 바라보며 재북 부조님을 기리고 망향의 설움을 함께 달래 오곤 하였습니다. 그러나 올해는 코로나19의 여파로 그마저 접을 수밖에 없어 여러분과 함께하지 못하게 되어 아쉬운 마음이 너무나도 큽니다. 여러분 또한 아쉬운 마음이 크리라고 생각합니다. 그러나 정부의 사회적 거리두기 지침을 준수하여 코로나19가 하루빨리 종식되는 것이 무엇보다 중요하기에 다들 이해하시리라 생각합니다.

존경하는 실향민 여러분!

올 추석은 코로나19 감염 확산 우려로 인해 많은 사람들이 고향을 찾거나 가까운 가족 모임조차도 갖기 어려운 상황이 되었습니다. 온 가족이 한데 모여 차례를 지내고, 성묘를 가며 시끌 벅쩍하게 지내던 여느 추석과는 다른 모습에 아쉽고 쓸쓸한 심정을 느끼는 실향민 어르신들이 많으실 것으로 생각됩니다. 하지만 한편으로는, 우리 실향민들에게는 너무나도 익숙한 심정이 아닐까 생각합니다. 비단 명절뿐만 아니라, 한평생 고향 땅을 밟지 못하며 두고 온 가족과 친지들을 만날 수 없는 실향민의 슬픔이 어찌 이번 추석 뿐만이겠습니까? 그런 실향민들의 심정을 많은 사람들이 조금이나마 공감할 수 있는 기회가 되리라고 생각합니다. 내년에는 반드시 코로나19가 종식되어 올해 함께하지 못한 아쉬움을 떨쳐버리고 여러분을 만나 뵐 수 있으리라 믿습니다. 그때까지 조금만 더 이 힘든 코로나19와의 싸움을 잘 견디시고 이겨냅시다. 늘 건강에 유의하시길 바라며, 다시 한번 올 추석 건강과 행복이 가득하기를 바랍니다. 감사합니다.

2020년 9월 18일 금요일 날씨: 맑고 아침 저녁으로 서늘함

평북으로부터 인구추계 조사 완료된 것을 받았다. 추가 조사분은 내주 중으로 보내주겠다고 하였다. 점심은 구내식당에서 했다. 추석 선물로 결정한 나주 배를 평남도민 유지분들과 행정자문위원, 명예시장군수들에게 보내고 위원장으로서 관할 미수복 경기도와 강원도 행정자문위원들과 명예시장 군수들에게 보냈다. 개인적으로 보낼 곳은 내 개인 카드로 결제하여 발송하도록 조치하였다. 오후에 조성원 이북도민 새마을연합회 회장과 임원인 전 평북도민중앙회 송남수 회장께서 방문하였다. 8. 25일 오후 2시 30분에 전국새마을 중앙연합회 회장께서 이북도민 새마을연합회를 격려차 오면서 이북5도위원장과 인사를 나누었으면 하는 뜻을 전하기에 마침 그날 오후 3시에 통일부장과 면담 일정이 잡혀 있어 부득이 차기 이북5도위원장이신 평북지사께 부탁을 드렸다.

각도 지사님들께 이번 이북5도 무형문화재 연례 합동 공연이 서울시 무형문화재와 합동으로 남산한옥마을에서 개최하게 되었다고 말씀을 드렸다. 예산에 반영된 것은 없으나 이북5도에서 얼마간은 지원해 주어야 할 것 같다는 말씀을 드렸다. 다음 주 화요일 10시 40분쯤에 이북5도 무형문화재 이사장이신 안병주 교수께서 오셔서 각도 지사님들께 공연 계획과 일정에 대해 설명 드리도록 말씀드렸다. 저녁 6시에 구기면옥에서 이북도민통일아카데미 임원진 일곱 분과 함께 저녁 식사를 같이하고 격려하며 향후 통일아카데미의 발전 방향에 대하여 의견을 나누었다.

2020년 9월 19일 토요일 날씨: 맑음 그러나 서늘함

아침에 일찍 산에 올라갔다 왔다. 이상하게 술 냄새나는 나무가 있었던 곳까지 갔다 왔다. 이곳부터 가파른 깔딱 고개길이다. 막걸리 냄새가 나던 나무는 고목이어서 작년에 구청 공원녹지과에서 베어버렸다. 산에 올라갔다 내려와 좀 쉬다가 간단히 세수를 하고 집사람의 자동차 정기검사를 하기 위해 정기검사소에 다녀왔다. 현서가 예약해주어 검사소에 도착한 지 15분 만에 검사를 마쳤다. 검사결과 적합으로 판정이 되었다. 검사를 마치고 마침 오늘이 성남 모란시장 장날이어서 참기름과 들기름을 사기 위해 모란장터로 갔다. 기름을 사면서 도라지와 더덕 그리고 마늘 한 접을 샀다. 돌아오면서 총각네 집에 들러 야채와 필요한 것 몇 가지를 샀다.

오늘 점심은 해림이네와 현서네가 우리 집으로 와서 같이 하겠다고 하여 파스타를 만들어 먹었다. 파스타는 해림이과 도연이가 함께 만들었다. 제인이와 놀아 주었다. 제인이에게 점심을 먹인 후 재우려고 내가 안고 등을 가볍게 두드려주며 자장가를 낮은 목소리로 불러주니 한 5분쯤 되어 잠이 든 것 같아 안방에 누워 재웠다. 요즘 하루가 달라지게 크는 것 같았다. 제법 옹얼거리고 말을 따라 하게 하면 정확하게 발음을 하며 따라 하곤 하는 것이 아주 신기했다. 말을 배우는 것은 도연이 어릴 때보다 훨씬 빠른 것 같았다.

제인이를 재우고 나서 집사람과 도연이 그리고 나 셋이서 큐브게임을 하며 놀았다. 게임이 끝난 후에 모처럼 도연이와 이런저런 이야기를 많이 하였다. 도연이의 생각을 어느 정도 알 수가 있었다. 아직 앞으로 무엇을 할 것인가에 대한 뚜렷한 생각을 가지기에는 이른 나이라 무엇이 될 것인가에 대해 구체적인 생각을 해보지는 않았다고 한다. 그런데 아빠 엄마의 차분함과 신중함을 닮아서인지 뭇사람들의 시선과 관심을 받는 것에 대해서는 약간은 부정적인 생각을 갖고 있는 것 같았다. 특히 여러 사람에게나 언론에 자신에 대해 알려지는 것에 대해 그것이 명예스러운 것이라 할지라도 별로 달갑게 생각하거니 흥미를 갖고 있는 것 같지 않았다. 나이에 비해 참 생각이 깊은 것 같다. 자기 나름 성실하고 참되게 가족과 같이 행복하게 사는 것에 대해서는 확실한 의견을 갖고 있는 것 같았다. 앞으로 좀더 독서도 많이 하고 사회에 기여하는 것도 보람이 있는 일이니 자신의 개인적인 삶을 우선으로 하되 사회와 국가를 위해 봉사하고 기여할 수 있는 그런 삶을 사는 것도 보람이 있는 일이라고 말해주었다. 저녁 식사는 도연이네와 제인네 가족과 함께하였다.

2020년 9월 21일 월요일 날씨: 맑음

추석 선물 보낼 곳 중에 누락 된 분들을 정리해서 대여섯 분 추가로 보냈다. 오전 11시 20분쯤에 사무실에서 나와 삼성동 트레이드센터 빌딩으로 갔다. 낮 12시쯤에 도착하여 지하 1층에 있는 탄탄제면소에서 국수로 점심을 먹었다.

사무실에 들어오니 6.25 참전 유격대전우회 박충암 회장이 오셔서 그동안 추진하였던 유격대전우회원에 대한 보상법 추진상황에 대한 설명을 하셨다. 보상금액문제에 대한 자료를 주시며 설명하였다. 위원회 총무과장을 내 사무실로 오라고 하여 12인회 개최문제를 연합회 측에 통보하도록 하였다.

9월 25일 전국새마을연합회장이 이북도민 새마을연합회를 격려차 방문할 때 이북5도위원장을 예방한다고 하니 소회의실에서 접견하는 것으로 지시하였다. 소회의실보다는 평북시장군수 회의실로 했으면 좋겠다는 총무과장의 의견이 있었으나 가능하면 소회의실로 하는 것이 좋겠다고 하였다.

함북지사가 내년도 중점사업으로 추진하고자 하는 해외학자들과의 국제 학술대회 계획에 대해서 의견을 나누었다. 문제는 예산을 확보하는 것이고 다른 하나는 북한학자를 초청하는 문제였다. 내 개인 생각으로는 북한학자의 경우 학문적인 견해를 발표하는 것이 아니라 북한 정부의 뜻을 전달하는 것이기에 북한 정부의 통일정책에 대한 선전에 불과하다는 점에 한계가 있고 또한 북한학자를 접촉하는 것은 우리 정부의 사전 허가가 필요한 사항이기 때문에 정부기관인 이북5도위원회가 주관하는 국제회의의 성격으로는 곤란할 것 같다는 나의 의견을 말하였다.

총무과장에게 12인회를 별도회의는 하지 않고 점심 미팅으로 하는 것으로 통보하도록 하였다. 평북지사가 이북5도청 간판을 다는 문제에 대해서 위원장의 결단으로 처리해도 되지 않겠냐고 하여 함남지사에게 다시 한번 의견을 들어보고 결정하려고 한다.

2020년 9월 22일 화요일 날씨: 맑음

오늘 이북5도위원회 회의가 있었다. 별도 의안은 없었고 사무국장의 주요 업무보고가 있었다. 방역대책에 대한 보고와 국민의 힘 국회의원인 안동시 지역구 김형동 의원으로부터 이북5도위원회에 대한 자료요청 건에 대한 보고가 있었다. 이어 함북지사께서 내년도 남북통일문제를 주제로 한 국제학술대회 건에 대한 설명이 있었다. 북경대학에서 통일문제에 관한 국제적 명성이 있는 저명한 학자들을 초청하여 한반도 통일방안과 이에 대한 준비 등에 대한 주제로 하여 학술대회를 개최하려고 하는데 가능하면 북한학자를 초청하여 함께 학술대회를 가져보자는 의견이었다. 이북5도위원회의 성격과 위상으로 보아 다소 어려운 문제라고 생각은 되었으나 추진과정에서 통일부 측과 사전 협의를 하여 보기로 하였다.

오전 10시 40분쯤에 이북5도 무형문화재협회 안병주 이사장께서 오셔서 5도 지사들을 만나 올해 합동공연을 서울시 무형문화재와 공동으로 개최한다는 행사계획에 대해 설명을 하였다. 점심은 함북지사가 행복집으로 초대하여 함께 하였다. 정태영 평양시장께서 내가 없는 사이에 오셨다 가셨다고 하였다. 약과를 선물로 보내와 감사히 받았다. 도지사 명의로 보낸 나주 배 선물을 받으신 분들한테 감사의 전화도 받고 문자 메시지도 받았다.

4. 2020년 도정일지

　오후 3시에 이북5도위원회 공식 유튜브 방송인 한백스튜디오 오픈식 행사를 1층 스튜디오에서 하였다. 이북5도지사와 사무국장을 비롯한 위원회사무국 직원들과 함께 조촐하게 행사를 갖고 시험방송도 시청하였다.
　코로나사태로 인하여 대면 행사가 거의 할 수 없게 된 상황에서 비대면 방식의 의사소통 채널로서의 역할을 충분히 할 수 있을 것으로 생각되었다. 사무국 직원들의 노고가 컸다. 위원장으로서 다음과 같은 개국 축사를 하였다.
　이북7도 중앙도민연합회 측으로부터 내가 제안한 12인회를 받아드려 오늘 28일에 점심을 함께하기로 하였다. 당일 12시 정각에 하림각 중식당에서 하기로 하였다. 별도 안건은 없이 추석 명절을 앞두고 점심을 나누며 덕담을 하는 자리로 하기로 하였다.

[이북5도 한백스튜디오 오픈식 인사말]

　존경하는 국내외 850만 이북도민 여러분! 그리고 3만4천 북한 이탈주민 여러분!
　평남지사 겸 이북5도위원장 이명우입니다. 오늘 우리 이북5도 한백스튜디오 개소식에 즈음하여 여러분께 한백 방송망을 통하여 인사드리게 되어 매우 반갑고 기쁘게 생각합니다.
　올 한해 이북5도위원장의 중책을 맡으면서 정말 많은 일을 계획하였고 열심히 하려고 노력하여왔습니다. 2020년도 우리 위원회는 이북5도의 위상 제고와 역량 강화라는 캐치프레이스 하에 도민과 함께하는 위원회가 되도록 노력하여왔습니다. 무엇보다도 도민과의 소통에 중점을 두어 홈페이지를 새롭게 단장하고 보완하여 젊은 세대에게 위원회의 소식을 전달하고 또 젊은 세대들의 목소리를 들어 위원회와 도정업무에 반영하고자 노력해왔습니다.
　그러나 연초부터 발생한 코로나19 사태로 계획했던 중요한 행사들이 모두 취소되거나 연기되는 안타까운 상황이 되었습니다. 그런 과정 중에서도 사랑의 마스크 만들기 운동과 이북출신 홍범도장군 봉오동·청산리전투 100주년 기념식과 사진전을 도민 여러분들의 적극적 관심과 참여 속에 성공적으로 마쳤습니다.

아직도 코로나 사태가 진정되기에는 상당한 시간이 필요하고 우리 모두가 방역에 각별한 주의가 필요한 시기입니다. 이러한 때에 도민들과 소통하고 서로의 생각을 공유할 수 있는 가장 효과적인 방법이 바로 오늘 개소식을 갖는 한백스튜디오가 아닌가 생각합니다. 한백스튜디오를 통하여 위원회와 도정의 소식을 도민에게 실시간으로 널리 알리고 도민들의 생생한 목소리와 귀중한 의견을 듣고자 합니다. 또한 좋은 교육프로그램을 개발하여 도민들에게 유익한 교육의 장이 되도록 할 것입니다. 앞으로 방송시스템도 보강하고 방송콘텐츠도 유익하면서도 재미있는 내용으로 구성하여 이북도민 모두가 서로의 생각을 나누고 공유하며 이북도민으로서의 정체성과 동질감을 갖도록 해야 할 것입니다.

한백스튜디오가 우리가 목적한 바대로 제 기능을 발휘하려면 도민 여러분들의 적극적이고 지속적인 관심과 참여가 절대적으로 필요합니다. 도민 여러분들의 사랑과 격려 부탁드립니다.

끝으로 오늘 행사를 축하해주기 위해 참석해주신 이북5도지사님들과 위원회 사무국 직원 여러분들께 감사드립니다. 특히 노경달 위원회 사무국장을 비롯한 한백스튜디오 개소 준비팀원 모두에게 찬사와 감사의 말씀드립니다.

존경하는 이북도민 여러분 이제 얼마 있으면 민족의 대명절인 한가위 추석입니다. 예년과 같은 시끌벅적한 한가위 분위기를 느낄 수 없는 것이 아쉽기는 하지만 가족과 함께 행복한 추석 명절 보내시기를 기원합니다. 감사합니다.

2020년 9월 24일 목요일 날씨: 맑음

함북지사실에서 내년도 이북5도위원회 사업계획 중에 남북통일문제에 대한 국제 학술대회 계획에 대해서 의견을 나누었다. 황해도지사께서 찾으신다고 하여 박 지사님 사무실로 갔다. 남북하나재단 이사장께서 추석 선물을 보내셨다며 답례를 해야되는 것 아니냐고 하여 내가 추석 선물을 보내겠다고 하였다.

  낮 12시에 남해복집에서 최용호 사장이 평남도청 사무국 직원들을 점심 초대하여 같이 식사를 했다. 애향심도 있고 능력과 인품도 있어 젊은 후배들에게 존경과 신망이 두터워 평남 도민사회를 위해 좀 더 큰일을 하여 주었으면 하는 바람을 말하였다. 점심을 먹고 나니 몸이 좀 무겁고 아침에 좀 늦게 일어나 매일 다녀오는 뒷산 오동나무까지 서너 번 갔다 오던 것을 한 번 밖에 갔다 오지 못하여 운동 삼아 비봉길을 올라갔다 오기로 했다. 금산사를 지나 비봉길 중턱까지 갔다 왔다. 왕복하는데 6천 보정도 되는 것 같았다. 우리와 자매결연을 맺고 있는 남포함 함장으로부터 추석 인사차 전화가 와서 자매결연부대와 함장님의 무훈을 빌며 덕담을 나누었다.

  여의도 열빈 중식당에서 6시 50분에 홍범도장군기념사업회 이사회가 있는 날이라 좀 일찍 사무실에서 나왔다. 여의도 모임 장소로 가는 도중에 공덕동 부근에 있는 이마트에 들러 제주도사무소장에게 보낼 추석 선물을 사서 보냈다. 비서실장을 통해서 각 도 사무소장들에게 명예시장군수나 각시도 사무소장 등 도지사를 보좌하는 도청기관 사람들한테서는 일체의 명절 선물 같은 것을 받으면 안 된다고 강력하게 지시하여 일체 선물을 보내지 않도록 하는 것을 철칙으로 해왔는데 이번에 새로이 소장으로 취임하여 나의 단호한 뜻을 잘 전달받지 못한 것 같았다. 본인의 마음은 이해하나 절대 있어서는 안 되는 일이었다. 일체의 선물이나 금품을 받지 않기로 한 나의 뜻을 잘 헤아리지 못하고 실수를 한 것 같았다. 카톡 메시지로 오해가 없도록 알아듣게 좋게 이야기를 하였다. 그런데 제주지구소장이 보낸 것이 생물인 생선이어서 다시 돌려보낼 수가 없어 부득이 비슷한 금액으로 다른 물건을 사서 선물로 보내기로 한 것이다.

  저녁 6시 40분쯤에 모임 장소인 중식당 열빈에 도착하여 미리 도착한 우원식 이사장님을 비롯하여 이사분들과 인사를 나누었다. 이번 이사회에는 현대건설 부사장 출신이 한 분이 이사로 선임되었다. 나의 경우는 행정안전부 장관의 겸직 허가가 난 후에 정식으로 선임하는 것으로 하는 조건을 달아 이사 선임절차를 형식적으로 마쳤다. 참석하신 이사분들이 모두 훌륭한 분들이고 또한 홍범도 장군에 대한 존경과 사랑이 대단하였다. 우리 평안도 출신 독립전쟁의 영웅 홍범도 장군에 대해서 고향 후세대로서 긍지와 자부심을 느꼈다.

2020년 9월 25일 금요일 날씨: 맑음

오늘은 공식행사 일정이 많은 날이다. 오전 11시에 해외 거주하는 청년 민주평통 대표위원들이 방문하기로 되어있었다. LA 미주지역 대표, 탄자니아 아프리카 대표 그리고 캄보디아 대표와 국내 청년 민주평통자문위원인 평남 출신 대표 이렇게 네 명이 방문하였다. 해외대표들은 이북5도청을 처음 방문하는 것이라 이북5도위원회의 설립배경과 역할에 대해서 자세히 설명하여 주었다. 기념촬영을 하고 구기동면옥 집으로 가서 불고기 점심 메뉴로 식사 대접을 했다.

오후 1시경에는 송경복 부녀회장님께서 오셨는데 오후 1시 30분부터 다른 일정이 잡혀 있어 양해를 구하고 잠깐 말씀을 나누었다. 추석 선물을 보내시겠다는 것을 몇 번이나 극구 사양했는데 직접 가지고 오셔서 도저히 사양할 수가 없는 상황이 되어 받아드릴 수밖에 없었다. 서로 이모, 조카 사이라고 하며 허물없이 지내다 보니 그냥 보내시기가 마음에 걸리셨던 모양이다. 너무 사양해도 예의가 아닌 것 같아 고맙게 받고 감사하다는 말씀을 드렸다.

오후 1시 30분에 정인성 새마을중앙연합회 회장께서 이북5도 새마을회를 격려차 방문해주셨다. 인사를 나누고 이북5도청에 오신 것을 진심으로 환영한다는 인사말을 하였다. 정인성 회장님은 오랫동안 우리 농산물 운동과 생명 운동 그리고 민주화 운동에 헌신해오신 진보적인 성향의 인사로 알려져 있는 분이다. 시민운동과 민주화 운동에 큰일을 맡아 일을 해오신 분이다. 현 정부의 민주화 운동 실세들과는 어느 정도 친분 관계가 있는 분인 것 같았다. 새마을운동의 방향을 과거 경제개발시대의 근면 자조 협동의 정신에서 생명 살리기 운동으로 확산하여 생명의 가치를 중요시하며 기후문제와 환경 살리기 운동에 새마을 정신을 확대하며 생명 살리기 운동을 전개하고 있는 것에 깊은 감명을 받고 공감하였다.

오후 2시 30분부터 평남을 빛낸 인물 50인 선정 심사위원회가 열렸다. 정경조 심사위원회 위원장께서 회의를 잘 진행해 주셔서 효과를 내는 것 같았다. 10월 16일에 제3차 회의를 갖기로 했다.

2020년 9월 26일 토요일 날씨: 약간 흐림 저녁에는 비가 좀 내렸음

오늘은 평남 청년산악회 모임인 평아름회가 주최하는 태백산 트레킹을 가는 날이다. 아침에 잠을 깨어보니 새벽 4시쯤 되어 조금 더 자다 일어나니 5시 30분이 넘었다. 청량리역까지 6시 50분까지 가는 것이 빠듯해 보였다. 서둘러 준비하고 5시 45분쯤 차를 직접 몰고 양재역으로 갔다. 양재역 공용주차장에 주차를 하고 양재역에서 지하철 3호선을 타고 종로3가역에 내려서 1호선으로 갈아타고 청량리역에 도착하니 6시 55분쯤 되었다. 임홍식 총무와 강대석 실장이 청량리역 대합실 밖에 나와 기다리고 있었다. 제시간에 딱 맞추어 도착했다.

청량리역은 예전에도 자주 와 본 곳이 아니긴 했지만 이제는 현대식으로 역의 모습이 바뀌었다. 역사 주변에도 큰 건물이 많이 들어서서 서울 동북부지역의 중심 센터 역할을 하는 것 같았다. 누리로 기차에 타고 좌석에 앉아 있으니 임홍식 총무가 준비한 도시락을 나누어 주어 아침 식사를 했다. 1987년도 국민리스 영업부장으로 근무할 때에 태백호텔 증축을 한다고 시설자금을 20억 원 정도 리스자금으로 지원해준 적이 있었다. 태백시는 그때 현장 점검 차 와 본 것이 처음이었고 그 후 2003년경에 한미기초건설에 회장으로 있으면서 태백선 철로 수해현장을 보수한다고 현장 답사를 온 후로는 이번에 3번째로 오는 곳이다.

두 번째 온 후로도 벌써 17년 정도의 세월이 흘렀다. 누리열차를 타고 천천히 달리는 열차 안에서 차창에 비치는 강원도의 시골 모습과 산촌 정경을 보면서 우리나라 시골 지역의 모습이 예전처럼 초라하지 않은 모습에 기분이 좋았다. 농촌이나 산촌의 집들이 예전같이 스레트로 된 지붕의 초라한 집들이 아니라 벽돌과 콘크리트 구조로 양옥집 형식으로 잘 지어져 있었다. 강원도 농촌의 집들을 보며 우리나라 경제발전의 정도를 실감하였다.

비록 요사이 세계적인 경제불황과 코로나 사태로 인한 경제적 침체와 사회적 거리 두기로 다소 어려움을 겪고는 있지만 예전의 시골 모습과는 판이하게 달랐다. 제법 집을 잘 지어 멋스럽게 가꾼 집들을 보면서 우리나라의 그동안의 발전상을 피부로 느꼈다. 1990년대 초에 일본을 여행하면서 부럽게 느낀 점은 어느 농촌이나 소도시를 가더라도 집들이 규모는 크지 않지만 잘 지어지고 깔끔하게 정돈되어 있고 마을마다 도로와 시설들이 깨끗하고 편리하게 잘 정돈이 되어있는 모습에 부럽고 내심 감탄한 적이 있었다. 그러나 이제 우리의 시골이나 소도시도 어느 사이 그런 모습으로 변해가고 있는 것을 보며 기분이 매우 좋았다. 좀 일찍 일어나 서둘러 오느라고 조금 피곤했던지 도시락을 먹고 나니 잠시 깜박 졸았던 것 같다. 눈을 뜨고 창밖을 보니 청령포란 간이역이 보였다.

청령포라 어디서 많이 들어봤던 이름인데 갑자기 생각이 나지 않았다. 지명은 익은 데 잘 생각이 나지 않았다. 청령포라, 청령포라 속으로 몇 번을 되뇌어보고 곰곰이 생각해 보았다. 청령포 주위는 강물이 흐르고 있었다. 아마도 남한강 지류의 하나일 것이다. 그런 생각을 하다가 조금 지나니 영월역에 도착하였다. 나는 내가 탄 기차가 영월역을 경유해서 가는 줄을 몰랐었다. 영월역을 보는 순간 청령포란 지명이 또렷이 내 기억 속에 되살아났다.

"천만리 머나먼 길에 고운 님 여의옵고
내 마음 둘 곳 없어 냇가에 앉았드니
저 물도 내 안 같아야 울어 밤새 예놋다(흐른다)" 왕방연의 시조이다.

1457년도 금부도사로 세조의 왕명을 받고 단종에게 사약을 갖고 온 사람이다.

단종이 영월에 유배된 지 4개월이 지난 때이다. 일설에는 왕방연이 단종을 유배지로 호송하였던 금부도사로 알려지기도 하였으나 호송했던 사람은 다른 이로 밝혀졌다. 잠시 560여 년 전의 과거로 돌아가 그 시절의 상황을 생각해 보았다. 삼촌인 세조에 의해 노산군으로 강등되어 어린 단종이 처음으로 유배 생활을 하였던 곳이 바로 영월 청령포였다. 2개월이 지난 후에 홍수가 나서 청령포에서 유배 생활을 할 수 없어 영월 관사로 옮겨 2개월간 마지막 유배 생활을 하였다.

영월로 유배길을 떠날 때에 지금 천호동 천호대교 북단에 있었던 광나루터에 수 많은 백성들이 나와 머나먼 유배길을 떠나는 단종을 보며 눈물로 작별인사를 고하였다고 역사는 전하고 있다. 광나루 나루터에서 배를 타고 북한강을 거쳐 남한강 지류 서강인 이곳 청령포에서 처음 얼마간 유배 생활을 하였다. 강물이 휘돌아가는 섬 같은 곳이어서 배를 타고 가야야만 들어갈 수 있는 곳이었다고 한다. 영월에서 4개월간 유배 생활을 하는 중에 삼촌인 금성대군이 단종복위 운동을 하다가 실패하자 세조를 옹립했던 신하들의 주청으로 단종에게 사약을 내리게 되는데 이때 단종에게 사약을 받치러 간 책임을 맡은 이가 금부도사 왕방연이었다.

한때 임금으로 모셨던 단종에게 사약을 전하여야 했던 왕방연의 심정이 어떠했을지를 상상해 보았다. 안타깝고 죄스럽고 착잡한 심경을 이루다 말할 수 없었으리라. 단종을 뵈옵고 차마 말씀을 드리지 못하고 주저주저할 때 동행한 다른 집행관들이 재촉함에 떨어지지 않는 입을 열고 '왕명 받잡고 왔나이다' 했을 것이다. 그의 충심과 인간적인 고뇌를 느끼며 그가 지은 시를 몇 번이나 속으로 읊조리며 그 당시 상황을 상상해 보았다.

내 마음을 둘 곳 없어 냇가에 앉았을 때 그의 심정이 어떠했을까? 조선 시대에는 충심과 효심이 선비들과 일반 백성들에게 있어서는 가장 큰 덕목이며 지켜야 할 소중한 도덕률이었다. 충심이 깊었던 선비 왕방연이었다. 마지막 구절은 마음속으로 우는 왕방연과 밤새 쉬지 않고 흐르는 물소리가 마치 억지로 참고 울지도 못하는 자기의 마음을 대신 울어주는 듯이 표현하였다. 그 은유적 표현은 가히 명 구절이라 아니 할 수 없다. 비록 짧은 세 구절로 된 시조이지만 작가의 마음을 이렇게 잘 표현한 시가 또 있을까 싶다.

무릇 명시나 명문은 유려한 문체도 중요하지만 그것보다도 중요한 것은 작가의 내면 세계를 진솔하게 들어내는 것이라고 나는 생각한다. 작가는 아마도 이 시를 지으며 흐르는 물소리의 낮고 높음, 느리고 빠름 그리고 여리고 격함에 따라 속으로 울고, 울고 또 울었을 것이다. 금부도사의 임무를 수행하고 그 후 왕방연이 어떻게 되었는지는 역사에 기록된 것은 없다. 그 후 중용이 되었다는 기록이 없는 것을 보면 벼슬길을 그만두고 낙향하여 조용히 여생을 보내지 않았나 싶다.

오전 11시경에 태백역에 도착하였다. 우리 일행이 기차에서 내리니 우리 평아름 트레킹코스를 안내하기로 코레일 측과 연계된 안내 요원 두 분이 마중을 나와 우리를 환영해 주었다. 태백역을 배경으로 단체 기념사진을 찍고 미리 대기하고 있던 버스를 타고 트레킹코스 출발지점인 해발 1200미터쯤 되는 고지인 두문동재 입구로 갔다. 두문동재에 내려서 트레킹을 시작하기 전에 평아름회 김석환 회장의 인사말에 이어 나보고 한 말씀 해달라는 비서실장의 말에 오늘 산행을 평아름회 여러분과 함께하게 되어 반갑고 행복하다는 말에 이어 왕방연의 시를 읊으며 청령포 간이역을 지나며 느꼈던 나의 마음을 회원들에게 이야기하였다. 이어 평남중앙도민회장이셨던 조성원 명예회장께서 열정적인 어조로 평아름회를 사랑한다는 말에 이어 오늘 함께 산행하는 기쁨에 대해서 이야기하며 평아름회의 발전이 평남도민회 발전에 기여하기 바란다는 말씀을 하였다.

트레킹코스는 두문동재에서 금대봉 정상까지 갔다가 그곳에서 검룡소 검문소로 내려오는 약 5킬로미터 정도 되는 코스였다. 금대봉 정상까지는 약 500미터쯤밖에 되지 않는 짧은 코스였으나 정상의 높이가 1,418.5미터나 되는 고지라 제법 오르막이 처음부터 있어 출발 코스로는 힘이 드는 코스라고 할 수 있었다. 회원들이 조금은 힘들어하는 것 같았다. 금대봉 정상은 백두대간을 관통하는 코스라 백두대간을 종단하는 사람은 반드시 이곳을 지나가야 한다고 한다. 정상에서 잠시 휴식을 취하고 기념사진도 찍었다. 휴식을 마친 선두그룹이 방향을 오른쪽으로 접어들어 내려갔다. 중간그룹에 있던 나도 선두그룹을 따라 한참을 내려갔다. 아마도 4백여 미터쯤은 갔던 것 같다. 이정표를 보니 우리가 내려가는 방향은 검룡소 방향이 아니고 매봉산 정상 방향이었다. 안내 표시판에는 매봉산 정상까지가 4.6킬로 정도 더 가야 한다고 되어있었다. 그 방향으로 계속 가면 검룡소 매표소와는 전혀 다른 반대 방향으로 나올 것 같았다. 일단 트레킹을 멈추고 위치 확인을 하기로 했다. 선발대장에게 연락을 취하고 안내자와 통화를 하여 확인해보니 우리가 내려가는 방향이 잘못된 것을 확인하였다. 다시 가던 길을 멈추고 되돌아 금대봉 정상으로 되돌아갔다. 무려 3, 40분 정도를 엉뚱한 산길에서 헤맨 셈이다.

문득 100년 전 평양 출신 홍범도 장군이 이끌던 봉오동·청산리 독립군 전투가 생각이 났다. 그 당시 독립군 전투에 임했던 홍범도 장군 휘하에 독립군 대원들인 우리 선대 어르신들도 이런 험한 산길을 누비며 일본군 정규군과 악전고투를 하며 싸웠으리라는 생각에 갑자기 마음이 숙연해짐을 느꼈다. 금대봉 정상에 다시 올라가 그곳에서 잠시 평아름 회원들의 인원을 점검한 후에 왼쪽 방향 길로 접어들어 검룡산 매표소로 표시된 방향으로 내려왔다.

검룡산으로 내려가는 길은 비교적 평탄한 산길이었다. 금대봉산 정상에서 약 5백 미터쯤 내려오니 그 유명하다는 금대봉 야생화 단지가 펼쳐져 있었다. 야생화 단지 중앙에는 대여섯 평쯤 되는 나무로 된 데크가 설치되어 있었다. 가을철이라 꽃들은 거의 지고 없었으나 드문드문 눈에 띄는 야생화를 볼 때마다 예쁘고 반가웠다. 데크에서 멀리 바라보니 태백산 정상이 보이고 태백산 주위의 산들이 겹겹이 쌓여 시야에 들어왔다. 웅장한 태백산 준령들이 펼쳐진 모습이 장관이었다. 회원 모두 데크에 모여 태백산 주봉을 배경으로 기념사진도 몇 장씩 찍었다. 태백산 주위 산들의 아름다운 모습을 한참 동안 바라보았다. 가을철 단풍이 한창이었거나 흰 눈이 소복하게 태백산에 내린 설경이었으면 얼마나 멋이 있을까 상상해 보았다. 겨울철 눈 내린 태백산이 절경이라던데 다시 올 수 있을까 생각하니 자신이 없다. 금대봉 정상에서 4.6킬로 정도 평탄한 산길을 힘들지 않게 지치지 않고 산행을 할 수 있는 튼튼한 다리를 주신 하나님께 감사기도를 드렸다. 산길을 내려오며 임홍식 총무가 준비한 JBL 부르투스로 달콤한 팝송과 가곡 그리고 신나는 가요를 들으며 내려오니 지치지도 않고 발걸음도 가볍게 해주어 너무 좋았다.

나는 5, 6년 전부터 매일 아침에 일찍 일어나 40분 정도 뒷산인 국사봉 자락 초입까지 다녀오곤 한다. 목표지점을 굴다리 올라가기 전 오동나무 부근까지 세 번을 왕복하면 대략 4,000여 보쯤 된다. 사무실에 출근하여 하루 일정을 소화하며 활동하다 보면 대략 만 보 정도는 걷기에 체력유지에는 별도로 운동을 하지 않아도 도움이 되는 것 같다. 토요일이나 일요일에는 일주일에 한 번씩은 꼭 국사봉 정상까지 갔다 온다. 그 힘으로 젊은 사람들과 웬만한 산행에는 결코 뒤처지는 일이 없이 함께 산행을 할 수 있어 고맙고 감사하다.

검룡소 입구까지 오니 오후 4시 20분 가까이 되었다. 검룡소 매표소 입구에서 약 600미터쯤 왼쪽 방향으로 올라가면 검룡소가 나온다. 검룡소는 물이 마르지 않는 작은 연못인데 바로 한강의 본류인 남한강의 발원지라고 한다. 태백시에는 낙동강의 발원지인 황지가 있는 곳이기도 하다.

남한에 있는 4대강 중에 한강과 낙동강의 발원지가 이곳 태백시에 있다는 것만으로도 태백시는 인문지리학적으로 보면 우리에게 매우 중요한 곳임에는 틀림없다.

검룡소 입구에 도착하니 평창에 살고 계신 이주진 회장 내외분이 우리 일행을 만나보러 2시간을 마다하지 않고 오셨다. 모두 반가워 손잡고 인사를 나누었다.

저녁 식사하기로 되어있는 태백시 재래시장으로 들어가 곤드래 나물밥에 막걸리로 즐겁게 저녁을 함께하였다.

〈평아름회 회원들과 함께 태백산 트래킹〉

이주진 회장 사모님께서 메밀부침과 전병을 손수 만들어 가져오셨고 이주진 회장은 옥수수 막걸리도 몇 병 가져와 맛있게 먹고 마시며 즐겁게 이야기를 나누며 식사를 하였다. 마침 내일모레가 이주진 회장의 생일이라 하여 즉석에서 생일케이크를 준비하여 생일파티를 열었다. 이야기 중에 누군가가 조성원 회장의 생일날이 일주일 전이라고 해서 생일축하를 같이하기로 하였다.

생각해 보니 나도 3주 전에 생일을 맞이해서 나도 끼어달라고 우스개소리로 하였더니 누군가가 또 김현균 차장의 생일이 바로 어제였다고 하여 이주진 생일파티에 세 사람이 꼽사리 끼어 네 사람이 함께 생일파티를 하는 진풍경이 벌어졌다. 모두 파안대소하며 큰 소리로 해피버스데이 축하 송을 합창하며 생일축하를 하여 주었다. 아마 우리 평남중앙도민회 역사상 네 사람이 합동으로 생일축하 파티를 하는 것은 처음 있는 일이었을 것이다. 식사가 끝난 후에 태백 중앙재래시장을 한 10여 분 정도 구경하다가 저녁 6시 30분에 버스를 타고 태백역에 도착하여 7시 10분발 청량리역행 누리로 기차를 타고 서울로 왔다. 임홍식 총무의 말로는 우리가 트레킹한 걸음 수가 무려 2만6천 보쯤 되었다고 하였다. 힘들기는 하였으나 좋은 사람들과 함께한 오늘 태백산 트레킹코스는 너무 즐겁고 행복한 하루였다. 사랑하는 평아름 회원들과의 다음 트레킹이 기대된다.

2020년 9월 28일 월요일 날씨: 맑음

오늘은 이북 7도 도민중앙회장님들과 이북5도지사님들과의 12인 회의가 열리기로 된 날이다. 아침에 출근하니 비서실장이 연합회 사무국장으로부터 연락이 왔는데 연합회 측에서 동화경모공원 관련하여 긴급이사회를 개최하기로 지난주 토요일에 결정이 되어 12인회 참석이 불가하다는 통보를 받았다고 한다. 참 예의도 없고 막무가내식 일방적인 통보이다.

12인회는 규정으로 정해진 모임은 아니나 오랫동안 이북도민사회에 최고 지도자들이 모여 주요사항에 대해 의견을 나누는 모임으로 정착된 중요한 회의다. 사전에 모임에 대하여 통보도 하였고 일정 조정도 하여 결정된 회의를 당일에 와서 참석하기 불가하다고 일방적으로 통보하는 것은 도저히 납득할 수 없는 일방적인 처사라고 아니 할 수 없다. 두 가지 이유가 있을 것이다. 우선 다수의 중앙도민회장 들이 12인회의 모임에 참석하는 것이 불편하다고 느낄 수 있다.

최근 연합회 측과 이북5도위원회 측과의 관계로 보면 그런 추정이 가능하다. 둘째는 이번 기회에 이북5도위원회에 연합회 측의 강경한 의지와 태도를 보여줌으로써 향후 관계에 있어서 주도권을 잡을 수 있다고 생각해서 일 것이다. 그러나 그것은 오산이고 적절한 태도가 아니라고 생각한다.

원래 두 기관의 관계는 상호 독립적이며 협조해야 하는 유기적인 관계이다. 따라서 상호 협력하고 상대방을 존중해주어야 하는 관계이지 어느 일방이 우위에 있다고 생각하는 것 자체가 합당하지 않다고 생각한다. 상대방 기관을 위해서 조언과 협조를 구할 수 있어야 한다. 진정성을 갖고 조언을 하는 것을 부당한 간섭이라고 생각한다면 너무 근시안적이며 옹졸하다.

애당초부터 12인회 참석 자체에 도민회장들 간에 사전 조율이 잘 안 된 것 같고 별로 참석하고자 하는 의지도 없었던 것이 아닌가 생각된다. 최근 연합회 측과 이북5도위원회 간에 서로 불편한 관계가 있는 것은 사실이나 그럴수록 만나서 허심탄회하게 현안문제들에 대해 이야기하는 것이 서로에게 도움이 되는 것이 아닌가 생각한다. 아무튼 참석할 수 없는 회장들은 제외하고 계획했던 대로 12인회 점심 모임을 하림각에서 12시에 갖기로 했다. 5도 지사님들과 항해도민중앙회장 그리고 평남도민중앙회장께서 참석하여 가벼운 주제로 이야기를 나누며 추석 명절을 잘 보내시라고 덕담을 나누었다.

오후에 평남수건춤 보유자의 따님이신 이주희 중앙대 교수께서 오셔서 추석을 맞이하여 인사차 오셨다고 하여 차 한잔 나누었다. 떡을 추석 선물로 준비하셨는데 시간에 맞추지 못하여 나중에 전달하시겠다고 하여 너무 수고하지 마시라고 말씀을 드렸다.

2020년 9월 29일 화요일 날씨: 맑음
아침에 일찍 일어나 뒷산을 올라 갔다 오다가 해마다 내가 밤을 줍는 밤나무 아래에서 밤을 주었다. 길가에서 떨어진 밤을 대여섯 개 주웠다. 밤나무 옆 개울물로 내려가서 50여 개를 주어 올라왔다. 길가에 떨어지는 밤들은 산에 오르는 사람들의 눈에 잘 띄기 때문에 그리 많이 주울 수가 없다. 그러나 길옆 개울가나 그 뒤에 떨어진 밤은 사람들이 잘 줍지를 않아 주로 내가 직접 내려가서 줍고는 한다. 해마다 추석 전후 2주간 정도 밤을 줍는데 한 번에 30여 개씩는 주우니 한 해 수확량으로는 5백 개쯤 된다. 한 말 정도는 족히 되는 양이다. 이곳 밤나무에서 나는 밤은 알도 제법 크고 맛도 좋다.

오늘은 추석 연휴 전날이라 비서실장과 수행원인 윤 주무관을 쉬라고 하였다. 이 비서도 쉬라고 하였으나 지사님 나오시는데 안 나오면 안 된다고 극구 우기며 출근하겠다고 하여 그럼 편한 대로 하라고 했다. 9시 40분쯤에 사무실에 도착하니 이 비서가 나와 있었다. 오늘은 평북지사만 잠깐 출근하셨다가 대전지역으로 출장을 가셨다고 한다. 다른 지사님들은 직원들이 쉬기 때문에 나오지 않았다. 그래도 5도 지사 중에 한 분 정도는 출근해 있어야 할 것 같아서 이북5도위원장인 내가 청사에 나왔다. 물론 집보다는 사무실에 있는 것이 나한테는 더 자연스럽고 편안한지라 위원장이 아니었어도 출근은 하였을 것이다.

이북5도 무형문화재협회 이사장을 맡고 계신 안병주 교수님께서 전화를 주셨다. 무형문화재 담당 주무관이 이북5도와 서울시 무형문화재 협회와 합동으로 공연하는 행사에 대해 사전 공문으로 요청이 없어서 이북5도 명칭 사용이 어렵다고 한다는 이야기를 들었다. 우선 상황파악을 한 후에 잘 협조가 되도록 조치하겠다고 하였다. 마침 공연행사 전에 위원장인 나를 찾아와 공연에 대해서 설명을 하였고 5도 지사님들께 협조를 요청하는 문서도 받아 둔 것이 있어 담당과장인 지원과장에게 잘 협조하도록 조치하였다.

오전 11시 40분쯤에 오촌 조카 벌 되는 관영이가 추석 명절 인사 겸 처음으로 내 사무실로 찾아왔다. 어제 찾아오겠다고 하여 그러라고 했더니 용인에서 택시를 타고 먼 길을 와주었다. 이북5도위원회의 하는 일에 대해서 설명하여 주고 평남 양덕군 출신임을 잊지 말라고 당부하였다. 온 김에 관영이를 대상으로 이북도민 인구추계 조사를 하였다.

오후 3시경에 재찬이랑 안영수 교수 빙모상에 문상하러 신촌 세브란스병원 장례식장에 갔다. 안 교수와 이야기하는 중에 안 교수 부모님이 평북 출신이라고 하여 즉석에서 인구추계 조사를 하였다. 부모님 두 분이 이북에서 결혼하여 8.15해방 전에 서울에 오셔서 아버님이 세브란스 의전에 다니셨다고 한다. 두 분 모두 세상을 떠나셨고 현재 4세까지 이북도민 생존자가 17명이라고 하였다. 두 분이 내려오셔서 17명의 자손을 두셨으니 8.5배나 인구 증가가 된 셈이다.

문상을 마치고 바로 퇴근하기로 하고 양재동 예전 사무실 근처에 있는 수사랑 내과에 들렸다. 얼굴에 검버섯을 제거하려고 들렸는데 예약이 밀려서 오늘은 어렵다고 하여 나중에 예약을 하고 오기로 했다. 단골 차동차 수리소에 들려 운전석 옆 문짝에 긁힌 곳을 임시로 도색하였다. 표시는 나지만 그래도 조금 캄프라지가 되어 좀 나 보였다.

집으로 오는 길에 백운고가 도로 옆에 있는 화원에 들려 결혼 44주년 기념으로 장미꽃 일곱 송이를 사와 아내에게 주었다. 생각하지 못했던 장미꽃을 받고 아내도 은근히 기뻐하는 것 같았다. 결혼한 지 벌써 44주년이라 하니 세월이 빠름을 절감하였다. 50주년이 되는 금혼식 때는 애들과 상의하여 금혼식 잔치를 친지들을 모시고 해야겠다.

2020년 9월 30일 수요일 날씨: 맑음

오늘부터 추석 연휴가 시작되는 날이다. 9월도 마지막 날이다. 9월이 오는가 싶더니만 어느덧 9월도 다 가고 중추의 계절 10월이 내일이면 찾아온다. 세월이 화살같이 빠르다고 하지만 이렇게 빠르게 가고 있는 것을 느끼고 있는 나도 이젠 나이가 제법 들은 탓은 아닌가 하는 생각이 들었다. 아침에 일찍 뒷산 올라갔다. 오늘은 동백나무까지 갔다가 왔다.

내려오면서 요즘 밤이 길가에도 떨어져 있어 떨어져 있는 밤을 몇 개 줍고는 밤나무 옆에 흐르고 있는 개울로 내려가서 떨어져 있는 밤을 주었다.

오늘은 뒷산 오동나무까지 두 번만 다녀왔다. 집사람과 운중농원에 있는 밤나무 동산에 가서 밤을 줍기 위해서다. 집에 들어와 집사람과 같이 운중동 밤나무 있는 곳으로 갔다. 후문을 완전히 막아놓아서 개구멍을 찾아 들어갔다. 이곳에 있는 밤나무에는 밤알도 잘고 이미 사람들이 다녀갔는지 떨어진 밤알이 별로 없었다. 이왕 내친걸음이라 반대편 쪽인 운중농원 정문 쪽으로 갔다. 정문 쪽으로 들어가면 정문에서 한 70미터쯤 내려가서 오른쪽에 밤나무가 열 그루쯤 있는데 그곳 밤은 크기가 어린아이 주먹만 하게 크다. 밤 맛이 별로 없는 것이 흠이지만 큰 밤알을 줍는 재미가 있다. 그곳 밤알이 크다 보니 밤송이 채로 떨어진 것이 많아 밤알을 줍는 것보다는 밤송이를 까서 수확해야 하는 번거로움이 있다. 아침이라 그런지 떨어져 있는 밤송이가 많아 아내랑 둘이서 열심히 까고 주었다. 한 30분 정도 까고 줍다 보니 반말 정도는 수확을 한 것 같다. 아마도 최근 몇 년 사이에 가장 밤을 많이 주운 것 같다. 제인이네가 와서 점심을 같이하고 저녁도 같이했다. 우리 동 101호 옆에 공터에 있는 대추나무에서 제인이와 대추를 땄다. 제인이가 아주 좋아하며 대추를 맛있게 먹었다.

2020년 10월 1일 목요일 날씨: 맑음

오늘은 10월 1일 추석 명절이다. 어제부터 이번 주 일요일까지는 추석 연휴다. 뉴스를 들으니 코로나 사태로 예년 같지 않게 귀성객이 그렇게 많지는 않을 것 같다는 예상들이다. 해외여행을 할 수 없게 되어서인지 제주 여행객이 추석 연휴 동안에 30만 명 정도는 될 것 같다는 예상이다. 추석 기간 중에 코로나 확산이 늘어나지 말아야 할 텐데 은근히 걱정이다.

추석 명절이라고 도연이네 가족과 제인네 가족 모두 와서 점심을 같이

했다. 해림이가 돼지갈비찜을 준비하고 현서네가 전을 준비하여 가져 왔다. 아내가 토란국을 맛있게 끓여 온 가족이 함께 점심을 같이했다. 점심을 먹고 조금 쉬다가 도연이랑 제인이와 함께 대추를 따러 갔다. 한 홉 정도는 딴 것 같다. 제인이가 재미있어했다. 대추 맛이 아주 달아서 도연이랑 제인이가 맛있게 먹었다. 졸음이 와서 좀 자고 오후 4시 30분쯤에 일어나 제인이랑 뒷산에 밤을 주으러 갔다. 제인이가 재미있어했다. 모기에 물렸는지 얼굴을 자꾸 비벼대어 나중에 보니 이마 한가운데 모기에 물린 자국이 있었다. 미지근한 물로 마사지를 해주니 한 참 후에 좀 나아진 것 같았다.

저녁도 도연네와 제인이네 가족 모두 함께 먹었다. 집사람이 오늘도 고생이 많았다. 도연이가 영어 소설책을 갖고 와 읽었다. 책 내용을 보니 제법 난이도가 있는 책이어서 도연이의 영어 독해 실력이 상당한 것을 느꼈다. 도연이에게 이해가 되냐고 물었더니 된다고 하면서 한 페이지에 보통 모르는 단어가 서너 개쯤 나오는데 사전을 찾지 않고 읽어도 뜻은 이해가 된다고 하였다. 상당한 독해 실력임을 알 수 있었다. 보통 한글로 된 책은 하루에 한 권 정도 읽을 수 있는 속도고 영어소설 책의 경우는 3일 정도 걸린다고 한다. 어려서부터 책을 가까이하며 독서에 취미를 붙인 것이 참 잘 된 것 같았다. 도연이는 나에게는 첫 손녀딸이라 그런지 참 정이 가고 기대가 크다. 잘 성장하여 좋은 품성과 지성으로 큰 인물이 되어주었으면 하는 기대를 해본다. 그러나 본인이 몸과 마음이 건강하고 인생을 참되고 행복하게 사는 것이 무엇보다도 중요하고 가장 큰 행복이라 생각한다. 그런 것이 우리들의 바람이기도 하다.

2020년 10월 2일 금요일 날씨: 추워짐, 조금 비가 옴. 흐리다가 갬
오늘은 집사람과 월든 아파트 뒷산 오솔길을 걸었다. 이 길은 평탄하면서도 숲이 우거져 있어 걷기에 편안하고 공기가 맑아 좋다. 작년까지는 집사람과 주말이면 자주 걷곤 하였다. 가을철 밤나무에서 밤알이 떨어질 때면 이곳에서 밤을 꽤 주었다. 올해는 집 뒷산 국사봉 길과 운중농원에 있는 밤나무 단지에서 주로 밤을 주었다. 지난 2주간에 주은 밤이 한 말 정도는 된다. 요즘 아침 식사에 밤을 쪄어 먹곤 한다. 오늘은 아무래도 이 길을 걸으며 운동도 하고 밤도 주어보려고 아침 먹기 전에 일찍 나왔다. 지난 몇 년간 이곳에서 밤을 줍다 보니 어느 곳에 밤이 많이 있는지는 대략 알고 있다. 전에는 서너 곳에서 주로 밤을 주었었다. 철이 좀 지난 것 같아 기대를 하지 않았는데 역시 밤이 거의 떨어졌고 떨어진 밤도 이미 사람들이 주어 간 것 같다.

우리 뒷산과는 달리 이곳에는 월든아파트단지에 사시는 분들이 많이 걷는 길이라 떨어져 있는 밤이 우리가 올 때까지 기다려 주지 않았다. 오늘은 별로 밤을 줍지 못했다. 집에 와서 간단히 아침을 먹고 박 서방이 사다 준 '노화의 종말'이라는 책을 읽기 시작했다. 하버드의대 교수로 있는 세계적인 노화 방지 연구학자인 데이비드 싱글레어 박사의 저서다. 의학 연구서로 생각해서 다소 딱딱하리라고 생각했었는데 소설책을 읽는 느낌이 드는 아주 재미있고 흥미로운 책이었다. 이번 휴일 중에 다 읽을 수 있을지 모르겠다.

조금 읽다가 '나는 홍범도' 소설을 읽었다. 내일까지는 다 읽으려고 한다. 홍범도 전기는 두 권 정도 읽었는데 이 책은 소설 형식으로 쓴 책이라 사실보다는 픽션이 좀 많이 가미된 것 같다. 물론 의병 활동과 독립군 전투 현황에 대한 것은 사실에 근거하여 쓰기는 했으나 전체적인 내용이나 문체는 일반소설 형식이라 내가 읽었던 독립운동사 연구가들이 저술한 홍범도 장군 전기하고는 조금은 다른 느낌을 주는 책이었다. 작가가 여자분이라 그런지 전체적으로 보면 여성적인 섬세함은 있어 보이나 웅장함과 스케일면에서 다소 부족한 면이 있는 것 같다. 언제가 내가 홍범도 장군에 대한 연구를 어느 정도 한 다음에 홍범도를 주인공으로 한 소설을 한번 쓰고 싶다. 홍범도의 인간적인 면모와 사나이의 순수한 사랑을 양념으로 넣고 스케일이 크고 장군의 인간적인 풍모를 느낄 수 있는 그런 멋있는 소설을 한 번 써 봐야겠다고 생각했다.

저녁을 먹고 나서 '한반도평화프로세스'에 대해서 연구하였다. 문재인 정부의 남북통일 방안의 명칭이 다른 말로 말하면 '한반도 평화프로세스'다. 한반도에 영구적인 평화를 구축하기 위한 통일방안에 대한 문재인 정부의 통일정책이다. 현 정부의 통일방안에 대해 좀 더 깊이 있게 연구하여 이북도민 후계세대에게 잘 교육할 필요성을 느꼈기에 우선 현 정부의 통일정책과 방안에 대해 알아 둘 필요가 있다고 생각했다. 인터넷을 검색하여 '한반도 평화프로세스'의 주요 내용을 공부하였다.

[한반도 평화프로세스]

1) 〈한반도 평화프로세스〉란 한반도 평화를 위한 일련의 과정으로 종전선언→평화협정→평화체제 구축을 말한다, 라고 요약할 수 있다.

2) 분단 이후 70년 가까이 지속 되어 온 남북 간 적대적 긴장과 전쟁 위협을 없애고, 한반도에 완전한 비핵화와 항구적인 평화를 정착하기 위한 문재인 정부의 한반도 정책이다. 남북한이 새로운 경제 공동체로 번영을 이루며 공존하는 '신 한반도 체제'의 미래를 만들어 나가는 일련의 노력과 과정을 통칭한다.
한반도 평화프로세스는 2017년 7월 문재인 대통령의 '베를린구상'에서 시작됐다. 구체적인 내용은 3대 목표와 4대 전략으로 분단 이후 70년 가까이 지속 되어 온 남북 간 적대적 긴장과 전쟁 위협을 없애고, 한반도에 완전한 비핵화와 항구적인 평화를 정착하기 위한 문재인 정부의 한반도 정책이다. 남북한이 새로운 경제 공동체로 번영을 이루며 공존하는 '신 한반도 체제'의 미래를 만들어나가는 일련의 노력과 과정을 통칭한다. 한반도 평화프로세스는 2017년 7월 문재인 대통령의 '베를린 구상'에서 시작됐다. 구체적인 내용은 3대 목표와 4대 전략으로 요약할 수 있다.

[3대 목표]

① **북핵 문제 해결 및 항구적 평화 정착** - 북핵 문제의 해결은 한반도 평화를 위해 반드시 달성해야 할 최우선 목표이자 과제 - 우리의 능동적 역할과 국제사회와의 협력, 제재와 대화의 병행 등 포괄적이고 과감한 접근을 통해 북핵 문제를 해결 - 60년 이상 지속된 불안정한 정전체제를 항구적 평화체제로 전환 추진

② **지속 가능한 남북관계 발전** - 〈7·4 남북공동성명〉, 〈남북기본합의서〉, 〈6·15공동선언〉, 〈10·4 정상선언〉 등은 역대 정부가 남북관계 발전을 위해 만들어낸 노력의 결실- 상호 존중, 화해 협력, 신뢰 증진 등 남북 간 합의의 기본정신을 계승하고 발전- 통일문제와 대북정책을 둘러싼 우리 사회 내부의 갈등을 해소하고 국민적 공감대 형성

③ **한반도 신(新)경제공동체 구현** - 남북이 공존하며 공영하는 하나의 시장을 형성해 새로운 경제성장 동력을 창출, 더불어 잘사는 남북 경제공동체 구축 - 대 경제벨트 구축을 통해 세계로 미래로 도약하는 '한반도 신(新)경제지도' 그리기 - 중국과 러시아 등 동북아 이웃 국가와의 경제적 협력 사업을 통해 평화와 번영의 새로운 경제 질서 창출

[4대 전략]

① **단계적 포괄적 접근** - 북핵 문제는 제재와 압박, 대화를 병행하고 단계적으로 접근해 평화적으로 해결 - 대화의 여건이 조성되면 관련국과 긴밀히 공조하면서 핵 동결부터 시작해 단계적으로 북한의 완전한 핵 폐기 추진 - 남북 간 정치 군사적 신뢰 구축, 한반도 평화체제 수립, 북한과 국제사회와의 관계 개선 등을 협의해 안보 위협을 근원적으로 해소

② **남북관계와 북핵 문제 병행 진전** - 북핵 문제해결과 남북관계 개선은 선후 또는 양자택일의 문제가 아니라 상호 보완을 통한 선순환 구도 속에서 진전 - 남북 간의 대화와 교류를 통해 기본적인 신뢰 관계가 구축돼 북핵 문제해결을 위한 다자 대화에서도 우리가 주도적으로 미국과 중국 등 주변국들의 협조를 끌어낼 것

③ **제도화를 통한 지속 가능성 확보** - 국민적 합의에 기반을 둔 '통일국민협약'을 추진해 지속 가능하고 일관성 있는 대북정책 추진 여건을 조성 - 남북 간 합의를 법제화하고, '남북기본협정'을 체결해 정부가 바뀌어도 약속이 지켜지는 남북관계 정립 - 직접 관련 당사국들이 참여하는 '한반도 평화협정'을 체결해 적대관계를 평화와 협력의 관계로 전환하고 항구적으로 지속되는 평화 구축

④ **호혜적 협력을 통한 평화적 통일기반 조성** - 남북 주민을 위한 교류협력을 확대- 이산가족문제를 우선하여 해결 - 북한 취약계층에 대한 인도적 지원 지속 추진, 북한 인권 실질적으로 개선, 북한 이탈주민을 포용하고 정착지원 강화 - 민간지방자치단체 교류협력을 통해 민족 동질성 회복-남북 모든 구성원이 합의하는 평화적이고 민주적 방식의 통일 지향

상기와 같은 문재인 정부의 통일정책에 대해 기회가 있을 때마다 3, 4세대 젊은이들에게 알리려고 한다.

2020년 10월 3일 토요일 날씨: 흐림 그리고 갬

오늘 저녁에는 제인네가 우리 집으로 와서 저녁을 같이했다. KBS2 방송에서 나훈아 쇼 재방송이 있어서 조금 보았다. 오전 11시 30분쯤에 독일통일 30주년 기념 다큐멘터리 "독일통일 30년"을 집사람과 시청하였다. 독일통일의 과정과 통일의 성공 요인 그리고 1989년도 베를린 장벽이 갑자기 무너지고 그다음 해에 독일 분단 45년 만에 통일을 이룬 후에 동서독 간의 경제적, 정서적 차이에서 온 혼란기 그리고 통일 후 서로의 갈등과 어려움을 극복하는 과정에 대해 알려주었다.

이 프로그램을 보면서 이 지구상에 동일 민족 간에 최후의 분단국가인 우리나라의 향후 통일방안에서 참고할 점이 많았다. 특히 서독인들이 동독인에 대한 차별이나 몰이해는 완전한 통일을 저해하는 가장 큰 장애 요인이라는 말에 공감이 갔다. 우리나라도 통일이 되는 경우 서로 차이점을 극복하는 과정에서 남한 쪽의 사람들이 보다 열린 마음으로 북한

동포를 포용해야 되지 않겠나 하는 생각이 들었다.

2020년 10월 4일 일요일 날씨: 흐리고 기온이 내려 감

아침에 5시 50분쯤 뒷산으로 올라갔다. 국사봉 8부 능선까지 올라갔다 왔다. 내려오는 길에 내가 밤을 주로 줍는 곳에서 밤을 주었는데 어제의 반에 반 정도밖에 줍질 못했다. 이제 거의 끝 무렵인 것 같다. 그동안 2주 정도 매일 밤을 주었다. 어림잡아 반말 정도는 주운 것 같다. 오늘은 우리나라의 통일정책에 대해 공부했다. 3, 4세 청소년들에게 통일교육을 위한 강의용 교재를 만들어 보려고 한다. 박 서방이 준 '노화의 종말'이란 책을 조금 보다가 홍범도 장군 소설인 '나는 홍범도'를 읽었다. 오늘 완독할 수 있을지 모르겠다.

2020년 10월 5일 월요일 날씨: 맑음

일주일 정도의 추석 연휴 후 첫 출근 하는 날이다. 도지사님들과 인사를 나누었다. 오늘 점심은 이 비서와 독립문 부근에 있는 대성옥에 가서 도가니탕을 먹었다. 손님이 많아서 그런지 국물이 진하지 않아 전에 먹었던 맛보다는 훨씬 덜했다. 오후에 통일부 통일교육원에 이산이 사무관으로부터 카톡 메시지가 왔다. 이북도민들을 대상으로 통일 교육프로그램을 기획 중인데 교육대상자가 몇 명이나 되는지 알아보아 달라고 하였다. 우리 이북5도위원회 공적 조직으로 명예 시장군수단과 각 시.도지구 사무소장들을 대상으로 하여 115명쯤 교육대상자가 있다고 알려주었다. 교육 관련 상의할 카운터파트로 김건백 대표 시장군수와 이남일 대표 총무 군수의 전화번호를 알려주고 연락을 취하여 협의하도록 하였다. 각 도 대표 군수에게도 통일교육원에서 실시하는 통일교육에 대해 설명하고 비대면으로 수강할 계획임을 알려주고 구체적인 교육내용과 일정이 잡히면 알려주겠다고 하였다.

이산이 사무관과 이남일 대표 총무군수 간에 협의를 하였다고 연락이 왔다. 명예 시장군수들을 대상으로 하는 대외기관 위탁교육 형식이라 위원회사무국 담당과장들과 협의하였다. 협의 결과 현재 명예 시장군수들을 대상으로 비대면으로 통일 교육 계획을 위원회 자체교육으로 수립중에 있다고 하였다. 마침 실시 계획 일정도 비슷하여 중복되는 것 같아 시장군수들을 대상으로 하는 것은 부담스러울 수 있고 내용도 유사한 과정이라 명예시장군수를 대상으로 하는 통일 교육은 다음 기회로 미루는 것으로 했으면 좋겠다는 의견이었다. 대신 이북도민 통일아카데미 회원들을 대상으로 하여 통일교육원 교육을 실시하는 것으로 가닥을 잡았다.

2020년 10월 6일 화요일 날씨: 맑음

오늘 이북5도위원회 회의가 있었다. 청소년 백일장과 그림그리기 대회 개최계획안과 2020년도 이북도민 통일 미술대전 추진계획에 대한 보고가 있었다. 통일부 통일교육원의 이산이 사무관으로부터 비대면 통일교육프로그램 교육생 모집 안내를 해 온 건에 대해서는 사무국 담당과장들의 의견이 부정적이어서 진행하기가 어려울 것 같다는 결론을 내리고 이번에는 받지 않는 것으로 하였다.

이북도민통일아데미 유광석 총장에게 전화하여 통일교육원과의 협의 내용을 확인한 결과 아카데미회원을 대상으로 교육하는 것으로 협의하였다고 한다. 오늘 점심은 황해지사께서 내는 날이다. 행복집으로 가서 함께 식사를 했다.

2020년 10월 7일 수요일 날씨: 맑음

오늘 아침에 비서실장으로부터 인터넷 기사에 실린 김형용 의원(국민의당 안동)의 이북5도위원회의 비효율적인 운영과 도지사들의 과도한 예우에 대한 조사 활동 보고 내용에 대해서 국민일보가 보도한 자료를 받아보았다. 작년 상반기에도 영국 이코노미스트지가 이상한 한국의 정부 조직이라는 제하에 이북5도위원회의 비효율적인 운용과 예산 낭비 그리고

5도 지사에 대한 과도한 대우를 지적하는 기사가 나온 이후 국내 몇 곳의 언론기관에서 이를 다루어 곤욕을 치른 적이 있었다. 이번에도 사실 내용을 정확히 파악하지 않고 너무 일방적으로 매도한 기사에 황당하고 억울한 심정이다.
　실제로 내가 평남 지사직을 맡고 이북5도위원장 직을 겸직하며 업무를 수행하여 보니 각종 행사에 빠지지 않고 참여하는 것만으로도 일정이 빡빡하게 돌아가 업무가 결코 적지 않다는 것이 내 생각이다. 이러한 각종 행사 참여와 이북도민 관리 그리고 정부의 통일정책을 도민들에게 전달하고 도민들의 통일에 대한 생각을 정리하여 전달하는 일이 결코 작은 일이 아니다. 이러한 어려운 가운데에서도 자부심과 긍지를 갖고 최선을 다하고 있는데 일반인들에게는 우리 이북5도위원회의 기능과 역할에 대한 충분한 이해가 없는 상태에서 너무 일방적으로 매도하는 것이 안타깝다. 우리 잘못도 물론 있다. 우리 위원회와 각 도지사들의 업무 내용과 활동에 대해 일반 국민들에게 적절히 홍보하지 못해 왔었고 이해를 시키지 못한 잘못이 있다고 생각한다. 이러한 지적에 대해 좀 더 적극적으로 대처하여 위원회의 역할과 활동에 대해 언론기관과 유관기관을 통해서 대외 홍보활동을 강화해 나갈 필요성을 절실히 느꼈다. 사무국에서 행안부에 국정감사 시 국회 질의에 대비한 답변서를 작성하여 제출하였다. 5도 지사들을 내 방으로 오시라고 하여 차를 마시며 대책을 논의하였다.
　오전 10시 30분에 강서군 명예군수 내외가 인사차 방문하였다. 큰딸의 결혼 청첩장을 갖고 와 축하하여 주었다. 점심은 서로 울적한 마음을 달래기 위해서 마포에 있는 이춘복 참치집으로 가서 5도 지사들이 함께 식사를 했다. 오후 2시 30분경에 강원도 평강군수와 군정회의를 하고 인구추계 조사 작성 방법에 대해서 설명을 하고 평강군에서 10부만 조사하여 내주 초까지 제출하여 달라고 부탁을 했다.
　통일부 통일교육원에서 이북도민아카데미 유광석 사무총장과 스마트폰을 이용한 비대면 통일교육 일정과 내용에 대해서 협의를 한 것 같았다.

평남청년회와 일부 읍면동장들에게 통일아카데미 명의로 함께 신청하여 교육받는 방안을 검토해보기로 했다.

이북도민연합회장 사무실을 방문하여 그간 상황에 대해서 허심탄회하게 이야기를 나누고 어느 정도 서로 이해하기로 하였다. 새로 제작하는 봉오동·청산리전투 사진 도록에 게재할 축사를 부탁하였다.

2020년 10월 8일 목요일

연합회 측에 부탁한 봉오동·청산리 전투 승전 100주년 기념식 축사 내용을 일부 수정하여 보내왔다. 함북지사와 전국 순회전시회 일정을 확정하였다. 10월 26일부터 5일간은 전북도청에서 하기로 하였다. 이어 한주 쉬고 그다음 주에는 속초시에서 하고 또 한주 걸려 그다음 주에는 세종시에서 하는 것으로 계획을 잡았다. 함북지사와 황해지사께 부산시와 제주도에서도 순회전시회를 개최하는 것으로 말씀을 드리고 일정을 잡아 달라고 부탁을 드렸다.

저녁 6시에는 박정욱 명창의 이은관선생기념관 개소식에 참석하였다. 내빈으로 김덕룡 전 의원, 전 국악인협회장, 단국대 서한범 명예교수 그리고 그 외 몇몇 내빈들이 참석하여 인사를 나누었다. 이찬희 변협회장도 김덕룡 회장의 권유로 참석하여 그곳에서 만나서 무척 반가웠다. 김덕룡 회장의 축사에 이어 내가 축사를 했다.

[이은관 선생 기념관 개관식 축사]

서도소리를 애호하시는 시민 여러분

반갑습니다. 이북5도위원회 위원장 겸 평남지사 이명우입니다.

오늘 서도소리의 명창이셨던 이은관 선생 기념관 개관에 즈음하여 서도소리의 중심 도시인 평양을 관장하는 평남지사로서 이 자리에 함께 하여 축사를 하게 되어 매우 기쁘고 뜻깊게 생각합니다. 제 기억으로는 6, 70년대 추석이나 설 명절이 되면 KBS 라디오방송에서나 텔레비전

방송에서 국악프로그램이 방송되었고 그때마다 단골 초대 국악인으로 단연 인기 있으셨던 분이 이은관 선생님이셨습니다. 그분이 배뱅이굿 소리를 들으며 저도 신명이 났던 기억이 납니다. 아시는 바와 같이 서도소리는 평안남도와 황해도 지방의 노래가락을 통칭하는 말이며 남도창과 더불어 우리나라 소리를 대표하는 가락입니다.

서도창은 우리 소리 중에 창법이 까다로워 잘 부르기가 어렵고 남도창과 달리 자주 듣지 않고는 그 깊은 맛과 멋을 제대로 알기 어렵다고 합니다. 남도창은 처음 듣기 사람이라도 어깨 춤이 덩실덩실 나는 경쾌하고 신명이 나는 가락인데 비해 서도창은 무게감이 느껴지며 허무와 원망이 짙게 깔린 소리가 자주 듣고 공부를 해야 그 깊은 맛을 알수 있다고 합니다. 물론 서도창 중에도 경쾌하고 재담 섞인 가사와 가락이 있는 것으로 알고 있습니다. 서도소리는 주로 평양 출신의 소리꾼이 많았다고 하여 평양이 소리의 중심이었다고 합니다.

배뱅이굿의 근원지는 평양입니다. 배뱅이굿의 대 명창 이은관 선생은 강원도 이천에서 태어나 황해도 황주에서 서도명창 이인수 선생으로부터 서도소리와 배뱅이굿을 사사하셨다고 합니다. 선생님은 한국전쟁 후, 서울을 비롯한 중앙 무대를 주름잡으며 전국적으로 인기가 있는 유명한 국악인이 되셨습니다. 특히 선생님의 배뱅이굿타령은 듣는 이로 하여금 가사 내용과 가락에 따라 울고 웃게 하는 소리꾼이셨습니다. 그 당시 국악계에서는 스타 중에 스타셨습니다. 생전의 선생님은 떠는 목, 지르는 목, 조르는 목, 누르는 목 등 목으로 표현하지 못하는 소리가 없다고 할 정도로 탁월한 목청의 소유자이셨다고 합니다.

남도소리 명창의 기념관은 그 명창의 출생지에서 생가터 등을 중심으로 여러 곳 조성된 반면, 서도 명창의 기념관은 이북에 있을 명창의 생가터를 찾을 방법도 없지만 그나마 현재까지 우리 남한 땅에는 한 곳도 만들어진 곳이 없다고 알고 있습니다. 이에 이은관 선생의 기념관을 개관한다는 소식이 너무나 반갑고 고맙습니다. 우리 이북5도위원회에 등록된 무형문화재가 19종목입니다. 무형문화재에 관심을 갖고 공부도

하고 지원사업을 하다 보니 무형문화재를 발굴하는 사업도 중요하지만 발굴하여 등록된 무형문화재를 전승하고 계승 발전시키는 일 또한 얼마나 중요한지 알게 되었습니다.

　서도소리의 명맥을 이어 나가겠다는 각오와 스승을 존경하는 마음이 없이는 도저히 불가능한 일을 우리 서도소리 명창 박정욱 선생이 해 주셨습니다. 서도명창 박정욱이 스승인 이은관 선생의 유품과 그 기념물을 모아 기념관을 만들어 보겠다고 하니 작은 힘이나마 보태고자 합니다. 서도 명창의 1호 기념관이 될 이은관 선생의 [낭월국악당]이 서도소리 발전과 전승에 큰 디딤돌이 되길 기원하며 축하와 함께 감사한 마음을 전합니다.

　끝으로 오늘 기념식 개관에 축하하여 주시기 위하여 참석하여 주신 내외 귀빈 여러분들께도 감사를 드립니다. 박정욱 명창과 낭월국악당의 무궁한 발전을 기원합니다.

2020년 10월 9일 금요일 날씨: 맑음 전형적인 가을 날씨임

　오늘은 한글날이어서 휴일이다. 한글날을 맞이하여 세종대왕의 한글 창제에 대한 깊은 뜻과 이를 만들기 위해 헌신적으로 노력하고 연구했던 집현전 학자들을 생각해 보았다. 만약 우리나라에 한글이 제정되지 않았다면 문화적으로나 정신적으로 중국에 예속되었거나 일제강점기에는 일본의 문화와 일본어에 동화되어 우리 고유의 문화적 전통과 정신을 지켜 낼 수 있었을까 하는 생각을 하게 된다.

　세계언어학자들이 가장 과학적인 문자이고 세상에 모든 소리를 나타낼 수 있는 글자가 바로 한글이라고 격찬하는 것을 보면 한글의 우수성을 알 수 있다. 한글은 배우기가 어려운 글자로 생각하는 사람도 있으나 경어와 낮춤말, 조사와 시제의 변화 등 다양한 변화의 언어이며 특히 한 가지 말이나 감정을 표현하는 데에도 그 감정 표현의 정도와 깊이에 따라 여러 가지로 다른 표현을 할 수 있는 변화무쌍한 언어이기 때문이 아닐까 한다. 그러나 외국인들에게 교육하는 한글 말에 대한 표준을 정하여 쉽게 가르치면 언어 감각이 뛰어난 외국인의 경우 대개 1년 정도만 배우면 일상생활을 하는 데 별 어려움이 없다고 하는 것을 보면 한국어 습득이 그리 어려운 것은 아닌 것 같다. 글자가 없는 나라나 민족들이 한글을 나라 문자로 쓰겠다고 하는 곳이 상당히 있다고 하는 것을 보면 한국어의 세계 보급도 중요한 일이 아닐 수 없다. 최근 BTS 등 K-POP 의 인기몰이에 편승하여 한국어를 배우려고 하는 세계 젊은이가 많아지는 것을 보면 한글에 대한 긍지를 느낀다.

아내와 모처럼 성남 모란시장에 가서 도리지, 더덕 등을 사 가지고 오다가 수내동 칸지고고 중식당에서 자장면과 해산물 볶음밥으로 점심을 먹었다. 오후 4시 40분쯤에 집을 나와 신라호텔 2층 다이내스티룸에서 거행되는 최용호 사장의 딸 결혼식을 축하하러 갔다. 오후 5시 50분쯤에 도착하니 많은 하객들이 다녀가고 있었다. 코로나 사태로 인하여 결혼식장 참석자를 가족과 신랑 신부의 가까운 친구들만 참석하는 것으로 제한하였다고 한다.

최용호 사장 내외에게 인사를 하고 1층으로 내려왔다. 1층 로비에서 장원호 회장과 조성원 회장을 만나서 오장동 함흥냉면집으로 가서 식사를 하면서 평남중앙도민회 향후 발전 방향에 대해서 의견을 나누면서 한편으로는 걱정도 하고 한편으로는 희망도 가져보며 좋은 의견을 나누었다. 두 분 전임 회장님들의 헌신적인 봉사와 도민회장으로서의 탁월한 능력과 업적을 잘 알기에 앞으로 두 분 회장께서 좋은 방향을 잡아나가면 차기 회장도 훌륭한 분이 나오지 않을까 하는 생각이 들었다.

2020년 10월 12일 월요일 날씨: 맑음

함북지사와 지방 순회 사진전 스케줄에 대해 협의하였다. 매주 연이어 사진전을 개최하는데 일정 소화가 쉽지 않고 사진전 준비하는 직원들도 너무 힘들 것 같아 무리인 것으로 판단되었다. 부득이 제주시 사진전은 이번 전시회에서 제외하기로 하고 전북시청에 이어서 속초시청, 부산시청 그리고 세종시를 마지막으로 전시하는 것으로 전국 순회 전시 일정을 확정하였다.

오전 10시 20분쯤에 도청 직원들과 주간업무회의를 하였다. 김한상 계장으로부터 국외 이북도민회와의 화상회의 계획안에 대한 보고를 받았다. 주무관에게는 박인덕, 박종홍, 안병욱, 오천석, 김일엽 등 다섯 분을 평남을 빛낸 인물 후보로 추가하는 것을 검토해보도록 했다.

경기도 개풍군 사무국장이 찾아와 이북5도위원회 부설 북한문제연구소 설립 문제에 대해 설명하고 초기에 사무국장을 맡아달라고 부탁을 드렸다. 저녁 6시에 양재동 흑다돈 집에서 중학교 친구들 모임인 양재회 저녁 모임이 있었다. 윤 주무관에게 먼저 퇴근하도록 하고 나는 모임이 끝난 후에 9004번 버스를 타고 왔다.

2020년 10월 13일 화요일 날씨: 맑음. 다소 쌀쌀해짐

오늘 아침에는 6시 25분에 일어났다. 평소보다 1간 정도 늦게 일어나 뒷산 오동나무까지 한 번만 올라갔다 왔다. 평소에는 3, 4번 갔다 왔는데 오늘은 평소처럼 서너 번 다녀오면 출근 시간을 맞추기 어려울 것 같아 한 번만 다녀왔다. 오전 10시에 이북5도위원회 간담회를 하였다. 별도 의결한 안건은 없었고 업무추진사항에 대한 2건의 보고가 있었다. 평소와 같이 사무국장이 보고사항에 대해서 설명하였다. 이북도민 통일 미술대전 관련하여 진행상황을 설명하였고 국외 이북도민을 대상으로 하는 화상회의 계획안에 대한 보고가 있었다. 보고가 끝난 후에 보고사항과 추진계획에 대한 보완사항에 대해서 몇 가지 점에 대해 이야기 해주었다.

함북지사가 전국 순회 사진전 전시회 건에 대해서 설명이 끝나고 함남지사께서 부산 사무소장의 요청이라며 이북5도위원회 명의로 부산시장 대행 앞으로 사진전 행사 관련 협조공문을 보내주었으면 좋겠다고 하자, 사무국장이 이번에 추진하고 있는 사진전과 관련하여 도지사님들이 사무국 직원들에게 직접 지시하지 않고 해당 시도사무소장들과 연락을 취하여 업무협의를 하고 있어 위원회사무국의 역할이 애매한 입장이라고 말하며 볼멘소리를 하여 좀 난처하였다. 일리 있는 이야기라 향후 공식적인 업무 루트는 사무국을 통해서 하기로 했다.

오늘 점심 대접은 내가 해야 하는데 양덕군 유지모임이 있어서 부득이 평북지사께 부탁을 드렸다. 낮 12시 30분에 남영동 원할머니집에 가서 양덕군민회 유지모임에 참석하여 점심을 같이하며 군민회 현황에 대한 이야기를 듣고 모처럼 1세 어르신들을 뵙고 인사도 드렸다. 모두 건강한 모습으로 뵙게 되어 기분이 좋았다. 점심을 하고 회의를 마친 후에 강남역에 있는 신용보증기금에 다녀 왔다. 오후에 지원과장과 사진전 행사 담당 주무관이 와서 부산시에 보내는 공문을 위원회 명의로 보내는 것이 곤란하다고 하여 좋은 방안을 강구하여 내일 보고해 달라고 했다. 홍보담당 계장과 장 주무관 그리고 전산 담당 주무관을 내 방으로 오도록 하여 국외 이북도민회 별도 란을 우리 위원회 홈페이지에 넣어보도록 지시하였다.

2020년 10월 14일 수요일 날씨: 맑음

홍범도 장군 사진전시회 도록 제작에 수록할 홍범도장군기념사업회 우원식 이사장의 축사를 메일로 받아 함북지사에게 전달하였다. 도록 제작을 위한 사진 자료와 원고 등 필요한 작업과 편집절차를 거의 완료하고 이번 주에 제작에 들어갈 수 있도록 할 예정이다. 점심은 구내식장에서 했다. 통일부 통일교육원 이산이 사무관에게 서호 차관의 서예전시회 장소와 일자를 알려달라고 하였다.

이북도민지원과장에게 지방 순회공연에 필요한 협조공문을 검토해서 내일 중으로 보고해 달라고 지시하였다. 사진전 순회전시회를 개최하려는 4개 시도지구 사무소장이 해당 시도에 행사 일정과 협조 요청에 대한 이북5도위원회의 정식 공문을 요청한다고 하며 협조공문을 요청하여왔다.

위원회사무국에 지시하니 코로나사태로 행사기간 중에 발생할 수도 있는 코로나 감염사태 등을 감안하여 위원회 측의 정식 공문 작성에 난색을 표하고 있어 절충안으로 행사 일정을 요약한 안내문을 각 시도지구 사무소장에게 보내어 안내문을 첨부하여 시도지구 사무소장 책임하에 행사를 진행하는 것으로 하고 시도사무소장 명의로 협조 요청공문을 해당 시도에 제출하도록 하였다.]

『평남을 빛낸 인물』 선정작업이 거의 마무리 단계에 들어갔으나 50명으로 인원수를 제한하다 보니 10여 분 정도 꼭 선정되어야 할 분들이 있어 선정위원회에 추가로 심사요청을 하려고 평남 사무국장과 상의하였다.

이북5도위원회 통일문제연구소 설립에 관한 위원회 관련 규정 제정 상황을 확인하여 본바 현재 내가 초안을 작성한 규정의 내용을 이주희 주무관이 검토 중에 있었다. 이주희 주무관이 내 방으로 와서 검토한 내용에 대해 자세히 설명하여 관련법규정에 맞게 처리하도록 지시하였다. 빠른 시일 안에 규정작업을 완료하고 통일문제연구소를 개설하기로 마음을 먹었다.

2020년 10월 15일 목요일 날씨: 맑음

오늘 점심은 프레스센터 19층에 있는 식당에서 역대 평남지사님들을 모시고 하기로 되었다. 두 달에 한 번씩 돌아가면서 호스트 하기로 되어있는 모임이다. 현직 지사인 나까지 포함하여 현재 멤버는 6명이다. 오늘은 내가 호스트 하기로 하였다. 늘 먹는 메뉴인 장어구이덮밥에 하우스와인 한 병을 주문하였다. 지난달에는 나와 박용옥 지사님께서 불참하였는데 오늘은 모두 참석하였다.

그동안 지사님들의 근황에 대해서 가볍게 이야기한 후 내일 오전 10시에 개최될 예정인 『평남을 빛낸 인물』 선정위원회 회의에 대해서 말씀드렸다. 선정된 인물에 대해 지사님들의 의견을 물어보아 참고하기로 하였다. 특히 친일문제를 선정기준으로 하면 우리가 존경하는 백선엽 장군이나 이응준 장군, 안익태 선생 등이 문제가 될 수도 있다는 말씀을 드렸더니 모두 이구동성으로 말도 안 되는 이야기라며 반드시 그분들은 평남을 빛낸 인물이니 선정되어야 한다는 의견을 주셨다. 유창순 총리와 노신영 총리도 추가하기로 하였다. 당초 50인에서 60인으로 10인을 늘려 선정하기로 했다고 말씀드렸다.

오후 2시 30분에 민주평통 2020년도 3/4분기 자문위원회의에 참석하여 영상으로 자문위원에게 이북5도위원장으로서 축하와 격려사를 하였다.

2020년 10월 16일 금요일 날씨: 맑음

오늘은 오전 10시에 『평남을 빛낸 인물』 선정위원회 제3차 회의가 있는 날이다. 오늘 60명에 대한 선정작업을 일단 완료하려고 한다. 역대 도지사님들과 유지분들의 의견을 반영하여 추가로 18분에 대한 선정작업을 하다 보니 기존에 1, 2차에 확정된 36명 중에서 4분을 제외시켜야 하는 문제가 발생하였다. 독립운동사를 연구하신 이명희 위원과 김시덕 위원의 경우는 친일인명사전에 수록된 분들에 대한 선정에 난감을 표하였고 이에 김중양 전 지사와 김건백 평양명예시장은 평남인들의 보수적인 정서를 생각하여 공과 실의 정도를 참작하여 결정해야 한다는 의견이었다. 위원 7분 중에 네 분이 찬성하고 세 분이 반대하는 입장이었다.

갑론을박 끝에 선정은 하되 공적과 인물 평가란에 친일인명사전에 등록되었다는 사실을 언급하기로 하였다. 독립운동가 중에 독립운동을 주도적으로 하신 분들이 아닌 경우에 해당하는 분들 중에 1차 선정에서 결정되었던 분들을 제외하기로 하였다. 독립운동사 연구가인 김시덕 박사와 이명화 박사가 제의하셨고 다른 위원들도 이에 동의하였다.

시군별 형평성도 고려하다 보니 강동군에 한 분도 포함되어 있지 않아 강동군에는 교육자 중 강남대학교를 창립하신 한 분을 추가로 선정하기로 하여 60+1 로 확정하고 나중에 김시덕 위원과 이명화 위원들께서 검토한 후에 당초 선정되었던 독립운동가 중에 한 분을 제외시키는 것으로 결론을 내었다. 이후 100명을 목표로 평남을 빛낸 인물 선정 작업을 계속해 나가기로 하였다. 오늘로써 선정위원회 활동을 마치는 것으로 하였다. 회의가 끝난 후에 북악정 식당으로 가서 점심을 같이하고 그동안의 노고에 대해 선정위원님들께 감사의 말씀을 드렸다.

내일 대구지구 이북도민합동망향제에 참석하기로 되어있어 위원회사무국 홍보담당 주무관이 보내온 추념사를 검토하였다. 보내온 추념사 일부를 수정하여 보완하였다.

2020년 10월 17일 토요일 날씨: 맑고 따뜻했음

오전 9시 20분 SRT 타고 대구로 갔다. 비서실장이 수행하였다. 오전 11시쯤 동대구역에 도착하여 역사를 나오니 이북5도위원회 대구지구 염길순 소장이 마중 나와 있었다. 대구시에서 보내준 차를 타고 대구시 이북도민 합동망향제가 열리는 침산공원 망배단으로 갔다. 박현도 연합회장님과 대구지역 각도 회장님들 그리고 대구시장을 대신하여 심재균 자치행정국장과 배한동 대구지역 민주평통 부의장께서도 참석하시어 반갑게 인사를 나누었다.

망향제는 정성스럽게 음식을 장만하고 격식을 갖추어 엄숙하게 진행되었다. 연합회장님의 인사말에 이어 내가 추념사를 하였다. 1시간 정도 망향제가 진행되었다. 코로나 사태로 방역에 신경을 써서 진행하였고 참석자도 예년에 비해 1/3로 대폭 줄였다고 한다. 식사도 도시락으로 대체하였고 20여 분 정도 내빈들과 박현도 연합회장님을 비롯한 행사 진행 임원들만 예약된 식당으로 가서 갈비 찌게탕으로 먹었다.

오후 3시에 SRT를 타고 서울 수서역에 오후 4시 50분쯤에 도착하였다. 전철을 타고 내 차를 주차해 놓은 양재동 흑다돈 식당 앞으로 가서 차를 몰고 집으로 왔다. 집에 오니 저녁 6시쯤 되었다.

2020년 10월 18일 일요일 날씨: 맑음

아침에 아내와 시장을 보고 와서 간단하게 점심을 먹고 파주시청 부근에 있는 민족화해센터 전시실에서 전시되고 있는 서호 통일부 차관의 서예전을 보러 갔다. 예서체 글씨가 힘이 있어 보였고 필력이 상당한 것으로 느꼈다. 글의 내용들이 통일을 염원하고 통일을 위하여 우리 마음을 어떻게 해야 하는지에 대한 각오를 표현한 작품들이 많았다. 일요일이라 관람객이 거의 없었다. 내가 보낸 축하란과 통일교육원원우회 회원 일동 그리고 두 세분의 회원들이 보낸 축하 화환들이 있었다.

관람을 끝내고 오후 4시 20분쯤에 고양시 누리미술관에서 전시하고 있는 박승범 화백을 비롯한 고양시 원로화가 작가협회 회원분들의 작품 전시회를 관람하러 갔다. 박승범 화백을 비롯하여 일산 백양로 클럽회원 여러분들이 오셔서 박승범 화백의 작품해설을 들으며 관람하였다. 마음에 드는 작품이 하나 있어 가격을 물어보니 호당 30만 원이라고 한다. 100호쯤 되는 대작이라 3천만 원은 호가하는 것 같았다. 가격이 너무 비싸서 엄두도 내지 못했다.

2020년 10월 19일 월요일 날씨: 맑음

오전 10시에 도청 직원들과 티미팅을 했다. 평남을 빛낸 인물 61인 선정에 대해 이야기를 했다. 평남 출신 중에 독립운동가, 정치, 경제, 교육, 문화 모든 분야에서 훌륭한 업적을 남기신 분들이 너무 많았다. 한 분을 제외하는 문제는 김시덕 박사와 상의한 후에 이재명 독립운동가로 확정하기로 했다. 이재명 독립운동가는 평북 선천 출신인데 평양으로 이사와 평양에서 활동하신 분이라 엄밀히 말하면 평남 출신이라고 보기 어려워 그렇게 하기로 하였다.

오전 11시 30분쯤에 유지숙 선생이 서한범 교수님과 함께 방문하셨다. 서도소리에 대한 이야기를 나누면서 서도 좌창 무형문화재 지정에 대한 의견을 들었다. 나의 기본적인 입장은 서도창의 본고장인 평남에서도창이 무형문화재로 지정되어 있지 못한 것에 대해 안타깝다는 의견을 말하였다. 박정욱 명창의 경우 서도좌창을 올곧이 전수받은 사람이 아니라는 의견도 있어 서도재담을 곁들인 창으로 신청하면 좋겠다는 의견들이었다.

석파랑에 가서 점심을 같이했다. 분위기가 너무 좋다고 하여 잘 모시고 온 것 같은 생각이 들었다. 석파랑이 흥선대원군 별장이었으며 원래는 안동 김씨 좌장격인 김흥근의 별장이었던 것을 대원군이 집권한 후에 거의 빼앗다시피 얻은 별장이라는 이야기를 해주니 아주 흥미롭게 듣는 것 같았다. 오후 4시 40분쯤에 함북 지사실에 가서 어문각 사장과 최종 편집회의를 하였다.

사진 도록 발간 부수에 대해서는 1,000부는 위원회 예산으로 하고 홍범도장군기념사업회 우원식 이사장의 축사를 포함한 도록은 200부를 추가로 발간하기로 하였다. 저녁 6시 30분에 혜화동 로타리 부근에 있는 맛있는 밥상 집에서 곽영길 아주경제 회장과 김종영 종로구청장을 비롯한 구청 직원들과 저녁을 같이 했다.

2020년 10월 20일 화요일 날씨: 맑음

오전 10시에 이북5도위원회 주간회의를 개최하였다. 회의 전에 함북 지사께서 홍범도 장군 봉오동 청산리 전투 100주년 기념 전국 순회전시회 추진상황에 대한 설명이 있었다. 언론기관에 배부할 보도자료 내용도 설명하고 이에 대해 지사님들의 의견을 구했다. 심의 안건 3건에 대해 위원회 사무국장의 설명이 있었고 이어 의안을 상정하였다. 상정안건마다 지사님들의 의견을 구한바 이견이 없다고 하여 원안대로 의결하였다.

점심은 석파랑으로 가서 하였다. 흥선대원군의 별장으로 쓰던 한옥 건물이 있는 곳이라 운치가 있고 역사성도 있어 모두 기분 좋게 점심을 먹었다. 온 김에 윗 쪽에 있는 별당채로 올라가서 마루에 앉아 기념촬영도 하였다. 함남지사 말씀이 이곳에 와서 점심을 먹고 난 후에 차관으로 승진하셨다고 하여 사무국장도 좋은 일이 있기를 바란다고 덕담도 하였다. 제주사무소장이 제주도민들의 법률상담을 위해 고문 변호사 위촉을 이북5도위원장 명의로 하여 줄 것을 요청하였기에 실무자들의 의견을 들은 바 실무자들의 의견은 다소 신중하였다. 황해지사와 상의한 바 제주지구 사무소를 관장하는 황해지사 명의로 하는 것으로 의견을 모았다.

오후 3시쯤에 6.25 참전유격전우회 회장이 오셔서 보상 관련 법안 추진상황에 대해서 설명해주셨다. 시간을 내어 관련 국회의원들을 만나보기로 하였다. 오후 3시 20분쯤에 양재동 수내과로 출발하여 혈압을 체크하고 혈압약 처방을 받았다. 오후 5시 30분에 이태원 아랍식당인 아라베스크로 가서 아비르와 아비르의 한국인 동료를 만나 아랍식 음식으로 저녁을 먹으며 담소를 나누었다. 다큐멘터리제작 관련 일을 하는 젊은이인데 영국에서 Voice Engineering 공부를 하였다 한다.

2020년 10. 21일 수요일 날씨 : 맑음

오전 9시 30분경에 남북하나재단에서 이사회 결의사항에 대해 서명을 받으러 담당 부장과 직원이 내방했다. 내용을 검토한 후에 서명하여주었다. 연말쯤에 이사회가 한 차례 더 있을 예정이라고 하였다. 남북하나재단과 우리 이북5도위원회는 북한 이탈주민의 문제를 담당하는 공통점이 있어 상호 협력하고 유대강화를 할 필요가 있어 앞으로 좀 더 효율적인 방법으로 협조방안에 대해 의견을 나누었으면 좋겠다는 말을 하였다.

오전 11시경에 아주경제뉴스 그룹에 곽영길 회장과 취재기자가 방문하였다. 함북지사 방으로 가서 함북지사로부터 이번 전시회의 목적과 의의 그리고 전시 내용에 대한 설명을 듣도록 하였다. 오전 11시 30분경에 무교동 일식집에서 평남중앙도민회 3/4분기 임원회의가 있어서 참석하여 축사를 하였다. 축사 전에 올해 백수를 맞이하신 이근태 상임고문님께 백수연 기념패를 증정해 드렸다. 증정식은 전승덕 회장과 함께하였다. 오후 2시에 평안북도 영상회의 개막식 행사에 참석하기 위하여 행사장에서 오후 1시쯤에 나왔다.

　오후 2시에 청사 417호에 설치된 평북 영상회의 방송실에서 개막식 행사가 진행되었다. 이북5도위원장으로서 개막식 축사를 하였다. 오후 3시에 김동길 교수님 댁으로 가서 선생님께 생일축하 인사 겸 그동안 평남도정에서 있었던 이야기를 말씀드렸다. 그리고 이번 『평남을 빛낸 인물』 선정목적과 과정에 대해서 설명드리고 선정된 60인에 대한 감수를 부탁을 드리고 축간사를 부탁드렸다. 생일축하로 동양란을 전해드렸다. 다리가 조금 불편하실 뿐 건강상태는 걱정했던 것과는 달리 좋아 보여서 마음이 놓였다. 일 년 전에 취임 인사차 방문하였을 때보다도 건강상태는 조금 좋아지신 것 같았다.

　여전히 현 정부의 정치 행태에 대해서 걱정과 우려가 많으셨다. 나보고 열심히 일하라는 당부의 말씀과 함께 내 얼굴 모습을 보니 아주 건강해 보이고 몸과 마음 상태가 건강한 것으로 보여 도지사로서 큰일을 하고 있는 것 같다고 하시며 고향 평남을 위해 열심히 봉사해줄 것을 부탁하셨다. 작년에 취임 인사차 왔을 때도 덕담이라고 생각은 하였지만 당신께서 여러 사람들을 많이 만나보아서 어느 정도 사람 볼 줄을 알고 관상도 보신다고 하시면서 내 얼굴에 대해서 말씀해주셨었다. 선생님 말씀에 우리 이명우 지사는 상이 좋고 평온한 인상을 가지고 있어 주위에 적이 없고 도와주는 사람이 많아 훌륭한 일을 할 수 있는 인물이라고 하셨다. 과분한 칭찬이어서 쑥스럽게 생각하였으나 까마득한 학교 후배에 대한 깊은 사랑과 관심의 표명이라고 생각하였다. 이번에도 같은 말씀을 하셔서 너무 황송하기도 하고 정말 조심스럽게 잘 해야된다는 당부의 말씀으로 생각하였다.

　선생님과 약 30분 정도 이야기를 나누고 내내 건강하시라고 말씀을 드리고 나왔다. 선생님 댁을 나와서 사무실에 들러 잔무를 정리하고 오후 4시쯤에 나와 종로구청으로 여권을 갱신하러 갔다. 규격에 맞는 여권용 사진이 없어서 종로구청사 1층에 설치된 속성 무인사진기에서 7천

원을 주고 여권 사진을 찍었다. 기존 여권에 있는 10년 전 사진과 비교하니 많이 늙었다는 것이 실감이 났다. 10년이 결코 짧은 세월이 아님에도 많이 늙게 변해진 내 얼굴 모습에 세월의 흐름을 느꼈다.

2020년 10월 22일 목요일 날씨: 맑음

아침에 뒷산 8부 능선까지 올라갔다 왔다. 오늘은 사무실에 가지 않고 충북지구 이북도민 연합회 회장들의 모임이 청주에서 개최되어 출장을 가기로 예정되어 있다. 오전 9시에 윤 주임이 차로 대기하고 있어 가는 길에 운중동 보건소에 가서 독감 예방주사를 맞기로 했다. 보건소에 가니 안내자가 보건소에서는 독감 예방주사를 직접 놓지 않고 주위에 있는 몇몇 의원에 맡겼다고 하였다. 제일 가까운 의원을 소개해주어 지유미 의원이라는 곳에 가서 의사 검진을 받은 후에 예방주사를 맞았다. 오늘은 무리하지 말고 샤워도 하지 말라는 주의를 받았다. 출장 가는 길에 차 안에서 푹 쉬면서 가면 될 것 같았다.

낮 12시 5분 전에 충북지구연합회장단 회의 장소인 식당에 도착하였다. 충북지구 이북도민 연합회장님과 한장훈 고문님 그리고 각 도 도민회장님들이 참석하셨다. 20여 분 정도 참석 하에 회의가 개시되었다 김관국 연합회장님의 개회사 겸 인사 말씀이 있은 후에 내가 이북5도위원장으로서 축사 겸 인사말을 하였다. 일 년 전에 한 번씩 뵈었던 분들이라 낯이 익었다. 즐겁게 식사를 하면서 이야기를 나누었다. 이북5도위원회의 금년도 활동 사항에 대해서 설명하여 드리고 충북지구 도민사회 활동에 대해서도 이야기를 들었다. 이북도민 인구추계 조사의 취지에 대해서 설명을 드린 후에 참석하신 분들을 대상으로 즉석에서 인구추계 조사를 하였다.

이명화 박사께서 이재명 독립투사에 대해서 매우 중요한 분이므로 선정에서 제외되는 것이 문제가 있으니 다른 분으로 대체했으면 하다고 하여 몇 분을 알려드렸다. 박치은 선생을 제외하는 것이 좋다고 하여 그렇게 하기로 하고 선정위원들에게 양해를 구하였다.

2020년 10월 23일 금요일 날씨: 맑음 조금 쌀쌀해짐

오전 10시에 미국, 캐나다, 호주 3개국에 LA 지역을 비롯한 8개 지역에 국외 이북도민 대표자들과 화상통화를 하였다. 처음 시도하는 화상통화라 잘 진행될 것인지 걱정이 되었으나 사무국 직원들이 잘 준비하여 생각보다는 순조롭게 진행되었다. 우선 각 지역 대표자분들과 화상으로 인사를 나누고 내가 이북5도위원장으로서 먼저 인사말을 하였다. 코로나 사태로 어려움을 겪고 있을 국외 이북도민들에게 위로의 말씀을 드리고 특히 금년도에 고국방문단 행사가 취소된 것에 대해 아쉬운 마음을 전달했다.

낮 12시 30분에 경기지구 이북도민 연합회장들의 회의에 참석하기 위하여 오전 11시경에 화상 회의장에서 나왔다. 12시 25분경에 회의장에 도착하여 회장님들께 인사를 나누고 이북5도위원회 활동 상황도 말씀드렸다. 회의가 끝난 후에 점심을 먹고 경기도사무소 사무실을 방문하여 사무소의 업무보고를 받았다.

이비인후과에 다녀온 후에 한일장에서 개최되는 평남 명예시장군수 업무보고 회의에 참석하였다. 회의 참석 후에 저녁 7시 30분에 홍익대 부근 포스트라는 연극공연장에서 개최되는 한순서 여사의 평양수건춤 제2회 정기공연을 관람하고 관람이 끝난 후에 평남지사로서 관람하러 오신 분들에게 인사말 겸 평양수건춤을 앞으로도 계속 관심을 갖고 사랑해 부탁의 말씀을 드렸다. 한순서 보유자와 따님이신 이주희 교수님을 만나 찻집에서 10여 분 정도 환담을 하다가 인사를 드리고 집으로 왔다.

2020년 10월 24일 토요일 날씨: 맑음 그러나 쌀쌀해짐 아침 기온 5도

오전 8시 30분에 윤종인 주무관이 왔다. 오늘 10시에 경기도 장흥 유원지에서 이북도민 새마을연합회 평남지회에서 지도자 단합대회가 있어 참석하였다. 조성원 회장이 연합회 회장으로 취임한 이후부터 이북도민 새마을회의 활동이 아주 활발해진 것을 느낄 수 있었다. 새마을 정신이었던 자조 근면 협동의 정신은 그대로 유지하되 21세기 시대정신에 맞추어 새마을 정신의 중심을 생명운동으로 전환한 것은 아주 바람직한 변화라고 생각되었다. 새마을지도자들과 게임도 하고 단합대회에 참여하여 결의도 다지며 유익한 시간을 가졌다.

오후 3시에 김포공항 부근 예식장에서 강서군 명예군수인 안종육 군수 따님의 결혼식에 참석하여 안 군수 내외분께 축하 인사를 드렸다.

저녁은 현서네 집에 가서 도연이가 끓여주는 간편 라면을 먹었다. 함남지사께서 오늘 저녁 9시 40분에 KBS채널 9에서 영웅 홍범도 장군에 대한 다큐멘터리가 방영된다고 연락이 와서 시청하였다. 반병율 외대 교수가 출연하여 독립전쟁 상황에 대해 해설을 잘 해주었다. 위대한 독립투사의 일생에 대해 모든 국민이 잘 알 수 있는 계기가 되었을 것으로 생각했다. 평남이 낳은 위대한 독립전쟁의 영웅 홍범도 장군에 대해 그분의 인간적인 면모도 함께 조명하여 일반 국민들에게 알리는 좋은 프로였다.

2020년 10월 25일 일요일 날씨: 추움

낮 12시 40분쯤에 함북지사가 나를 픽업하러 오셨다. 내일 오전 10시에 전북도청 로비에서 개최예정인 홍범도 장군 청산리 대첩 승전 100주년 기념식 겸 사진전시회를 위하여 하루 전에 전시회장을 점검하러 가기로 했다. 오후 4시 30분쯤에 전북도청에 도착하여 도청 1층 로비에 전시되어있는 전시물을 보았다. 지원인력도 없이 갑자기 설치하다 보니 잘 정돈이 되어있지 않아 이북5도위원회 전북사무소장과 전북사무소 직원 그리고 같이 내려간 함북지사 비서실장과 수행비서 들과 함께 내 지시에 따라 정리 작업을 한 시간 정도 했다.

현장 정리가 끝난 후에 전북사무소에 들러 전북사무소 현황에 대한 보고도 받고 내일 전시회에 대한 계획도 다시 한번 점검하였다. 사무소 방문을 마치고 숙소인 전주한옥마을 부근에 잇는 다빈이라는 호텔로 가서 룸 호수를 배정받았다. 호텔 카운터 직원에서 비즈니스 서비스 룸이 있는지 물어보니 직접 도와드리겠다고 하여 직원에게 내일 기념식 인사말을 출력해달라고 부탁을 드렸다. 출력한 원고를 다시 보니 너무 내용이 길어 일부 줄이고 좀 다듬어서 다시 출력하였다.

방으로 들어와 샤워를 한 후에 저녁을 먹으러 갔다. 조성률 소장이 이름난 밥상집이라며 간 곳은 노무현 대통령이 한 번 방문 했던 곳으로 이름이 알려진 곳이었다. 낙지와 굴, 갈치조림, 등 생선요리에 갈비구이와 육회가 나왔다. 아주 서민적이면서도 맛이 있는 식당이었다. 저녁 식사값은 내가 지불하였다. 저녁식사는 함북지사와 평북지사 그리고 속초에서 오신 함북 출신인 조 변호사, 조성률 소장의 친구분 두 사람과 후배이며 평남 안주군 출신 2세인 SK 브로드 박원기 기자가 함께하였다. 저녁을 먹고 차 마당이란 찻집에 가서 커피를 마시고 호텔로 들어왔다. 호텔 카운터 직원이 수정한 인사말을 출력하여 가져왔다. 내용이 한결 간결해지고 다듬어졌다.

MBC에서 저녁 9시 10분부터 홍범도 장군의 봉오동전투와 청산리 전투에 대한 프로가 방송된다고 하여 저녁 9시 25분쯤부터 시청하였다. 설민식 역사 전문강사가 재미있게 해설하여 주었다. 그동안 청산리 전투는 김좌진 장군이 주도하여 싸운 것으로 잘 못 알려져 왔었는데 홍범도 장군과 김좌진 장군이 연합하여 대승을 거둔 것이라고 확실하게 설명해 많은 국민들이 이러한 역사적 사실에 대해 올바르게 알게 되었을 것으로 생각되었다.

2020년 10월 26일 월요일 날씨: 맑고 조금 기온이 누그러짐

아침에 일찍 일어나 샤워를 하고 주위를 산책하였다. 주위가 한옥 마을촌이며 경기전이 있는 곳이었다. 경기전(京畿殿)은 전북 사적지로 지정된 곳으로 조선을 건국한 태조 이성계의 어진이 보관되어있는 조선 시대에 아주 중요한 사적지로 보존되었던 곳이다. 태종시대에 건축되었다고 하니 거의 600여 년 전에 설립된 유서 깊은 곳이다. 아침은 부근에 있는 왱이라는 콩나물 국밥집으로 가서 먹었다.

문재인 대통령이 와서 식사를 하셨던 곳으로 유명세를 탄 곳으로 대통령께서 앉으셨던 좌석은 별도로 대통령 휘장을 넣은 천으로 씌어있었다. 위원장인 나보고 그 자리에 앉으라고 모두 권하여 마지못해 그 좌석에 앉아서 콩나물국밥을 먹었다. 맛은 있었으나 담백하지 않고 조금 맛이 맵쌀하였다. 수란에 구운 김을 비벼 넣고 국물을 서너 수저 넣어 먹으니 속이 시원하였다.

아침을 먹고 조금 시간적 여유가 있어 부근 커피숍에서 차를 한 잔씩 마신 후에 개막식이 거행될 전북도청으로 갔다. 도청 전시실 부근에 일반 접견실이 있어 그곳에서 차를 마시며 송하진 도지사를 기다렸다. 개막식 5분 전쯤에 송하진 지사와 송지용 전북도의회 회장께서 오셔서 인사를 나누고 기념식장으로 함께 갔다. 개막식 식순에 따라 국기에 대한 경례와 순국선열과 독립군에 대한 묵념을 한 후에 내빈 소개를 하였다. 소개가 끝난 후에 내가 개막식 인사말을 하였다 인사말의 전문은 아래와 같다. 이어 송하진 지사와 송지용 의장께서 축사를 해주셨다. 맨 마지막으로 함남지사께서 사진전 내용에 내해서 간략히 설명을 해주셨다. 개막식을 끝낸 후에 송하진 지사와 내빈들을 모시고 전시된 기록 사진물들을 함남지사의 설명을 들으며 관람하였다.

오늘 개막식과 사진전은 차분하면서도 내실 있게 잘 진행되었다. 황해도지사와 함남지사도 오늘 아침에 내려오셔서 개막식에 함께 하여 주셨다. 사진전 해설을 마친 후에 기념사진도 촬영하고 이어 평양냉면집으로 가서 점심을 함께하였다. 점심은 갈비탕에 평양물냉면과 비빔냉면이 나왔다. 오늘 행사를 자축하며 차를 한잔 씩 하고 서울로 올라왔다. 올라올 때는 평북지사의 차를 이용하였다.

서울로 올라오면서 인터넷을 검색하니 이북5도위원회에서 오늘 봉오동 청산리 100주년 기념사진전을 전북도청에서 개최하였고 이어 속초시청, 부산시청 그리고 세종시청에서 전국을 순회하면서 개최될 예정이라며 사진전 내용에 대해 자세히 설명하는 기사들이 떴다. 이북5도위원회에 대한 홍보활동이 잘되고 있는 것을 느꼈다. 함북지사께서 평생을 수집하고 모은 귀중한 자료가 이번 전시회를 통해 큰 빛을 발휘한 것 같다.

특히 올해는 상해임시정부가 일본을 향해 독립전쟁을 선포한 지 100년이 되는 해이다. 상해임시정부가 독립전쟁을 선포하자 그해 6월에 홍범도 장군이 이끄는 봉오동전투에서 일본 정규군과 싸워 대승하였고, 10월에는 봉오동전투의 패배를 설욕하고 만주지역의 독립군을 씨를 말리겠다는 결의로 무리하게 월경까지 한 함경도 나남지역에 있던 일본군 정규군을 맞이하여 김좌진 독립군 부대와 홍범도 대한독립군부대 등 독립군 연합부대가 청산리에서 일본토벌대를 격파하고 승전을 한 지 올해로 100주년이 되는 뜻깊은 해이기도 하다.

이번 뜻깊은 해에 우리 평남 출신 홍범도 장군의 업적을 기리며 봉오동전투와 청산리전투의 생생한 기록이 담긴 희귀한 사진들을 모아 정리해서 〈봉오동·청산리 전투 승전 100주년 기념사진전〉을 우리 이북5도위원회가 기획하여 전시한다는 것은 매우 뜻깊고 의미 있는 일이다. 김재홍 함북지사를 비롯한 이북5도지사와 위원회사무국 직원들과 지역마다 사진전의 개최를 위해 준비한 위원회 각 시도지구 사무소장들도 수고 많이 하였다.

[전북도청 전시회 개막식 인사말]

존경하는 전북도민 여러분 그리고 전북에 거주하시는 이북도민과 북한 이탈주민 여러분, 안녕하십니까? 이북5도위원장 겸 평남지사 이명우입니다.

올해는 우리나라 독립전쟁사에 길이 빛나는 홍범도 장군의 봉오동전투와 청산리전투 승전 100주년이 되는 해입니다. 또한 일제가 저지른 잔인무도한 간도참변 100년이 되는 해이기도 합니다. 이러한 뜻깊은 해를 맞이하여 평양 출신인 홍범도 장군의 뜨거운 나라 사랑과 눈부신 무장 독립투쟁의 일대기를 "독립전쟁 그 현장을 가다"라는 주제로 이곳 전북도청에서 개최하게 된 것을 기쁘게 생각합니다. 무엇보다도 기념식과 사진전시회를 개최할 수 있도록 적극적으로 지원하여주신 송하진 전북지사님과 관계관 여러분께 진심으로 감사의 말씀을 드립니다. 또한 바쁘신 일정에도 불구하시고 행사를 빛내주시기 위하여 참석해주신 전북도의회 송지용 의장을 비롯한 내빈 여러분들께도 감사의 말씀드립니다.

우리 독립운동사에 있어서 일본 정규군과 맞서 싸워 최초로 이긴 봉오동전투는 단순한 무장투쟁이 아니라 일본 제국주의를 상대로 한 독립전쟁의 시발점이라고 볼 수 있습니다. 또한 1920년 10월 21일부터 26일까지 있었던 청산리전투는 우리 독립전쟁사에 있어 가장 큰 전과를 올린 길이 빛나는 전투였습니다. 이곳 전북은 동학운동의 발상지이며 민중 봉기의 성지입니다. 초기 의병운동의 뿌리는 동학혁명군이었습니다. 독립군의 뿌리가 의병이었기에 100년 전 청산리 전투 전승일인 오늘 전국 순회전시회를 이곳 전북에서 갖게 된 것은 매우 의미 있는 일이라고 생각합니다.

봉오동전투와 청산리전투가 당시 세계 3대 군사 강국이었던 일본 정규군을 상대로 대승을 거둘 수 있었던 것은 홍범도 장군과 김좌진 장군을 비롯한 독립군들의 독립에 대한 열망과 죽음을 불사한 투쟁 정신이 있었기 때문이었기도 하지만 그 당시 북간도와 서간도를 중심으로 한 민족의 지도자들과 교민들의 헌신적인 지원과 협력이 있었기에 가능한 일이었습니다. 온갖 고초를 겪으며 희생을 무릅쓰고 조국의 독립을 위해 조국에 몸과 마음을 바친 수많은 선대 어르신들이 있었기에 오늘의 자랑스러운 대한민국을 이룩할 수 있었다고 생각합니다.

홍범도 장군은 뛰어난 사격술과 유격전에 익숙한 부대 지휘능력으로 전투마다 큰 전과를 올렸습니다. 그러나 무엇보다도 장군의 **훌륭한** 면모는 그의 서민적인 인간미와 투철한 독립투쟁 정신에 있다고 생각합니다. 오직 조국의 독립을 위해 죽는 날까지 싸울 뿐이라고 말하던 장군은 사랑하는 부인과 큰아들을 모두 일제에 의해 잃어버렸습니다.

그러나 홍범도 장군이 평생을 꿈꿔왔던 조국의 독립은 아직 완전히 이루어지지 않았습니다. 남과 북이 하나가 되는 날-그날이 장군의 꿈이 실현되는 날이라고 저는 생각합니다. 그 꿈을 이루기 위해서 오늘을 사는 우리는 장군의 나라 사랑과 불굴의 독립투쟁 정신을 이어받아 통일이 되는 날까지 각자의 위치에서 최선을 다하여야 할 것입니다. 이번 전시회를 통하여 홍범도 장군을 비롯하여 조국의 광복을 위하여 목숨을 바친 분들의 뜻과 정신을 되새기는 귀중한 시간이 되었으면 합니다.

다시 한번 오늘 전시회가 성공적으로 개최할 수 있도록 지원하여주신 송하진 도지사님과 송지용 전북도의회 의장님을 비롯한 관계자 여러분께 감사의 말씀을 드립니다. 감사합니다.

2020년 10월 27일 화요일 날씨: 맑고 조금 기온이 누그러짐

어제 전주도청에서 개최된 전시회 관계로 오늘 주간 이북5도위원회 회의를 생략하고 대신 5도 지사들과 차 미팅을 하며 어제 행사에 대한 평가를 하였다. 준비가 잘 되었고 전북도청에서도 많은 관심을 갖고 지원해 주어 성공적으로 진행되었다고 평가했다. 다수 언론기관에서도 비중 있게 우리 행사를 다루어 주었다. 사진전 도록 제작과정에서 염승화 이북도민중앙회 연합회장의 축사 게재문제로 이견이 있었다. 평북지사가 행사 진행에 전혀 관심과 지원이 없었는데도 연합회장의 축사를 게재한다는 데에 대해 부정적인 의견을 표시하였다. 충분히 제기할 수 있는 문제라고 생각하였다.

그러나 홍범도 장군이 이북 출신이고 비록 행사 진행은 전적으로 이북5도위원회 차원에서 공적으로 진행하는 것이지만 850만 이북도민을 대표하는 연합회장의 축사를 게재하는 것도 의미가 있고 연합회장에 대한 정당한 예우라는 것이 다른 세분 도지사님들의 의견이었다. 사전에 평북지사께 충분히 설명을 드리고 의논하지 못한 것에 대해 이해를 구하였다. 저녁 늦게 평북지사로부터 나의 뜻에 동의를 하여 주시겠다는 메시지를 받았다. 고맙게 생각하였다.

점심은 평창동 칼국수집으로 가서 도지사님들과 함께했다. 통일부 통일교육원에서 내일 교육 예정인 통일 교육과정에 참여자가 예상보다 적다고 연락이 와서 유광석 사무총장에게 독려를 부탁하고 나도 단톡방에 글을 올려 독려하였다. 최소한 30여 명 정도는 참여하여 주었으면 좋겠다. 처음 시도하는 비대면 오프라인 교육이라 접속방법에 익숙하지 못하여 참여율이 저조한 것으로 판단되었다.

2020년 10월 28일 수요일 날씨: 맑음

통일교육원 교육 때문에 아침 서둘러 출근하였다. 오전 6시 40분에 집에서 출발하니 사무실에 8시 20분쯤에 도착했다. 전산 담당자인 박진서 팀장에게 부탁하여 통일교육원 교육프로그램에 접속되도록 조치하였다. 오전 10시 40분부터 교육이 시작되었다. 총 23명 정도 접속하여 교육을 받았다. 오전 1시간 30분 오후 3시부터 1시간 반 정도하고 4시 50분쯤에 강의를 마치고 한 20분 정도 교육에 참여한 통일아카데미 회원들과 시도사무소장들과 인사를 나누며 강의를 받은 소감에 대해서 이야기를 나누었다. 앞으로 이런 방식으로 회의도 하고 교육도 진행해야 할 시대가 온 것 같았다.

이북연합신문에 『평남을 빛낸 인물』에 대한 보도기사가 비중 있게 보도되었다. 선정목적과 과정에 대해 자세히 다루었고 선정된 60명에 대한 명단도 게재하였다. 김보균 국장에게 감사하다는 전화를 하였다.

저녁은 윤응수 사장과 함께했다. 고성 현장에 내려갔다 서울로 올라오는 길이라며 우리 집 근처로 오겠다고 하여 장모밥상집에 가서 함께 저녁을 먹었다.

2020년 10월 29일 목요일 날씨: 맑으나 좀 쌀쌀함

봉오동 청산리 전투 승전 100주년 기념 사진도록 예산이 2천만 원으로 책정되어 있으나 어문각 심일 사장이 추가 200권 제작비와 용지를 최고급으로 사용하기 때문에 당초 예산보다 용지대로 280만 원이 그리고 200부 추가 발간비로 250만 원 도합 480만 원은 추가로 주어야 한다고 하여 난감하였다. 여기에 원고료 200만 원을 별도로 계상하게 되면 24백 만 원은 들어야 되는데 참 난감하다. 원고료 2백만 원은 별도로 하고 부가세 포함 2천만 원 선에서 가격 네고를 하기로 하고 나머지 원고료는 별도 예산을 확보하여 지불하던지 여의치 않으면 함북지사와 내가 반분하는 방법도 고려해 보아야 할 것 같다.

점심을 마치고 사무실로 돌아오는데 평북지사로부터 전화가 왔다. 이북도민연합회 측에서 나에 대해 국민권익위원회에 민원을 제기할 것 같다는 이야기였다. 이북도민회 회장들의 도량과 인품이 그 정도밖에 되지 않는다고 생각하니 섭섭하다기보다는 앞으로 이북도민사회가 걱정이 되었다. 아무튼 대외적으로 도민회 측과 도청이 외부적으로 불화가 있는 것처럼 노출하는 것은 바람직하지 않은 것은 사실이다. 잘잘 못을 떠나 대외적으로 이북5도민들한테나 일반 국민들한테 이북도민사회에 대한 인식이 좋지 않게 비칠 것은 자명한 일이다. 최선을 다해서 잡음이 없도록 신중하게 대처해야 할 것 같다.

생각해 보면 내 자신 부덕의 소치가 아닌가 하고 자성해본다. 도민회에 애정을 갖는다는 게 지나친 관심을 갖고 바라본 건 아닌가 하는 생각도 든다. 도민회는 도민회장들이 알아서 자율적으로 운영하고 애향활동을 하도록 지켜봐 주기만 하면 되는 건 아닐까도 생각해 본다. 지극히 맞는 말이다. 그러나 동화경모관련 사항은 850만 이북도민과 직간접적으로 관련이 있는 일이다 보니 전혀 무관심할 수도 없는 것이 현실이다.

이북도위원회와 이북5도지사의 임무 중에 하나가 이북도민과 이북도민단체를 지도하고 지원하는 일이다. 구체적인 행정지도를 하는 것은 아닐지라도 관심을 갖고 지도하는 것은 이북5도지사의 당연한 책무라고 나는 생각한다. 내가 최근에 이북도민연합회에 취한 자세는 바로 그런 범주에 해당되는 일이라는 게 나의 생각이다. 이에 반해 이북도민연합회와 각 도 중앙도민회장들의 생각은 이런 나의 스탠스가 도민사회단체에 대해 불필요하게 간섭하는 것이라고 생각하는 것 같다. 나는 근본적으로 현재 이북7도 중앙도민회장님들 모두 사심 없이 도민과 도민사회를 위한다는 진실된 마음을 갖고 애향 활동을 하시는 것이라고 생각한다. 또 그렇게 하실 것으로 믿는다.

『평남을 빛낸 인물』들에 대한 생애와 업적에 대한 자료를 수집하도록 담당 주무관에게 지시하고 인구추계 조사 관련하여서도 수정된 자료를 입력하도록 지시하였다. 위원회 사무국장과 총무과장 그리고 지원과장을 내 집무실에 오라고 하여 티미팅을 가졌다. 교육담당 계장으로부터 명예시장 군수 비대면 교육일정과 내용에 대한 보고를 받았다. 오는 11월 4일 오전 9시부터 한 시간 정도 내가 강의를 하기로 계획을 잡았다고 한다.

2020년 10월 30일 금요일 날씨: 맑음

오전 11시쯤에 영동 키와니스클럽에서 함께 활동했던 김광덕 회장과 이재인 사장이 사무실을 방문해주셨다. 이재인 사장은 거의 10년 만에 만나보는 것 같았다. 여전히 건강한 모습으로 사업을 열심히 하고 계시다고 하여 반갑고 든든하였다.

이북5도위원회와 이북5도에 대해서는 특별히 관심을 갖지 않고 있었기에 어떤 일을 하는 기관인지 잘 모른다고들 하여 자세히 설명하여드렸다. 낮 12시에 곰솔 한정식 식당에서 함께 점심을 하기로 되어있어서 오전 11시 40분쯤에 곰솔로 출발했다. 곰솔에 도착하니 제일 연배가 높으신 전재호 회장님이 미리 와 계셨다. 반갑게 인사를 드리고 그간의 있었던 이야기들을 나누었다. 늦게나마 내가 평남지사로 취임한 것을 축하해 주며 훌륭한 업적을 이루라고 격려도 하여 주었다.

한 15분 후에 김경호 사장이 도착하였고 오늘 참석하시기로 한 이정용 사장님은 갑자기 일이 생겨 참석하지 못하신다고 하여 다섯 분만 점심을 하게 되었다. 카와니스 회원들과 함께 모임을 식사 모임을 한 것이 한 십 년은 된 것 같았다. 모두 건강한 모습에 건강 관리도 잘 하시는 것 같고 여유도 있어 보여 얼마나 기분이 좋은지 모르겠다. 앞으로 분기별로 한 번씩은 모임을 갖기로 하였다.

2020년 10월 31일 토요일 날씨: 맑음

오늘 아침 8시 5분 SRT 대구로 내려갔다. 오전 11시에 덕영치과 7층 강당에서 제3회 대구지구 이북도민과 북한 이탈주민과 화합 한마당 행사가 있는 날이다. 코로나19 때문에 행사를 미루어 오다가 방역을 철저히 하고 강행하기로 하였다고 한다. 입구에서 참석하는 사람마다 체온 체크와 인적사항을 기록하고 개인별 방역에 대해서 당부도 하며 행사 전부터 방역에 만전을 기하고 있었다.

오늘 참석자는 대략 2백 명 정도로 백명 씩 두 파트로 나누어 2개 층에서 행사를 진행하였다. 대구시 달서구 홍석준 국회의원과 대구시 자치행정국장과 윤영애 시의회의원 배한동 민주평통 대구시 부의장께서도 내빈으로 참석하여 축사하여주셨다. 특히 덕영치과 원장이시며 대구시 시민사회에서 상당한 영향력이 있는 이재윤 원장께서도 참석하여 축하의 말씀도 하여 주셨다. 도민사회 활동에 기여한 아홉 분에 대한 표창도 하였다. 이북5도위원장 표창은 다섯 분에게 주었다. 오후 1시 50분에 수서행 SRT기차를 예약하였기에 식사 후에 여흥시간은 함께 하지 못하고 양해를 구한 후에 오후 1시 10분쯤에 자리를 떴다. 점심은 방역을 위해 개별 도시락으로 준비했다.

행사가 성황리에 잘 진행되고 끝난 것 같았다. 대구지역 이북도민사회의 박현도 연합회장님을 비롯하여 지도자들과 김원일 청장년연합회장의 여러분들의 리더십으로 어느 지구 못지않게 잘 운영되고 있다고 생각되었다. 다음과 같은 축사를 하였다.

[2020년도 제3회 대구지구 이북도민 화합 한마당 행사 축사]

존경하는 대구지역 이북도민, 북한 이탈주민 여러분! 반갑습니다. 평안남도지사 겸 이북5도위원장 이명우입니다. 대구지역 이북도민과 북한 이탈주민이 함께하는 제3회 대구지역 이북도민 화합 한마당 행사를 진심으로 축하드립니다.

먼저 오늘 뜻깊은 행사를 준비하고 마련해주신 김원일 이북도민 대구지구 청장년연합회장님과 염길순 이북5도위원회 대구지구 사무소장님과 관계자 여러분께 감사의 말씀 드립니다. 또한 바쁘신 국회 일정에도 이 자리를 함께 해주신 홍석준 의원님과 권영진 도지사님을 대신하여 참석해주신 심재균 자치행정국장님, 배한동 민주평통 대구지역 부의장님, 장상주 의회 의장님 대신하여 참석해주신 윤영애 의원님께도 감사드립니다. 특별히 이북도민들에게 각별한 애정을 가지시고 지원을 아끼지 않으시는 이재윤 회장님께 존경과 감사의 말씀드립니다.

존경하는 대구지역 이북도민 그리고 북한 이탈주민 여러분! 저는 지난 10월 17일에도 이곳 대구시를 내려와 여러분들과 함께 합동망향제를 봉행한 바 있습니다. 지난번 방문 때에도 그렇고 오늘 또한 마찬가지로 대구시를 방문할 때마다 대구지역 이북도민과 북한 이탈주민 여러분들께서 박현도 연합회장님을 중심으로 도민사회 화합과 발전을 위해 봉사하고 헌신하는 모습과 그 열정에 감탄을 금치 못하곤 하였습니다. 한마음 한뜻으로 이북도민과 북한 이탈주민 간의 소통과 화합을 실천하는 대구지역 여러분들은 모든 지역 이북도민사회의 모범이 되고 있습니다.

실제로 이북5도위원회가 추진하는 이북도민과 북한 이탈주민 간의 가족결연사업에서도 대구지역이 작년까지 전국 최다수인 총 103쌍이 가족결연을 맺어 왔다는 사실이 이를 증명하고 있습니다. 아울러 대구시에서 추진하는 북한 이탈주민 정착협의회나 하나원생 가정문화체험과 같은 다양한 사업들도 북한 이탈주민들을 이북도민사회와 함께 어울릴 수 있게 하여 대한민국 사회에 정착할 수 있는 데 큰 도움을 주고 있다고 생각합니다.

존경하는 대구지역 이북도민 북한 이탈주민 여러분! 여러분의 응집력과 통일 의지를 결집시키면 한반도에 항구적인 평화를 뿌리내리게 하는 데에 밑거름이 될 것으로 확신합니다. 여러분의 노력과 헌신의 결과로 우리 모두가 북에 두고 온 가족을 만나고 꿈에도 그리는 고향을 찾아갈 수 있는 날이 하루빨리 찾아오기를 기대합니다.

사랑하는 대구지역 이북도민, 북한 이탈주민 여러분! 어느덧 2020년도 이제 얼마 남지 않고 한 해가 저물어 가고 있습니다. 늘 건강에 유의하시고, 오늘 이북도민 화합 한마당 행사만큼은 모든 근심 걱정 다 잊으시고 즐겁고 행복한 시간 보내시기를 바랍니다. 감사합니다.

2020년 11월 1일 일요일 날씨: 아침에 비가 조금 왔음. 흐리고 개임. 쌀쌀함

어느덧 10월이 다 가고 11월이 왔다. 요즘 세월이 왜 이리 빨리 가는지 모르겠다. 뒷산 오동나무까지 한 번 올라갔다 왔다. 집사람과 아침 일찍 제인이 보러 갔다. 제인이 아침밥을 조금 먹이고 오리역 하나로마트에 가서 시장을 보고 오다가 수내역 총각네 집에 들러 과일 좀 사 가지고 왔다.

점심은 간단히 나가사끼짬뽕으로 먹고 내일 있을 예정인 KBS 인터뷰 내용을 검토하였다. 몇 가지를 수정하고 위원장의 인사말을 추가로 넣었다. 오후 5시에 도연이네 집에 가서 샤브샤브로 저녁을 먹었다. 마침 부산에서 근무하는 김 서방도 서울에 올라와 함께 저녁을 먹었다. 저녁을 먹고 김 서방과 함께 차 한잔 마셨다. 도연이와 새로운 카드 게임놀이를 했다. 익숙해지면 재미있을 것 같다.

도연이에게 역사 공부를 좀 시켰다. 이승만 건국 대통령에 대해서 독재자라고 학교에서 배웠다고 하여 깜짝 놀랐다. 초등학교나 중고등학교 학생들에게 올바른 역사교육의 필요성을 절실히 느꼈다. 요즘 젊은 교사들의 현대사에 대한 인식이 진보 좌파의 경향이 우세한 것 같은 느낌을 받았다. 대한민국의 미래를 위해 참 염려스럽다는 생각이 들었다. 여천 홍범도 장군의 일대기에 대해서 자세히 설명하여 주었다. 이북도민 3, 4세 대인 초·중·고등학생을 대상으로 하는 글짓기와 그림그리기 대회에 출품해보라고 했다.

2020년 11월 2일 월요일 날씨: 맑으나 기온이 좀 내려감

오전에 11시 20분쯤에 불광동 연세이비인후과에 갔다. 마침 휴진이라 헛걸음했다. 구내식당에서 점심을 먹고 함북지사한테서 연락이 와 함북지사 사무실로 갔다. 홍범도 장군 봉오동 청산리 전투 기념사진전 도록이 나왔다고 하여 보러 갔다. 도록의 디자인과 편집이 잘 된 것 같았다. 내용도 전에 발간한 것보다 충실해졌다. 청산리 전투와 서간도의 항일운동사도 게재하여 거의 완벽하게 우리가 원하는 사진 도록 겸 해설서가 된 것 같다.

지난 10.26일에 전북도청에서 개최된 사진전 행사 사진도 뒷면에 게재하여 보기가 좋았다. 장담컨데 우리 이북5도위원회가 이번에 발간한 홍범도 장군 봉오동 청산리 전투 관련 사진 도록은 이것보다 잘 만들고 내용이 충실한 것은 없을 것 같다. 오후 1시 30분에 KBS 라디오 방송국에서 전화가 왔다. 제13회 이북도민 3, 4세 글짓기와 그림 그리기 대회에 관련된 인터뷰를 하였다. 방송은 11월 7일 저녁 11시경에 한다고 하였다.

오후 3시에 국무총리실에서 이북도민 국가유공자 국민훈장 수여식이 있었다. 이북 5도 지사들과 국민훈장 수상자 여섯 분 그리고 가족들이 수여식에 참석하였다. 정세균 국무총리께서 직접 수상자들에게 수여하였다. 기념사진을 찍고 간담회장으로 옮겨 차를 마시며 담소를 하였다. 이북5도지사들과도 정세균 총리님과 기념사진을 찍었다. 총리께서 직접 훈장을 수여하니 수상자들과 가족분들이 매우 영광스럽게 생각하고 뿌듯해하는 것 같아 보람을 느꼈다.

2020년 11월 3일 화요일 날씨: 추움

이북5도위원회 주간회의를 하였다. 지난주에 있었던 전북도청에서 개최된 홍범도 장군 봉오동 청산리 전투 100주년 기념사진전 개막식과 사진전이 아주 성공적으로 진행된 것에 대한 평가 겸 행사 성과에 대해서 의견들을 나누었다. 지사들 모두 행사가 잘 진행되었다는 평가였다. 송하진 전북 도지사와 전북의회 의장께서 개막식에 참석하여 축사도 하였고 송하진 도지사를 비롯한 내빈들에게 함북지사께서 사진전 해설도 잘 해주셔서 성공적으로 행사를 치른 것 같았다.

함북지사가 안내하여 사직공원 부근에 있는 봉평메밀 칼국수집에 가서 점심을 지사들과 함께했다. 오후 1시 30분에 KBS1 방송국 PD한테서 전화가 와 11월 7일 저녁 11시 10분에 방송되는 한민족 방송프로에 전화로 인터뷰를 하였다. 인터뷰 내용은 이북5도위원회에 대한 소개와 이북도민 청소년들을 대상으로 하는 통일 글짓기와 그림대회에 대해 소개하는 내용이었다. 15분 정도 진행했는데 내용도 좋았고 이야기 진행도 매끄럽게 잘 한 것 같았다. 방송을 통하여 이북도민뿐만 아니라 일반 국민들에게도 이북5도위원회의 활동에 대해서 이해할 수 있는 시간이 되었으면 하고 기대해보았다.

저녁 7시 30분에는 국립국악원 전통예술진흥원 주관으로 거행된 제2회 전승 명인전 공연을 보러 갔다. 평남무형문화재 제4호로 지정된 평남 부채춤 예능보유자이신 한순서 선생께서 올해의 전승 명인으로 선정되어 평남수건춤을 공연하셨고 이에 찬조출연으로 몇 개 팀이 공연했다. 공연이 끝난 후에 모짜라트 커피숍에서 있었던 간단히 뒤풀이 모임에도 참석하여 무용인들과 자리를 같이하여 한국 전통 무용과 예술에 대해 이야기를 나누었다. 한 30분쯤 정도 자리에 함께했다. 오늘 공연에 대한 소감에 대해 이야기 하고 향후 이북5도위원회에서도 무형문화재에 대해 각별한 관심을 갖고 지원하겠다고 말씀을 드렸다. 사전 양해를 구하고 먼저 자리를 떴다.

2020년 11월 4일 수요일 날씨: 추었음

오늘은 아침 7시에 집에서 출발하였다. 오전 9시에 이북5도 명예 시장군수들을 대상으로 하는 강의가 있어 여유 있게 도착하려고 일찍 서둘러 나왔다. 도청에는 일찍 도착했다. 준비된 강의자료를 가지고 차분하게 영상교육을 하였다. 북한관 강의실에서 영상교육으로 진행되었다. 강의 현장에는 마침 황해도 명예시장.군수들이 여섯 분 정도 참석하였다. 영상 강의에 참여한 분들이 대략 30명 정도 된다고 한다. 주어진 시간이 60분 정도였는데 너무 열강을 하다 보니 제한시간을 넘겨 1시간 15분 정도 강의를 한 것 같다.

강의를 끝낸 후에 현장에서 강의를 수강한 황해도 시장 군수들과 인사를 나누고 강의 내용이 대해서 물어보니 내용도 좋았고 잘 전달되어 유익한 강의였다는 평가를 해주어 기분이 좋았다.

저녁 7시에 곰솔식당에서 쿠사동아리 회원 9명과 저녁식사를 함께 했다. 유쾌한 분위기 속에서 학창시절 쿠사활동에 대해서 이야기도 하고 각자 현재 지내는 이야기를 나누며 즐거운 시간을 보냈다. 특별히 오늘은 이상호 교수의 정년퇴임식, 하승창 교수의 서울시립대 특임교수 취임 그리고 진희선 교수의 연세대 특임교수 취임, 김상호 사장의 새로운 회사 사장 취임 등 축하 모임도 겸하여 더욱 의미가 있었다. 특히 정식 멤버가 아닌 이재찬 회장과 연세쿠사 지도교수로 있는 신동욱 교수도 함께 하였다.

진희선 교수는 서울시 제2 부시장 시절 나를 특별히 도와주었다. 홍범도 장군 봉오동 전투 100주년 특별 사진전을 서울시청에서 개최할 수 있도록 도움을 주었고 사진전 도록 제작비도 서울시 예산으로 지원해 주었다. 서울시 전시장소를 얻는 것도 상당히 어려운 일이었는데 장소는 물론 예산지원까지 받게 되어 이북5도위원장으로서 내 체면을 많이 살려주었다. 하승창 후배가 중간에서 큰 역할을 해주었다. 앞으로 두 달에 한 번씩은 만나기로 하고 내년에는 1월 20일에 만나기로 약속하였다.

4. 2020년 도정일지

2020년 11월 5일 목요일 날씨: 맑음. 쌀쌀한 날씨였음

사무국 총무과장으로부터 권영세 국회의원의 질의서에 대한 답변서를 작성한 후 사무국장이 답변서 내용에 대해 행안부에 가서 경위를 설명하였다는 보고를 받았다. 예산 심의 과정이 거의 막바지에 이르러 이북5도위원회의 예산문제에 대해서 질의가 있었다. 질의 내용은 속초실향민축제 예산 삭감에 대해서 예산증액 요청의 타당성에 대한 설명이었다. 오늘 점심은 위원회 직원들과 함께 '평창동의 봄'이란 파스타집에서 함께 했다. 총무과장과 지원과장을 비롯하여 20여 명 정도 직원이 참석하여 그동안의 노고를 치하하고 격려하였다.

오후 2시쯤에 박충암 6.25 참전 유격군 전우회장께서 오셔서 보상법 심의 진행 과정에 대해 설명하여 그에 대한 대책을 협의하였다. 법안심의 협조 요청공문에 대해 검토하고 문서형식과 내용을 보완하여 작성해서 전해드렸다. 내주에 일정을 잡아 국회 법안심의 의원들에게 직접 의원실을 방문하여 설명하려고 한다. 지난 20년간 여러 번 보상법의 통과를 위해 각고의 노력을 했으나 번번이 법사위를 넘지 못했다고 한다. 올해는 기필코 유격군 전우회원들의 숙원사업이 이루어지도록 국회 국방위와 법사위 소속 국회의원들을 한분 한분 만나 부탁을 드려야겠다.

오후 4시쯤에 곽수정 사장이 방문하여 최근 사업 현황에 대해서 이야기를 들었다. 회사를 잘 운영하고 있다고 하여 마음이 놓이고 기분이 좋았다. 너무 마음고생을 많이 하였기에 안정적으로 사업을 운영할 수 있기를 바랬었다. 곽수정 사장과는 거의 10여 년을 함께 한미기초개발이란 건설회사를 공동 경영하여왔기에 나와는 각별한 인연이 있다. 내일 경북지구 도민회 방문과 이철우 도지사 면담에 따른 준비를 하였다.

2020년 11월 6일 금요일 날씨: 맑음 조금 추었음

오늘 아침 8시 10분에 윤 주무관이 왔다. 오전 8시 30분에 정자역에서 비서실장을 픽업하여 안동시로 갔다. 안동시에서 있을 예정인 경북지구 이북도민 연합회 회장단들과 경북 도내 평남도민 각 군별 회장님들과의 간담회에 참석하기 위해서다. 오전 11시 10전쯤에 간담회 장소인 안동 시내에 있는 안동관이라는 음식점에 도착하였다. 경북지구 조병휘 연합회장과 김주철 경북지구 사무소장이 반갑게 맞이 해주었다. 안동관은 김주철 소장의 부인이 운영하는 음식점이라고 한다. 조병휘 회장의 환영 인사에 이어 반갑게 맞이해준 연합회 회장님을 비롯한 임원 여러분께 감사한다는 말씀을 드리고 올해는 코로나 19사태로 인하여 자주 찾아뵙지 못해 아쉬웠다는 말씀드리고 이렇게나마 뵙게 되어 무척 반갑다는 말씀 드렸다.

조병휘 연합회장은 연대 정외과 71학번이라고 자신을 소개하여 반가운 마음이 더했다. 경북지구는 내가 담당하는 지역은 아니지만 위원장으로서 격려차 전국 16개 시도지구를 한 번씩은 방문하여 격려하려고 연초부터 계획하였다. 간담회 시간에 이북5도위원회의 금년도 주요 사업에 대해 설명을 드리고 특별히 인구추계 조사에 대해 설명을 드린 후에 참석하신 일곱 분에게 즉석에서 인구실태 조사를 실시하였다. 조사 결과에 대해 자세히 설명을 드렸더니 이북도민이 850만 명이란 숫자가 직계 혈족의 수라는 사실에 대해서 확신을 갖게 되었다며 놀라워들 하였다. 혼인으로 인한 며느리와 사위들도 포함하면 약 천 이백만 명쯤은 될 거라는 데 믿음이 가는 것 같았다.

오후 4시에 이철우 경북도지사와 면담 약속이 되어있어 잠깐 비는 시간에 안동에 유명한 명소인 하회마을을 둘러보았다. 시간이 충분하지 않아 주로 하회 유씨 종택 부근만을 둘러보았다. 해설하시는 분의 자세한 설명을 들으니 하회마을의 역사성과 문화적 가치에 대해서 새삼 중요하게 느끼게 되었다. 안동 하회마을은 유네스코 세계문화유산으로 선정된 마을이기도 하다.

오후 4시 10분 전쯤에 경북도청에 도착하여 대기실에서 잠깐 대기 한 후에 접견실에서 이철우 도지사를 뵙고 인사를 나누었다. 이북도민현황과 지원사항에 대해서 설명을 드렸다. 이철우 지사 예방에는 조병휘 연합회장님과 연합회 사무국장 그리고 김주철 경북지구사무소장이 동행하였다. 경북지구에 건립되어있는 망배단이 그동안 예산 부족으로 10여 년간 한 번도 제대로 보수공사를 하지 못하여 보수의 필요성에 대해서 말씀드리고 이에 대한 지원을 약속받았다.

한 30분 정도 환담을 한 후에 지원에 감사 인사를 드리고 나왔다. 안동관에 들려 김주철 소장과 함께 서울로 올라왔다. 내일 인제 자작나무 숲 트레킹 행사에 함께 참여하기 위해서 하루 먼저 올라가겠다고 하여 함께 서울로 왔다. 안동에서 서울 정자역까지 3시간 20분 정도 걸렸다.

2020년 11월 8일 토요일 날씨: 아주 맑았으나 다소 쌀쌀하였음

청량리역에 오전 8시 15분쯤에 도착하였다. 오늘은 평아름회 산악 모임에서 인제에 있는 자작나무 숲으로 트레킹을 하기로 하였다. 서울에서 27명 정도 함께 출발하였고 강원도에 거주하는 이주진 회장 내외분도 트레킹 행사에 참여하였다. 춘천역에 도착하니 코레일 여행팀에서 차량을 대기하고 있었다. 춘천역에서 인제 자작나무숲까지는 차로 약 1시간 20분 정도 걸렸다. 1970, 80년대 울창하던 소나무 숲이 솔잎 병충해로 인하여 전부 말라 죽게 되자 6ha 정도 되는 지역에 70만 주 정도의 자작나무를 심기 시작하였다고 한다. 현재는 전국 최대의 자작나무 숲 단지로 조성되어 해마다 많은 관광객들이 찾아온다고 한다.

내가 살고 있는 운중동 빌모트 단지에도 처음에 C동 쪽에 자작나무를 심었었는데 잘 자라지 않아 다른 수종으로 대체하였다. 우리나라 기후와 풍토에는 잘 맞지 않는 수종으로 알고 있다. 내가 알기로는 주로 북유럽이나 러시아 같은 추운 지방에서 잘 자라는 것으로 알고 있다. 그러나 강원도 인제만 해도 38선 이북지역이고 평균 높이가 해발 7, 8백 미터는 되는 산간지역이기 때문에 잘 자라는 것 같다. 식수한 지 2, 30년이 지난 지금은 산길을 따라 3, 4 킬로미터 정도 자작나무 숲이 아주 잘 조성되어있어 전국적으로 유명한 트레킹코스 중에 하나로 아주 인기가 있는 곳이라고 한다. 트레킹을 좋아하는 사람들은 한 번쯤은 와 봐야 할 트레킹 명소라고 생각되었다.

저녁에는 남춘천역 앞에 있는 춘천 닭갈비집에서 식사를 하였다. 마침 강원지구사무소장도 참석하여 특별 주를 곁들여 즐거운 저녁식사를 함께 하였다. 오늘 평아름회 산행에는 장원호 회장과 조성원 회장 내외분도 참여하였다.

2020년 11월 9일 일요일 날씨: 맑고 싸늘함

아침 9시에 현서네 집으로 갔다. 현서가 2주간 산모조리실에 있다가 퇴원하는 날이다. 박 서방이 현서와 제윤이를 데리러 산모조리실에 가는 동안 우리가 제인이를 돌보기로 했다. 조금 있으니 해림이와 도연이도 현서네 집으로 왔다. 박 서방이 산모조리실로 가고 나와 도연이는 점심에 먹을 불고기감을 사러 같이 정육점으로 갔다 왔다. 조금 있다가 현서랑 제윤이가 왔다. 2주간을 보지 못했는데 오늘에야 처음으로 제윤이와 상면하는 날이다. 인상이 좋고 이목구비가 뚜렷한 것이 사진으로 본 것과 똑같았다. 제인이 못지않게 차분하고 똑똑해 보였다. 내 손녀라 그런지 너무 예쁘게 보였다. 모든 부모가 다 같은 생각이겠지만 무엇보다도 건강하게 잘 자라주면 더 이상 바랄 것이 없다. 우리도 이제 어느덧 손녀딸이 셋이나 되었다. 그러는 사이 나와 집사람이 늙어가고 있다는 느낌이 들었다. 점심을 먹고 집에 와서 윤 주무관이 오기를 기다렸다.

오늘 오후에 강원도 속초에서 개최되는 홍범도 장군 기념사진전 사전준비를 위해 하루 전에 미리 출발하기로 했다. 함북지사는 오전에 벌써 출발하였다고 전화가 왔다. 오후 4시경에 도착하여 사진전 전시장으로 예정된 발해박물관으로 가서 전시된 전시물들을 한 점 한 점씩 꼼꼼히 점검하였다. 함북지사와 이북5도위원회 강원도 사무소장인 김성초 소장, 함북 박현수 실장 그리고 속초에 거주하는 함북도민인 조동용 변호사와

4. 2020년 도정일지

이곳 속초에 거주하는 이북도민 몇 분들이 와서 전시물 정리를 미리 하였다. 내가 최종적으로 사진 전시물들의 위치와 간격을 정리 정돈하고 점검했다. 정리 도중에 속초시 역사박물관장인 김상희 관장을 만나 인사를 나누었다. 전시물 점검을 마친 후에 조동용 변호사가 소개하는 옥이네 밥상집으로 가서 와인을 곁들여 맛있게 저녁을 먹었다. 반찬은 생선구이와 갈치, 식혜 등이 나왔다. 음식이 정갈하고 맛이 있었다.

저녁을 먹고 난 후에 숙소인 척산온천 호텔에 오니 척산온천 회장이신 처 고모 벌 되는 임정희 회장께서 현재 목욕 중이신데 조금 있으면 나오신다고 하여 1층 의자에 앉아서 기다렸다. 한 십 분 후에 고모님이 나오셔서 나를 소개하고 인사를 드렸다. 한 십 년 만에 뵙는지라 잘 알아보지 못하셨다. 한참 가족관계를 설명한 후에야 알아보시는 것 같았다. 이야기 도중에 집사람에게 전화를 걸어 인사를 드리도록 하였다. 올해 우리 나이로 90세라고 하시는데 피부도 고우시고 외관상으로는 건강해 보였다. 다만 기억이 여전 같지 않아 자주 보지 못한 사람은 기억을 잘못한다고 말씀하셨다. 내가 행사 관계로 속초에 출장 왔다고 말씀을 드렸다. 홍범도 장군 관련 사진 책자를 한 권 기념으로 드렸다. 집 사람한테 들은 이야기로는 고모님이 대단히 수완이 좋으시고 활동적이셨다고 한다. 한 30분 정도 이야기를 한 후에 내 방으로 들어와 뉴스를 좀 보다가 자리에 누웠다.

2020년 11월 10일 화요일 날씨: 맑고 생각보다 춥지는 않았다

새벽 2시쯤에 깨어 유튜브를 듣다가 오전 4시경에 다시 잠을 잤다. 오전 6시 30분쯤에 일어나 척산 온천장 산책길 1Km를 두 번이나 걸었다. 한 40분 정도 걸은 것 같았다. 아침 산책을 한 후에 온천욕을 하고 오전 8시 30분에 함북지사와 직원들과 함께 숙소 부근에 있는 음식점으로 가서 아침 식사로 생대구탕을 먹었다. 생대구라 그런지 맛이 구수하고 시원하여 아침 식사로는 아주 좋았다.

📓 평양감사 1054일 I

　식사를 끝내고 2층에 있는 갤러리식 커피숍으로 가서 유자차를 마셨다. 창밖으로 울산 바위가 보였다. 갤러리 찻집 벽에는 대형 울산바위를 그린 작품들이 여럿 걸려있었다. 미국에 거주하는 추니 박이란 화가의 작품이라고 한다. 대형 울산바위 작품은 아주 대작이어서 웅장한 멋이 있었다. 작품값은 호당 30만 원이라고 한다. 대략 9천만 원 정도 한다고 하였다. 갤러리 이곳저곳 벽 주위와 장식대에 크고 작은 그림들이 여러 개 걸려있었다. 주로 울산 바위를 대상으로 하여 그린 그림이다.
　차를 마신 후에 다시 숙소로 돌아와 짐을 챙기고 행사장인 발해관으로 갔다. 속초박물관을 먼저 보자고 함북지사께서 말하여 그곳을 먼저 갔다. 마침 김철수 속초시장께서 와 계시다고 하여 반갑게 인사를 나누고 울산바위가 보이는 포토존에서 사진 몇 장을 같이 찍었다. 박물관장실에서 간단한 다과가 준비되어 있다고 하여 그곳으로 가서 차를 마시며 김철수 시장께 속초시에서 전시할 수 있도록 관심을 갖고 도움 주신 것에 감사 인사를 드렸다. 속초시장도 함남 출신 2세로서 당연한 일이고 또한 보람도 느낀다고 말씀하시고 행사 기간 중에 속초시민들이 많이 참관할 수 있도록 하겠다고 했다.
　오전 11시 정각에 강원도 사무소장의 사회로 개막식이 거행되었다. 양양에 살고 있는 경기공전 친구인 남정욱에게 아침에 전화를 걸어 참석하여달라고 하였더니 개막식 직전에 도착하여 기념식을 하는 것을 보고 함께 전시물을 관람하였다. 개막식에는 내가 인사말을 하고 이어 속초시장께서 축사를 하였다. 이북도민을 대표하여 조성모 강원지구 이북도민연합회장께서 축사를 하였다.

　[속초시 전시회 개막식 인사말]
　존경하는 속초시민 여러분 그리고 강원도와 속초시에 거주하시는 이북도민과 북한 이탈주민 여러분, 안녕하십니까? 이북5도위원장 겸 평남지사 이명우입니다.

올해는 우리나라 독립전쟁사에 길이 빛나는 홍범도 장군의 봉오동전투와 청산리전투 승전 100주년이 되는 해입니다. 이러한 뜻깊은 해를 맞이하여 이북출신인 홍범도 장군의 뜨거운 나라 사랑과 눈부신 무장 독립투쟁의 일대기를 "독립전쟁 그 현장을 가다"라는 주제로 이곳 속초시에서 개최하게 된 것을 기쁘게 생각합니다. 무엇보다도 기념식과 사진전시회를 개최할 수 있도록 적극적으로 지원하여주신 김철수 속초시장님과 역사박물관 관계관 여러분께 진심으로 감사의 말씀을 드립니다. 또한 바쁘신 일정에도 불구하시고 행사를 빛내주시기 위하여 참석해주신 속초시의회 의장님을 비롯한 내빈 여러분들께도 감사의 말씀드립니다.

우리 독립운동사에 있어서 일본 정규군과 맞서 싸워 최초로 이긴 봉오동전투는 단순한 무장투쟁이 아니라 일본 제국주의를 상대로 한 독립전쟁의 시발점이라고 볼 수 있습니다. 같은 해 10월의 청산리전투는 우리 독립전쟁사에 있어 가장 큰 전과를 올린 길이 빛나는 전투였습니다.

이곳 속초시는 1.4 후퇴 이후 함경도 출신 이북도민들이 많이 내려와 정착하여 살아온 이북도민의 마음의 고향입니다. 독립전쟁의 선봉에 섰던 홍범도 장군을 따랐던 독립군들이 주로 함경도 출신의 이북출신이었던 점을 생각하면 이곳 속초시에서 봉오동, 청산리 전투 100주년을 기념하는 전국 순회전시회를 갖게 된 것은 매우 의미 있는 일이라고 생각합니다. 특히 그동안 이북도민과 함께 속초시가 주관하여 전국 축제로 발전시켜 온 '속초 실향민문화축제'가 올해는 코로나 19사태로 행사를 개최하지 못하게 되어 매우 아쉽고 안타깝게 생각하던 차에 이번 사진전을 개최하여 속초시민들에게 다소 마음의 위안이 되는 기회가 되리라고 생각합니다. 내년에는 좀 더 알차고 성대하게 '속초 실향민문화축제'가 열릴 수 있기를 기원합니다.

봉오동전투와 청산리전투가 일본 정규군을 상대로 대승을 거둘 수 있었던 것은 홍범도 장군과 김좌진 장군을 비롯한 독립군들의 독립에 대한 열망과 죽음을 불사한 투쟁 정신이 있었기 때문이었기도 하지만 그 당시 북간도와 서간도를 중심으로 한 민족의 지도자들과 교민들의 헌신적인 지원과 협력이 있었기에 가능한 일이었습니다. 온갖 고초를 겪으며 희생을 무릅쓰고 조국의 독립을 위해 몸과 마음을 바친 수많은 선대 어르신들이 있었기에 오늘의 자랑스러운 대한민국을 이룩할 수 있었다고 생각합니다. 그러나 홍범도 장군을 비롯한 독립군 전사들이 꿈꿔왔던 조국의 독립은 아직 완전히 이루어지지 않았습니다.

남과 북이 하나가 되는 날-그날이 독립군 전사들의 꿈이 실현되는 날이라고 저는 생각합니다. 그 꿈을 이루기 위해서 오늘을 사는 우리는 그분들의 독립투쟁 정신을 이어받아 통일이 되는 그날까지 각자의 위치에서 최선을 다하여야 할 것입니다. 이번 전시회를 통하여 홍범도 장군을 비롯하여 조국의 광복을 위하여 목숨을 바친 분들의 뜻과 정신을 되새기는 귀중한 시간이 되었으면 합니다. 다시 한번 오늘 전시회가 성공적으로 개최할 수 있도록 지원하여주신 김철수 시장님을 비롯한 관계자 여러분께 감사의 말씀을 드립니다. 감사합니다.

2020년 11월 11일 수요일 날씨: 맑고 싸늘함

지난 2, 3일간 아침에 산에 오르지 못했다. 오늘은 5시 30분쯤에 일어나 뒷산 오동나무까지 4번 갔다 왔다. 몸이 좀 가뿐해지는 것 같았다. 11월 일정이 자주 변경되어 비서실장과 일정을 점검해보았다. 오늘 제주사무소를 방문하기로 되어있었으나 국회에 가서 6.25 전쟁 유격전우회 보상법 심의 관계를 관련 의원들에게 설명하려고 제주 출장을 후일로 연기하였다. 오전에 김철수 속초시장과 김상희 속초박물관장 그리고 조동용 변호사에게 감사의 전화를 드렸다. 평양수건춤 보유자의 따님이신 이주희 교수께 10월 23일에 세종시 청사에서 개최될 예정인 홍범도 봉오동·청산리 100주년 기념 사진전시회 개막식에 평양장검무 공연을 해주십사고 부탁드렸다.

오후에 미수복 강원도 중앙도민회장이 내 사무실로 와서 이야기를 나누었다. 내가 이제 1달 반 정도만 있으면 이북5도위원장 직을 물러나기 때문에 그동안 연합회 측과 다소 불편했던 관계를 회복하고 싶은 생각이 들어 좀 더 진솔하게 이야기를 나누고 싶었다. 연합회 측에서는 이북5도위원회에서 도민회 일에 지도라는 명목으로 간섭하는 것에 대해 상당한 거부반응이 있는 것 같았다. 우선 연합회 측의 입장은 지난번 이북5도지사를 대표하여 평남지사로서 내가 보낸 권고문에 대해서 연합회의 업무에 대해 관리하고 간섭한 것으로 판단하였다고 한다. 그래서 국민권익위원회에 이에 대한 유권해석을 받기 위해 제소하였다고 말하며 양해해 달라고 하였다. 이북도민사회에 원로들이 이북도민중앙연합회 측의 대응이 적절하지 않고 명분도 없는 무리한 제소라고 충언을 하여도 막을 도리가 없다고 한다. 민사나 형사 건으로 법적 다툼을 하는 것이 아니라 연합회 측에 보낸 나의 충정어린 권고문이 연합회 측에 대해 월권행위를 한 것은 아닌지 유권해석을 받아보기로 한 것이라고 하니 내 생각에도 별문제는 없을 것 같다. 진행되어가는 과정을 보아가며 그에 따라 적절히 대응하는 수밖에 없다. 대구지역 가족결연식에서 이야기할 축사 내용을 수정하여 작성하였다. 왈우 강우규 의사 순국 100주년 추모사 초고를 작성하였다. 내일 다시 정리하여 완성하려고 한다.

2020년 11월 12일 목요일 날씨: 맑음

오늘은 국회회관을 방문하여 국회 국방위원회 소속 의원 한기호 의원이 발의한 유격군 보상에 대한 법안에 대해 해당 상임위 소속 국회의원들에게 법안심의를 잘 부탁한다고 설명을 하러 가기로 했다. 오전 중에 설명자료를 점검하고 홍범도 장군 봉오동·청산리 전투 100주년 기념사진전 도록도 의원들에게 한 권씩 드리려고 준비하였다. 의원회관에 가는 김에 전에 이북출신 국회의원 중에 인사를 드리지 못했던 조태용 의원과 박진 의원 그리고 김진표 의원실에도 들러 도록을 주려고 준비하였다.

점심을 롤빵과 우유로 간단히 때우고 1시 10분쯤에 유격군 전우회 박충암 회장과 함께 국회회관으로 갔다. 이은주 비서가 수행하였다. 오늘

따라 의원회관 방문객 수가 무척 많아 방문증을 발급받는데 10여 분 정도를 대기하였다. 사전 방문 약속이 되어있지 않으면 출입이 제한된다고 하여 우원식 의원과 조태용 의원 그리고 박진 의원 이름만 적어 넣었다. 5층 출입증을 받고 3층에 있는 의원실부터 방문하려고 3층에 내렸다. 그런데 3층 출입이 제한되어 있었다. 내가 교부받은 출입증이 5층으로만 제한이 되어있는 출입증이었다. 다시 방문객센터 접수실에 가서 면담해야 할 의원이 10여 명 정도 된다고 이야기하고 도와달라고 부탁을 하였다. 내 신분증이 고위 공무원 신분증인 것을 확인하고는 전 층을 사용할 수 있는 출입증으로 교환하여 주어 의원회관 3층부터 방문 예정인 의원실을 차례로 들러 유격군 보상법안을 심의할 의원들을 일일이 찾아다니며 설명을 하고 지원을 부탁드렸다.

만나는 의원마다 법안의 취지에 공감하여 적극적으로 지원하겠다고 약속하였다. 유격군 보상법안은 지난 20년간 법사위를 넘지 못하였다. 국방위를 간신히 넘긴 해도 결국은 법사위를 통과하지 못했다. 8240부대 또는 켈로부대라고 부르는 비정규군 6.25 참전 비정규군유격대는 전쟁 발발 직후 황해도와 평안도 출신 월남 젊은이들로 구성된 미군 관할 특수부대이다. 적 후방에 침투하여 적의 동정을 살피고 적 부대와 군 시설 등 주요시설의 위치와 규모를 파악하여 미군에 전달하여 북진 시 중요 작전자료로 사용했다고 한다. 또한 적 시설 파괴와 교란 등으로 적의 시선을 돌려 유엔군과 국군이 진격 시 도움이 되게 하는 역할을 수행하기도 한 6.25 전쟁 시 매우 중요한 임무를 수행했던 특수 부대였다. 그러나 정식 군번이 없이 활동하다 보니 휴전이 된 이후 이분들에 대한 적절한 보상과 예우가 법적으로 보장되지 못해 왔다. 유격대 전우회 회원 모두가 실향민 1세들로 구성되어 있기에 전우회 사무실이 이북5도청 1층에 있다. 이북5도위원회에서 특별히 관심을 갖고 관리하는 단체이기도 하다. 내가 이북5도위워장으로 있는 동안 관련 보상법이 기필코 제정될 수 있도록 온 정성을 다하려고 한다.

우원식 의원에게 홍범도 장군 사진 도록을 전달하기 위해 우 의원실도 방문하였다. 여당 원내대표를 지낸 분이라 여당 의원들에게는 영향력이 있을 것 같아 국방위원회 소속 여당 의원들에게 잘 말씀드려달라고 특별히 부탁을 드렸다. 진선미 의원과 국방위원회 위원장 그리고 윤후정 의원은 국회 본관에 사무실이 있어 오늘 방문이 어려울 것 같아 내주에 방문하는 것으로 하고 오후 5시 30분쯤에 회관을 나왔다. 내일은 직원들을 위해서 하루 휴가를 내기로 했다.

2020년 11월 13일 금요일 날씨: 맑음
오늘은 하루 휴가를 냈다. 아침 8시 30분경에 인덕원 사무실로 갔다. 오전 9시 30분쯤에 박건표 사장이 방문하였다. 송영복 사장과 정문교 사장도 오랜만에 만났다. 점심은 정문교 사장, 박건표 사장 이렇게 세 사람이 함께 돼지갈비구이로 먹었다.

낮 12시경에 이 비서한테서 전화가 왔다. SBS 기자가 이북5도위원장과 전화인터뷰를 원한다고 하여 인터뷰 목적을 물어보니 역시 예상했던 대로 이북5도위원회가 비효율적인 기구이며 5도 지사들에게 하는 일에 비하여 너무 과도한 대우를 해준다는 사회적 여론에 대해 위원장으로서의 의견을 묻고 싶어 한다는 것이었다. 위원회 사무국장과 홍보담당 직원들은 되도록이면 인터뷰에 응하지 않는 것이 좋겠다는 의견을 제시하였다. 그러나 응하지 않는 경우 역시 좋지 않은 방향으로 방송을 하는 경우 결코 우리한테 유리할 것이 없다는 판단이 들었다. 정면돌파가 정답이라고 생각했다. 내 개인 전화번호를 10분 후에 알려주도록 하고 인터뷰에 필요한 것 같아 2020년도 예산 내역에 대해 총무과장에게 대략적으로 주요 예산 항목과 금액을 물어 파악해 보았다.

한 10분 후에 SBS 김덕현 기자로부터 전화가 와서 유선상으로 인터뷰를 하였다. 우선 이북5도위원회에 관심을 갖고 인터뷰할 기회를 주어 감사하다는 말을 하고 질문에 답변하였다. 이북5도위원회의 역할에 대해 물어보고 역시 예산의 비효율성에 대해서 질의하여 이에 대해서 이북5도 위원회의 헌법상 정해진 목적과 역할에 대해서 설명하고 850만 이북도민들의 마음의 고향이며 이북도민들과 이북도민단체를 지도관리하고 지원하는 일들에 대해 우선 자세히 설명하고 이어 각 도 도지사들의 일상업무에 대해 자세하게 설명하여 충분히 이해시켰다. 또한 이북5도 지사들의 임명절차에 대해 물어보면서 지사들에 대한 과도한 급여를 지급한다는 세간의 인식에 대해 어떻게 생각하느냐고 물어보았다. 이에 대해 이북5도위원회와 각 도 도지사들의 임무와 실제 활동업무에 대한 확실한 이해가 없는 상태에서는 그런 오해도 있을 수 있으나 이북 5도 지사의 임명은 헌법적 가치를 실현하는 것으로 그 필요성과 그 역할의 중요성이 있기에 그에 상응하는 대우를 해주는 것은 지극히 당연한 것이라고 설명하였다. 필요하다면 도지사들의 하는 일을 잘 알 수 있도록 지난 3개월간의 월간 일정표를 보내드릴 수 있다고 말했다. 일정표를 보면 도지사들의 업무가 얼마나 타이트하고 열심히 관장업무를 수행하는지 알 수 있을 것이라고 부연설명을 하였다.

오후 4시쯤에 사무실에서 나와 집으로 왔다. 집에 오니 김덕현 기자로부터 전화가 왔다. 보도용으로 사용하고자 하니 올해 중요 업무 중에 영상자료가 있으면 한두 편 보내줄 수 있느냐고 담당과장에게 부탁을 드렸더니 줄 수 없다는 말을 들었다며 위원장의 협조를 부탁한다고 하였다. 담당과장에게 확인한 후 연락을 하기로 하였다. 담당과장에게 전화해서 상황설명을 하고 한두 편 보내주도록 지시하였다.

2020년 11월 14일 토요일 날씨: 아침에는 추웠고 낮에는 포근했다

오늘은 대구지구 이북도민과 북한 이탈주민 17쌍이 가족결연을 맺는 날이어서 아침 9시 40분에 KTX를 타고 동대구역으로 갔다. 결연식이 오후 2시에 예정되어 있어 점심을 먼저 먹었다. 오후 2시에 결연식이 대구시 별관 강당에서 대구시 지역행정과장과 대구시 민주평통 배한동 부의장께서 내빈으로 참석하신 가운데 의미 있게 잘 진행되었다. 이번 가족결연을 통하여 북한 이탈주민들이 고향 선배 같은 가족을 갖게 되었으니 자주 만나고 연락하여 한국 사회에 잘 정착하여 행복한 삶을 살아갈 수 있도록 하였으면 좋겠다는 요지의 축사 말을 하였다.

오후 3시 45분 KTX를 타고 서울역에 도착하였다. 서울역에서 미리 대기하고 있던 윤주임의 차를 타고 강대석 실장과 함께 양주에 있는 딱따구리 수련장으로 갔다. 오늘은 평남중앙청년회원들이 1박 2일 코스로 수련회를 하는 날이다. 저녁 7시쯤에 도착하여 인사말을 하고 저녁을 같이하였다.

저녁은 한우고기가

〈청년회 수련대회 강의〉

부위별로 나와서 오랜만에 맛있는 한우고기를 구워서 잘 먹었다. 내일 세종시에 가족 모임이 있어 오늘 저녁 함께 숙박을 할 수 없음에 양해를 구하고 저녁 8시 30분쯤에 미리 나와 집으로 왔다.

2020년 11월 15일 일요일 날씨: 맑음 그러나 조금 쌀쌀함

오늘은 아침 5시에 일어나 세종시에 갈 준비를 하였다. 캐나다에 가서 살고 있는 지혜 조카가 결혼식을 올리는 날이다. 오전 7시 40분쯤에 큰처남 집에 도착하였다. 화상통화 설치준비가 되어있었다. 오전 8시 30분쯤에 세종시에 살고 있는 집사람 형제자매들이 모두 도착하여 사전에 결혼식 진행에 대해서 이야기를 나누었다. 영어에 능통한 막내 동서인 호박사가 가족소개를 하고 큰처남이 캐나다 사돈 부부에게 인사 겸 결혼을 축하는 인사말을 하기로 하였다. 목사가 결혼식을 주재하고 식이 끝나면 내가 간단히 축하 인사말을 하고 이어 가족들이 준비한 결혼 축하곡을 부르기로 했다. 결혼 축하곡은 부르기 쉽고 캐나다 사람들도 잘 아는 "Home, Sweet Home'을 부르기로 했다. 우리 측에서 다 함께 합창으로 부르니 캐나다에 있는 신랑 집에서도 함께 따라 불렸다.

축가가 끝나고 모두 Congratulation ! Have a sweet home! 이란 축하의 말을 단체로 하였다. 영상결혼식이지만 아주 분위기 좋게 즐거운 마음으로 결혼식을 진행했다. 결혼식이 끝나자 지혜와 신랑인 Brian이 함께 춤을 추었고 가족들도 함께 춤을 추고 우리 가족들도 흥겹게 춤을 추어 분위기를 돋구었다. 점심은 중식당으로 예약을 하여 모두 함께 식사를 하면서 지혜의 행복을 기원하였다. 집으로 와서 저녁 6시까지 좀 쉬다가 서울로 올라왔다.

2020년 11월 16일 월요일 날씨: 맑음

오전 10시에 직원회의를 하였다. 오전 11시에 2020년도 하반기 남북이음교육 10주간 교육수료식에 대한 위원장의 인사말을 한백스튜디오에서 녹화하기로 하였다. 그동안 열심히 강의에 참여하여 주어 감사하다는 말씀을 드리고 앞으로도 대면 교육은 물론 비대면 교육시스템과 내용을 충실히 준비하여 좋은 교육프로그램으로 준비하겠다고 말씀을 드렸다.

점심은 평남도민중앙회장과 도민회 직원들과 우리 도 직원들이 함께 행복집에 가서 식사를 하였다. 식사가 끝나고 전승덕 회장과 함께 인천국제공항 제3 터미날에서 거행되는 독립유공자 송환식에 참석하러 갔다. 오후 1시 40분쯤에 도착하여 미리 접수를 하고 전승덕 회장과 공항터미널에 있는 찻집에서 차를 마시다가 오후 2시 30분쯤에 봉영식장으로 다시 입장하여 지정된 좌석에 앉아 있었다. 조금 있으니 광복회 김원웅 회장이 옆자리에 자리하여 인사를 나눴다. 박삼득 보훈처장과도 인사를 나누고 오후 3시 5분 전쯤에 정세균 국무총리께서 입장하시어 주요 내빈들과 인사를 나누어 나도 인사를 드렸다.

오후 3시 정각에 봉환식이 거행되었다. 오늘 봉환되는 독립유공자분들은 평남 용강군 출신 조중희 선생과 배우자 그리고 평남 순천군 출신 나선동 독립유공자분들이셨다. 광복군 또는 국내 독립투쟁으로 옥고를 치르시어 건국훈장 애족장을 받으셨다. 봉영식이 끝나고 집으로 돌아왔다.

저녁 9시쯤에 지원과장으로부터 오늘 저녁 8시 SBS 저녁 뉴스에 이북5도위원회에 대해 방송된 내용을 카톡으로 보내왔다. 완전히 이북5도위원회가 비효율적으로 예산만 낭비하는 기관이며 주요업무인 연구조사업무는 과거 몇 년 동안 단 한 번도 한 적이 없고 세미나와 강연회도 전혀 없었다고 보도했다. 위원회 회의도 연간 평균 10여 차례밖에 하지 않으면서 5개 도지사가 정무직 차관급으로 임명되어 도지사 1인당 1억 5천만 원에 달하는 거액의 연봉을 받는 예산 낭비 기관인 것처럼 왜곡 보도하였다. 홍보팀에서 이에 대한 답변자료를 행안부에 제출하려고 작성한 문안을 보내와 몇 가지를 추가 보완하도록 하여 제출하도록 하였다. 사무국 실무과장의 이야기로는 예산국회가 열리는 시기에는 해마다 반복되는 연례행사라고 했다.

2020년 11월 17일 화요일 날씨: 맑음

오전 10시에 이북5도위원회 회의를 개최하였다. 김재홍 지사가 외부일정으로 참석을 하지 못하였다. 네 분 지사들만 참석하여 어제 SBS 8시 뉴스에 보도된 방송 내용에 대해서 집중적으로 의견을 나누었다. 해마다 연례적으로 치르는 일이니 너무 신경을 쓰지는 말자고는 하였으나 위원장인 나로서는 정말 화가 나지 않을 수가 없었다.

오늘 도지사님들과의 오찬은 오전 11시에 평남 국가유공자에 대한 훈포장수여식으로 인하여 참석하지 못했다. 오전 11시에는 중강당에서 국가유공자 훈포장 및 표창 수여자 14명에 대한 수여식을 거행하였다. 훈포장 및 표창식을 끝내고 국민훈장 동백장을 수상하신 김덕룡 고문께서 수여식 참석자들에게 점심식사 대접을 하시겠다고 하여 북악정으로 수상자와 가족분들 그리고 도 사무국 직원 해서 50여 분 정도 참석하였다.

갈비정식으로 식사를 즐겁게 하였고 다시 한번 수상자분들과 가족분들에게 그동안 애향 활동에 헌신하신 공로를 치하하며 수상을 축하한다고 말씀드렸다.

　도 직원들에 대한 식사비용은 우리가 직접 지불하도록 강 실장에게 특별히 지시하였다. 오후 5시에는 청계천 입구에 있는 아서원 식당에서 오랜만에 유지 친목 모임이 있어 참석하여 인사말과 함께 그동안의 도정업무에 대해서 말씀드렸다. 특히 최근에 선정하여 발표한 『평남을 빛낸 인물 60인』에 대한 선정 과정과 결과에 대해서 상세히 설명드리고 선정되신 한 분 한 분마다 너무 훌륭한 분들이고 우리 평남인의 자랑이며 사표로 삼을 분들이라고 말씀드렸다. 내년에는 책자로 만들어 3, 4세 후계세대들의 정신교육용으로도 활용하겠다고 말했다.

2020년 11월 18일 수요일 날씨: 흐림 저녁에 약간 비가 옴

　김재홍 지사와 내가 사진도록 제작비 중에 김형묵 박사와 김시덕 박사님께 드릴 원고료 200만 원을 각각 100만 원씩 나누어 부담하기로 했다. 내주 월요일 세종시에서 개최될 홍범도 장군 봉오동·청산리전투 100주년 기념 전국 순회전시회 개막식 관련하여 박민수 세종시 사무소장과 통화하고 준비상황 등을 최종 점검을 하였다. 식전 행사로 계획된 평양수건춤과 쌍검무에 대해서 이주희 교수께 특별히 부탁을 드려 직접 와주시겠다는 약속을 받았다.

　오늘 점심은 명동 입구 묵호집에서 가보회 모임이 있어 참석하였다. 가보회는 평남 제18대 시장군수를 역임하신 분들의 친목 모임이다. 제18대 군수라 매월 18일에 정기적으로 꾸준히 모임을 갖고 있다고 한다. 역대 명예시장군수 모임으로서는 가장 활발하고 꾸준히 모임을 갖고 있는 명예시장군수단 모임이다. 김병삼 회장님과 김진섭 총무님이 워낙 모임을 잘 이끌고 계시고 회원 면면이 모두 도민사회에 활발하게 활동하셨고 지금도 도민사회 유지로서 좋은 영향을 주시고 계시는 분들이시다.

내가 재임하는 동안에 함께 활동하는 제21대 명예시장군수단도 가보회와 같이 임기가 끝난 후에도 모임이 계속 유지되었으면 하는 바램을 가져본다. 오늘은 백남진 지사와 박용옥 지사께서도 참석하셨고 평남중앙도민회장도 참석하였다. 박용옥 지사 재임 시에 제18대 명예시장군수들이 임명되어 활동했었다고 한다.

2020년 11월 19일 목요일 날씨: 비가 많아 옴

1916년부터 시작한 기상관측 이래 오늘이 늦가을 11월 중에서 가장 비가 많이 왔다고 한다. 평균 85mm쯤 내렸다고 한다. 11월 중에 이렇게 많은 비가 내리는 것은 나도 처음 겪어보는 것 같다. 오늘 정기건강검진을 받기 위해 오전에 반 차를 내고 종합검진을 받았다. 메디스캔에 들러 검진을 마치고 서울보증보험에 들러 일을 보고 다시 양재동 수사랑내과에 가서 혈압을 체크하고 혈압약을 받았다. 3일 정도 혈압약을 먹지 않았더니 135 정도 나왔다. 3개월분 치의 약을 처방받아 약을 구매했다.

스마트폰이 4년 정도 쓰다 보니 액정이 변색되어 갤럭시 S20 최신형으로 바꾸었다. 무엇보다도 저장용량이 이전보다 8배 정도는 된다고 하여 마음에 들었다. 카메라 화소도 아주 선명하다고 한다. 사무실로 들어가려고 했으나 윤 주임의 말이 사무실에 갔다 왔다 하다 보면 퇴근 시간 가까이 될 것 같다며 오늘 오후도 휴가를 쓰시는 게 좋겠다고 권하여 그렇게 하기로 했다. 이은주 비서에게 전화를 걸어 반 차 휴가에서 하루 휴가로 처리해달라고 말하였다. 집으로 오다가 청계산 역 부근에 있는 영주 한우 고기집에서 한우 등심과 된장찌개로 모처럼 윤 주무관과 식사를 하고 집으로 왔다.

2020년 11월 20일 금요일 날씨: 맑음

오늘을 오후 2시에 이북5도청 5층 중강당에서 미수복 경기도와 미수복 강원도 이북도민 중 정부 훈포장 및 장관 표창자 대상자에 대한 훈.

평양감사 1054일 I

포장 수여식을 가졌다. 이북도민중앙회 연합회 회장이신 염승화 회장과 함께 참석하여 수여식을 거행하였다. 수상자들에게 훈포장과 표창 수상을 진심으로 축하하며 그동안 이북도민사회발전에 헌신한 공로를 높이 치하하였다. 이북도민 중에 국가사회발전과 도민사회에 특별한 공로가 있는 분들께는 국민훈장 동백장이 수여된다. 동백장은 국민훈장 중에 세 번째 등급에 속한 아주 귀한 훈장이다.

2020년 11월 20일 금요일 날씨: 이른 아침은 조금 쌀쌀했으나 오전 8시부터는 청명하고 맑음

오늘은 통일부 통일교육원 제10기 최고위과정 교육일정 중에 하나로 최근 이인영 통일부 장관 취임 이후 추진한 판문점 견학코스 프로그램에 참여하였다. 우리는 통일최고위과정 현장 안보교육 과정으로 참여하게 되었다. 오전 8시 30분까지 통일교육원에서 집결하여 버스 2대로 판문점 견학을 했다. 제10기 원우 20분과 배우자 6분 통일교육원 서정배 부장을 비롯한 진행 진행요원들 포함 30여 명이 판문점 견학을 했다. 통일교육원에서 자유로를 경유하여 1번 국도로 빠져나와 목적지 판문점까지는 약 1시간 30분 정도 소요되었다.

나는 작년 추석과 올해 설날에 통일경모회에서 주관하는 임진각 망배단 참배식에 이북5도위원장 자격으로 참여하여 이곳 문산 지역은 여러 번 온 곳이었으나 판문점 공동경비구역(JSA) 과 6.25 전쟁 정전협정이 열렸던 정전협정 회담 장소는 처음 방문하는 곳이다. 판문점 우리 측 건물인 안보상황실과 자유의 집에서 판문점 관련 홍보영상을 한 15분 정도 보았다. 자유의 집을 나와서 북측 건물인 판문각을 바라보니 분단의 현실을 절감하였다. 판문각에는 북측 경비병 서너 명이 나와서 우리 일행을 지켜보기도 하였다. 어느 원우님 말씀이 평남지사께서 방문하셨다는 전갈을 받고 영접하러 나온 거라고 우스개소리를 하여 모두 웃고 말았다.

4. 2020년 도정일지

  2018년 문재인 대통령과 김정은 위원장이 남북 공동경비구역 경계선에서 서로 마주 보고 악수하던 모습이 떠올랐다. 문재인 대통령이 하루빨리 남북이 자유롭게 왕래했으면 좋겠다고 말하자 김정은 위원장이 북측으로 함께 건너가 보자고 갑자기 제안하여 김정은의 안내로 문 대통령이 남북 경계선을 넘어 북측 지역으로 넘어갔던 그 역사적인 현장을 직접 보며 그때 그 역사적인 광경을 다시 한번 떠올려 보았다. 그때 남북관계가 화해와 협력의 단계를 넘어 평화적인 교류와 군사적인 긴장 관계가 완화되고 경제적인 협력단계로 발전할 수 있을 것이라는 기대를 했었다.
  문 대통령과 김정은 위원장이 2018년 4월 27일에 함께 심었던 소나무는 휴전협정이 체결되었던 해인 1953년생 소나무를 특별히 구하여 식수하였다는 설명을 들었다. 소나무 표지석에는 "평화와 번영을 심다"라고 새겨져 있었다. 자유 평화 통일로 민족의 번영을 이룩하는 것은 남북한 국민 모두의 영원이며 꿈일 것이다. 평화와 번영의 시대는 언젠가는 반드시 오리라고 생각하며 나와 함께한 원우들 모두 마음속으로 기원하였다. 소나무를 심을 때 통일의 염원을 담아 흙은 백두산과 한라산에서 가져왔고 식수물은 한강물과 대동강물을 가져와 남북통일의 염원을 빌며 소나무를 심었다고 한다. 평화와 번영의 소나무 아래에 서서 우리 모두 마음속으로 자유 평화 통일의 미래를 그려보며 그날이 하루빨리 오기를 기원하였다. 이북출신으로서 이북5도위원장으로서 나의 느낌은 남달랐다.
  이어 그 유명한 파란색의 도보다리(Foot Bridge/ Blue Bridge)를 바라보며 남북 정상이 30여 분 정도 대화를 나누었던 디근자 형 장소를 바라보았다. 현재 일반인들에게는 도보다리 출입이 제한되어 있어서 다리 앞에서 도보다리를 바라보며 남북정상이 연출했던 그 역사적인 광경을 떠올려 보았다. 공동경비구역은 현재 9.19 남북정상 합의에 의해 양측이 무장을 해제하고 무장을 하지 않은 채 경비를 하고 있다고 한다. 남쪽의 자유의집에서 북쪽의 판문각까지의 거리는 눈짐작으로 대략 2, 3백 미터쯤 되어 보였다. 한걸음에 도달할 짧은 거리에 여전히 긴장과 경계가 엄연히 존재하고 있다는 사실에 기이한 느낌이 들며 분단의 현실을 새삼스레 느꼈다.

마지막으로 공동경비구역에서 경비업무를 수행하다가 소련 기자가 북측경비구역에서 월남을 시도하던 때에 경비업무를 수행하던 장명기 상병이 북한 경비병의 총탄을 맞아 순국한 것을 추모하기 위하여 세워진 추모석 앞에서 꽃다운 20대 나이에 조국을 위해 목숨을 바친 그를 추모하며 묵념을 올렸다. 사고가 아니라 공동경비구역 경비업무를 수행하다가 상대방의 총격에 의해 희생된 유일한 국군이란 설명을 듣고 가슴이 아프고 눈시울이 뜨거워졌다. 1시간 30분 정도의 안보견학을 마치고 임진각 부근에 있는 식당에서 불고기로 점심을 하고 아메리카노와 까페라떼를 한 잔씩 마시며 담소를 나누다가 서울로 왔다.

안보견학을 마치고 도청 사무실로 왔다. 마침 미수복 강원도 통천군 명예군수와 이천군 명예군수가 인사를 하러 와서 군정보고회 겸 그동안 군정 활동상황에 대한 이야기를 나누었다. 오후 5시에 이북 7도 중앙청년회 제31회 대회가 중강당에서 있었다. 축사를 하고 7명에 대한 정부 유공자 표창 수여식을 하였다. 염승화 연합회장도 참석하여 함께 축하해주고 기념촬영도 하였다. 수여식을 하고 평남청년회원들과 함께 북악정에 가서 함께 저녁 식사를 하였다.

[제31회 이북중앙청년회 대회축사]

사랑하는 이북도민 청년연합회 회원 여러분!
반갑습니다. 평안남도지사 겸 이북5도위원회 위원장 이명우입니다.
먼저, 제31회 이북도민 청년의 날 개최를 진심으로 축하드립니다.
여기 모인 청년회원 여러분의 젊고 힘찬 모습을 보니 저에게도 여러분의 힘찬 에너지가 전달되는 것 같아 힘이 솟는 것 같습니다. 우선 오늘 청년의 날 행사준비뿐만 아니라 올 한 해 이북도민 청년회 발전을 위해 헌신해 온 강일구 이북도민 청년연합회 대표의장을 비롯한 중앙청년회장들의 노고에 감사의 말씀을 드립니다.

사랑하는 청년회원 여러분!

올해는 코로나19 사태의 여파로 청년회원 여러분을 만나 뵐 기회가 적어 아쉬움이 무척이나 컸습니다. 여러분 역시도 의욕적으로 계획하였던 각종 행사를 제대로 개최하지 못하게 되어 아쉬움이 많으리라 생각합니다. 그렇기에 오늘 이렇게 특별한 자리를 통해 오랜만에 여러분을 만나 뵈니 더없이 반갑고 기쁜 마음입니다. 요즘 며칠 사이에 수도권을 중심으로 코로나 확진 속도가 급증하여 방역 당국에서도 긴장하고 있습니다. 여러분께서도 이점 유의하시고, 코로나19 예방 수칙을 지켜 행사를 잘 마치시기를 바랍니다.

사랑하는 이북도민 청년연합회 회원여러분! 올해 우리 이북5도위원회에서는 홍범도 장군의 봉오동 청산리 전투 승전 100주년 기념 관련 행사를 기획하고 진행하면서 암울했던 일제강점기에 우리 이북출신 선대 어르신들의 투철한 독립투쟁 정신과 민족의 미래를 위해 청소년들에 대한 교육에 각별한 관심과 정성을 쏟아오신 것을 절실히 느끼게 되었습니다. 일제강점기 민족의 지도자이셨던 이승만, 김구, 안창호, 조만식 선생은 모두 이북출신이셨습니다. 그분들은 청년들이 민족의 희망이며 미래라고 생각하시고 청년교육에 남다른 애정과 관심을 가지셨습니다. 8.15해방 이후 완전한 독립을 이루지는 못 했지만 자유를 찾아 남을 내려오신 우리 선대 1세 어르신들은 맨주먹으로 반공 전선의 최일선에서 남한의 공산화를 막는데 맹활약을 하였으며 대한민국을 자유민주주의, 시장경제를 바탕으로 한 세계 10대 경제 강국으로 건설함에 있어 정치, 안보, 경제, 교육, 문화 등 모든 분야에서 헌신적으로 노력해 오셨습니다. 또한 후세대에 대한 교육도 소홀히 하지 않았습니다. 이북 7도 각 시군마다 장학회가 없는 곳이 거의 없을 정도로 청소년들의 미래에 희망과 기대를 걸어오셨습니다. 이제 우리 후계세대인 청년들이 1세 어르신들의 나라 사랑 정신과 애향심을 이어받아 미래 도민사회의 지도자들이 되도록 노력해야 할 때가 된 것 같습니다. 저는 여러분들을 굳게 믿습니다.

친애하는 청년회원 여러분!

여러분들은 실향민 1세의 후계세대로서 1세 어르신들의 남다른 고향 사랑과 자유대한민국에 대한 애국심을 직.간접적으로 느끼고 있으리라 생각합니다. 자유민주주의와 시장경제 체제하에 평화적인 통일에 대한 열망 또한 어느 누구보다도 강렬하리라고 생각합니다. 그러나 그간 희망적으로 진전해오던 남북관계가 하노이 미북정상회담 결렬 사태 이후로 교착상태에 머물러 조국 통일이 실현되는 날과 고향 땅을 향할 수 있는 발걸음이 다소 더디어지게 되기도 하였습니다. 이런 때일수록 남과 북을 잇는 연결고리로서 이북도민 청년회원 여러분들의 역할이 더욱 중요하다고 생각합니다. 그동안 남다른 애국심과 애향심으로 도민사회에 초석을 마련하신 1세대 어르신들이 해마다 연로하여짐에 따라 해가 갈수록 그분들의 수가 줄어들고 활동 또한 점차 약화 되어가고 있습니다. 정말 안타까운 현실이 아닐 수 없습니다. 이러한 상황 속에서 올 한 해도 도민사회가 성공적으로 나아갈 수 있었던 것은 생업과 가사로 바쁜 와중에도 도민사회의 크고 작은 행사를 위해서는 기쁜 마음으로 한 걸음에 달려와 준 청년회원 여러분의 열정과 노고가 있었기 때문이라고 생각합니다.

청년회원 여러분!

여러분은 현재 도민사회의 활동적인 일꾼이며 미래의 중심입니다. 위로는 1세대와 2세대 어르신들을 모시며 우리의 소원인 통일 과업의 뜻을 이어 나가고, 아래로는 여러분들의 후배세대들과 소통하여 선대와 후배세대를 이어주는 교량 역할을 하여야 할 것입니다. 그러한 역할을 잘 할 것으로 저는 확신합니다. 앞으로 우리 이북5도위원회와 이북5도지사 그리고 명예시장 군수단 들이 함께 청년회의 발전에 지대한 관심을 갖고 물심양면으로 도움을 줄 수 있도록 최선의 노력을 다하겠습니다.

끝으로 오늘 영예로운 포상을 받으시는 24명의 포상자들 한 사람, 한 사람에게 청년회 발전과 도민사회에 헌신 봉사한 노력에 감사드리며 수상을 축하드립니다. 오늘 함께한 이북도민 청년연합회 회원 여러분 모두 자유민주주의 통일의 역군이고, 이북도민사회의 자부심이며 진정한 애국자입니다. 오늘 행사를 통하여 서로를 이해하고 단합하는 유익한 시간이 되기를 바라며 보람 있고 즐거운 행사가 되기를 바랍니다. 감사합니다.

2020년 11월 22일 일요일 날씨: 맑음

오후 1시쯤에 윤 주임이 왔다. 오늘은 세종시로 내려가서 내일 행사하기로 되어있는 행사장의 사진 전시물의 전시장소와 상태를 점검하러 사전에 내려가기로 하였다. 함북지사도 별도로 수행 실장과 함께 나보다 1시간 정도 먼저 출발하였다고 한다. 일요일에 하행길이라 그런지 차가 막히지 않아 오후 3시 전에 세종시청에 도착했다. 김 지사와 함북 직원들이 먼저 와 있었다. 박민수 소장이 아주 열심히 준비하여 기념식장 준비가 잘 된 것 같았다. 세종시에 호텔이 없어서 유성에 있는 호텔에 묵기로 하였다.

나는 유성에 사시는 평양고보 동문회장이신 이승규 선배를 찾아뵈러 갔다. 선배님은 나보다 15년 선배인 연대 상대 출신이시다. 이당 김은호 화가의 제자이며 유명한 인물화와 산수화의 대가이신 김학수 화백님과의 특별한 인연으로 그분께서 그리신 대동강 산수화를 우리 평안남도에 기증하시겠다고 하여 댁으로 찾아뵙기로 하였다. 마침 나를 기다리고 계셔서 반갑게 인사를 드리고 선배님의 살아오신 이야기와 김학수 화백과의 특별한 인연에 대해서도 들었다. 기증하시겠다는 그림의 크기가 너무 커서 일반 자가용차로는 운반이 어려워 나중에 다시 와서 가지러 오겠다고 말씀을 드렸다. 대동강 산수화 이외에 김학수 화백에 대한 자료와 그

외 여러 점의 그림을 추가로 기증하시겠다고 하여 나중에 이북도민 역사박물관을 세우는 경우에 별도 전시공간을 확보하는 방안에 대해서 의논하였다. 저녁은 선배님께서 내시겠다고 하도 우기셔서 자주 가신다는 메밀집으로 가서 능이 버섯탕에 콩국물 메밀국수를 먹었다. 저녁을 한 후에 내일 행사에 참석해달라고 부탁을 드렸다. 유성천변에 있는 K7 모텔에서 김재홍 지사 일행과 윤종인 주무관과 함께 묵었다.

2020년 11월 23일 월요일 날씨: 아침에는 약간 추었고 낮에는 풀렸다

아침 6시쯤에 일어나 간단히 사우나를 하고 운동 삼아 천변을 30분 정도 걸었다. 8시 20분에 일행과 함께 부근에 아침 식사가 가능한 장수진곰탕집으로 가서 아침을 하였다. 부근에서는 꽤 이름난 식당이라고 한다. 아침 식사를 마치고 오전 9시 20분쯤에 세종시로 출발하였다. 오전 10시 전에 세종시에 도착하니 박민수 소장과 직원들이 개막식 현장 정리를 열심히 하고 있었다. 평북지사는 미리 도착해 있었다.

오전 10시 40분에 식전 행사로 평양수건춤의 평양대검무 공연이 있었다. 이주희 교수와 제자 3명이 함께 겨루는 대검무는 고구려인의 기상과 독립투사들의 강렬한 전투 의지와 용맹성을 잘 표현하는 것 같았다. 오전 10시에 내가 인사말을 하였고 이어 이춘희 세종시장과 세종시 부교육감 그리고 세종경찰서장의 축사가 있었다. 기념 테이프를 커팅하고 함북지사의 안내로 전시물에 대한 설명을 들었다.

1시간 정도 진행된 행사가 아주 성공적으로 잘 진행되어 만족스럽게 끝났다. 세종시에 사는 집사람 형제자매들이 대부분 와주었고 임채운 회장과 이경신 부사장도 찾아와 행사에 참석해주었다. 특히 어제 뵙고 인사를 드렸던 평양고보 이승규 선배님도 참석해주셔서 고마웠다. 행사가 끝난 후에 세종원에서 가서 행사에 참석한 분들과 함께 갈비탕으로 점심을 먹었다. 이주희 교수와 평양대검무를 공연한 분들도 함께 식사를 했다. 식사를 마치고 부근에서 차를 마신 후에 서울로 올라왔다.

2020년 11월 24일 화요일 날씨: 맑음

오늘은 이북5도위원회 간담회를 함북지사의 요청으로 오전 9시 30분에 개최했다. 어제 세종시에서 거행된 사진전에 대한 평가를 하였다. 전반적으로 잘 진행된 행사였다는 의견들이었다. 이로써 전북도청과 속초시정에서 개최된 전국 순회전시회를 이곳 세종시에서 개최함으로써 마무리를 잘했다. 어제부터 코로나 19사태가 확산일로에 있어 전시회 개최가 무산되지 않을까 걱정을 했는데 무사히 성공적으로 마칠 수 있어서 천만다행이었다. 세종시는 그동안 코로나 확진자가 한 사람도 발생하지 않아서 행사 진행이 가능했다. 사진전 행사를 잘 마쳐 무엇보다 기쁘고 보람을 느꼈다.

오늘은 내가 지사님들 점심을 사는 날이었으나 양덕군 이사회가 있는 날이라 평북지사께 나 대신 부탁을 드렸다. 오전 11시 30분에 남영동 원할머니집에서 양덕군 이사회가 개최되었다. 오후에 이승규 회장님께 전화를 걸어 목요일에 우리 위원회 세종시 사무소장이 전화를 드리고 찾아뵙고 '모란봉 대동강'도 그림을 인수하겠다고 말씀드렸다

도 사무국장과 담당 계장 그리고 비서실장이 2020년도 행정자문위원회 자문위원 임기 마감이 되는 분 다섯 분에 대한 신임 행정자문위원 선정에 대해 보고가 있었다. 우선 여성 행정자문위원의 수를 30% 선으로 유지하기 위해서 기존에 활동하시던 분에 대해서는 연임제한 규정에도 불구하고 계속 연임하도록 하였고 추가로 여성위원을 한 분 더 선정하기로 하였다.

신임 행정자문위원 후보로는 조성원 중앙도민회 명예회장과 최용호 전 안주 군수를 추천하기로 의견을 모았다. 나머지 한 분은 오세영 회장을 선임하는 것으로 의견을 모으고 그분의 의향을 알아보기로 하였다. 최근 오세영 회장이 도민회 활동을 거의 하지 않아 모시기가 쉽지 않을 거라는 의견이 있어 오세영 회장과 친분이 있는 도산 안창호 선생 기념사업회 김재실 회장께 특별히 부탁을 드렸다. 김재실 회장의 말씀으론

도지사가 정중하게 편지로 행정자문위원으로 위촉하려고 하니 수락해 달라고 요청하는 공문을 보내고 이후 김 회장께서 부탁을 드리면 수락할 것이라고 조언하여 그리하기로 하였다. 꼭 모시고 싶은 분은 삼고초려해서라도 모셔야 된다고 생각했다.

저녁에 퇴근하는데 함북지사로부터 전화가 왔다. 지난 20일에 평북사랑의 김치 나눔 행사에 참여한 평북 군수 한 사람이 확진자로 판정이 되었다는 이야기를 들었다고 한다. 현재 동선을 파악 중이라고 해서 많이 긴장이 되고 걱정이 되었다. 김장담그기 행사에 우리 지사들도 참석하여 식사도 함께했기에 걱정이 많이 되었다. 나중에 동선 파악이 어느 정도 되어 별문제가 없을 것으로 판단된다고 하여 다소 안심이 되었다. 그러나 가까운 거리에서 행사를 같이했던 사람이 확진자로 판정을 받았다고 하니 걱정이 이만저만이 아니다.

2020년 11월 25일 수요일 날씨: 맑음

오전 11시 30분에 북악정에서 정우회 점심 모임이 있었다. 점심은 특별히 올해 국민훈장 동백장을 수상하신 김덕룡 평남중앙도민회장께서 내시기로 하셨다. 축하의 말씀을 드리고 김원진 회장의 건배 제의에 따라 술잔을 나누며 즐겁게 식사를 하면서 담소를 나누었다. 전 진남포 시민회장이셨던 박진석 회장님께서 특별히 준비한 머플러를 하나씩 선물로 주셨다.

2020년 11월 26일 목요일 날씨: 맑음

오늘하고 내일 이틀간 연휴를 냈다. 모처럼 바쁜 도정업무와 도민사회 일을 떠나 좀 편안한 마음으로 쉬기로 했다. 연말까지 휴가가 10여 일 정도 남았다고 한다. 그동안 바쁘게 업무를 보다 보니 휴가 낼 틈이 좀처럼 없었다. 내가 휴가를 가지 않으니 비서실 직원 세 사람도 휴가를 제대로 가지 못하는 것 같아 미안한 마음도 들었다.

이제 이북5도 위원장직도 한 달 후면 끝난다. 내년부터는 조금은 시간적 여유가 있을 것 같다. 오전 10시에 서울보증보험에 일이 있어서 가는 김에 집사람 배변검사를 받기로 하고 메디스캔 검진센터에 같이 갔다. 집사람이 검진을 받을 동안 부근에 있는 서울보증보험에 가서 보증서 증액 관련 서류에 자서를 했다. 일을 마치고 메디스캔에 가니 마침 집사람이 검진이 다 끝나서 바로 나왔다. 집으로 오는 길에 양재동 하나로마트에 들려 필요한 것을 사고 집으로 왔다.

평남을 빛낸 인물에 대한 일대기와 국가사회에 기여한 업적을 인터넷을 검색하여 정리해 보기로 하고 순서대로 검색하며 정리하기 시작했다. 오늘은 여섯 분만 정리해 보았다.

2020년 11월 27일 금요일 날씨: 맑고 싸늘함

오늘은 아침 일찍이 뒷산에 올라갔다 왔다. 8부 능선 쉼터까지 올라갔다 왔다. 이곳까지 올라갔다 오면 대략 7천 보쯤 된다. 아침에 걷기에는 딱 좋은 거리다. 이승규 회장님으로부터 전화가 왔다. 코로나 사태로 번거롭게 평양고보 동문 모임에 오지 않아도 좋겠다고 하여 그렇게 하기로 했다. 오후 2시 30분에 혜촌 선생 작품 4점 기증식을 예정대로 진행했다. 정병욱 국장과 김한상 계장이 기증식 행사에 대한 준비를 잘 해주었다.

저녁에 강대석 실장으로부터 전화가 왔다. 평남장학회 상임이사로 활동하시는 김형호 어르신께서 오늘 갑자기 소천하셨다는 부음이었다. 너무 놀랐다. 그제 낮 12시에 북악정에서 정우회 모임과 김덕룡 고문님의 국민훈장 동백장 수상 축하 겸 모임을 함께 했는데 갑자기 세상을 떠나셨다니 믿어지지가 않았다. 작년에 비해서 최근에 기력이 많이 떨어지시고 말씀도 어눌해지셔서 건강이 여전 같지 못한 것은 짐작하였으나 그래도 그제 함께 식사를 하며 이야기를 나누었던 분이 세상을 떠나셨다고 하니 인생이 무상하고 허무함을 새삼 느꼈다. 나도 이제는 70대 중반에 들어서다 보니 건강에 신경을 써야 되지 않겠나 생각해 보았다.

📓 평양감사 1054일 I

2020년 11월 28일 토요일 날씨: 맑음 그러나 아침 기온이 영하 3도로 추웠음

아침에 일찍 일어나 뒷산에 오르지 않고 오늘은 운중천변을 걷기로 했다. 널더리 다리
까지 갔다 오니 11,500보쯤 걸었다. 거리상으로 8.7 Km로 기록되었다. 매일 아침 산으로 올라가다 보면 다리 근력운동은 되나 걷는 자세가 바르지 못하고 빨리 걸을 수가 없어서 심폐운동에는 평지를 빨리 걷는 것이 좋다는 의사들의 말을 들었기에 오늘은 제법 빠른 속도로 운중천변을 걸었다. 속보로 걷고 나니 조금 땀이 나고 운동을 한 것 같은 느낌이 들었다.

점심은 현서네 집에 가서 집사람과 현서와 같이 떡국을 끓여 먹었다. 오늘 처음으로 제인이 동생 제윤이를 직접 보았다. 한 40일쯤 되다 보니 살도 오르고 얼굴도 뽀얀 게 여간 귀엽지 않다. 40일 동안 많이 자란 것 같았다. 얼굴이 귀티가 나는 게 잘 생겨 보였다. 이목구비와 귀가 잘생겨 경제적으로도 여유 있는 인생을 살 것 같은 생각이 들었다. 그러나 무엇보다도 건강하게 무탈하게 잘 크기만 바랄 뿐이다.

오후 2시쯤에 누가 집을 보러 오겠다고 부동산에서 연락이 와 기다리고 있었다. 젊은 부부가 와서 꼼꼼히 보고 갔다. 살 것 같지는 않지만 기대는 해본다. 조금 있다가 평남 강서군 출신이신 김형호 어르신 빈소에 다녀왔다. 91세에 소천하셨는데 경찰공무원 생활을 하고 공직에서 물러나신 후에 애향 활동을 꾸준히 해오신 평양중앙도민회 원로 중에 한 분이시다. 저녁에 자리에 드신 후에 편안하게 눈을 감으셨다니 다행이라고 생각되었다.

2020년 11월 29일 일요일 날씨: 흐리고 추었음

아침 9시 40분에 윤 주임이 와서 차를 대고 기다렸다. 오늘 오전 11시에 동작동 국립현충원에서 왈우 강우규 의사 순국 100주년 기념 추모식

이 있는 날이다. 왈우 강우규 선생 기념사업회가 주최하고 서울 남대문 청년회의소가 주관하는 행사로 진행했다. 현충관에서 이성춘 서울지방보훈처장과 허현 광복회 부회장, 김중위 기념사업회 명예회장님, 전승덕 평남중앙도민회장 등 내빈이 참석하여 엄숙하고 격조 있게 행사가 진행되었다. 나는 다음과 같은 추모사를 하였다.

[강우규 의사 순국 100주년 추도사]

왈우 강우규 의사 의거 101주기를 맞이하는 올해 조국 독립을 위해 60대의 노구에도 불구하시고 결연한 의지와 투쟁 정신으로 신임 사이토 마코토를 처단하시고자 하셨던 강우규 의사님을 생각하며 오늘 우리는 숙연한 마음으로 선생님의 순국 100주년을 추모하기 위하여 이 자리에 함께하였습니다. 여러분과 함께 의사님의 영전에 머리 숙여 명복을 빕니다.

의사님은 단두대에 오르시면서도 의연함을 잃지 않으시고 오직 조국의 독립과 젊은이들에 대한 믿음과 희망을 가지셨습니다. 조국의 독립은 언젠가는 우리 청년들의 힘으로 이룰 것이라는 희망을 가지셨기에 조금도 두려움이 없이 최후의 순간에도 '단두대상 유재춘풍'이라고 말씀하셨습니다. 단두대에 올라서니 봄바람이 감도는구나! 이 얼마나 의연하고 담대하신 말씀입니까? 오늘 강우규 의사 순국 100주기를 맞이하면서 우리들은 선생님의 독립에 대한 의지와 불굴의 투쟁정신, 그리고 청년을 믿고 사랑하신 숭고한 뜻을 이어받아 완전한 대한민국의 독립이 이루어지는 평화적인 통일을 이룰 때까지 각지의 위치에서 나라사랑과 자기 직분에 충실하도록 해야 하겠습니다. 그것이야말로 선생님을 진정 흠모하고 추모하는 것이라고 생각합니다.

오늘 추모식을 열심히 준비하신 왈우 강우규 의사 기념사업회 장원호 회장님, 김중위 명예회장님, 서울 남대문청년회의소 이순미 회장님께 감사의 말씀드립니다. 그리고 함께 자리해주신 이성춘 서울지방보훈

청장님, 허현 광복회 부회장님을 비롯한 내빈들께도 감사의 말씀드립니다.

아시는 바와 같이 강우규 의사님은 평남 덕천군에서 태어나시어 만주로 건너가셔서 한의사로 활동하여 쌓은 부를 우리 민족의 독립운동과 청년 교육사업에 아낌없이 쏟아부으셨습니다. 1919년 3.1운동 소식을 듣고 블라디보스토크 신한촌 노인단 길림성 지부장이 되시어 시위운동을 전개하기도 하셨던 열혈 노인이셨습니다. 그러던 중 신임 조선 총독 사이토 마코토가 부임한다는 사실을 알고, 서울로 잠입하셔서 사이토에게 폭탄을 투척하였으나 비록 사이토 척살의 뜻을 이루지 못하였지만 정무총감 등 수행원과 일본 경찰 등 수십 명의 사상자를 내는 장거를 이루었습니다. 이러한 쾌거로 한민족의 강인한 독립 의지를 세계에 알렸고, 이후 국내에서 자주 독립운동의 초석이 되었으며 무기력하기만 했던 젊은 청년들에게 용기와 희망을 주었습니다. 오늘 의사님의 순국 100주년을 맞이하여 다시 한번 의사님의 우국충정과 청년 사랑의 정신을 되새기며 나라 사랑의 정신을 본받고자 합니다.

오늘날 우리 대한민국이 남북으로 분단되어 있음에도 불구하고 세계 12대 경제 대국이 되고 세계적인 문화 강국이 된 이면에는 목숨을 초개와 같이 버리시고 투쟁하신 선생님과 같으신 독립투사분들의 한없는 나라 사랑의 정신과 조국에 목숨을 바친 희생정신에 힘입은 바 크다고 할 것입니다. 한반도 주변 정세와 세계 경제 환경 또한 녹녹하지 않습니다. 이러한 시기에 남과 북이 함께 지난날 독립운동 선열들의 숭고한 독립 정신을 구심점으로 삼아, 민족의 힘을 길러 하루빨리 하나 되는 한반도 통일시대를 열 수 있도록 후세들인 우리들이 노력하겠습니다. 자주 독립운동의 영원한 사표이신 강우규 의사님이시어! 의사님께서 저희들이 나아갈 바를 지켜봐 주시고 모든 어려움을 헤쳐나갈 수 있는 지혜와 담대한 용기를 주시기 바랍니다. 다시 한번 180만 평남도민과 함께 선생님께 존경과 추모의 정을 바치며 100년 전 오늘 의연하게 조국을 위해 순국하신 선생님의 뜻을 되새기는 하루가 되도록 하겠습니다. 평안히 영면하시길 바랍니다.

2020년 11월 30일 월요일 날씨: 추었음

오전 9시 반에 직원회의를 했다. 내일 오후 2시 30분에 있을 예정인 혜촌 김학수 화백 작품기증식 관련 행사계획을 점검하였다. 정 국장과 담당 계장이 계획을 잘 수립하여 의전 절차에 만전을 기하도록 지시하였다.

점심은 오기봉 선배가 염승화 회장과 나 그리고 전승덕 회장을 초대하여 점심을 함께했다. 모임 장소는 충무로에 있는 동방명주 충무로 지점이었다. 중식 코스요리로 식사를 했다. 오기봉 회장께서 올해 이북5도위원장인 나와 염승화 이북도민중앙연합회장 간에 원만한 협조 관계를 유지하여 이북도민사회가 잘 돌아갈 것으로 생각했었다고 한다. 같은 연대 선후배 사이이고 두 사람 다 합리적이고 성품이 원만하니 상호 이해와 협조가 잘 되어 어느 해보다도 도정과 도민회 간에 이해와 협조가 잘 될 거라고 이북도민사회에서도 기대를 했던 것 같다. 그러나 동화경모공원 문제와 관련하여 이북오도민신문 등 이북도민 관련 신문에 동화경모공원 경영에 대한 문제점이 자세하게 보도된 바 있었다. 이에 대해 도민사회에 불신과 불화가 조성될 조짐이 보이고 도민화합에 문제가 발생할 것을 염려한 나머지 이북5도위원회 간담회에서 이 문제를 거론하여 의견을 나눈바 이북5도위원회 입장에서 이에 대해 적절한 의견 표명을 적절한 시기와 방법으로 해야 도민사회 발전에 도움이 되리라는 의견이 있었다.

이북5도지사들의 의견을 취합하여 연합회장 앞으로 이에 대해 잘 대처하고 필요한 경우 적절하게 관련 규정개정도 하여 줄 것을 간곡히 권고한다는 문서를 보내기로 의견을 모았었다. 이에 염승화 연합회장에게 사전 양해를 구하고 평남지사 명의로 완곡하고 정중한 표현으로 권고문을 연합회장에게 보냈었다. 이런 권고문을 보낸 것에 대해서 연합회 측의 각도 중앙도민회장들은 도지사들이 도민회에 대해서 도에 넘치는 간섭행위이며 월권행위라고 생각하는 것 같았다. 연합회장이 내가 보낸 권고문을 받아보고 이를 즉시 7도 중앙도민회장들에게 보여드리고 내용을 공유해야 했었는데 그냥 보관하고 있다가 권고문의 내용이 먼저 이북오도민신문에 보도된 것이다.

이제 염승화 회장이나 나나 연합회장직과 위원장직을 불과 1개월밖에 남게 놓지 않은 시점에서 서로 화해하고 이해하는 것이 좋겠다는 오 회장님의 배려에서 자리를 마련한 것이라고 하였다. 자리를 마련해주신 오기봉 선배님께 감사하게 생각했다.

점심을 끝내고 오후 3시쯤에 이병길 부회장과 최운학 부사장을 양재동 전 사무실에 앞에서 만났다. 오후 5시에 토사회 친구들 6명이 모여 저녁을 함께하며 연말 송년 모임에 대신하였다. 만용, 경진, 운학, 종화, 충렬 그리고 나 이렇게 6명 즐겁게 담소하며 지난 젊은 시절 이야기도 하였다. 모두 어려운 시기에 굴하지 않고 열심히 그리고 성실하게 살아온 친구들이다.

2020년 12월 1일 화요일 날씨: 맑고 추움

오늘 아침 이북도민 대상으로 화상 교육을 실시하였다. 이북5도위원회에 대한 연혁과 역할에 그리고 대한민국의 통일정책에 대한 내용을 중심으로 강의를 하였다. 어젯밤에 잠을 제대로 자지 못하여 목소리가 쉬어서 강의 내용이 제대로 전달되지 못한 것 같아 미안하였다.

점심은 구내에서 간단히 해결하고 오후 2시 30분에 예정된 혜촌 김학수 화백 작품기증식 준비를 점검하였다. 기증식 장소는 이북5도위원회 회의실에서 하기로 하였다. 기증식 장소 세팅을 하고 평안남도기와 플래카드를 설치하였다.

오후 2시 30분까지 혜촌회 회원 다섯 분과 전 평북지사이신 차인태 지사님 그리고 정중렬 전 지사님이 오셨다. 차인태 지사는 선친께서 혜촌 선생과 평양 장대현교회에서부터 친교를 맺어 온 친구와 같은 선후배 사이라고 하셨다. 내 사무실에서 간단히 차를 마시며 혜촌 선생님에 대한 이야기를 나누었다. 기증자이신 혜촌회 회장 이승규 평고보 회장께서는 평고보 정기총회를 마치시고 강남에서 오시느라 차가 밀려서 오후 3시

4. 2020년 도정일지

가 거의 되어서 도착하셨다. 내 사무실에서 미리 와 계신 분들과 간단히 인사를 나누고 3시 조금 지나서 행사장인 위원회 회의실로 이동하여 평남 계장의 사회로 기증식을 가졌다.

혜촌 선생은 평양 출신으로 우리나라 풍속화와 한국화 그리고 인물화의 대가이시다. 6.25 전쟁 이후 가족들을 고향인 평양에 두시고 단신으로 월남하시어 북에 두고 온 사모님과 가족들에 대한 죄송함과 죄책감으로 평생을 홀로 지내면서 평양 출신 제자들을 40여 명이나 학업을 계속할 수 있도록 물심양면으로 도움을 주셨다고 한다. 여러 제자들과 한집에서 살면서 아들처럼 보살펴주셨다. 제자들과 함께 사시며 학비도 지원해 주시고 인생에 대한 지도와 인성교육까지도 시키시고 하나님을 영접하여 기독교 신앙인으로 평생 살아가도록 인도하셨다고 한다. 그 결과 모두 훌륭하게 성장하여 국가와 사회발전에 기여할 수 있는 인물들로 키우셨다고 한다.

혜촌 선생은 평양에서 수암 선생으로부터 그림 공부를 사사 받으셨고 이후 서울에 오셔서 이당 김은호 화백과 소정 변관식 선생으로부터 정식으로 화업을 사사 받아 독창적인 산수화와 풍경화 그리고 인물화 화법을 개척하신 뛰어난 한국화 화가이시다. 예술의 경지나 인품으로 보면 널리 알려졌어야 할 인물이었음에도 신앙인으로서 자신을 잘 나타내지 않으시는 고결한 성품으로 일반인들에게는 그리 널리 알려지신 분은 아니셨다. 그러나 그분과 평생을 함께 교류하였던 친구들과 제자들은 그분의 거룩한 성품과 고매한 인격에 감화를 받고 혜촌 선생을 참 스승으로 존경하였고 따랐다고 한다. 혜촌 선생은 기독교 장로로서 한평생을 교회에 헌신하시고 예술에 정진하신 분이셨다.

주요작품으로는 37년간에 걸쳐 완성한 한 1300리 길 한강 전도이다. 총 26권으로 된 '한강전도'는 전장이 무려 360미터나 되는 대형 작품으로 단일 주제 단일 그림으로서는 세계 최장 길이의 그림이라고 한다. 현재 선생과 개인적으로 인연이 있는 인제대학교 혜촌 선생 기념관에 보관

되어있다. 그리고 예수 성화와 산수화, 인물화 등 수많은 작품을 남기셔서 많은 작품을 인제대학교 설립자인 백인제 이사장하고의 특별한 인연으로 인제대학교에 상당한 작품이 기증되어 있고 의정부에 있는 경민학원에도 선생의 기념관이 건립되어 그곳에도 많은 작품과 유품이 전시되어있다고 한다.

이번에 우리 평남도청에 기증한 모란봉 대동강도 외 3점은 선생님이 화가로서의 경지가 최고조에 달하였을 시기인 1988년도 작품이다. 특히 모란봉 대동강도는 해방 전 대동강 모습을 상상하여 그린 걸작이다. 작품 성격으로 보아 우리 평남도민들이 자주 볼 수 있도록 평남도청에 기증하는 것이 가장 좋겠다고 생각하신 기증자인 이승규 혜촌회 회장님의 뜻에 따라 이번에 기증식을 갖게 되었다.

이승규 회장님은 평양에서 태어나시어 평양고보를 나온 후 평양 성화 신학교에서 혜촌 선생님과 스승과 제자 사이로 인연을 맺은 이후 혜촌 선생을 평생 가까이 모시며 함께 해왔다고 한다. 이승규 회장은 6.25이후 월남 후에 부산에서 우연히 혜촌 선생을 만난 이후 선생이 소천하실 때까지 형님이신 이승만 목사와 함께 혜촌 선생을 스승이며 아버님처럼 모시며 함께 살아왔다고 한다. 참 귀한 인연이 아닐 수 없다. 혜촌 선생의 보살핌으로 이승규 회장은 연희대학교 상과를 졸업하여 제일모직을 거쳐 삼성그룹에 이사를 지내신 후에 롯데상사 대표이사까지 지내신 분으로 오늘까지 평양고보 동문회장으로 활동하셨고 현재까지 혜촌회 회장으로서 선생님의 고매한 인격을 흠모하는 제자들로 구성된 혜촌회를 이끌고 계신 분이시다. 특별히 나와는 연대 상대 선후배 사이로 처음 만나서부터 형님과 같은 느낌을 받아 뵐수록 존경스럽고 정감이 느껴지는 분이시다.

이승규 회장의 친형이신 이승만 목사님 또한 혜촌 선생님의 주선으로 미국 유학길에 올라 신학박사 학위를 받으신 후에 미국북장로연합회 회장까지 맡으신 미국기독교계의 큰 인물이셨다. 오늘 혜촌 선생 작품기증식은 제법 격식을 갖추어 혜촌 선생님에 대한 예를 다하였다. 우선 혜촌 선생의 약력 소개에 이어 기증자이신 이승규 회장님의 인사말이 있었고 이어 내가 훌륭한 작품 네 점을 기증해 주신 것에 대해 감사의 말씀과 함께 혜촌 선생님에 대한 훌륭한 일생에 대하여 내가 전해들은 바대로 그리고 선생님의 지인과 제자들의 회고담을 읽고 느낀 바를 말하여 인사말에 갈음하였다. 참석하신 혜촌 선생님 제자분들 모두 평남 후세들에게 선생님의 작품을 선생님의 고향인 평안남도에 기증하신 것에 대해 하늘나라에서도 기뻐하실 것이라고 말하였다. 이어서 기증증서 교부, 감사패 증정으로 기증식을 진행한 후 기념촬영을 하였다. 기증식이 끝난 후 내 사무실로 와서 다과회를 하며 각자 혜촌 선생에 대한 인연과 회고담으로 선생을 기리며 기증식 뒤풀이 겸 의미 있는 시간을 가졌다.

2020년 12월 2일 수요일 날씨: 추웠음

아침에 홍범도 장군 사진전 도록에 관련하여 제작비 지급 상황을 보고 받았다. 회계규정 상 나라장터에 등록된 업체에 한해서만 계약 체결이 가능하기 때문에 지급이 미루어졌던 것이라고 한다. 어문각 심일 사장에게는 사정을 설명하고 나라장터에 등록된 업체로 청구하도록 여러 번 말씀을 드렸는데 아직 이행되지 못하여 지급을 못한 것이라는 설명을 들었다. 나라장터에 등록된 업체로 계약을 체결하고 어문각 심일 사장에게 지급되는 방법으로 빨리 처리하도록 담당 계장에게 지시하고 이를 심일 사장에게 잘 설명드렸다.

오늘 점심은 평남 전직 도지사 세 분과 전승덕 회장 그리고 유지숙 명창을 특별 손님으로 초대하여 달개비 한정식집에서 점심을 함께했다. 즐겁게 식사를 하고 시국에 대한 이야기도 나누었다. 참석하신 분들에게 간단한 선물과 홍범도 전시회 사진도록 한 권씩 서명하여 드렸다. 참석하신 분들 모두 즐겁게 식사하시고 담소를 나누며 즐거운 시간을 가졌다. 정중렬 전 지사께서 달개비 한정식집이 아주 고급 한정식집이니 오늘 참석하지 못하신 두 분 지사님들 생각해서 올해 가기 전 12월쯤에 한 번 전직 도지사님들 모두 초대해 달라고 말씀을 하셔서 그렇게 하겠노라고 말씀을 드렸다.

2020년 12월 3일 목요일 날씨: 추움

오늘은 대입 수능 시험일이다. 해마다 수능 시험일에는 날씨가 평소보다 추었는데 올해도 예외는 아니었다. 수능 시험일이라 수험생들 교통 편의를 위하여 관공서와 일반 직장의 출근 시간이 한 시간 늦춰졌다. 오전 9시 40분쯤에 사무실에 도착하였다. 내일 지방공무원을 대상으로 하는 강의 교안 검토로 밖에 나가 점심을 먹을 시간이 없어 이은주 비서에게 부탁하여 우유 한잔하고 김밥 반줄로 점심을 때웠다.

총무과장이 함북중앙도민회 라기섭 회장과 도민회 사무국장이 며칠 전에 담당 변호사 사무실에서 만나 업무협의를 했다고 하는데 담당 변호사가 이틀 전에 코로나 확진자로 판명되어 걱정이라고 했다. 함북중앙도민회 사무국장에게 상황을 파악해 보니 사무국장은 걱정이 되어 PCR 검사를 받았다고 한다. 검사결과 어제저녁 6시경에 음성으로 판정받았다고 하였다. 그리고 변호사 면담 시 주로 심상진 국장이 변호사와 면담을 하고 함북도민회장은 2미터 정도 떨어져 있는 거리에서 앉아 마스크를 계속 착용하였기에 별문제는 없을 것이라고 하였다. 그러나 함북도민회장이 오늘 사무실에 나와 도민회 임원들과 회의를 주재한다고 하여 빨리 귀가하시도록 하고 주위 방역을 철저히 하도록 조치를 하였다.

김동길 교수님께 홍범도 사진도록 한 권을 인편으로 전달하였다. 김형석 교수님은 현재 외부인과의 접촉을 하지 않으시고 있다고 말씀하시며 코로나 사태가 조금 안정되면 방문 일정을 잡겠다고 하시어 사진도록 한 권과 평남을 빛낸 인물 60인 선정 명단을 우송하기로 했다. 오늘은 퇴근을 좀 일찍 하였다.

2020년 12월 4일 금요일 날씨: 맑고 추웠음

오전 9시 30분부터 지방 공무원반을 대상으로 하는 교육이 있었다. 통일관에서 비대면 인터넷으로 강의를 했다. 내용은 '이북5도위원회에 대한 이해-연혁, 역할 및 기능'에 관한 설명과 공직자로서의 자세와 자질에 대한 선배로서 당부의 말이었다. 강의 시간은 1시간이었으나 한 10분 정도 더 했다. 앞으로 이런 내용의 강의안을 갖고 시장군수나, 읍·면·동장 그리고 청년지도자들을 대상으로 교육을 하려고 한다. 시간이 부족하여 통일문제에 대한 강의는 하지 못했다.

점심은 비서실 직원들과 함께 독립문 근처에 있는 도가니탕집인 대성옥에 가서 했다. 오후 4시에는 독일에 거주하는 이북도민회 임원님들과 현재 한국에 체류 중인 국외 이북도민들과 영상회의를 가졌다. 지난 10월 23일에 처음 시도하였던 영상회의를 시차 관계로 참여하지 못했던 독일에 거주하시는 이북도민 임원진들과 영상회의를 하였다. 내가 이북5도위원장으로서 먼저 인사말을 하고 이어 각도 지사님들께서 인사 말씀과 격려의 말씀을 하였다. 이어 위원회 사무국장이 금년도 코로나19 사태에도 불구하고 추진하였던 위원회 추진업무에 대해서 설명을 하였다. 이어 국외 이북도민들께서 한 분 한 분 인사말과 함께 위원회에 부탁하고자 하는 의견들을 말씀하시도록 하였다. 1시간 남짓 진행된 영상회의가 아주 매끄럽게 잘 진행되었다.

2020년 12월 5일 토요일 날씨: 맑음/약간 추웠음

오늘은 아침 늦게 일어났다. 휴일이라는 것을 내 몸이 잘 아는 것 같다. 휴일이거나 쉬는 날의 경우는 아침 일찍 일어나 뒷산 오르는 것을 하지 않으려고 하니 자연히 늦게까지 잠을 자는 것 같다. 겨울에 입을 양복 세 벌을 챙겨서 양재동 사무실 부근에 있는 단골 세탁소로 가서 드라이크리닝을 맡겼다. 넥타이도 예닐곱 개를 같이 부탁했다. 집으로 오는 길에 청계산 원터골에서 정말 오랜만에 청계산을 등산했다. 원터골쉼터로 해서 진달래길로 내려왔다. 점심 가까이 되니 날씨가 그렇게 춥지 않아서인지 등산객들이 제법 있었다. 집으로 와서 진라면을 끓여서 점심을 때웠다. 『평남을 빛낸 인물』에 선정되신 분들에 대하여 인터넷을 검색하여 공적 사항과 일대기를 정리 하였다.

2020년 12월 6일 일요일 날씨: 맑음

오늘도 아침에 좀 늦게 일어났다. 아침 식사로 집사람이 정성스럽게 만들어 준 깨죽을 먹고 좀 쉬다가 오랜만에 집사람과 운중천변을 걸었다. 나는 널더리 다리 부근까지 갔고 집사람은 중간에서 조금 쉬다가 천천히 걸으며 나를 따라왔다. 집에 돌아오니 걸음 수는 11,000보쯤 되었다.

오후 4시쯤에 하나로마트에 가서 계란과 우유 등을 사고 현서네 집으로 갔다. 현서가 아는 제주도에 사는 사람이 싱싱한 갈치를 보내왔다고 하여 갈치구이로 저녁을 같이 먹기로 했다. 오랜만에 제인이와 제윤이를 보았다. 제인이는 동생이 생기고 나서부터 아빠 품에서 떨어지지 않으려고 하는 것 같았다. 전에 같으면 나한테도 제법 잘 안기더니만 내가 안아줄까 하니 고개를 절래 절래 저으며 완강히 거부하는 모습을 보니 측은한 생각도 들었다. 엄마는 어쩔 수 없다고 하더라도 아빠만은 절대로 동생한테 빼앗기고 싶지 않은 마음인 것 같다.

2020년 12월 7일 월요일 날씨: 맑았고 그리 춥지는 않았음

오전 10시에 도 사무국 직원들과 주간 업무회의를 했다. 새로 위촉할 행정자문위원들 다섯 분께 필요한 서류 준비를 하도록 연락하여주도록 지시하였다. 이번에 선임할 이북5도위원회 문화재위원 중 평남 추천 몫인 세 사람에 대한 필요한 자료를 이번 주에 받아서 담당 계장에게 넘겨주기로 하였다.

평남을 빛낸 인물 60인 중에 장명환 지사와 함께 스티븐슨을 저격한 전명운에 대한 기록을 다시 확인해 본 결과 보훈처 인명사전에는 본적이 평남으로 되어있으나 그 외 대부분 인명사전 기록에는 한성부 종현(현재 서울 명동 부근)으로 되어있어 평남 출신으로 보기가 어렵겠다는 결론을 내렸다. 그 대신 박치은 선생을 60인에 포함시키는 것으로 실무적으로 논의하였다. 심사위원들에게 상황설명을 드리고 이해를 구한 후에 수정하기로 하였다.

평양검무 두 보유자 간에 문제는 조속한 시일 내에 잘 조정하여 처리하기로 하였다. 오늘 점심은 구내식당에서 하였다. 오후에는 김영근 대표와 차를 마시며 최근 연합회 측에 특별한 현안이 있는지 물어보았다. 특이한 동향은 없는 것 같다고 하였다.

2020년 12월 8일 화요일 날씨: 맑음 그러나 추웠음

오늘은 위원회의 주간 업무회의 날이다. 함북지사께서 휴가 중이라 회의에 참석하지 못하셨다. 점심은 평창동 칼국수집에가서 지사님들과 함께했다. 오늘 코로나 방역단계가 2.5단계로 격상됨에 따라 명예 시장군수 업무회의도 취소하기로 결정했다. 연말을 마감하며 마지막으로 회의를 가졌어야 했는데 아쉽게 되었다. 행정자문위원회 모임도 취소 여부를 검토해 봐야 할 것 같다.

평남민보에 게재할 '2021년도 신년사'를 완성하여 비서실장에게 평남민보 측에 전달하도록 하였고 '2020년도 경자년을 보내며' 라는 제목으로 2020년도 송년사를 이북5도위원장 겸 평남지사 명의로 작성하여 관련 신문에 전달하도록 하였다. 오후 4시경에 박겨표 사장이 찾아왔다. 당분간 한국에 있어야 될 형편인 것 같다.

오후 5시에 사무실을 출발하여 청계천 입구에 있는 한미리 한식당으로 갔다. 오늘 모임은 경자년 한 해를 보내며 5도 지사들과 공식적으로 저녁 식사를 하는 자리로 마련하였다. 저녁 모임에는 함북지사께서도 참석하여 주셨다. 그동안 이틀간 산행을 하다가 오후에 서울로 올라오셨다고 한다. 식사를 하면서 금년도 위원회 활동에 대해서 이야기를 나누었다.

📝 평양감사 1054일 I

코로나 사태로 인하여 활동이 많이 취소되었지만 위원장의 주도하에 열심히 활동하여 많은 성과가 있었다는 좋은 평가를 하여 주어 고맙게 생각하였다. 5도 지사들께서 뜻을 같이하여 주셨고 힘을 보태주어 그런대로 평균 수준의 업적평가는 받을 수 있지 않겠나 생각된다고 말하며 감사를 표하였다.

2020년 12월 9일 수요일 날씨: 맑고 추웠음

아침 출근 시간에 흥사단 박만규 이사장님의 도산 강좌를 유튜브로 시청하였다. 12월 3일에 도산공원에 있는 도산 안창호 기념관에서 제15회 도산 강좌에서 강연을 한 영상교육이었다. 차분한 음성으로 조리 있게 도산 선생의 일생과 독립투쟁 방략 그리고 신민회를 조직한 것이 임시정부의 정신적인 뿌리라는 말씀에 신민회의 역할이 우리나라 독립운동사에 큰 역할을 했다는 사실을 새삼 인식하게 되었다. 이어 상해 임시정부가 대한민국의 법통을 이루었으며 임시정부 초기부터 민주공화제를 채택했다는데 큰 의의가 있다고 했다. 특히 상해 임시정부 수립 시에 민족지도자들 간의 반목과 대립이 극심할 때 민족지도자들 간에 임정의 체제와 향후 독립국가의 정체와 국체를 자유민주주의 국가로 합의를 이루었다는 점이 대단한 일이라 생각했다.

국권 회복을 위한 독립운동사에서 있어서 민족의 큰 지지도자 세분- 우남 이승만, 백범 김구, 도산 안창호는 모두 이북출신으로서 서로 독립투쟁의 방략은 달랐으나 민주공화제를 향후 독립국가의 체제로 하는 데에는 일치된 의견을 가졌다는 점과 대한민국건국에 큰 중심을 잡아주셨다는 데에 대해서는 이견의 여지가 없다. 강의 내용이 좋고 이해하기도 좋아 이북도민 관련 카톡방과 밴드에 공유하였다.

오전 11시에 평양검무 보유자들인 정순임 선생과 임영순 선생이 함께 방문하여 현안문제에 대해서 이야기를 나눴다. 먼저 우선 해야 될 것은 총회 개최를 위한 회원 확정이 우선 되어야 할 것 같아 회원입회 자격과 관리 문제에 대한 기본 조건에 대해 합의하였다. 신규로 회원가입을 받고 회원 수가 확정되면 총회를 개최하여 양 보유자 간에 합의한 새로운 정관을 확정하고 새로운 이사장체제로 평양검무회 단체를 출범하는 것으로 합의하였다.

오후 2시경에 덕천군 명예군수가 방문하여 그간 군정 업무에 대한 보고를 받았다. 코로나 확진 사태로 별도 군정업무나 군민회 행사계획은 전면 취소되는 것으로 말하였다. 현 면장 중에 한 분이 사의를 표명하여 새로운 면장으로 교체하겠다고 하여 그렇게 하기로 결정했다.

2020년 12월 10일 목요일 날씨: 맑고 약간 추었음

오전 10시에 일천만이산가족위원회 주관하여 어려운 이북도민과 북한이탈주민들에게 보내줄 김장 나눠주기 행사가 도청 입구 앞마당에서 거행되었다. 코로나 사태로 인하여 작년과 같이 많은 김장담그기 봉사자가 참여하지 못한 채 외부에서 김장을 담가가지고 500여 박스를 쌓아 놓은 상태에서 전달식만 거행하였다. 그래도 자원봉사자들과 후원자가 많아서 예년 수준량의 김장을 담아 필요한 분들에게 나누어 준다고 한다. 행사를 주관한 장만순 일천만이산가족 이사장에게 수고가 많았다는 인사말과 함께 행사에 참여한 모든 분에게 감사의 말씀을 드렸다.

점심은 평남도청 직원들과 한우마을에 가서 갈비탕으로 먹었다. 오후 2시에는 위원회 회의실에서 이북도민 새마을 유공자들에게 대한 표창 수여식이 있었다. 대통령표창, 국무총리, 행정안전부 장관상 등 4명에 대한 상을 위원장인 내가 수여하였다. 총 수상자가 15명이었다. 수상식이 끝난 후에 축하 인사말과 함께 생명과 지구환경보전 운동을 새마을운동의 새로운 활동 방향으로 설정한 것에 대한 의미에 대해서 이야기하고 함께 생각하는 시간을 가졌다. 생명운동에 보탬이 되라고 조금이지만 격려금을 주었다. 이북도민새마을회장과 평남 수상자 다섯 분을 내 사무실에 모시고 차를 대접하고 축하를 하여 주었다.

📖 평양감사 1054일 I

　오후 3시쯤에 이북도민중앙연합회 사무국장이 내 사무실로 찾아왔다. 점심시간에 차를 함께 마시며 시간 나면 나한테 잠시 왔다 갔으면 좋겠다고 하였더니 급한 일정을 마치고 잠깐 들렸다고 한다. 한 해가 가면서 연합회 측과 불편한 관계를 정리할 겸 나의 심경에 대해서 이야기 하였다. 특히 최근에 나를 국민권익위원회에 제소한 건에 대해서는 무리한 처사가 아닌가 하고 내 의견을 말하였다. 본인도 그런 생각이었으나 일부 강성 회장들 몇 분이 분위기를 주도하게 되어 부득이 제소하게 되었다고 말하였다. 연합회장님께서는 끝까지 반대의견을 내셨으나 두서너 분이 연합회장의 명의로 제소하여 어쩔 도리가 없었다고 하였다. 그래서 내가 지난 8. 31일경에 연합회 측에 답변서를 보낸 내용을 일독하라고 보여주고 나의 입장과 의견에 대해서 연합회장님께 잘 전달하도록 이야기하였다.

2020년 12월 11일 금요일 날씨: 맑고 추웠음
　이북5도위원회 총무과장으로부터 국민권익위원회부터 접수된 공문을 평안남도 사무국장에게 전달하였던 것 같다. 도 사무국장이 전달받은 공문을 아침에 갖고 와서 나한테 보고하였다. 내용을 검토한바 별문제는 없는 것으로 판단되었다. 같은 건으로 이북오도신문을 연합회가 제소한 건에 대해서는 이북오도민신문의 보도행위와 내용이 언론기관으로서 별 문제 없는 것으로 판단하였고 다만 표현상의 문제점이 다소 있어 이에 대해서는 지면을 통해 연합회 측에 사과의 뜻을 나타내면 된다는 정도의 판결문이었다. 양측의 입장을 모두 고려한 현명한 판단이었다고 생각한다. 그런 상황에서 나와 관련된 이북도민중앙연합회 측의 제소내용이 이북오도민신문 건과 거의 동일한 내용이므로 이미 이북오도민 신문 측에서 지면을 통하여 연합회 측에 사과를 표명하였으니 이북도민중앙연합회 측의 명예가 회복된 것으로 본다는 취지의 답변이었다. 결국 제소할 건도 되지 않는 것을 홧김에 제소한 모양새가 되었다. 주위에서는 차제에 연합회를 상대로 명예훼손혐의로 고소하여 바로 잡아야하다는 강경한 의견도 있었다. 그러나 연합회 측에서도 무리한 주장임을 알았을 터이니 그것으로 족하다. 작용은 반작용을 낳기 마련이다. 점심은 모처럼 이 비서와 평북지사 비서와 같이 평창의 봄에 가서 파스타로 먹었다.

오후 2시에는 평남 명예 읍·면·동장을 대상으로 한 영상교육을 하였다. 영상 교육내용은 명예 시장군수들에게 한 내용과 거의 같은 내용으로 이북5도위원회에 대한 이해와 읍.면.동장들의 자세와 자질에 대한 내 나름대로의 생각을 정리하여 강의하였다. 강의 말미에 이북도민으로서 꼭 알아두어야 할 우리나라의 공식적인 통일방안에 대한 내용에 대해서 요점만 설명을 하였다.

2020년 12월 12일 토요일 날씨: 맑음

집사람과 양재동 하나로마트에 우선 들려 돋보기안경을 하나 더 맞췄다. 아내가 사용하고 있는 안경이 높은 도수이어서 구태여 새로 도수를 높일 필요가 없다고 하여 새로 돋보기 안경을 갈지는 않았다. 하나 마트 안경점을 나와 자동차 수리센터로 갔다. 내가 10여 년 단골로 다니는 최 사장 자동차 수리센터이다. 주로 외국산 차만 전문으로 수리하는 곳이다. 어제 퇴근길에 갑자기 이상한 신호가 나타나 카센터에 들러 체크 해보니 타이어 공기압에 이상이 있어서 그런 표시등이 켜진 것이라고 해서 다소 안심이 되었다. 오늘 타이어 공기압도 조정하고 앞범퍼 오른쪽에 들어간 부분도 좀 손 봐 달라고 하려고 수리센터로 갔다. 한 20분 만에 수리를 마쳤다. 공기압을 맞추고 앞범퍼 들어간 부분을 정상적인 모양으로 고쳐놓았다. 수리비는 무료라고 해서 대신 자선 통에 돈을 좀 넣어 주었다.

양재동 하나로마트 안경점에 돋보기를 하나 추가로 제작해 달라한 것을 찾으러 갔다. 마트에 들른 김에 일주일 먹을 부식을 거리를 좀 샀다. 낮 12시 40분쯤에 현서네 집에 도착하여 박 서방이 그제 평택에 갔다가

평양감사 1054일 I

사가지고 왔다는 평택 부대찌개를 끓여 점심을 같이 먹었다. 옛날부터 부대찌개 하면 의정부 부대찌개였는데 미군부대가 의정부에서 평택으로 이전한 이후로는 평택부대찌개가 더 알려져 있다고 하다. 6, 70년대에 겨울철이 되면 알고 지내는 분이 의정부 미군부대 근처에 사셨는데 그분이 해마다 쇼팅이라는 튀김용 버터 같은 기름을 한 통씩을 보내오곤 하였다. 그것으로 흰 쌀밥에 샘표 간장을 한두 숟가락 넣고 비벼서 먹으면 고소하게 맛있게 먹였던 기억이 새롭다. 집사람이 불량식품과 몸에 해롭다고 생각되는 음식은 일체 해 먹거나 밖에서도 사 먹지를 않기 때문에 부대찌개를 거의 먹어 본 적이 없었다. 오랜만에 먹는 부대찌개 맛이 괜찮았다.

2020년 12월 13일 일요일 날씨: 흐리고 눈이 옴

아침 일찍 일어나 뒷산에 올랐다. 눈발이 내리는 것 같았다. 8부 능선 쉼터까지 오르니 눈이 제법 쌓였다. 크게 숨을 몇 번 들이쉬고 몸을 좀 풀다가 천천히 내려왔다. 오늘따라 등산 스틱을 가지고 가서 내려갈 때 좀 수월했다. 등산 스틱이 없었더라면 가파른 산길에서 몇 번이나 넘어졌을 것이다. 우리 마을에 청계산 국사봉 올라가는 초입에서 5백 미터쯤 올라가다 보면 오래된 오동나무가 한 그루가 있다. 2백 년을 족히 되었을 나무다. 이 오동나무 있는 곳까지는 등산길이 완만하여 아침 일찍 일어나 운동 삼아 천천히 걷기가 좋다. 나는 매일 아침 일어나 등산로 입구에서 이곳까지 서너 번씩 왔다 갔다 한다. 서너 번 걷고 나면 대략 3, 4천 보쯤 된다. 등산길이라기보다는 오솔길이라고 할 정도로 걷기에 편안한 곳이다. 좌우로 울창하게 나무가 우거져 여름 한나절에도 시원한 바람을 맞으며 사색하며 걷기에 좋은 곳이기도 하다.

지난여름 장마철에 엄청나게 폭우가 내린 적이 있었다. 며칠 후에 올라가 보니 오동나무 근처 오솔길이 20여 미터쯤 깊게 패어있었다. 마침 등산을 하고 내려오는 허 사장이 주먹만한 돌 서너 개를 들고 패인 곳에

4. 2020년 도정일지

넣고 있었다. 허 사장은 내가 산에 오를 대마다 자주 만나는 사람이다. 허 사장의 생각이 너무 아름답고 존경스러워 나도 매일 아침 이곳에 오를 때마다 돌을 넣어 패인 오솔길을 메워 보수해야겠다고 생각했다. 지난 4개월 동안 거의 하루도 빠지지 않고 오르내리며 돌을 날라 메웠다. 처음에는 두 손으로 한 개씩 집어 나른 던 것이 요령이 생기다 보니 등산배낭에 돌을 가득 넣고 지어 날랐다. 한 번에 주먹만한 돌 20여 개씩 하루에 두세 번씩 나르다 보니 120 여일 동안 무려 5천여 개쯤 돌을 날라 패인 곳을 메운 것 같다. 지난주에 돌을 다 메우고 삽을 갖고 가 흙으로 덮고 다져서 폭우에 패인 등산로 보수작업을 완료했다. 완공하고 나니 너무 뿌듯했다. 보수된 오솔길을 보며 남다른 감회에 젖어 다음과 같은 글을 가까운 친지들에게 카톡으로 보냈다.

우리 집 뒷산이 청계산 서쪽 끝자락이 국사봉입니다. 매일 아침에 일어나면 국사봉 길을 오르내립니다. 등산길 초입에서 한 500미터쯤 올라가면 2백 년쯤 되는 오동나무가 한 그루 있습니다. 그곳까지 매일 아침 세 번씩 갔다 왔다 합니다. 한 10년쯤 걷다 보니 평탄한 오솔길이라 휴일 오후엔 눈을 지긋이 감고 걷기도 합니다.

〈120여일 동안 돌 5천여 개를 날라 1m×10m×60cm 정도 패인 등산길을 보수〉

지난여름 폭우에 목표지점인 오동나무 부근 등산로가 깊이 파였습니다. 길이 10미터, 폭 1미터, 깊이는 60센티쯤 패이다 보니 등산객들이 불편하기도 하고 위험하여 오르내리며 돌을 하나 둘씩 집어넣기 시작했습니다. 지난 8월 초부터 시작해서 드디어 오늘 파인 곳을 돌로 채우고 흙으로 덮어 등산길을 복구했습니다. 120 여일 동안 코로나로 바깥출입을 못 했던 일주일 제외하곤 거의 매일 돌을 주워 날랐습니다. 요령이 생기다 보니 시작한 지 3주쯤부터는 등산배낭 속에 돌을 담아 날랐습니다. 주먹만한 크기의 돌 한 5천 개쯤 날라다 넣은 것 같습니다. 기분 참 좋아요. 뿌듯하고 보람을 느껴요. 착한 일 소리 소문이 없이 해야 되는데 제가 아직 수양이 덜 되어 자꾸 자랑하고 싶어 지더라구요. 남을 위한 선한 일, 이렇게 좋은지 몰랐습니다.

해림이와 도연이가 부산에 갔다가 오늘 1시 10분경에 수서역에 도착한다고 하였다. 내가 마중을 나가려고 했더니 박 서방이 대신 다녀오겠다고 하여 우린 현서네 집으로 가서 기다리기로 했다. 해림이와 도연이가 오면 김밥으로 점심을 같이하려고 김밥 만들 재료를 집에서 준비해 가지고 갔다. 현서 집에 도착하니 박 서방이 제인이 데리고 수서역으로 해림이네 마중 나가려고 막 집을 나서는 참이었다. 집사람과 현서가 김밥을 만들어 나는 모처럼 제윤이를 보았다. 오후 2시쯤에 해림이와 도연이가 현서네 집으로 왔다. 김밥과 부대찌개 좀 남았던 것으로 점심을 같이했다.

도연이가 첫눈이 오는 날이라 바깥에 나가고 싶어하는 것 같아서 함께 밖으로 나갔다. 서너 곳에 눈사람이 만들어져 있었다. 나랑 도연이랑 눈사람을 같이 만들기로 했다. 눈사람을 만들어 제인이한테 보여주겠다고 하여 머리와 몸통 두 부분을 도연이랑 함께 만들어 제인이를 보여주었다. 처음에는 이상하게 보더니 나중에는 즐겁게 보고 만지기도 하였다. 팔과 눈 그리고 코도 만들고 모자도 씌워 제법 사람 모습을 내어서 제인이와 함께 사진도 찍었다. 도연이 세 살 때쯤에 운중동 우리 집에서 함께 살

때도 도연이랑 눈사람을 만들고 즐거워했던 기억이 난다. 세월이 참 빠르다는 느낌이 든다.

2020년 12월 14일 월요일 날씨: 추웠음

오전 11시 30분에 평남 행정자문위원회 회의가 북악정에서 개최되었다. 열다섯 분의 행정자문위원 중에서 여섯 분이 불참하고 김건철 행정자문위원장을 비롯하여 최고 원로이신 송경복 위원도 참석하였다. 그동안 코로나 사태로 행정자문위원회 회의를 제대로 하지 못하였다. 이번까지 올해 자문 회의는 3회 정도 한 것 같다. 대면 활동이 거의 불가능한 가운데에도 비대면 활동 방식으로 도정업무를 차질 없이 수행해 왔음을 보고하였고 특히 평남을 빛낸 인물 60인 선정업무를 성공적으로 마쳤고 평양출신 홍범도 장군의 봉오동·청산리 전투 100주년 기념사진전과 기념사진 도록 제작에 대해서 설명드렸다. 위원님들께 사진도록 한 권씩을 내가 직접 서명하여 드렸다. 연말 선물로 찹쌀떡을 한 팩씩 드렸다.

오늘 점심 식사 값은 김건철 위원장께서 부담하여 주셨다. 자주 식대를 부담해주셔서 여간 감사하지 않다. 항상 하나님께 감사하며 봉사와 기부를 즐거운 마음으로 하신다고 말씀하시며 평남의 큰 어른으로서 후배들에게 귀감이 되고 계신 분이시다. 오늘 말씀 중에 사랑, 봉사, 그리고 교만하지 말고 겸손하라는 말씀을 항상 가슴 깊이 새겨 도지사 업무를 성실하게 수행해나가기로 하였다.

오후 2시에는 덕천군 임광식 면장의 명예면장 위촉식이 있었다. 임 면장은 안양에 거주하여 작년에 경기지역 연말모임에서도 본 기억이 있는 사람이다. 인상도 좋고 성실하게 사업도 잘하는 젊은이라 면장업무는 물론 군민회와 도민회 발전에 기여할 것으로 기대되었다.

오후 3시 30분쯤에 중화군 명예군수, 안주군 명예군수, 강서군 명예군수가 와서 군수 모임을 가졌다. 오후 4시 30분경에는 평남 대표시장 군수와 총무 군수가 방문하여 약식으로 군정 회의를 하였다. 2020년 경자년을 보내며 이북5도위원회 사무국 직원들에게 보내는 감사의 송년 인사말을 작성하여 강대석 실장에게 주었다. 각 개인 인터넷망에 올리도록 하였다.

2020년 12월 15일 화요일 날씨: 맑고 추웠음

이북5도위원회 주간회의가 있었다. 이제 앞으로 주간회의도 2회밖에 남지 않았다. 다음 주에 연말까지 결정할 주요안건 사항을 점검하여 처리하기로 하였다. 점심은 행복집으로 가서 한정길 지사가 내었다.

오후에는 7명의 명예 시장군수들이 개별적으로 방문하여 군정보고회를 가졌다. 윤종인 주임보고 금비에 가서 주문한 화장품을 가져오도록 하였고 오는 길에 무림제지에 들러 2021년 달력 10부를 받아오게 하였다. 저녁 5시 30분에는 곰솔에서 이북도민 아카데미회원 여섯 분과 송년회 겸 저녁 식사를 함께하며 아카데미 활동 방향에 대해 의견을 나누었다. 내년도에는 이북도민 통일문제 연구소를 사단법인 형태로 출범하는 문제도 협의하였다.

2020년 12월 16일 수요일 날씨: 맑고 추웠음 체감온도가 영하 10도라 함

홍보계장이 작성해온 필라델피아 이북도민회에서 발간할 예정인 '망향'지 발간사를 검토하여 일부 수정하여 이은주 비서에게 주며 필라델피아 이북도민 연합회장인 이 헬렌 회장께 이메일로 보내도록 하였다. 점심은 이북5도위원회 기자단들과 이찬복 횟집에서 점심을 같이했다. 그동안 위원회 활동 사항에 대해 관심 있게 협조해주신 것에 대해서 감사 인사를 하였다.

오후 3시 30분쯤에 유지숙 선생이 임흥수 한국전통음악이사장을 모시고 사무실에 들려 함께 이야기를 나누었다. 저녁 5시에 양재동에 있는 배나무골에서 한미지오텍건설 임직원들과 송년회 겸 저녁을 함께했다. 필라델피아 이북도민 회지인 '망향'지 발간 축하 겸 신년인사 글을 보냈다.

['망향지' 발간 축하 겸 신년인사 글]

존경하는 필라델피아 이북도민 여러분!

평안남도지사 겸 이북5도위원회위원장 이명우입니다.

이렇게 '망향지'를 통해서나마 인사를 드리게 되어 기쁘게 생각합니다. 먼저 필라델피아 이북5도민 연합회의 2020년 '망향' 잡지 발행을 진심으로 축하드립니다. 정든 고향과 조국을 떠나 많은 시련과 역경을 딛고 미국 사회에 굳건하게 뿌리를 내리신 국외 이북도민 여러분께 존경과 경의를 표합니다. 특히 이북도민 교민사회를 위하여 헌신하시며 도민들의 화합과 결속을 굳건히 지켜, 오늘의 이북도민 사회를 일구어내신 필라델피아 이 헬렌 이북5도민 연합회 회장님과 관계자 여러분의 업적과 노고에 깊은 감사와 경의를 표합니다.

그동안 고국과 멀리 떨어진 미국 땅에 정착하여 한국인의 근면성과 우수성을 발휘하고 민간 외교관으로서의 역할도 충실히 수행하시며 조국과 고향에 대한 깊은 사랑과 애향심으로 도민사회 발전을 위해 활동해 오신 필라델피아 이북도민 여러분들은 국내·외 이북도민 모두의 귀감이 될 것입니다.

올해는 코로나 19 바이러스 여파로 국외 이북도민 여러분을 만나 직접 찾아가 뵙지도 못했으며 해마다 5월이면 100여 분의 국외 이북도민 초청행사도 취소할 수밖에 없어 아쉬움이 매우 컸습니다. 여러분들 또한 저와 같은 마음일 것이라 생각합니다. 지난 10월에 늦게나마 3개국 7개 지역 대상으로 아홉 분의 국외 이북도민 대표님들과 비대면 영상회의로나마 아쉬운 마음을 대신하였습니다. 내년도에는 코로나 사태가 진정되어 여러분들을 고국으로 초대할 수 있기를 기대합니다.

존경하는 필라델피아 이북도민 여러분!

우리 이북도민은 어느 누구보다도 대한민국이 자유민주주의로 평화적인 통일이 이루어지기를 열망하고 있습니다. 그런 염원이 하루빨리 실현되어 꿈에도 그리던 고향 땅을 방문하는 것이 우리의 소망일 것입니다. 그간 긍정적으로 진전해오던 남북관계가 교착상태에 머물러 조국

통일의 날과 고향 땅을 향하는 발걸음이 다소 더뎌지는 느낌입니다.

이런 때일수록 남과 북을 잇는 연결고리로서 우리 해외에 계신 이북도민사회의 역할이 더욱 중요할 것입니다. 올 한 해는 세계적인 '코로나 19 팬데믹' 사태로 국내는 물론 해외 이북도민사회도 많은 어려움을 겪고 계시리라 생각합니다. 그러나 이러한 때 일수록 우리 한민족의 불굴의 정신과 이북도민들의 강한 생존력과 애국, 애향심이 모든 어려움을 극복할 수 있을 것으로 확신합니다.

다사다난했던 경자년 올해도 이제 서서히 역사의 뒤안길로 사라지고 있습니다. 새로 맞이하는 신축년 새해에는 여러분의 가정에 건강과 하나님의 축복이 가득한 희망의 한 해가 되기를 진심으로 축원합니다. 다시 한번 어려운 여건 속에서도 '망향' 잡지 발행을 위해 노력해 오신 필라델피아 이북5도민 연합회 이 헬렌 회장님을 비롯한 관계 임원 여러분의 노고에 감사와 경의를 표하며, 필라델피아 이북5도민 연합회의 무궁한 발전을 기원합니다. 감사합니다.

2020년 12월 17일 목요일 날씨: 맑고 추웠음. 체감온도가 낮았음

오전 11시에 평남산악회 송년 모임이 이북5도청 3층 황해도 회의실에서 열렸다. 도민회 회장과 산악회장 등 산악회 회원 30여 명이 참석하였다. 도민회 회장의 인사말에 이어 나도 올 한 해를 회고하며 덕담 겸 인사를 하였다. 올 한해 코로나 사태로 제대로 산악회 모임을 못 한 것이 아쉬웠으나 내년에는 코로나 사태가 진정되기를 바라며 정기적인 산행을 할 수 있기를 바란다고 말했다. 점심은 산악회 회원들과 삼각산 식당에 가서 함께 했다.

[통일미술대전 국무총리상 수상자 양덕군 이보경 님과 함께]

오후 3시 제13회 통일 미술대전에서 평남 출신 수상자들에 대한 수상식을 거행하였다. 위원회 사무실에서 도 사무국 주관으로 수상자들에게 수여식을 하였다. 올해 대상에는 평남 양덕 출신 이보경님이 국무총리상을 수상하였다. 이보경 수상자는 양덕군민회 윤종관 회장님의 부인이다. 내 고향 양덕군의 자랑이다.

양덕군 명예군수가 지사 사무실로 와 간략하게 양덕군 군정보고회를 가졌다. 오후 6시에 마포에 있는 이찬복 참치집에서 위원회 국장과 정주환 과장 그리고 김승희 과장이랑 저녁을 함께하였다. 송년회 겸 김승희 과장이 경기도로 전출하게 되어 전별식도 겸하는 저녁 모임이 되었다. 1년 동안 노경달 국장을 비롯하여 두 과장이 열심히 도와주어 위원장의 직분을 대과 없이 잘 마친 것 같다. 성심성의껏 도와준 것에 대해 노고를 치하하고 감사의 말을 전했다. 김승희 과장이 1년 만에 전출하게 되어 서운한 감이 있었으나 본인의 경력 관리상 도움이 된다고 하니 축하를 하여 주었다. 연말 송별 모임이라 간단한 선물을 준비하여 위원회 사무국장과 총무과장과 지원과장에게 주었다.

2020년 12월 18일 금요일 날씨: 아침엔 추웠으나 낮이 되어 조금 풀렸다.

아침 11시에 청사 앞마당에서 평안남도 중앙도민회가 주최하고 평남 중앙청년회가 주관하는 사랑의 정 나누기 행사가 거행됐다. 코로나 사태로 30여 명 정도만 참석하였다. 전승덕 회장을 비롯한 평남중앙도민회 임원진과 사무국 직원 그리고 평남중앙청년회 회장대행과 명예회장 등 각 시군 청년회 대표들이 참석하였다. 전승덕 회장의 인사말에 이어 나도 사랑의 정 나누기와 같은 참사랑의 실천을 우리 도민회가 보여주는 것에 대해 치하하고 어려운 이북도민들에게 따뜻한 우리들의 정이 전달되기를 희망한다고 하였다. 올해는 예년보다 기부금이 많이 모금되어 좀 여유 있게 선물인 쌀을 준비했다고 한다. 각 시군민회가 선정한 가정에 청년회 회원들이 직접 전달하기로 했다. 식이 끝난 후에 한우향기 식당에 가서 갈비탕으로 점심식사를 같이했다.

2020년 12월 19일 토요일 날씨: 아주 추웠음

출근하지 않는 날이어서 그런지 나도 모르게 좀 늦게 일어났다. 매주 토요일이나 일요일 중에 하루는 뒷산 국사봉 정상까지 오르기로 했는데 아무래도 오늘은 운중천을 걷는 것으로 해야겠다. 현서네가 지홍이네 사촌 조카의 돌잔치라고 해서 제윤이를 보러 집사람과 같이 갔다. 현서네가 제인이를 데리고 돌찬지에 나가고 조금 있다가 해림이와 도연이가 왔다. 한두 주 보지 않는 사이에 도연이가 훌쩍 큰 것 같다. 어느 사이 할머니 키를 따라잡았다. 도연이네랑 떡국을 끓여서 점심을 먹었다. 점심을 먹고 좀 쉬다가 현서네가 오후 4시쯤이나 되어야 온다고 하여 나는 운중천을 걷기로 했다. 오후라 날씨가 좀 풀려서 그런지 운중천 변을 걷는 사람들이 꽤 많았다. 널더리 다리 바로 직전까지 걸어갔다 왔다. 현서네 집으로 오니 해림이와 도연이가 집으로 가려고 엘리베이터를 기다리고 있었다. 도연이에게 잘 가라고 하고 집으로 들어갔다.

현서네도 돌잔치에 갔다가 와서 우리 내외는 조금 있다가 집으로 돌아왔다. 저녁은 간단히 나가사끼 짬뽕을 끓여서 먹었다.

2020년 12월 20일 일요일 날씨: 아주 추웠음

아침에 약 5천 보쯤 걸었다. 아침을 먹고 집사람과 오리역 하나로마트에 가서 일주일 먹을 것을 샀다. 집으로 가는 길에 총각네 가게에 들러 필요한 야채와 바나나를 샀다. 집에 와서 나까사끼 짬뽕을 끓여 점심으로 먹었다.

연합회 측에 보내려고 작성한 회신문을 김 서방 보고 한 번 검토해보라고 했는데 전화가 왔다. 내가 개인적으로 보낸 것으로 하는 경우 문제가 있을 수 있고 내용상 잘못을 인정하는 듯한 내용이 있어 회신을 별도로 하지 않는 것이 좋겠다는 의견이다. 국민권익위원회의 통보문 자체가 이북5도위원회나 이북5도위원장인 나에게 특별한 조치를 요청한 내용이 아니고 단순히 제소하였다는 사실에 대한 통보이고 업무에 참조하고 적의 조치하라는 내용이므로 별도의 조치를 하지 않는 것이 좋겠다는 의견이다. 특히 국민권익위원회의 공문이 이북5도위원회 앞으로 온 것이기 때문에 내가 개인적으로 답신하는 것은 나중에 문제가 있을 수 있다는 의견이다. 김 서방 말대로 이북도민중앙연합회 측에 내 개인 명의로나 이북5도위원회 명의로 별도의 회신이나 액션을 취하지 않기로 했다.

2020년 12월 21일 월요일 날씨: 아침에는 추웠고 낮에는 좀 풀렸다

오늘은 동지라고 한다. 절기상으로는 24절기 중에 마지막 절기에 속하는 날이다. 올해는 애동지라고 한다. 애동지에는 팥죽을 쑤어 먹지 않고 대신 팥떡을 먹는다고 한다. 귀신과 잡귀들이 제일 무서워하는 색갈이 붉은색이라 예부터 동짓날에는 팥죽이나 팥떡을 먹었다고 한다. 오전에는 개천군 명예군수와 강동군 명예군수한테 전화를 걸어 유선상으로 군정회의를 하였다. 한 해 군정업무에 노고를 치하하고 희망찬 새해를 맞이하라는 덕담을 하였다. 오전 11시쯤에 맹산군 명예군수가 방문하여 군정보고회의를 했다.

　오늘 점심은 이북5도 비서실장과 비서들과 함께 점심식사를 했다. 며칠 전에 평북지사께서 한 번 비서진들과 함께 식사를 했으면 좋겠다고 하여 오늘로 정하고 평창의 봄 파스타집에서 파스타와 갈비구이 그리고 피자를 시켜서 즐겁게 식사를 했다. 마침 평북지사 비서가 다른 곳으로 이직을 한다고 하여 송별식도 겸하였다.

　오후 3시경에 새마을 이북도민연합회 조성원 회장과 임원들이 방문하여 차를 마시며 그간의 활동상황에 대한 이야기를 들었다. 내년도에도 환경살리기운동에 중점을 두어 열심히 일하겠다는 포부를 밝혔다. 나에게 생명운동을 위한 환경보호 운동에 동참해줄 것을 요청하며 찬조를 부탁하였다. 적은 금액이라도 찬조하겠다고 말하였다.

　오후 3시 30분경에 용강군 박상철 명예군수가 방문하였다. 일 년 동안 주요 군정 행사에 대한 보고를 받고 내년에도 함께 열심히 도정과 군정을 협력하여 일하자고 부탁하였다. 매사 열정적이고 자기 일에 충실히 하는 자세가 좋게 보였다. 내년에도 함께 열심히 일해보자고 말했다. 참 긍정적인 사고에 일에 열정을 다하는 모습이 좋게 느껴졌다. 오후 5시에는 평남 청년부녀회 회장단들과 행복집에서 저녁을 같이하며 격려해주었다. 격려금으로 금일봉을 주었다.

2020년 12월 22일 화요일 날씨: 맑고 약간 추웠음

　오늘 이북5도위원회는 특별한 안건이 없어 지사님들과 차담회만 하였다. 차담회에서는 오늘 박지원 국정원장의 초대로 국정원을 방문하여 국정원장과 간담회를 할 때 북한 이탈주민 관리업무를 통일부에서 이북5도위원회에서 담당하는 방안에 대해 의견을 나누기로 했다. 마침 오늘 나는 남북하나재단 이사회에 참석하기로 되어있어 오전 11시에 국가정보원 방문하기로 된 일정에 참여하지 못했다. 국정원장의 초청에 함께 갈 수 없는 입장이어서 좀 아쉬웠다. 국정원장과의 미팅에서 이북5도위원회의 숙원 사항인 북한 이탈주민 관리를 현재 통일부로 되어있는 것을 행안부로 이관하여 우리 이북5도위원회가 담당하는 것이 효율적이고 현재 탈북민의 숫자도 3만 5천 명 정도가 되어 많은 인원을 효율적으로 관리하기 위해서도 이제는 이북5도위원회가 전담할 때가 되었다는 논리로 설명하기로 하였다.

오전 11시에 남북하나재단에 도착하여 남북하나재단 이사회에 참석하였다. 이번에 새로 대한적십자가 사무총장이 바뀌면서 새로 이사가 되신 분이 나오셨고 오늘이 연말 마지막 이사회이어서인지 통일부 서훈 차관께서도 참석하셨다. 보고 안건 1건과 2021년도 예산안과 관련된 결의안 3건을 심도 있게 토의를 한 후 모두 이의 없이 동의하여 가결 통과시켰다. 이사회가 끝난 후에 내가 이사 퇴임을 하게 되어 남북하나재단 이사장으로부터 감사패를 받고 간단하게나마 이임 인사를 드렸다. 1년 동안 이사회에 참석하여 남북하나재단의 활동과 업무 내용에 대해 이해하는 데 많은 도움이 되었다. 또한 이사분들과도 가까이 대화를 나눌 수 있게 되어 나로서는 보람이 있는 활동을 하였다고 생각되었다.

이북5도위원장은 남북하나재단 이사회의 당연직 이사로 되어있어서 위원장으로 있는 1년 동안 이사직을 수행하기로 되어있다. 코로나 사태로 식당에서 식사를 하지 못하고 특별히 준비한 도시락을 먹기로 하였다고 하여 나는 다음 약속도 있고 해서 주는 도시락을 갖고 먼저 자리를 떴다.

하나재단에서 곧바로 하림각으로 갔다. 오늘 평남 중앙도민회 고문단 송년 모임이 있는 날이라 꼭 참석하여야 할 자리여서 서둘러 하림각으로 왔다. 낮 12시 30분쯤에 도착하였는데 간단히 개회식을 마친 것 같고 점심식사를 막 시작하는 중이었다. 늦게 참석해서 죄송하다는 인사 말씀을 드리고 함께 식사를 하며 연말연시를 잘 보내시라고 덕담을 나누었다.

오후 3시 30분경에 3, 4세를 대상으로 한 제13회 통일 그림 및 글짓기 대회 수상자에 대한 수상식을 하였다. 그림 부분에서 특상을 한 학생은 정중렬 지사님의 손녀딸이라 더욱 의미가 있었다. 오후 5시에 이북5도 해병전우회 회장단들과 저녁을 함께 하였다. 연말 송년회 겸 그동안의 노고를 치하하고 앞으로도 각종 도민 행사 시 질서유지 봉사 등 전우회의 역할을 잘 해줄 것을 부탁하였다.

2020년 12월 23일 수요일 날씨: 흐림 어제보다는 날씨가 풀렸음

오늘 점심은 해림이네 집에 가서 먹기로 하였다. 해림이가 월남식 식사를 준비하였다고 하여 같이 먹기로 하였다. 집에서 주문해서 먹는 것도 편하고 맛도 있었다. 월남 쌀국수와 월남식 요리 한 두 가지를 추가로 시켜서 잘 먹었다. 점심을 먹고 후식으로 케익과 차를 마신 후에 집으로 오는 길에 하나로마트에 들러 우유와 필요한 것 한두 가지를 사서 집으로 왔다. 집에 와서 평남을 빛낸 인물 내용에 대한 수정작업을 하였다. 저녁에는 현서네 집으로 가서 집사람이 준비한 닭도리탕으로 저녁을 함께하였다.

2020년 12월 24일 목요일 날씨: 추움

해림이네 집에 전해줄 것 전해주고 집사람을 현서네 집으로 내려다 주고 나는 집으로 왔다. 평남을 빛낸 인물에 대한 원고 수정작업을 계속하였다. 평남을 빛낸 인물 초고본은 주로 인터넷을 검색하여 작성된 내용이라 너무 형식적이고 무미건조하였다. 좀 더 고향의 인물답게 인간적인 면을 좀 부각했으면 하는 생각이 들어 여기저기 자료들을 찾아 내용을 보완하고 있다. 성탄절 연휴 동안에는 완성해 보려고 한다. 오늘은 열 분 정도 자료를 정리하였다. 현서가 대방어 횟집으로 유명하다는 방앗간에 대방어회 한 접시와 야채부침을 주문하였다고 한다. 저녁 8시에 픽업하기로 했다. 현서네 집에 5시 30분쯤에 들러 제인이와 좀 있다가 저녁 8시에 방앗간에 가서 주문한 것을 찾아와 현서네랑 크리스마스이브 특식으로 생각하고 같이 먹었다. 대방어회 맛이 고소하여 먹을 만하였다.

2020년 12월 25일 금요일 날씨: 맑음 아침에 좀 추웠으나 누그러짐

오늘은 크리스마스 날이다. 코로나 사태로 성당에 성탄절 미사도 갈 수 없게 되었다. 그동안 매주 일요일마다 아내와 서판교 성당에 나가곤 하였는데 코로나 확진이 심각한 수준으로 확산이 되면서 성당의 미사와 교회 예배가 자제되면서 우리 부부는 일요일 미사에 참여하지 못했다. 올해 성탄절 분위기는 어디에서도 찾아볼 수 없게 되었다.

오늘 점심은 현서네 집에서 모이기로 하였다. 우리 부부는 오전 11시쯤에 불고기 잰 것을 가지고 갔다. 현서가 대구지리탕을 끓인다고 해서 기대해보았다. 낮 12시쯤에 해림이네가 왔다. 12시 30분경에 모두 한자리에 앉아 대구지리탕과 불고기 그리고 해림이네가 준비한 김밥으로 점심을 함께했다. 대구지리탕을 제법 잘 끓였다. 오후 3시경에 집으로 와서 좀 쉬다가 뒷산으로 올라갔다 왔다. 점심을 많이 먹은 것 같아 저녁은 먹지 않기로 했다.

2020년 12월 26일 토요일 날씨: 맑음

오늘은 아침 일찍이 뒷산을 올라갔다 왔다. 평남을 빛낸 인물 원고 작업을 계속하였다. 연휴 기간 중에 다 완성하려고 하였으나 25분밖에 하지 못하였다. 인터넷 검색자료를 다시 확인하고 그 외 참고 자료도 검색하여 가능한 한, 한분 한분의 생애가 좀 더 정확하고 내용이 충실하게 담겨질 수 있도록 노력하고자 한다.

평남을 빛낸 인물의 생애와 업적을 정리하다 보니 평남이 낳은 인물 중에 민족의 지도자로, 독립운동가로, 건국의 주역으로, 학계와 종교계 그리고 문화예술계에 너무나도 훌륭한 분들이 많은 것에 감사했고 평남인으로 태어난 것에 큰 긍지를 느꼈다. 이분들의 생애를 잘 정리하여 후계세대들에게 인생의 스승으로 삶의 지표로 삼도록 해야겠다는 생각이 절실해졌다. 그런 의미에서 『평남을 빛낸 인물』발간의 의미는 매우 크고 보람있는 일이라고 생각한다.

2020년 12월 28일 월요일 날씨: 맑고 추위가 풀렸음

아침에 출근하자마자 공용인터넷망을 접속하여 결재 문서가 있는지 체크 해보았다. 결재 문서는 없었으나 각종 통보문과 이메일 문서 많아 내용을 대충 훑어보았다. 연휴 동안에 다른 도지사님들이 어떻게 지내셨는지 궁금하고 며칠 뵙지 못하여 한 분 한 분 찾아다니며 인사를 나누었다. 함남지사께서는 휴가를 내셔서 오늘 출근을 하지 않으셨다고 한다. 점심은 이 비서와 한우향기 식당으로 가서 따로국밥으로 먹었다. 국밥 맛이 괜찮았다. 마침 함북지사가 식사를 마치고 나가면서 우리 식사비도 내고 나가셨다.

이인영 통일부 장관께 홍범도 장군 봉오동 청산리 전투 100주년 기념 사진전 도록 한 권을 보내면서 새해 연하장과 인사말을 써서 동봉하여 보내도록 비서실장에게 지시하였다. 서호 차관과 이종주 인도지원국장에게도 보내 드렸다. 전해철 행안부 장관에게도 사진도록과 연하장을 직접 써 등기우편으로 보내드렸다. 평남민보에 2021년도 신년사를 수정해서 보냈다.

조태용 의원께 이범석 장관의 생애와 공적에 대한 원고 내용을 한 번 검토해보시라고 이메일로 보내드렸다. 김영근 기자에게 올 한 해 협조해 준 것에 감사 인사를 했다. 이야기 중에 김영근 기자가 한 해 동안 이북 5도위원장으로서 나의 역할과 업적에 대해서 후한 평가를 해 주었다. 전반적으로 코로나사태에도 불구하고 이북5도위원장으로서 그리고 평남지사로서 지난 일 년간 잘하였다는 말과 함께 이북도민사회에서 그런 평가를 내리는 것 같다는 말을 하여 고맙게 생각했다.

2020년 12월 29일 화요일 날씨: 추웠음

오늘 이북5도위원회 주간 업무회의를 하였다. 내가 위원장이 된 지도 1년이란 세월이 흘렀다. 오늘이 내가 위원장으로서 마지막 회의를 주관하는 날이다. 감회가 새롭다. 만감이 교차되었다. 회의 안건 심의 전에 두 분 선임 지사님들의 조언과 지도에 감사를 드렸다. 함께 취임한 도지사 동기 두 분 지사님들께도 적극적인 협조와 도움을 주어 무사히 위원장직을 수행하게 되었다는 말로 감사를 표하였다.

오늘 심의 안건은 이북5도위원회의 관장업무 중 북한에 대한 조사연구 업무를 담당하는 업무를 기존 이북도민실태조사에 관한 훈령에 포함하여 반영하는 안건이다. 위원회 사무국장의 설명이 있었으나 함남지사가 이러한 건에 대해서는 사전에 지사들에게 알려주고 충분한 검토가 있은 후에 안건으로 상정해주는 것이 좋겠다고 하여 한 지사의 의견에 따르기로 했다.

조사연구업무는 우리 위원회의 관장업무 중에 제1호 업무로 규정되어 있는 매우 중요한 업무임에도 불구하고 그간 예산과 전문조사인력의 부재로 거의 업무 성과를 내지 못했던 부문이다. 해마다 연례행사처럼 언론기관에서 이 문제를 집중적으로 거론하며 제대로 업무를 수행하지 못하면서도 5도 지사들에 대한 인건비는 고액연봉에 비서와 차량 제공 등 차관급 대우를 받는 것은 예산 낭비라는 식으로 언론의 뭇매를 맞곤 했다.

작년에 이어 올해도 SBS에서 메인뉴스 시간에 이북5도위원회가 그 존재 이유를 이해한다고 하여도 제대로 일을 하지 않고 비효율적인 기관이라는 식으로 보도가 되어 참 난감했었다. 이러한 문제를 해결하고 돌파해 나가기 위해서라도 조사연구 업무에 대한 담당 업무를 규정에 명시하여 가능한 일부터 조사연구업무를 할 수 있도록 해야겠다.

나머지 2건은 보고사항으로 이북5도위원회 무형문화재 관련 규정개정과 무형문화재 위원 선정 문제였다. 2021년 1월 1일부터 2년간 무형문화재 위원으로 활동할 12명을 선정하기로 하였다. 우리 평남에서는 기존 두 분 중에 재임하였던 한 분을 제외하고 새로이 두 분을 문화재위원으로 위촉하기로 했다. 한 분은 서울대 국악과를 나온 서한범 단대 명예교수와 나머지 한 분은 한국국악협회 이사장으로 있는 임웅수 선생이다. 두 분 다 모두 이북5도 무형문화재 위원으로서 경력과 실력이 객관적으로 입증되는 분이라 잘 선정된 것 같다.

오늘 점심은 내가 도지사님들을 모시기로 하고 마포에 있는 이찬복 참치집으로 가서 식사를 했다. 점심을 먹고 사무실에 와서 한두 가지 업무를 처리하고 오후 1시 40분쯤에 반 차를 내고 집으로 왔다. 저녁에 현서네 집에 가서 집사람을 픽업하여왔다. 평남을 빛낸 인물 원고작업을 계속하였다.

2020년 12월 30일 수요일 날씨: 추움

오늘은 휴가를 내었다. 집에서 좀 쉬기로 했다. 그동안 무리하게 일을 했는지 감기 기운도 있는 것 같고 몸 컨디션이 별로 좋지가 않았다. 계속해서 평남을 빛낸 인물 작업을 했다. 통일문제에 대한 자료를 수집 통일연구 관련 내용을 체계적으로 정리해 보려고 한다.

2020년 12월 31일 목요일 날씨: 아주 추웠음. 아침 기온이 영하 10도였다

어느덧 올 한 해의 마지막 날이다. 오늘이 이북5도위원장 직을 수행하는 마지막 날이 되었다. 차기 위원장이 될 평북지사에게 내가 계획했던 일 중에 하지 못했던 일을 메모하여 주었다. 마지막 날이라 이북5도위원회 사무실에 들러 직원들에게 그동안 도와주어 감사하다는 인사를 하였다. 이북도민중앙연합회장을 비롯하여 각도 중앙회장님들과 직원들에게도 그동안 협조에 감사드린다는 인사를 하였다.

오늘은 금년 마지막 근무 날이라고 정병욱 국장이 직원들과 함께 점심을 했으면 좋겠다고 하여 평남도 직원들과 북한산 등산로 입구에 있는 산마을이란 음식점에 가서 부두전골로 식사를 했다. 오후 3시에 위원회 사무국 직원 두 명에게 행안부장관상 수여식을 하였다. 오후 3시 30분쯤에 퇴근하였다. 집에 오니 집사람이 현서네 집에 갔는지 안보였다. 저녁 6시쯤에 현서네 집에 가서 박 서방 올 때까지 제인이랑 제윤이랑 보면서 있다가 간단히 저녁을 현서랑 같이 먹고 저녁 7시 30분경에 현서

4. 2020년 도정일지

네 집에서 나왔다. 집에 오다가 떡집에 들러 떡국떡을 두 봉지 사고 GS 마트에 가서 필요한 것 몇 가지 좀 사고 집으로 왔다.

뉴스 좀 보다가 컨디션이 별로 좋지 않아 일찍 잠자리에 들었다. 유트브로 시사 논평 한두 개 보고 잠이 들었다. 올해는 보신각 타종도 하지 않고 송년특집 방송도 별로 없는 것 같다. 해마다 TV에서 방영되는 보신각 타종 소리를 들으며 한 해를 마감하고 새해를 맞이하면서 새로운 희망과 각오를 다지고 했었는데 올해는 코로나 사태로 보신각 타종행사를 하지 않는 것 같다. 작년 연말에는 집사람과 2020년도 시작을 알리는 카운트다운을 지켜보고 보신각 타종 소리를 들으면서 2019년도에 있었던 평남도지사 취임의 감격적인 과정과 순간들을 떠올렸던 기억이 생생하였다.

올해 초에는 이북5도위원장으로서 여러 가지 의미 있는 행사와 의욕적인 사업계획을 세웠었다. 그러나 갈수록 코로나 감염 확진자 수가 증가함에 따라 3월에 미국과 캐나다 지역 국외 이북도민단체 방문 계획도 취소되었다. 매년 5월 중에 개최되었던 국외 이북도민의 모국초청 연례행사 계획도 한차례 연기했다가 결국 무산되었다. 또 5월 5일 어린이날마다 우신중고등학교에서 거행되는 평남도민 체육대회와 6월에 개최할 예정이었던 제4회 속초시 이북 향토문화 축제행사도 갖지 못했다. 특히 이북5도위원회와 이북도민사회의 가장 큰 연례행사인 매년 10월에 개최되었던 대통령기 이북도민체육대회도 취소되었다. 이 행사에는 그동안 도민사회와 국가사회발전에 크게 기여한 유공자들에 대하여 국민훈장 동백장을 비롯한 국민포장과 대통령 표창 등을 대통령이나 국무총리가 직접 행사에 참석하여 수여하곤 했었던 매우 뜻깊은 중요한 행사였다. 이 행사도 취소될 수밖에 없었다. 임진각 통일각에서 통일부 장관을 모시고 통일경모회 주최로 개최되는 한가위 합동 망향제 행사도 역시 취소되었다.

마지막으로 3, 4세들의 통일 글짓기. 그림 그리기 대회도 비대면으로 진행하였고 수상자에 대한 시상도 각도 별로 도지사들이 수여하거나 상장을 수상자들에게 직접 전달할 수밖에 없었다. 연중 마지막 행사였던 제13회 통일미술대전도 역시 출품작에 대한 심사를 마치고 수상작품에 대한 전시회도 개최하지 못하게 되었다. 올해 대상과 금상 수상작이 평남에서 나와서 수상자들을 직접 이북5도위원회 회의실로 오시라고 하여 내가 위원장 겸 평남도지사 자격으로 수상식을 거행하였다.

그러나 코로나 19사태의 엄중한 상황 속에서도 위와 같이 많은 이북도민들이 참석해야 되는 중요 연례행사는 제대로 진행하지 못했지만 몇 가지 의미 있는 사업을 추진하여 대내외적으로 우리 이북5도위원회의 위상과 역할에 대해서 알릴 수 있는 기회가 되었다. 3월에는 평남부녀회를 중심으로 한 이북 7도 부녀회원들과 명예시장군수단들의 지원을 받아 사랑의 마스크 만들기 운동을 전개하여 3주 동안 무려 7천여 개의 마스크를 제작하여 그 당시 코로나로 어려움을 겪고 있었던 대구. 경북지구 이북도민들에게 전달하였고 전국 시도 지구사무소에도 몇백 장씩 고령의 이북도민 어르신들에게 전달하였다. 이러한 행사에 국내 주요 언론매체들이 관심을 가지고 비중 있게 보도하여 이북5도위원회의 활동을 널리 홍보하는 계기가 되었다.

또한 6월 4일에는 봉오동전투 100주년을 기념하여 이북5도청사에서 홍범도 장군 봉오동전투 100주년 기념 기념식과 관련 사진전시회를 개최하였고 관련 역사기록 사진 등을 모아 사진도록을 제작하여 발간하였다. 특히 조선일보를 비롯하여 주요 언론매체들이 우리 행사를 대대적으로 보도하여 이북5도위원회의 활동과 이북도민사회에 대해 일반인들에게 알리는 기회가 되었다.

이어 10월 23일에는 청산리전투 승전 100주년을 기념하는 의미에서 "독립전쟁 그 현장을 가다"라는 주제로 홍범도 장군 봉오동·청산리전투 100주년 기념사진전을 개최하였다. 그 후 전북도청에서 행사를 갖고 속초시에서 그리고 마지막으로 세종시에서 사진전시회를 개최하여 개최지 이북도민과 지역주민들의 큰 관심과 호응을 얻었다.

이것뿐만 아니라 거의 모든 대면 행사가 축소되거나 취소됨에 따라 인터넷과 유튜브를 이용한 비대면 방법으로 행사를 진행했다. 이북도민과 북한 이탈주민을 대상으로 하는 교육을 실시하고 인터넷과 영상으로 상담을 하였고 해외이북도민들을 대상으로 영상회의를 개최하기도 하였다.

특히 연초부터 이북5도위원회의 홈페이지시스템을 전면적으로 점검하고 업데이트하여 최근 소식과 활동을 이북도민들에게 전달하여 청소년들과도 소통할 수 있도록 하였다. 현재 시스템과 전산 용량 하에서 할 수 있는 최대한도로 홈페이지 내용과 체제를 개선하였다. 향후 비대면 영상소통 방식의 수요가 증대할 것으로 생각되어 홈페이지와 유튜브 방송시스템 확대와 업그레이드를 위한 예산도 1억 원을 별도로 확보하여 2021년도에는 보다 새로운 홈페이지 모습으로 도민들 특히 청소년들이 쉽게 접근할 수 있도록 준비를 하였다. 홈페이지 업그레드를 위한 특별예산 1억 원은 기재부 예산실장이 특별히 신경을 써서 지원해 주어 확보한 예산이었다. 또한 6.25전쟁 비정규군 유격대원 보상법 제정에 있어서도 관련 상임위 국회의원들을 열심히 만나고 설득하여 긍정적인 분위기를 조성하였다. 내년에는 기대해 봐도 좋을 듯하다. 지난 일 년간의 이루었던 일들을 정리하다 보니 이북5도위원장으로서 최선을 다하여 업무를 수행하였고 나름 좋은 성과도 내었다고 생각한다. 평남도지사로서도 평남도민회와 도민들에게 먼저 다가가고 열린 마음으로 도민들의 의견을 경청하고 수렴하여 도정에 반영하려고 노력하였다. 그 결과 평남도민들에게 성실하고 열심히 그리고 친근감을 느끼게 하는 도지사라는 이미지를 주었고 그런 평가를 받은 것 같다.

무엇보다도 평남중앙도민회와 평남 16개 시.군민회 그리고 평남도민회 각종 산하단체의 정기적인 모임이나 행사는 빠짐없이 참석하여 격려하며 함께 했다. 또한 이북5도위원장으로서 미수복 경기도와 미수복 강원도의 행정자문위원들과 명예시장군수들과 기회있을 때마다 만나 시·

평양감사 1054일 I

  군정 발전을 위해 의논하고 격려하였다. 올 한해만 해도 평남도민과 이북도민들을 연인원 천여 명은 만나 이야기 나누고 함께한 것 같다.
  그러나 올 한해를 한마디로 말한다면 세계적인 코로나 팬데믹사태로 인하여 경제가 침체되고 국가 간 인적, 물적 교류가 많은 제약을 받았던 어려운 한 해였다고 말할 수 있을 것 같다. 국내에서도 상반기에는 K 방역시스템이 전 세계의 모범사례로 칭송을 받았지만 하반기 들어 방역 고삐가 다소 느슨해진 틈에 코로나 감염 확진자 수가 매일 천명대로 급증함에 따라 백신 확보에 다소 느긋했던 정부가 큰 곤욕을 치르고 국민들의 비난을 받기도 했다. 아무쪼록 차질 없이 잘 진행되고 국가 방역시스템도 강화하여 하루빨리 코로나 사태에서 벗어나야 할 것이다. 그러나 정부에만 요구할 것이 아니라 국민 개개인이 방역의 주체가 되어 개인위생을 철저히 하고 정부의 방역지침을 잘 지켜서 우리 스스로가 전염되지 않게 노력하는 것이 우선일 것이다.
  국내 경제상황도 날로 침체되어 한계상황에 놓였던 영세 기업체나 소상공인들과 자영업자들의 어려움은 이루 말할 수 없을 것이다. 특히 저소득층 일용근로자들의 경우는 그 어려움이 이루 말할 수 없을 정도가 된 것 같다. 하루빨리 코로나 팬데믹 사태에서 벗어나 2021년도에는 경제의 활력이 되살아나기를 기대해본다. 그러기 위해서는 우선 정치권부터 여야 모두 서로 비방하고 네 탓만 하지 말고 짐을 상대방 진영에 떠넘기지 말고 한마음으로 경제정책에 한목소리를 내야 할 것이다. 경제정책은 최소한 규제와 규칙을 정하고 가능한 기업에 창의성과 자율성을 주어야 한다. 기업가 정신이 되살아나려면 정부가 경제정의를 구현한다는 이상론에만 치우칠 것이 아니라 규제 일변도에서 탈피하여 시장의 자율성을 보장하고 적극적으로 지원해야 한다고 생각한다. 경자년 한 해를 보내며 이북도민과 북한 이탈주민에게 보내는 송년사를 작성하였다.

4. 2020년 도정일지

[2020년 경자년 한 해를 보내며 - 송년사]

존경하는 이북도민 그리고 북한 이탈주민 여러분! 이북5도위원장 겸 평남지사 이명우입니다.

다사다난했던 경자년 올해도 서서히 역사의 뒤안길로 저물어 가고 있습니다. 지난 한 해 연초부터 시작된 세계적인 '코로나 19' 팬데믹으로 얼마나 힘들게들 보내셨습니까. 이북도민중앙회 연합회와 각 도 중앙도민회에서도 계획했던 각종 도민 중요 연례행사를 제대로 치루지 못하게 된 것을 안타깝게 생각합니다.

무엇보다도 해마다 성황리에 개최되었던 '도민의날 대회', '재외이북도민초청행사' 그리고 '대통령기 이북도민체육대회' 등 중요행사들이 '코로나 19'사태로 인하여 취소되어 많은 안타까움 속에 한 해를 보냈습니다. 그러나 이런 어려운 여건과 환경 속에서도 우리 이북5도위원회와 각 도청은 이북도민 여러분들의 깊은 관심과 적극적인 참여 덕분에 나름대로 최선을 다하여 몇 가지 의미 있는 일을 할 수 있었습니다.

우선 연초부터 '코로나19 사태'로 인해 많은 어려움에 처해 있는 이북도민들을 돕기 위해 이북도민 부녀회원들의 자발적인 참여 속에 "사랑의 마스크 만들기 운동"을 전개하여 6천여 개의 마스크를 직접 제작하여 대구.경북지구 비롯하여 각 지방지구 이북도민들과 탈북민들에게 전달하여 따뜻한 온정을 나누었습니다.

특히 독립전쟁의 영웅이신 자랑스런 이북출신 홍범도 장군의 "봉오동·청산리전투 승전 100주년"을 맞이하여 이북5도청에서 성황리에 기념식과 함께 관련 사진 전시회를 개최하였으며 이어서 전북, 속초, 세종 등 지방에서 순회전시회를 개최하는 등 큰 성과를 이루어냈습니다. "독립전쟁! 그 현장을 가다"라는 주제로 충실한 고증을 통한 해설을 실어 관련 사진도록도 발간하여 후세들에게 귀중한 사료로서 전할 수 있도록 하였습니다.

이와 같은 행사와 더불어 코로나 확진 사태가 심화됨에 예년까지 대면활동 위주로 해오던 행사를 비대면 활동으로 발 빠르게 대처하여 이북도민사회와의 소통을 상당 부분 비대면 방식으로 전환하였고 이에 대한 시스템도 새로이 구축하고 추진해 왔습니다. 이북5도위원회의 공식 인터넷망과 유튜브 채널인 한백스튜디오를 개소하였고, 홈페이지의 기능과 내용을 새롭게 업그레이드하여 젊은 세대들에게 이북5도위원회와 이북도민사회의 소식을 전달하고 젊은 세대의 목소리를 듣고 이를 위원회와 도정업무에 반영하는 노력을 계속하였습니다. 교육과정 신설, 위원회와 도정 영상회의, 상담실 센터운영 등 비대면 시대에 맞는 업무영역과 방식도 새로이 구축하였습니다. 또한 국외 이북도민들과는 영상회의를 통하여 이북5도위원회와 도민사회의 활동상황에 대해 설명드리고 국외 이북도민회의 활동상황에 대해서도 이해할 수 있는 소중한 시간을 가졌습니다.

  이 모든 것은 이북도민 여러분들의 적극적인 참여와 성원 덕분이라 생각하며 진심으로 감사의 말씀드립니다. 지난 한 해 우리 위원회와 각 도정 발전을 위해 아낌없는 애정과 성원을 보내주신 이북도민 중앙회 염승화 회장님을 비롯한 각 도 중앙도민회장님들, 이북도민사회 각종 단체 회장님들과 이북도민 여러분께 지면을 통해서나마 진심으로 감사 말씀드립니다. 그러나 아쉬움 또한 있습니다.

  어려운 코로나 19사태를 슬기롭게 극복하기 위해서라도 이북5도위원회와 이북도민중앙회간에 상호 이해하고 존중하는 바탕 위에 협력하고 상생의 장을 마련하여 도민사회 발전에 함께 노력해야 했음에도 불구하고 위원장인 저의 부덕의 소치로 뜻한 바대로 목적을 제대로 이루지 못하였던 점도 있었습니다. 연합회장님을 비롯하여 이북 7도 중앙도민회장들께서 너그러운 마음으로 이해하여 주시기 바랍니다.

  다가오는 신축년 새해를 맞이하여 이북도민 여러분 가정 모두 더 풍요롭고 건강한 삶이 되기를 바라오며 부디 새해에는 남북공동번영의 이정표를 세우는 한 해가 되어 연로하신 1세 어르신들이 꿈속에서도 그리던 그리운 고향 땅을 밟을 수 있는 기쁨의 한 해가 되기를 간절히 기원합니다.

존경하는 이북도민 그리고 북한 이탈주민 여러분!

2021년 신축년 새해에도 우리 위원회와 각 도정은 이북도민 여러분과 함께 화합하고 소통하여 이북도민 사회발전에 최선의 노력을 다해야 할 것입니다. 이북도민과 함께 평화와 번영의 대한민국을 만들어 우리의 염원인 자유민주주의. 시장경제가 보장되는 평화로운 남북통일을 위해 노력해 나갑시다. 이러한 우리의 바람과 염원은 이북도민 여러분의 협조와 참여 없이는 불가능하다고 생각합니다. 이북도민 여러분께서 위원회와 도정에 깊은 관심을 기울여 주시기 적극적으로 참여해주실 것을 부탁드립니다.

존경하는 이북도민 그리고 북한 이탈주민 여러분!

우리 국민은 과거의 위기를 기회로 삼아 더 큰 도약을 이루어 낸 지혜와 경험을 가지고 있습니다. 이북도민 특유의 강인한 정신과 생활력 그리고 자유민주주의를 지키고자 하는 나라 사랑 정신으로 IMF 외환위기 때나 국제금융위기 같은 어려운 시기에도 합심하여 극복한 저력 있는 자랑스러운 우리들입니다. '코로나 19'의 위기 속에서도 우리 이북도민과 북한 이탈주민들이 앞장서서 불퇴의 정신과 혼신의 노력으로 대처한다면 충분히 이겨낼 수 있으리라 확신합니다.

존경하는 이북도민 그리고 북한 이탈주민 여러분!

다가오는 신축년 새해에는 모든 분의 가정에 건강과 행운이 가득하기를 기원합니다. 얼마 남지 않은 겸자년을 잘 마무리하시고 희망찬 새해를 맞이하시기 바랍니다. 감사합니다.

평양감사 1054일 I

발간 축하 메시지

(메시지 도착순)

- 꼼꼼하고 성실한 그리고 겸손한 지사님의 1054일 도정일기를 『평양감사 1054일』 이라는 해학적인 題名으로 출생함을 기대하며 축하드립니다.
  -이북기독인회 20년 인도 목사 박준남

- 제2의 목민심서 탄생을 축하합니다. 항상 부지런히 최선을 다하는 이 지사의 열정이 녹아있군요. 모든 실향민의 희망이 되시길 빕니다.
  -전 삼성전자 사장 이상현

- "도정일기 21세기 평양감사" 출판을 진심으로 축하드립니다. 지사님의 격조 높은 어록! 기대됩니다.   -전 육사 교수부장 예비역 준장 박석봉

- 지사님의 도정일기로 잊혀져 가는 휴전선 넘어 있었던 또 다른 우리의 삶을 이해 할 수 있는 계기가 될 것 같습니다. 출간을 진심으로 축하드립니다.
  -홍범도 장군 기념사업회 이사 정우기

- 사람에 대한 애정, 일에 대한 열정으로 주위에 늘 좋은 에너지를 주시는 지사 님께서 이번에 또 큰일을 내셨네요. 도지사 재임 중에 해오신 그 많은 일들, 그 일들을 추진하는 과정에서 느끼셨던 소회들을 이렇게 글로 정리하여 세상 에 내놓으시다니 두 팔을 활짝 벌려 환영하며 축하합니다. 이 책은 지사님 개 인의 일기를 넘어 지사님을 중심으로 지사님 재임 중에 우리 평남인 나아가 이북도민들이 함께 만들어 간 우리들의 일기입니다. 훗날 평남 도정의 생생한 역사가 될 것이라 확신합니다.   -평남민보 차장 김현균

- 지사님 정말 대단하십니다. 책을 몇 번 내시더니 이제 작가로 전업하셔도 될 듯합니다.

5. 발간 축하 메세지

글 쓰시는 솜씨 대단하심은 익히 알고 있었지만 제목도 근사하고 베스트셀러가 될 것 같은 예감이 듭니다.　　　　　　　　　　　　-평남중앙도민회장 최용호

- 법률상 대한민국 영토인 평안남도가 명실상부한 대한민국의 행정구역으로 부활해 지사님의 행정력과 애향심이 빛을 발할 날이 오기를 기대합니다.

　　　　　　　　　　　　　　　　　　　　　　　-조선일보 차장 정지섭 기자

- 지사 재임 시 수많은 업적을 남기신 이명우 지사님, 우리 인간은 누구나 이기주의자임에 틀림이 없으나 언제나 공적 일에 이기주의를 버리며 존경을 받은 지도자로서 열정적으로 일하셨던 존경받는 지도자로서 또 책을 발간하시다니 진심으로 축하드립니다.　　　　　　　　　　-평남통일원로회의 위원장 김원진

- 자랑스런 이명우 도지사님. 지사 재임 중에 홍범도 장군의 봉오동·청산리 승전 100주년 기념 도록인 『독립전쟁! 그 현장을 가다』, 『평안남도를 빛낸 인물 I, II』, 『두고 온 고향 남기고 싶은 이야기』등을 펴내고 이어 『평양감사 1054일』을 출간하시었습니다. 진심으로 축하합니다. 그간의 빛나는 업적은 평안남도의 자랑으로 기억될 것입니다. 노고에 깊이 감사드립니다.

　　　　　-전 평안남도중앙도민회 회장, 평남통일원로회의 부의장 박지환

- 휴전 70주년을 맞아 失鄕세대 이 회장님께서 몸소 평남지사 1054일 재직하신 면면을 망향의 타향살이 설움과 맺힌 恨을 가슴에 닮아 기록으로 남기신 열정에 축하와 연민의 情을 보냅니다.　　　　　　-草友 完性-전 靑海李氏 大宗會 회장

- 이명우 지사께서 도산 안창호 선생이 탄생하신 평안남도 도지사로서 3년 동안 재임하시면서 매일 매일의 일지를 『평양감사 1054일』이란 책으로 엮어내신 노고에 감사드리며 축하드립니다. 접하지 못하는 망향의 애틋한 심정을 매일 매일 기록하면서 분단의 아픔과 애환을 곱씹는데 더 큰 의의가 있었지 않았나 생각하니 눈시울이 뜨거워지네요. 어쨌든 수고 많이 하셨습니다. 바라는 것은 어서 빨리 통일의 그 날이 오기를 기대하면서…

　　　　　　　　　　-도산안창호선생기념사업회 회장, 전 산은캐피탈 사장 김재실

- 『평양감사 1054일』 출간을 진심으로 축하드립니다. 항상 부지런하시고 겸손하시고 매사 최선을 다하시는 모습에 감동을 받았습니다. 재임 시절 보람있게 보내신 결과라고 생각합니다. 언제나 열정적인 모습에 감동을 받았고 존경합니다. 저에게 보내주신 사랑은 영원히 기억될 것입니다.

  -필라델피아 이북5도민연합회 전 회장 이헬렌

- 『평양감사 1054일』발간을 진심으로 축하합니다. 말은 세월이 지나면 잊혀 기록으로 남지 못하나 글은 기록으로 남아 후세에 역사가 됩니다. 이 지사께서 평남지사로 재직한 1054일 동안 매일 매일 도정활동을 기록으로 남겨 평남 도정의 역사를 후세에 남기는 큰일을 하셨습니다. 평남지사 재임 중에『평남을 빛낸 인물 90인』발간과 월남 1세들을 직접 인터뷰하여 꿈에도 그리는 고향 이야기와 월남 후 치열하게 살아온 이야기를 담은『두고 온 고향 남가고 싶은 이야기』책자발간은 누구도 하지 못했던 훌륭한 업적입니다. 이 지사는 열정과 사명감 그리고 끈기로 그런 큰일을 하셨습니다. 자랑스럽고 존경해 마지않습니다. 다시 한번 이명우 지사의 도정일기 출간을 진심으로 축하합니다.

  -제11대 평남지사 김인선

- 이명우 지사와 나는 이북5도지사 동기이다. 그는 평남지사로 나는 평북지사로 같은 날 임명 받고 같은 날 퇴임하였다. 지난 3년 동안 함께 동료로 근무하며 그의 탁월한 기획력과 열정적인 업무처리 능력에 늘 놀라곤 하였다. 무엇보다도 그의 따뜻한 마음씨와 타인에 대한 사려 깊은 배려는 우리 동료 지사들을 하나로 묶는 원동력이 되었다. 2020년도 코로나 19사태에도 불구하고 이북5도위원장으로서 많은 업적을 이루었다. '사랑의 마스크 만들기' 운동을 비롯하여 이북도민 상담센터 개설, 이북5도위원회 홈페이지 개편 그리고 홍범도 장군의 봉오동·청산리 전투 승전 100주년을 맞이하여 봉오동·청신리 전투 관련 희귀사진을 정리하여 도록을 제작하였다. 이어 서울과 전주시, 세종시, 속초시 등 전국을 순회하며 전시회를 개최하여 북간도를 중심으로 한 독립운동과 독립군의 활동을 재조명하고 널리 알리는 일을 함께하였다. 특히 『평남을 빛낸 인물 90인』의 발간과 실향민 1세 111명을 대상으로 직접 인터뷰하여 『두고 온 고향 남기고 싶은 이야기』책자를 발간한 것은 이 지사만이 할 수 있는 위대한 업적이다. 이제 지난 3년간의

5. 발간 축하 메세지

도정을 매일 매일 일기로 적어『평양감사 1054일』이란 제하에 책을 발간한다고 하니 부럽고 기대된다.『평양감사 1054일』발간을 진심으로 축하하며 평남의 역사가 될 것으로 확신한다.
-전 평북지사 오영찬

- 이명우 회장님께서는 일찍이 이북5도위원회 위원장 겸 평안남도지사를 지내셨습니다. 여기 그동안의 기록과 증언이 생생하게 담겨 있습니다. 일독을 권합니다.
-(사)한국문인협회 명예회장 이광복

-『평양감사 1054일』은 이명우 도지사께서 우리 사회에 던지는 제2의 목민심서요, 기원상(기본, 원칙, 상식)의 전범이다. 당나라 때 임제종을 창시한 임제의현 선사가 갈파하신 '수처작주, 입처개진'과 딱 떨어지는 명품 책이다. 이 도지사는 어느 자리에 있건, 주인의식으로 행하셔서 서 있는 곳을 진리의 자리, 진실한 삶으로 바꾸어 나가는 분이다. 통일부 고위정책과정(AMP)에 만난 인연이 계속 이어지는 것도 이 지사님의 정열주(정직, 열정, 주인의식) 때문이다. 이 책이 실향민들은 물론 독자들이 흐뭇한 미소를 짓도록 하게 되리라 확신한다.
-아주뉴스코퍼레이션/아주경제신문 회장 곽영길

- 이명우 평안남도지사 도정일기와 단상『평양감사 1054일』발간을 축하하며
일기는 쓰는 사람의 목적에 따라 그 종류와 형식을 여러 가지로 구분할 수 있다. 일상생활을 매일 기록하는 개인의 사적 일기로부터 공적인 기관들의 회의록에 이르기까지 그 목적과 형태가 다양하다. 예컨대 우리나라 조선왕조실록은 태조(1392년-)부터 27대 순종(1907-) 대까지 왕이 주도하는 모든 회의내용을 일지로 기록한 것이다. 이는 우리나라 조선 시대의 핵심적인 역사를 기술한 대표적인 사료로 꼽히고 있다. 이명우 평안남도지사는 재임 3년간 1,054일 하루도 빠짐없이 도정사항을 일기로 적어 이를 책으로 출판하게 되었다. 개인으로는 물론 공인으로서 거의 선례가 없는 특별한 업적을 남기게 되었다.
우리나라는 1945년 일본으로부터 독립되면서 남북으로 분단되고 대한민국으로 재탄생하였다. 대한민국의 헌법은 38선 이북의 국토를 대한민국영토로 규정하고 있기 때문에 이명우 평안남도지사는 남한의 도지사들과 달리 현재 북한에 속해 있는 평안남도 행정 업무를 수행한 것이다. 현재 상황에서 수행하는

평양감사 1054일 I

평안남도의 행정은 현재의 여건은 물론, 통일이 왜 필요하며 그때를 위한 미래 비전을 세워 통일된 국민들이 어떻게 국가발전에 함께 기여할 수 있게 될 지를 고민하였을 것으로 믿는다. 이명우 도지사의 3년간 1,054일 행정 일기는 개인적인 훌륭한 회고록이 될 것이며, 우리나라 국민의 통일을 위한 미래의 국가 비전을 생각하는 데 도움이 되는 사료가 될 것이라 믿는다. 『평양감사 1054일』출간을 축하드립니다. -연세대 명예교수 대한민국 학술원 회원 김기영

- 이명우 지사의 도정 근무일지를 읽고

  이명우 지사가 1054일 동안에 경험했던 평남지사 시절의 일지를 보고 나니 이 지사가 경험했던 긴장감을 나도 똑같이 경험한 느낌이어서 별안간에 긴장감이 풀어지는 느낌이다. 그만큼 이 지사의 글이 박진감 있게 서술되어 있다는 얘기다. 과장이나 군더더기 하나 없이 느끼고 생각하고 경험한 내용들을 진솔하게 기술한 내용이기에 그런 서술이 되지 않았나 싶다. 그러기에 한번 손에 쥔 글을 끝까지 읽지 않고는 손에서 뗄 수가 없게 만든다.

  대체적으로 공직생활을 하던 분들은 공문서 작성에 익숙해 있어 글이 유려하기 보다는 맺고 끊음이 명확하고 법규적 용어의 사용이 많을 것 같은데 이 지사의 글에서는 전혀 그런 느낌을 주지 않는다. 소설 읽듯이 다음 장면 다음 장면을 기대하게 만든다. 참으로 훌륭한 서술이라고 본다. 뿐만 아니라 분명히 본인의 업적인데도 모든 업적을 동료나 부하직원의 것으로 양보하는 것으로 보아 인품 또한 남다른 것으로 보여 여간 존경스럽지 않다. 언제나 행운이 뒤따르기를 기원하는 바이다.   -12,13.14.15대 국회의원. 초대 환경부 장관 김중위

- 저는 2021년 4월에 황해지사로 부임하여 2023년 8월에 퇴임하였습니다. 황해도는 아시는 바와 같이 이승만 대통령, 김구 선생, 안중근 의사, 편강열 등 우리나라 근현대사에 있어서 뛰어난 인물들이 많이 배출된 곳입니다. 재임기간동안 이런 분들을 조사 연구하여 〈황해도를 빛낸 인물〉 책자를 만들려고 시도했었습니다. 그러나 그 일이 얼마나 어렵고 정성이 가는 일인지 일을 진행하면서 알게 되었습니다. 결국 중도에 포기할 수밖에 없었습니다. 그러나 이명우 지사께서는 평남지사로 재임하는 동안 평남을 빛낸 인물 90분을 2권의 책자로 만들어 발간식을 성대히 치르시는 끈기와 열정을 가지고 계셨습니다. 이 지사의

5. 발간 축하 메세지

기획력과 추진력에 존경해 마지않을 수 없습니다. 이제 다시 『평양감사 1054일』이란 도정일지를 발간한다고 하니 그 추진력에 놀라울 따름입니다. 책자발간을 진심으로 축하하며 평안남도의 무궁한 발전과 이북5도민의 귀감이 되길 바라면서 거듭 축하드립니다.
-전 황해지사 김기찬

- 경애하는 외우 이명우 전 평남지사가 지난 3여 년 동안 재임하면서 하루하루 도정업무를 기록한 일기를 펴내게 되었다. 1967년 이래 지금까지 절친한 벗으로 누구보다도 진실되고 성실하게 살아온 그의 삶을 지켜보았다. 기업가로 크게 성공하고 있던 차에 그의 고향인 평남의 도지사로서 도정이라는 생소한 분야에 책임을 맡아 주위에 가까운 사람들에게 공직 경험이 없었던 그가 도지사라는 막중한 업무를 잘 수행할 수 있을까 하는 애정 어린 우려 또한 있었다. 그러나 보란 듯이 열정을 바쳐 괄목할만한 업적을 남기고 임기를 훌륭하게 마치면서 『평양감사 1054일』도정일기를 펴내니 다시 한번 그의 철저한 책임감과 열정에 그저 감탄할 따름이다. 귀한 기록 『평양감사 1054일』발간을 축하드리며 친구의 건승을 기원한다.
-(주)세중그룹 부회장 이재찬

- 옛말에 "한결같이 부지런하면 세상에 어려운 일이 없다"라고 했다. "일근천하무난사(一勤天下無難事)가 그 말이다. 이명우 지사가 3년간 바쁜 지사 직무를 수행하면서도 꼬박꼬박 일기를 써나가서 이를 두 권의 책자로 펴내게 되었다. 대단한 일이라 아니할 수 없다. 이는 개인 일상생활과 생각을 기록한 것일 뿐 아니라, 평남지사의 공적인 활동상황을 기록한 책자이기도 하다. 세월이 흘러먼 훗날 이 책자를 본다면 남북분단의 아픔 속에서 실향민들의 애환과 이북도지사의 활동을 엿볼 수 있는 기록물 역할도 할 것이라 생각된다.
-전 평남지사 김중양

- 지사님을 고향 선배님으로 처음 뵌 곳은 2015년 양덕군민회 정기총회 자리인 듯합니다. 그 모임에서 눈에 번쩍 뜨이신 분이 선배님이었습니다. 이후 2016년 제가 평남중앙도민회장이 된 후 도민회 부회장직을 드렸고 이에 맡겨진 업무에는 섬세하고 명확했습니다. 2018년도에 저의 추천으로 행정자문위원으로 활동하셨고 2019년도에는 양덕군민회 회장으로 추대되어 왕성하게 애향활동을 하셨습니다. 그러던 중 2019년 8월에 평안남도지사로 발령되어 저를 비롯

한 많은 분들이 정말 깜짝 놀랐었습니다. 그 놀라운 점은 역대 지사들과는 달리 공직 경험이 전혀 없는 분이 도지사로 발령이 났기 때문이었습니다. 허나 그 놀라움은 오히려 도민사회에 긍정적인 변화와 자극이 되었지요. 이후 지사님은 탁월한 기획력과 업무능력 그리고 부드러운 리더십으로 훌륭하게 도정업무를 수행하셨고 도민사회발전에 크게 기여하셨습니다. 직무수행 숙지와 돌파력은 어느 누구 못지 않으셨고 업무실행은 취임사에서 다짐한 약속을 완벽하게 수행해 내셨습니다. 금번 그 과정의 일을 매일 매일 기록하여 『평양감사 1054일』이란 제하에 책을 발간하심에 진심으로 축하드리며 이후 후배들이 이를 읽고 간접 경험을 통해 더욱 도정 발전에 보탬이 되리라 확신합니다.

-전 평남중앙도민회장, 왈우강우규의사기념사업회 회장 장원호

- 이명우 전 평안남도지사가 지사 시절에 하루도 빼놓지 않고 일기를 써왔다는 사실을 모르는 사람이 많다. 일기장에 하루의 일과를 빼놓지 않고 쓴다는 것은 오늘 하루 나는 최선을 다했다는 자부심에서나 나올 수 있는 법이다. 이 지사는 그렇게 지사직을 수행에 왔다. 그렇기 때문에 이 한 권의 책은 앞으로 지사직을 수행할 모든 분께 크게 도움이 될 것이라고 생각한다.

-대한민국학술원회원, 전 식품의약안전청장 이영순

- 이명우 지사께서 지난 3년간 평안남도지사를 맡으셔서 남다른 열정으로 평안남도 도민과 후손들을 위해 헌신해 주신 데 대해 깊은 감사를 드립니다. 특히 『평안남도를 빛낸 인물』발간은 우리 모두에게 큰 자랑으로 남게 될 것입니다. 이번에 『평양감사 1054일』을 펴내신다는 소식을 들었습니다. 진심으로 축하를 드립니다.

-국가안보실장 조태용

- 축 발간! 이명우 전 평안남도지사의『평양감사 1054일』발간 소식을 듣고 곧바로 떠오르는 생각은 충무공 이순신 장군의 『난중일기』와 도산 안창호 선생의 『임정일기』이다. 두 분 다 막중한 공직을 수행하시면서 일정과 소회를 소상히 기록하셔서 역사적 가치로서도 중요하거니와 지은이의 인간적인 면모를 이해하는 데도 훌륭한 자료가 되고 있다. 이 지사의 이번 저술도 장차 그런 의미를 갖게 될 것으로 믿는다. 비록 세 분이 처한 상황과 역할은 다를지라도 우선 한

가지 공통점만은 미리 짐작되고도 남는다. 맡은 업무에 성실하였음을 저절로 증거한다는 것이다. 재임 시의 기록을 꼼꼼하게 남길 수 있는 것은 지극정성의 자세로 사심 없이 봉직한 이들만의 언감생심 가능한 일이기 때문이다. 평소 보여주시는 늘 긍정적이고 적극적인 지사님의 인상과 겹쳐져 『평양감사 1054일』의 내용이 자못 궁금하다.   -전남대 명예교수, 전 흥사단 이사장 박만규

- 생활인으로서 살아온 삶, 지도자로서의 삶 어느 것도 정성을 다하지 아니한 것이 없는… 한땀 한땀 세심한 정성으로, 따뜻함으로 그리고 훈훈함으로 그렇게 삶을 엮어 오셨습니다. 역사 속에 평양감사는 현실 속에 진짜 평양감사가 되시어 눈물과 웃음 잔잔한 감동을 우리에게 주셨습니다. 무엇보다도 재임하시는 동안 평남무형문화재에 깊은 관심과 애정을 갖고 격려하고 지원해주셨습니다. 잊지 않겠습니다. 먼 훗날 평안남도의 역사가 될 『평양감사 1054일』발간을 진심으로 축하드립니다. - 국립국악원 민속악단 감독, 평남무형문화재 제2호 향두계놀이 보존회 회장 유지숙

- 평안남도지사 재직 시 평남을 빛낸 인물 책자발간 등 후세를 위한 애국과 애향심을 고취 시키고자 역대 도지사들이 이루지 못한 업적을 이룩하시었습니다. 특히 자유민주주의 대한민국 건설에 선도적 역할을 한 실향민 후예로서 고귀한 사명감을 솔선수범하며 실천하시고 역사적 고증과 실증적 노력으로 실향 이산가족의 역사를 정립하고자 노력하신 지사님의 헌신적인 노력에 감사드립니다. 행동과 실천을 통해 그 뜻을 후대에 알리시고자 편찬한 역사서인 『평양감사 1054일』의 출간을 진심으로 축하드립니다.   -이산가족위원회 위원장 장만순

- 홍범도기념사업회를 통해서 친분을 맺게 된 이녕우 지사님. 기념사업회의 뉴스레터에 기고하신 백령도와 카자흐스탄 답사기를 읽어본 적이 있다. 글쓰기가 생활화되어 있고 범상한 것들을 글로 옮기는 일이 생활화되어 있는 분이라는 인상을 갖게 되었다. 평남 출신 인사들의 생애라든가 실향민 어르신들의 인터뷰를 정리하여 책으로 출간하였다는 소식을 들었을 때에는 진정으로 기록의 가치를 아는 보기 드문 공직자라는 생각이 들었다. 지사님의 고향 평남 양덕은 평양 출신의 홍범도 장군이나 항일혁명가 이인섭 선생의 의병 시절 활동 무대

평양감사 1054일 I

이기도 해서 남다른 감회를 느끼게 된다. 도정(道政)과 더불어 조선시대 같으면 겸임 사관(史官)이 했을 법한 기록 업무까지 수행하셨다니 놀라울 뿐이다. 도정일기 『평양감사 1054일』은 우리 동시대인들뿐만 아니라 후세의 한국인들, 특히 미래의 역사가들에게 값진 역사기록으로서 귀하게 활용될 것임을 믿어 의심치 않는다. 『평양감사 1054일』발간을 축하드립니다.

-한국외대 사학과 명예교수, 무돌국제한국학연구소 소장 반병률

- 평남 용강군 출신인 나는 이명우 지사가 평남지사로 재직했던 지난 몇 년간 도정행사에 자주 초대되어 행사에 참여하곤 하였다. 그때마다 이 지사의 탁월한 업무추진력과 열정에 놀라곤 하였다. 재임 중에 봉오동·청산리 100주년 기념행사와 독립전쟁관련 사진전시회, 『평남을 빛낸 인물』, 『두고 온 고향 남기고 싶은 이야기』발간 등 도정역사에 길이 남을 훌륭한 업적을 남겼다. 이런 도정업무와 도민들과 나눴던 이야기, 후계세대 육성 등의 활동을 매일 매일 기록하며 일기로 남겼다니 놀라울 따름이다. 이 지사의 글은 매우 논리적이다. 그러면서도 따뜻하다. 이 지사의 타고난 품성이 그러하다. 『평양감사 1054일』은 도정일기일 뿐만 아니라 이 지사의 인간적인 면모를 느낄 수 있는 수상록이다. 훗날 평안남도의 역사기록이 될 것으로 믿어 의심치 않는다. 『평양감사 1054일』 발간을 축하한다.

-전 민주당 대표, 헌정회 회장 정대철

- 이 지사를 처음 만난 건 평남행정자문회의에서였다. 차분하고 예의 바른 인상이었다. 그 후 제18대 평남지사로 임명된다는 소식을 접하고 깜짝 놀랐다. 왜냐하면 그전까지 도지사에 임명되는 사람은 거의 대부분 전직 차관급 고위공직자 출신이었기 때문이다. 나뿐만 아니라 주위에서도 많이 놀랐다. 그런데 도지사로 재임하는 동안 훌륭한 업적을 많이 남겼고 도민사회에 활력을 불어넣었다. 뛰어난 기획력에 열정적인 업무추진력은 내가 처음 받은 인상과는 전혀 다른 모습이었다. 또한 이 지사는 월남 1.5세대로서 확고한 역사관을 갖고 자유민주주의와 자유 평화통일에 대한 확고한 신념으로 도정업무를 수행하며 도민 행사에 참여하고 격려하였다. 이런 그의 역사관과 신념은 그가 지사직을 수행하면서 평남을 빛낸 인물 90인 선정작업과 월남 1세 96인을 인터뷰하여 펴낸 『두고 온 고향 남기고 싶은 이야기』책자 발간을 가능하게 한 원동력이 되었

5. 발간 축하 메세지

다고 생각한다. 지사 재임 1054일 동안 하루도 빠짐없이 하루 일과를 정리하며 일기를 써서 기록으로 남긴다니 또다시 놀라지 않을 수 없다. 『평양감사 1054일』은 먼 훗날 평안남도의 역사가 될 것이다.　-전 통일부 장관 강인덕

평양감사 1054일 ❶

2024년 3월 20일 초판 1쇄 발행

저 자 이 명 우
출 판 사 한국웰스메니지먼트 인스티튜트
주 소 (06785) 서울시 서초구 강남대로 10길 84 삼흥빌딩 2층
대표전화 02-571-1173
이 메 일 hanmi1173@daum.net
출판등록 제2023-000015호(2006.4.18)

ISBN 978-89-93314-99-1(03810)
정가 20,000원

* 잘못된 책을 구입하신 서점에서 바꾸어 드립니다.